Kristina Wied

Der Wahlabend im deutschen Fernsehen

Forschung Kommunikation

Kristina Wied

Der Wahlabend im deutschen Fernsehen

Wandel und Stabilität der Wahlberichterstattung

VS VERLAG FÜR SOZIALWISSENSCHAFTEN

Bibliografische Information Der Deutschen Nationalbibliothek
Die Deutsche Nationalbibliothek verzeichnet diese Publikation in der
Deutschen Nationalbibliografie; detaillierte bibliografische Daten sind im Internet über
<http://dnb.d-nb.de> abrufbar.

D6

1. Auflage Januar 2007

Alle Rechte vorbehalten
© VS Verlag für Sozialwissenschaften | GWV Fachverlage GmbH, Wiesbaden 2007

Lektorat: Monika Mülhausen / Tanja Köhler

Der VS Verlag für Sozialwissenschaften ist ein Unternehmen von Springer Science+Business Media.
www.vs-verlag.de

Das Werk einschließlich aller seiner Teile ist urheberrechtlich geschützt. Jede Verwertung außerhalb der engen Grenzen des Urheberrechtsgesetzes ist ohne Zustimmung des Verlags unzulässig und strafbar. Das gilt insbesondere für Vervielfältigungen, Übersetzungen, Mikroverfilmungen und die Einspeicherung und Verarbeitung in elektronischen Systemen.

Die Wiedergabe von Gebrauchsnamen, Handelsnamen, Warenbezeichnungen usw. in diesem Werk berechtigt auch ohne besondere Kennzeichnung nicht zu der Annahme, dass solche Namen im Sinne der Warenzeichen- und Markenschutz-Gesetzgebung als frei zu betrachten wären und daher von jedermann benutzt werden dürften.

Umschlaggestaltung: KünkelLopka Medienentwicklung, Heidelberg
Druck und buchbinderische Verarbeitung: Krips b.v., Meppel
Gedruckt auf säurefreiem und chlorfrei gebleichtem Papier
Printed in the Netherlands

ISBN 978-3-531-15302-5

Dank

Dieses Buch ist die gekürzte Version meiner Dissertation, die im August 2006 unter dem Titel „Der Wahlabend im deutschen Fernsehen. Wandel und Stabilität der Wahlberichterstattung von ARD, ZDF, RTL und Sat.1 am Abend der Bundestagswahlen von 1961 bis 2002 – eine vergleichende Langzeitanalyse" von der Philosophischen Fakultät der Westfälischen Wilhelms-Universität in Münster angenommen wurde. Entstanden ist die vorliegende Arbeit am dortigen Institut für Kommunikationswissenschaft.

Diese Studie war nur möglich mit der Unterstützung derjenigen, die dafür gesorgt haben, dass mir nicht nur schriftliche Primärquellen zu den Wahlabendberichten im deutschen TV zur Verfügung standen, sondern ich auch Zugang zu den audiovisuellen Originalquellen – also den Sendungen an sich – hatte. Dies ist unerlässlich für eine Untersuchung zur Geschichte von Inhalten und Formen eines Fernsehformats und für die Überprüfung von vielfach behaupteten Trends politischer Berichterstattung. Mein Dank gilt den involvierten Mitarbeitern des Deutschen Rundfunkarchivs (DRA), der Arbeitsgemeinschaft der Rundfunkanstalten Deutschlands (ARD), des Westdeutschen Rundfunks (WDR), des Zweiten Deutschen Fernsehens (ZDF), der privaten Fernsehsender RTL und Sat.1 sowie der Konrad Adenauer-Stiftung (KAS).

Was ist eine geschichtlich angelegte Arbeit ohne Erklärungsansätze für die rekonstruierte Entwicklung. Hintergründe lassen sich aber nur teilweise über Schriftquellen identifizieren. Gespräche mit Zeitzeugen sind zur Ergänzung notwendig. Deshalb wurden Interviews mit Vertretern der einbezogenen Fernsehanbieter geführt, die zu verschiedenen Zeitpunkten für bestimmte Arbeitsbereiche der Wahlabendberichte verantwortlich waren. Interviewt wurden auch Wahlforscher, die an der Herstellung der Sondersendungen an Wahlabenden mitgewirkt haben, sowie Experten, die in den Wahlabendberichten aufgetreten sind. Mein Dank gilt: Thomas Bellut, Ulrich Deppendorf, Manfred Güllner, Günter Heimermann, Jörg Howe, Peter Kloeppel, Friedrich Nowottny, Joachim Raschke, Stefan Raue, Dieter Roth, Jörg Schönenborn, Steffen Seibert, Hartmann von der Tann, Micha Wagenbach, Michael Wulf und Dieter Zimmer. Sie haben mir ihre Erfahrungen und ihre knappe Zeit geschenkt.

Darüber hinaus möchte ich meinem Doktorvater Prof. Dr. Bernd Blöbaum ganz herzlich danken. Er hat diese Studie von den anfänglichen Ideen bis zum Abschluss begleitet und stand mir immer zur Seite. Ihm gilt meine Verbundenheit. Ein Dankeschön auch an meinen Zweitgutachter Prof. Dr. Christoph Neuberger, der diese Aufgabe ohne zu Zögern übernommen hat.

Bedanken möchte ich mich außerdem bei meinen Münsteraner Kolleginnen und Kollegen, von denen ich große Unterstützung erfahren habe: Dr. Alexander Görke danke ich für die ertragreichen Diskussionen zur Strukturierung und Methodik meiner Dissertation – und natürlich für die zwischenzeitlichen Erholungspausen. Dr. Marianne Ravenstein danke ich für die konstruktive Kritik. Sie hat mir mit ihren Anregungen viele Unsicherheiten genommen und mich immer wieder motiviert. Privatdozent Dr. Armin Scholl danke ich für seine enorme Hilfsbereitschaft, mit der er diese Arbeit begleitet hat, und die zahlreichen wertvollen Ratschläge.

Dr. Maja Malik, Dr. Anja Mikler und Dr. Jan Schmidt haben Teile der Arbeit gelesen. Ihnen danke ich für die sorgfältige und kritische Durchsicht sowie die zahlreichen Anregungen zur Verbesserung. Mein Dank gilt ebenso Melanie Bergs, Sonja Harpers und Martin von Braunschweig, die geflissentlich Teile dieser Arbeit durchgearbeitet haben. Schließlich danke ich Dagmar Schierenberg, die wie selbstverständlich mit großer Sorgfalt das Korrekturlesen übernommen hat.

Nicht zuletzt danke ich ganz besonders meinen Eltern und meinen Schwestern, die mich immer wieder motiviert haben, diese Arbeit fertig zu schreiben. Sie haben mir stets fördernd und fordernd beigestanden. Mein größter Dank gilt Martin Hüsener. Er hat mich motiviert, wenn ich mich nur schlecht aufraffen konnte. Er hat sich gefreut, wenn ich zufrieden mit meiner Leistung war. Er hat mich aber auch gerügt, wenn ich mich habe gehen lassen. Kurzum, er hat alle Gefühlsregungen, die ich durchlebt habe, begleitet und mich mit seiner Liebe gestützt. Danke!

Bamberg, im November 2006　　　　　　　　　　　　　　　　　Kristina Wied

Vorwort

Wahlen und Wahlkämpfe gehören in der Kommunikationswissenschaft zu den bevorzugt bearbeiteten Ereignissen. Die starke Fokussierung auf politische Kommunikationsforschung wurzelt in der grundlegenden Bedeutung, die Wahlen im politischen Prozess von Demokratien einnehmen. Eine Vielzahl von Modellen und Theorien basiert auf der wissenschaftlichen Beobachtung von politischer Berichterstattung, speziell im Kontext von Wahlen: zum Beispiel das Konzept der Meinungsführerschaft, große Teile der Nachrichtenwertforschung, die Theorie der Schweigespirale, die Agenda Setting-Forschung und – in jüngerer Zeit – die These von der Amerikanisierung politischer Kommunikation.

In diesem theoretisch sehr vielseitigen und empirisch recht gut ausgeleuchteten Gebiet hat Kristina Wied eine Forschungslücke erblickt: die sonntäglichen Wahlabendsendungen bei Bundestagswahlen im deutschen Fernsehen. Die Untersuchung der Wahlabendberichterstattung ist nicht nur ein Beitrag zur politischen Kommunikationsforschung, sondern liefert ebenfalls Erkenntnisse zur Journalismusforschung und zur Fernsehprogrammgeschichte. Ein Vorteil dieser wissenschaftlichen Perspektive auf Wahlsendungen liegt darin, dass neben den Inhalten der politikbezogenen Berichterstattung auch die organisationsspezifischen Kontexte der politischen Kommunikation Berücksichtigung finden. Die Studie wird der Mehrdimensionalität ihres Untersuchungsgegenstandes gerecht.

Wahlabendberichterstattung ist für Kristina Wied „Teil des Subsystems Politikjournalismus", „sie gehört zum Medienbereich Fernsehjournalismus" und unterliegt damit bestimmten technischen und organisatorischen Rahmenbedingungen. Die in der Kommunikationsforschung herausgearbeiteten Trends politischer Berichterstattung (Infotainment, Boulevardisierung, Inszenierung, Personalisierung, Ritualisierung, Visualisierung) markieren einige Ausgangspunkte für die akribische Studie der Sendungen an Bundestagswahlabenden zwischen 1961 und 2002 bei ARD, ZDF, RTL und Sat 1. Die insgesamt fast 110 Stunden Programmanalyse ergänzt die Verfasserin um Leitfadengespräche mit zentralen Protagonisten und Experten (unter anderem Ulrich Deppendorf, Friedrich Nowottny, Jörg Schönenborn, Thomas Bellut, Steffen Seibert, Peter Kloeppel, Manfred Güllner, Joachim Raschke) sowie durch eine aufwändige Dokumentenanalyse in den Archiven der TV-Sender. Die Kombination historisch deskriptiver Methoden (Dokumenten- und Sekundärliteraturanalyse, teilnehmende Beobachtung), empirisch-analytischer Methoden, quantitativer und qualitativer Inhaltsanalyse sowie der explorativen Methode der Experteninterviews konstituieren einen kommunikationswissenschaftlich überaus elaborierten Forschungsrahmen.

Kristina Wied arbeitet heraus, dass sich bei den vier untersuchten Fernsehanstalten „spezifische Routineprogramme herausgebildet und etabliert haben, die die Planung und die Koordination im Programmprozess anleiten". Insgesamt ergibt sich ein konzises Bild der Einflussfaktoren und strukturellen Merkmale sowie ihrer Veränderungen im Laufe von über vier Jahrzehnten. Damit ist nicht nur ein Stück Fernsehgeschichte dokumentiert, sondern die Studie bereichert die kommunikationswissenschaftlichen Erkenntnisse vor allem dadurch, dass nahezu alle Rahmenbedingungen der Politikberichterstattung erfasst sind.

Kristina Wied verdeutlicht mit ihrer Langzeitanalyse, die zwölf Messpunkte zwischen 1961 und 2002 umfasst, dass sich die Wahlsondersendungen an den Sonntagen der Bundestagswahlen zu einem eigenen Format mit spezifischen Stilmitteln entwickelt haben. Die wissenschaftliche Analyse der spezifischen Organisationsabläufe, der Rollen und der technischen Besonderheiten der Fernsehproduktion stellt eine Ergänzung der Journalismusforschung dar und liefert ebenfalls Erkenntnisse zum Verständnis von politischer Kommunikation und Fernsehprogrammgeschichte.

Münster, im November 2006 Prof. Dr. Bernd Blöbaum

Inhalt

Tabellen und Abbildungen 15

Abkürzungen 19

1 **Einleitung** 21

2 **Der Forschungsrahmen: Politische Kommunikation, Journalismus und Fernsehprogrammgeschichte** 27
    2.1 Politische Kommunikation 28
        2.1.1 Annäherungen an ein komplexes Phänomen 28
        2.1.2 Einordnungen in ein heterogenes Forschungsfeld 32
    2.2 Politikberichterstattung als Form der Politikvermittlung 34
        2.2.1 Bestimmung des Terminus der Politikvermittlung 34
        2.2.2 Politikberichterstattung – ein journalistisches Produkt 35
            2.2.2.1 Produktionskontext: Strukturen des Journalismus 37
                  Organisationen 39
                  Rollen und Akteure 44
                  Programme 51
            2.2.2.2 Definition des Begriffs der Politikberichterstattung ... 60
            2.2.2.3 Inhalte politischer Berichterstattung als Forschungsgegenstand 61
        2.2.3 Wandel und Stabilität von Politikberichterstattung im TV 66
            2.2.3.1 Forschungen zur Fernsehprogrammgeschichte 67
            2.2.3.2 Programmstrukturanalysen 71
            2.2.3.3 Studien zu journalistischen Formaten 75
            2.2.3.4 Trends politischer Berichterstattung 85
                  Infotainment und Boulevardisierung 87
                  Inszenierung 90
                  Personalisierung 93
                  Ritualisierung 97
                  Visualisierung 99
    2.3 Wahlkampfberichterstattung als Form der Wahlberichterstattung 101
        2.3.1 Wahlkampfberichterstattung – eine Begriffsabgrenzung 101
        2.3.2 Untersuchungsgegenstand Wahlkampfberichterstattung 104

3 **Wahlabendberichterstattung** 109
    3.1 Definition der Wahlabendberichterstattung 109
    3.2 Wahlabendberichterstattung als Forschungsgegenstand 110
    3.3 Problemfokussierung 130

	Untersuchungsgegenstand und Untersuchungszeitraum	131
	Forschungsleitende Frage	135
	Untersuchungs-Ebenen und Einzelfragen	136

4 Untersuchungsdesign ... 141
4.1 Dokumentenanalyse und Analyse der Sekundärliteratur ... 142
4.2 Produktanalysen ... 144
    4.2.1 Qualitative Inhaltsanalysen ... 145
        Formal-inhaltliche Strukturierung ... 145
        Formal-ästhetische Strukturierung ... 148
    4.2.2 Quantitative Inhaltsanalyse inhaltlicher Merkmale ... 149
    4.2.3 Quantitative Inhaltsanalyse fernseh-ästhetischer Merkmale ... 153
    4.2.4 Datengrundlage der Produktanalysen ... 156
4.3 Leitfadeninterviews mit Experten ... 157

5 Wahlabendberichterstattung im deutschen Fernsehen: Kontext-Merkmale ... 161
5.1 Chronik ... 161
    Politische Konstellationen ... 161
    Mediale Entwicklung ... 164
5.2 Rahmenbedingungen ... 165
    5.2.1 Organisation ... 165
        5.2.1.1 Rechtliche Regelungen ... 166
        5.2.1.2 Berufsnormen ... 168
        5.2.1.3 Ökonomische Bedingungen ... 169
            Finanzierungsform ... 169
            Marktposition ... 169
            Wettbewerbssituation ... 169
            Wettbewerb zwischen ARD und ZDF ... 170
            Konkurrenz zwischen öffentlich-rechtlichen und privaten TV-Sendern ... 171
            Wettbewerb der Wahlforschungsinstitute ... 172
            Konkurrenzsituation der Fernsehsender zu weiteren Massenmedien ... 174
            Kooperationen der TV-Anbieter ... 175
            Ressourcen ... 176
        5.2.1.4 Technische Einflussfaktoren ... 180
        5.2.1.5 Formale Organisationsstrukturen ... 182
    5.2.2 Inhalt und Form ... 186
        5.2.2.1 Wahlforschung ... 186
        5.2.2.2 Wahlferne Elemente ... 188
            Sport ... 189
            Unterhaltung ... 189
    5.2.3 Akteure ... 193
        5.2.3.1 Journalisten ... 193
            Journalistischer Anspruch ... 193

			Arbeitsrollen von Journalisten	194
		5.2.3.2	Wahlforscher und weitere Experten	197
			Wahlforscher	197
			Weitere Experten	199
		5.2.3.3	Politiker und Bürger	202
		5.2.3.4	Rezipienten	203
			Einschaltquoten	203
			Zuschauerbefragungen	206
			Zuschauerreaktionen	206
			Zuschauerprofil	207
			Zuschauerinteresse	208
	5.3	Zwischenfazit		210

6 Wahlabendberichterstattung im deutschen Fernsehen: formal-inhaltliche und formal-ästhetische Merkmale ... 213

- 6.1 Die Grobstruktur des Wahlabends ... 213
  - 6.1.1 Sendeablauf an Wahlabenden ... 214
  - 6.1.2 Hauptausgaben der Wahlabendsondersendungen: Beginn, Ende, Dauer ... 218
- 6.2 Die Feinstruktur der Hauptausgaben der Wahlabendsondersendungen ... 223
  - 6.2.1 Grober Ablauf ... 224
  - 6.2.2 Konstitutive Bestandteile ... 226
    - Bekanntgabe von Wahlforschungsergebnissen ... 226
    - Auftritte von Spitzenpolitikern ... 231
  - 6.2.3 Unterbrechungen ... 232
- 6.3 Bildgestaltung und -bearbeitung ... 240
  - 6.3.1 Vorspann ... 240
  - 6.3.2 Schrifteinblendungen und Signets ... 246
  - 6.3.3 Grafiken ... 249
  - 6.3.4 Schalten ... 254
- 6.4 Studioausstattung ... 256
  - 6.4.1 Studioaufbau ... 257
  - 6.4.2 Dekoration ... 257
- 6.5 Verhalten der Moderatoren: Kleidung, Präsentationsweise und Sprachstil ... 260
- 6.6 Einbindung von Wahlforschungsergebnissen ... 264
- 6.7 Zwischenfazit ... 270

7 Wahlabendberichterstattung im deutschen Fernsehen: inhaltliche Merkmale ... 273

- 7.1 Veränderung als Konstante ... 273
  - 7.1.1 Darstellungsformen ... 277
  - 7.1.2 Themen ... 289
  - 7.1.3 Orte ... 294
  - 7.1.4 Akteure ... 297
- 7.2 Zwischenfazit ... 310

8 Wahlabendberichterstattung im deutschen Fernsehen: fernseh-ästhetische Merkmale 315
   8.1 Stabilität mit Veränderungen im Detail 315
      8.1.1 Schnittfrequenz und Einstellungsdauer 316
      8.1.2 Einstellungswechsel 321
      8.1.3 Machart der Bilder und Bildbearbeitung 323
      8.1.4 Kamera-Aktionen 325
      8.1.5 Einstellungsgröße 331
      8.1.6 Kameraperspektive 337
   8.2 Zwischenfazit 340

9 Wahlabendberichterstattung im deutschen Fernsehen: Systematisierung und Kontextualisierung 343
   9.1. Periodisierung – ein Vorschlag zur Gliederung der Programmgeschichte eines Fernsehformats 344
      9.1.1 Frühphase der Wahlabendberichterstattung im deutschen Fernsehen (1953/1957 bis 1961) 345
      9.1.2 Anfänge der professionellen Ergebnis- und Analyseübermittlung – ARD und ZDF im Kontrast (1965) 346
      9.1.3 Etablierung der professionellen Ergebnis- und Analyseübermittlung – abgeschwächte Kontrastierung zwischen ARD und ZDF (1969 bis 1976) 347
      9.1.4 Ähnliche Konzeptionen bei ARD und ZDF – auf dem Weg zum Dualen Rundfunksystem (1980 und 1983) 349
      9.1.5 Positionierungsversuche im Dualen Rundfunksystem – öffentlich-rechtliche und private Fernsehanbieter im Kontrast (1987 und 1990) 350
      9.1.6 Homogenität durch Konzentration auf Informationen (1994) ... 351
      9.1.7 Differenzierung und Profilierung durch Spezialisierung (seit 1998) 352
      9.1.8 Perioden der Wahlabendberichterstattung im deutschen Fernsehen – ein Fazit 353
   9.2 Trends politischer Berichterstattung – eine Überprüfung am Beispiel der Wahlabendberichterstattung 354
      9.2.1 Infotainment und Boulevardisierung 354
      9.2.2 Inszenierung 359
      9.2.3 Personalisierung 361
      9.2.4 Ritualisierung 363
      9.2.5 Visualisierung 365
      9.2.6 Trends der Wahlabendberichterstattung im deutschen Fernsehen – ein Fazit 367
   9.3 Bedingungen des Produktionskontextes – Erklärungsansätze zur Entwicklung eines journalistisches Formats bei verschiedenen TV-Sendern .. 368
      9.3.1 Politische Konstellationen und mediale Entwicklung 368
      9.3.2 Organisation 371
            Rechtliche Regelungen und Berufsnormen 372
            Wirtschaftliche Bedingungen 374

		Technische Einflussfaktoren	375

                Technische Einflussfaktoren 375
                Formale Organisationsstrukturen 376
      9.3.3 Inhalt und Form 377
      9.3.4 Akteure 379
                Journalisten 379
                Wahlforscher und weitere Experten 380
                Politiker und Bürger 380
                Rezipienten 381
      9.3.5 Kontexte der Wahlabendberichterstattung im deutschen Fernsehen –
              ein Fazit 382

10 Schlussbetrachtung **383**
  10.1 Resümee 383
  10.2 Ausblick 387

11 Literatur, Presseartikel und Archivmaterialien **393**

Tabellen und Abbildungen

Tab. 1:	Dimensionen des Politischen	29
Tab. 2:	Übersicht über Design vorhandener Untersuchungen zur Wahlabendberichterstattung im Rundfunk (implizit)	112/113
Tab. 3:	Antwortskalen der ARD/ZDF-Trendbefragungen zur Wahlabendberichterstattung	116
Tab. 4:	Übersicht über Design vorhandener Untersuchungen zur Wahlabendberichterstattung im Rundfunk (explizit)	120/121
Tab. 5:	Kategorisierung der Grafiken bei Kamps	125
Tab. 6:	Untersuchungs-Ebenen und Analyseschritte	137
Tab. 7:	Verfügbare Primärquellen	143
Tab. 8:	Stichprobe der quantitativen Inhaltsanalyse inhaltlicher Merkmale	152
Tab. 9:	Stichprobe der quantitativen Inhaltsanalyse fernseh-ästhetischer Merkmale	155
Tab. 10:	Vorliegendes TV-Material	156
Tab. 11:	Vorliegendes TV-Material in hh:mm:ss	157
Tab. 12:	Sample der Leitfadenbefragung	158
Tab. 13:	Überblick über die Spitzenkandidaten zu den Bundestagswahlen 1949 bis 2005	162
Tab. 14:	Überblick über die Wahlergebnisse zum Deutschen Bundestag	163
Tab. 15:	Überblick über die Regierung(skoalition)en in Deutschland	163
Tab. 16:	Ressourcen: Finanzen	177
Tab. 17:	Ressourcen: Personal	178
Tab. 18:	Ressourcen: Orte der zentralen Wahlstudios – ARD und ZDF	179
Tab. 19:	Ressourcen: Orte der zentralen Wahlstudios – RTL und Sat.1	179
Tab. 20:	Ressourcen: Zahl der Schaltorte	180
Tab. 21:	Einbindung von weiteren Experten	200
Tab. 22:	Eingeschaltete Fernsehhaushalte in Prozent	204
Tab. 23:	Einschaltquoten der Hauptausgaben der Wahlabendsondersendungen seit 1976	205
Tab. 24:	Zuschauer im Durchschnitt in Millionen nach Geschlecht pro TV-Sender	207
Tab. 25:	Zuschauer nach Alter in Prozent aller Zuschauer eines TV-Senders	208
Tab. 26:	Zuschauer nach Bildung in Prozent aller Zuschauer eines TV-Senders	208
Tab. 27:	Beginn der Hauptausgaben der Wahlabendsondersendungen	219
Tab. 28:	Ende der Hauptausgaben der Wahlabendsondersendungen	220
Tab. 29:	Dauer der Hauptausgaben der Wahlabendsondersendungen (in hh:mm:ss)	221
Tab. 30:	Zeitpunkte der Veröffentlichung der Prognose	229
Tab. 31:	Zeitpunkte der Veröffentlichung der 1. Hochrechnung	230
Tab. 32:	Unterbrechungen der Hauptausgaben der ARD-Wahlabendsondersendungen	233

Tab. 33: Unterbrechungen der Hauptausgaben der
ZDF-Wahlabendsondersendungen 234
Tab. 34: Unterbrechungen der Hauptausgaben der
RTL-Wahlabendsondersendungen 235
Tab. 35: Unterbrechungen der Hauptausgaben der
Sat.1-Wahlabendsondersendungen 236
Tab. 36: Verhältnis wahlferne und wahlbezogene Sendelemente bei der ARD 237
Tab. 37: Verhältnis wahlferne und wahlbezogene Sendelemente beim ZDF 238
Tab. 38: Verhältnis wahlferne und wahlbezogene Sendelemente bei RTL 239
Tab. 39: Verhältnis wahlferne und wahlbezogene Sendelemente bei Sat.1 240
Tab. 40: Grafiken 250
Tab. 41: Zahl der Beiträge 273
Tab. 42: Kurze Beiträge (Beiträge bis 30 Sekunden) in Prozent aller Beiträge 276
Tab. 43: Sehr lange Beiträge (Beiträge ab drei Minuten) in Prozent aller Beiträge 276
Tab. 44: Darstellungsformen – Vorkommen pro TV-Sender 278
Tab. 45: Darstellungsformen – zeitlicher Umfang pro TV-Sender in Sekunden 280
Tab. 46: Grafiken – Vorkommen pro TV-Sender in Prozent 288
Tab. 47: Weitere Grafiken – Vorkommen pro TV-Sender in Prozent 288
Tab. 48: Grafiken – Vorkommen pro Wahljahr in Prozent 289
Tab. 49: Weitere Grafiken – Vorkommen pro Wahljahr in Prozent 289
Tab. 50: Thema Landtags- und Bundestagswahl – Vorkommen pro Wahljahr
in Prozent 290
Tab. 51: Themen – Vorkommen pro Sender (Anzahl und Prozent) 291
Tab. 52: Themen – Vorkommen pro Wahljahr in Prozent aller Themen 293
Tab. 53: Orte – Vorkommen pro TV-Sender (Anzahl und Prozent) 295
Tab. 54: Außenwelt – Vorkommen pro Wahljahr in Prozent aller Orte 297
Tab. 55: Frauen und Männer – Vorkommen pro TV-Sender in Prozent 298
Tab. 56: Frauen und Männer – Vorkommen pro Wahljahr in Prozent 298
Tab. 57 Akteure – Vorkommen pro TV-Sender (Anzahl und Prozent) 299/300
Tab. 58: Durchschnittliche Dauer der Politiker-O-Töne (in Sekunden) 309
Tab. 59: Dauer der Untersuchungseinheiten (in mm:ss) 315
Tab. 60: Schnitt in Prozent aller Einstellungswechsel 322
Tab. 61: Blenden und digitale Übergänge in Prozent aller Einstellungswechsel 323
Tab. 62: Einfache Kamerabilder in Prozent aller Bildbearbeitungen 324
Tab. 63: Standbilder in Prozent aller Kamera-Aktionen 327
Tab. 64: Kamerafahrten in Prozent aller Kamera-Aktionen 327
Tab. 65: Schwenks in Prozent aller Kamera-Aktionen 328
Tab. 66: Kameragang/unruhige Kamera in Prozent aller Kamera-Aktionen 329
Tab. 67: Einstellungen mit mehreren Kamera-Aktionen 331
Tab. 68: Totale Einstellungen in Prozent aller Einstellungsgrößen 334
Tab. 69: Halbtotale und Halbnahe Einstellungen in Prozent aller Einstellungsgrößen .. 335
Tab. 70: Amerikanische und Nah-Einstellungen in Prozent aller Einstellungsgrößen ... 335
Tab. 71: Groß- und Detaileinstellungen in Prozent aller Einstellungsgrößen 336
Tab. 72: Einstellungen mit mehreren Einstellungsgrößen 337
Tab. 73: Normalsicht in Prozent aller Kameraperspektiven 338
Tab. 74: Aufsicht in Prozent aller Kameraperspektiven 339

Tab. 75: Untersicht in Prozent aller Kameraperspektiven 340
Tab. 76: Einstellungen mit mehreren Kameraperspektiven 340

Abb. 1: Ebenen der Politik 31
Abb. 2: Formen von Wahlberichterstattung 104
Abb. 3: Mehr-Methoden-Ansatz im Überblick 141
Abb. 4: Auswahl der mittels quantitativer Inhaltsanalyse zu untersuchenden Abschnitte 150
Abb. 5: Sendeablauf 225
Abb. 6: Vorspann-Dauer in Sekunden 241
Abb. 7: Beitragsdauer (in Sekunden) im Durchschnitt aller TV-Sender pro Wahljahr 274
Abb. 8: Durchschnittliche Dauer der Beiträge in Sekunden 275
Abb. 9: Personenorientierte Darstellungsformen – Vorkommen in Prozent an allen Stilformen 282
Abb. 10: Personenorientierte Darstellungsformen – zeitlicher Umfang in Prozent der Gesamtzeit der Stilformen 283
Abb. 11: Darstellungsformen – Vorkommen pro Wahljahr in Prozent an allen Darstellungsformen 285
Abb. 12: Darstellungsformen – zeitlicher Umfang pro Wahljahr in Prozent an der Gesamtsendezeit 286
Abb. 13: Ausgewählte Orte – Vorkommen pro Wahljahr in Prozent aller Orte 296
Abb. 14: Journalistische Akteure – Vorkommen pro Wahljahr in Prozent 301
Abb. 15: Experten – Vorkommen pro Wahljahr in Prozent 302
Abb. 16: Lager – Vorkommen pro Wahljahr in Prozent 304
Abb. 17: Parteien – Vorkommen pro Wahljahr in Prozent 306
Abb. 18: Hierarchische Positionen – Vorkommen pro Wahljahr in Prozent 307
Abb. 19: Schnittfrequenz im Durchschnitt aller TV-Sender pro Wahljahr 316
Abb. 20: Schnittfrequenz/Zahl der Einstellungen pro Untersuchungseinheit 317
Abb. 21: Durchschnittliche Dauer der Einstellungen in Sekunden 318
Abb. 22: Sehr kurze Einstellungen in Prozent aller Einstellungen 320
Abb. 23: Lange und sehr lange Einstellungen in Prozent aller Einstellungen 321
Abb. 24: Standbilder in Prozent aller Kamera-Aktionen im Schnitt der vier analysierten TV-Sender 326
Abb. 25: Kamera-Aktionen beim ZDF 330
Abb. 26: Durchschnittlicher Anteil der Einstellungsgrößen in Prozent aller Einstellungsgrößen 333
Abb. 27: Durchschnittliche Normalsicht in Prozent aller Kameraperspektiven 338
Abb. 28: Phasen der Programmgeschichte der Wahlabendberichterstattung 345

Abkürzungen

AAPOR	American Association of Public Opinion Research
ADM	Arbeitskreis Deutscher Markt- und Sozialforschungsinstitute
AGF	Arbeitsgemeinschaft Fernsehforschung
ALM	Arbeitsgemeinschaft der Landesmedienanstalten
APouZ	Sitzung des Ausschusses für Politik und Zeitgeschehen des ZDF-Fernsehrats
ARD	Arbeitsgemeinschaft der Rundfunkanstalten in Deutschland
ARD StV	ARD-Staatsvertrag
ArS	Arbeitssitzung der ARD
Atmo	Atmosphäre; gemeint sind Umweltgeräusche, die bei Fernsehaufnahmen automatisch einfließen
BDI	Bundesverband Deutscher Industrieller
BHE	Bund der Heimatvertriebenen und Entrechteten
BP	Bayernpartei
BWG	Bundeswahlgesetz
CDU	Christlich Demokratische Union
CR TV	Konferenz der Chefredakteure Fernsehen der ARD
CR TV/KR u. WR TV	Konferenz der Chefredakteure Fernsehen und der Kultur- und Wissenschaftsredakteure Fernsehen der ARD
CSU	Christlich Soziale Union
DFG	Deutsche Forschungsgemeinschaft
DFF	Deutscher Fernsehfunk
DGB	Deutscher Gewerkschaftsbund
Divo	Deutsches Institut für Volksumfragen
DLM	Direktorenkonferenz der Landesmedienanstalten
DP	Deutsche Partei
DRA	Deutsches Rundfunkarchiv
DSU	Deutsche Soziale Union
DVP	Deutsche Fortschrittspartei
emnid	emnid Medien- und Sozialforschung
epd	evangelischer Pressedienst
FAZ	Frankfurter Allgemeine Zeitung
FDP	Freie Demokratische Partei
FGW	Forschungsgruppe Wahlen, Institut für Wahlanalysen und Gesellschaftsbeobachtung
FK	Funkkorrespondenz
forsa	Gesellschaft für Sozialforschung und statistische Analysen
FR	Frankfurter Rundschau
FVP	Freie Volkspartei

GB	Gesamtdeutscher Block
GDP	Gesamtdeutsche Partei
GfK	Gesellschaft für Konsumforschung in Nürnberg
GÖFAK	Göttinger Institut für angewandte Kommunikationsforschung
HA	Hauptabteilung
HH	Haushalte; gemeint sind Fernsehhaushalte
HR	Hauptredaktion
IFEM	Institut für empirische Medienforschung
IfD	Institut für Demoskopie in Allensbach
infas	Institut für angewandte Sozialwissenschaft
infratest-dimap	Infratest dimap Gesellschaft für Trend- und Wahlforschung
KoorA	Sitzung des Koordinierungsausschusses ARD/ZDF
KPD	Kommunistische Partei Deutschlands
LfM	Landesanstalt für Medien in Nordrhein-Westfalen
NiF	Nachricht im Film
NWDR	Nordwestdeutscher Rundfunk
MA	Marktanteil
MAZ	Magnetaufzeichnung
OFF	Off beschreibt einen Kommentar, bei dem der Sprecher nicht im Bild zu sehen ist
ON	On beschreibt einen Kommentar, bei dem der Sprecher im Bild zu sehen ist
O-Ton/O-Töne	Original-Ton/Original-Töne
PA-WDR-RR	Sitzung des Programmausschusses des WDR-Rundfunkrates
PBei	Sitzung ARD-Programmbeirat
PDS	Partei des Demokratischen Sozialismus
RISP	Rhein-Ruhr-Institut für Sozialforschung und Politikberatung
RStV	Rundfunkstaatsvertrag
RTL	Radio-Television Luxemburg
RW	Reichweite
Sat.1	SatellitenFernsehen
SfB	Sonderforschungsbereich
SPD	Sozialdemokratische Partei Deutschlands
StTVPG	Ständige Fernsehprogrammkonferenz der ARD
SZ	Süddeutsche Zeitung
TAM	Television Audience Measurement
Ü-Wagen	Übertragungswagen
WDR	Westdeutscher Rundfunk
WDR-RR	Sitzung des WDR-Rundfunkrats
ZDF	Zweites Deutsches Fernsehen
ZDF-StV	ZDF-Staatsvertrag
ZDF-TVR	Sitzung des ZDF-Fernsehrats

1 Einleitung

Wahlen sind in demokratischen Systemen wie in Deutschland von zentraler Bedeutung: Bürger[1] äußern ihre Meinung, legen mit ihren Stimmen die Grundlage dafür, welche Partei(en) das Land künftig regieren soll(en). Dadurch wird politisches Handeln in der Demokratie legitimiert. Damit sind Wahlen wesentlicher Bestandteil jeder Demokratie.

Vor diesem Hintergrund überrascht es nicht, dass Wahlen als Ereigniskontext seit Jahrzehnten beliebter Gegenstand wissenschaftlicher Untersuchungen sind, bspw. der politischen Kommunikationsforschung. Im Mittelpunkt der meisten Studien, die in diesem Rahmen durchgeführt wurden, steht die Kommunikation im Wahlkampf (vgl. Schulz 2003: 462 ff.; Holtz-Bacha 2002b: 23 ff. u. 1996: 9 ff.; Sarcinelli/Schatz 2002b: 9; Sarcinelli 2000: 22 f.). Dabei handelt es sich um ein mehrschichtiges und uneinheitliches Forschungsfeld, das durch unterschiedliche Fragestellungen, differierende theoretische Herangehensweisen und verschiedene methodische Zugänge geprägt ist. Ein gut erforschter Bestandteil der Wahlkampfkommunikation ist die journalistische Thematisierung des Wahlkampfs. Im Vergleich dazu ist die Berichterstattung am Wahltag selbst bislang kaum untersucht worden.[2] Einige Studien beschäftigen sich am Rande damit.[3] Lediglich in Ausnahmefällen steht die Berichterstattung am Wahltag im Zentrum von Analysen (vgl. Lauerbach 2001; Tennert/Stiehler 2001; Teichert/Deichsel 1987; Frank 1970; Freyberger 1970; Kamps o. D.).

Diese Bilanzierung ist umso verwunderlicher, als Wahlen das politische Großereignis sind, auf das Wahlkampf hinführt. Sie stellen seinen Höhepunkt dar: für die Wählerschaft, die über die Stimmabgabe am politischen Prozess teilnimmt, für die Politiker, über deren Teilhabe an politischer Macht entschieden wird, und für die Journalisten, für die Wahltage wegen der enormen politischen Bedeutung einen hohen Stellenwert haben. Von Journalisten wird erwartet, dass sie über Wahlen ausführlich berichten, Einordnungen geben und Konsequenzen aufzeigen, weil der Wahlausgang unmittelbaren und deutlichen Einfluss auf das politische Geschehen hat (vgl. Stiehler 2000: 106 ff.; Scherer/Hagen/Rieß/Zipfel 1996: 155 f u. 173 f.; Zeh 1992: 9). So erfüllt der Journalismus – normativ gesehen – die Demokratie sichernden Aufgaben, die ihm bei der Vermittlung von Informationen zukommen.

Die Bürger haben außerdem ein besonders großes Interesse an der Berichterstattung am Wahltag, wie bereits in den 1980er Jahren festgestellt wurde (vgl. Feist/Liepelt 1986: 159). Dieses lässt sich durch die gesellschaftliche Bedeutung von Wahlen begründen und in der Frage nach der zukünftigen Regierung ausdrücken (vgl. Tennert/Stiehler 2001: 17 f.; Stiehler 2000: 107). Da Wahlergebnisse laut Bundeswahlgesetz (vgl. BWG § 32 Abs. 2) erst nach Schließung der Wahllokale veröffentlicht werden dürfen, kann nach einer Ant-

---

[1] Um die Lesbarkeit dieser Arbeit zu erleichtern, wird bei Personen i. d. R. die männliche Form verwandt. Es sind jedoch jeweils männliche und weibliche Personen gemeint.
[2] Die Nachwahlberichterstattung ist bisher auch nur eingeschränkt kommunikationswissenschaftlich erforscht worden (vgl. Melischek/Seethaler 2000: 121; Stiehler 2000: 115; Scherer/Hagen/Rieß/Zipfel 1996: 150).
[3] Vgl. Wilke/Spiller 2006; Geese/Zubayr/Gerhard 2005; Krüger/Müller-Sachse/Zapf-Schramm 2005; Vowe/Wolling 2003; Krüger/Zapf-Schramm 2002a u. 1999; Zubayr/Gerhard 2002 u. 1999; Huhndorf 1996.

wort auf diese Frage erst ab 18 Uhr, also am Wahlabend, gesucht werden. Für die Rezipienten ist die Information zu den Wahlresultaten aber auch deshalb bedeutsam, weil sie als Bürger selbst an der Wahl beteiligt waren und für deren Ausgang, über den am Abend informiert wird, verantwortlich zeichnen (vgl. bereits Hagen 1969b: 1; Wildenmann 1969: 169 f.). Dies lässt sich in der Frage verdichten: Was ist aus der eigenen, abgegebenen Stimme geworden? Zudem bietet Wahlabendberichterstattung die Option, den Wahlausgang und die wichtigsten Hintergründe mit der eigenen politischen Meinungsbildung zurückzukoppeln (vgl. Feist 1994: 28). Das hohe Interesse an der Wahlabendberichterstattung wird darüber hinaus auf die sportliche Spannung zurückgeführt, die nach dem Motto „Wer gewinnt?" aufgebaut wird (vgl. z. B. Holtz-Bacha 2002a: 50 u. 53; Stiehler 2000: 110; Melischek/Seethaler 2000: 121 ff.).

In diesem Zusammenhang wird dem Fernsehen als politischem Leitmedium sowohl von Journalisten als auch von Wissenschaftlern eine besondere Bedeutung zugeschrieben: Große Teile der Nation versammeln sich vor dem Fernsehgerät, so dass Wahlen zu nationalen Ereignissen werden (vgl. Lauerbach 2001: 2; Friedrichs 1995: 99; Bellut 1994: 3). Darüber hinaus nimmt das Fernsehen im Vergleich zu anderen aktuellen Massenmedien eine relevantere Stellung bei der politischen Berichterstattung am Abend von Wahlen ein, weil es mit der Veröffentlichung der Wahlforschungsergebnisse Nachrichten generiert. Prognosen und Hochrechnungen werden von unter Vertrag stehenden Meinungsforschungsinstituten eigens für die Fernsehsender erarbeitet. Sie dienen als Grundlage für Stellungnahmen von Politikern, Experten und Journalisten zum Wahlausgang (vgl. Tennert/Stiehler 2001: 25 u. 34; Hamerla 1980; Wördemann 1969a: 153 u. 1969b: 4 f.). Andere Massenmedien beziehen sich ebenfalls auf diese Daten (vgl. z. B. Braun 2006; vode 2006). Des Weiteren ist das Fernsehen verantwortlich für unterschiedliche Inszenierungen, die das politische Geschehen am Wahlabend prägen und ihn strukturieren (vgl. etwa Tennert/Stiehler 2001: 25). So werden Debatten in extra am Ort aufgebauten Wahlstudios arrangiert.

Weiterhin ist das Fernsehen am Wahlabend – wie zu anderen Zeiten auch – für die Politiker „wichtigstes Medium" (Schulz 1994: 321). Sie sind um TV-Präsenz bemüht (vgl. Weber 2000a u. 2000b). Fernsehjournalisten führen meist Interviews mit Politikern, bevor Radio- und Zeitungsjournalisten dazu Gelegenheit haben. Zum Teil müssen Print- und Hörfunkjournalisten Zitate bzw. O-Töne des Fernsehens übernehmen (vgl. Müller-Gerbes 1999; Dürr 1980; Göbel 1969: 204). Über die Bereitstellung von Berichterstattungsangeboten streben Politiker an, Einfluss auf die Weitergabe von Informationen zu erreichen. Aus ihrer Sicht steht mit dem Fernsehen aufgrund seiner technischen Gegebenheiten ein Medium mit massenhafter Verbreitung zur Verfügung, dass sich für Visualisierung und Personalisierung von Politik, und damit politische Inszenierungen, besonders eignet (vgl. Jarren/Donges 2002b: 115). Hinzu kommt, dass es sich bei den Wahlabendberichten im TV um Live-Berichterstattung handelt, die Politikern eine gute Möglichkeit bietet, sich möglichst ungekürzt und ungefiltert zu äußern und zu zeigen. Auf diese Weise können sie am besten auf das Publikum wirken (vgl. Donsbach/Jandura 2003: 228 ff.).

Entsprechend der herausgehobenen Stellung des Fernsehens analysieren die wenigen Studien, die sich bislang mit der Wahlabendberichterstattung befasst haben, hauptsächlich die TV-Berichterstattung. Da sich die bisherigen Untersuchungen aber entweder nur beiläufig damit auseinander gesetzt oder sie nur einzelne Aspekte der Wahlabendberichterstattung im Fernsehen in den Blick genommen haben, steht im Zentrum der vorliegenden Arbeit ebenfalls die politische Fernsehberichterstattung am Abend von Wahlen. Bislang fehlen zudem Studien, in denen die Wahlabendberichterstattung im TV über einen längeren Zeitraum kontinuierlich analysiert wurde. Schließlich besteht ein Defizit an komparativ angelegten Analysen zu den Wahlabendberichten verschiedener Sender. Die Berichterstattung am Wahlabend im Fernsehen ist also noch nicht hinreichend empirisch untersucht worden. Dies ist der Ausgangspunkt dieser Studie. Ihre übergeordnete Fragestellung lautet:

Wie hat sich die Wahlabendberichterstattung im deutschen Fernsehen im Laufe der Zeit entwickelt?

Damit leistet die vorliegende Arbeit nicht nur einen Beitrag zur politischen Kommunikationsforschung, sondern auch zur programmgeschichtlichen Fernsehforschung. Zur Programmgeschichte des Fernsehens in Deutschland sind zwar in den vergangenen Jahren mehrere Untersuchungen zum Gesamtprogramm und einzelnen Sendeformaten vorgelegt worden (vgl. z. B. Dittmar/Vollberg 2004 u. 2002; Hickethier 1998b; Bleicher 1993a; Kreuzer/Thomsen 1993 f.). Weiterhin werden aber systematische Langzeitstudien zum Fernsehprogramm, die sich auf das originäre TV-Material beziehen, vergleichsweise selten durchgeführt. Dies ist indes für die Programmgeschichte des Fernsehens unerlässlich, da sich Aussagen zu Wandel und Stabilität der Inhalte und der Darstellungsweise des Fernsehprogramms nur auf Basis dessen, was wirklich gesendet wurde, formulieren lassen (vgl. Wilke/Spiller 2006: 104; Keilbach/Thiele 2003: 70; Adelmann/Hesse/Keilbach/Stauff/Thiele 2001: 336; Pollert 1996: 160 u. 316f.; Ludes 1994: 108f.).

Im Rahmen der politischen Kommunikationsforschung wird – auch in Bezug auf Wahlkommunikation – ebenfalls ein Mangel ein Langzeitstudien beklagt (vgl. u. a. Wilke/Spiller 2006: 103; Sarcinelli 2002: 330 u. 334; Saxer 2000: 41 ff.). Diese sind jedoch relevant, da auf Basis von punktuellen Analysen Aussagen zu Trends politischer Kommunikation getroffen werden, aus denen wiederum Schlüsse für langfristige Entwicklungen gezogen werden, obwohl sie nicht über die entsprechende empirische Grundlage verfügen (vgl. Keilbach/Thiele 2003: 65; Sarcinelli 2002: 330).

Darüber hinaus trägt die vorliegende Arbeit zur Journalismusforschung bei. Die Wahlabendberichterstattung entsteht als journalistisches Produkt nicht losgelöst von ihrem Kontext. Vielmehr haben die Entstehungszusammenhänge der organisatorischen Kontexte Einfluss auf die Berichterstattung. Sie schlagen sich in ihr nieder. Die etablierten Arbeitsweisen und Entscheidungsstrategien des Journalismus sind im Herstellungsprozess der Wahlabendberichterstattung ebenfalls bedeutsam. Auch der journalistische Anspruch, der mit der Berichterstattung am Wahlabend verbunden ist, sowie die Rollen von Journalisten und weiteren an dem Produktionsprozess beteiligten Akteuren sind relevant. Unter Rückbezug auf die Produktionsbedingungen des Journalismus kann folglich die Entstehung der journalistischen Thematisierung der Wahl am Wahlabend nachvollzogen werden. So lassen sich bspw. Differenzen bei verschiedenen TV-Sendern erklären. Die Analyse im Zeitverlauf ermöglicht darüber hinaus, Ansätze zur Erklärung von Entwicklungen der Wahlabendberichterstattung herauszuarbeiten.

Die Auseinandersetzung mit der forschungsleitenden Frage lässt sich also an der Schnittstelle der drei genannten etablierten kommunikationswissenschaftlichen Forschungsrichtungen verorten. Die Besonderheit dieser Arbeit liegt in der Konzeption als Langzeitanalyse, die sich auf die audiovisuellen Primärquellen beziehen soll. Drei Ziele sind damit verbunden:

1. Die detailreiche Rekonstruktion der Programmgeschichte der Wahlabendberichterstattung im deutschen Fernsehen anhand des originären TV-Materials. Auf Grundlage dieser historiographischen Darstellung kann eine Systematisierung erfolgen, die in einer Periodisierung der Geschichte der Wahlabendberichterstattung im deutschen Fernsehen münden soll.

2. Die kontinuierliche Bestandsaufnahme und Analyse von Wandel und Stabilität politischer Kommunikation am Beispiel der Wahlabendberichterstattung im deutschen Fernsehen aus Basis der audiovisuellen Primärquellen. Sie ermöglicht die angemessene Überprüfung von oft behaupteten Trends politischer Berichterstattung wie Infotainment bzw. Boulevardisierung, Inszenierung, Personalisierung, Visualisierung und Ritualisierung.

3. Die Nachzeichnung der Entwicklung der Wahlabendberichterstattung im deutschen Fernsehen als Produkt, das eingebettet in den Strukturen des Journalismus hergestellt wurde. Diese Beschreibung eröffnet die Möglichkeit einer Kontextualisierung. Durch den Rückbezug auf Rahmenbedingungen lassen sich Erklärungsansätze für Veränderungen und Kontinuitäten der Wahlabendberichterstattung im deutschen Fernsehen und für Differenzen zwischen verschiedenen TV-Anbietern formulieren.

Ausgehend von diesen Zielen wurde folgendes Untersuchungsdesign: Diese Studie konzentriert sich bei den empirischen Analysen auf die Hauptausgaben der Wahlabendsondersendungen der quotenstärksten Fernsehvollprogramme ARD, ZDF, RTL und Sat.1 zu den Bundestagswahlen 1961 bis 2002. Die Fokussierung auf dieses Format lässt sich mit der Problematik der Äquivalenz des Untersuchungsgegenstands im Zeitvergleich begründen. Die Wahlabendsondersendungen lassen sich vergleichsweise gut von anderen Berichterstattungsformen am Wahlabend abgrenzen, denn Formate übermitteln Informationen in einer standardisierten Form (vgl. etwa Pfetsch 1996: 482). Außerdem spielen forschungsökonomische Gründe eine Rolle: die schwierige Quellenlage bei programmhistorischen Untersuchungen, die sich auf das originäre Fernsehmaterial stützen (vgl. z. B. Wilke/Spiller 2006: 104; Adelmann/Hesse/Keilbach/Stauff/Thiele 2001: 336; Pollert 1996: 162; Ludes 1994: 113; Kahlenberg 1982: 25 ff.), der aufwändige Mehr-Methoden-Ansatz der vorliegenden Studie und der sehr große Umfang an Fernsehmaterial über einen mehrere Jahrzehnte umfassenden Untersuchungszeitraum. Eine Eingrenzung auf die Hauptausgaben bestimmter Formate hat sich bereits bei Analysen von Nachrichtensendungen im Fernsehen bewährt (vgl. statt anderer Ruhrmann/Woelke/Maier/Diehlmann 2003; Zubayr/Fahr 1999; Pfetsch 1996). Eine zeitliche Ausdehnung der Analyse über die Hauptausgaben hinaus dient zudem kaum dem Erkenntnisgewinn (vgl. Tennert/Stiehler 2001: 95). Außerdem lassen sich auch hier die bereits genannten forschungsökonomischen Gründe anführen.

Die Bestimmung des Untersuchungsgegenstands ist ebenfalls für einen Vergleich der Fernsehanbieter und damit für die Analyse des Gesamtbilds der Wahlabendberichterstattung im deutschen Fernsehprogramm geeignet, da sowohl öffentlich-rechtliche Fernsehsender als auch private TV-Anbieter analysiert werden. Außerdem ermöglicht diese Auswahl die kontinuierliche Langzeituntersuchung eines Fernsehformats als Grundlage für eine detaillierte Rekonstruktion, indem mit der ARD-Sendung von 1961 einer der ersten Wahlabendsonderberichte zu Bundestagswahlen und mit den Wahlsendungen der ausgewählten Fernsehsender zur Bundestagswahl 2002 nahezu die jüngsten Berichte untersucht werden. Die bislang aktuellste Wahlsendung am Abend einer Bundestagswahl wird nicht analysiert, weil die Auswahl der Stichprobe und die Erhebung der Daten bereits abgeschlossen war, bevor die Wahl zum 15. Deutschen Bundestag auf 2005 vorgezogen worden ist. Inzwischen liegen hierzu zwei Studien im Auftrag von ARD und ZDF vor (vgl. Geese/Zubayr/Gerhard 2005; Krüger/Müller-Sachse/Zapf-Schramm 2005).

Die Ziele der vorliegenden Arbeit und die Multidimensionalität des Untersuchungsgegenstands machen einen komplexen Mehr-Methoden-Ansatz notwendig. Er besteht aus:

- einer Analyse von primären und sekundären schriftlichen Quellen ergänzt durch eine teilnehmende Beobachtung der Autorin bei Landtagswahlen zwischen 1999 und 2001,
- qualitativen und quantitativen Inhaltsanalysen des originären Fernsehmaterials sowie
- Leitfadeninterviews mit Experten.

Die Verwendung der verschiedenen Methoden zielt darauf ab, den Untersuchungsgegenstand aus verschiedenen Perspektiven zu analysieren, dabei auf unterschiedliche Aspekte zu fokussieren und jeweils die Vorteile der einzelnen Analysen zu nutzen. Während die Produktanalysen des TV-Materials gezielt die inhaltliche und ästhetische Entwicklung der Wahlabendsendungen erfassen und sie mit fortschreitender Genauigkeit betrachten, lässt sich der Entstehungszusammenhang durch die Dokumenten- und Sekundäranalyse, die teilnehmende Beobachtung und die Leitfadeninterviews mit Experten beleuchten.

Zur Reichweite der vorliegenden Studie: Das Untersuchungsdesign erlaubt es, die Entwicklung der Wahlabendberichterstattung am Beispiel der Hauptausgaben der Wahlabendsondersendungen in den ausgesuchten Fernsehprogrammen zu zwölf Messzeitpunkten nachzuzeichnen. Auf dieser Grundlage ist es möglich, senderübergreifende Charakteristika zu identifizieren und senderspezifische Merkmale der Wahlabendberichte zu erkennen. Die Konzeptionierung als Langzeitstudie am originären Fernsehmaterial gestattet es außerdem, langfristige Entwicklungslinien von kurzfristigen Mustern der Entwicklung von Inhalt und Darstellungsweise der Wahlberichte exakt zu unterscheiden. Als Kondensat dieser Befunde lässt sich eine Periodisierung der Geschichte der Wahlabendberichterstattung im deutschen Fernsehen begründet vornehmen. Diese Phaseneinteilung unterscheidet die Entwicklung der Wahlabendsendungen in Perioden, die jeweils durch Kontinuitäten bei den verschiedenen Merkmalen geprägt sind. Die Periodengrenzen machen dagegen markante Veränderungen zum vorherigen Entwicklungsstand deutlich. Darüber hinaus eröffnet das Design der Untersuchung als Langzeitstudie die Option, Trends politischer Berichterstattung auf Basis von empirischen Befunden zu überprüfen. Schließlich können die Entstehungszusammenhänge nachgezeichnet werden, die sich zur Erklärung von Entwicklungsmustern sowie von Differenzen zwischen den TV-Sendern heranziehen lassen.

Die Arbeit ist folgendermaßen gegliedert: In einem ersten Schritt wird der Forschungsrahmen abgesteckt, indem wichtige Grundlagen erörtert und relevante Erkenntnisse aus den Bereichen der politischen Kommunikations-, der Journalismus- und der programmgeschichtlichen Fernsehforschung referiert und diskutiert werden (vgl. Kap. 2). Dem schließt sich eine Begriffsbestimmung und ein Forschungsüberblick zur Wahlabendberichterstattung an, um darauf aufbauend eine Problemfokussierung vorzunehmen (vgl. Kap. 3). Diese beinhaltet sowohl die Eingrenzung des Gegenstands und des Zeitraums der Untersuchung als auch die in spezifizierte Einzelfragen konkretisierte forschungsleitende Ausgangsfrage sowie die analytische Unterscheidung in drei Untersuchungs-Ebenen. Danach wird das Untersuchungsdesign vorgestellt (vgl. Kap. 4).

Das folgende Kapitel ist historisch-deskriptiv angelegt. Es ist dem Kontext gewidmet, in dem die Wahlabendberichte im deutschen Fernsehen im Untersuchungszeitraum entstanden sind (vgl. Kap. 5). Dieser Entstehungszusammenhang dient als Grundlage für Erklärungsansätze zur Entwicklung des Produkts der Wahlabendsendungen bei den ausgesuchten Fernsehanbietern. Dieser Abschnitt basiert überwiegend auf der Dokumenten- und Sekundärliteraturanalyse, der teilnehmenden Beobachtung und den Erkenntnissen der Leitfadeninterviews mit Experten. Die empirisch-analytischen Befunde der verschiedenen Produktanalysen werden im Anschluss vorgestellt. Zunächst werden die formal-inhaltliche Ordnung und die formal-ästhetische Gestaltung der Wahlabendberichte der analysierten Fernsehsender zu den verschiedenen Messzeitpunkten dargelegt (vgl. Kap. 6). Grundlage dafür sind hauptsächlich Befunde der qualitativen Inhaltsanalysen der audiovisuellen Primärquellen. Es folgt die Präsentation der Erkenntnisse zu den inhaltlichen Merkmalen der untersuchten Wahlsondersendungen am Abend der Bundestagswahlen von 1961 bis 2002 (vgl. Kap. 7). Sie wurden im Rahmen einer quantitativen Inhaltsanalyse des originären Fernsehmaterials ermittelt. Schließlich werden die Befunde zu den fernseh-ästhetischen Elementen referiert, die ebenfalls auf Daten einer quantitativen Inhaltsanalyse zurückgehen (vgl. Kap. 8). Bei der auf diese Weise vorgenommenen detaillierten Rekonstruktion und Analyse der Programmgeschichte der Wahlabendberichterstattung im deutschen Fernsehen kommt es gelegentlich zu Redundanzen. Die nachvollziehbare Verknüpfung zwischen historisch-deskriptiver Beschreibung und empirisch-analytischer Darstellung erfordert den Rückbezug auf schon vorgestellte Erkenntnisse oder bereits erklärte Zusammenhänge in unterschiedlichen Abschnitten der Arbeit. Zur Redundanz trägt außerdem die Multidimensionalität des Untersuchungsgegenstands bei, die nur über das Zusammenwirken verschiedener Merkmale adäquat analysiert werden kann, so dass zur angemessenen Analyse schon präsentierte Resultate wiederholt werden müssen.

Mit Blick auf die drei Ziele der vorliegenden Studie werden die empirischen Befunde, nachdem sie bereits detailliert vorgestellt worden sind, anschließend systematisiert und eingeordnet, indem Überlegungen zu einer Periodisierung der Geschichte der Wahlabendberichterstattung im deutschen TV angestellt, Trends politischer Berichterstattung zusammenfassend überprüft und identifizierte Veränderungen und Kontinuitäten im Zeitverlauf sowie Differenzen zwischen den Fernsehsendern mit dem Kontext in Bezug gesetzt werden (vgl. Kap. 9). Bei den Erläuterungen dieser Systematisierungen lassen sich Wiederholungen ebenfalls kaum vermeiden, um eine möglichst eindeutige Argumentation zu gewährleisten. Außerdem erfordert der mannigfache Einfluss der verschiedenen Bedingungen des Entstehungszusammenhangs auf die Merkmale der Wahlabendberichte, dass im Rahmen der Kontextualisierung mehrfach auf ein und dieselbe Implikation verwiesen wird. Es kommt also auch hierbei zu Redundanzen. Sie verdeutlichen jedoch die Komplexität, die die Produktion der Wahlsendungen als journalistisches Produkt kennzeichnet.

Abschließend werden die zentralen Resultate dieser Studie resümiert und es wird ein Ausblick gegeben (vgl. Kap. 10).

Der Anhang dieser Arbeit ist elektronisch publiziert. Er ist auf der Homepage des VS Verlags (http://www.vs-verlag.de/tu/7g) online verfügbar. Im Anhang finden sich eine ausführliche Übersicht über die Datengrundlage der Produktanalysen der audiovisuellen Primärquellen sowie die Codebücher und die Blanko-Codierbögen für die qualitativen und quantitativen Inhaltsanalysen. Außerdem sind dort Informationen zu den Experten, mit denen Gespräche geführt wurden, sowie die Leitfäden dieser Interviews dokumentiert.

2 Der Forschungsrahmen: Politische Kommunikation, Journalismus und Fernsehprogrammgeschichte

Die vorliegende Analyse zur Geschichte der Wahlabendberichterstattung im deutschen Fernsehen schließt an drei etablierte Forschungsfelder der Kommunikationswissenschaft an: die politische Kommunikationsforschung, die Journalismusforschung und die programmgeschichtliche Fernsehforschung. In diesem Kapitel werden die theoretischen Ansätze und Modelle sowie Erkenntnisse der gewählten Forschungstraditionen referiert, die für diese Untersuchung relevant sind. Die vorgestellten Befunde tragen zur Problemfokussierung dieser Studie bei (vgl. Kap. 3.3). Ebenso leisten sie einen Beitrag zur Entwicklung des methodischen Ansatzes (vgl. Kap. 4) und zur Einordnung der erzielten Ergebnisse (vgl. Kap. 6 bis 9).

Die Konzentration auf den deutschsprachigen Forschungsstand lässt sich mit dem Hinweis auf die Abhängigkeit der Ergebnisse von den jeweiligen Medien- und Journalismus- sowie politischen Systemen begründen. Es besteht Einigkeit darüber, dass sich die spezifischen Charakteristika der genannten Systeme eines Landes auf die politische Kommunikation in diesem auswirken (vgl. Esser 2003: 165 ff.; Pfetsch 2003: 21 u. 248 ff.; Ludes 2001a: 58; Staab 1998: 63). Dessen ungeachtet greift die deutsche Forschung gerade auf diesem Gebiet immer wieder Anregungen aus den USA auf. Vor diesem Hintergrund wird aus Perspektive der politischen Kommunikationsforschung kritisiert, dass die mangelnde Berücksichtigung des spezifischen Kontextes europäischer Systeme und die unkritische Übertragung amerikanischer Befunde zu Fehleinschätzungen führen (vgl. Sarcinelli 2000: 29). Einige Journalismusforscher betonen zudem, dass der Journalismus partiell „an nationale Normen, nationale Publika und [...] nationale Themen gebunden ist" (Scholl/Weischenberg 1998: 207).

Die folgende Darstellung orientiert sich in erster Linie an der politischen Kommunikationsforschung. Zunächst werden eine Begriffsbestimmung zu politischer Kommunikation vorgenommen (vgl. Kap. 2.1.1) und ein Überblick über Forschungsaktivitäten zu politischer Kommunikation im Allgemeinen gegeben (vgl. Kap. 2.1.2). Es folgt eine Auseinandersetzung mit Erkenntnissen zur Politikberichterstattung, die eine Form von Politikvermittlung darstellt (vgl. Kap. 2.2). Nachdem definiert wurde, was unter Politikvermittlung zu verstehen ist (vgl. Kap. 2.2.1), werden Erkenntnisse der Journalismusforschung erörtert (vgl. Kap. 2.2.2). Denn bei politischer Berichterstattung handelt es sich um journalistische Produkte, die von journalistischen Akteuren als Träger spezifischer Rollen mit speziellen journalistischen Programmen in bestimmten Organisationen hergestellt werden (vgl. Kap. 2.2.2.1). Darauf aufbauend erfolgt eine Definition von Politikberichterstattung (vgl. Kap. 2.2.2.2). Den Abschluss bildet ein Überblick über die Inhalte politischer Berichterstattung als kommunikationswissenschaftlicher Forschungsstand (vgl. Kap. 2.2.2.3). Vor diesem Hintergrund wird auf den Wandel und die Stabilität politischer Berichterstattung im Fernsehen eingegangen (vgl. Kap. 2.2.3). Zunächst wird ein Abriss zur programmgeschichtlichen Fernsehforschung gegeben (vgl. Kap. 2.2.3.1), bevor Langzeitstudien zu politischer

Berichterstattung im Fernsehen behandelt werden. Dabei werden erstens Programmstrukturanalysen in den Blick genommen, die das gesamte Fernsehprogramm untersuchen und dabei auch Aussagen über die Thematisierung von Politik treffen (vgl. Kap. 2.2.3.2). Zweitens wird auf Studien zu Fernsehnachrichtensendungen – ergänzt um Analysen politischer Magazine im TV – fokussiert (vgl. Kap. 2.2.3.3). Denn zu ihnen liegt im Hinblick auf die Dimension „Format" bislang das Gros an kommunikationswissenschaftlichen Inhaltsanalysen zu politischer Berichterstattung im Fernsehen vor. Darüber hinaus besitzt Politik in diesen Formaten einen herausgehobenen Stellenwert. Des Weiteren gilt es, Trends zu skizzieren, die die Veränderungsprozesse beschreiben, welche in Bezug auf die politische Berichterstattung beobachtet oder behauptet werden (vgl. Kap. 2.2.3.4).

Abschließend wird eine Begriffsbestimmung zur Wahlkampfberichterstattung vorgenommen (vgl. Kap. 2.3.1) und die Studien, die sich mit diesem Untersuchungsgegenstand befassen, überblickt (vgl. Kap. 2.3.2). Die Berichterstattung über das Ereignis Wahlkampf stellt eine Sonderform von Politikberichterstattung dar und befindet sich im Fokus der kommunikationswissenschaftlichen Auseinandersetzung mit politischer Berichterstattung, während z. B. die Berichterstattung über das politische Großereignis Wahl am Wahltag bislang vernachlässigt wurde.

2.1 Politische Kommunikation

Eine definitorische Annäherung an den Begriff der politischen Kommunikation erweist sich aufgrund der Mehrdimensionalität und Komplexität dessen, was er erfassen will, als schwierig. Ebenso fällt das Vorhaben, dieses breite und heterogene Forschungsfeld überblicksartig vorzustellen, schwer. Gleichwohl erscheinen eine Begriffsbestimmung von und ein Abriss des Forschungsstandes zu politischer Kommunikation notwendig, da das Thema der vorliegenden Arbeit einen Aspekt dieser in den Blick nimmt: Die Wahlabendberichterstattung im Fernsehen ist als journalistische Berichterstattung über das politische Großereignis Wahl ein Teil politischer Kommunikation.

2.1.1 Annäherungen an ein komplexes Phänomen

Eine klare und einheitliche Definition des Ausdrucks der politischen Kommunikation gibt es in der wissenschaftlichen Forschung nicht (vgl. Jarren/Donges 2002a: 19; Jarren/Sarcinelli 1998: 13; Saxer 1998: 21). Allein die beiden darin enthaltenen Begriffe Politik und Kommunikation lassen sich nicht einfach eingrenzen und beschreiben. Nach Jarren und Donges ist politische Kommunikation wie folgt zu definieren:

> „Politische Kommunikation ist der zentrale Mechanismus bei der Formulierung, Aggregation, Herstellung und Durchsetzung kollektiv bindender Entscheidungen. Insofern ist politische Kommunikation nicht nur Mittel der Politik. Sie ist selbst auch Politik." (Jarren/Donges 2002a: 22)

Dabei begreifen Jarren und Donges politische Kommunikation „als Ergebnis von Strukturen und Prozessen, die das Handeln der Akteure beeinflussen und zugleich von ihnen beeinflusst werden" (Jarren/Donges 2002a: 19). Angelehnt ist diese Begriffsbestimmung an eine Definition Saxers, in der er Kommunikation als den Vorgang der Bedeutungsvermittlung bezeichnet und Politik als jenes gesellschaftliche Teilsystem beschreibt, das allgemein verbindliche Entscheidungen generiert, sowie politische Kommunikation als zentralen Mechanismus bei der Herstellung, Durchsetzung und Begründung derselben definiert. Für Saxer ist politische Kommunikation „selbst auch Politik" (Saxer 1998: 25).

Beide Definitionen sind nachvollziehbar, folgen sie doch der politikwissenschaftlichen Tradition, Politik allgemein als „die Gesamtheit der Aktivitäten zur Vorbereitung und zur Herstellung gesamtgesellschaftlich verbindlicher und/oder am Gemeinwohl orientierter und der ganzen Gesellschaft zugute kommender Entscheidungen" (Meyer 2000: 15) zu verstehen. Dabei hat sich in der Politikwissenschaft eine Untergliederung der Logik von Politik in drei *Dimensionen* etabliert (vgl. Tab. 1). Polity kennzeichnet die Grundlagen des politischen Gemeinwesens. In der Dimension der policy geht es darum, politische Probleme zu lösen. Politics beschreibt den Prozess, in dem Entscheidungen entstehen.

Tab. 1: Dimensionen des Politischen

Dimension	Faktoren (Grundbegriffe)
Polity (Form)	- Verfassung - Menschenrechte - politische Kultur - politisches System
Policy (Inhalt)	- Problem - Programm
Politics (Prozess)	- Akteur - Konflikt / Konsens - Macht

Quelle: Nohlen 2001: 385; Meyer 2000: 52 ff.; Kaase 1998: 97 ff.; Patzelt 1993: 22 f.

Für eine bindende Wirkung ihrer Entscheidungen ist Politik in pluralistischen Demokratien auf Beteiligung, die v. a. über Wahlen und politisches Engagement in Parteien herbeigeführt wird, und Zustimmung der Bürger angewiesen. Grundlage angemessener Beteiligung ist Information. Deshalb bedarf Politik der öffentlichen Darstellung, Begründung und auch Rechtfertigung. Sie braucht Legitimation durch Kommunikation. Diese politische Partizipation der Bürger erfolgt in funktional differenzierten Gesellschaften im Rahmen einer Öffentlichkeit, die von den aktuellen Massenmedien und insbesondere durch den Journalismus in den aktuellen Massenmedien hergestellt wird (vgl. für einen Überblick über verschiedene Definitionen und theoretische Modellierungen von Öffentlichkeit Imhof 2003).

Im Zuge der funktionalen Ausdifferenzierung von modernen Gesellschaften ist den Massenmedien bzw. dem Journalismus „die primäre Verantwortung für die Beobachtung der Gesellschaft zugewachsen" (Löffelholz 2004b: 26; vgl. für Massenmedien Luhmann 1996: 9). Was auf der Welt geschieht, ist heute zum großen Teil nicht mehr unmittelbar erfahrbar. Medien nehmen in modernen Gesellschaften eine „Schlüsselrolle" (Sarcinelli 1998b: 11) ein. Sie prägen die Realitätsvorstellungen der Bürger. Umgekehrt gilt: In der „Mediengesellschaft"[4] (Jarren 2001: 10 ff.) kommt nicht vor, was in den Massenmedien nicht präsent ist. Dies betrifft v. a. die Politik (vgl. Zubayr/Gerhard 1999: 237). Den Bürgern ist es normalerweise kaum möglich, etwa bei Bundestagsdebatten vor Ort zu sein.

---

[4] Mit diesem Begriff wird „angezeigt, daß Herstellung, Verbreitung und Rezeption von Informationen in der modernen Gesellschaft ökonomisch, kulturell und politisch an Bedeutung gewinnen" (Jarren 1998: 74).

„Politik ist heute oft nur ein abstraktes, der persönlichen Sphäre weitgehend entzogenes Phänomen, von dem wir ausschnittweise aus der Zeitung, dem Radio oder dem Fernsehen erfahren. Den führenden politischen Akteuren unserer Zeit begegnen wir von Angesicht zu Angesicht selten. In aller Regel kennen und erkennen wir Politiker nur aufgrund der Medienberichterstattung." (Kamps 1999: 23)

Massenmedien kommt also eine enorme Relevanz bei der Vermittlung von Informationen in modernen Gesellschaften zu. Sie transportieren allerdings nicht nur politische Inhalte, sondern sie bedingen sie auch. Je nach theoretischem Ansatz bzw. spezifischen wissenschaftlichen Fragestellungen und Erkenntnisinteressen wird das Verhältnis von Massenmedien und Politik unterschiedlich beurteilt. Als Deutungsmodelle können unterschieden werden[5]:

- die Autonomie-Modelle, die die gegenseitige Unabhängigkeit von Politik und Massenmedien annehmen;
- die Dependenz-Modelle, die von einer Instrumentalisierung der Massenmedien durch die Politik bzw. vice versa ausgehen – wobei der deutlich größere Teil der Arbeiten von einer Abhängigkeit der Politik von den Medien ausgehen;
- die Interdependenz- bzw. Symbiosemodelle, die gegenseitige Abhängigkeiten beobachten.

Dabei wird die Kontroverse, ob Politik die Medien oder Medien die Politik dominieren, zunehmend in der Beobachtung aufgelöst, dass zwischen dem Medien- und dem politischen System eine wechselseitige Abhängigkeit besteht, die sich auf der Mikro-Ebene als eine Art Tauschbeziehung erweist. Journalisten benötigen Politiker als Informationsquelle. Politiker brauchen Journalisten, um Absichten und Beschlüsse zu den Bürgern zu transportieren. Saxer pointiert dies als „fragwürdige Symbiose", da Politiker „für sie günstige Publizität" und Journalisten „möglichst ergiebige Informationsquellen" anstreben (Saxer 1998: 65).

Die meisten der zahlreichen Texte zum Verhältnis von Massenmedien und Politik haben den redaktionell verantworteten Teil der massenmedialen Angebote, also den Journalismus, im Blick. Diese Gleichsetzung der Begriffe löst Kritik aus, da sie höchst differente Phänomenbereiche beschreiben (vgl. statt anderer Görke 1999: 240). Ein Kritikpunkt begründet sich darin, dass die Art der Verbreitung von dem unterschieden werden muss, was verbreitet wird (vgl. Kohring 2004: 194). Gleichzeitig gilt, dass nicht alles, „was in den ‚Massenmedien' zu lesen, zu hören und zu sehen ist, als Journalismus gelten kann" (Kohring 2004: 199; vgl. auch Görke 1999: 240). Ein weiterer Kritikansatz verweist darauf, dass der Begriff der Massenmedien stark deren Organisationsform betont, innerhalb derer etwas produziert wird. „Die Herstellung des redaktionellen Teils ist [jedoch; K.W.] primär eine journalistische Leistung; dies rechtfertigt, statt von ‚Massenmedien' von ‚Journalismus' zu schreiben." (Blöbaum 1994: 13)

Um die vielfältige Beziehung zu den Massenmedien bzw. den Journalisten dauerhaft sicherstellen und gestalten zu können, haben sich im politischen System spezialisierte Rollen ausgebildet: „PR-Experten, die die Kommunikationsbeziehungen zwischen den politischen Akteuren und den Medien herstellen, managen und gestalten." (Jarren/Röttger 1999:

---

[5] Vgl. für eine ausführliche Übersicht über Modelle zum Verhältnis von Massenmedien und Politik z. B. Tenscher 2003: 29 ff.; Jarren/Donges 2002a: 25 ff.; Meyer 2000: 176 ff.; Sarcinelli 2000: 26; Saxer 2000: 39; Jarren/Donges/Weßler 1996: 20 ff. Vgl. für Ergebnisse jüngerer empirischer Studien zum Verhältnis von Politik und Medien bzw. Politikern und Journalisten Hoffmann 2003.

200 f.; vgl. auch Pfetsch 2003: 21; Bentele 1998: 135 f.)[6] In der massenmedial geprägten Demokratie findet Politik aus politikwissenschaftlicher Sicht daher auf drei *Ebenen* statt (vgl. Abb. 1).

Abb. 1: Ebenen der Politik

Ebene I	Ebene II	Ebene II
Politisches System		**Mediensystem**
Herstellung der Politik Treffen von verbindlichen Entscheidungen	Selbstdarstellung der Politik Eigeninszenierungen	Fremddarstellung der Politik Auswahl- und Präsentationslogik der Medien

Quelle: Meyer 2000: 184

Auf Ebene der Politikherstellung werden verbindliche Entscheidungen erzeugt. Die zweite Ebene umfasst die Selbstdarstellung der Politik durch Eigeninszenierung u. a. mit Unterstützung von PR. Die dritte Ebene bezieht sich auf die Fremddarstellung der Politik durch die Massenmedien, nach deren Regeln (vgl. Meyer 2000: 183 ff.). Mitunter werden diese Sphären auch als Politikherstellung bzw. politischer Arkanbereich, Politikvermittlung und Politikdarstellung bezeichnet, wobei „Politikvermittlung als für den von politischen Akteuren initiierten öffentlichen Kommunikationsprozess und Politikdarstellung für den Prozess der Verarbeitung und Verbreitung politischer Informationen durch die Massenmedien steht" (Tenscher 2003: 38).[7] Beide Modellierungen haben die analytische Differenzierung in die Ebenen der Politikherstellung und -darstellung bzw. politischem Nenn- und Symbolwert weiterentwickelt, die mit dem Konzept der symbolischen Politik (vgl. Sarcinelli 1987; Edelmann 1976) entstand. Im Gegensatz zur Differenzierung nach Meyer erweist sich die Grenzziehung und Bezeichnung der verschiedenen Politik-Ebenen von Tenscher als zu breit. Denn Politikvermittlung kann nicht auf die Selbstdarstellung der Politik und von ihr in Auftrag gegebener organisierter Politikvermittlung begrenzt werden, sondern umfasst auch die Fremddarstellung der Politik (vgl. zur Auseinandersetzung mit der Politikvermittlung Kap. 2.2.1).

Trotz dieser analytischen Trennung ist die Darstellung von Politik nicht als „Anhängsel" politischer Entscheidungen zu begreifen, sondern als integraler Bestandteil jedes politischen Prozesses (vgl. Sarcinelli 2000: 26 ff.; Jarren/Sarcinelli 1998: 16; Jarren/Donges/Weßler 1996: 9). Dies scheint v. a. in der Mediengesellschaft zu gelten, in der Medienpräsenz zu einer entscheidenden Machtprämie geworden ist. „Gefragt ist der Typ des medienversierten Präsentanten gegenüber dem politischen Repräsentanten – nicht nur, aber immer öfter." (Sarcinelli 2000: 27; vgl. Leif 2001: 6; Meyer/Schicha/Brosda 2001: 288)

Wegen der kaum trennbaren Nähe von Politik und politischer Kommunikation wird jedoch auch angezweifelt, dass sich dieser Begriff überhaupt klar eingrenzen lässt: "Jeder Versuch, politische Kommunikation zu definieren und damit als wissenschaftlichen Ge-

---

[6] Da eine ausführliche Darstellung der Forschungsaktivitäten zum Verhältnis von PR und Journalismus bereits gründlich geleistet wurde, wird in dieser Arbeit darauf verzichtet. Vgl. für einen ausführlichen Überblick zum Verhältnis von PR und Journalismus im Allgemeinen Jarren/Röttger 2005; Tenscher 2003: 88 ff. u. 110 ff.; Altmeppen/Röttger/Bentele 2003; Jarren/Donges 2002b: 127 ff.; Hoffjann 2001; Schantel 2000. Vgl. zur Beziehung von politischen Sprechern und Journalisten in Deutschland und den USA Pfetsch 2003.

[7] Darüber hinaus führen Tenscher ebenso wie Meyer die Ebene der Politikwahrnehmung bzw. Vorstellung von Politik durch die Bürger als weitere Sphäre des politischen Prozesses an (vgl. Tenscher 2003: 38; Meyer 2000: 178 u. 184).

genstand zuzurichten, ist [...] mit deren *Grenzenlosigkeit und Hyperkomplexität* konfrontiert." (Saxer 1998: 22; hervorgehoben im Original, K.W.)

2.1.2 Einordnungen in ein heterogenes Forschungsfeld

So schwierig eine einvernehmliche Begriffsbestimmung von politischer Kommunikation ist, so problematisch stellt sich auch ein angemessener Überblick über das heterogene, mittlerweile nahezu unüberschaubare Forschungsfeld der politischen Kommunikation dar.[8] Zahlreiche wissenschaftliche Disziplinen befassen sich mit Fragen der politischen Kommunikation, etwa die Politikwissenschaft, die Publizistik- und Kommunikationswissenschaft, die Sprachwissenschaft, die Soziologie oder die Pädagogik. Dabei rücken unterschiedlichste Untersuchungsgegenstände in den Blick. Dies geschieht unter einer Vielzahl von Perspektiven und auf differierenden Ebenen (Makro-, Meso- und Mikro-Ebene sowie den Politik-Ebenen der Herstellung, Selbstdarstellung und Fremddarstellung). Die Basis bilden oft unterschiedliche Auslegungen grundlegender Begriffe, differierende Annahmen über Beziehungen dieser Phänomene zueinander, bspw. beim Verhältnis von Medien und Politik, sowie verschiedene theoretische Erklärungsansätze, z. B. System- und Handlungstheorien. Auch liegen Studien zu politischer Kommunikation unterschiedliche normative Prämissen zugrunde, etwa in Bezug auf Funktionen und Leistungen von Politik. Es werden z. T. fachspezifische Methoden verwendet und abweichende empirische Befunde erzielt.

Wegen der Komplexität des Forschungsfeldes und der Heterogenität der Ansätze zur Erforschung von politischer Kommunikation kann in der vorliegenden Arbeit ein interdisziplinärer Überblick über den Stand der Forschung auf diesem Gebiet nicht gegeben werden. Ein solcher würde den Rahmen dieser Studie sprengen. Deshalb sei auf einen Sammelband von Jarren, Sarcinelli und Saxer verwiesen, der dies breit angelegt bietet und bilanzierende Beiträge zu politischer Kommunikationsforschung aus publizistik- und kommunikationswissenschaftlicher Sicht sowie aus politikwissenschaftlicher Perspektive enthält (vgl. Jarren/Sarcinelli/Saxer 1998).

Erschwert wird ein Überblick außerdem dadurch, dass es unterschiedliche Auffassungen über eine Systematik der Forschung sowie über die relevanten Forschungs- und Problemfelder politischer Kommunikation gibt (vgl. Schulz 1997: 14). So wird das Forschungsfeld vor politikwissenschaftlichem Hintergrund nach den politischen Dimensionen polity, politics und policy strukturiert. Dagegen orientieren sich kommunikationswissenschaftliche Autoren vorwiegend am Kommunikationsprozess, wie ihn die so genannte Lasswell-Formel „Who says what in which channel to whom with what effect" beschreibt (vgl. Schulz 2003: 458 u. 1997: 30 u. 38; Schönbach 1998: 120):

- Ausgehend von den Kommunikatoren und deren Quellen
- über die Botschaften, Aussagen bzw. Inhalte
- sowie das Medium und dessen Produktionskontext
- bis hin zu der Rezeption und der Wirkung beim Publikum.

---

[8] Vgl. für eine ähnliche Bestandsaufnahme Bussemer 2004: 372; Schulz 2003: 458 ff. u. 1997: 13; Jarren/Donges 2002a: 13 u. 19 ff.; Jarren/Sarcinelli 1998: 14 f.; Saxer 1998: 23 f.

Unter einer dezidiert kommunikationswissenschaftlichen Perspektive führt Schulz in die politische Kommunikationsforschung ein und legt einen Schwerpunkt auf die politischen Inhalte von Massenmedien, ihre Entstehung und die diesbezügliche Rezeptions- und Wirkungsforschung (vgl. Schulz 1997). Aus kommunikationswissenschaftlicher Sicht ist auch die Einführung in den Forschungsschwerpunkt der politischen Kommunikation von Jarren und Donges verfasst (vgl. Jarren/Donges 2002a u. 2002b). Sie stellen die Produktion von politischen Medieninhalten und die Bedingungen, unter denen diese produziert werden, in den Mittelpunkt und gehen auch auf das Bild von Politik in Massenmedien ein. Da die wichtigsten Erträge kommunikationswissenschaftlicher Forschung zu politischer Kommunikation in den genannten Veröffentlichungen ausführlich referiert werden, werden an dieser Stelle keine Einzelergebnisse vorgestellt.

Es wird darüber hinaus deutlich, dass es schwierig ist, Studien zu politischer Kommunikation einer Fachrichtung exakt zuzuordnen.[9] Dies gilt v. a. für Studien der Politikwissenschaft und der Kommunikationswissenschaft, da seit Anfang der 1990er Jahre zwischen diesen Disziplinen ein enges Arbeitsverhältnis im Bereich politischer Kommunikation besteht (vgl. Schatz 2002: 319 ff.; Schatz/Rössler/Nieland 2002b: 16). Damals wurde eine Kooperation vereinbart, die sich seitdem in den gemeinsamen Tagungen des Arbeitskreises „Politik und Kommunikation" der Deutschen Vereinigung für Politische Wissenschaft (DVPW) und der Fachgruppe „Kommunikation und Politik" der Deutschen Gesellschaft für Publizistik- und Kommunikationswissenschaft (DGPuK) zeigt. Ihren Niederschlag findet diese Zusammenarbeit in gemeinschaftlichen Publikationen.[10]

Wegen der engen Zusammenarbeit dieser Fachrichtungen auf dem Forschungsgebiet der politischen Kommunikation ist es schwierig, die genuinen kommunikationswissenschaftlichen Erkenntnisse von den Befunden der Politikwissenschaft abzugrenzen. Deshalb beinhaltet die hier vorgenommene grobe Einordnung zu den Forschungsaktivitäten in Bezug auf die politische Kommunikation sowie die Politikvermittlung in Form von Politikberichterstattung (vgl. Kap. 2.2) und hinsichtlich der Wahlkampf- (vgl. Kap. 2.3) und Wahlabendberichterstattung (vgl. Kap. 3) Studien aus beiden Wissenschaftszweigen – aber mit Fokus auf Analysen mit kommunikationswissenschaftlicher Perspektive.

Ansatzpunkte für eine entsprechende Eingrenzung bieten Schönbach und Schulz: Laut Schönbach geht es bei kommunikationswissenschaftlichen Arbeiten zu politischer Kommunikation „vordringlich um Strukturen und Funktionen der Massenmedien im politischen Prozess und nicht etwa umgekehrt um die Erklärung politischer […] Vorgänge, in denen Massenmedien (auch) eine Rolle spielen mögen" (Schönbach 1998: 116). Schulz spricht folgenden Fragen eine dominierende Rolle in der kommunikationswissenschaftlichen Forschung zum Verhältnis von Politik und Massenmedien zu: „Auf welche Weise ermöglichen, begünstigen oder modifizieren die Massenmedien politisches Handeln und die Beteiligung an politischen Prozessen? […] Welche Folgen hat die Mediatisierung von Politik durch Massenkommunikation?" (Schulz 1997: 13) In einer jüngeren Publikation ändert Schulz diese Fragen ab: „1. Auf welche Weise beeinflusst oder bedingt die gesellschaftliche Kommunikation Strukturen und Prozesse der Politik? 2. Auf welche Weise bestimmt oder bedingt Politik die gesellschaftliche Kommunikation?" (Schulz 2003: 458)

---

[9] Vgl. für eine entsprechende Bilanz Schönbach 1998: 117; vgl. zur schwierigen Einordnung der Kommunikationspolitik als Teildisziplin von Kommunikationswissenschaft Saxer 1983: 33 ff.

[10] Vgl. etwa die jüngeren Tagungsbände Gellner/Strohmeier 2003; Schatz/Rössler/Nieland 2002a; vgl. bspw. die Sammelbände Alemann/Marschall 2002a; Schicha/Brosda 2002a.

An diese grundlegenden Fokussierungen anknüpfend sowie einer pragmatischen Begrenzung von Schönbach folgend können diejenigen wissenschaftlichen Analysen zum Themenkomplex politische Kommunikation als vornehmlich kommunikationswissenschaftlich eingestuft werden, in deren Mittelpunkt die Massenmedien stehen, selbst wenn deren Verfasser Politikwissenschaftler sind (vgl. Schönbach 1998: 116). Allerdings befindet sich gegenwärtig nicht nur die massenmediale politische Kommunikation – dies entspricht der Ebene der Fremddarstellung von Politik – im Blick der kommunikationswissenschaftlichen Forschung, sondern es wird verstärkt die politische Kommunikation der Politik selbst – entsprechend der Selbstdarstellung von Politik – untersucht (vgl. allgemein Jarren/Donges 2002a u. 2002b; Jarren/Röttger 1999). Fokussiert wird derzeit u. a. die Professionalisierung bzw. Modernisierung von politischer Public Relations (vgl. etwa Kamps 2003 u. 2002; Mihr 2003; Tenscher 2003; Althaus 2002; Sarcinelli/Schatz 2002a): Analysiert und diskutiert wird diesbezüglich oft unter dem Begriff oder über das Etikett der Amerikanisierung (vgl. z. B. Esser/Pfetsch 2003; Geisler/Tenscher 2002; Holtz-Bacha 2002a; Müller, M. 2002; Donges 2000; Kamps 2000).

Aufgrund der angedeuteten gestiegenen Bedeutung von politischer Public Relations für die Herstellung von politischer Öffentlichkeit in modernen, funktional differenzierten Gesellschaften muss also eine Modifizierung der Eingrenzung derjenigen Veröffentlichungen und Studien erfolgen, die als genuin kommunikationswissenschaftlich einzustufen sind. Um diesen vergleichsweise neuen, aus kommunikationswissenschaftlichem Blickwinkel zunehmend beobachteten Gegenstand politischer Kommunikationsforschung angemessen berücksichtigen zu können, gilt, dass neben den Massenmedien auch PR im Mittelpunkt der Publikationen und Untersuchungen stehen können, die aus Perspektive der Kommunikationswissenschaft erfolgen, auch dann, wenn deren Autoren als Politikwissenschaftler gelten.

Im Zentrum der folgenden Abschnitte steht indes ausschließlich die durch Massenmedien vermittelte und nicht durch Politiker oder politische Öffentlichkeitsarbeiter selbst dargestellte Politik. Dies erscheint instruktiv, da sich diese Arbeit mit der Wahlabendberichterstattung im deutschen Fernsehen beschäftigt, die eine Form von Politikvermittlung durch die Massenmedien darstellt, nämlich politische Berichterstattung.

2.2 Politikberichterstattung als Form der Politikvermittlung

Bevor der Forschungsstand der Kommunikationswissenschaft zu den Inhalten der Politikberichterstattung als Form von Politikvermittlung überblicksartig dargestellt wird (vgl. Kap. 2.2.2.3), ist auch hier zu klären, was unter diesen beiden Begriffen verstanden wird. Zunächst wird näher auf die Politikvermittlung eingegangen (vgl. Kap. 2.2.1), um später den Ausdruck der Politikberichterstattung (vgl. Kap. 2.2.2.2) zu explizieren. In diesem Zusammenhang wird überdies der journalistische Produktionskontext betrachtet (vgl. Kap. 2.2.2.1).

2.2.1 Bestimmung des Terminus der Politikvermittlung

Politikvermittlung umfasst alle Prozesse der Darstellung und Wahrnehmung von Politik und dient dem Erwerb politischer Legitimität und der Beteiligung der Bürger. Politikvermittlung trägt damit der Forderung Rechnung, dass politisches Handeln in der Demokratie zustimmungsabhängig und begründungsbedürftig ist (vgl. Sarcinelli 1998b: 11; Hoffmann 1998: 437). Politikvermittlung kann zum einen die einseitige politische Information und zum anderen aber auch zweiseitige Kommunikationsbeziehungen etwa zwischen Politikern und Bürgern mit dem Ziel der Herstellung eines Konsenses bezeichnen (vgl. Sarcinelli 1998c: 702).

In den Vermittlungsprozessen moderner Gesellschaften nehmen aktuelle Massenmedien bzw. Journalismus eine herausragende Rolle ein (vgl. Kap. 2.1). Demzufolge geht es bei Politikvermittlung im Kern um die von aktuellen Massenmedien vermittelte Darstellung und Wahrnehmung von Politik. „Politikvermittlung bringt das erkenntnistheoretische Grundphänomen zum Ausdruck, dass Politik [...] ein überwiegend massenmedial ‚vermitteltes' Geschehen ist [...]." (Sarcinelli 1998c: 702) Dies scheint plausibel: Schließlich ist in demokratisch verfassten Gesellschaften die Freiheit der Presse und des Rundfunks konstituierend (vgl. Art. 5 GG). Und dieses Privileg ist damit verbunden, Voraussetzungen für die Mitwirkung an der demokratischen Willensbildung zu schaffen. In einer Demokratie müssen alle Bürger die Gelegenheit bekommen, sich umfassend über das politische Zeitgeschehen zu informieren, um auf Basis dieses Wissens ihre eigenen politischen Entscheidungen treffen zu können. Dem Journalismus wird dabei die Aufgabe zugeordnet, zu informieren und Orientierung zu geben, Kritik und Kontrolle auszuüben, zur Bildung und Erziehung beizutragen und zu unterhalten. Diese Normen sind in Deutschland bezogen auf den Rundfunk vom Bundesverfassungsgericht formuliert und in dem Rundfunkstaatsvertrag, den Gesetzen und Staatsverträgen für die einzelnen Rundfunkanstalten sowie den Landesmediengesetzen festgehalten (vgl. statt anderer Altendorfer 2001: 128 ff., 180 ff. u. 267 ff.; Meyn 2001: 49 ff.; Stuiber 1998: 322 ff.). Das Verständnis von Politikvermittlung als durch Medien vermittelte Politik erscheint für die vorliegende Arbeit, deren Fokus auf der Entwicklung der Wahlabendberichterstattung und damit einem Part von Politikvermittlung in den Massenmedien liegt, instruktiv. Hingegen erweist sich die Definition von Tenscher eher als unpassend, da er den Begriff der Politikvermittlung „ausschließlich auf die von Seiten politischer Akteure initiierten politischen Kommunikationsprozesse" (Tenscher 2003: 22) verwendet.

2.2.2 Politikberichterstattung – ein journalistisches Produkt

Ein Bestandteil von Politikdarstellung in den aktuellen Massenmedien ist die journalistische Politikdarstellung, die Politikberichterstattung. Darüber hinaus kann zum politischen Angebot in den Medien z. B. auch der Auftritt von Politikern in Unterhaltungssendungen oder Fernsehserien gezählt werden (vgl. Schicha/Brosda 2002a u. 2002b; Dörner 2001: 133 ff.). Auch die Selbstdarstellung der Politik erfolgt z. T. per Massenmedien, wie die Beispiele von Politiker-Homepages im Internet (vgl. etwa Döring 2003) oder Werbespots von Parteien im Wahlkampf (vgl. z. B. Holtz-Bacha 2000; Jakubowski 1998) verdeutlichen.

Für die Analyse der Wahlabendberichterstattung, die der Politikberichterstattung zuzurechnen ist, ist jedoch ausschließlich die journalistische Bearbeitung von Politik von Interesse. Bevor eine Auseinandersetzung mit dem Begriff der Politikberichterstattung erfolgt (vgl. Kap. 2.2.2.2) und empirische Studien zu Inhalten politischer Berichterstattung in aktuellen Massenmedien referiert werden (vgl. Kap. 2.2.2.3), ist es nötig, zu bestimmen, was unter Journalismus verstanden wird und welche relevanten Erkenntnisse die Journalismusforschung bereitstellt (vgl. Kap. 2.2.2.1). Das journalistische Produkt der Politikberichterstattung entsteht in einem spezifischen Prozess und ist an diverse Rahmenbedingungen gebunden, die die journalistische Arbeit einerseits ermöglichen und andererseits begrenzen. Wer jedoch nicht weiß, was wie und in welchen Kontexten hergestellt wird, kann die Inhalte politischer Berichterstattung nur unzureichend beurteilen. Deshalb erscheint eine Fokussierung auf die Strukturen des Journalismus sinnvoll, um die Umstände zu erfassen, innerhalb derer die Wahlabendberichterstattung im Fernsehen erstellt wird. Die Komplexität und Heterogenität theoretischer Herangehensweisen an Journalismus soll darum nur gerafft überblickt werden.

In der gegenwärtigen Journalismusforschung gibt es eine Vielzahl von Modellen, Theorien und Perspektiven zum Journalismus (vgl. Löffelholz 2004a, 2003 u. 2002). Verschiedene Autoren versuchen, das Feld systematisch zu überblicken. Der jüngste Ordnungsrahmen stammt von Löffelholz. Insgesamt beobachtet er acht Journalismuskonzepte: den normativen Individualismus, die materialistische Medientheorie, den analytischen Empirismus, den legitimatorischen Empirismus, die kritischen Handlungstheorien, die funktionalistischen Systemtheorien, die integrativen Sozialtheorien und die Cultural Studies (vgl. Löffelholz 2003: 31 ff. u. 2002: 36 ff.). Ältere Systematisierungen haben Weiß (vgl. Weiß et al. 1977 zit. n. Scholl/Weischenberg 1998: 27) sowie Scholl und Weischenberg (Scholl/Weischenberg: 1998: 27) vorgelegt.

Wenn im Folgenden ein systemtheoretischer Zugang zur Modellierung des Journalismus herangezogen wird, ist dies eine Entscheidung unter mehreren Möglichkeiten. Diese Option wurde gewählt, weil sie für die vorliegende Analyse von Wandel und Stabilität der Wahlabendberichterstattung im deutschen Fernsehen als Beispiel für die Entwicklung eines journalistischen Fernsehformats und seiner Kontextbedingungen als förderlich erscheint. Dabei dient die systemtheoretische Modellierung als Beobachtungsschema. Der Stand der systemtheoretisch argumentierenden Journalismusforschung wird in jüngeren Publikationen ausführlich referiert (vgl. z. B. Kohring 2004; Hoffjann 2001: 20 ff.; Scholl/Weischenberg 1998: 63 ff.; Görke/Kohring 1996). Ebenfalls werden darin Grundbegriffe und Voraussetzungen systemtheoretischen Denkens rekonstruiert (vgl. u. a. Görke 2002 u. 1999). Daher wird in dieser Arbeit auf eine eingehende Bestandsaufnahme verzichtet. Stattdessen werden relevante Erkenntnisse der Systemtheorie problemadäquat vorgestellt.

Zahlreiche Beschreibungen des Journalismus als System ähneln sich dahingehend, dass die Funktionsbestimmung des Journalismus in modernen pluralistischen Gesellschaften primär über seine Thematisierung von Umweltbeobachtungen aller gesellschaftlichen Bereiche erfolgt. Scholl und Weischenberg schreiben dem Journalismus z. B. die Funktion zu „Themen aus den diversen sozialen Systemen (der Umwelt) zu sammeln, auszuwählen, zu bearbeiten und dann diesen sozialen Systemen (der Umwelt) als Medienangebote zur Verfügung zu stellen" (Scholl/Weischenberg 1998: 78; vgl. auch Weischenberg 1998: 42). Kennzeichnendes Themenmerkmal, das diese Beobachtungen anleitet, ist das der Aktualität (Code bzw. Leitdifferenz: aktuell/nicht-aktuell), mit dem Komplexität reduziert wird. Mit dem Prinzip der Aktualität sind drei Bedeutungsdimensionen verbunden: die zeitliche, die sachliche und die soziale Dimension (vgl. Scholl/Weischenberg 1998: 75 ff.; vgl. zur zeitlichen und sozialen Dimensionen bereits Merten 1973: 219 ff.).

In der zeitlichen Dimension meint Aktualität Neuigkeit und bezeichnet den Informationswert, der einem Thema oder Ereignis zugeschrieben wird. Damit erfasst diese Dimension die Orientierung an Neuem, Überraschendem und Skandalösem und weist auf das spezifische Tempo von Journalismus hin, denn sobald eine Nachricht gemeldet wurde, ist sie nicht mehr neu. Die zeitliche Dimension institutionalisiert sich in der Periodizität der journalistischen Angebote. So grenzt sich Journalismus von nicht-periodischen Formen der Publizistik ab.

In der sachlichen Dimension erfasst Aktualität die Orientierung des Journalismus an Faktischem und grenzt ihn so etwa von fiktionaler Publizistik ab. Als faktenbezogen kann ein Kommunikationsangebot bezeichnet werden, das „sich auf eine Wirklichkeit [bezieht; K.W.], von der unterstellt werden kann, daß die Rezipienten sie nicht als (reine) Fiktion wahrnehmen" (Scholl 2002: 465). Mit Faktizität ist folglich nicht die Abbildung einer objektiv erfassbaren Realität gemeint. Vielmehr wird darunter verstanden, dass sich Journalismus auf Tatsachen bezieht und diese von ihm überprüft werden.

In der sozialen Dimension entspricht Aktualität Relevanz. Darunter wird die vermutete systemübergreifende Bedeutsamkeit journalistischer Themen verstanden. Denn die journalistische Auswahl impliziert immer die Erwartung, dass die Berichterstattung ein möglichst großes Interesse erreicht. Aufgrund der Wichtigkeit der erwarteten respektive vermuteten Aufmerksamkeit des Publikums oder von Publikumssegmenten für den Journalismus nimmt der Journalismus v. a. solche Ereignisse „ins Visier" (Görke 1999: 334), für die sich vermutlich ein Publikum finden lässt. In sozialer Hinsicht grenzt sich Journalismus darüber hinaus von privaten Publikationen mit geringer Reichweite ab.

Zusammenfassend besteht aus systemtheoretischer Sicht die Funktion des Journalismus in modernen pluralistischen Gesellschaften darin, „Themen für die Medienkommunikation zur Verfügung zu stellen, die Neuigkeitswert und Faktizität besitzen, und zwar insofern, als sie an sozial verbindliche Wirklichkeitsmodelle gebunden sind" (Weischenberg 1998: 67). Um diese Funktion dauerhaft erfüllen zu können, bildet der Journalismus spezifische systeminterne Strukturen aus und verfestigt diese (vgl. statt anderer Görke 2002: 73 u. 1999: 301). Zudem werden auf der Struktur-Ebene des Journalismus Einflüsse des Kontexts – systemtheoretisch ausgedrückt: Irritationen – sichtbar, in denen Journalismus eingebettet ist und unter denen Journalisten arbeiten. Die journalistische Arbeit unterliegt politischen Bedingungen, rechtlichen Regelungen, wirtschaftlichen Zwängen und technischen Einflussfaktoren. Auch Berufsnormen, die Sozialisation der Journalisten, ihre politischen Einstellungen und ihr Rollenselbstverständnis sowie ihre Vorstellungen vom Publikum spielen eine Rolle. Strukturen des Journalismus und Einflüsse des Kontexts stehen nun im Mittelpunkt der Ausführungen.

2.2.2.1 Produktionskontext: Strukturen des Journalismus

Strukturen des Journalismus werden in systemtheoretischer Perspektive i. d. R. anhand von Organisationen, Programmen und Rollen beschrieben. Die ersten grundlegenden Überlegungen dazu stellte Rühl an (vgl. Rühl 1980: 397 u. 433), auf den sich die meisten neueren systemtheoretischen Journalismus-Ansätze berufen. Die Dimensionen der Binnendifferenzierung des Journalismus werden dabei als gleichrangig und funktional äquivalent (heterarchisch) zueinander betrachtet. Sie setzen sich gegenseitig voraus und wirken eng zusammen. Es findet eine komplexe Interaktion der Organisationen, Programme und Rollen statt. So wird die Komplexitätsreduktion und das Funktionieren des Systems ermöglicht.

Der Strukturbegriff und seine Dimensionen zeigen sich im Gegensatz zu den vergleichsweise geringen Differenzen bei Systembezeichnung, Funktion und Codierung (vgl. für eine ähnliche Bilanzierung Blöbaum 2004: 204 u. 2000: 172) bislang als „weitgehend diffus" (Malik 2004: 46), weshalb sich Malik am Beispiel des „Journalismusjournalismus" theoretisch wie empirisch intensiv mit den Strukturen des Journalismus auseinander gesetzt hat (vgl. Malik 2004). Da in dieser Publikation die einschlägigen Arbeiten zu journalistischen Organisationen, Programmen und Rollen ausführlich diskutiert wurden und der Stand der Journalismusforschung zu den Strukturen des Journalismus gründlich reflektiert wurde, wird darauf an dieser Stelle verzichtet. Vielmehr werden zielgerichtet die wesentlichen Elemente der Strukturen des Journalismus im Fernsehen herausgearbeitet. Dies ist notwendig, da Malik sich in erster Linie mit den Strukturen im Printjournalismus beschäftigt, die Strukturen im TV-Bereich jedoch Besonderheiten aufweisen, die für die Analyse des journalistischen Produkts der Wahlabendberichterstattung im deutschen TV wesentlich sind. Darüber hinaus gilt es, Spezifika der politischen Berichterstattung auf der Struktur-Ebene herauszuarbeiten.

Politikjournalismus kann in diesem Zusammenhang aus Sicht der Journalismusforschung als Subsystem des Journalismus verstanden werden (vgl. neben anderen Malik 2004: 48 ff.; Görke 1999: 337; Neuberger 1996: 318). Subsysteme bezeichnen eine abstrakte, thematische Strukturierung der journalistischen Kommunikation. Im Rahmen einer funktionalen Binnendifferenzierung kommt ihnen durch eine thematische Schwerpunktsetzung die exklusive Zuständigkeit für ihren jeweiligen Beobachtungsbereich zu. Dazu operieren sie systemtheoretisch formuliert mit einer zweiten Unterscheidung, einer Zweitcodierung, der die primäre Leitdifferenz aktuell/nicht-aktuell jedoch immer vorausgeht (vgl. Malik 2004: 49). Für die Politik gilt etwa die Differenz Macht/Ohnmacht (1.) und Regierung/Opposition (2.). Bei ihrer Beobachtung beschränken sich die Subsysteme allerdings nicht auf ein spezielles gesellschaftliches Funktionssystem, d. h., dass etwa der Politikjournalismus nicht nur die Politik an sich beobachtet, sondern die gesamte Gesellschaft.

Die spezifischen Thematisierungen eines journalistischen Subsystems wie des Politikjournalismus werden durch weitere Strukturbildungen abgesichert, indem sie sich auf der organisatorischen Ebene institutionalisieren (vgl. auch im Folgenden Malik 2004: 50). Dies geschieht bspw. durch redaktionelle Zuständigkeiten in Form von Redaktionen oder sachlich spezialisierte Ressorts wie Politik (vgl. zur Differenzierung von Ressorts Meier 2002). Auch auf der Ebene der Akteure werden diese Spezialisierungen deutlich, da sich dort bspw. charakteristische Arbeitsrollen mit je spezifischen Aufgabenbereichen und Tätigkeitsmerkmalen ausbilden (vgl. für einen Überblick zu journalistischen Rollen statt anderer Weischenberg 1998: 293 ff.). Horizontal lassen sich Rollen z. B. nach bestimmten Themengebieten differenzieren: So können sich politische Journalisten etwa auf bestimmte Parteien oder politische Themen wie Gesundheitspolitik usw. konzentrieren. Subsysteme des Journalismus institutionalisieren sich ebenfalls durch spezielle Programmausprägungen wie durch spezifische Darstellungsprogramme. Der Politikjournalismus zeichnet sich z. B. in Printmedien durch bestimmte Sparten wie Innenpolitik oder Außenpolitik oder im Rundfunkbereich durch typische Formate, etwa politische Auslands- oder Inlandsmagazine, aus.

Im Folgenden werden die Strukturdimensionen Organisationen, Rollen und Programme eingegrenzt und beschrieben, wobei auch aktuelle Erkenntnisse der empirischen Journalismusforschung berücksichtigt werden, so dass Konsequenzen für die vorliegende Untersuchung abgeleitet werden können. Dabei kann es in dieser Arbeit aber nicht darum gehen, einen umfassenden Überblick über die vielfältigen empirischen Befunde der auf Journalismus fokussierten kommunikationswissenschaftlichen Aktivitäten zu liefern, die auch als „ein buntes, aber auch sehr beliebig wirkendes Mosaik der Aussagenentstehung und ihrer Akteure" (Scholl/Weischenberg 1998: 39) bezeichnet werden. Bereits an anderen Stellen wurde versucht, eine überblickende Zusammenfassung dieses Puzzlebildes zu bieten. Weischenberg hat das so genannte Zwiebel-Modell (vgl. z. B. Weischenberg 1998: 68 ff.) vorgeschlagen, welches das Forschungsgebiet Journalistik in vier Kontextbereiche gliedert: Normen-, Struktur-, Funktions- und Rollenkontext.[11] Einen aktuellen Überblick über den Stand der Journalismusforschung bietet Löffelholz, der einen an Weischenbergs Modell angelehnten, aber modifizierten Vorschlag zur Systematisierung der Forschungsaktivitäten der Journalismusforschung unterbreitet hat (vgl. Löffelholz 2003). Löffelholz regt an, die Forschungsfelder der Journalistik in fünf Aspekte zu unterteilen: Systemaspekt, Strukturaspekt, Produktaspekt, Leistungsaspekt und Akteursaspekt (vgl. Löffelholz 2003: 41). Hier genügt es, die wesentlichen Resultate an entsprechender Stelle einzuarbeiten. Zur Einordnung vorab sei jedoch darauf hingewiesen, dass sich die Journalismusforschung weniger für geschichtliche Entwicklungen interessiert, als dass sie vielmehr aktuell beobachtbare Phänomene und Prozesse im Blick hat. Nur wenige Arbeiten sind historisch angelegt.[12]

Organisationen

In der Journalismusforschung werden verschiedene Einheiten als journalistische Organisationen bezeichnet (vgl. Altmeppen 1999: 32). Es wird sowohl auf einen institutionalen, der ein Gesamtsystem als Organisation sieht als auch auf einen instrumentalen Organisationsbegriff rekurriert, der das Erreichen von Zielen impliziert (vgl. Moss 1998: 17 f.). Insgesamt können vier Organisations-Dimensionen im Journalismus unterschieden werden, die die kontinuierliche und professionelle Realisation von aktuellen Gesellschaftsbeschreibungen sichern: Medienbereiche, Medienorganisationen, Redaktionen und Ressorts (vgl. auch im Folgenden Malik 2004: 54 ff. u. 89).

Zu den *Medienbereichen* gehören Agentur-, Print-, Hörfunk-, Fernseh- und Onlinejournalismus. Sie differieren hinsichtlich ihrer technischen Produktion und Verbreitung. Die verschiedenen technologischen Kontexte, innerhalb derer Agentur-, Print-, Rundfunk- und Onlinejournalismus hergestellt werden, erfordern unterschiedliche Programme und Rollen. Darüber hinaus sind für sie divergierende Kommunikationswege kennzeichnend sowie unterschiedliche Erwartungen des Publikums prägend. Entsprechend gibt es einen Zwang des jeweiligen Medienbereichs für jeweils spezifische Vermittlungs- und Darstellungsstrategien. „In dem Maß, wie sich Journalismus technischer Verbreitungsmedien bedient, ja bedienen muß, um Aktualitätsofferten mitzuteilen, finden diese als Selektionskriterien auf der Programmebene Berücksichtigung." (Görke 1999: 327) So stützt sich der Journalismus in Printmedien größtenteils auf die Schrift, obgleich auch hier das Visuelle eine

---

[11] Vgl. zur Kritik an diesem Modell, das inzwischen auch zur systemtheoretischen Beschreibung des Journalismus und den Beziehungen zu seinen Umwelten herangezogen wird, Löffelholz 2004b: 49 ff.; Blöbaum 1994: 63 f.
[12] Vgl. zur Entwicklung von Ressorts in Zeitungen Meier 2002; vgl. zu Journalisten verschiedener Generationen, ihrer politischen Einstellung und ihrem Rollenselbstverständnis Ehmig 2000; vgl. zur Ausdifferenzierung und Verselbstständigung des Journalismus als soziales System Blöbaum 1994; vgl. zur Nachrichtenauswahl über vier Jahrhunderte Wilke 1984.

Rolle spielt (vgl. Brosius 1998b: 215). Dagegen ist die Berichterstattung im Radio auf Auditivität angewiesen und der Journalismus im Fernsehen an die Verfügbarkeit von Bildmaterial gekoppelt (vgl. Malik 2004: 54; Diehlmann 2003: 138 ff.; Görke 2002: 78 u. 1999: 327; Kamps 1999: 26; Brosius 1998b: 213; Staab 1998: 63). Bei der Auswahl im Fernsehen hat schlechte Karten, was nicht oder nur schwierig gezeigt werden kann, während das, was „herzeigbar ist, direkt abgebildet oder zumindest symbolisch dargestellt werden kann" (Marcinkowski 1993: 105; vgl. Kamps 1999: 26) bessere Chancen hat, den Filter journalistischer Auswahl zu durchlaufen. Dabei weist Visualität als wesentliche Bedingung eine weitgehende Stabilität über die Zeit auf (vgl. Diehlmann 2003: 138; Staab 1998: 63).

Die Medienbereiche selbst differenzieren sich in *Medienorganisationen* aus. Diese sind als *Medienunternehmen* zu benennen, da der Oberbegriff der hier vorgestellten strukturellen Elemente schon als Organisation bezeichnet wird. Zu den Medienunternehmen zählen Zeitungs- und Zeitschriftenverlage, öffentlich-rechtliche und privatwirtschaftliche Rundfunksender usw. In den Medienunternehmen arbeiten journalistische Einheiten neben weiteren, nicht-journalistischen Bereichen wie Technik, Anzeigenabteilung und Vertrieb (vgl. Moss 1998: 20 u. 84). In Rundfunksendern zählen vereinfacht formuliert Einheiten wie Programmplanung oder Produktion dazu, wobei innerhalb der Produktion eines Fernsehsenders wiederum die Bereiche Schnitt, Kamera, Regie zusammenarbeiten (vgl. Überblicke über Geschäftseinheiten in Jahrbüchern von ARD und ZDF; Weischenberg 1998: 295; Bleicher 1993b: 117 f.). Ein weiteres Merkmal bei öffentlich-rechtlichen Rundfunksendern ist die intern geregelte Aufsicht durch spezielle Gremien (vgl. Altendorfer 2001: 269; Meyn 2001: 163 ff.; Stuiber 1998: 720 ff.; Weischenberg 1998: 295, Bleicher 1993b). Dagegen werden die privatwirtschaftlichen Rundfunkanbieter durch externe Gremien beaufsichtigt (vgl. Altendorfer 2001: 272; Meyn 2001: 193 ff.; Dussel 1999: 267 ff.; Stuiber 1998: 415 ff.).

Unterschiede zwischen den Medienunternehmen zeigen sich z. B. durch rechtliche Regelungen (Gesetze und Programmauflagen bzw. Lizenzen für Rundfunkunternehmen), ökonomische Rahmenbedingungen (bezogen auf die Finanzierungsform für Rundfunkveranstalter etwa Werbe- versus Gebührenfinanzierung; die Marktposition betreffend bspw. Monopol- versus Duopol- versus Wettbewerbsposition) sowie deren Zielgruppen-Ausrichtung (z. B. Vollprogramm versus Spartensender). Differenzen bestehen auch bei selbst formulierten Unternehmenszielen. So sind neben publizistischen Zielen, Öffentlichkeit herzustellen, weitere zu identifizieren (vgl. Jarren 2003: 22; Görke 2002: 79; Jarren/Donges 2002a: 181 u. 188):

> „Dazu zählt die Kombination von Information, Unterhaltung und Service als Redaktionsziel ebenso wie die Vorgabe, kostengünstig zu arbeiten. [...] Zielgruppenorientierung unter Marketinggesichtspunkten löst Publikumsorientierung unter dem Gesichtspunkt der Herstellung von Öffentlichkeit ab." (Blöbaum 2004: 212)

Die Differenzen der beispielhaft genannten Bedingungen werden in den Angeboten der verschiedenen Medienunternehmen deutlich. Sie sind auf der Produktebene feststellbar:

> „Ist ein Sender auf hohe Publikumsquoten zum Erlangen von Werbung angewiesen, weil er sich ausschließlich daraus finanziert, so muss ein ‚attraktives' Programm erstellt werden. Entsprechend ist der Sender organisiert und wird in ihm gehandelt. Andere Regeln gelten grundsätzlich für den gebührenfinanzierten öffentlichen Rundfunk, der nicht Aufmerksamkeit und Quoten um jeden Preis erzielen muss und der zudem einer gesellschaftlichen Kontrolle unterworfen ist." (Jarren 2003: 14)

Innerhalb von Medienunternehmen stellen *Redaktionen* i. d. R. die originär journalistischen Organisationseinheiten dar. Ihnen obliegt die Aufgabe, in den Medienunternehmen die journalistischen Entscheidungen zu treffen und durchzuführen. Sie produzieren die journalistischen Produkte, die empirisch beobachtbar sind. Als redaktionelle Organisationsbereiche sind darüber hinaus auch neu entstehende Formen journalistischer Organisationen zu zählen, wie etwa *freie Journalistenbüros* (vgl. Altmeppen 1999: 36 u. 41).

Auf der Ebene der Redaktionen lassen sich die genannten Kontextbedingungen von Medienunternehmen ebenfalls herausfiltern, indem z. B. bestimmte gesetzliche Regeln wie das Persönlichkeitsrecht befolgt werden müssen oder berufsspezifische Normen die journalistische Arbeit anleiten, z. B. der Pressekodex oder Richtlinien für Sendungen. Auch ökonomischer Einfluss zeigt sich in den Redaktionen, bspw. in den Ressourcen, die für die Berichterstattung zur Verfügung stehen. Konkret sind damit die personellen, technischen und zeitlich-räumlichen Ressourcen gemeint (vgl. Görke 2002: 80; Altmeppen 1999: 60 ff.). Sie sind ein Resultat der Vorgaben des Medienunternehmens und seiner Ziele in Abhängigkeit von den jeweiligen Etats und der Wettbewerbssituation.

Schließlich zeigen sich auf Redaktions-Ebene auch politische Einflussnahmen etwa in Form von Personalpolitik. Besonders im öffentlich-rechtlichen Rundfunk ist es üblich, dass v. a. hochrangige Posten im Allgemeinen, etwa der Posten des Intendanten oder des Programmdirektors, und leitende Stellen in Redaktionen im Speziellen, z. B. Chefredakteur oder Redaktionsleiter, nach politischen Interessen und Parteiproporz besetzt werden (vgl. allgemein dl 2002: 17; Meyn 2001: 167 ff.; vgl. für das ZDF Prüsse 1997: 28 ff.; Wehmeier 1979: 80 ff.; vgl. für die ARD Kilz 1988). Dies gründet sich in der Zusammensetzung der Aufsichtsgremien der öffentlich-rechtlichen Rundfunkanstalten aus Vertretern gesellschaftlich relevanter Gruppen, die u. a. über die Personalien der höheren Hierarchiepositionen in der Fernsehanstalt entscheiden (vgl. allgemein Meyn 2001: 163 ff.; vgl. für die ARD: Jakobs 2005: 19; vgl. für das ZDF Prüsse 1997: 12 ff.; Wehmeier 1979: 68 ff. u. 73 ff.).

Trotz Kritik an diesem Auswahlverfahren, die etwa den Politikern vorhält, dass qualifizierte Mitarbeiter von einer Führungsposition ausgeschlossen werden, nur weil die Farbe nicht stimmt oder – andersherum betrachtet – dass Mitarbeiter die Position ihrer politischen Einstellung zu verdanken haben, wird weiter an dem Prozedere festgehalten. In den 1960er Jahren war es eingeführt worden, um die Überparteilichkeit, Pluralität, Vielfalt und Ausgewogenheit der Berichterstattung der öffentlich-rechtlichen TV-Sender zu garantieren (Binnenpluralismus). Inzwischen gibt es aus den Reihen der Politiker jedoch Vorstöße, z. B. die ZDF-Gremien zu reformieren, und den Vorschlag, die Mitgliederzahl des Fernsehrats zu verkleinern und seine Zusammensetzung zu ändern (vgl. Scheithauer 2002).

Ressorts sind Organisationsbereiche innerhalb von Redaktionen. Als Differenzierung dienen sie der Arbeitsteilung in Redaktionen (vgl. etwa Malik 2004: 55 f.; Meier 2002: 18). Ressorts bilden sich nicht willkürlich heraus. Vielmehr erfolgt ihre Herausbildung „der Ausdifferenzierung von Sinnzusammenhängen in der Gesellschaft" (Blöbaum 2004: 208). In der Regel institutionalisieren sie die thematische oder zeitlich-räumliche Spezialisierung journalistischer Subsysteme. So berichtet etwa das Politik-Ressort über Politik, wobei wiederum eine Differenzierung z. B. nach zeitlich-räumlichen Kriterien wie etwa Landes- und Bundespolitik oder nach Politikfeldern wie etwa Wirtschaftspolitik oder Umweltpolitik zu finden ist (vgl. für Organisationen, Rollen und Programme im Politikjournalismus auch Jarren/Donges 2002a: 200). Die Differenzierung in Ressorts geht dabei einher mit einer zweifachen Orientierungsleistung. Auf der einen Seite ermöglichen sie dem Journalisten eine erste Orientierung bei der Selektion der Themen aus der immensen Materialvielfalt. Auf der anderen Seite sortieren sie – in Sparten oder bestimmten Formaten – die Themen für die Rezipienten und erleichtern Ihnen so die Orientierung (vgl. Blöbaum 2004: 207).

Unterdessen zeigt sich eine über die klassische Strukturierung von Ressorts hinausgehende redaktionelle Differenzierung. Vor allem zwei ressortüberwindende Modelle scheinen sich etabliert zu haben: Redakteure wechseln nach einem Rotationsprinzip regelmäßig zwischen den Ressorts, oder Themen werden ressortübergreifend in Projektgruppen bearbeitet (vgl. Meier 2002: 330; Altmeppen/Donges/Engels 2000: 207; Meckel 1999: 73 f.; Moss 1998: 108). Unter dem Terminus *Team* wird dabei „die immer wieder neue Einrichtung temporärer Arbeitsgruppen mit begrenzter, genau definierter Aufgabe zur innovativen Lösung komplexer Probleme" (Meier 2002: 427; vgl. auch Pink 2000: 57) bezeichnet. Damit ist also nicht mehr die Zusammenarbeit von Redakteuren eines einzigen Ressorts über Jahre oder Jahrzehnte hinweg gemeint. Teams werden überwiegend für aktuelle Themen mit Bedarf nach Sachkompetenz aus verschiedenen Ressorts und Abteilungen eines Medienunternehmens gebildet (vgl. Meier 2002: 303 f.; Moss 1998: 161). Damit ermöglicht die Arbeit in Projektredaktionen, schnell auf überraschende Ereignisse reagieren zu können (vgl. Moss 1998: 158). Hintergrund dieser Projektgruppen ist darüber hinaus weniger eine „thematische ‚Rezentralisierung' der redaktionellen Arbeit" (Meckel 1999: 73) als vielmehr die Absicht Themen interdisziplinär umzusetzen, um so die differenzierten, aber ineinander greifenden Facetten moderner gesellschaftlicher Entwicklungen adäquat umsetzen und mehr Orientierung für die Rezipienten bieten zu können.

Obwohl die traditionelle Ressortstrukturierung im Printjournalismus eher mit der Strukturierung von öffentlich-rechtlichen Rundfunkanstalten als mit privatwirtschaftlichen Hörfunk- und Fernsehsendern verglichen werden kann (vgl. Meier 2002: 433), ist die Bezeichnung Ressort insgesamt sehr stark auf den Printjournalismus zugeschnitten, während sowohl im öffentlich-rechtlich als auch im privat organisierten Rundfunkbereich andere Bezeichnungen oder gar Strukturierungen vorfindbar sind (vgl. für einen Überblick über wissenschaftliche Arbeiten zur Organisation von Rundfunkanstalten Meier 2002: 26 ff.).

Im öffentlich-rechtlichen Rundfunk bestehen bei einer Sendeanstalt wie dem ZDF innerhalb der übergeordneten Chefredaktion sachlich differenzierte Hauptredaktionen (HR) bzw. Hauptabteilungen (HA), wie bspw. für die Außen-, Innen-, Wirtschafts-, Sozial- und Umweltpolitik, für den Bereich „Aktuelles" sowie für die verschiedenen Studios in den einzelnen Bundesländern und den Auslandsstudios (vgl. ZDF-Jahrbuch 2002: 277 ff.; vgl. für den früheren organisatorischen Aufbau des ZDF Prüsse 1997: 59 ff.; Wehmeier 1979: 89). Innerhalb der jeweiligen HR/HA gibt es Einzelredaktionen, die spezielle Aufgabenbereiche abdecken oder für spezifische Sendeformate zuständig sind. Beispielhaft sei die Einheit Innenpolitik beim ZDF genannt: Hier arbeiten die Redaktionen „Länderspiegel" und „blickpunkt", die für das jeweils gleichnamige Magazin verantwortlich sind, mit einer „Gruppe Redakteure", die bestimmte Ereignisse und Themen journalistisch aufarbeiten, nebeneinander.

Für die einzelnen Sendeanstalten der ARD lässt sich Ähnliches konstatieren, nur dass sich die einzelnen Sender noch einmal in einen Hörfunk- und einen Fernsehbereich untergliedern, der beim WDR bspw. Programmdirektion Hörfunk respektive Fernsehprogrammdirektion bezeichnet wird (vgl. für die Rundfunkanstaltengemeinschaft ARD beispielhaft den Aufbau des WDR im ARD-Jahrbuch 2003: 264 ff.) Innerhalb des Fernsehprogrammbereichs wiederum arbeiten einzelne Programmbereiche, wie etwa „Politik und Zeitgeschichte", „Kultur und Wissenschaft" und „Landesprogramme", nebeneinander. Auch diese sind in einzelne Redaktionen untergliedert, z. B. „Inland", „Ausland", „Zeitgeschehen Aktuell".

Darüber hinaus ist bei den öffentlich-rechtlichen TV-Anstalten festzustellen, dass inzwischen auch Teams eingesetzt werden.[13] Damit sind mittlerweile auch im öffentlich-rechtlichen Rundfunk Tendenzen zu beobachten, Projektgruppen aus verschiedenen journalistischen Organisationsbereichen zusammenzustellen (vgl. Meier 2002: 433).

Für private TV-Sender liegen kaum Erkenntnisse zur internen Organisation vor, eher kann die interne Organisation des privaten Hörfunks beschrieben werden: Hier sind die Redaktionen i. d. R. nicht in Ressorts unterteilt, sondern nach Bereichen wie Nachrichten, Wort, Unterhaltung und Programmorganisation untergliedert (vgl. Altmeppen/Donges/Engels 2000: 204 ff.; Jarren/Donges 1996; Rager/Werner/Weber 1992: 114). Entsprechendes lässt sich für das private Fernsehen annehmen.

Neben den Bedingungen, die für einzelne Medienbereiche gelten, hat auch die Strukturierung innerhalb von Medienunternehmen in Redaktionen und Ressorts und deren Rahmenbedingungen Folgen für das journalistische Produkt (vgl. Jarren/Donges 2002a: 184). Zugleich lässt sich aus der internen Strukturierung von Medienunternehmen ihr journalistischer Anspruch und die angestrebte Profilbildung ableiten (vgl. Jarren/Donges 2002a: 185).

Trotz der Relevanz des Strukturbereichs der Organisation für den Journalismus wird diese Dimension bislang vergleichsweise randständig von der theoretischen wie der empirischen Journalismusforschung in den Fokus gerückt.[14] Die mangelnde Berücksichtigung dieser Analyseperspektive ist eng mit der Fachgeschichte gekoppelt. Lange Zeit wurden Journalisten als Individuen betrachtet und in einer normativ-hermeneutischen Herangehensweise analysiert. Die Rahmenbedingungen, innerhalb derer die Journalisten arbeiten, wurden hingegen kaum in die Untersuchungen einbezogen (vgl. als Ausnahme mit Blick auf die Redaktionstechnik Hienzsch 1990). Inzwischen werden journalistische Organisationen als Forschungsgegenstand im Rahmen der Diskussionen über Redaktions- und Qualitätsmanagement wieder aufgegriffen (vgl. etwa Meckel 1999; Moss 1998; Möllmann 1998) und als Bestandteile des Differenzierungs- und Veränderungsprozesses im Journalismus analysiert (vgl. etwa Meier 2002; Altmeppen/Donges/Engels 2000; Altmeppen 1999). Im Hinblick auf die Erforschung politischer Kommunikation sind die Strukturen innerhalb von Medien von der bisherigen Forschung ebenfalls vernachlässigt worden. Für die Leistungsfähigkeit des Journalismus auch bezüglich politischer Themen sind diese jedoch ebenso relevant (vgl. für eine entsprechende Bilanz aus Perspektive politischer Kommunikationsforschung Jarren/Donges 2002a: 171). Um Journalismus in „zeitgemäßen Formen zu leisten" (Rühl 2002: 319) sind organisationale Strukturen wie etwa Redaktionen indes unabdingbare Voraussetzungen. „Deshalb ist grundsätzlich zu fragen, wie brauchbar Aussagen über heutigen Journalismus sind, wenn sie jegliche Art organisatorischer Bezüge vermissen lassen." (Rühl 2002: 319)

Für die in der vorliegenden Studie fokussierte Wahlabendberichterstattung im deutschen Fernsehen ergeben sich bei Betrachtung der Organisations-Ebene von Journalismus zusammenfassend folgende Konsequenzen: *Wahlabendberichterstattung* im TV ist Teil des Subsystems *Politikjournalismus*, sie gehört zum *Medienbereich Fernsehjournalismus* und

---

[13] Diese Erkenntnis basiert auf Beobachtungen der Autorin während ihrer freien Mitarbeit beim ZDF.
[14] Vgl. zur Journalismusforschung im Speziellen Löffelholz 2004b: 53 ff. u. 2002: 36 ff.; Rühl 2002: 310; Weischenberg 1998: 54 ff.; vgl. für den gesamten Bereich der Massenmedien als Organisationen Jarren 2003: 13.

unterliegt damit bestimmten *technischen Bedingungen* und *Erwartungen*. Voraussetzung von Wahlabendberichterstattung im Fernsehen ist damit auch die *Visualisierbarkeit* und die *Auditivität* des Geschehens am Wahlabend. Der politische, rechtliche und ökonomische *Rahmen* innerhalb der einzelnen *Medienunternehmen* ist – so ist anzunehmen – unterschiedlich, was zu *unterschiedlichen Konzeptionen* von Wahlabendberichterstattung führen kann. Die Einflüsse der Kontexte sind auf der Ebene der *Redaktionen* in Bezug auf Ressourcen oder rechtliche, normative oder politische Vorgaben für die Gestaltung der Wahlabendberichterstattung konkret feststellbar und können Differenzen aufweisen, die sich in dem Produkt niederschlagen. Für die Wahlabendberichterstattung als journalistisches Produkt sind bestimmte Redaktionen bzw. Ressorts zuständig respektive Teams verantwortlich, die sich aus journalistischen Akteuren verschiedener Redaktionen und Ressorts zusammensetzen. Hinsichtlich der *Zuständigkeiten* ist basierend auf vorliegenden Erkenntnissen anzunehmen, dass es Unterschiede zwischen den öffentlich-rechtlichen und den privaten Sendern gibt – ebenfalls mit Auswirkungen auf die Wahlabendberichterstattung.

Folglich sind die Merkmale der Wahlabendberichterstattung auf Organisations-Ebene und deren kontextuelle Bedingungen in die Analyse einzubeziehen (vgl. Kap. 5). So kann erklärt werden, warum sich die Wahlabendberichterstattung mit der Zeit verändert hat und als Produkt verschiedener Medienunternehmen unterschiedlich ausfällt (vgl. Kap. 6 bis 8). Untersuchungen in und über journalistische(n) Organisationen bieten die Option, den Wandel und die Stabilität des Journalismus unter Einbezug seiner Kontexte zu identifizieren (vgl. Kap. 9). Die Problematik, langfristige von kurzfristigen Veränderungen zu differenzieren (vgl. Altmeppen/Donges/Engels 2000: 216), wird durch die Anlage der Studie als kontinuierliche Langzeitanalyse instruktiv angegangen (vgl. Kap. 3.3).

Neben der Organisations-Ebene mit den vier Dimensionen Medienbereiche, Medienunternehmen, Redaktion und Ressort lassen sich weitere Strukturbereiche des Journalismus ausmachen, die in der systemtheoretisch argumentierenden Journalismusforschung als Rollen und Programme bezeichnet werden. Zunächst wird auf die Rollen und anschließend auf die Programme als Komponente der journalistischen Struktur eingegangen.

Rollen und Akteure

Journalisten werden in systemtheoretischen Auseinandersetzungen mit dem Journalismus nicht als individuelle Persönlichkeiten berücksichtigt, sondern als professionelle Kommunikatoren, die im Journalismus in speziellen Rollen tätig sind. „Statt Journalismus auf der Tätigkeit des einzelnen Journalisten aufzubauen, hat sich das soziologische Konzept der Handlungsrolle als genügend generalisiert und ausgearbeitet und damit instruktiv für die Analyse von Journalismus erwiesen." (Blöbaum 1994: 48) Der Begriff der Rolle subsumiert dabei die mit einer sozialen Position in einer Gruppe oder in einer Institution verknüpften Verhaltenserwartungen und dient der Bündelung gleichartiger Handlungen und Kommunikationsweisen. Rollen sorgen so für ein regelmäßiges und vorhersagbares Verhalten, das als Voraussetzung für planbare Interaktionen dient; sie erfüllen damit eine allgemeine soziale Orientierungsform. Innerhalb der Rollen existieren jedoch gewisse Spielräume, die individuell ausgestaltet werden können (vgl. zur Bestimmung von Rollen neben anderen Journalismusforschern Malik 2004: 64; Altmeppen 1999: 44; Weischenberg 1998: 293; Blöbaum 1994: 52).

Über Rollen werden Handelnde in soziale Systeme integriert. Journalisten nehmen dabei verschiedene Rollen ein, deren Erwartungen die journalistische Kommunikation strukturieren. Differenziert werden Berufs-, Mitglieds- und Arbeitsrollen (vgl. Malik 2004: 65; Blöbaum 2004: 211 u. 1994: 52 ff.; Weischenberg 1998: 308 ff.; Rühl 1980). In der *Berufsrolle* werden die Verhaltenserwartungen an die Profession, hier also die der journalistischen Berufsgruppe, zusammengefasst (vgl. Altmeppen 1999: 44 f.; Rühl 1980: 281 f.). Sie speisen sich u. a. aus gesetzlichen Regeln sowie aus Normen, die etwa von journalistischen Berufsorganisationen wie Journalistenverbänden oder Selbstkontrollorganen wie dem Presserat aufgestellt werden. Rollentheoretisch wird hinsichtlich der Berufsrollen daher auch von Normen reguliertem Handeln gesprochen. Auch die soziodemografischen Merkmale und die Sozialisation der Journalisten sind in diesem Zusammenhang als potenzielle Einflussgrößen zu verstehen. Sichtbar und damit erfassbar werden die Berufsrollen in dem Rollenselbstverständnis von Journalisten, das als Einstellungskonstrukt verknüpft mit dem eigenen journalistischen Anspruch Einfluss auf das konkrete berufliche Wirken der Journalisten hat (vgl. Ehmig 2000: 38; Neuberger 2004: 297; Altmeppen 1999: 45; Scholl/Weischenberg 1998: 161 f.).

Mit dem Selbstverständnis bzw. dem journalistischen Anspruch von Journalisten hat sich die empirische Journalismusforschung ausgiebig und einträglich beschäftigt, wobei zwei konträre Positionen auszumachen sind (vgl. für eine Einordnung Löffelholz 2004b: 47 ff., 2003: 36 u. 2002: 297; Baum 1994: 222 ff.). So bezieht sich die so genannte Mainzer Schule überwiegend auf die politische Dimension des journalistischen Selbstbildes. Journalisten werden als „angepaßte Außenseiter" (Kepplinger 1979), „Missionare" (Köcher 1985) und „vor allem als Kritiker und erst in zweiter Linie als neutrale Berichterstatter" (Donsbach 1979: 35) eingeordnet. Kritisiert werden hieran von anderen Journalismusforschern theoretische und methodische Defizite: Als problematisch wird angesehen, dass keine ausreichende Legitimation für diese Rolleninterpretation besteht, da primär auf individuelle Einstellungen von Journalisten abgehoben wird, während strukturelle Bedingungen der Produktion von Journalismus vernachlässigt wurden. Außerdem wurde, so der Vorwurf, von Inhalten auf (vermutete) Einstellungen geschlossen.

Seit den 1990er Jahren dominieren auf Basis zweier repräsentativ angelegter Studien das Rollenselbstbild des neutralen Vermittlers – dazu zählen die Abbildung von Realität, die schnelle und wahrheitsgeprüfte Faktenwiedergabe und ergänzend Komplexität zu reduzieren und Zusammenhänge verständlich zu machen – sowie ein insgesamt pluralistisches Rollenverständnis. Zunehmend interpretieren Journalisten ihre eigene Rolle auch dahingehend, Rezipienten eher zu unterhalten als zu erziehen.[15] Der Journalismus als „Vierte Gewalt" besitzt dagegen nur noch eine untergeordnete Bedeutung. Allein das Ziel, Missstände zu kritisieren, wird als ähnlich wichtig eingestuft wie neutrale Berichterstattung, was mit Verweis auf die Autonomie des journalistischen Systems und die Verfassungsvorgaben an Journalismus erklärt wird (vgl. Weischenberg/Scholl 2002: 512).

Darüber hinaus ist der Wandel des Rollenselbstbildes der Journalisten vereinzelt in unterschiedlichen zeitlich-räumlichen Zusammenhängen – sowohl individuell-sozialisationsbedingt als auch historisch – untersucht worden (vgl. Ehmig 2000: 27; Gruber 1975 u. 1971). Festgestellt wurde u. a., dass sich im Laufe journalistischer Ausbildung hinsichtlich

---

[15] Vgl. Weischenberg/Scholl 2002: 511; Scholl/Weischenberg 1998; Schönbach/Stürzebecher/Schneider 1994; Weischenberg/Löffelholz/Scholl 1994 u. 1993; Schneider/Schönbach/Stürzebecher 1993 sowie zusammenfassend Ehmig 2000: 59 ff.

der Idealvorstellungen und der Berufsethik Ernüchterung breit macht. Zu den Erkenntnissen zählt auch, dass Unterschiede im Denken zwischen jüngeren und älteren Berufsangehörigen bestehen und ein Werte- und Meinungswandel stattgefunden hat. Zurückgeführt wird dies auf prägende historische Ereignisse und spezifische Lebenserfahrungen.

Speziell zu den politischen Journalisten – definiert in Anlehnung an Jarren und Donges als Journalisten, die in einschlägigen, auf das Themenfeld Politik spezialisierten Redaktionen oder Ressorts tätig sind oder für bestimmte auf politische Inhalte konzentrierte Medien oder Formate arbeiten, bzw. die über politische Akteure, Prozesse und Themen auch aus weiteren Redaktionen und Ressorts heraus sowie in anderen als primär politikorientierten Genres berichten (vgl. Jarren/Donges 2002a: 201) – liegen keine spezifischen Studien vor. Wesentliche Erkenntnisse stammen aus den genannten Journalismusstudien[16], in denen politische Journalisten berücksichtigt wurden (vgl. zusammenfassend Jarren/Donges 2002a: 203; Altmeppen/Löffelholz 1998: 102 ff.).

Während das Rollenselbstverständnis von Journalisten als Einstellungskonstrukt als Ausdruck des beabsichtigten Handlungsaspekts gilt (vgl. Scholl/Weischenberg 1998: 162), wird tatsächliches journalistisches Handeln in der Umsetzung der Mitglieds- und der Arbeitsrolle deutlich. Journalisten agieren entsprechend einer bestimmten *Mitgliedsrolle*. Die Mitgliedsrolle bindet Journalisten auf Organisations-Ebene an das Medienunternehmen, die Redaktion respektive das Ressort oder Team, in denen sie arbeiten. Damit verbunden sind ebenfalls spezifische Erwartungen und Regeln sowie Rechte und Pflichten, die bspw. in Redaktionsstatuten oder Richtlinien für Sendungen festgehalten sind. Generell werden die Identifikation mit dem eigenen Medienunternehmen, der Redaktion bzw. dem Ressort, die Wahrung von redaktioneller Diskretion und der Ausschluss der Mitarbeit bei Konkurrenten erwartet (vgl. Weischenberg 1998: 313 ff.). Eine wesentliche Bedeutung kommt hierbei der beruflichen Sozialisation in journalistischen Organisationen zu: Journalisten werden am Arbeitsplatz sozialisiert und ins journalistische Milieu integriert, dabei erlernen sie „on the job" journalistische Mitglieds- und Arbeitsrollen (vgl. Scholl/Weischenberg 1998: 46; Weischenberg 1995: 527; Breed 1980 u. 1973).

Innerhalb einer Organisation bzw. im Rahmen der Mitgliedsrolle sind wiederum verschiedene Arbeitsrollen möglich. Eine *Arbeitsrolle* beinhaltet konkrete Arbeitsanforderungen an Journalisten. Hierbei werden in der Journalismusforschung vertikale respektive hierarchische Positionen, welche die organisatorische Variante von Rollen bezeichnen (vgl. Altmeppen 1999: 46; Rühl 1980: 277), sowie horizontale bzw. funktionale Rollenaufteilungen differenziert. Sie markieren jeweils unterschiedliche Verhaltenserwartungen und spezielle Zuständigkeiten.

Vertikal bzw. *hierarchisch* sind Arbeitsrollen wie Chefredakteur, Ressortleiter, Redakteur und Volontär zu unterscheiden. Diese werden auch als Leitungs-, Teilleitungs- und Redakteursrollen beschrieben (vgl. Altmeppen/Donges/Engels 2000: 205) Im Fernseh- bzw. Radiojournalismus kommt es jedoch bei den Medienunternehmen der öffentlich-rechtlichen Rundfunkanstalten zu weiteren hierarchisch differenzierten Arbeitsrollen wie die des Intendanten. Vertikal zu differenzierende Rollen sind auch in Redaktionen und Ressorts auszumachen. So werden etwa Politik-Redaktionen oder -Ressorts wiederum durch einen Redaktions- oder Ressortleiter geführt und innerhalb dieser Organisationsbereiche arbeiten z. B. Redakteure neben Volontären (vgl. Jarren/Donges 2002a: 200).

---

[16] Vgl. Weischenberg/Scholl 1998; Schönbach/Stürzebecher/Schneider 1994; Weischenberg/Löffelholz/Scholl 1994 u. 1993; Schneider/Schönbach/Stürzebecher 1993.

Horizontal bzw. *funktional* werden meist zwei Dimensionen von journalistischen Arbeitsrollen gebündelt: *fachliche* und *sachliche*. Unter einer *fachlichen Differenzierung* werden in dieser Arbeit Rollen verstanden, die sich auf bestimmte Aufgaben und Arbeitsschritte bei der Herstellung eines journalistischen Produktes konzentrieren, die in bestimmten Rollen auch eine administrative Form einnehmen können (vgl. Weischenberg 1998: 299). In diesem Sinne können die als fachlich etikettierten Arbeitsrollen mit Meckel auch als „prozedurale" (Meckel 1999: 70) bezeichnet werden, da sie unter diesem Begriff ebenfalls die journalistische Arbeit in den einzelnen Schritten bis hin zum journalistischen Endprodukt versteht. Allerdings ist Meckels Darstellung der Charakteristik der prozeduralen Arbeitsrollen eher oberflächlich. Sie erklärt lediglich, dass in Deutschland eine zentrale prozedurale Arbeitsorganisation in vielen Redaktionen vorherrscht, wonach ein Journalist alle Produktionsstufen über die Recherche, das Schreiben, die redaktionelle Bearbeitung bis hin zur Präsentation durchläuft. Dies lässt sich konkretisieren, und zwar sowohl im Hinblick auf die einzelnen fachlichen Rollen als auch bezüglich der verschiedenen Medienbereiche.

Im Medienbereich des Printjournalismus können etwa die fachlichen Rollen eines Redakteurs, der in der Redaktion für die Themenvergabe, die Planung und das Layout der Seite sowie Redigierarbeiten zuständig ist – Chef-vom-Dienst-Position oder Produktionsredakteur –, von dem des Reporters oder des Korrespondenten unterschieden werden, denen andere Aufgaben sowie Arbeitsschritte wie Recherchieren und Schreiben zukommen. Wieder andere fachliche Differenzierungen von Arbeitsrollen lassen sich im Medienbereich des Fernsehjournalismus, besonders bei Live-Berichterstattung, beobachten: Hier können Moderatoren, die die Sendung vor der Kamera präsentieren, von Redakteuren, die Themen und Ablauf der Sendung geplant haben, und von MAZ-Redakteuren, die dafür zuständig sind, Ereignisse während der Sendung aufzunehmen, zu schneiden und bei Abruf einspielen zu lassen, unterschieden werden. Außerdem können Reporter eingesetzt werden. Diese fachliche Differenzierung hängt mit den journalistischen Tätigkeiten zusammen.

Tätigkeiten dienen der Beschreibung des Berufsalltags (vgl. Scholl/Weischenberg 1998: 87 ff.). Scholl und Weischenberg haben in ihrer repräsentativen Journalistenbefragung insgesamt acht Cluster an fachlich differenzierten Arbeitsrollen bzw. Tätigkeiten identifiziert, die sich jedoch nicht komplementär zueinander verhalten, sondern vielmehr die Hauptausrichtung der jeweiligen Journalisten ausdrücken: Rechercheure, Texter, Selektierer, Input-Redigierer, Kontroll-Redigierer, Manager, Producer und Moderatoren. Zu den beruflichen Tätigkeiten von Journalisten zählen demnach nicht nur die journalistischen Kerntätigkeiten recherchieren, auswählen, schreiben und redigieren, sondern auch technisch ausgerichtete Arbeitsschwerpunkte, organisatorische Tätigkeiten und das Moderieren. Im Medienbereich des Fernsehjournalismus kommt allen drei zusätzlichen journalistischen Tätigkeiten eine entscheidende Bedeutung zu. Eine fachliche Differenzierung nach Aufgaben und Tätigkeiten ist auch innerhalb von thematisch oder räumlich-zeitlichen spezialisierten Redaktionen und Ressorts beobachtbar, so arbeiten in Organisationen des politischen Journalismus bspw. planende und redigierende Politikredakteure zusammen mit vor Ort recherchierenden politischen Korrespondenten (vgl. Jarren/Donges 2002a: 200).

Mit *sachlich* differenten Arbeitsrollen sind Rollen gemeint, deren Zuständigkeiten nach bestimmten Themenbereichen verteilt sind und sich dabei nach dem besonderen Kenntnisstand und den Interessensgebieten der Journalisten ausdifferenzieren. Im politischen Journalismus sind hier bspw. Spezialisierungen auf bestimmte Politikfelder, wie z. B. Innen- oder Außenpolitik oder noch kleinteiligere Arbeitsteilungen etwa nach Gesundheitspolitik oder Umweltpolitik, zu finden. Teilweise spezialisieren sich politische Journalisten auch auf bestimmte Parteien, über die sie innerhalb ihrer Organisation exklusiv berichten.

Ohne diese Differenzierung von Berufs-, Mitglieds- und Arbeitsrollen erscheint die empirische Erforschung des journalistischen Berufs „begrifflich und theoretisch unzureichend gerüstet" (Rühl 2002: 307). Während sich die Kommunikationsabsichten als Berufsziele oder journalistischer Anspruch bzw. als Verständnis der eigenen beruflichen Rolle operationalisieren lassen, kann die Berichterstattung als tatsächlich ausgeübte Arbeitsrolle „mittels der von den Berufszielen übertragenen Kategorien als deren Niederschlag" (Scholl/Weischenberg 1998: 194) per Inhaltsanalyse untersucht werden. Dabei können die Kommunikationsabsichten der Journalisten nicht nur als ursächlich für die Berichterstattung angesehen, sondern ihrerseits auch durch strukturelle Bedingungen beeinflusst betrachtet werden. Außerdem lassen sich Kommunikationsabsichten nicht auf individuelle Zielvorstellungen reduzieren, sondern ergeben sich auch aufgrund beruflicher Sozialisation.

Die empirische Journalismusforschung hat inzwischen aber Befunde für den privatwirtschaftlichen Hörfunk vorgelegt, die darauf hinweisen, dass die Arbeitsteilung mittels unterschiedlicher Arbeitsrollen im Journalismus im Begriff ist, zu entfallen (vgl. Altmeppen/Donges/Engels 2000: 207). In hierarchischer Dimension wird das fluktuierende Prinzip der Teilleitungsrollen als Indiz angeführt. Hinsichtlich der funktionalen Differenzierung wird fachlich wie sachlich „ein Arbeitsprinzip, das mit ‚Jede/r macht Vieles' umschrieben werden kann" (Altmeppen/Donges/Engels 2000: 207) deutlich. Journalisten müssen sowohl in der Lage sein, Unterhaltungs- oder Informationsbeiträge zu produzieren als auch in der Nachrichtenredaktion zu arbeiten, die Recherche vor Ort zu erledigen und im Selbstfahrerstudio zu moderieren.

Neben den Mitglieds- und Arbeitsrollen der Journalisten, die auch als *Leistungsrollen* bezeichnet werden, werden in der systemtheoretischen Journalismusforschung auch *Publikumsrollen* modelliert (vgl. Görke 1999: 333; Neuberger 1996: 293 ff.; Blöbaum 1994: 291). Auf wen sich die Publikumsrollen beziehen, wird unterschiedlich beurteilt. Während Blöbaum die Publikumsrolle ausschließlich den *Rezipienten* von Journalismus zuschreibt, erweitert Neuberger diese Zuordnung, indem er „*Interessenten*" als „Träger einer zweiten Publikumsrolle" einbezieht. Unter Interessenten versteht er „jene Akteure, die in der Berichterstattung erwähnt oder zitiert oder deren Interessen anderweitig durch die Wirkungen bei den Rezipienten berührt werden" (Neuberger 1996: 295).

Eine Ausweitung der Publikumsrolle wie bei Neuberger ist für die vorliegende Studie insofern sinnvoll und nützlich, als dadurch Akteure, die in den Wahlabendsondersendungen auftreten, je unterschiedliche Interessen vertreten oder haben sowie spezifische Rollen einnehmen und sich dadurch als Einflussgröße bei der Herstellung dieses journalistischen Produktes erweisen, in der Analyse berücksichtigt werden können. Zu diesen Akteuren zählen sowohl *Wahlforscher* und *weitere Experten*[17], welche das Geschehen analysieren, als auch *Politiker* und *Bürger*, die in den Wahlsendungen zu Wort kommen. Allerdings erscheint es in diesem Fall angebracht, den von Neuberger für jene Akteure gewählten Begriff zu modifizieren und die Gruppe der „Interessenten" als Träger der „zweiten" Publikumsrolle in „Experten" (Wahlforscher, Wissenschaftler anderer Disziplinen, ausgewiesene Journalisten etc.) und „Sonstige Interviewte" (Politiker und Bürger) zu unterscheiden.

---

[17] Eine Definition des Begriffs Experten erfolgt später (vgl. Kap. 5.2.3.2). Bis dahin gelten solche Akteure als Experten, die über Fachwissen verfügen und denen eine besondere Glaubwürdigkeit zugeschrieben wird (vgl. Tenscher 2003: 109; Tennert/Stiehler 2001: 35).

Gleichwohl können auch diese Experten und sonstigen Interviewten die „erste" Publikumsrolle von Rezipienten einnehmen.

Die Träger von bestimmten sozialen Rollen werden als *Akteure* bezeichnet (vgl. Jarren/Donges 2002a: 61). In Anlehnung an Malik (vgl. Malik 2004: 64 ff.) werden in diesem Zusammenhang journalistische Akteure in der vorliegenden Arbeit als Bestandteile der journalistischen Struktur betrachtet. Auf diese Weise werden kommunizierende Personen als Elemente des Journalismus aufgefasst. Ohne die teilweise hitzig geführte Diskussion um Akteure als Systembestandteile an dieser Stelle eingehend nachzuzeichnen und die Vor- und Nachteile von Akteuren als Strukturelemente des Journalismus umfassend zu diskutieren, genügt hier der Hinweis darauf, dass der Vorwurf, funktional-strukturelle Systemtheorie vernachlässige den Einzelnen, sein Bewusstsein und seine Handlungen, weil nicht Menschen, sondern Kommunikatoren als Bezugsgröße von sozialen Systemen betrachtet werden, auf einem Missverständnis beruht. Akteure, Bewusstsein und Handlungen werden in der Systemtheorie Luhmanns durchaus berücksichtigt – auch wenn sie nicht als Bestandteil sozialer Systeme gelten (vgl. etwa Malik 2004: 29; Görke 1999: 218 ff. u. 225 ff.).

In der neueren Journalismusforschung lassen sich verschiedene Ansätze beobachten, die auf eine Berücksichtigung von Subjekten und Akteuren abzielen.[18] Diesen Entwürfen ist die Vorstellung gemein, dass soziale Systeme Akteure zwar prägen, sie allerdings nicht determinieren. So grenzen sie sich zum einen von ontologischen Sichtweisen ab, welche Journalismus entweder auf das Wirken unabhängiger journalistischer Individuen reduzieren oder als Anwälte der gesellschaftlichen Kommunikation idealisieren. Im Unterschied zu systemtheoretischen Modellierungen in Anlehnung an Luhmann behalten sie damit zum anderen gleichzeitig die Akteure im Blick, so dass die Herstellung journalistischer Produkte nicht auf intentionslose Vorgänge reduziert wird. Auch Malik folgt dieser Modellierung:

> „Als Individuen, die journalistische Aussagen produzieren, also handeln, stellen sie [die Journalisten; K.W.] Handlungsträger journalistischer Kommunikationen und Entscheidungen dar. Indes sind sie eben nicht willkürliche subjektive Gestalter der Kommunikation, sondern strukturieren journalistische Kommunikation im Rahmen ihrer Rollen, der Funktionslogik des Systems, seiner Strukturen und sozialen Mechanismen. Somit sind ihre kommunikativen Handlungen einerseits von den funktionalen und organisatorischen Strukturen des Funktionssystems abhängig; andererseits prägen die Handlungen der Akteure die anderen Strukturbereiche des Systems." (Malik 2004: 65)

Akteure sind vor diesem Hintergrund dadurch gekennzeichnet, dass sie Interessen und Ziele verfolgen, über spezifische Orientierungen verfügen und auf bestimmte Ressourcen zurückgreifen. Sie verfolgen eine Strategie, um Ziele und Mittel miteinander kombinieren zu können. Ein Akteur versteht sich weiterhin selbst als Akteur und wird von anderen als solcher anerkannt (vgl. Jarren/Donges 2002a: 62; Neuberger 2004: 291).

In dieser Arbeit werden *journalistische Akteure* also als *Komponente der Struktur* des Journalismus aufgefasst. So wird es möglich, aktuelle Thematisierungen des Journalismus den Journalisten als Akteuren zuzuschreiben, die innerhalb spezifischer Kontextbedingungen in bestimmten Organisationen wie einzelnen Medienunternehmen, Redaktionen bzw. Ressorts arbeiten. Darüber hinaus erscheint es zielführend, *weitere an der Kommunikation beteiligte Akteure*, die ebenfalls bestimmte Rollen einnehmen, in die Untersuchung einzubeziehen, da sie ebenso mehr oder weniger Einfluss auf den Herstellungsprozess der TV-Wahlabendberichterstattung haben. Hierzu sind „Experten" (Wahlforscher, weitere Exper-

---

[18] Vgl. Neuberger 2004 u. 1996: 285 ff.; Weischenberg/Scholl 2002: 487; Altmeppen/Donges/Engels 2000: 202; Altmeppen 1999: 36; Scholl/Weischenberg 1998: 21 f.

ten) sowie „Sonstige Interviewte" (Politiker, Bürger etc.) zu zählen, die in den Wahlabendberichten spezifische Rollen einnehmen. Der Einbezug von solchen „*Interessenten*" (vgl. Neuberger 1996: 295) bei der Analyse von Akteuren und ihren Rollen ist vergleichsweise unproblematisch, da sie sich ihres Akteurstatus bewusst sind und auch bestimmte Strategien verfolgen, um gesteckte Ziele mit den verfügbaren Mitteln zu erreichen.

Schwieriger erscheint die Modellierung der *Rezipientenschaft* als Akteur. Anders als bei Jarren und Donges (vgl. Jarren/Donges 2002a: 62 f.) wird in der vorliegenden Studie auch den Rezipienten ein Akteurstatus zugewiesen, obwohl sich das Publikum selbst – hier wird der Begriff im Sinne von Leser-, Zuhörer-, Zuschauer- und Nutzerschaft verwendet – nicht als Akteur versteht und durch das Handeln des Publikums auch keine vorab entwickelte Strategie verfolgt wird. Sicherlich ist richtig, dass „[...] das Publikum als Akteur beispielsweise nicht in die Programm- oder Redaktionsentscheidungen direkt eingreifen" (Jarren/Donges 2002a: 63) kann. Ausschlaggebend ist aber, dass dem Publikum aufgrund seiner vielfältigen Verknüpfung mit dem Journalismus tatsächlich eine wesentliche Relevanz bei der aktuellen Thematisierung des Journalismus zukommt.

In Zusammenhang mit dem Publikum wird in der systemtheoretisch geprägten Journalismusforschung die Diskussion geführt, ob es außerhalb oder innerhalb des Systems Journalismus zu verorten ist (vgl. Scholl/Weischenberg 1998: 71 ff. u. 120 ff.). Für die vorliegende Arbeit erscheint diese Frage nicht relevant. Vielmehr erweist es sich hier als wichtig, dass der Journalismus und sein Publikum auf vielfältige Weise miteinander verbunden sind. Zwischen dem Journalismus und seinem Publikum besteht ein wechselseitiges Beziehungsgefüge, welches durch charakteristische Erwartungen beider Seiten gekennzeichnet ist (vgl. Malik 2004: 76; Scholl/Weischenberg 1998: 124 f.; Görke 1999: 329 u. 334).

Der Journalismus erbringt Leistungen wie Information und Orientierung und erwartet von dem anvisierten Publikum Aufmerksamkeit für seine Angebote. Diese nutzen die Rezipienten wiederum, um sich in der modernen, ausdifferenzierten und komplexen Gesellschaft informieren und orientieren zu können. Der Aufmerksamkeit durch die Rezipienten kommt dabei eine zweifache Bedeutung zu. Zum einen ist sie Voraussetzung für die Funktionsfähigkeit des Journalismus, denn der journalistische Kommunikationsprozess wird erst mit der Nutzung bzw. dem Verstehen durch das Publikum abgeschlossen. Zum anderen ist sie Bedingung für die Wirtschaftlichkeit des Journalismus. Auflagenzahlen, Einschaltquoten und page impressions/visits dienen als Messlatte für Werbeeinnahmen und als Anhaltspunkte hinsichtlich des angenommenen Publikumsbildes bzw. der vermuteten Publikumserwartungen für Journalisten. Dies ist insofern für den Journalismus relevant, als er sich nicht auf die tatsächlichen Erwartungen an ihn stützen kann, sondern bei der Herstellung journalistischer Produkte von den vermuteten Erwartungen der Rezipienten sowie einem spezifischen Publikumsbild ausgehen muss. Hinweise auf Publikumserwartungen kann der Journalismus mehreren Quellen entnehmen: z. B. Leserbriefen oder Zuschauerpost, Anrufen oder E-Mails. Ergebnisse der Markt- bzw. Medienforschung können ebenfalls zur Konkretisierung des Publikumsbildes beitragen und die Vorstellungen des Journalismus, was das Publikum von ihm erwartet, prägen. Vor diesem Hintergrund erscheint ein Wandel des Journalismus bzw. seiner Strukturen in Form von Organisationen, Rollen und Programmen immer dann wahrscheinlich, wenn seine Produkte nicht mehr von dem Publikum akzeptiert, wenn bspw. weniger Zeitungen gekauft und weniger journalistische Fernsehsendungen rezipiert werden.

Obwohl mehrere Akteure Einfluss auf den Herstellungsprozess journalistischer Produkte haben, ist die Journalismusforschung in der kommunikationswissenschaftlichen Praxis bislang in erster Linie Journalistenforschung (vgl. zu einer analogen Bilanz Löffelholz 2003: 47; Scholl/Weischenberg 1998: 194). Deren Schwerpunkt liegt auch gegenwärtig noch im Bereich des Selbstverständnisses von Journalisten (vgl. für eine ähnliche Bilanz vor bereits einem Jahrzehnt Blöbaum 1994: 53). Darüber hinaus wird diskutiert, welche Aufgaben und Tätigkeiten „genuin journalistisch" (Blöbaum 1994: 53) sind. Inzwischen werden aus Perspektive der Cultural Studies auch verstärkt die Rezipienten als Rolleninhaber bzw. Akteure, die am Prozess der journalistischen Produktion und Publikation aktueller Themen beteiligt sind, in den Blick gerückt (vgl. Renger 2000; Klaus/Lünenborg 2000).

Die Ansätze und Erkenntnisse zu den journalistischen Rollen, den Publikumsrollen sowie zu den weiteren, am journalistischen Kommunikationsprozess beteiligten Akteuren haben für die Untersuchung der Wahlabendberichterstattung im Fernsehen folgende Auswirkungen: Das *journalistische Selbstverständnis* bzw. der *journalistische Anspruch*, der mit der Wahlabendberichterstattung verbunden ist, ist zu unterscheiden von den journalistischen *Mitglieds- und Arbeitsrollen* bei der Herstellung dieses journalistischen Produktes. Damit gehören sowohl Berufsrolle als auch die verschiedenen Zuständigkeits- und Tätigkeitsbereiche zu dem Rahmen, innerhalb dem die Wahlabendberichterstattung im Fernsehen entsteht. Sie gilt es folglich zu analysieren (vgl. Kap. 5.2.3.1). Ihren *Niederschlag* finden diese Bedingungen in dem journalistischen Produkt und können hier mittels inhaltsanalytischer Untersuchungen erfasst werden (vgl. Kap. 6 bis 8). Neben den journalistischen Akteuren sind für die Wahlabendberichterstattung weitere Akteure, die innerhalb der Sendungen im Fernsehen am Wahlabend agieren – *„Experten"* (Wahlforscher und weitere Experten) und *„Sonstige Interviewte"* (Politiker und Bürger) –, relevant. Deren Rollen sind ebenfalls als Kontext dieses journalistischen Produktes zu eruieren (vgl. Kap. 5.2.3.2 u. 5.2.3.3). Darüber hinaus kommen den Rezipienten *Publikumsrollen* zu. Auch sie sind relevant für die Wahlabendberichterstattung und müssen deshalb in die Analyse einbezogen werden (vgl. Kap. 5.2.3.4).

Programme

Neben Organisationen und Rollen gelten *Programme* als Strukturkomponenten des Journalismus. In systemtheoretischer Perspektive werden Programme als „diejenigen Unterscheidungen bezeichnet, die dem System eine Bestimmung (Spezifisierung) der Codewerte erlauben" (Görke 2002: 75). Konkret heißt das: Als journalistische Programme gelten diejenigen routinierten Arbeitsformen und -techniken, die auf die journalistische Funktion zugeschnitten sind, mit deren Hilfe also aktuelle Themen und Ereignisse aus allen Gesellschaftsbereichen beobachtet und der Öffentlichkeit als Information zur Verfügung gestellt werden können. Davon können journalistische Zweckprogramme unterschieden werden, die output-orientiert darauf ausgerichtet sind, bestimmte (Organisations-)Ziele zu erreichen (vgl. für eine resümierende und kritische Auseinandersetzung Malik 2004: 57 f.).

Historisch betrachtet haben die journalistischen Programme in der zweiten Hälfte des 19. Jahrhunderts und zu Anfang des 20. Jahrhunderts begonnen, sich auszudifferenzieren, um sich danach weiterzuentwickeln und zu verfestigen. Im Verlauf der beruflichen Sozialisation werden die Programme von Journalisten eingeübt und weitergegeben. Dabei sind

Programme flexibel. Sie können sich verändern oder gar durch andere ersetzt werden und so verschwinden (vgl. zur geschichtlichen Entwicklung der Programme Blöbaum 1994: 220 ff.; vgl. zu Veränderbarkeit und Variabilität von Programmen Görke 2004: 239).

Unter dem Terminus der Programme werden unterschiedliche Ebenen im Entstehungsprozess des Journalismus gebündelt (vgl. Malik 2004: 57 f.; Altmeppen 1999: 38): So werden journalistische Tätigkeiten wie die Themenauswahl, die Recherche und Prüfung von Fakten, die Gestaltung und die Präsentation ebenso wie organisationsinterne Arbeitstechniken, bspw. das Gegenlesen bzw. das Redigieren und die Koordination etwa in Redaktionskonferenzen, durch spezifische Standards geprägt. Die Programme des Journalismus entwickeln sich dabei in enger Beziehung zu den anderen Strukturbereichen, so können die Programme in jeder journalistischen Organisation zweckdienlich hinsichtlich organisationsspezifischer Ziele (etwa Erfüllung des öffentlichen Auftrags oder Gewinnmaximierung) unterschiedliche Ausrichtungen (z. B. auf eine bestimmte Zielgruppe) erhalten und verschiedene Schwerpunkte (bspw. durch die Themenauswahl oder die Art und Weise der Darstellung) gesetzt werden. Die Programme sind darüber hinaus dadurch gekennzeichnet, wie die einzelnen Akteure sie interpretieren und um- bzw. einsetzen. Denn Programme geben als „Korridor" (Altmeppen/Donges/Engels 2000: 202) zwar die Richtung vor, sie lassen aber „Spielräume für das journalistische Handeln" (Altmeppen/Donges/Engels 2000: 202). Die Programme stehen also unter dem Einfluss von Werten und Normen (des Einzelnen, der journalistischen Organisation, des Journalismus und der Gesellschaft) sowie von weiteren Bedingungen, die auf der organisationalen Ebene sichtbar werden (z. B. Finanzierungsform und Ressourcen, gesetzliche Regelungen, Technik usw.).

Für die Struktur-Ebene der Programme des Journalismus wurden mehrere *Typologisierungsvorschläge* gemacht. Insbesondere zwei Entwürfe erweisen sich für die vorliegende Analyse nutzbringend, da sie vergleichsweise praxisnah und damit als gut empirisch ermittelbar einzustufen sind, weil sie den journalistischen Kerntätigkeiten bzw. wesentlichen redaktionellen Arbeitstechniken Teilprogramme zuordnen. So arbeitet Malik (vgl. Malik 2004: 59 ff.) mit Themenauswahl/Selektion, Recherche, Darstellung und Koordination vier journalistische Programme heraus, während Blöbaum (vgl. Blöbaum 2004: 209 ff. u. 1994: 220 ff.) fünf Typen von Programmen identifiziert: Organisations-, Darstellungs-, Informationssammlungs- und Selektionsprogramme sowie ein Prüfprogramm.[19]

Wenn in der vorliegenden Arbeit zur Entwicklung der Wahlabendberichterstattung insbesondere auf Maliks Systematisierung rekurriert wird, hat dies zwei entscheidende Gründe: Erstens zielen Blöbaums Organisationsprogramme v. a. auf den Strukturbereich der Organisation ab, der bereits modelliert worden ist (vgl. für Hinweise auf die logisch bedingte Problematik, die Organisations- und Programm-Ebene des Journalismus zu verbinden, Altmeppen 1999: 30; Scholl/Weischenberg 1998: 82). Zweitens erweist sich die Koordination, die bei Blöbaum noch unberücksichtigt geblieben ist, vor dem Hintergrund einer Entwicklung hin zu redaktions- und ressortübergreifendem Arbeiten als relevantes Element zur Abstimmung des journalistischen Handelns (vgl. Meier 2002: 321 ff.; Altmeppen 1999). Im Folgenden wird in einem gerafften Überblick geklärt, was unter den einzelnen Programmen zu verstehen ist bzw. welche Kriterien und Anleitungen sie jeweils für die journalistische Arbeit umfassen.

---

[19] An Blöbaums Konzeption der Programme orientieren sich mehrere Journalismusforscher, wobei sie allerdings Modifikationen vornehmen (vgl. etwa Altmeppen 1999; Scholl/Weischenberg 1998).

Der Programmtyp der *Themenauswahl/Selektion* dient dazu, die Auswahl an Ereignissen und Informationen zu strukturieren, die vom Journalismus thematisiert werden. Diese Kriterien verdichten sich in den so genannten Nachrichtenfaktoren (vgl. Malik 2004: 59 f.; Blöbaum 1994: 233 u. 282; Marcinkowski 1993: 101). In Hand- und Lehrbüchern werden einzelne Nachrichtenfaktoren als Definitionskriterien für Nachrichten aufgeführt. Sie haben sich als Standards im journalistischen Arbeitsprozess etabliert (vgl. Schwiesau/Ohler 2003: 51 ff.; Weischenberg 2001: 26 ff.). Als solche gelten etwa Betroffenheit, Tragweite, Nähe, Einfluss, Nutzen, Schaden, Menschen, Emotionen, Spannung, Außergewöhnliches.

In empirischen Studien ist eine Vielzahl von Nachrichtenfaktorkatalogen verantwortlich für ein heterogenes Bild (vgl. zusammenfassend Eilders/Wirth 1999: 36 ff.; Staab 1998: 50; Eilders 1997: 28 ff.). Es wurden Nachrichtenfaktoren wie z. B. Überraschung, Bezug zu Elite-Nationen und Elite-Personen, Personalisierung, Negativität, Konflikt, Relevanz und Nähe festgestellt (vgl. grundlegend Staab 1990; Schulz 1976; Galtung/Ruge 1965, Östgaard 1965). Für den Fernsehbereich ist darüber hinaus der Faktor der Visualität konstatiert worden (vgl. Ruhrmann/Woelke/Maier/Diehlmann 2003). Visualität gilt als fernsehspezifisches Auswahlkriterium (vgl. Maier 2003: 87 f. u. 141; Brosius 1998b: 214), dem teilweise indes nur eine begrenzte Relevanz zugesprochen wird (vgl. Staab 1998: 53 ff. u. 63). Für die nationale politische Berichterstattung in Deutschland haben sich folgende Faktoren als relevant erwiesen: Reichweite, Schaden und Nutzen, Ortsstatus, persönlicher Status, Überraschung, Kontroverse und Personalisierung (vgl. Eilders/Wirth 1999: 44).

Nachrichtenfaktoren wurden im Rahmen der Nachrichtenwerttheorie zunächst als Eigenschaften angesehen, welche Ereignisse zu Nachrichten gemacht haben (vgl. Galtung/Ruge 1965). Inzwischen werden die Nachrichtenfaktoren als Zuschreibungen des Journalismus verstanden (vgl. Staab 2002 u. 1990; Schulz 1976).[20] Staab konzipierte ein Modell, bei dem die Berichterstattung neben Nachrichtenfaktoren auf weitere Einflussgrößen wie Ressourcen, inhaltliche Strukturvorgaben, Einflussnahmen des Verlegers, Wertvorstellungen und Einstellungen von Journalisten etc. zurückzuführen ist (vgl. Staab 2002: 613 f.). Aus Sicht der journalistischen Praxis sind vor diesem Hintergrund das Profil einer journalistischen Organisation sowie die Konzeption des journalistischen Angebots für eine bestimmte Zielgruppe maßgebend. „Mit klar definierten Inhalten und einer besonderen Gestaltung soll ein bestimmtes Publikum erreicht werden." (Schwiesau/Ohler 2003: 62 f.)

Auch die Nachrichtenfaktoren selbst verweisen auf die wechselseitige Verbindung zwischen Journalismus und seinem Publikum. Während der Journalismus v. a. Themen und Ereignisse bearbeitet, für die er Publikumsaufmerksamkeit vermutet (vgl. Görke 1999: 321 ff.), schenkt das Publikum besonders dann Themen Aufmerksamkeit, wenn es sie z. B. als gesellschaftlich bedeutend, überraschend und dem eigenen Lebensumfeld – sei es in zeitlich-räumlicher, sachlicher oder sozialer Dimension – nah empfindet. Damit orientiert sich also auch das Publikum an den Nachrichtenfaktoren, die sich in jüngeren empirischen Studien zur Rezipientenselektivität „durchweg als erklärungsstarke Konzepte erwiesen haben"

---

[20] In jüngeren Publikationen wird ausführlich auf die Entstehung, die Forschungstradition, die Weiterentwicklung und den Stand der Nachrichtenwerttheorie eingegangen (vgl. Maier 2003: 27 f.; Ruhrmann/Woelke 2003: 16 ff.; Staab 2002: 608 ff.). Neben der Nachrichtenwerttheorie untersuchen auch die News Bias- und die Gatekeeperforschung den Selektionsprozess im Journalismus. Die News Bias-Forschung fokussiert den Aspekt der Verzerrung der Realität durch den Journalismus und im Zentrum des Interesses der Gatekeeperforschung steht, wer die Themenauswahl vornimmt und sich damit als Schleusenwärter betätigt.

(Eilders/Wirth 1999: 39; vgl. für einen Überblick über Studien zum Einfluss von Nachrichtenfaktoren auf die Auswahl der Rezipienten Woelke 2003. 132).

Die Argumentation in diesem Zusammenhang erweist sich oft als zirkulär: Für das Publikum hat Relevanz, was vom Journalismus thematisiert wird. Etwas wird nur veröffentlicht, wenn es für das Publikum von Bedeutung ist (vgl. Blöbaum 1994: 238). So konzipiert Weischenberg als Handlungsanleitung für Journalisten neben Bedeutung (Ausmaß und Konsequenz) auch Publikumsinteresse als Nachrichtenfaktor (vgl. Weischenberg 2001: 26 ff.). Darunter versteht er Nähe, Prominenz und human-interest (z. B.: Kuriosität bzw. Ungewöhnliches, Humor bzw. Spaß, Kampf bzw. Konflikt). Eine weitere Strukturierung, die ebenfalls das Publikum im Blick hat, schlagen Schwiesau und Ohler vor, indem sie den Nachrichtenwert zum einen auf Neuigkeitswert und zum anderen auf Informationswert zurückführen. Der Informationswert setzt sich dabei aus dem Wissens- und Orientierungswert (Betroffenheit, Tragweite, Nähe, Einfluss), dem Gebrauchs- bzw. Nutzwert (Schaden, Nutzen) und dem Gesprächs- und Unterhaltungswert (Menschen, Emotionen, Spannung, Außergewöhnliches) für das Publikum zusammen (vgl. Schwiesau/Ohler 2003: 51 f.).

Die *Rechercheprogramme* dienen zweierlei: der *Informationssammlung* und der *Überprüfung* von Informationen (vgl. Haller 2000; Brendel/Brendel 2000; Schöfthaler 1997). Damit vereinen die hier modellierten Rechercheprogramme Blöbaums Informationssammlungs- und Prüfprogramme (vgl. Blöbaum 1994: 229 ff. u. 238 ff.). Über Recherche werden Informationen zum einen beschafft. Die Recherche kann insofern als Basis journalistischen Handelns verstanden werden, denn erst wenn dem Journalismus Informationen zur Verfügung stehen, kann entschieden werden, ob – unter Einbezug von Selektionskriterien wie etwa Nachrichtenfaktoren sowie sonstiger Einflussgrößen – darüber berichtet wird oder nicht. Darüber hinaus kann die Recherche dazu dienen, Themen, die bspw. über Pressemitteilungen oder Pressekonferenzen angeregt werden, zu vertiefen bzw. Beiträge zu vervollständigen, etwa um die Auswirkungen eines Ereignisses zu berücksichtigen, einen Sinnzusammenhang herstellen oder eine geschichtliche Entwicklung nachzeichnen zu können. Hierzu zählt auch die Recherche der Meinung der Gegenseite. Dies entspricht der journalistischen Sorgfaltspflicht und zielt auf Objektivität ab (vgl. Schwiesau/Ohler 2003: 30 ff.; Weischenberg 2001: 21 f.; vgl. zu den rechtlichen Bedingungen journalistischer Sorgfaltspflicht Branahl 1996: 245 ff.). Über Recherche werden Informationen zum anderen überprüft. Die Überprüfung kann die Kontrolle der Quellen und auch der Fakten implizieren, wobei bei der Erstellung der journalistischen Produkte Abhängigkeiten offen gelegt und nicht überprüfbare Informationen gekennzeichnet werden sollten. Auch dies dient größtmöglicher Objektivität. Deswegen spielt die journalistische Sorgfaltspflicht hier ebenfalls eine Rolle (vgl. Schwiesau/Ohler 2003: 30 ff.).

Aus Sichtweise der Journalismusforschung und auch der journalistischen Praxis ist die objektive und ausgewogene Berichterstattung als eine vom angelsächsischen Journalismus geprägte Norm aufzufassen, die der Journalismus zu erfüllen versucht, indem er sich an bestimmten Regeln orientiert und diese einhält. Insofern wird Objektivität als „strategisches Ritual" (Tuchman 1972) bezeichnet. Nach Auffassung von Tuchman besteht dieser Prozess der Routinisierung hauptsächlich aus fünf journalistischen Handlungsweisen: der Darstellung widerstreitender Meinungen oder Möglichkeiten zu einem Thema, der Präsentation stützender Fakten zu den Aussagen, dem gezielten Einsatz von direkten Zitaten, der Strukturierung von Informationen in einer bestimmten Anordnung sowie der Trennung von Nachricht und Meinung (vgl. Tuchman 1972). Eine solche, auf Neutralität abzielende Recherchemethode und journalistische Thematisierung steht auch in engem Zusammenhang mit dem Rollenselbstverständnis von Journalisten als neutralem Berichterstatter bzw. Vermittler und dem vorherrschenden Berichterstattungsmuster des Informationsjournalismus, auf das im Zuge der Erörterung der Darstellungsprogramme noch einzugehen ist.

Wie recherchiert wird, ist darüber hinaus eng mit der Ausstattung journalistischer Organisationen und an den kulturellen Rahmen gebunden. Investigative Recherchemethoden haben sich im Vergleich zu den angelsächsischen Ländern in Deutschland kaum etabliert (vgl. Leyendecker 2004; Meckel 1999: 72 f.; Weischenberg 1995: 118).

Unter dem Typ der *Darstellungsprogramme* werden journalistische Darstellungsformen und Präsentationstechniken gebündelt (vgl. Malik 2004: 61; Blöbaum 2004: 209 u. 1994: 279 f.). Als „strategische Symboltechniken zur Gestaltung und Präsentation von Medienangeboten" (Löffelholz 2003: 46) geben sie damit die Möglichkeiten für die Form des journalistischen Angebots vor. Als Medienschemata leiten die Darstellungsprogramme jedoch nicht nur die journalistische Produktion an, sondern sie strukturieren auch die Rezeptionsweisen. „Dies gilt sowohl für die Gesamtstrategien des Wirklichkeitsbezugs und der Thematisierung im Journalismus als auch für die unterschiedlichen Möglichkeiten der Gestaltung sowie der Darbietung von einzelnen Medienangeboten." (Schmidt/Weischenberg 1994: 223 f.) Während Erstere Berichterstattungsmuster genannt werden, sind mit der Gestaltung und Darbietung die journalistischen Darstellungsformen gemeint.

Die journalistischen Darstellungsformen – auch Genres, Gattungen oder Stilformen genannt – legen die Gestaltung journalistischer Einzelbeiträge fest. Dieses Schemawissen wird in der beruflichen Sozialisation an den journalistischen Nachwuchs vermittelt und ist in Lehrbüchern expliziert. Die Darstellungsformen werden in den journalistischen Handbüchern jedoch teilweise unterschiedlich gruppiert (vgl. z. B. Weischenberg 2001: 49 ff.; LaRoche 1995: 59 ff.). Die einzelnen Darstellungsformen sind jedoch weitgehend die gleichen. Zu ihnen zählen Meldung und Bericht, Kommentar und Glosse, Reportage und Feature sowie Interview.

Zunächst in dem Medienbereich des Printjournalismus entwickelt, haben sich die Darstellungsformen im Zuge der Differenzierung der Massenmedien ebenfalls ausdifferenziert (vgl. Blöbaum 2004: 209) – u. a., weil die Formen der journalistischen Darstellung sich auch in Abhängigkeit von den Möglichkeiten und Bedingungen der Präsentation ausprägen, denen die Berichterstattung in den unterschiedlichen Medienbereichen, etwa im Fernseh- oder auch Onlinejournalismus, und den verschiedenen Medienunternehmen, z. B. öffentlich-rechtliche Fernsehanstalten und privatwirtschaftliche TV-Anbieter, unterliegt (vgl. Malik 2004: 61; Jarren/Donges 2002b: 193). Technische und auch ökonomische Rahmenbedingungen ziehen spezifische Vermittlungs- und Darstellungsstrategien nach sich. So haben sich im TV-Journalismus neben Sprecher-Meldungen typische Darstellungsformen wie Filmbeiträge, Nachrichten im Film, Studio-Gespräche und Aufsager[21] herausgebildet (vgl. Ordolff/Wachtel 1997: 76 ff.; Sturm/Zirbik 2001: 26 u. 142).[22]

Darüber hinaus kennzeichnet der Einsatz spezifischer Gestaltungstechniken Film- und Fernsehaufnahmen generell sowie Journalismus im TV im Speziellen. Damit sind bestimm-

---

[21] Damit ist ein von einem im Bild zu sehenden Reporter oder Korrespondenten gesprochener Beitrag gemeint, der als wichtiges Element gilt, um Nachrichten lebendiger zu gestalten.
[22] In empirischen Studien zur Berichterstattung im Fernsehen werden die speziellen journalistischen Darstellungsformen für den TV-Bereich ebenfalls deutlich (vgl. Ruhrmann/Woelke/Maier/Diehlmann 2003; Kamps 1999: 319; Bruns/Marcinkowski 1997).

te Kameraperspektiven oder -bewegungen sowie Einstellungsgrößen und Schnitttechniken gemeint (vgl. Ordolff/Wachtel 1997: 32 ff.). In Anlehnung an Begrifflichkeiten der wissenschaftlichen Filmanalyse, die entsprechende Präsentationstechniken als film-ästhetische Mittel bezeichnet (vgl. Hickethier 2001; Korte 2000), können diese Darstellungsstrategien als fernseh-ästhetische Mittel benannt werden. Ferner bestehen im Fernsehen charakteristische Zwänge, die mit Visualisierbarkeit und organisatorischen Bedingungen wie den Ressourcen etwa in Form von Sendezeit zusammenhängen. Sie gelten als Rahmen für die verschiedenen Subsysteme von Journalismus wie den Politikjournalismus im Fernsehen, der Politik z. B. personalisiert und Prozesse auf Ergebnisse verkürzt: „[D]enn wie soll man eine Regierung, eine Partei oder ein Parlament sonst darstellen? [...] [D]enn wer wollte mehrwöchige Verhandlungen in ‚Echtzeit' miterleben?" (Marcinkowski 1998a: 183)

Des Weiteren zeigen sich die Darstellungsprogramme in journalistischen Sparten, die als inhaltliches Äquivalent zu den organisatorischen Ressorts gelten, z. B. in den Politik-Seiten in Tageszeitungen, sowie in Formaten wie politischen Magazinen im Fernsehen (vgl. Jarren/Donges 2002a: 200). Diese Sparten oder Formate beziehen sich auf gesellschaftliche Teilsysteme oder Berichterstattungsräume und informieren über diese Bereiche.

Die Wahl der Darstellungsmuster führt gemeinsam mit der Entscheidung für bestimmte Recherchemethoden sowie dem Rollenselbstverständnis von Journalisten zu den Berichterstattungsmustern. In Deutschland herrschen v. a. die Berichterstattungsmuster des Informationsjournalismus bzw. des objektiven Journalismus vor. „Dieser ‚Informationsjournalismus' ist in den Mediensystemen westlichen Typs bis heute dominierend." (Weischenberg 1995: 113) Dieser Befund geht konform mit dem Rollenselbstverständnis der hiesigen Journalisten als neutrale Vermittler. Kennzeichen des Informationsjournalismus sind die standardisierten Nachrichtenformen Meldung und Bericht, die die wichtigsten W-Fragen zuerst beantworten, möglichst neutral formuliert sind und entsprechend jeweils beiden Seiten Platz einräumen sowie der Berufsnorm der Trennung von Nachricht und Kommentar folgen (vgl. Schwiesau/Ohler 2003: 80 ff.; Weischenberg 2001: 79). Daneben werden noch weitere Muster journalistischer Berichterstattung identifiziert (vgl. Jarren/Donges 2002a: 205; Weischenberg 2001: 41 ff.): der Präzisionsjournalismus (zielt auf wissenschaftliche Genauigkeit ab), der Interpretative Journalismus (dient der Erklärung von Hintergründen und Zusammenhängen), der Neue Journalismus (ist durch eine subjektive Perspektive geprägt und will unterhalten) und der Investigative Journalismus (zielt auf Aufdeckung von Affären ab).

Die *Koordinationsprogramme* fassen die Regeln zusammen, die redaktionelle Abstimmungsprozesse anleiten (vgl. Malik 2004: 62 f.). „Koordination bedeutet [...] das Ausrichten von Einzelaktivitäten in einem arbeitsteiligen System auf ein übergeordnetes Gesamtziel." (Moss 1998: 27) Die Modellierung der Koordinationsprogramme trägt dem Umstand Rechnung, dass in der gegenwärtig hoch organisierten, arbeitsteiligen Arbeitsweise des Journalismus der Koordination eine enorme Relevanz zukommt (vgl. Meier 2002: 74 u. 321 ff.; Altmeppen/Donges/Engels 2000: 208; Altmeppen 1999: 78; Moss 1998: 26 f.). Alternative Konzeptionen sehen Koordinationen zum einen als Basis des journalistischen Arbeitsprozesses, der zwischen den Strukturen des journalistischen Systems und dem Entscheidungshandeln der einzelnen Journalisten zu verorten ist (vgl. Altmeppen/Donges/Engels 2000: 207 ff.; Altmeppen 1999: 49 ff.). Zum anderen werden Koordinationen als formale Redaktionsstrukturen beschrieben und sind damit der Struktur-Ebene der Organisation zugeteilt (vgl. Meckel 1999: 65 ff.; Weischenberg 1998: 331 ff.). In dieser

Arbeit werden Koordinationen jedoch angelehnt an Malik als Programme modelliert, da sich die Prozesse der Abstimmung als selbstständige Elemente der Struktur des Journalismus etabliert haben. Koordinationen sind als „unabhängig von Subsystem, Organisation und Akteur als entscheidungsleitende Routinen" (Malik 2004: 62) einzustufen, weil sie sich überall im Journalismus nach ähnlichen Prinzipien etabliert haben und wandeln. Vor diesem Hintergrund erscheint es angebracht, Koordinationen nicht „allein als formale Organisationsstrukturen zu beschreiben oder über Akteursrollen zu definieren, gerade weil Zusammenhänge und Überschneidungen zwischen Redaktionsstruktur, Rollenmustern und koordinativen Entscheidungen bestehen" (Malik 2004: 62).

Zu den Koordinationsprogrammen gehören neben formellen und fest angeordneten Programmkomponenten wie Redaktionskonferenzen und informellen Absprachen bzw. kurzen Absprachen im journalistischen Arbeitsprozess auch redaktionelle Arbeitstechniken wie das Gegenlesen bzw. das Redigieren. Gegenlesen bzw. Redigieren ist der Oberbegriff für jene journalistischen Tätigkeiten, die darauf abzielen, aus dem eingegangenen Material eine konsumierbare inhaltliche und formale Einheit zu gestalten (vgl. LaRoche 1995: 20). Neben dem Recherchieren hat sich das Redigieren zu einer „basalen journalistischen Arbeitstechnik und zu einer Kernkompetenz von Journalisten" (Blöbaum 2004: 210) entwickelt. Mit dieser genuin journalistischen Arbeitstechnik werden inhaltliche (Richtigkeit der Fakten, Sinn), formale (Aufbau, Rechtschreibung, Grammatik, Zeichensetzung) und sprachlich-stilistische (Wortwahl, Verständlichkeit) Verbesserungen angestrebt (vgl. Schmuck 2004; Blomqvist 2002: 225; Sage&Schreibe-Werkstatt 2000a, 2000b u. 2000c).

Während das Redigieren als Gegenlesen in erster Linie im Medienbereich des Printjournalismus verortet ist, hat sich die so genannte redaktionelle Abnahme in den Medienbereichen des Radio- und Fernsehjournalismus herausgebildet (vgl. Heussen 1997: 367).[23] Auch hierbei geht es um die Abstimmung bzw. Korrekturen inhaltlicher, formaler und sprachlich-stilistischer Art, indes ist diese an die speziellen Gegebenheiten von Radio und Fernsehen gebunden. So wird beim Fernsehen etwa das Zusammenspiel von Bild und Text betrachtet. Hier sollen z. B. eine Text-Bild-Schere oder aber Dopplungen von Text und Bild vermieden werden.[24] Die Rechtschreibung und Zeichensetzung hingegen ist bei Abnahmen im TV-Bereich bspw. nicht im Blick. Stattdessen kommt ein weiteres Element hinzu: die Technik. Es wird z. B. darauf geachtet, ob die verwendeten Bilder in einwandfreiem Zustand sind, also ob keine Störlinien durchs Bild laufen usw. In der Regel werden technisch fehlerhafte Bilder oder Amateuraufnahmen nur zu besonders wichtigen Ereignissen verwendet oder sie werden ausnahmsweise eingesetzt, wenn die Bilder besonders außergewöhnlich sind (vgl. Ruhrmann 2003: 230 f.). Insgesamt ist das Redigieren beim Fernsehen insofern aufwändiger einzuschätzen als im Printjournalismus, weil bei Korrekturen des Schnitts oder des Textes mehrere Personen beteiligt sind. Um einen derartig großen Aufwand zu minimieren, ist es üblich, dass die Abnahmen erfolgen, bevor die Sprachaufnahme und Tonmischung stattfindet, also bevor der Text über die Bilder gesprochen wird.

---

[23] Des Weiteren gibt es im TV-Bereich rein technische Abnahmen und spezifischere Formen der Abstimmung, z. B. die so genannte Farb-Abnahme bzw. -Korrektur. Diese Verfahren sind jedoch nicht genuin journalistische Programme. Sie werden im Fernsehjournalismus jedoch ebenfalls eingesetzt, etwa bei längeren journalistischen Formaten wie bei halbstündigen Reportagen oder Dokumentationen (vgl. ZDF o. D. zum Thema Beitragsprüfung und Abnahme).

[24] Vgl. zur journalistischen Handlungsanleitung Ordolff/Wachtel 1997: 49 ff.; vgl. für wissenschaftliche Befunde zu Wirkungen von Text-Bild-Beziehungen auf die Rezeption Brosius 1998b: 219 ff.

Neben der Korrekturleistung kommt dem Gegenlesen bzw. Redigieren im Printjournalismus sowie der Abnahme im Radio- und Fernsehjournalismus auch bei der redaktionellen Sozialisation und Kontrolle eine Bedeutung zu (vgl. Weischenberg/Scholl 2002: 492). Durch sie werden journalistische Standards innerhalb einer Redaktion oder eines Ressorts vermittelt. Damit dient diese Arbeitstechnik auch dem Redaktionsmanagement (vgl. Meckel 1999: 113).

Die Redaktionskonferenzen und informelle Absprachen dienen ebenfalls als Kontroll- und Anpassungsmechanismen (vgl. Malik 2004: 62; Meier 2002: 74; Altmeppen 1999: 76, 86 f., 157 ff. u. 180; Meckel 1999: 120). Während Kontrolle und Anpassung in Redaktionen früher insbesondere mit Blick auf die publizistische Linie und die mit ihr verbundenen Eingriffe der Chefredaktion in die journalistische Arbeit in Wissenschaft und Praxis erörtert wurden, hat sich der Schwerpunkt der Diskussion inzwischen verschoben: Im Vordergrund steht nunmehr die Überprüfung der redaktionellen Leistung bzw. journalistischen Qualität etwa in Redaktionskonferenzen oder einzelnen Gesprächen (vgl. Meckel 1999: 113). So wird in Redaktionskonferenzen üblicherweise neben der Planung der nächsten Zeitungsausgabe sowie der folgenden Radio- oder Fernsehsendung oder längerfristigen Vorhaben auch Kritik an dem jüngst erschienenen oder gesendeten Produkt geübt (vgl. Pink 2000: 62 ff. Meckel 1999: 122 ff.; Weischenberg 1998: 331). Insofern erweist sich die Redaktionskonferenz als „Kommunikations-Schaltzentrale der Redaktion" (Meckel 1999: 120).

Darüber hinaus sind in den verschiedenen Medienbereichen auch Absprachen zwischen den journalistischen Einheiten und den weiteren Organisationsbereichen der Medienunternehmen üblich. Im Fernsehjournalismus ist die Herstellung und Ausstrahlung einer journalistischen Fernsehsendung direkt gebunden an Koordination und Kooperation zwischen Redaktion, Technik und Produktion sowie in Abstimmung mit der generellen Programmplanung. Dies beginnt bereits bei der Erstellung eines journalistischen Filmbeitrags: Der Journalist entwickelt die Idee und das Storyboard und vereinbart Interview- und Drehtermine etc. Der Kameramann dreht die Bilder. Der Toningenieur pegelt den Ton. Der Cutter montiert den Beitrag, für den der Journalist wiederum den Text formuliert, den er dann selbst spricht oder ggf. von einem Sprecher sprechen lässt. Damit in diesem komplexen Prozess ein gelungener Beitrag entstehen kann, ist eine gute Koordination und enge Kooperation der Beteiligten unerlässlich. Im Vergleich dazu ist die Anfertigung einer kompletten Sendung eine Stufe höher anzusiedeln. Sollte sie zudem live produziert werden, sind die Koordinationsprogramme noch wichtiger, da Live-Berichterstattung zwar geplant werden kann, jedoch immer ein Rest an Unvorhersehbarkeit bestehen bleibt. Allerdings ist eine Abnahme unter diesen Bedingungen eher selten, da hierfür oftmals keine Zeit ist. Deshalb werden für Live-Sendungen i. d. R. etablierte und renommierte Journalisten eingesetzt.

Bei der Betrachtung der empirischen Forschung zu den journalistischen Programmen lassen sich zusammenfassend zwei Schwerpunkte konstatieren: erstens eine Fokussierung auf die Programme der Themenselektion sowie zweitens eine starke Ausrichtung auf die Darstellungsprogramme und hier in erster Linie auf die Berichterstattungsmuster. Dagegen wurden die Recherche- und Koordinationsprogramme bislang kaum erforscht (vgl. für ähnliche Einordnungen Löffelholz 2003: 45; Blomqvist 2002: 13; Blöbaum 1994: 58). Für die Recherche liegen einige Handbücher für die berufliche Praxis vor (vgl. Brendel/Brendel 2000; Haller 2000; Schöfthaler 1997). Wissenschaftliche Studien zur Recherche sind eher selten, Erkenntnisse hierzu werden üblicherweise mitgeliefert (vgl. Scholl/Weischenberg 1998: 91 f.). Handlungsleitende Ausführungen zu der redaktionellen Absprache durch Gegenlesen bzw. Redigieren sowie Abnahmen und zur Koordination in Redaktionskonferenzen sind ebenfalls rar und i. d. R. als Sonderseiten von oder in Aufsätzen in Fachzeitschriften (vgl. Schmuck 2004; Sage&Schreibe 2000a, 2000b u. 2000c), als geringer Teil allgemeiner Journalismus-Handbücher (vgl. etwa Mast 2004: 113 f.; LaRoche 1995: 21 ff.) sowie zum Schreibtraining (vgl. Hajnal/Item 2005) bzw. in Publikationen zum Redaktionsmanagement (vgl. Meckel 1999) zu finden. Wissenschaftliche Analysen richten üblicherweise nicht den Fokus auf die Praxis des Gegenlesens (vgl. als Ausnahme Blomqvist 2002). Ebenso wie bei der Recherche werden zum Redigieren aber auch Aussagen getroffen (vgl. Scholl/Weischenberg 1998: 94 ff.). Dennoch befassen sich einige jüngere empirische Studien explizit mit der Koordination journalistischen Handelns (vgl. Altmeppen/Donges/Engels 2000; Altmeppen 1999).

Insgesamt ziehen die vorangegangenen Überlegungen folgende Konsequenzen für die Untersuchung der *Wahlabendberichterstattung im Fernsehen* nach sich: Journalistische Programme können als routinierte Arbeitsweisen und Entscheidungsregeln im Journalismus zur Erklärung von *Ähnlichkeiten in der Berichterstattung* unterschiedlicher Medienunternehmen herangezogen werden. Dennoch evozieren sie je nach Ausrichtung der journalistischen Organisation, der Rollenvorstellung der Journalisten und deren Publikumsbild *unterschiedliche Berichterstattung* bei den verschiedenen Fernsehsendern und im Laufe der Zeit. Dies ist auch für die Wahlabendberichte anzunehmen. Dabei entsteht das *Profil* einer journalistischen TV-Sendung durch das Zusammenspiel von *Themenselektions-, Recherche-, Darstellungs- und Koordinationsprogrammen*. Für die Analyse der Wahlabendberichterstattung erscheint es folglich adäquat, alle vier Programme einzubeziehen.

Während *Indizien* für die Programme der *Darstellung* und der *Themenselektion* recht gut an den *Inhalten* und der *Form* der Wahlabendberichterstattung abzulesen sind (vgl. Kap. 6 bis 8), lassen sich insbesondere die Elemente der *Koordinationsprogramme* eher aus vorliegenden *Dokumenten* ableiten und in *Interviews* erfassen und im Zusammenhang mit den *Kontext*-Merkmalen der Wahlabendberichterstattung aufarbeiten (vgl. Kap. 5.2). Die *Recherche* als *Informationsbeschaffung* ist teilweise implizit über das *Produkt* Wahlabendberichterstattung selbst zu erkennen, etwa an den Akteuren, die interviewt werden. Hieran lässt sich auch feststellen, ob der normativen Forderung nach Vielfalt und Ausgewogenheit entsprochen wird, etwa indem Politiker verschiedener Couleur auftreten (vgl. Kap. 7.1.4). Die *Überprüfung* von Informationen erfolgt dagegen meist fernab der Kameras und ist nicht an dem Produkt selbst festzustellen, es sei denn, die Journalisten weisen in ihren Beiträgen direkt daraufhin, indem sie Unstimmigkeiten oder Ungewissheiten ansprechen.

Schließlich und auf einer übergeordneten Ebene wird mit Blick auf die historisch-deskriptive Rekonstruktion und die empirische Analyse der Wahlabendberichterstattung im deutschen Fernsehen der Terminus „*Inhalt und Form*" eingeführt. Die Einführung dieses Oberbegriffs erweist sich als instruktiv, da die erläuterten Programme des Journalismus nicht die einzigen sind, die die Herstellung der Wahlabendberichterstattung entweder routiniert oder bewusst zweckdienlich anleiten. Vielmehr werden bei der Produktion der Wahlabendberichterstattung die journalistischen Programme mit *nicht-journalistischen Zweckprogrammierungen* kombiniert, etwa durch Anweisungen, die in anderen Bereichen der analysierten Medienunternehmen (z. B. der Intendanz oder der Programmdirektion) sowie in den für sie zuständigen Aufsichtsgremien formuliert werden und nicht-journalistische Inhalte wie die Ausstrahlung von Fernsehserien oder das Senden von Show-Auftritten in den journalistischen Sendungen zur Folge haben. Diese nicht-journalistischen Zweckprogrammierungen lassen sich nicht ohne weiteres als journalistische Programme modellieren. Die Einführung der Systematisierungskategorie „Inhalt und Form" soll dementsprechend helfen, im Rahmen der weiteren Analyse sowohl journalistische Arbeitsweisen und Entscheidungsstrategien als auch nicht-journalistische Beweggründe empirisch erfassen zu können. Dabei bezeichnet der Programmbegriff stets die hier vorgestellten journalistischen Programme, während die nicht-journalistischen Entscheidungsgrundlagen explizit als solche benannt werden.

2.2.2.2 Definition des Begriffs der Politikberichterstattung

Der Terminus der *Politikberichterstattung* ist aus verschiedenen Sichtweisen und im Hinblick auf verschiedene Dimension eingrenzbar. So kann der Begriff aus der Perspektive der kommunikationswissenschaftlichen Journalismusforschung sowie von dem Standpunkt der eher politikwissenschaftlich geprägten Forschung zur politischen Kommunikation definiert werden. Dabei ist neben einer inhaltlichen Eingrenzung von politischer Berichterstattung auch eine Bestimmung über die Wirkung bei den Rezipienten möglich.

Im Anschluss an die vorangegangenen Überlegungen ist die Politikberichterstattung unter dem Blickwinkel der *Journalismusforschung* als spezifisches Produkt des journalistischen Subsystems des Politikjournalismus zu verstehen, das innerhalb journalistischer Organisationen entsteht und das von entsprechenden Akteuren hergestellt wird, die bestimmte journalistische Rollen innehaben und die sich dabei an spezielle Programme des Journalismus halten. Um als Politikberichterstattung bezeichnet werden zu können, sollte eine journalistische Mitteilung aus Sicht der normativ ausgerichteten *politischen Kommunikationsforschung* idealerweise alle drei Dimensionen von Politik – polity, policy und politics (vgl. Kap. 2.1) – darstellen. Dies erreicht die Politikberichterstattung in der journalistischen Praxis nicht immer. Deshalb wird ein Beitrag oft schon als Politikberichterstattung angesehen, wenn er ein oder zwei Elemente dieser Dimensionen von Politik thematisiert (vgl. Marcinkowski 1998b: 701). Konkret lässt sich die Umsetzung einer Definition für politische Berichterstattung am Beispiel einer empirischen Untersuchung illustrieren, für die Bruns und Marcinkowski den Terminus der Politikberichterstattung anhand von vier Kriterien eingegrenzt haben. Demnach müssen erstens zwei oder mehr Konfliktparteien (mit Werten und Interessen) vorhanden sein. Zweitens müssen mit der Konfliktregelung politische Entscheidungsträger befasst sein (können). Es muss drittens ein interessenbezogener Entscheidungsinhalt vorliegen und viertens die Bevölkerung (oder Gruppen dieser) davon betroffen sein (vgl. Bruns/Marcinkowski 1997: 33).

Von diesen beiden Herangehensweisen ausgehend sind mit politischer Berichterstattung also nicht nur die Berichte politischer Journalisten bzw. in spezifischen politischen Medien, Sparten und Formaten gemeint, die sich ohne Zweifel vorrangig dem politischen System, seinen Akteuren und den Prozessen zuwenden. Der Blick allein darauf greift bei der Definition von Politikberichterstattung sicherlich zu kurz (vgl. Jarren/Donges 2002b: 189 f.). Vielmehr zählen auch die Artikel und Beiträge dazu, die z. B. im Wirtschaftsteil von Tageszeitungen, im Feuilleton einer Wochenzeitung, im Wissenschaftsteil einer aktuellen Illustrierten erscheinen oder in einer aktuellen Sendung im Radio oder Fernsehen gezeigt werden und politische Inhalte im Sinne der drei Dimensionen von Politik behandeln.

"Politisch Relevantes kann in allen Ressorts, Formaten etc. vorkommen, und die Themen wandern vielfach zwischen den Ressorts und formalen Zuständigkeiten: Wissenschaftsthemen werden so zu politischen Themen, lassen sich plötzlich im Politikteil finden." (Jarren/Donges 2002b: 189)

Man kann den Begriff der Politikberichterstattung aber *nicht nur auf den Inhalt bezogen* sehen, sondern auch in Bezug auf die *Wirkung* politischer Berichterstattung bestimmen. Nach Marcinkowski sind Medieninhalte generell

"immer dann politisch, wenn sie den Rezipienten direkt oder indirekt zu politisch folgenreichem gesellschaftlichem Handeln veranlassen. Solche Effekte können – wenn überhaupt – nicht nur von politischer Berichterstattung im engeren Sinne ausgelöst werden, sondern [...] auch durch Fiction- oder Unterhaltungsprogramme [...]" (Marcinkowski 1998b: 701; vgl. Jarren/Donges 2002b: 35 u. 232 ff.).

Mit einer solch breiten Auslegung im Rahmen der politischen Kommunikationsforschung wird der gerade konturierte Terminus Politikberichterstattung indes wieder schwammig und damit unscharf – zumal eine derartige Definition nicht nur genuine journalistische Produkte, wie sie in der Journalismusforschung begriffen werden, umfasst, sondern allgemein Inhalte medialer Politikdarstellung und damit auch ausgewiesene Unterhaltungsformate, wie etwa Familienserien oder Kriminalfälle usw., meint. Diese prägen und beeinflussen selbstverständlich ebenfalls das Bild der Rezipienten von Politik, von politischen Akteuren und politischen Prozessen (vgl. Jarren/Donges 2002b: 35). Sie sind jedoch für die vorliegende Analyse der Wahlabendberichterstattung im Fernsehen zu vernachlässigen. Als instruktiv erweist sich dagegen die zuerst vorgenommene inhaltliche Eingrenzung von Politikberichterstattung aus Sicht der Journalismus- und der politischen Kommunikationsforschung, da diese Arbeit u. a. darauf abzielt, die Inhalte dieses journalistischen Formates wissenschaftlich aufzuarbeiten.

2.2.2.3 Inhalte politischer Berichterstattung als Forschungsgegenstand

Die in den vorangegangenen Kapiteln vorgelegte Diskussion und Eingrenzung der Termini der Politikvermittlung und Politikberichterstattung sowie die Auseinandersetzung mit dem Journalismus und seinen Strukturen sind als Grundlage für einen Überblick über den Forschungsgegenstand zu den Inhalten politischer Berichterstattung in den aktuellen Massenmedien geeignet. An dieser Stelle wird dazu eine grobe Einordnung vorgelegt, ohne einzelne Befunde zu rekapitulieren. Konkrete Ergebnisse aus Studien zu Wandel und Stabilität von Politikberichterstattung im Fernsehen werden erst in den folgenden Kapiteln referiert. Die Konzentration auf die Vorstellung konkreter Befunde zu Veränderungen und Kontinuitäten der politischen Berichterstattung im Fernsehen erscheint für die vorliegende Arbeit sinnvoll. Denn deren Ziel ist es, die Entwicklung der Wahlabendberichterstattung im Medienbereich des Fernsehjournalismus zu analysieren.

Die wissenschaftliche Beschäftigung mit den *Inhalten journalistischer Berichterstattung* ist ein Teil der Medieninhaltsforschung (vgl. auch im Folgenden den überblickenden und einordnenden Aufsatz von Bonfadelli 2003: 79 ff.). Der Begriff Medieninhalt (media content) bezieht sich auf zweierlei: zum einen auf die physischen Botschaften (Mitteilungen) und zum anderen auf die symbolischen Botschaften (Bedeutungen). Die Analyse der Inhalte stand von Beginn an im Mittelpunkt der empirischen Forschung der Publizistik- und Kommunikationswissenschaft. Traditionellerweise befinden sich eher die Informationsangebote der aktuellen Massenmedien im Zentrum des Forschungsinteresses als fiktionale oder non-fiktionale Unterhaltung. Zudem ist eine starke Konzentration auf das Fernsehen zu konstatieren.

Im Normalfall steht der Medieninhalt jedoch nicht allein im Forschungsinteresse. Meist werden Bezüge einerseits zu den Kommunikatoren, zu den Massenmedien selbst, zur außermedialen Realität und zu den Rezipienten als Elemente des massenmedialen Kommunikationsprozesses hergestellt. In diesem Sinne werden die Medieninhalte als „Dreh- und Angelpunkt der Medienforschung" (Kamps 1999: 355) bezeichnet:

> „Wer wissen will, wie und wodurch die Medien ihre Rezipienten beeinflussen, muß zunächst wissen, was vermittelt wird, was Aufmerksamkeit auf sich zieht und woraus sich diese Ausschnitte konstruieren. Wer ideologische Einflüsse oder organisatorische Zwänge in der Arbeit der Journalisten untersucht, muß das Ergebnis dieser Arbeit in seine Überlegungen einbeziehen. Medienforschung beginnt mit und stützt sich auf Medieninhaltsforschung." (Kamps 1999: 355; vgl. zur Bedeutung der Inhalte bei der Untersuchung von Wirkungen auf Rezipienten auch Kepplinger 1998a: 20 u. 32)

Andererseits sind Bezüge zu weiteren Forschungsfeldern wie der Nachrichtenwertforschung feststellbar. Entsprechend lässt sich der Forschungsbereich der Medieninhalte nur schwierig abgrenzen. Meist wird der Untersuchungsgegenstand der Inhalte über die wissenschaftliche Methode zur Datenerhebung, über die Inhaltsanalyse, definiert. Eine „breite Palette von Fragestellungen" (Bonfadelli 2003: 82) leitet dabei die Untersuchungen zu den Inhalten der Medien an, wobei sich ein Großteil auf journalistische Inhalte bezieht.

In den inhaltsanalytischen Untersuchungen zu Journalismus in den aktuellen Massenmedien geht es darum:

- die Inhalte z. B. als Ausdruck von Interessen und Werthaltungen zu erforschen,
- nach den Faktoren des Entscheidungsprozesses bei der Herstellung der Medieninhalte zu fragen,
- die medienspezifischen Charakteristika von Inhalten und deren Präsentationsmustern zu analysieren und diese im Vergleich mit anderen Medien oder im Zeitverlauf zu betrachten sowie
- die Bezüge zur außermedialen Realität zu untersuchen, indem nach Verzerrungen durch die Medieninhalte gefragt und der Frage nach Ausgewogenheit und Objektivität nachgegangen wird.

Im Hinblick auf die Rezipienten geht es darum, zu erforschen, welche Medieninhalte interessieren und genutzt werden und welche Wirkungen von ihnen ausgehen.

Die *Schwerpunkte* der kommunikationswissenschaftlich orientierten Auseinandersetzung mit den Inhalten der Politikberichterstattung lassen sich nur schwierig systematisieren, da verschiedene Dimensionen ineinander spielen (vgl. für Hinweise auf die nachfolgende Systematisierung Jarren/Donges 2002a: 35 u. 2002b: 207 ff., 234 f.; Schönbach 1998: 114 ff.; Schulz 2003: 460 ff. u. 1997: 14 f.): Zum einen wird – wie bei der Medieninhaltsforschung generell auch in Bezug auf die politische Berichterstattung – insbesondere der *Medienbereich Fernsehen* in den Fokus gerückt. Zum zweiten werden überwiegend *bestimmte journalistische Produkte* wie die Nachrichtensendungen im Fernsehen oder die Qualitätszeitungen bzw. von den Redaktionen bzw. den Medien selbst ausgewiesene Formate politischer Berichterstattung wie aktuelle politische Berichte, Politikseiten oder politische Magazine betrachtet. Zum dritten stehen *spezifische Ereignisse*, denen eine hohe gesellschaftliche Relevanz zugesprochen wird, im Zentrum des Interesses der Analyse politischer Berichterstattung. Vor allem der Berichterstattung über Wahlen kommt eine enorme Bedeutung zu. Zuerst wird im Folgenden näher auf die wissenschaftliche Fokussierung der Politikberichterstattung im Fernsehen eingegangen, bevor der Blick auf die Forschung zu politischem Journalismus in spezifischen Produkten bzw. Formaten sowie über spezielle Ereignisse gerichtet wird.

Die *Fixierung auf das Fernsehen* bei der kommunikationswissenschaftlichen Analyse von politischer Berichterstattung lässt sich darauf zurückführen, dass das Fernsehen als (politisches) Leitmedium gilt.[25] Seit den 1970er Jahren wird dem TV eine zentrale Rolle bei politischer Kommunikation zugesprochen. Politik- wie Kommunikationswissenschaftler sowie Praktiker schreiben diesem Medium eine große Wirkungsmacht zu. Jedoch wird die These Radunskis, dem ehemaligen Wahlkampfmanager der CDU, „Wahlkämpfe können im Fernsehen gewonnen oder verloren werden" (Radunski 1996: 37), bis heute kontrovers diskutiert. „Ob nämlich das Bild von der Politik im Fernsehen in besonderer Weise politische Akteure wie Bürger maßgeblich beeinflusst, das muss offen bleiben, denn es mangelt an gesicherten empirischen Befunden." (Jarren/Donges 2002b: 207) Allerdings besteht mittlerweile Einigkeit darüber, dass von den Massenmedien etwa im Wahlkampf Wirkungen ausgehen (vgl. etwa Maurer/Kepplinger 2003: 82). Gleichzeitig gibt es indes auch Übereinstimmung darüber, dass eine direkte Wirkung der Medien auf die Wahlentscheidung kaum zu erwarten ist (vgl. z. B. Gleich 1998: 420 f.; Holtz-Bacha 1996: 27). Hingegen wird weiterhin heftig diskutiert, in welchem Maß sich politische Berichterstattung im Wahlkampf im Wählerverhalten niederschlägt und eben auf welchen Wegen (vgl. bspw. Brettschneider 2002b: 59 u. 2000: 491). Dabei wird auch den anderen Massenmedien Wirkungspotenzial zugesprochen (vgl. Kepplinger 1998a: 152 ff.) – Zeitungen werden etwa als „unterschätztes Medium" bezeichnet (Schönbach 1983; vgl. Donsbach 1991).

Zweifellos lässt sich jedoch eine Relevanz des Massenmediums Fernsehen aus Verbreitung, Nutzung und Bewertung des Fernsehprogramms ableiten. Das Fernsehen verfügt über eine große technische Reichweite. Es wird intensiv genutzt und erreicht auch diejenigen, die sich nur wenig für Politik interessieren und durch politische Information normalerweise schwierig erreichbar sind. Seit Ende der 1960er Jahre gilt das Fernsehen als wichtigste Quelle politischer Information (vgl. Maurer/Kepplinger 2003: 82; Schulz/Zeh 2003: 60). Darüber hinaus kommt dem Fernsehen eine große, wenn auch mittlerweile schwindende Glaubwürdigkeit zu (vgl. etwa Eimeren/Ridder 2001: 540). Im Vergleich zu den anderen aktuellen Massenmedien ist hierbei die Visualisierung einer der wichtigsten Vorteile des Fernsehens. Durch Bilder wird die Illusion vermittelt, überall zu jeder Zeit direkt dabei zu sein. Zugleich wecken Bilder Emotionen. Große Authentizität kommt v. a. der Live-Berichterstattung zu (vgl. zusammenfassend Donsbach/Büttner 2005: 22)

Das Fernsehen ist aber auch insbesondere für die Politiker selbst „wichtigstes Medium" (Schulz 1994: 321). Aufgrund der technischen Gegebenheiten ist die journalistische Berichterstattung im Fernsehen dazu gezwungen, zu visualisieren und zu personalisieren. Es ist wichtig, handelnde Personen und „sprechende Köpfe" (Schulz/Zeh 2003: 58) zu zeigen. Aus Sicht der Politiker steht damit „ein Bildmedium mit massenhafter Verbreitung

---

[25] Vgl. zum Leitmedium Fernsehen und den Merkmalen, die es dazu werden lassen, u. a. Jarren/Donges 2002b: 114 ff., 206 f. u. 208; Brosius 2001: 115; Ludes 2001a: 54 f.; Ridder/Engel 2001: 104 ff. u. 120 f.; Meyer/Ontrup/Schicha 2000: 71 u. 134 f.; Sarcinelli 2000: 27; Schulz/Zeh/Quiring 2000: 420; Ludes 1999: 272; Zubayr/Gerhard 1999: 237; Altmeppen/Löffelholz 1998: 118; Gleich 1998: 412; Jarren 1998: 84 ff.; Marcinkowski 1998a: 167; Schneider 1998: 428; Tenscher 1998: 186 f.; Luhmann 1996: 80.

zur Verfügung, das sich für politische Inszenierungen wie auch für symbolische Politik besonders eignet, insbesondere für die Verknüpfung von sach- und personalpolitischen Strategien" (Jarren/Donges 2002b: 115). Das Massenmedium Fernsehen scheint darüber hinaus „gut kalkulierbar" (Brosda 2000a: 7) zu sein. Hierfür sprechen (vgl. Tenscher/Geisler 2002: 173 f.; Gleich 1998: 412; Jarren/Bode 1996: 113; Schulz 1994: 321):

- die festgelegte Präsentationslogik (z. B. die bildliche Darstellung),
- der vorprogrammierte Ablauf (etwa durch die begrenzte Sendelänge),
- dadurch bestimmte Auswahlkriterien (Fernsehen als audiovisuelles Medium ist beispielsweise mehr als die Presse auf Menschen und Gesichter zur Darstellung von politischen Themen angewiesen) und die
- geregelten Produktionsbedingungen (Interviews sind Minuten genau festgelegt).

Diese gute Kalkulierbarkeit des Fernsehens erlaubt den Politikern, sich auf ihre Fernsehauftritte vorzubereiten und möglichst gut zu inszenieren (vgl. Jarren/Donges 2002b: 99 f.; Meyer 2001: 69 ff.; Meyer/Ontrup/Schicha 2000: 52 ff.)

Über die Bereitstellung von Berichterstattungsangeboten, bspw. dadurch, dass sie für Interviews zur Verfügung stehen, streben Politiker an, Einfluss auf die Weitergabe von Informationen zu erreichen (vgl. zum ‚Kampf um Inszenierungsdominanz' Soeffner/Tänzler 2002). Dieser Trend ist, so wird argumentiert, eine Konsequenz aus dem „Kontrollverlust [der Parteien und der politischen Akteure; K.W.] über Richtung und Abfolge von Informationen" (Meyrowitz 1990: 311 ff.), der durch das Aufkommen elektronischer Medien und der Medialisierung der Gesellschaft[26] entstanden sei.[27] Dabei wird befürchtet, dass die Talkshow den Ortsverein und das Parlament ersetze (vgl. Müller, A. 1999: 83). Es wird jedoch davor gewarnt, diese Medialisierung zu über- und die Parteien und ihre zukünftige Rolle zu unterschätzen (vgl. Alemann/Marschall 2002b: 28 ff.; Sarcinelli/Tenscher 2003: 13).

Schließlich ist aus Perspektive der Politiker ebenfalls relevant, *wie* Themen verarbeitet und dargestellt werden, da für politische Akteure die Urheberfrage zentral ist. Sie „wollen mit einem Thema, ihrer Idee, oder ihrer Deutung [...] erkennbar sein" (Jarren/Donges 2002b: 196). Das Fernsehen und seine visualisierte und oft personalisierte Berichterstattung bietet dafür eine gute Möglichkeit sowie einige Vorteile gegenüber Presse und Hörfunk. Denn es

> „macht [...] für den politischen Akteur einen Unterschied, ob seine Äußerungen lediglich mitgeschrieben oder mitgeschnitten werden. Und es macht vor allem einen Unterschied, ob der Mitschnitt lediglich als Gedächtnisstütze für den Journalisten dient, oder ob aus dem Mitschnitt Zitate (im Fall einer Presseberichterstattung) oder O-Töne (im Falle einer Radioberichterstattung) entnommen werden können." (Jarren/Donges 2002b: 195 f.)

Politiker können, wie eine empirische Studie ergab, am besten auf das Publikum wirken, wenn sie möglichst ungekürzt und ungefiltert zu sehen und zu hören sind (vgl. Dons-

---

[26] Medialisierung oder Mediatisierung kann dreierlei bezeichnen: die wachsende Verschmelzung von Medienwirklichkeit und politischer wie sozialer Wirklichkeit, die zunehmende Wahrnehmung von Politik im Wege medienvermittelter Erfahrung und die Ausrichtung politischen Handelns und Verhaltens an den Gesetzesmäßigkeiten des Mediensystems (vgl. Jarren/Donges 2002a: 31).

[27] Vgl. zum Bedeutungsverlust von Parteien Geisler/Sarcinelli 2002: 47 ff.; Holtz-Bacha 2002a: 50 ff.; Meyer 2001a: 152 ff.; Meyn 2001: 289; Müller, A. 1999: 68 ff.; Kepplinger 1998a: 157 ff.; Saxer 1998: 35.

bach/Jandura 2003: 228 ff.). Insofern macht es für die Politiker Sinn, v. a. in Live-Sendungen aufzutreten, da bei der Live-Berichterstattung ihre Statements nicht mehr umfassend redaktionell bearbeitet werden können, sondern direkt ausgestrahlt werden – mit der Einschränkung, dass Live-Übertragungen nichts „Ungestelltes" (Hickethier 1998a: 197) sind. Voraussetzung ist für Live-Sendungen im TV immer, dass zum Zeitpunkt des Ereignisses bzw. Vorfalls Journalisten und ihre Kamerateams vor Ort sind und das Geschehen „in ‚Realzeit' aufnehmen können" (Hickethier 1998a: 197). Die Gestaltung der Live-Berichterstattung liegt also bereits in der vorangegangenen Planung (vgl. zu den journalistischen Darstellungsprogrammen Kap. 2.2.2.1; vgl. zur Vorbereitung der Wahlabendberichterstattung Kap. 5.2.1.5).

Darüber hinaus bleibt auch während der Live-Berichterstattung eine Bearbeitung möglich, indem etwa bestimmte Kameraperspektiven und -ausschnitte gewählt werden und Bilder verschiedener Kameras per Regieanweisung live vom Bildmischer zusammengefahren werden. Gleichzeitig besteht v. a. bei Live-Sendungen sowohl aus Perspektive der Produzenten als auch der Politiker stets ein Rest Unsicherheit, weil der Ablauf dieser nicht hundertprozentig geplant werden kann. Auf der einen Seite zeigt sich diese Unsicherheit für die Fernsehanbieter darin, dass z. B. ungewiss ist, ob Gesprächspartner zur Verfügung stehen und wie diese reagieren sowie ob und wie die Technik funktioniert. Auf der anderen Seite verschärft sich für Politiker der Unsicherheitsfaktor, wenn Überraschungsgäste, Zuschauerreaktionen oder Studiogäste den Ablauf mitbestimmen (vgl. zur Unsicherheit bei live gesendeten Talkshows aus Sicht von Politikern Nieland/Tenscher 2002: 327; Tenscher/Geisler 2002: 177).

Im Medienbereich des Fernsehjournalismus richtet sich das Forschungsinteresse hinsichtlich der *Inhalte* politischer Berichterstattung zum einen auf die Programmstrukturanalysen, die das Gesamtprogramm analysieren und u. a. die Anteile politischer Publizistik im Vergleich zum Rest des TV-Programms bestimmen, sowie zum anderen auf die Nachrichten im Fernsehen (vgl. zu einer entsprechenden Bilanz in Bezug auf Fernsehnachrichten Bonfadelli 2000: 33; Brosius 1998a: 283; Meckel/Kamps 1998: 16).

Die Nachrichten liefern einen Großteil der politischen Berichterstattung, die im TV gesendet wird: Mehr als die Hälfte der gesamten Politikberichterstattung im Fernsehen findet in den Nachrichtensendungen statt (vgl. Krüger 2002b: 79). Zudem ist Politik gemessen an der Beitragszahl sowie dem zeitlichen Anteil üblicherweise das zentrale Thematisierungsmerkmal innerhalb der Fernsehnachrichten (vgl. Krüger 2005a: 304; Maier 2003: 65 f.; Ludes 2001a: 103; Kamps 1999: 267 u. 270). Darüber hinaus verfügen Nachrichten im Fernsehen, v. a. die öffentlich-rechtlichen TV-Nachrichten, über konstant hohe Reichweite und Einschaltquoten.[28] Weiterhin wird das wissenschaftliche Interesse an Fernsehnachrichten dadurch begründet, dass dieses Format – insbesondere die Hauptabendnachrichten – bei einigen der Fernsehsender als Aushängeschild für die Sender (vgl. Brosius 1998a: 283; Meckel/Kamps 1998: 11) und als „Image bildendes ‚Flaggschiff' und als Ausweis ihrer journalistischen Kompetenz, ja geradezu als Prüfstein ihrer Überparteilichkeit und politischen Unabhängigkeit" (Schulz/Zeh 2003: 61) gelten. Schließlich wird Nachrichten im Fernsehen eine große Kompetenz für die Vermittlung von Informationen zugesprochen (vgl. Donsbach/Büttner 2005: 22). Insgesamt lässt sich annehmen, dass Fernsehnachrichten „eine zentrale Instanz politischer Kommunikation" (Kamps 1998: 33) darstellen. Es gelingt

---

[28] Vgl. Donsbach/Büttner 2005: 22; Buß/Darschin 2004: 26; Darschin/Gerhard 2004: 148 u. 2003: 164; Maurer/Kepplinger 2003: 82; Schulz/Zeh 2003: 61; Meckel/Kamps 1998: 11.

ihnen, auch politisch Desinteressierte mit Informationen zur Politik zu konfrontieren bzw. zu versorgen (vgl. Kamps 1998: 36).

Des Weiteren sind politische Magazine im Fernsehen im Blick dieser Forschungsrichtung. In ihnen wird etwa ein Viertel der Politikberichterstattung im TV ausgestrahlt (vgl. Krüger 2002b: 79). Auch die politischen Magazine weisen eine relativ hohe Reichweite auf, obgleich diese seit 1985 sinkt (vgl. Wegener 2001: 46 ff.). Gerade in jüngerer Zeit ist jedoch zu konstatieren, dass innerhalb der politischen Kommunikationsforschung, die sich mit Medieninhalten beschäftigt, auch Formate untersucht werden, die nicht als politische Formate ausgewiesen sind und die sich üblicherweise nicht explizit mit Politik beschäftigen (vgl. Bußkamp 2002; Nieland/Tenscher 2002; Schultz 2002; Schwarz 2002; Tenscher/Geisler 2002; Tenscher/Nieland 2002; Tenscher/Schicha 2002).

Der am häufigsten untersuchte Ereigniskontext für politische Kommunikation sind *Wahlen* (vgl. Schulz 2003: 462). Auch die politische Berichterstattung über dieses Ereignis wird sehr häufig untersucht (vgl. Kap. 2.3.2). Neben forschungsökonomischen Gründen zeichnen sich plausible politische bzw. gesellschaftliche Motive ab: Wahlen sind herausragende Ereignisse in demokratischen Gesellschaften mit einer folgenreichen Relevanz für das politische System im Speziellen und die gesamte Gesellschaft im Allgemeinen. Insofern wird ihnen von den Journalisten hoher Nachrichtenwert zugewiesen: Sie erscheinen berichtenswert.

Es lässt sich festhalten: Die skizzierten, sich überlappenden Forschungsdimensionen hinsichtlich der Inhalte politischer Berichterstattung geben einen Einblick in einen Bereich der Kommunikationswissenschaft, der intensiv und breit erforscht ist (vgl. Bonfadelli 2003: 87). Anlass zu neuen oder aktualisierten Analysen der Angebote der Massenmedien bietet der anhaltende Wandel, dem diese unterliegen. Gerade beim Fernsehen zeichnet sich ein Druck nach Programmneuerungen ab, der in den vergangenen Jahren verstärkt wurde. Vor diesem Hintergrund erscheint es jedoch verwunderlich, dass zur Analyse der Politikberichterstattung im TV bislang punktuell angelegte Forschungsdesigns vorherrschen. Bis dato ist die politische Berichterstattung im Fernsehen kaum systematisch und über längere Zeiträume inhaltsanalytisch untersucht worden (vgl. für eine ähnliche Bilanz Jarren/Donges 2002b: 207; Marcinkowski/Greger/Hüning 2001: 18). Darauf wird nun eingegangen.

2.2.3 Wandel und Stabilität von Politikberichterstattung im TV

Die Erforschung von Wandel und Stabilität der Inhalte im Fernsehen lässt sich an der Schnittstelle zwischen der in diesem Kapitel bereits bündig überblickten Medieninhaltsforschung und der programmgeschichtlichen Fernsehforschung lokalisieren. „Innerhalb der Kommunikationswissenschaft erfasst die Programmgeschichte die historische Entwicklung des kommunikativen Angebots, beispielsweise des Massenmediums Fernsehen." (Bleicher 1994: 137) In diesem Kapitel werden die Aktivitäten dieser Forschungsrichtung innerhalb der Kommunikationswissenschaft überblicksartig aufgearbeitet (vgl. Kap. 2.2.3.1). Zur Vorbereitung der anvisierten Phaseneinteilung (vgl. Kap. 9.1) erfolgt dabei ein kursorischer Überblick über Periodisierungen zur deutschen Fernsehgeschichte, die bereits von anderen Autoren vorgelegt worden sind. Darauf aufbauend werden die Erkenntnisse referiert, die unter einer Langzeitperspektive zu Politikberichterstattung im Fernsehen vorliegen. Dies erscheint instruktiv für die vorliegende Studie, mit der die Entwicklung der Wahlabendberichterstattung im TV nachgezeichnet werden soll und die damit sowohl auf die Erforschung der Veränderungsprozesse politischer Kommunikation sowie eines spezifischen Fernsehformats abzielt. Dazu werden Programmstrukturanalysen (vgl. Kap. 2.2.3.2) und Studien zu Fernsehnachrichten sowie politischen Magazinen im TV (vgl. Kap. 2.2.3.3) in den Blick genommen. Danach werden Trends politischer Berichterstattung im Fernsehen skizziert (vgl. Kap. 2.2.3.4). Dadurch erfolgt unter einem historischen Blickwinkel eine Auseinandersetzung mit dem Gros der kommunikationswissenschaftlichen Studien zu den Inhalten politischer Berichterstattung in Deutschland.

2.2.3.1 Forschungen zur Fernsehprogrammgeschichte

Um die Geschichte des Fernsehens in Deutschland in Phasen zu beschreiben, bieten sich zahlreiche Möglichkeiten der Systematisierung an.[29] Die Beschreibungsversuche und ihre Phasengliederungen nähern sich aus unterschiedlichen Perspektiven und mit unterschiedlichen Erkenntnisinteressen dem Phänomen von Wandel und Stabilität des Fernsehens. In der geschichtlich ausgerichteten Fernsehforschung besteht jedoch Einigkeit darüber, dass es ein verbindliches Modell für die Phasen der Geschichte des Fernsehens oder eine allgemeingültige Periodisierung nicht geben kann. Dies liegt in der Vieldimensionalität des Fernsehens begründet, die eine Pluralität verschiedener Geschichten erfordert und entsprechend eine differenzierte und mehrschichtige Gliederung notwendig macht, um das Gesamtphänomen zu erfassen (vgl. Beutelschmidt 2003: 44; Elsner/Müller/Spangenberg 1991: 44; Hickethier 1991: 18; Kreuzer/Schanze 1991: 9 f.).

Die Programmgeschichte des Fernsehens, also die Beobachtung der Entwicklung des eigentlichen Produkts, galt bis Ende der 1980er Jahre insgesamt als Desiderat in der Kommunikationswissenschaft. Bis dahin lagen in erster Linie kommunikationswissenschaftliche Untersuchungen zur Institutionen- bzw. Organisationsgeschichte des Fernsehens vor (vgl. für eine ähnliche Bestandsaufnahme Bleicher 1994: 137; Hickethier 1993a: 22; Kahlenberg 1982: 19; Weigend 1982: 132). Wegweisend für die Institutionengeschichte des Rundfunks in Deutschland nach 1945 ist bis heute die von Bausch herausgegebene fünfbändige Reihe „Rundfunk in Deutschland" (vgl. Bausch 1980). Auch die Monographien von Dussel (vgl. Dussel 1999) und Stuiber (vgl. Stuiber 1998) können als grundlegend hinsichtlich der Organisationsgeschichte des Rundfunks in Deutschland eingestuft werden. Auf die programmlichen Inhalte gehen sie jedoch eher randständig ein, indem etwa Grundzüge der Programmentwicklung nachvollzogen und Ergebnisse der Zuschauerforschung referiert werden. Daneben liegen organisationsgeschichtliche Publikationen zu einzelnen Sendern vor (vgl. etwa Rüden/Wagner 2005; Prüsse 1997; Wehmeier 1979).

Das Forschungsinteresse an der Geschichte des Fernsehens als Institution oder Organisation ist insofern nachvollziehbar, als sie als Basis für die Programmgeschichte notwendig ist. Denn diese Kontextbedingungen haben einen zentralen Einfluss auf das Endprodukt – das TV-Programm (vgl. Bleicher 2003: 10 f. u. 1993b: 67; Hickethier 1993a: 23). Die lange dauernde Vernachlässigung der Programmgeschichte ist dagegen unverständlich, da die Programme doch „im Mittelpunkt der Fernsehkommunikation [stehen; K.W.], [...] den

---

[29] Vgl. für eine Bestandsaufnahme der Fernsehgeschichtsschreibung in Deutschland Bleicher 2003: 4; vgl. für eine Übersicht an Periodisierungsentwürfen Wilke 1999: 22 ff.; vgl. für eine Aufzählung an Beschreibungsoptionen Wilke 1999: 19 ff.; Hickethier 1993b: 180 ff. u. 1991: 24.

Zweck der Institution Rundfunk [bilden; K.W.], und ihre Rezeption Ziel des Zuschauens"
ist (Hickethier 1993a: 21). Erst seit etwa zwei Jahrzehnten wird die Programmgeschichte
des Fernsehens wissenschaftlich allmählich näher beleuchtet. Seit der DGPuK-
Jahrestagung 1986 gilt sie als selbstverständliches Segment der Kommunikationsgeschichte
(vgl. den damaligen Tagungsband von Bobrowsky/Langenbucher 1987; vgl. für eine ähnliche Bestandsaufnahme Dussel/Lersch 1999: 11). Im Gegensatz zu rundfunkhistorischen
Arbeiten unter dem Blickwinkel der Institutions- oder Organisationsgeschichte, in denen
Sendungen „immer nur als Folgehandlungen und letztlich nur nachgeordnete Ergebnisse
medienpolitischer Entscheidungen und organisatorischer Prozesse erscheinen" (Hickethier
1993a: 23), wird aus programmgeschichtlicher Sicht der Fokus auf die Programmstruktur
und die Sendungen selbst gelegt (vgl. Bleicher 2003: 10). Institutionelle Entwicklungen
kommen dabei auch zur Sprache – allerdings eher als Rahmen, der benötigt wird, um zu
verstehen, wie das Programm entstanden ist und sich entwickelt hat (vgl. Hickethier 1993a:
24; Kahlenberg 1982: 18). Vor diesem Hintergrund sind in den vergangenen 20 Jahren zur
Programmgeschichte des Fernsehens in Deutschland zahlreiche kommunikationswissenschaftliche Studien vorgelegt worden. Im Fokus standen hierbei sowohl das Gesamtprogramm als auch einzelne Sendeformate.

Zu den Untersuchungen, die sich mit dem gesamten Fernsehprogramm beschäftigt haben, zählen z. B. die von Bleicher publizierte Chronik der Programmgeschichte (vgl. Bleicher 1993a) sowie die von Hickethier unter Mitarbeit von Hoff erstellte Geschichte des
deutschen Fernsehens (vgl. Hickethier 1998b). Die gesamte Bandbreite der programmgeschichtlich ausgerichteten Analysen wird in den Veröffentlichungen zu den Forschungsergebnissen des noch laufenden DFG-Projektes zur Programmgeschichte des DDR-
Fernsehens an den Universitäten Berlin, Halle, Leipzig und der Filmhochschule bzw. dem
Deutschen Rundfunkarchiv in Potsdam-Babelsberg[30] sowie den Publikationen zu den Erkenntnissen des bereits abgeschlossenen DFG-Sonderforschungsbereichs zur Ästhetik,
Pragmatik und Geschichte der Bildschirmmedien an der Universität-GH Siegen[31] deutlich.

Wird die Geschichte des Fernsehens der Bundesrepublik Deutschland als Programmgeschichte dargelegt, erscheinen mehrere große Phasen unstrittig, die durch das Hinzukommen von Fernsehprogrammen eingeleitet werden (vgl. Hickethier 1991: 29 ff.)[32]:

1. Phase des Programmbetriebs der ARD als Alleinanbieter (1950 bis 1963)

2. Phase der Programmkonkurrenz von ARD und ZDF, in der beide Programme zum Kontrast verpflichtet waren (1963 bis 1982)

3. Phase der Konkurrenz des öffentlich-rechtlichen Fernsehens (ARD, ZDF, 3. Programme) und privater Programmanbieter (ab 1982)

4. Phase eines neuen deutschen Fernsehens unter Einfluss der beiden Fernsehsysteme der BRD und der DDR (ab 1990/1991)

---

[30] Vgl. die Reihe „MAZ – Materialien, Analysen und Zusammenhänge" (DFG-Projekt) sowie Monographien, Sammelbände und Aufsätze wie Dittmar/Vollberg 2004 u. 2002; Viehoff 2003.

[31] Vgl. u. a. die Reihe „Arbeitshefte Bildschirmmedien" (DFG-Sonderforschungsbereich 240) sowie Monographien und Sammelbände, bspw. von Kreuzer/Thomsen 1993 f.

[32] Für die Geschichte des DDR-Fernsehens wurde eine vorläufige und deshalb allgemein formulierte Periodisierung vorgelegt, die vier Phasen umfasst (vgl. Viehoff 2003: 199): Etablierung, Konsolidierung, Differenzierung und Assimilierung.

Diese grobe Periodisierung lässt sich in weitere Abschnitte unterscheiden. Der Fernsehforscher Hickethier hat dazu mehrere detaillierte Gliederungsvorschläge vorgelegt, die sich teilweise in der Einteilung bzw. in der Benennung der Phasen unterscheiden (vgl. Hickethier 1998b; 1993b: 185 ff. u.1991: 31 ff.). Hickethier differenziert dabei auch zwischen der Vorgeschichte und der Geschichte des Fernsehprogramms in Deutschland. Er orientiert sich dabei nicht ausschließlich am Programm, sondern bezieht neben institutionellen, ökonomischen, technischen, medienpolitischen und -rechtlichen auch gesellschaftshistorische Entwicklungen ein. Im Folgenden werden die verschiedenen Phaseneinteilungen überblicksartig zusammengeführt:

Vorgeschichte

1. Versuchsbetrieb und Versuchssendungen durch die Post und die Industrie (1928 bis 1935)

2. Fernsehprogramm des Fernseh-Senders ‚Paul Nipkow' in Berlin (1935 bis 1944)

Geschichte

1. Hauptphase 1948 bis 1963: Das ARD-Monopol

    - 1948 bis 1954: Neubeginn oder Startphase – das NWDR-Fernsehen
    - 1954 bis 1961: Gemeinschaftsprogramm der ARD[33]
    - 1954 bis 1958/59: Institutionalisierung des ARD-Fernsehens
    - 1956/58: erster Programmumbau im ARD-Fernsehen
    - 1961 bis 1963: Ausstrahlung von zwei ARD-Programmen[34]

2. Hauptphase von 1963 bis 1982/1983/1984: ARD und ZDF im Kontrast

    - 1963 bis 1969: Programmkonkurrenz und der Ausbau der Dritten Programme
    - 1969 bis 1973/1974: Programmumbau im Kontext des kulturellen Wandels in der BRD bzw. Strukturveränderungen und Konzeptionswandel
    - 1973/1974 bis 1982/1983/1984: Programmkooperation ARD/ZDF im Vorfeld der Einführung der kommerziellen Programmanbieter bzw. im Vorfeld der Kommerzialisierung oder Auf dem Weg zum dualen System

3. Hauptphase 1982/1983/1984 bis 1989/1990/1991: Öffentlich-rechtliche und kommerzielle Konkurrenz[35]

    - 1982 bis 1989: Programmkonkurrenz im dualen Rundfunksystem – Fernsehen im dualen System

---

[33] In einer anderen Periodisierung vermisst er von 1954 bis 1962 die Phase der „Industriealisierung der Fernsehproduktion" sowie von 1963 bis 1973 die Periode der „Lebenshilfe und politischer Aufklärung" (vgl. Hickethier 1998b: 110 ff.).

[34] Hickethier beschreibt auch eine Phase von 1958 bis 1963, die durch Umschichtungs- und Transformationsprozesse geprägt ist (vgl. Hickethier 1993b: 200 ff.).

[35] Diese Hauptphase in einem weiteren Phasenmodell (vgl. Hickethier 1998b: 414 ff.) in die Abschnitte „Zeiten des Übergangs" (1984 bis 1991) und „Auf dem Wege zur Einheit" (1989 bis 1991).

- 1989 bis 1991: erste Zusammenarbeit der öffentlich-rechtlichen Programme mit dem DDR-Fernsehen bzw. der nationale Umbau der deutschen Fernsehlandschaft

4. Hauptphase ab Ende der 1990er Jahre: Vom analogen zum digitalen Fernsehen in Deutschland

Ob und inwiefern sich die skizzierten Phasen auch in dem Programm als solchem bzw. in einzelnen Sendeformaten zeigen, ist nur durch Untersuchungen des audiovisuellen Materials zu erfahren, die als Langzeitstudien angelegt sind und die sich über die verschiedenen Phasen erstrecken. Bislang lässt sich hierfür ein eher bescheidenes Fazit ziehen: Systematische, auf empirischer Grundlage durchgeführte programmgeschichtliche Longitudinalstudien, die sich auf das originäre TV-Material stützen, wurden vergleichsweise selten durchgeführt.

Zum einen wird die Fernsehprogrammgeschichte zwar vielfach als Prozess und anhand von Trends beschrieben, obwohl die Befunde, die diesen Darstellungen zugrunde liegen, nur vereinzelt anhand von lückenlosen Zeitreihenuntersuchungen ermittelt wurden.[36] Erst durch die Erhebung von Zeitverlaufsdaten wird es jedoch möglich, langsamen Wandel und Beständigkeit in der Programmentwicklung des Fernsehens exakt voneinander zu unterscheiden sowie auf dieser Basis Entwicklungsmuster zu rekonstruieren (vgl. statt anderer Donsbach/Büttner 2005: 25; Marcinkowski 1996: 211; Ludes 1994: 108 f.).

Zum anderen basieren Analysen zur Fernsehprogrammgeschichte immer noch meist auf sekundären Quellen, wie etwa schriftlichen Dokumenten der TV-Anbieter oder bspw. Programmankündigungen der Fernsehzeitschriften (vgl. Wilke/Spiller 2006). Die Begründung, dass die Beschaffung des Original-Fernsehmaterials hohe Kosten verursache, ist durchaus berechtigt (vgl. Wilke/Spiller 2006: 104; Adelmann/Hesse/Keilbach/Stauff/Thiele 2001: 336; Pollert 1996: 162; Ludes 1994: 113; Kahlenberg 1982: 25 ff.) und diese Studien liefern auch relevante kommunikationswissenschaftliche Erkenntnisse, etwa zur Programmstruktur, zu Sendungstypen und -titeln, der Anzahl der untersuchten Sendungen und der Länge des analysierten Formats. Allerdings existieren hierbei zweierlei Schwierigkeiten: Erstens können auf Basis von schriftlichen Dokumenten kurzfristige Veränderungen des Programmangebots oftmals nicht erfasst und auch die exakte Länge der Sendungen kann nicht bestimmt werden, z. B. wegen nicht ausgewiesener Werbeeinblendungen. Geht es zweitens um den Inhalt, bspw. die angesprochenen Themen und die auftretenden Akteure, und die Darstellungsweise, etwa den Einsatz journalistischer Darstellungsformen, die Verwendung grafischer Elemente oder die Gestaltung der Studiodekoration, dann ist der Rückbezug auf das Ausgangsmaterial der TV-Sendungen erforderlich (vgl. Wilke/Spiller 2006: 104; Keilbach/Thiele 2003: 70; Maier 2002: 85; Adelmann/Hesse/Keilbach/Stauff/Thiele 2001: 336; Ludes 2001a: 50; Pollert 1996: 160 u. 316 f.). Neben der problematischen, insbesondere finanziell begründeten Zugänglichkeit tauchen bei Studien zur Fernsehprogrammgeschichte außerdem Schwierigkeiten wegen der teilweisen Unvollständigkeit des historischen TV-Materials auf. Vor allem bei Sendungen, die vor 1960 gesendet wurden, stoßen die Archive an ihre Grenzen (vgl. Adelmann/Hesse/Keilbach/Stauff/Thiele 2001: 336; Ludes 2001a: 50; Dussel/Lersch 1999: 11 f.; Claßen/Leistner 1996: 71 ff.; Bleicher 1994: 141 ff.).

---

[36] Vgl. für eine ähnliche Bilanz zur Programmgeschichte des Fernsehens allgemein Keilbach/Thiele 2003: 65; vgl. eine analoge Bilanz speziell für die politische Kommunikation Sarcinelli 2002: 330.

Summarisch lässt sich festhalten, dass es erst durch die Erhebung von *Zeitverlaufsdaten* anhand des *Originalmaterials* möglich wird, Wandel und Stabilität der Wahlabendberichterstattung im deutschen Fernsehen zu identifizieren und darauf aufbauend die Entwicklung dieses Formats aus programmhistorischer Perspektive in Phasen einzuteilen (vgl. Kap. 9.1). In der vorliegenden Studie lässt sich dementsprechend prüfen, ob und inwieweit die Perioden der Geschichte der Wahlabendsondersendungen zu Bundestagswahlen im deutschen Fernsehen deckungsgleich sind mit den Phasen, die für die Programmgeschichte des bundesrepublikanischen Fernsehens identifiziert wurden. Um die auf diese Weise am Beispiel der TV-Wahlabendberichterstattung gewonnenen Erkenntnisse zu Veränderung und Beständigkeit politischer Kommunikation in den aktuellen Stand der Forschung einordnen zu können (vgl. Kap. 6 bis 9), ist eine Aufarbeitung der vorliegenden Resultate zur Entwicklung politischer Berichterstattung im Fernsehen notwendig. Im Folgenden werden daher in einem ersten Schritt *Befunde* derjenigen Untersuchungen zu politischer Berichterstattung im Fernsehen vorgestellt, die auf dem *gesendeten Fernsehmaterial* beruhen, eine *Langzeitperspektive* erkennen lassen und folglich zur Fernsehprogrammgeschichte einen bedeutsamen Teil beitragen. Hier lassen sich *Programmstrukturanalysen*, die ein Bild des Fernsehprogramms als Ganzes zeichnen (vgl. Kap. 2.2.3.2), differenzieren von Studien zu *Nachrichtensendungen* und *politischen Magazinen im TV*, die einen Blick auf zwei spezifische Sendeformate ermöglichen (vgl. Kap. 2.2.3.3). In einem zweiten Schritt wird auf die Trends eingegangen, die im Zusammenhang mit politischer Berichterstattung im Fernsehen konstatiert bzw. behauptet werden (vgl. Kap. 2.2.3.4).

2.2.3.2 Programmstrukturanalysen

Eine Vorreiterrolle hinsichtlich der Programmstrukturanalysen des Fernsehangebots ist in Deutschland Alphons Silbermann zuzuschreiben, der 1965 im Auftrag des Axel-Springer-Konzerns die erste bundesdeutsche Fernsehprogrammanalyse durchführte (vgl. Krüger 2001: 48; Hohlfeld 1998: 202 f.). Seit Mitte der 1980er Jahre, als das duale Rundfunksystem in Deutschland etabliert wurde, wird die Struktur des deutschen Fernsehprogramms intensiv und systematisch untersucht. Diese Zunahme und Systematisierung der Fernsehprogrammforschung in Deutschland ist auf die Interessen zurückzuführen, die mit der Dualisierung des Rundfunksystems verbunden waren oder dadurch entstanden sind. Art und Aufbau der Studien werden dabei i. d. R. von dem Auftraggeber und dessen Verwertungsinteressen bestimmt.

Einige der Programmstrukturanalysen, die sich auf das deutsche Fernsehen beziehen, sind kontinuierlich, andere hingegen diskontinuierlich auf ausgesuchte Zeiträume angelegt. Programmstrukturanalysen dienen meist dazu, Medienleistungen wie etwa strukturelle und inhaltliche Vielfalt oder Qualität der Inhalte zu erfassen und mögliche Unterschiede oder Ähnlichkeiten zwischen öffentlich-rechtlichen und privatwirtschaftlich organisierten Fernsehsendern zu ermitteln (vgl. Jarren/Donges 2002b: 207; Hohlfeld 1998: 199). Wegen der unterschiedlichen theoretischen Ansätze, methodischen Vorgehensweisen und Operationalisierungen können zudem nur bedingt Vergleiche angestellt werden (vgl. für eine entsprechende Bilanz Jarren/Donges 2002b: 209; Hohlfeld 1998: 202 ff.):

Zu den kontinuierlichen Untersuchungen, die auf Programmaufzeichnungen basieren – die also das originäre Fernsehmaterial analysieren und nicht nur Programmzeitschriften und sonstige schriftliche Unterlagen untersuchen – zählen die Programmanalyse im Auftrag der ARD/ZDF-Medienkommission und die Programmanalyse der Landesmedienanstalten.[37] Bevor die zentralen Ergebnisse dieser Untersuchungen der Programmstruktur des deutschen Fernsehens im Hinblick auf die politische Berichterstattung im zeitlichen Verlauf vorgestellt werden, gilt es, das methodische Design und den Hintergrund dieser Analysen grob zu erläutern. Für einen weitreichenden, detaillierten und z. T. kritischen Einblick in diese Forschungsaktivitäten wird auf jüngere Publikationen verwiesen (vgl. Jarren/Donges 2002b: 209 ff.; Gehrau 2001: 39 ff.; Hohlfeld 1998: 199 ff.; Hohlfeld/Gehrke 1995).

Seit 1985 erforscht Krüger mit seinem Institut für empirische Medienforschung (I-FEM) in Köln für die *ARD/ZDF-Medienkommission* jährlich die Struktur von deutschen Fernsehprogrammen.[38] Üblicherweise wurden vier natürliche Wochen als Untersuchungszeitraum gewählt.[39] Meist waren sie über die vier Quartale eines Jahres verteilt (vgl. Krüger 1993: 247).[40] Unterschiede gab es ebenfalls in der Bestimmung der Hauptsendezeit (vgl. Krüger 2005b: 190; 2004: 201; 2002a: 514 ff. u. 1998a). Zum zentralen Untersuchungsgegenstand gehörten ARD, ZDF, RTL, Sat.1 und Pro7. Daneben wurden seit 1992 auch die Dritten Programme der ARD erfasst, ebenso wie seit 1987 die Satellitenprogramme 3Sat, Eins Plus und Arte. Die Privatprogramme Tele 5, Kabelkanal (Kabel 1), Vox und RTL 2 wurden bis 1996 einbezogen (vgl. Krüger 2001: 62 ff.). Krüger operierte weitgehend auf Sendungsebene. Seit 1997 wurde auch auf Beitragsebene codiert (vgl. Krüger 1998: 314).

Die Operationalisierung sowohl auf Sendungs- als auch auf Beitragsebene variierte im Laufe der Jahre, so dass zeitliche Vergleiche kaum möglich sind. Auf Beitragsebene wurde Politikberichterstattung bspw. 1997 in einer Kategorie mit Wirtschaft zusammengefasst (vgl. Krüger 1998: 324), während seit 2001 Politik als Thema gemeinsam mit Wirtschaft und Gesellschaft bzw. Zeitgeschichte unter eine Inhaltskategorie fällt (vgl. Krüger 2002a: 514). In einer speziellen IFEM-Analyse zur Politikvermittlung im Fernsehen diente als Hauptkriterium für die Abgrenzung des politischen vom nichtpolitischen Programmangebot der Politikbezug eines Beitrags bzw. einer Sendung. Politikbezug bestand, wenn erstens das Thema das Handeln oder die Akteure des politisch-administrativen Systems betraf, zweitens ein gesellschaftliches Problem von allgemeiner Bedeutsamkeit und allgemein bindender Entscheidung politisch thematisiert wurde, drittens ein politischer Akteur durch seine Präsenz in einer Sendung ausgiebig Gelegenheit zur Selbstdarstellung erhielt (vgl. Krüger 2002b: 77).

Auch auf Sendungsebene sind veränderte Operationalisierungen über die Jahre feststellbar. Während bis 1997 innerhalb der Sparte Information und Bildung zwischen Nachrichtensendungen, politischen Informationssendungen, Wirtschaftssendungen usw. differenziert wurde, verläuft die Trennlinie mittlerweile zwischen Nachrichten, Magazinen, Dokumentation/Bericht/Reportage, Ereignisübertragungen, Doku-Inszenierungen/Doku-Soaps, Ansprache/Diskussion/Talk und Wetterinfo (vgl. Krüger 2004: 199). Außerdem

---

[37] Darüber hinaus gibt es seit 1992 eine Programmcodierung der Arbeitsgemeinschaft Fernsehforschung (AGF), die hier jedoch unberücksichtigt bleibt, da sie nur auf den Sendeprotokollen der einzelnen Fernsehanbieter basiert.

[38] Vgl. für die Standardauswertungen Krüger 2005b, 2004, 2002a, 2001b u. 1992; Krüger/Zapf-Schramm 2003, 2002b u. 2001; vgl. für Sonderauswertungen bestimmter Segmente Krüger/Zapf-Schramm 2003; Krüger 2002b, 1997, 1985a u. 1985b.

[39] Ausnahmen waren 1985 mit nur einer Woche sowie 1987 und 1998 jeweils mit zwei Wochen.

[40] Seit 2000 wurden die Programmangebote der fünf größten deutschen Fernsehsender über das komplette Jahr strukturell und inhaltlich untersucht (vgl. Krüger 2005a: 302).

wurde unterschieden zwischen tagesaktuellen Informationsangeboten, teils bestimmt als Nachrichtensendungen und teils verstanden als Nachrichtensendungen und Morgenmagazine, sowie weiteren nicht tagesaktuellen Informationsangeboten (vgl. Krüger 2002a: 513 ff.). Darüber hinaus hat es 2003 noch eine methodische Veränderung gegeben: Als Prozentuierungsbasis wurde der 24-Stunden-Tag eingeführt (vgl. Krüger 2004: 195).

Vor dem Hintergrund der unterschiedlichen methodischen Herangehensweisen kann der Vergleich der Resultate der IFEM-Analysen in Langzeitperspektive nur bedingt erfolgen. Insgesamt zeichnen sich über die Jahre hinweg jedoch durchgehend deutliche Unterschiede zwischen den öffentlich-rechtlichen und den privaten TV-Programmen ab, wobei Schwankungen feststellbar sind, die tendenziell in Richtung einer abnehmenden Politikberichterstattung zeigen. Dabei fokussiert die Ergebnispräsentation der IFEM-Studien stark auf die Dualität öffentlich-rechtlicher und privater Fernsehangebote, während die Entwicklung, also der diachrone Zeitvergleich, vergleichsweise wenig analysiert wird. Stattdessen wird Jahr für Jahr die so genannte Konvergenzthese widerlegt, ohne diese jedoch in einen größeren zeitlichen Kontext zu stellen (vgl. für eine ähnliche Kritik Dulinski 2003: 238).[41] Damit wird offenbar versucht, die Interessen der Auftraggeber, die öffentlich-rechtlichen Rundfunksender ARD und ZDF, zu stützen. Auch die Betonung, dass deren Berichterstattung dem öffentlichen Auftrag entspreche und die Grundversorgung gesichert sei, zielt in diese Richtung.

Eine weitere Programmstrukturanalyse des deutschen Fernsehens wird seit 1997 (Pilotstudie) bzw. 1998 (erste der regelmäßigen Analysen) jährlich von Weiß und seinem Göttinger Institut für angewandte Kommunikationsforschung (GÖFAK) im Auftrag der *Arbeitsgemeinschaft der Landesmedienanstalten* (ALM) durchgeführt (vgl. Trebbe 2004; Weiß 2003a, 2001, 1999 u. 1997; Weiß/Trebbe 2000). Die Forschungsperspektive dieser Studien ergibt sich aus den Aufgaben der Landesmedienanstalten: der Programmaufsicht über den privaten Rundfunk. Aus diesem Blickwinkel erscheint die Konkurrenz des öffentlich-rechtlichen und privaten Rundfunks sekundär (vgl. Weiß 2003a: 184). Vielmehr zielen die ALM-Analysen darauf ab, die Qualität der Programme gemessen an der öffentlichen Aufgabe als Medium und Faktor und der gesellschaftlichen Verantwortung des Rundfunks zu untersuchen. Analysiert wurden die Fernsehvollprogramme ARD, ZDF, RTL, RTL 2, Vox, Sat.1, Pro7 und Kabel 1[42] in jeweils zwei Programmstichproben pro Jahr. Die Stichprobe umfasste jeweils eine natürliche Woche.

Die Untersuchung erfolgte durchweg in einem zweistufigen Analyseverfahren. In einem ersten Schritt wurde eine Programmstrukturanalyse auf Sendungsebene durchgeführt und das Programm in verschiedene Bereiche aufgeteilt. In einem zweiten Schritt wurden alle fernsehpublizistischen Angebote einer Inhaltsanalyse unterzogen, in der die Themenschwerpunkte der Sendungen bzw. Sendungsbeiträge erfasst wurden. In der ALM-Programmanalyse wurde unter dem Oberbegriff der Fernsehpublizistik differenziert zwischen politischer Publizistik, Sach-, Lebenswelt- und Unterhaltungspublizistik (vgl. Weiß 2003a: 187 ff.). Die Kategorie politische Publizistik umfasste journalistische Beiträge zur

---

[41] Die Konvergenzthese wurde Ende der 1980er Jahre aufgestellt (vgl. Schatz/Immer/Marcinkowski 1989b: 5) und seitdem in zahlreichen Studien untersucht, die widersprüchliche Erkenntnisse hervorbrachten (vgl. für eine Übersicht der unterschiedlichen Studien z. B. Brosius 2001: 122 ff.; Hohlfeld 1998: 206 u. 222). Inzwischen konzentrieren sich entsprechende Analysen nicht mehr nur auf die Programmstruktur und einzelne Formate, sondern es werden bspw. auch die Gestaltung (vgl. etwa Goertz 1996; Wix 1996) und die Rezeption von Fernsehsendungen untersucht (vgl. z. B. Wutz/Brosius/Fahr 2004; Maier 2002).

[42] Kabel 1 wurde erst 1997 als Vollprogramm lizenziert und daher später in die Analyse einbezogen.

institutionellen Politik, Diplomatie, über Krisen und Kriege etc. sowie die Berichterstattung über gesellschaftlich und global relevante Wirtschaftsentwicklungen und gesellschaftliche relevante Kontroversen, auch wenn sie in der Berichterstattung in keinen expliziten politischen Zusammenhang gestellt wurden (vgl. Weiß 2001: 132). Bei den ALM-Untersuchungen gab es keine methodischen Veränderungen im Zeitverlauf, so dass sich eine Entwicklung darstellen lässt (vgl. für einen Überblick über die Untersuchungsanlagen und Stichproben Trebbe 2004: 17).

Insgesamt wird bei der ALM-Programmanalyse deutlich, dass sich die Fernsehanbieter im Programmsektor der politischen Publizistik über die Jahre hinweg hinsichtlich des Umfangs voneinander unterscheiden (vgl. Weiß 2003a: 197). Kontinuierlich ist eine Differenz zwischen öffentlich-rechtlichen und privaten TV-Sendern feststellbar, die i. d. R. mindestens zehn, manchmal mehr als 15 Prozentpunkte betrug (vgl. Trebbe 2004: 48 ff.; Weiß 2003a: 197 f. u. 2003b; ALM 2003; DLM 2003). Von 1998 bis 2003 sind außerdem senderspezifische Schwankungen bei dem Umfang der politischen Berichterstattung zu konstatieren. Generell weisen die Befunde auf einen langsamen, aber stetigen Rückgang der politischen Fernsehberichterstattung in allen Fernsehvollprogrammen im Laufe der Zeit hin (vgl. Weiß 2001: 135). Nach dem Rückgang der politischen Publizistik von 1999 bis zum Frühjahr 2001 ist inzwischen jedoch wieder ein leichter Anstieg der politischen Berichterstattung erkennbar (vgl. Weiß 2003a: 198); insbesondere bei ARD und ZDF ist auch von 2002 auf 2003 eine vergleichsweise starke Verschiebung hin zu informierenden, im weitesten Sinne politischen Themen zu konstatieren (vgl. Trebbe 2004: 79). So erscheint die Tendenz eines zunehmenden Bedeutungsverlustes des Fernsehens als Medium der politischen Information und Meinungsbildung in Deutschland, welche die Autoren der ALM-Programmstrukturanalyse bereits für die Jahre 1998 und 1999 erkannten (vgl. Weiß/Trebbe 2000), zunächst gestoppt.

Auf Grundlage der Ergebnisse der Programmstrukturanalysen im Auftrag der ARD/ZDF-Medienkommission und der ALM lässt sich festhalten, dass die öffentlich-rechtlichen Fernsehanstalten weitaus mehr politische Informationssendungen und journalistische Beiträge über Politik ausstrahlen als die privaten Fernsehsender. Im zeitlichen Verlauf sind Schwankungen des Umfangs der politischen Berichterstattung bei allen TV-Sendern zu erkennen. Insbesondere von 1999 bis Anfang 2001 ging der Anteil der politischen Publizistik nach Erkenntnissen der ALM-Studie zurück. In der IFEM-Analyse kristallisiert sich ebenfalls heraus, dass der Anteil der politischen Berichterstattung in den analysierten Fernsehprogrammen in den letzten Jahren zurückging.

Ferner ist grundsätzlich zu konstatieren, dass sich zwar mittlerweile eine kontinuierliche Programmstrukturforschung des deutschen Fernsehens etabliert hat, diese jedoch nicht bis zu den Anfängen des Fernsehens in Deutschland zurückreicht, sondern erst Jahrzehnte später einsetzt. Bis Mitte der 1980er Jahre waren Untersuchungen diesbezüglich diskontinuierlich angelegt. Erst mit der Dualisierung des Rundfunksystems in Deutschland setzte eine systematische und kontinuierliche Fernsehprogrammforschung ein.

Vor diesem Hintergrund ergeben sich folgende Konsequenzen für die Analyse der Wahlabendberichterstattung im deutschen Fernsehen: Zum einen ist anzunehmen, dass der Umfang der Berichterstattung an Wahlabenden zwischen öffentlich-rechtlichen und privaten Anbietern seit Einführung des dualen Rundfunksystems unterschiedlich ausfällt: mit einem größeren Anteil zugunsten von ARD und ZDF, deren Umfang wiederum ein ähnliches Niveau umfasst. Wie sich die Berichterstattung von ARD im Vergleich zu der des

ZDF in Zeiten des Duopols verhält, ist nicht zu prognostizieren, da die kontinuierlichen Programmstrukturanalysen erst mit der Dualisierung des deutschen Rundfunksystems eingesetzt wurden. Zum anderen ist aus der Langzeitperspektive zu vermuten, dass es Schwankungen im Umfang der Wahlabendberichterstattung im Fernsehen gibt, wobei eine insgesamt abnehmende Tendenz erwartet werden kann. Der eruierte Sendeablauf an Wahlabenden und die ermittelte Dauer der analysierten Wahlabendsendungen werden in Kapitel 6 vorgestellt (vgl. Kap. 6.1).

2.2.3.3 Studien zu journalistischen Formaten

Neben kontinuierlich angelegten Programmstrukturanalysen, deren Befunde im vorangegangenen Abschnitt dargelegt worden sind, liefern auch Langzeitanalysen von Fernsehnachrichten und politischen Magazinen Erkenntnisse zur Entwicklung der Politikberichterstattung im deutschen TV. Politische Magazine können dabei aufgrund der ihnen zugeschriebenen Aufgaben der Faktendimensionierung, also der Einordnung, Erläuterung und Kommentierung, als fernsehspezifische Ergänzung der TV-Nachrichten betrachtet werden (vgl. Wegener 2001: 11; Hickethier/Bleicher 1998: 379). Selbstverständlich sind Fernsehnachrichten und politische Magazine im TV jedoch nur ein Ausschnitt der politischen Berichterstattung in aktuellen Massenmedien. Ihnen kommt aus mehreren Gründen allerdings eine besondere Position zu, die bereits gründlich beschrieben wurde (vgl. Kap. 2.2.2.3).

Vor diesem Hintergrund stehen zur Analyse von Wandel und Stabilität von Politikberichterstattung im Fernsehen die *Nachrichten* und *Polit-Magazine* im Zentrum der Erörterung. Zu Nachrichten sind in den vergangenen zweieinhalb Jahrzehnten zahlreiche Inhaltsanalysen am originären TV-Material durchgeführt worden. Nur einige wenige davon sind jedoch langfristig über mehr als zwei Messzeitpunkte angelegt bzw. über einen längeren Zeitraum kontinuierlich vorgenommen worden. Dies gilt auch für Analysen zu politischen Fernsehmagazinen. Die Studie von Wegener ist eine Ausnahme (vgl. Wegener 2001). Sowohl Studien mit drei als auch mit zwei Messzeitpunkten können zwar Entwicklungslinien nicht systematisch rekonstruieren oder einen Trend im strengen Sinne darstellen (vgl. für eine ähnliche Feststellung Donsbach/Büttner 2005: 28). Gleichwohl liefern sie Anhaltspunkte, um die kontinuierlichen Entwicklungsmuster der Zeitreihenanalysen tendenziell zu erhärten oder aber zu hinterfragen. Daher fokussiert die folgende Bestandsaufnahme auf Studien mit zwei oder mehr Messzeitpunkten (vgl. für eine breitere Übersicht über Untersuchungen zu Nachrichten Brosius 2001: 115 ff. u. 1998a: 283 ff.; Meckel/Kamps 1998).

Für die Studien zu TV-Nachrichten gilt ebenso wie für die Programmstrukturanalysen: Die Ergebnisse sind nur bedingt systematisch vergleichbar, weil Erhebungsinstrumente und Operationalisierungen z. T. erheblich differieren und weil ein Mangel „an einem Kernbestand durchgängig erhobener Variablen" (Marcinkowski/Greger/Hüning 2001: 17 f.; vgl. Donsbach/Büttner 2005: 25; Jarren/Donges 2002b: 209; Ludes 2001a: 103) besteht.

Kontinuierlich angelegte Langzeitstudien zu TV-Nachrichtensendungen in Deutschland wurden z. B. im Nachrichtenprojekt des Sonderforschungsbereichs 240 der Deutschen Forschungsgemeinschaft (DFG) an der Universität Gesamthochschule Siegen vorgelegt. Sie bezogen sich auf Fernsehnachrichtensendungen in der Bundesrepublik Deutschland (ARD, „Tagesschau"), der DDR (DFF, „Aktuelle Kamera") und den USA (CBS, „Evening News") und analysierten mehr als vier Jahrzehnte – jeweils von der Erstausstrahlung 1948

(USA) bzw. 1952 (BRD und DDR) bis 1998 (vgl. Ludes 2001a). Untersucht wurden neben schriftlichen Unterlagen aus den Redaktionen und Archiven auch die originären Fernsehaufzeichnungen ausgewählter Stichproben-Wochen sowie rekonstruierte Nachrichtenfilme.[43] Außerdem wurden Leitfadeninterviews mit Experten geführt. Inhaltlich fokussierten die Produktuntersuchungen, die auf einer quantitativen Inhaltsanalyse zu formalen und inhaltlichen Merkmalen sowie charakteristischer Präsentationsmuster der TV-Nachrichten basieren, auf die Visualisierung von Nachrichtensendungen im TV (vgl. z. B. Staab 1998). Im historischen und interkulturellen Vergleich wurden Grundmuster audiovisueller Stereotypisierung herausgearbeitet sowie Grundmerkmale von Schlüsselbildern und -wörtern, die eine Nachricht auf eine kurze Formel, einen Kern und damit den „Schlüssel" zu ihr bringen, erfasst (vgl. Geißler/Ludes 2000: 86 ff.; Ludes/Schütte 1998: 242).

Für die „Tagesschau" der ARD hat sich von 1952 bis 1998 gezeigt: Hinsichtlich des thematischen Berichterstattungsmusters ist eine außerordentliche Stabilität zu konstatieren. So wurde über den gesamten Zeitraum, was die Anzahl der Beiträge und deren Dauer betrifft, beinahe gleichgewichtig über nationale, national-internationale und internationale Ereignisse und Sachverhalte berichtet (vgl. Ludes 2001a: 101). Dabei thematisierte über die Jahrzehnte hinweg knapp die Hälfte der Beiträge politische Aspekte. Allerdings stellten die 1950er und 1990er Jahre eine Ausnahme mit einem „deutlich geringeren Politikanteil" (Ludes 2001a: 103) dar. Insgesamt waren bis Ende der 1980er Jahre ein Politisierungstrend und danach ein Trend zur Entpolitisierung erkennbar. Als Grund wurde ein Wandel der journalistischen Selektionskriterien angenommen (vgl. zu den Auswahlprogrammen des Journalismus Kap. 2.2.2.1). Dieser scheint auch bei dem Aktualisierungstrend zu greifen, der zwischen den 1960er Jahren bis Mitte der 1990er ausgemacht wurde. Er manifestierte sich in der zunehmenden Konzentration der Berichterstattung auf tagesaktuelle Ereignisse und Sachverhalte (vgl. Ludes 1993: 39). Tagesaktualität war allerdings über den gesamten Untersuchungszeitraum ein fester Bestandteil der „Tagesschau". Daraus wurde geschlossen, dass wenig Raum für die Thematisierung von komplexeren Problemzusammenhängen blieb. Im Hinblick auf die Akteure der Berichterstattung der „Tagesschau" konnte eine Fokussierung auf die Regierung und deren Mitglieder als Handlungsträger festgestellt werden (vgl. Ludes 2001a: 104).

Zur Präsentation der ARD-Nachrichtensendung wurde ermittelt: Das Spektrum der journalistischen Darstellungsformen war relativ eingegrenzt und seit den 1960er Jahren „erstaunlich stabil" (Ludes 2001a: 105). Seit der Einführung der Mischung von Wortnachrichten und Filmberichten in den 1960er Jahren unterlagen die Nachrichten der ARD „einem – wenn auch schwach ausgeprägten – Visualisierungstrend: Der Anteil von Filmbeiträgen blieb zwar mehr oder weniger über die Zeit konstant, ihre relative Dauer nahm jedoch zu" (Ludes 2001a: 105). Ein vergleichsweise höherer Visualitätsgrad nicht nur bei der „Tagesschau", sondern auch bei der „Aktuellen Kamera" und den „Evening News", konnte seit den 1970er Jahren konstatiert werden. Diese Entwicklung scheint mit technischen Veränderungen und der damit verbundenen schnelleren Verfügbarkeit von Bildern zusammenzuhängen (vgl. Staab 1998: 58). Zwischen den Untersuchungsjahren ergaben sich jedoch z. T. erhebliche Abweichungen, die keinen linearen Visualisierungstrend erkennen lassen

---

[43] Da die Aufzeichnungen der TV-Nachrichtensendungen teilweise unvollständig waren, mussten sie – wie bei der „Tagesschau" der ARD bis 1960 – auf der Basis von (ungeschnittenem) Rohmaterial aus Wochenschauen, von Wochenrückblicken, Sendeverlaufsplänen und Sendeprotokollen rekonstruiert werden (vgl. Staab 1998: 56). 14 Beispielsendungen wurden so aufbereitet.

(vgl. Staab 1998: 59). In Bezug auf die politische Berichterstattung wurde zudem festgestellt, dass der Visualitätsgrad geringfügig niedriger ausfiel als bei der Gesamtberichterstattung (vgl. Staab 1998: 59).

Weitere Feststellungen sind (vgl. Staab 1998: 81 f.): Die Filmbeiträge waren über die Jahre hinweg erheblich länger als die Wortmeldungen. Für die Politikberichterstattung zeigte sich in etwa das gleiche Muster. In der Gewichtung von Film- und Wortbeiträgen, d. h., in der Positionierung innerhalb des Sendungsablaufs, waren keine Veränderungen zu beobachten. „Der Präsentationsmix von abwechselnden Film- und Wortnachrichten kann [...] als wesentliches – weitgehend zeit- und kulturunabhängiges – Konstituens von Fernsehnachrichtensendungen gelten." (Staab 1998: 63; vgl. auch Meckel/Kamps 1998: 15) Bei den Schlüsselbildsequenzen (in Filmbeiträgen) bzw. den Schlüsselbildstandbildern (in Wortbeiträgen) konnten ebenfalls keine Veränderungen konstatiert werden. Die ARD blieb weitgehend auf wenige stereotype Ausschnitte des berichteten Geschehens reduziert (vgl. Ludes 2001a: 107).

Neben den Siegener Medienwissenschaftlern hat sich der Politikwissenschaftler Heribert Schatz mit den Veränderungsprozessen der Fernsehnachrichten auseinander gesetzt. Unter seiner Leitung wurden in den vergangenen Jahrzehnten mehrere Inhaltsanalysen des deutschen Fernsehprogramms durchgeführt, darunter auch Untersuchungen der TV-Nachrichtensendungen (vgl. zusammenfassend Marcinkowski 2001: 7 ff.).

1966/1967 analysierten Schatz und Schatz-Bergfeld 70 Ausgaben der „Tagesschau" (ARD) und der „heute"-Sendung (ZDF) im Auftrag des Bundeskanzleramtes (vgl. Schatz-Bergfeld 1969 zit. n. Brosius 2001: 117; Schatz 1971). Dabei handelte es sich um eine quantitative Inhaltsanalyse. Ziel war es u. a., Aufschluss über den politischen Willensbildungsprozess in der Gesellschaft der Bundesrepublik und den Zustand des politischen Systems zu gewinnen, um aus diesen Erkenntnissen Schlussfolgerungen für das Handeln der Großen Koalition (1966 bis 1969) zu ziehen. Zentrale Ergebnisse waren: Im Hinblick auf die *Akteure* wurde eine „gouvermentale" Komponente (Schatz 1971: 115) festgestellt, d. h., es agierten überwiegend Vertreter der Exekutive und der Regierung. Bei der Gestaltung wurde eine Bevorzugung visualisierbarer Informationen konstatiert (vgl. Schatz 1971: 112).

Eine weitere Nachrichtenstudie von Schatz entstand zwischen 1977 bis 1981 (vgl. Schatz/Adamczewski/Lange/Nüssen 1981). Den Auftrag dazu hatte das Ministerium für Wissenschaft und Forschung in Nordrhein-Westfalen gegeben. Im Frühjahr 1977 wurden die Nachrichtensendungen von ARD und ZDF mittels einer quantitativen und qualitativen Inhaltsanalyse analysiert, ergänzt um eine vertiefende Detailanalyse des Filmmaterials und eine semantische Textanalyse. Im Mittelpunkt der Studie stand die Beantwortung der Frage nach der Funktionalität der Nachrichten für die Steuerungsinteressen des politisch-administrativen Systems. Ein zentrales Ergebnis war die Elite-Orientierung der Nachrichten.

Im Rahmen der Kabelpilotprojekte zu Beginn der Dualisierung des deutschen Rundfunksystems wurde unter der Leitung von Schatz am Rhein-Ruhr-Institut für Sozialforschung und Politikberatung in Duisburg (RISP) erneut eine Untersuchung von Nachrichtensendungen durchgeführt (vgl. Schatz/Immer/Marcinkowski 1989a). Diese Studie war eines von insgesamt vier Teilprojekten, in denen die Forschergruppe am RISP der Frage nachging, welche Veränderungen des Fernsehangebots unter den Bedingungen des dualen Rundfunksystems zu beobachten waren. Ausgehend von den demokratietheoretisch abgeleiteten klassischen Funktionen des Rundfunks und erweitert durch einen politisch-ökonomisch geprägten Funktionskatalog standen die Kriterien Vielfalt, Tiefe und Breite der

Berichterstattung im Mittelpunkt. Auftraggeber war die Gemeinsame Medienkommission der Länder. Untersucht wurden in zwei Wochen im Herbst 1985 und einer Woche im Frühjahr 1986 alle aktuellen Nachrichtensendungen im Angebot der vier Kabelpilotprojekte. Diese Auswahl schloss auch Lokal- und regionale Tagesnachrichten ein. Dieser allgemeinen Analyse von Nachrichtensendungen folgte eine spezielle Analyse der jeweiligen Hauptausgaben der Nachrichten von ARD („Tagesschau"), ZDF („heute"), RTL („7vor7") und Sat.1 („AFP-Blick"). Analysiert wurden Darstellungsformen und inhaltliche Merkmale wie Orte, Themen und Akteure. Die Forscher um Schatz wiesen bezüglich der Schnelligkeit und der Ausdünnung politischer Informationen zugunsten von Sensationen und alltagsnahen Berichten (human-touch) einen neuen Stil der Nachrichten vornehmlich bei den privaten Anbietern nach. Aber auch bei den Öffentlich-Rechtlichen wurden entsprechende Tendenzen ausgemacht. Des Weiteren kamen bei den Privaten mehr Akteure vor, die im privaten Kontext gezeigt wurden, als bei ARD und ZDF. Dagegen sendeten die öffentlich-rechtlichen Sender mehr O-Töne.

In einer Folgestudie zu politischer Information im Fernsehen, die am RISP im Auftrag der damaligen Landesanstalt für Rundfunk in Nordrhein-Westfalen (LfR) durchgeführt wurde, wurden 1994 neben Nachrichten auch politische Magazine, Diskussionssendungen und das Frühstücksfernsehen in die Analyse einbezogen (vgl. Bruns/Marcinkowski 1997; Marcinkowski/Bruns 1996). In erster Linie zielte die Studie darauf ab, die Entwicklung politischer Informationsangebote privater und öffentlich-rechtlicher Fernsehveranstalter in den ersten zehn Jahren des dualen Rundfunksystems nachzuzeichnen und im Hinblick auf Inhalte und Präsentationsweisen zu analysieren. Dabei wurde ein Mehr-Methoden-Ansatz eingesetzt, der aus einer Programmstrukturanalyse, einer quantitativen Inhaltsanalyse, einer qualitativen Sendungsbeschreibung und einer Bewegtbildanalyse bestand. Verglichen wurden Informationssendungen von ARD, ZDF, RTL, Sat.1, RTL 2, Pro7, Vox und n.tv zu vier Messzeitpunkten: 1986, 1988, 1991 und 1994.[44] Der Vergleich privater und öffentlich-rechtlicher Fernsehsender bestätigte Anzeichen für eine wechselseitige Anpassung im Zeitverlauf. Dabei erschienen die Nachrichtensendungen und traditionellen Politikmagazine relativ stabil, während die übrigen Formate offenbar unter zunehmenden Veränderungsdruck gerieten.

Wesentliche Ergebnisse lassen sich wie folgt zusammenfassen: Es konnte keine Entpolitisierung festgestellt werden. Im Gegenteil zeigte sich, dass der Politikgehalt leicht angestiegen ist (vgl. Bruns/Marcinkowski 1997: 228). Im Untersuchungszeitraum hat sich der Politikgehalt um rund zehn Prozentpunkte auf rund 50 Prozent 1994 erhöht. Die Berichterstattung wird von den zentralen politischen Akteuren dominiert, wenn auch diese Dominanz abnimmt. Gleichzeitig ist ein Rückgang der staatszentrierten Berichterstattung auszumachen, obwohl eine Bevorzugung weiter erhalten bleibt. Die Chance, dass nicht-etablierte Akteure in der Berichterstattung vorkommen, hat sich erhöht. „Markant ist v. a. die Tendenz, entsprechende Akteure im Originalton zu Wort kommen zu lassen." (Bruns/Marcinkowski 1997: 290) Insofern scheint sich der Personalisierung verstärkt zu haben, „aber wohl anders als erwartet." (Bruns/Marcinkowski 1997: 290). Infotainment hingegen ist über die untersuchten Jahre stabil geblieben. Lediglich im Vergleich zu der Zeit vor 1985 wird von einem „Mehr an Unterhaltung" (Bruns/Marcinkowski 1997: 290)

---

[44] Die Messzeiträume variierten je nach Analyseverfahren: So wurde für die quantitative Inhaltsanalyse je eine Woche 1986, 1988, 1991 und 1994 vier Wochen einbezogen, während mit der Programmstruktur-Analyse je drei Wochen untersucht wurden (vgl. Bruns/Marcinkowski 1997: 30).

gesprochen. Außerdem wurde eine stärker konfliktorientierte Politikberichterstattung sowie eine Zunahme an Sensationalismus und Emotionalisierung – operationalisiert über die Berichterstattung zum Thema Gewalt – konstatiert. Hinsichtlich der Visualisierung ist eine Zunahme an Nachrichtenfilmen bei gleichzeitiger Verkürzung der Filme zu verzeichnen (Bruns/Marcinkowski 1997: 296). Mit Blick auf die fernseh-ästhetischen Mittel zeigte sich ein anderes Bild: Die Gestaltungsmittel sind in dem Untersuchungszeitraum weitgehend stabil und es finden sich auch so gut wie keine Indizien dafür, dass die Sender unterschiedliche visuelle Elemente einsetzen. Vergleicht man die Ergebnisse dieser Studie mit derjenigen von 1977 bis 1981, so zeigt sich auch hier Stabilität.

In einer weiteren Studie, die von der DFG gefördert wurde, wurde am RISP Ende der 1990er Jahre die Forschungstradition von Schatz fortgesetzt und vorläufig abgeschlossen (vgl. Marcinkowski/Greger/Hüning 2001). Ziel des Projektes war es, die vier Vorläuferstudien zusammenfassend in den Blick zu nehmen und unter einheitlichen Gesichtspunkten auszuwerten. Der Fokus lag dabei auf den langfristigen Veränderungen des politischen Gehalts der Fernsehinformation (vgl. Marcinkowski 2001: 9). Das Projekt war teilweise sekundäranalytisch angelegt (für die Messzeitpunkte 1986 und 1994), z. T. wurde eine erneute Primärerhebung durchgeführt (für Sendungen der Jahre 1977 und 1998). Analysiert wurden alle Hauptnachrichtensendungen von ARD, ZDF, RTL und Sat.1.[45]

Zu den wichtigsten Befunden zählen folgende: In den Nachrichten ist über die Jahre eine Dominanz der politischen Elite zu erkennen, jedoch schwächt sich die besondere Stellung dieser Akteursgruppe in allen Nachrichtensendungen ab. Die Berichterstattung aus Anlass von Regierungs- oder Parlamentstätigkeiten geht leicht zurück. Entsprechende Meldungen sind bei den Öffentlich-Rechtlichen deutlich häufiger zu finden als bei den privaten Sendern. Bei allen Fernsehsendern nimmt die Personalisierung im Zeitverlauf zu. Sowohl bei den privaten als auch bei den öffentlich-rechtlichen Sendern ist der Anteil an Prominenten gestiegen – wenn auch bei RTL und Sat.1 in stärkerem Maße als bei ARD und ZDF.

Die Trends, die sich in den bislang vorgestellten Studien zu Fernsehnachrichten herauskristallisiert haben, für die 1990er Jahre und den Beginn des neuen Jahrhunderts zu überprüfen, war ein Ziel der Langzeitanalyse von Ruhrmann und seinen Mitarbeitern. Im Auftrag der nordrhein-westfälischen Landesanstalt für Medien (LfM) galt es zu analysieren, wie sich die Nachrichtengebung im deutschen Fernsehen über den Zeitraum von etwa zehn Jahren entwickelt hat und welche Nachrichtenfaktoren dabei relevant waren. Die im Folgenden präsentierten Ergebnisse basieren auf einer quantitativen Inhaltsanalyse der Hauptnachrichtensendungen von acht Vollprogrammen zu vier Messzeitpunkten: 1992, 1995, 1998 und 2001.[46] Zurückgegriffen wurde dabei auf Material von GÖFAK. Untersucht wurden die Hauptausgaben der TV-Nachrichten von ARD, ZDF, Sat.1, RTL und Pro7 sowie 1995 und 1998 zusätzlich von RTL 2 und VOX und 2001 ergänzt durch Kabel 1. Darüber hinaus wurden zur Ergänzung Leitfadeninterviews mit Nachrichtenredakteuren zur Erhebung der Selektionskriterien der Journalisten durchgeführt sowie eine repräsentative Befragung von Rezipienten zur Erinnerung und Bewertung von Nachrichten vorgenommen.

---

[45] Die Untersuchungszeiträume umfassten 1986 eine Woche, 1977, 1994 und 1998 je vier Wochen. Außerdem wurden je eine Nebenausgabe davor und danach analysiert sowie 1998 auch die Nachrichtenmagazine „Tagesthemen" (ARD) und „heute-journal" (ZDF). Für 1977 beziehen sich die Daten ausschließlich auf die „Tagesschau" (ARD).

[46] Die Messzeiträume waren: 01.-07.06.1992, 11.-17.12.1995, 04.-10.05.1998 und 05.-11.11.2001.

Die Inhaltsanalyse erbrachte diese Ergebnisse: Bei Betrachtung der Häufigkeitsverteilungen erweist sich die Rangfolge der Themen über den Untersuchungszeitraum hinweg als stabil. Die Berichterstattung über Politik, Wirtschaft und Gesellschaft bildete an allen vier Messzeitpunkten den Schwerpunkt der Nachrichtensendungen (vgl. Maier 2003: 65 f.). Dennoch zeichnen sich in Bezug auf die Themen deutliche Veränderungen ab. So hat die politisch-gesellschaftliche Berichterstattung zwischen 1992 und 2001 von rund 74 auf 61 Prozent abgenommen. Insbesondere von 1998 auf 2001 ist es zu einem starken Rückgang gekommen (vgl. Maier 2003: 66). Im Gegenzug ist der Anteil an human-touch-Themen – differenziert in Zerstreuungsthemen wie Personality, Lifestyle, Tiergeschichten und Kuriositäten sowie Angstthemen wie Kriminalität, Verbrechen und Unfälle – zwischen 1992 und 1995 von 14 auf 21 Prozent gestiegen und erreichte 2001 sogar 28 Prozent. Insbesondere die privaten Fernsehveranstalter richteten ihre Nachrichten zunehmend zuschauer- und serviceorientiert aus und maßen dem human-touch-Bereich eine größere Bedeutung bei. In den meisten privaten Programmen und fast über den gesamten Untersuchungszeitraum hinweg kam unpolitischen Themen eine größere Bedeutung zu als in den öffentlich-rechtlichen Programmen, wobei bei ihnen ebenfalls eine, wenn auch nicht sehr deutliche Zunahme unpolitischer Themen zu verzeichnen ist (vgl. Maier 2003: 67 u. 70).

Im Hinblick auf die journalistischen Darstellungsformen hat sich gezeigt, dass Beiträge, Nachrichten im Film (NiF) und Sprechernachrichten in den Hauptnachrichtensendungen die größte Rolle spielten. Interviews folgten mit deutlichem Abstand; Aufsager und Kommentare kamen nur äußerst selten vor (vgl. Maier 2003: 73 ff.). Neben diesem generellen Befund sind verschiedene Differenzierungen zur Beschreibung der Entwicklung des Einsatzes der Stilformen notwendig, denn es haben sich sowohl deutliche Veränderungen im Zeitverlauf als auch klare Unterschiede zwischen den öffentlich-rechtlichen und den privaten Anbietern gezeigt. So konnte bei ARD und ZDF eine Abnahme von Sprechermeldungen zu innenpolitischen Themen von 60 Prozent 1992 auf 32 Prozent 2001 konstatiert werden. Die wichtigste Darstellungsform war 2001 der Beitrag. Dies wurde als „Tendenz zur stärkeren Visualisierung der Nachrichtensendungen" (Maier 2003: 74) gedeutet. Anders stellt sich das Bild bei den Privaten dar, bei denen schon 1992 der Filmbeitrag die häufigste Darstellungsform (59 Prozent) war. Auf Rang zwei rangierte die Sprechermeldung. 2001 haben beide Darstellungsformen deutlich an Bedeutung verloren. In der Mehrzahl der Fälle präsentieren die privaten Programme Nachrichten zu innenpolitischen Ereignissen als NiF.

Darüber hinaus konnte festgestellt werden, dass der Faktor Visualität, der anhand des Einsatzes von journalistischen Darstellungsformen, der Verwendung fernseh-ästhetischer Mittel und ungewöhnlicher, seltener Aufnahmen gemessen wurde (vgl. Diehlmann 2003: 140), mit der Zeit häufiger eingesetzt wurde: bei den öffentlich-rechtlichen Sendern in 70 Prozent und bei den privaten Anbietern bei 90 Prozent der Fälle (vgl. Maier 2003: 83). Wie schon Staab (vgl. Staab 1998: 58) führen auch Ruhrmann und seine Mitarbeiter die zunehmende Visualisierung der TV-Nachrichten auf den technischen Fortschritt zurück.

Eine Zunahme des Trends der Personalisierung der Fernsehnachrichten wurde in der LfM-Studie nicht eruiert (vgl. Maier 2003: 81 ff.). Lediglich bei den unpolitischen Nachrichten der privaten TV-Sender ließ sich Personalisierung als Nachrichtenfaktor in wenigen Fällen nachweisen. Jede siebte Meldung wurde hierbei in personalisierter Funktion dargestellt, d. h., dass Personen unabhängig von ihrer Funktion vorgestellt wurden. Noch 1992 hatte Personalisierung bei den Privatprogrammen für die innenpolitischen Beiträge eine ähnliche Bedeutung. 2001 spielte sie „jedoch ebenso wenig eine Rolle wie für die gesamte

Berichterstattung der öffentlich-rechtlichen Sender" (Maier 2003: 83). In Bezug auf die Akteure ergibt die Untersuchung, dass sowohl ARD und ZDF als auch die privaten Sender innenpolitischen Ereignissen, an denen prominente oder einflussreiche Personen beteiligt sind, stets einen hohen Nachrichtenwert zugeschrieben haben (vgl. Maier 2003: 87 f.).

Eine weitere Studie zu Fernsehnachrichten haben Donsbach und Büttner vorgelegt. In dieser Untersuchung stand die Boulevardisierung der politischen Berichterstattung im Zentrum.[47] Analysiert wurden in den jeweils letzten vier Wochen vor den Bundestagswahlen 1983, 1990 und 1998 die Hauptnachrichten von ARD, ZDF, Sat.1 und RTL. Einbezogen wurde jeder zweite Tag der Untersuchungszeiträume. Die Basis der Analyse bildeten 140 Sendungen. Mit allen Kategorien wurden nur die Beiträge mit politischer Information, bezogen auf Inlandspolitik sowie Auslandspolitik mit Bezug zu Deutschland, codiert (vgl. Donsbach/Büttner 2005: 27).[48] Dabei wurde Boulevardisierung auf der Ebene des Inhalts, des Stils und der Aufmachung der Berichterstattung operationalisiert (vgl. Donsbach/Büttner 2005: 26 f.). Inhaltlich wurde der Rückgang der Anzahl und der Dauer politischer Beiträge als Hinweis auf Boulevardisierung gewertet. In Bezug auf den Stil wurde Boulevardisierung z. B. über Personalisierung, definiert als Berichterstattung eher über das Handeln einzelner Personen als über Sachthemen, oder die Lockerheit des Sprachstils, bestimmt über die Verwendung einfacher Sätze, vieler Adjektive und eines dramatischen, sehr persönlichen, teilweise umgangssprachlichen Tons, erfasst. Hinsichtlich der Aufmachung wurde Boulevardisierung über Visualisierung (Menge und Qualität der Illustrationen) und über Dynamik (Dauer der Beiträge, O-Töne und Schnittsequenzen) gemessen.

Insgesamt erkannten die Autoren auf allen Ebenen Tendenzen einer mit der Zeit stärker boulevardesken Darstellung der Politik in TV-Nachrichten (vgl. Donsbach/Büttner 2005: 34). Im Einzelnen kamen sie zu folgenden Befunden: Alle Sender berichteten 1998 am wenigsten über politische Sachverhalte (vgl. Donsbach/Büttner 2005: 28). Außerdem hat die Personalisierung bei allen Sendern zugenommen (vgl. Donsbach/Büttner 2005: 29). Auch der Anteil konflikthaltiger Themen hat sich erhöht (vgl. Donsbach/Büttner 2005: 29). Was die Sprachstile angeht, war bei den privaten Sendern ein insgesamt niedrigerer und auch rückläufiger Anteil an Meldungen in sprachlich-nüchterner Vortragsweise festzustellen (vgl. Donsbach/Büttner 2005: 31). Im Hinblick auf die Visualisierungen lässt sich nur eine bedingte Zunahme erkennen: So stieg deren Anteil von 1983 auf 1990. Aber in letzterem Jahr ist nach Ansicht der Autoren ein Sättigungspunkt erreicht (vgl. Donsbach/Büttner 2005: 31). Im Gegensatz dazu hat die Berichterstattung über Politik in TV-Nachrichten erheblich an Dynamik gewonnen. Die Schnittsequenz ging von 22,1 (1983) auf 8,5 Sekunden (1993) zurück. 1998 stieg sie dann leicht auf 10 Sekunden an. Hier vermuten die Autoren wiederum eine Sättigung. Bezüglich der sound-bite-news bestätigt die Studie Untersuchungen, die zeigen konnten, dass die durchschnittliche Länge von sound-bites von Politikern im Wahlkampf in der Berichterstattung im Fernsehen und auch der Presse seit den 1960er Jahren zurückgegangen ist (vgl. zusammenfassend Donsbach/Jandura 2003: 228;

---

[47] Die konkreten Zeiträume waren: 08.02.-06.03.1983, 06.11.-02.12.1990 und 01.-27.09.1998.
[48] Als Politikbeiträge wurden Beiträge definiert, „die sich mit dem Handeln und den Entscheidungen von politischen Akteuren beschäftigen" (Donsbach/Büttner 2005: 27). Diese Beiträge befassen sich „mit Ereignissen, Fragen oder Problemen, die im öffentlichen Bereich politischer Handlungsträger der Legislative oder Exekutive bzw. deren Vertreter liegen" (Donsbach/Büttner 2005: 27). Politiker konnten als Akteure auftreten, mussten es jedoch nicht. Ebenso zählten Beiträge dazu, die Auswirkungen der genannten Handlungen und Entscheidungen auf das alltägliche Leben thematisierten oder aber politische Akteure in nichtöffentlicher Funktion behandelten.

Wilke/Reinemann 2003: 48): Betrugen die O-Töne 1983 noch 33 Sekunden, waren es 1990 nur noch 20 und acht Jahre später sogar lediglich 15 Sekunden. Im Gegenzug erhöhte sich jedoch die Anzahl der O-Töne (vgl. Donsbach/Büttner 2005: 32 f.). Insgesamt wiesen die privaten TV-Sender bei fast allen Kriterien eine stärkere Tendenz der Boulevardisierung auf als die öffentlich-rechtlichen Sendeanstalten. Offensichtlich passte sich das ZDF weiter an die privaten Anbieter an, während die „Tagesschau" an ihrem Profil festhielt (vgl. Donsbach/Büttner 2005: 34 f.).

In seiner als Längsschnittstudie angelegten Dissertation hat Maurer die zeitliche Entwicklung von Fernsehnachrichten verschiedener Programmanbieter in Deutschland und deren Qualität empirisch untersucht (vgl. Maurer 2005). Dabei schloss Maurer an Untersuchungen an, die von der GÖFAK durchgeführt wurden (vgl. Kap. 2.2.3.2). Einbezogen wurden die Nachrichtensendungen von ARD, ZDF, RTL und Sat.1, die zu drei Messzeitpunkten (1992, 1998 und 2001) in jeweils zwei Kalenderwochen ausgestrahlt wurden. Parallel dazu hat Maurer die Titelseiten der überregionalen Tageszeitungen der „Frankfurter Allgemeinen Zeitung" (FAZ) und der „Süddeutschen Zeitung" (SZ) analysiert. Zwei Fragen wollte Maurer mit seiner Untersuchung beantworten: erstens die nach der Veränderung der Profile der inhaltlich-thematischen Qualität zwischen den verschiedenen Messzeitpunkten und zweitens die nach den Differenzen zwischen den Nachrichtenformaten der analysierten TV-Sender (vgl. Maurer 2005: 133 f.). Dazu führte er mehrere Analyseschritte durch (vgl. Maurer 2005: 140 f.): Neben einer Programmstrukturanalyse waren dies eine Themenstrukturanalyse auf Ebene der Beiträge, im Segment der öffentlich relevanten Berichterstattung eine themenspezifische Analyse der Qualitätskriterien Quantität, Vielfalt, Relevanz und journalistische Professionalität (Ausgewogenheit, Neutralität und Vollständigkeit) sowie eine Analyse der Zeitungsberichterstattung, um im Untersuchungszeitraum relevante Einzelthemen zu identifizieren, die als Maßstab für die Relevanz der TV-Nachrichten dienten.

Maurer ermittelte von 1992 bis 2001 ein relativ konstantes Bild bezüglich der Rangfolge der Themen, aber recht starke Schwankungen bei den prozentualen Anteilen (vgl. Maurer 2005: 181 ff.). Zwar nahmen politische und gesellschaftlich kontroverse Themen in allen Programmen stets den ersten Rang ein, jedoch wurden sie bei ARD und ZDF 1998 und 2001 geringer thematisiert als noch 1992. Obwohl bei RTL eine umgekehrte Entwicklung zu beobachten war, blieb der Wert weiter unter dem der beiden öffentlich-rechtlichen Sendeanstalten. In Bezug auf politische Akteure stellte Maurer fest, dass den Regierungsparteien mehr Aufmerksamkeit zuteil wurde als den Oppositionsparteien (vgl. Maurer 2005: 230). Dabei identifizierte er Ähnlichkeiten zwischen den analysierten Sendern in der Art, der Rangfolge und den prozentualen Anteilen des Auftretens der politischen Akteure.

Auch einige Analysen, die auf zwei Messzeitpunkten basieren, widmeten sich den Veränderungen der Berichterstattung in TV-Nachrichten. Das Ludwigshafener Medieninstitut untersuchte in einem DFG-Projekt die ARD-Nachrichtensendung „Tagesschau" 1975 und 1995 (vgl. Zubayr/Fahr 1999). Auf Beitrags-, Stilform- und Einstellungsebene wurden inhaltsanalytisch inhaltliche und formale Merkmale über einen Zeitraum von jeweils vier künstlichen Wochen erhoben. Folgende Ergebnisse wurden erzielt: Thematisch wurden nur bedingt Veränderungen festgestellt. Für eine Tendenz zunehmender Boulevardisierung im Sinne von mehr Berichten über „soft news" oder prominente Personen fanden sich kaum Belege. Dagegen gab es zahlreiche Hinweise, die auf einen Trend zur Visualisierung hinwiesen: Konstatiert wurden bei den Darstellungsformen mehr Filmbeiträge. Hinsichtlich der fernseh-ästhetischen Mittel wurde eine höhere Schnittfolge verzeichnet. Jedoch wurden 1995 nicht mehr Kamerabewegungen festgestellt als 1975, sondern es wurden weniger Zooms, Schwenks und Fahrten und dafür mehr Standbilder eingesetzt. „Grund hierfür könnte sein, daß Schwenks zu lange dauern und nicht willkürlich geschnitten werden können." (Zubayr/Fahr 1999: 643) Darüber hinaus wurde eine Beschleunigung belegt, da 1995 kürzere und mehr Beiträge pro Sendung ausgestrahlt wurden als noch 1975. Des Weiteren fanden sich auch in dieser Studie Belege für kürzere O-Töne. Als Indikator für eine zunehmende Verständlichkeitsorientierung der „Tagesschau" werteten die Autoren, dass die Journalisten für ihre Formulierungen kürzere Sätze verwendeten. Zur Erklärung der Veränderungen wurden technische Entwicklungen ebenso herangezogen wie der Wandel des journalistischen Selbstverständnisses. Des Weiteren brachte die Analyse Erkenntnisse zur journalistischen Darstellungsform Aufsager, für die sich eine Zunahme herauskristallisiert hat. Erklärt wird dies mit der Annahme, Journalisten setzten sich 1995 gegenüber 1975 deutlicher in Szene, „sei es, um das berichtete Geschehen einzuordnen, sei es aus persönlicher Eitelkeit – oder aber der Sender will darauf hinweisen, daß er Korrespondenten ‚vor Ort' hat" (Zubayr/Fahr 1999: 645).

Pfetsch hat Nachrichtensendungen deutscher Fernsehvollprogramme über zwei Vergleichsperioden 1985/86 und 1993 von jeweils vier Wochen komparativ analysiert (vgl. Pfetsch 1996). Für den ersten Untersuchungszeitraum untersuchte sie alle Nachrichtensendungen und -magazine von ARD, ZDF, RTL und Sat.1. In der zweiten Phase waren wegen Änderungen des Programms der privaten Anbieter nur die Hauptnachrichtensendungen dieser TV-Sender Gegenstand der Untersuchung. Pfetsch zielte darauf ab, mögliche konvergente Veränderungen auszumachen. Es ging ihr primär um die Fragwürdigkeit des Konvergenzkonzeptes. Dabei lieferte sie auch Daten zu Wandel und Stabilität der Politikberichterstattung in TV-Nachrichten. Diese erlauben Aussagen zur Präsentation und den Inhalten der Nachrichten zu zwei verschiedenen Zeitpunkten. Festgestellt wurde, dass die Dauer der Nachrichtenbeiträge bei den privaten Sendern von 1985/86 zu 1993 anstieg und zu dem späteren Zeitpunkt fast derjenigen der öffentlich-rechtlichen Programme entsprach, die über den Untersuchungszeitraum auch zunahm, jedoch deutlich geringer. Die Visualisierung, gemessen an den journalistischen Darstellungsformen Filmberichte, Korrespondentenauftritte, Interviews und Redeausschnitten (vgl. Pfetsch 1996: 489), hat insgesamt von 1985/86 auf 1993 zugenommen. Die Zahl der Sprechermeldungen ging um mehr als 30 Prozentpunkte zurück. Allerdings setzten die öffentlich-rechtlichen Fernsehanbieter zu beiden Messzeitpunkten jeweils stärker auf Sprechermeldungen. Inhaltlich hat die Zentralität von Politik insgesamt zugenommen, wobei v. a. die privaten TV-Sender Anstrengungen unternommen haben und 1993 mit etwa 70 Prozent der Sendezeit beinahe das Niveau der öffentlich-rechtlichen Programme (77 Prozent) erreichten. In Bezug auf die Akteure stellte Pfetsch fest, dass der Anteil an Originalstatements politischer Repräsentanten in Wort und Bild eine Angleichung der kommerziellen Nachrichten an die von ARD und ZDF stattfand.

In einer auf zwei Messzeitpunkten (1989 und 1994) basierenden Studie hat sich Wix inhaltsanalytisch – ergänzt durch Leitfadeninterviews zur Erklärung – mit der Veränderung der Gestaltungsmerkmale von Nachrichtensendungen im TV (ARD, ZDF, RTL und Sat.1) beschäftigt.[49] Er gelangte zu folgenden Befunden: Die Visualisierung hat bei den analysier-

---

[49] Untersucht wurden die ersten drei Kalenderwochen im Oktober 1994 sowie die erste Kalenderwoche im Oktober 1989. Für den geschichtlichen Vergleich wurden jeweils die ersten Oktoberwochen verwendet (vgl. Wix 1996: 6 f.).

ten Sendern zugenommen. Filmberichten kam 1994 durchweg eine größere Bedeutung zu und es war eine durchschnittlich schnellere Schnittfrequenz zu konstatieren (vgl. Wix 1996: 78 u. 81). Ebenso wurde die Kameraführung im Studio bei fast allen TV-Anbietern variantenreicher (vgl. Wix 1996: 81 f.). Die Einstellungsgrößen waren 1994 durch einen verstärkten Einsatz von näheren Aufnahmen gekennzeichnet (vgl. Wix 1996: 81).

Nachdem bislang Befunde zu Wandel und Stabilität von Nachrichtensendungen im Fernsehen dargelegt wurden, werden nun Erkenntnisse zur Entwicklung der politischen Berichterstattung in politischen Fernsehmagazinen referiert. Vorgestellt werden Ergebnisse einer Langzeituntersuchung von Wegener, in deren Mittelpunkt die Veränderung der Selektion und Darstellung von Informationen in den traditionellen politischen Magazinen des öffentlich-rechtlichen Fernsehens seit der Einführung des dualen Rundfunksystems in Deutschland stand (vgl. Wegener 2001: 13 u. 145). Um diesen Entwicklungsprozess nachvollziehen zu können, untersuchte Wegener politische Magazine von ARD („Report München", „Report Baden-Baden", „Panorama" und „Monitor") und ZDF („Kennzeichen D", „Kontraste", „ZDF-Magazin" sowie dessen Nachfolgesendungen „Studio 1" und „Frontal") in drei dreimonatigen Messzeiträumen jeweils von Dezember bis Februar 1985/86, 1991/92 und 1997/98. Die Stichprobe wurde um einige Magazine privater Fernsehsender (RTL: „Spiegel-TV" und „Stern TV"; Pro7: „Focus TV") ergänzt, „um Tendenzen der Anpassung sowie der Differenzierung zwischen Magazinen" (Wegener 2001: 146) analysieren zu können. Aus diesen Magazinen wählte sie per Zufallsstichprobe im Rahmen einer geschichteten Auswahl 80 Sendungen aus. Inhaltlich interessierte neben der Frage der Konvergenz insbesondere die Überprüfung verschiedener Trends, wie sie in den Studien zu Fernsehnachrichten konstatiert worden sind. Dabei legte sie in Bezug auf die Personalisierung eine elaborierte Operationalisierung vor. Sie differenzierte den Grad der Personalisierung von „keine Personalisierung" über „geringe" und „mittlere" bis hin zu „großer Personalisierung". Wegener berücksichtigte die Anzahl der auftretenden Akteure und deren Aussagenlänge sowie die Rolle, die die Personen spielten, die Art der Aussagen, den Präsentationskontext, die Sphäre der Personalisierung und die Bewertung (vgl. Wegener 2001: 154 ff.).

Wegener kam zu diesen Resultaten: Thematisch konstatierte sie, dass sich der Stellenwert der politischen Themen bei den Magazinen von ARD und ZDF geringfügig verringerte. Es waren vermehrt Beiträge zu verzeichnen, die keinen politischen Bezug aufwiesen (vgl. Wegener 2001: 175 u. 210). Allerdings erwies sich der Anteil an Beiträgen ohne Politik-Bezug 1997/98 bei den Magazinen der privaten Anbieter mit rund 81 Prozent beinahe drei Mal so hoch wie derjenige bei den Sendungen der öffentlich-rechtlichen Fernsehanstalten (vgl. Wegener 2001: 211). Darüber hinaus fand sich in den ARD- und ZDF-Magazinen ein „auffälliger Anstieg" (Wegener 2001: 210; vgl. auch Wegener 2001: 175) von Berichten über Kriminalität, der bei den privaten Magazinen über die Jahre hinweg einen äußerst hohen Stellenwert innehatte. Insgesamt konnte Wegener indes keine „grundsätzlich sensationsorientierte Berichterstattung, die zunehmend gewaltbezogene Ereignisse in den Mittelpunkt der Berichterstattung stellt" (Wegener 2001: 211) erkennen. Für eine generell steigende Personalisierung fanden sich ebenfalls nicht ausreichend Indizien, obwohl innerhalb der Beiträge mit der Zeit deutlich mehr Personen als Akteure dargestellt wurden, was mit einer Verkürzung der einzelnen Wortbeiträge verbunden war (vgl. Wegener 2001: 178, 190 f. u. 211 f.). In allen Messperioden dominierte der Grad mittlerer Personalisierung, bei dem sowohl Personen als auch abstrakte Sachverhalte im Mittelpunkt der Berichterstattung stehen. Die Magazin-Beiträge der privaten Fernsehanbieter waren jedoch wesentlich häufiger durch einen hohen Personalisierungsgrad gekennzeichnet, in denen sich das Geschehen primär um einige oder wenige namentlich genannte Akteure dreht. Des Weiteren stellte Wegener fest, dass Politiker als Akteure in den öffentlich-rechtlichen Magazinen im Vergleich zu anderen Personen über die Jahre hinweg weniger Redezeit erhielten und auch ihr Anteil als Handlungsträger zurückging (vgl. Wegener 2001: 191). Bei den Magazinen der Privaten ist die Relevanz, die Politikern zukommt, insgesamt als eher marginal einzustufen.

Bei der Gestaltung der Polit-Magazine ermittelte Wegener insgesamt eine Dynamisierung und stärkere Visualisierung im Zeitverlauf (vgl. Wegener 2001: 174 ff. u. 206). Die Dynamisierung zeigte sich in einer Erhöhung der Anzahl der Beiträge, einer Verkürzung der Beitragsdauer sowie in der Reduktion der Länge von O-Tönen. Des Weiteren wertete sie einen häufigeren Einsatz von Musik als Indiz für eine dynamischere Gestaltung. Den Dynamisierungsprozess interpretiert Wegener als Anpassung an Rezeptionsgewohnheiten sowie an neue Sendeformate. Ein Trend zunehmender Visualisierung lässt sich auf verschiedene Indikatoren zurückführen (vgl. Wegener 2001: 209 f.). Hinsichtlich der journalistischen Darstellungsformen ist bspw. eine Reduktion von Kommentar und Interview zugunsten einer Dominanz des Filmberichts zu verzeichnen. Außerdem konnte ein vermehrter Einsatz von ironisierenden Darstellungsformen in einzelnen Magazinen nachgewiesen werden, die z. B. in Form von Comics durch einen hohen Visualisierungsgrad gekennzeichnet sind. Beleg für eine stärkere Visualisierung war darüber hinaus der erhöhte Einsatz von Grafiken und Schaubildern im Zeitverlauf – sie zählen zu den formal-ästhetischen Merkmalen, die eine TV-Sendung prägen und dienen dazu, Informationen anschaulicher und lebhafter gestalten zu können (vgl. Wegener 2001: 152). Als Ursache der Veränderungen nimmt Wegener auch hier veränderte Rezeptionsgewohnheiten und Bedingungen des Mediums Fernsehen an (vgl. Wegener 2001: 210).

Ausgehend von den referierten Befunden aus Analysen mit mehr als zwei Messzeitpunkten zu Nachrichten und politischen Magazinen sowie zur TV-Programmstruktur zeigt sich kein einheitliches Bild der Politikberichterstattung im deutschen Fernsehen. Ein ähnliches Resultat lässt sich auch für die Wahlabendberichterstattung vermuten. Zugleich sind jedoch einige *Trends* erkennbar, die für politische Berichterstattung im TV allgemein diskutiert werden. Diese Trends werden im folgenden Kapitel erörtert (vgl. Kap. 2.2.3.4), um vor deren Hintergrund Wandel und Stabilität politischer Kommunikation am Beispiel der Wahlabendberichterstattung im Fernsehen herausarbeiten zu können.

2.2.3.4 Trends politischer Berichterstattung

Dynamiken des Wandels werden auch als Trends beschrieben. „Trends sind eine Möglichkeit, komplexe Veränderungen mittels einfacher Begrifflichkeiten zu fassen." (Quandt 2003: 266) Dabei kommt dem Terminus des Trends eine doppelte Bedeutung zu, denn er bezeichnet sowohl bereits abgelaufene oder ablaufende Prozesse als auch zukünftige Entwicklungen (vgl. Quandt 2003: 262). Dementsprechend sind einige Trends als Beschreibungen geschichtlicher Abläufe zu verstehen, wohingegen andere als Voraussagen zu begreifen sind. Einige Trends, die im Rahmen der politischen Kommunikationsforschung und z. T. auch in der Praxis diskutiert werden und die konkret die Inhalte politischer Berichterstattung betreffen, werden im Folgenden erörtert: *Infotainment bzw. Boulevardisierung, Inszenierung, Personalisierung, Ritualisierung und Visualisierung.*

Diese Trends haben erstens gemeinsam, dass sie i. d. R. als Komponenten des übergeordneten, äußerst vielschichtigen und vielfältigen Phänomens der Unterhaltung gelten bzw. sie mit Unterhaltungsorientierung in Verbindung gebracht werden oder ihnen unterhaltendes Potenzial zugesprochen wird (vgl. Schicha 2004: 50; Voigt 2002: 140; Wegener 2001: 122). So werden Visualisierungselemente ebenso wie Personalisierungsstrategien als Bestandteile von oder Indikatoren für Unterhaltung betrachtet. Hierbei wird zugleich die Problematik deutlich, exakt zu erfassen, was Unterhaltung ist, denn der damit bezeichnete Gegenstandsbereich scheint auch aufgrund der Unterschiedlichkeit seiner Elemente „sehr komplex zu sein" (Früh 2003: 14). Ohne die interdisziplinäre Diskussion, die auch die verschiedenartigen Perspektiven auf Unterhaltung repräsentiert, an dieser Stelle im Einzelnen rekapitulieren zu wollen, sei auf jüngere Versuche hingewiesen, eine Theorie der Unterhaltung zu entwerfen, die das Unterhaltungserleben aus unterschiedlichen Blickrichtungen und in beliebigen Kontexten identifiziert (vgl. grundlegend Früh/Stiehler 2003; Früh 2002; vgl. für die Diskussion verschiedener Ansatzpunkte zur Klassifikation von Unterhaltung Wegener 2001: 89 ff.).

Eine zweite Gemeinsamkeit besteht in der Publikumsorientierung, die mit diesen Trends einhergeht. Sie sind anscheinend darauf ausgerichtet, dazu beizutragen, dass politische Berichterstattung bei den Rezipienten gut ankommt (vgl. Sarcinelli 2004: 12; Diehlmann 2003: 13-6; Renger 2002: 225; Meckel 2001: 26 f.; Meyer/Ontrup/Schicha 2000: 58 u. 289; Hickethier 1998a: 190; Hickethier/Bleicher 1998: 380).

Drittens haben diese Trends gemeinsam, dass sie unterschiedlich bewertet werden. Die Bewertungen sowohl aus der Wissenschaft als auch aus der Praxis lassen sich dabei grob in zwei Gruppen differenzieren, ohne die Argumente im Einzelnen referieren zu wollen.[50] Die einen warnen vor einer „drohende[n; K.W.] Überökonomisierung" (Dulinski 2003: 19) und damit einhergehend vor einer allmählichen Deprofessionalisierung des Journalismus durch ausgeprägte Anbiederung an den Massengeschmack sowie vor der Gefährdung einer adäquaten politischen Berichterstattung, die wiederum ein Gefährdungspotenzial für die rationale und demokratische Politik berge und zu deren Untergang führen könne. Die anderen führen rezipientenorientierte Argumente an und machen auf die demokratisierenden Effekte dieser Trends aufmerksam, indem sie die integrativen Leistungen und Partizipationsmöglichkeiten betonen, die damit verbunden sein können. Selbst an Politik nicht interessierte Menschen würden entsprechende Angebote rezipieren.

Schließlich lässt sich viertens konstatieren, dass die Trends und deren Indikatoren insgesamt nicht trennscharf, sondern vielmehr oftmals eng miteinander verbunden sind oder miteinander einhergehen. So wird bspw. eine Verknüpfung zwischen Inszenierung und Boulevardisierung festgestellt (vgl. Kapferer 2004: 40), eine Verbindung zwischen Ritualisierung und Inszenierung ausgemacht (vgl. Hickethier/Bleicher 1998: 371 f.; Kertzer 1998: 366 ff.) sowie ein Zusammenhang zwischen Visualisierung, Personalisierung und Ritualisierung hergestellt (vgl. Kamps 1998: 41 ff.). Die nicht vorhandene Trennschärfe der Kategorien bringt Schwierigkeiten bei der Durchführung empirischer Analysen hervor. Auch beim Vergleich von Befunden verschiedener Untersuchungen treten deshalb Probleme auf. Denn die Begrifflichkeiten werden mitunter für unterschiedliche Entwicklungen, die z. T.

---

[50] Vgl. zur Aufarbeitung dieser Diskussion Dulinski 2003: 19 u. 367 ff.; vgl. zu einzelnen Argumenten Früh 2003: 9; Rager/Ringsdorf 2002: 233; Dörner 2001: 33 f. u. 239 ff.; Brosda 2000b: 92 f. u. 97; Meyer/Ontrup/Schicha 2000: 140 f.; Schicha 2000b: 84; Kamps 1999: 71; Postman 1999: 123; Meckel/Kamps 1998: 27.

über verschiedene Merkmale gemessen werden, verwendet (vgl. Kap. 2.2.3.2 u. 2.2.3.3). Auch das Umgekehrte trifft zu: Differente Begriffe werden für dasselbe Phänomen benutzt. Vor diesem Hintergrund erscheint es umso wichtiger, klar zu definieren, was in der vorliegenden Studie unter den einzelnen Trends der politischen Berichterstattung verstanden wird. Es gilt außerdem, Indikatoren zu entwickeln, an denen die Trends in der Wahlabendberichterstattung im TV empirisch festgemacht werden können.

Infotainment und Boulevardisierung

Infotainment und Boulevardisierung sind Begriffe, die oft synonym verwendet und für ein Zusammenspiel aus informativen und unterhaltsamen Elementen oder für eine Mischung aus Informations- und Unterhaltungsorientierung stehen. In Anlehnung an Rager und Ringsdorf werden an dieser Stelle bewusst die Ausdrücke der Informativität und der Unterhaltsamkeit bzw. Informations- und Unterhaltungsorientierung angeführt (vgl. Rager/Ringsdorf 2002: 234). Der Grund liegt darin, dass bei den Begriffen Information und Unterhaltung weiterhin die Vorstellung mitschwingt, dass es sich dabei um exakt unterscheidbare und weitgehend ausschließende Gegensätze handelt, mit denen unterschiedliche Konnotationen verbunden werden. An der Gegensätzlichkeit dieser beiden Phänomene wird jedoch gezweifelt. Insbesondere in Bezug auf die Rezeption massenmedialer Angebote hat sich die Trennung von Unterhaltung und Information als unangebracht erwiesen (vgl. Klaus 2002: 632; Dehm 1984). Jede Form der Unterhaltung kann gleichzeitig einen eventuell auch nur geringen Anteil an Information enthalten. Vice versa kann explizit als Information Gekennzeichnetes Rezipienten auch unterhalten. Nur eine empirische Prüfung kann im Einzelfall – Sendung für Sendung und Beitrag für Beitrag – herausfiltern, ob eine potenziell informierende oder unterhaltende Funktion überwiegt oder beides zugesprochen werden kann (vgl. Weiß 2003a: 194; Kamps 1999: 69).

    Auch für den Journalismus gilt, dass Unterhaltsamkeit und Informativität nicht als Gegensätze zu verstehen sind. Vielmehr müssen sie als „zwei zusammengehörende Elemente im Journalismus neu bedacht werden" (Klaus 2002: 620). So wird Unterhaltsamkeit als Qualität journalistischer Beiträge verstanden (vgl. Rager/Rinsdorf 2002: 233), da sie „ein ganz wichtiger Modus der Informationsverarbeitung" (Rager/Müller-Gerbes 1993: 16) ist, indem sie eine Verbindung zu den eigenen Emotionen, den persönlichen Werten, den individuellen Lebensproblemen schafft (vgl. zusammenfassend Klaus 2002: 635 f.). In der Praxis scheint sich jedoch erst allmählich durchzusetzen, dass ein Journalist auch unterhalten sollte (vgl. Klaus 2002: 623). Aber es deutet sich ein Umdenken an (vgl. Kap. 2.2.2.1).

    Diese wissenschaftliche und journalistische Anerkennung des Zusammenspiels von Unterhaltsamkeit und Informativität entspricht der tatsächlich stattfindenden Entwicklung, wobei die Vermischung von unterhaltenden und informativen Elementen im Bereich massenmedialer Angebote keineswegs neu ist (vgl. Dulinski 2003: 15; Pöttker 2002: 70). Allerdings zeigt sich seit den 1990er Jahren offenbar ein zunehmender informativ-unterhaltsamer Mix im Fernsehbereich. Unterhaltung wird dabei oft als Verpackung von Information gesehen, um eben diese zu vermarkten (vgl. Meyer/Ontrup/Schicha 2000: 140 u. 309; Schicha 2000b: 74 u. 85; Meckel/Kamps 1998: 27). Aber auch hinsichtlich der Inhalte wird Infotainment bzw. Boulevardisierung sichtbar, wenngleich hierzu widersprüchliche empirische Daten vorliegen (vgl. Kap. 2.2.3.2 u. 2.2.3.3).

Aufgrund der historischen Entwicklung erscheinen Infotainment und Boulevardisierung als „neudeutsche Vokabel für etwas, das es schon längere Zeit gab" (Kamps 1999: 71) oder als „eines der zahlreichen ‚Modeworte' [...], die vielfältig gebraucht werden, aber bis heute in ihrer konkreten Bedeutung weitgehend undefiniert geblieben sind" (Wegener 2001: 86). Aber die Begriffe sind weder neu, noch werden sie nicht definiert. Vielmehr besteht die Problematik darin, dass eine wissenschaftliche „Schwammigkeit" (Dulinski 2003: 236) existiert. Diese Einschätzung kann auch für die Konzeption von Infotainment übernommen werden. Beides kann de facto nur bedingt auseinander gehalten werden. Dies ist aber gar nicht notwendig, wenn beide Begriffe dasselbe Phänomen beschreiben (vgl. Bonfadelli 2000: 42). Dies soll im Folgenden erörtert werden (vgl. für einen Überblick Donsbach/Büttner 2005: 24 f.).

Der Begriff Infotainment kursierte unter Fachleuten schon Ende der 1970er Jahre, drängte aber erst in den 1980er Jahren in die Öffentlichkeit (vgl. Wittwen 1995: 17). Als Sammelbegriff bündelt Infotainment mehrere Phänomene. Zum einen wird Infotainment als grober Oberbegriff für Sendungsformate benutzt, bei denen Unterhaltung und Information vermischt werden (vgl. Wittwen 1995: 24 f.). Zum anderen umfasst der Terminus „alle Möglichkeiten zur unterhaltenden Aufbereitung von Informationen, geschehe dies durch die thematische Auswahl deren optische[r; K.W.] oder sprachliche[r; K.W.] Realisierung" (Wittwen 1995: 24).[51] Außerdem wird der Begriff Infotainment auch als „Rezeptionsqualität in einem angeregten (Information) und erregtem (Unterhaltung) Zustand" (Bosshart 1991: 3) aufgefasst.

Infotainment als Schlagwort für ein Zusammenspiel aus Informativität und Unterhaltsamkeit wird mittlerweile vielfach für bestimmte Themengebiete variiert. Als Beispiel sind Edutainment, Sciencetainment oder Politainment zu nennen (vgl. für eine ähnliche Bilanz Weiß 2003a: 187 f. u. 207). Politainment wurde dabei als Begriff für die Vermischung von politischer Information und Unterhaltung in die wissenschaftliche Debatte eingeführt (vgl. Dörner 2001). Politainment bezieht sich gleichermaßen auf unterhaltende Politik wie politische Unterhaltung, z. B. auf Schauspieler, die in politischen Talksendungen diskutieren, oder Politiker, die in Fernsehserien mitspielen. Dörner will mit diesem Begriff auf eine enge Kopplung zwischen politischer und unterhaltsamer Kommunikation hinweisen, die sich in den 1990er Jahren herausgebildet hat und die es seiner Ansicht nach in dieser Form bis dahin nicht gab (vgl. Dörner 2001: 31). Wie für Infotainment selbst gilt aber auch hier, dass dieses Phänomen schon länger zu beobachten ist (vgl. Bussemer 2002: 74 ff.).

Der Terminus Boulevardisierung wird in der wissenschaftlichen Diskussion im Gegensatz zu Infotainment vorrangig produktbezogen benutzt, d. h., auf spezifische Boulevardformate wie Boulevardzeitungen, Boulevard-Magazine im TV oder neuerdings auch auf unterhaltende Shows im TV (vgl. Kapferer 2004: 40; Dulinski 2003: 91). Darüber hinaus bleibt der Begriff der Boulevardisierung meist auf die thematische Auswahl an Informationen beschränkt. „soft news" werden als Indikator für Boulevardisierung im Sinne unterhaltender Nachrichten betrachtet, während „hard news" für eine vergleichsweise informative Berichterstattung über relevante Themen stehen. Der Begriff „soft news" bezeichnet eine Nachrichtenauswahl, die eher unpolitische Themen aufgreift, wie bspw. menschliche Schicksale, Geschichten aus dem Leben von Prominenten oder die Abweichung von der Norm oder dem Normalen in positiver oder negativer Form, wie z. B. Kri-

---

[51] Die weiteren Bedeutungen, die Infotainment laut Wittwen (vgl. Wittwen 1995: 15 ff. u. 22 f.) zukommen, sind für die vorliegende Studie nicht relevant.

minalität/Verbrechen, Unfälle/Katastrophen, sexuelle Abnormitäten, Drogensucht, Skurrilitäten sowie sonstiges Buntes (vgl. Krüger 1996: 367). „hard news" hingegen thematisieren wichtige Ereignisse aus Politik und Wirtschaft (vgl. überblickend Schwiesau/Ohler 2003: 17). Als Indiz für Boulevardisierung wird darüber hinaus auch Alltagsnähe gewertet (vgl. Donsbach/Büttner 2005: 27).

Durch diese Begrenzung auf thematische Aspekte wird der Trend der Boulevardisierung jedoch verkürzt dargestellt, da weitere elementare Bestandteile unberücksichtigt bleiben. Ausgehend von dem, was Boulevardjournalismus oder Sensationsjournalismus, definiert als eine extreme Form von Boulevardjournalismus, ausmacht (vgl. Dulinski 2003: 91 ff. u. 101), wird deutlich, dass mehr dazugehört als nur eine Priorität für bestimmte Themengebiete. Eine weitere Komponente ist die der Art und Weise, wie berichtet wird. Die unterhaltsamen Themen müssen boulevardistisch aufbereitet sein (vgl. Donsbach/Büttner 2005: 27; Dulinski 2003: 85, 101 u. 280 f.; Renger 2002: 225; Koszyk/Pruys 1976: 58). Boulevardeske Aufmachung im Fernsehen lässt sich bspw. über die Dynamik von Berichterstattung ermitteln, die an der Beitragsdauer und der Dauer von O-Tönen gemessen wird (vgl. Donsbach/Büttner 2005: 27). Des Weiteren ist damit eine formal- und fernsehästhetische Gestaltung z. B. durch die Nachstellung von Szenen, zusätzliche Soundeffekte oder fernseh-ästhetische Mittel wie Zeitlupen gemeint (vgl. Dulinski 2003: 245 ff.). Diese Elemente von Boulevardisierung werden in empirischen Studien zu journalistischer Berichterstattung im Fernsehen aber nur selten untersucht (vgl. Dulinski 2003: 233 ff.).

Zusammenfassend kann hier festgehalten werden, dass Infotainment und Boulevardisierung im Prinzip zwei unterschiedliche Begriffe für dasselbe Phänomen sind, das auf zweierlei Weise deutlich werden kann (vgl. resümierend Wegener 2001: 84):

1. als Mischung aus informations- („hard news") und unterhaltungsorientierter („soft news") Berichterstattung,
2. als unterhaltsame Gestaltung journalistischer Berichterstattung durch präsentative oder sprachliche Gestaltungsmittel.

Da die Unterscheidung von Infotainment und Boulevardisierung eine künstlich vorgenommene Trennung ist, werden beide Begriff in der vorliegenden Studie synonym verwendet.

Auf Grundlage der vorgestellten Begriffsbestimmungen und Indikatoren für Infotainment und Boulevardisierung lässt sich dieses Phänomen für die empirische Analyse der dieser Studie operationalisieren: Es ist messbar über die Dynamik einer TV-Sendung, ausgedrückt etwa in der Dauer von Beiträgen und O-Tönen. Thematisch weisen Beiträge auf Infotainment hin, die den „soft news" zuzuordnen sind. Satire oder kabarettistische und künstlerische Beiträge deuten ebenfalls auf eine Boulevardisierung hin. Auch das Auftreten öffentlich unbekannter Personen ist als Hinweis auf Boulevardisierung zu werten. Indizien für Infotainment liefern ebenso die formal- und fernseh-ästhetische Gestaltung. Belege dafür sind z. B. die unterhaltende sprachliche Präsentation durch Moderatorendialoge im Plauderton sowie eine ausgefeilte audiovisuelle Leitmotivik bspw. durch den extensiven Einsatz von Musik oder zusätzlichen Sound-Effekten (tickende Uhr usw.). Auch eine hohe Schnittfrequenz und eine kurze Einstellungsdauer, nahe Kameraaufnahmen, viele Kamerabewegungen sowie extreme Perspektiven deuten auf Boulevardisierung hin. Boulevardisierung lässt sich ebenfalls anhand der Einstellungslänge und der -größe ermitteln. Auch der Einsatz von Zeitlupen und Zeitraffern sowie Trickdarstellungen sind Indizien für Boulevardisierung. Weitere Hinweise hierfür liefern Bildbewegungseffekte wie das Wegwischen oder Auflösen der Bilder, ebenso wie Effekte ohne Bewegung, z. B. durch aufgelegte Schrift, einen zweigeteilten Bildschirm oder die digitale Hervorhebung von Bildbereichen.

Inszenierung

Der Trend der Inszenierung wurde in der politischen Kommunikationsforschung zunächst mit einem Fokus auf symbolische Politik analysiert (vgl. Sarcinelli 1987; Edelmann 1976). Inzwischen werden Inszenierungen unter der Prämisse der Theatralisierung politischer Kommunikation in einen breiteren Theorierahmen eingeordnet, der neben Inszenierung die Komponenten Performance, Verkörperung und Wahrnehmung umfasst (vgl. Fischer-Lichte 1998: 86 ff.). Allerdings bezieht sich dieses Theoriekonzept insbesondere auf die Politikdarstellung durch die Politik selbst, wohingegen nur randständig auf die mediale Politikdarstellung sowie die journalistische Politikberichterstattung als Element dieser eingegangen wird (vgl. zur Systematisierung von politischer Kommunikation Kap. 2.1.1).

Mit dem Terminus der Inszenierung wird generell die intendierte Darstellung und absichtsvolle Anordnung des Mitzuteilenden bezeichnet, die darauf abzielt, die Adressaten möglichst optimal zu erreichen.[52] So lassen sich verschiedene dramaturgische Konzepte, präsentative Techniken und darstellerische Praktiken unter dem Begriff der Inszenierung subsumieren (vgl. Meyer/Ontrup/Schicha 2000: 54; Hickethier 1998a: 190).

Im Kontext politischer Berichterstattung werden Inszenierungen als eine Art Verpackung oft mit negativen Konnotationen wie Schein, Täuschung und Manipulation verbunden. Im Gegensatz dazu wird die Inhalts-Ebene mit positiven Begriffen, z. B. Wahrheit, Sein und Authentizität, assoziiert. Zudem wird der Terminus der Inszenierung instrumentalisiert, um bestimmtes Verhalten zu kritisieren. Politische Gegner werfen sich etwa vor, ihre Auftritte ausschließlich zu inszenieren, statt über Inhalte zu diskutieren. Wer sich Inszenierungstechniken bediene, verschleiere Fakten und setze auf Emotionen statt auf Information (vgl. Schicha 2002: 91; Meyer/Ontrup/Schicha 2000: 55, 95 u. 127; Schicha 2000a: 14). Die These, dass Inszenierungsstrategien dazu führen, dass Informationen in den Hintergrund geraten, ist jedoch pauschal nicht zu halten. Die Form einer Darstellung sagt nichts über die Angemessenheit des Inhalts aus. Hochgradige Inszenierung und hohe Informativität lassen sich durchaus vereinbaren. Empirische Befunde zeigen, dass gerade Beiträge, die die Aufmerksamkeit der Zuschauer durch „aktionsreiche, emotional ansprechende, visuell reizvolle Szenen in Regie nehmen, innerhalb dieses dramaturgisch lebhaften Aufbaus eine Vielzahl von Hintergrundinformationen transportieren" (Meyer/Ontrup/Schicha 2000: 307; vgl. Meyer/Ontrup/Schicha 2000: 28, 96, 287 u. 140 f.) können.

Mit Blick auf die politische Berichterstattung in den aktuellen Massenmedien existieren mehrere Inszenierungs-Ebenen: So kann die Inszenierung auf Seiten der Politiker von derjenigen auf Seiten der Massenmedien und des Journalismus differenziert werden (vgl. Hickethier/Bleicher 1998: 371).

Im Fernsehjournalismus wird schon allein aufgrund der Aufnahme durch TV-Kameras stets inszeniert, da darüber immer ein spezifischer Bildausschnitt gewählt, eine eigene Perspektive bestimmt und ein individueller Standpunkt ausgesucht wird (vgl. Hickethier/Bleicher 1998: 370; Luhmann 1996: 79). Trotzdem wird bei vielen Betrachtern der

---

[52] Damit ist jedoch nicht gemeint, dass der Rezipient dies auch wie intendiert wahrnimmt.

Eindruck erweckt, sie sähen die Wirklichkeit. Dieses Phänomen gilt als Bestandteil der Inszenierung: „daß sich das Publikum in der Realität wähnt und den Inszenierungscharakter oft vergißt, gehört mit zur Eigenheit des Inszenierens" (Hickethier/Bleicher 1998: 370).

Neben der Aufnahme mittels Fernsehkameras – hier gibt es durch den Einsatz mehrerer Kameras weitere Inszenierungsoptionen – trägt bspw. auch der anschließende Schnitt zur Inszenierung im Fernsehjournalismus bei. Selbst Live-Sendungen sind nie eine reine Wiedergabe eines Ereignisses, sondern immer eine Interpretation des Geschehens. Als Prototyp für Inszenierung gilt hierbei die Regieanweisung, die strategisch eingesetzt wird, um interessante Bilder mit einer besonderen Bedeutung zu liefern (vgl. Meyer/Ontrup/Schicha 2000: 136 sowie Kap. 2.2.2.3).

Für den Journalismus selbst lässt sich eine Inszenierung über die journalistischen Programme (vgl. Kap. 2.2.2.1) konkret erfassen. Insbesondere die Themenauswahl- und Darstellungsprogramme können als Inszenierungsstrategien des Journalismus bezeichnet werden. Die Selektionsprogramme regeln dabei die Auswahl der Themen und Ereignisse, über die berichtet wird, und sind insofern als inszenierend anzusehen, als sie auch darauf ausgerichtet, die vermuteten Erwartungen und Wünsche des Publikums zu erfüllen. Die Programme der Themenauswahl geben zudem vor, in welchem zeitlichen Rahmen über einzelne Aspekte berichtet wird und an welcher Position sie bspw. im Ablauf einer TV-Sendung platziert sind. So werden aus Sicht einer Redaktion wichtige Themen eher am Anfang einer Sendung gezeigt. Als vergleichsweise wenig relevant eingestufte Ereignisse werden dagegen später ausgestrahlt. Hier zeigt sich eine Inszenierung im Sendungsverlauf. Darüber hinaus sollten journalistische Sendungen im Fernsehen einem speziellen dramaturgischen Ablauf folgen (vgl. für Nachrichten im Fernsehen Hickethier 1998a: 186; Hickethier/Bleicher 1998: 376). Wie der einzelne Beitrag sollte auch eine komplette TV-Sendung über einen Interesse weckenden Einstieg und einen markanten Schluss verfügen sowie mit einem inneren Spannungsbogen verbunden sein. Diese Gestaltung wird wiederum angeleitet durch die Darstellungsprogramme. Anhand ihrer Regeln wird entschieden, mit welchen Darstellungsformen über welche Themen berichtet wird. Im Fernsehjournalismus ist hier auch die Visualisierbarkeit eines Ereignisses relevant. So ermöglicht die Verfügbarkeit von bewegten und technisch einwandfreien Bildern einen Filmbericht, während ein Thema, für das keine Bilder vorhanden sind, als Wortmeldung, als Interview oder als Schaltgespräch mit einem Reporter vor Ort, der einen Aufsager macht, behandelt wird.

Überdies unterliegen journalistische Sendungen im TV einer formal-inhaltlichen Ordnung und einer formal-ästhetischen Gestaltung. Sie werden z. B. zu ausgewählten Sendezeiten ausgestrahlt und sind dabei eingebettet in ein spezifisches Programmumfeld. Außerdem wird der Rahmen der Inszenierung über die visuelle Anordnung und die Art der akustischen Präsentation vorgegeben. Bestimmte Symbole, ausgewählte Farben und Formen, ein eigenes Logo und eine individuelle Erkennungsmelodie werden eingesetzt, um die schnelle Wiedererkennung einer journalistischen Fernsehsendung sicherzustellen.

Inszenierung auf Ebene der Massenmedien und des Journalismus meint schließlich auch, dass (selbst) die (Live-)Berichterstattung über Ereignisse i. d. R. vorbereitet wird. Dabei erstreckt sich die Planung sowohl auf die Organisation und die technische Apparatur als auch auf den journalistischen Part der Berichterstattung, indem die Journalisten sich bspw. in das Thema einarbeiten, über Fragen reflektieren, vorab mit den Gesprächspartnern Kontakt aufnehmen oder den Gang durch eine Menschenmenge proben (vgl. Hickethier 1998a: 197; Hickethier/Bleicher 1998: 378 sowie Kap. 2.2.2.3).

Die Inszenierung für die Massenmedien und für den Journalismus von Politikern oder ihren PR-Beratern kann als zweite Inszenierungs-Ebene gelten. Allerdings ist die Inszenierung und Darstellung generell ein Element von politischer Kommunikation und gehört zur Öffentlichkeit (vgl. Kap. 2.1.1). Dabei müssen Politiker sich nach den massenmedialen und journalistischen Inszenierungselementen richten. So werden z. B. mittlerweile v. a. prägnante und pointierte Passagen als Statements oder Redeausschnitte gesendet. Gefragt sind „kernige Kürzestsätze und Schlagwörter" (Wittwen 1995: 124).

Als Beispiele für Inszenierungen der Politik sind symbolische Politik und Pseudo- bzw. inszenierte Ereignisse zu nennen. Zum Phänomen der symbolischen Politik sind Arbeiten von Sarcinelli und Edelmann grundlegend (vgl. Sarcinelli 1987; Edelmann 1976). Symbolische Politik lässt sich jedoch nicht auf Inszenierungen reduzieren, denn Politik wird stets „in der Doppelrealität von Ereignis und Deutung [...], von Nennwert und Symbolwert vermittelt und wahrgenommen" (Sarcinelli 1998d: 729). Symbole stellen in komprimierender Weise etwas dar, das für etwas anderes steht. Dementsprechend bietet symbolische Politik den Vorteil, dass nur kurze Sequenzen oder einzelne Bilder genügen, um eine Botschaft zu senden und eine Resonanz beim Rezipienten zu erreichen. Dabei werden Handlungen oft nach gewohntem Muster gezeigt, bspw. in Form von vorfahrenden Limousinen, Hände schüttelnden Politikern, Grundsteinlegungen oder Vertragsunterzeichnungen. „Genau diese Formen der Präsentation des Politischen werden im Rahmen der Medienberichterstattung durch die Journalisten aufgegriffen." (Schicha 2002: 92)

Auch Pseudoereignisse stellen ein Mittel dar, um journalistische Aufmerksamkeit zu erzeugen. Pseudoereignisse sind definiert als: „Aktionen, die nicht stattfinden würden, wenn es keine Massenmedien gäbe." (Schmitt-Beck/Pfetsch 1994: 123) Zu Pseudoereignissen zählen nach Schmitt-Beck und Pfetsch routinemäßige Inszenierungen wie Pressekonferenzen oder spektakuläre Inszenierungen wie Kundgebungen. Ungewöhnliche Pseudoereignisse können ebenfalls hierzu gerechnet werden, bspw. Fallschirmsprünge von Politikern. Kurze Sequenzen oder einzelne Bilder, die diese Pseudoereignisse zeigen, reichen aus, um politische Handlungsfähigkeit zu suggerieren. Das kommt dem journalistischen Zwang zur Kürze entgegen, denn es stehen nur begrenzte Ressourcen in Form von vorhandenem Publikationsraum oder bereitgestellter Sendezeit zur Verfügung.

Mit Kepplinger werden Pseudoereignisse als inszenierte Ereignisse bezeichnet (vgl. Kepplinger 1998a: 170 f. u. 1998b: 662; Kepplinger/Brosius/Dahlem 1994: 41). Inszenierte Ereignisse lassen sich demnach als „Geschehnisse, die eigens für die Medien geschaffen werden und ohne sie folglich nicht existieren würden" (Kepplinger 1998b: 662) charakterisieren. Beispiele sind Pressekonferenzen von Unternehmen, Parteien usw. Neben den inszenierten Ereignissen identifiziert Kepplinger im Rahmen des Ereignis-Managements politischer PR genuine und mediatisierte Ereignisse. Als genuine Ereignisse werden diejenigen Geschehnisse bezeichnet, die unabhängig von Massenmedien und Journalismus vorkommen und deren Eintritt nicht beeinflusst werden kann, z. B. Abstimmungen im Bundestag. Unter mediatisierten Ereignissen werden die Geschehnisse gebündelt, die zwar unabhängig von den Medien stattfinden, deren Charakter jedoch mit Blick auf die Massenmedien und die journalistische Berichterstattung verändert wurde bzw. wegen deren Existenz anders verlaufen, etwa Staatsbesuche. Auf Basis von Inhaltsanalysen kommt Kepplinger zu dem Schluss, dass die Zahl der inszenierten und mediatisierten Ereignisse sowie die Berichterstattung in den aktuellen Massenmedien über derartiges Geschehen in den vergangenen fünfzig Jahren „erheblich zugenommen" (Kepplinger 1998b: 662) hat.

Die Grenze zwischen den Inszenierungs-Ebenen von Massenmedien und Journalismus einerseits und Politik andererseits verschwindet jedoch. Beide Seiten gehen eine Art symbiotisches Verhältnis ein und werden darüber hinaus immer enger miteinander verflochten (vgl. Kap. 2.1.1). Ob es sich nun um Inszenierung durch oder für die Massenmedien und den Journalismus handelt, in jedem Fall ist die Inszenierung auf Wirkungen beim Zuschauer ausgerichtet. Während die Medien und der Journalismus mit Inszenierung Aufmerksamkeit erzeugen wollen, um Rezipienten zu gewinnen, buhlen Politiker damit um Aufmerksamkeit, um die Bürger bzw. Wähler zu erreichen.

In der vorliegenden Untersuchung steht die Inszenierung durch die Medien bzw. den Journalismus im Vordergrund, weil die Entwicklung der Wahlberichterstattung im Fernsehen als Beispiel für politische Kommunikation und damit ein journalistisches Format über mehr als vier Jahrzehnte analysiert wird. Die Inszenierung durch die Politik spielt dabei nur eine Rolle, wenn sie im Bild gezeigt und/oder über sie berichtet wird. Allerdings wird die Inszenierung der Politik dann nicht im Detail analysiert, sondern lediglich als Berichterstattungsgegenstand einbezogen.

Der Grad der Inszenierung durch den Journalismus (es gibt im Prinzip keine Nicht-Inszenierung) lässt sich zum einen über den Einsatz fernseh-ästhetischer Mittel messen. Darunter sind u. a. spezifische Kameraperspektiven, Bewegungen der Kamera und Schnittfrequenzen zu verstehen (vgl. Kap. 2.2.2.1). Kamerabewegungen bieten visuelle Reize, mehr Schnitte bedeuten mehr Aufmerksamkeit, eine raschere Bildfolge steht für größere Dynamik (vgl. Zubayr/Fahr 1999: 643; Bruns/Marcinkowski 1997: 266). Je mehr bewusst gestaltend durch Kamerabewegung wie Schwenks oder Fahrten, durch Wahl einer außergewöhnlichen Perspektive oder seltenen Einstellungsgrößen sowie durch Montage eingegriffen wird, desto stärker wird inszeniert (vgl. Bruns/Marcinkowski 1997: 266; Ordolff/Wachtel 1997: 38 ff.). Zum anderen ist Inszenierung über die gezielte Einbettung in das Gesamtprogramm und über den geplanten Aufbau einer Sendung zu ermitteln (vgl. Hickethier 1998a: 186; Hickethier/Bleicher 1998: 376): Ein Interesse weckender Einstieg mit Musik, ein markanter Schluss und ein Spannungsbogen mit verschiedensten journalistischen Darstellungsformen weisen darauf hin. Insbesondere die Darstellungsform Aufsager gilt als Indiz für Inszenierung, da sich der Journalist selbst in Szene setzt und der Fernsehsender so zeigen kann, dass er vor Ort ist (vgl. Zubayr/Fahr 1999: 645). Auch eingeübte Szenen wie der Gang des Moderators durchs Studio und geprobte Reporterauftritte zeigen einen hohen Inszenierungsgrad an (vgl. Wittwen 1995: 128 ff.). Die Berichterstattung von außergewöhnlichen Orten deutet ebenfalls auf Inszenierung hin.

Personalisierung

Mit dem Begriff der Personalisierung ist allgemein die systematische Konzentration auf eine Person gemeint. Während der Begriff Personalisierung, der in Verbindung mit Verkörperung ein Aspekt des politikwissenschaftlichen Theatralitätskonzeptes ist (vgl. Schicha 2003: 6 ff.; Fischer-Lichte 1998), zunächst für Showstars im Entertainmentbereich verwendet wurde, wird er inzwischen auch für Phänomene in der politischen Kommunikation eingesetzt (vgl. Hofmann 1996: 59). Übereinstimmend werden in der politischen Kommunikationsforschung drei Ebenen von Personalisierung unterschieden (vgl. Holtz-Bacha 2003b: 20; Schulz/Zeh 2003: 57; Bußkamp 2002: 41): Neben der Personalisierung als Strategie journalistischer bzw. medialer Politikpräsentation spielt Personalisierung auch als Komponente der Selbstdarstellung von Politik durch die Politiker und ihre Berater eine Rolle und gilt zudem bei der Wahrnehmung von Politik und beim Wahlverhalten als relevant. Daher lässt sich Personalisierung im Beziehungsdreieck zwischen Medien- und journalistischem System, politischem System und Zuschauer- bzw. Wählerschaft festmachen. Alle drei Ebenen stehen dabei in Zusammenhang mit generellen Prozessen gesellschaftlichen und politischen Wandels, die mit Etiketten wie z. B. Amerikanisierung, Medialisierung und Candidate-Voting versehen werden (vgl. Schulz/Zeh 2003: 57). So gilt Personalisierung im Rahmen modernen Wahlkampfmanagements als Indikator für eine Amerikanisierung (vgl. Holtz-Bacha 2003b: 19), während personalisiertes Wählerverhalten mit Candidate-Voting in Verbindung gebracht wird (vgl. Brettschneider 2002a).

Holtz-Bacha, Lessinger und Hettesheimer haben einen geeigneten Definitionsvorschlag für Personalisierung vorgelegt, der die unterschiedlichen Ebenen dieses Trends berücksichtigt:

> „Personalisierung bedeutet, daß die Person (des Politikers/der Politikerin) zum Deutungsmuster komplexer politischer Tatbestände wird, und zwar in der Selbstdarstellung der Politik, in der Darstellung von Politikern in den Medien oder auf Seiten der Wählerschaft bzw. des Publikums. [...] Vielmehr meint die so verstandene Personalisierung, daß politische Realität konstruiert wird unter Bezugnahme auf Personen." (Holtz-Bacha/Lessinger/Hettesheimer 1998: 241)

Diese Definition erweist sich zur Charakterisierung für Personalisierung als adäquat, da sie damit im Gegensatz zu anderen Begriffsbestimmungen die Bezugnahme auf Personen in den Mittelpunkt rückt und nicht zugleich eine Vernachlässigung oder einen Ausschluss von Themen und Sachpolitik unterstellt. Denn Personalisierung kann durchaus als notwendiges Element zur Reduktion von politischer Komplexität eingestuft werden. Politische Akteure können zugleich als Inhalt und als Träger politischer Informationen fungieren (vgl. Wegener 2001: 216; Kamps 1999: 82 f.), zumal aktuelle Probleme und Argumente i. d. R. nicht personenunabhängig vermittelt, sondern über Stellungnahmen, Interviews, Reden oder symbolische Handlungen verbreitet werden. Dabei gilt Personalisierung als Mittel der Komplexitätsreduktion auf allen Ebenen: Für die Politiker lässt sich abstrakte Politik leichter vermitteln, Wählern wird durch Personalisierung die Anwendung von Maßstäben der Alltagsrationalität bei der Einschätzung von Politik erlaubt und auf Ebene der politischen Berichterstattung entspricht Personalisierung als Nachrichtenfaktor Regeln journalistischer Themenselektionsprogramme (vgl. Holtz-Bacha 2003b: 20 sowie Kap. 2.2.2.1).

In dieser Definition wird zudem deutlich, dass Personalisierung nicht stets mit unpolitischer Politikvermittlung gleichzusetzen ist. Personalisierung meint also nicht immer Privatisierung. Allerdings berücksichtigt diese Definition nicht, dass sich die personalisierte Politikvermittlung auch auf Bürger als Betroffene politischer Entscheidungen konzentrieren kann. Dies geht einher mit einer Hierarchisierung der Berichterstattung, wie sie auch empirische Befunde belegen.

Die vorgestellten Ebenen von Personalisierung beeinflussen sich gegenseitig. Insofern wird der Trend der Personalisierung „nie von einer Seite verursacht, sondern vielmehr von allen drei Seiten gefördert" (Bußkamp 2002: 41). Eine Trennung der Personalisierungs-Ebenen stellt entsprechend stets eine künstliche Separation dar, die jedoch als analytisch hilfreiche Einteilung gelten kann. Im Folgenden wird in erster Linie die Personalisierung der politischen Berichterstattung in den Fokus gerückt, da im Zentrum dieser Studie mit der Wahlabendberichterstattung der journalistische Umgang mit Politik steht.

Empirische Befunde belegen, dass Personalisierungsstrategien in der Berichterstattung der Massenmedien keineswegs neu sind. Für die überregionale Presse ist darüber hinaus festgestellt worden, dass es in Wahlkampfzeiten der Bundestagswahlen von 1949 bis 2002 keine lineare, durchgängige Verstärkung der Personalisierung gegeben hat. Vielmehr hing die Konzentration auf die Spitzenkandidaten von den jeweiligen Kandidaten, die sich mehr oder weniger gut für eine Personalisierung eigneten, sowie den politischen Rahmenbedingungen und der Ereignislage ab (vgl. Wilke/Reinemann 2003: 42 u. 54).

Auch im Fernsehjournalismus ist das Phänomen Personalisierung in politischer Berichterstattung keine neue Erscheinung (vgl. Marcinkowski/Greger 2000: 180). Dass insbesondere das Fernsehen zur Personalisierung neigt, ist kaum verwunderlich, da für das Bildmedium relevant ist, handelnde Personen und „sprechende Köpfe" zu zeigen, die sich mit Politik und politischen Zielen in Verbindung bringen lassen (vgl. Kap. 2.2.2.3). Personalisierung ist in diesem Sinne ein bevorzugtes journalistisches Auswahlkriterium (vgl. Kap. 2.2.2.1). Darüber hinaus trägt die personalisierte Darstellungsweise politischer Fernsehberichterstattung in Form gesprächsorientierter Sendeformate zur Personalisierung bei (vgl. Marcinkowski/Greger 2000: 179; Holtz-Bacha 1996: 24).

Neben den Ebenen der Personalisierung ist das Phänomen auch noch *inhaltlich differenzierbar*. Insgesamt sind drei Dimensionen von Personalisierung auszumachen, wie z. T. bereits in der Definition von Holtz-Bacha, Lessinger und Hettesheimer angedeutet wurde: Symbolisierung, Hierarchisierung und Privatisierung (vgl. Marcinkowski/Greger 2000: 183 ff.; Holtz-Bacha/Lessinger/Hettesheimer 1998: 241).

Mit Symbolisierung ist gemeint, dass Personen Bezugspunkt der Berichterstattung sind und für bestimmte Themen, Programme oder Parteiapparate stehen. Da politisches Handeln abstrakt und schwer vermittelbar ist, wird auf Personen zurückgegriffen, um es zu konkretisieren. Personalisierung kann so komplexe Sachverhalte vereinfachen und außerdem Identifikation ermöglichen (vgl. Müller 2001: 103 f.; Schicha 2000a: 15; Holtz-Bacha 1996: 21).

Personalisierung als Hierarchisierung meint die Konzentration der Politikberichterstattung auf wenige Spitzenpolitiker, die über einen Elitebonus oder das nötige Mediencharisma verfügen. Vor allem prominente Politiker treten in der massenmedialen Berichterstattung auf, während Politiker aus den hinteren Parteireihen oder normale Bürger weniger Chancen haben, ihre Meinung zu äußern.

Zu der Hierarchisierung als inhaltliche Dimension von Personalisierung liegen widersprüchliche empirische Befunde vor (vgl. Kap. 2.2.3.3). Auf der einen Seite wird eine Tendenz zur Popularisierung erkannt, die sich in dem angestiegenen Anteil der Bürger als Handlungsträger von Fernsehnachrichten zeigt. Sie ist besonders bei Nachrichten der privaten TV-Anbieter zu erkennen (vgl. Kamps 1998: 46). Für politische Magazine bei ARD und ZDF konnte belegt werden, dass Politiker im Vergleich zu anderen Personen 1991/92 weniger Redezeit bekamen als 1985/86 und auch ihr Anteil als Handlungsträger zurückging (vgl. Wegener 2001: 191). Auf der anderen Seite wurde für überregionale Tageszeitungen festgestellt, dass die politische Berichterstattung von 1951 bis 1995 zwar ausgeweitet wurde, jedoch Ansichten der Betroffenen immer mehr in den Hintergrund traten, während Politiker und Journalisten sich verstärkt äußern konnten (vgl. Kepplinger 1998a: 205). Auch für politische Berichterstattung im Fernsehen finden sich Belege für die Dominanz von wenigen Politikern. So wurde in einer der ersten Nachrichtenstudien im Hinblick auf die Akteure eine „gouvermentale" Komponente (Schatz 1971: 115) ermittelt, d. h., es agierten überwiegend Vertreter der Exekutive und der Regierung. Auch die Nachfolgestudien machen deutlich, dass die Nachrichten von zentralen politischen Akteuren dominiert wurden, wenn auch ein Rückgang dieser Dominanz zu verzeichnen ist. Parallel dazu ging die staatszentrierte Berichterstattung zurück, obgleich eine Bevorzugung bestehen blieb (vgl. Bruns/Marcinkowski 1997: 290).

In diesen letzten Ergebnissen wird eine zweite Dimension von Hierarchisierung angedeutet: die Differenz zwischen Regierung und Opposition. Hier wird regelmäßig von einem Amts- oder Regierungsbonus gesprochen, der für die politische Berichterstattung in Deutschland typisch ist. Gemeint ist damit die bevorzugte Ausrichtung der Themenauswahl an üblichen Selektionskriterien wie Prominenz und Einfluss (vgl. Kap. 2.2.2.1), die dazu führt, dass über die Regierung bzw. den amtierenden Kanzler häufiger berichtet wird bzw. sie zu Wort kommen als die Opposition bzw. der Herausforderer des Kanzlers.[53]

Privatisierung als Dimension von Personalisierung bedeutet die Bezugnahme auf das Privatleben und/oder persönliche Eigenschaften von politischen Akteuren (vgl. Holtz-Bacha 2003b: 20; Holtz-Bacha 2001). Während Personalisierung als Symbolisierung zur Komplexitätsreduktion dient, werden durch die Privatisierung politische Inhalte oft verdrängt und emotionales Dabeisein gefördert. Daher wird Privatisierung mit Unterhaltungsorientierung in Verbindung gebracht (vgl. Voigt 2002: 140; Wegener 2001: 122 f.; Kamps 1998: 42 f.).

Im Gegensatz zum generellen Trend der Personalisierung ist Privatisierung in der politischen Berichterstattung ein vergleichsweise neues Phänomen (vgl. Kepplinger/Maurer 2003: 219; Voigt 2002: 141): „Das Privatleben der Bonner Politiker war, bis auf gelegentliche Gerüchte über Kohls Sekretärin oder Brandts Frauengeschichten, weitgehend tabu." (Voigt 2002: 141) Veränderungen kamen mit der Berliner Republik (vgl. Kepplinger/Maurer 2003: 219). Da das Private nicht nur Unterhaltungswert besitzt, sondern auch visuell gut zu vermitteln ist, erscheint „es wenig überraschend, wenn vor allem das bildfixierte Fernsehen die Privatisierung des Politischen gerne mitmacht" (Voigt 2002: 144).

Auf Basis der vorangegangenen Erörterungen lässt sich eine Personalisierung politischer Berichterstattung am Beispiel der Wahlabendberichterstattung anhand mehrerer Indikatoren identifizieren: Generell ist sie im Sinne einer Symbolisierung anhand der eingesetzten journalistischen Darstellungsformen und dem Einsatz von nahen, sehr nahen und Detail-Aufnahmen feststellbar. Zum Beispiel deuten viele Gespräche sowie das Senden von Reden und Statements auf personalisierte Berichterstattung hin (vgl. Marcinkowski/Greger 2000: 179 u. 185; Holtz-Bacha 1996: 24). Je mehr dieser Darstellungsformen ausgestrahlt werden, desto stärker ist die Personalisierung. Weiterhin können Nah-, Groß- und Detaileinstellungen als Indiz für eine Personalisierung betrachtet werden (vgl. Bruns/Marcinkowski 1997: 272). Je stärker diese Einstellungsgrößen eingesetzt werden, desto höher kann der Grad der Personalisierung eingestuft werden.

Hierarchisierung ist messbar über die Vielfalt an Akteuren, die zu Wort kommen (vgl. Wegener 2001: 216). Wird lediglich über einen kleinen Kreis von Akteuren wie der Regierung berichtet, dann ist eine stärkere Hierarchisierung zu erkennen als wenn neben der Regierung auch die Opposition befragt wird und neben der Polit-Prominenz auch weniger bekannte Parteimitglieder und Bürger interviewt werden. Privatisierung lässt sich über

---

[53] Vgl. grundlegend Schönbach/Semetko 2000: 69; vgl. für empirische Befunde jüngerer Studien Schulz/Zeh 2003: 63 ff. u. 76; Wilke/Reinemann 2003: 42, 49 u. 55; vgl. zusammenfassend Holtz-Bacha 2003b: 17 u. 1996: 17.

Beiträge ermitteln, die sich den Politikern und ihren Familien persönlich bzw. privat widmen (vgl. Bußkamp 2002: 74). Als persönlich und privat werden Beiträge eingestuft, die sich mit dem alltäglichen Leben befassen und den Politiker als Privatmenschen darstellen. Der Politiker spricht über individuelle und private Aspekte. Dazu zählen Themen, die mit dem Beruf in keinem oder nicht in direktem Zusammenhang stehen wie Familie, Hobby, Freizeit, Sport, Eigenschaften, Vorlieben und Gefühle. Darüber hinaus kann als Hinweis auf Privatisierung gewertet werden, wenn sich Familienangehörige von Politikern in der Berichterstattung äußern.

Ritualisierung

Der Begriff Ritual weist in einem allgemeinen Verständnis auf stereotype Handlungen hin. In diesem Zusammenhang wird auch von Standardsituationen bzw. Standardisierungen, die sich wiederholen, gesprochen (vgl. Brosda/Schicha 2002: 152; Meyer/Ontrup/Schicha 2000: 134 f. u. 167 ff.). Rituelles Handeln

> „folgt höchst strukturierten, standardisierten Sequenzen und wird oft an gewissen Plätzen und zu bestimmten Zeiten [...] durchgeführt. Rituelles Handeln ist repetitiv und aus diesem Grund oft redundant [...]." (Kertzer 1998: 373)

Dabei wird rituellem Handeln ein formaler Charakter zugesprochen. Es wird als eine Form gedeutet, die gewährleistet, „dass bestimmte Inhalte immer wiederkehren bzw. dass verschiedene Inhalte dieselbe Form wahren" (Brosda/Schicha 2002: 154; vgl. Meyer/Ontrup/Schicha 2000: 172). Unterschieden werden eine äußere und eine innere Form des Rituals, d. h., eine formal-ästhetische Gestaltung und eine formal-inhaltliche Ordnung. Rituale erlauben dabei eine Reduktion von Komplexität. Sie ermöglichen durch den Stabilisierungseffekt zudem Verlässlichkeit, tragen zur Orientierung bei und bieten Identifikationsoptionen an (vgl. Brosda/Schicha 2002: 153 u. 164; Meyer/Ontrup/Schicha 2000: 173; Saxer 1997: 204 ff.). Rituale können sich aber auch ändern und ihre Bedeutung wandeln. Neue Rituale können entstehen und alte verschwinden (vgl. Kertzer 1998: 376 f.).

Auch für Rituale der TV-Berichterstattung sind die formal-inhaltliche Ordnung und die formal-ästhetische Gestaltung wesentlich. Bei der formal-ästhetischen Präsentation werden zwei Aspekte analytisch getrennt (vgl. Meyer/Ontrup/Schicha 2000: 172 ff.; Brosda/Schicha 2002: 158 ff.): die externe Strukturierung und die audiovisuelle Leitmotivik. Beides dient der Identifizierung von Sendungseigenem und Sendungsfremdem.

Unter dem Begriff der externen Strukturierung werden Design-Elemente einer Fernsehsendung verstanden: bspw. das Sendungslogo, der Aufbau und die Dekoration des Studios. Dabei gibt eine gleich bleibende Umgebung „räumliche Sicherheit, alle Informationen an diesem Ort versammelt und nach ihrer Bedeutung sortiert zu wissen" (Hickethier/Bleicher 1998: 372). Dementsprechend ist die Kulissengestaltung i. d. R. weitgehend standardisiert. Für Nachrichten im TV gilt etwa, dass sich die Sprecher in einem Studio befinden und meist hinter Schreibtischen agieren, „die symbolische Orte der Auseinandersetzung mit dem Wissen und des produktiven Schreibens markieren" (Hickethier/Bleicher 1998: 372).

Die audiovisuelle Leitmotivik umfasst den Einsatz bestimmter Farben und Formen sowie die Verwendung von Rhythmen und Melodien, welche für eine Fernsehsendung charakteristisch sind. Sie prägen z. B. den Vorspann, die Schrifteinblendungen, die Grafiken und die Dekoration des Sendestudios. Die audiovisuelle Leitmotivik fungiert als „Stimulans der Wahrnehmung" (Meyer/Ontrup/Schicha 2000: 173) und durchzieht eine TV-Sendung mit einem „ästhetischen Trägerton" (Meyer/Ontrup/Schicha 2000: 173). Die Benutzung von spezifischen Kameraeinstellungen und -perspektiven wird ebenfalls zur audiovisuellen Leitmotivik gezählt.

Darüber hinaus kennzeichnen Akteure und ihre Rollen die formal-ästhetische Gestaltung einer TV-Sendung und tragen zu deren Ritualisierung bei. Üblicherweise führen eine oder wenige Personen durch das Geschehen. Moderatoren, auch anchor genannt, gelten als wichtige Bezugspersonen für die Rezipienten. Sie sind durch stabile Rollenprofile, die neben bestimmten gleich bleibenden Aufgaben auch ein gewohntes spezifisches Verhalten, einen beständigen eigenen Sprachstil und typische Kleidungsgewohnheiten umfassen, und durch wiederholtes Auftreten bekannt (vgl. Hickethier/Bleicher 1998: 372). Durch sie kann der Wiedererkennungswert einer Sendung gesteigert werden (vgl. Wegener 2001: 58) Zudem dient der Moderator als „personales Identifikationsmoment" (Hickethier/Bleicher 1998: 373).

Der rituelle Charakter von Nachrichtensendungen im TV wird auch durch typische, meist auf Versachlichung und Entemotionalisierung abzielende „Sprachformeln" (Hickethier/Bleicher 1998: 373) unterstützt, die die Neutralität der Berichterstattung untermauern sollen. Hierbei deuten sich jedoch Veränderungen an. So werden z. B. mittlerweile zusätzlich zu dem Nachrichtensprecher Moderatoren für bestimmte Themen wie Sport eingesetzt. Diese Entwicklung steht für „eine szenische Dialogstruktur [...], in der sich die im Studio anwesenden Moderatoren gegenseitig die Neuigkeiten in der Welt erzählen, gelegentlich einen Anflug von Betroffenheit äußern und persönliche Wertungen abgeben" (Hickethier/Bleicher 1998: 372).

Auch die formal-inhaltliche Ordnung, d. h., die Einbettung in das Gesamtprogramm sowie der Aufbau von einer TV-Sendung, trägt zu deren Ritualisierung bei (vgl. Brosda/Schicha 2002: 158; Meyer/Ontrup/Schicha 2000: 172; Stiehler 2000: 113; Goethals 1998: 317). So erzeugen standardisierte Sendezeiten bzw. ein gleich bleibendes Sendungsumfeld sowie eine feste Ablaufstruktur der internen Strukturierung einen rituellen Charakter. Diese Rituale führen zu Wiedererkennbarkeit und Erwartungssicherheit bei den Rezipienten und können auch als Medienschemata bezeichnet werden (vgl. Kap. 2.2.2.1).

Insbesondere Fernsehnachrichten wird ein ritueller Charakter zugewiesen, da sie in ihren ständig wiederkehrenden Strukturmerkmalen, die von der Erkennungsmelodie über den Aufbau und die Dekoration des Sendestudios und das Auftreten des Nachrichtensprechers bis hin zur inhaltlichen Schwerpunktsetzung herkömmlichen Ritualen entsprechen (vgl. Brosda/Schicha 2002: 155). Empirische Befunde zeigen, dass inzwischen fast alle TV-Sender ein News-Emblem oder ihr Signet in die Nachrichtensendung integriert haben: teils als ständiges Element der Studiodekoration und teils bei Schrifteinblendungen. Der Eindruck des Wiederkehrenden, Einheitlichen und Verlässlichen wird zudem dadurch unterstützt, dass die Nachrichten einer Woche durch denselben Moderator präsentiert werden (vgl. Goertz 1996: 206).

Ritualisierung in Fernsehsendungen und damit auch bei der Wahlabendberichterstattung ist über Standardisierungen in der formal-inhaltlichen Ordnung und der formal-ästhetischen Gestaltung ermittelbar. Ritualisiert kann die Einbettung der Wahlberichte in das programmliche Umfeld sein: standardisierte Sendezeiten und Ausstrahlung von gleichen Formaten vorher, zwischendrin und nachher. Ebenso kann der innere Aufbau der Wahlabendberichterstattung einen rituellen Charakter aufweisen, indem die gleichen Inhalte immer wieder in bestimmter Reihenfolge gesendet werden. Auch die externe Strukturierung und die audiovisuelle Leitmotivik der Wahlsendungen können ritualisiert sein. So kann der formal-ästhetischen Aufmachung des Wahlberichts ein Ritualcharakter zukommen, wenn z. B. der Vorspann, die Schrifteinblendungen und die Studio-Dekoration aufeinander abgestimmt sind und die gleichen Formen und Farben aufweisen. Auch der Einsatz von fernsehästhetischen Elementen wie Kamerabewegungen und Einstellungsgrößen kann ritualisiert sein, wenn stets die gleichen Mittel verwendet werden. Als Indikatoren für Ritualisierung sind darüber hinaus die Akteure vor der Kamera, v. a. die Moderatoren als anchor der Sendung, von Relevanz. Stabile Rollenprofile deuten auf eine Ritualisierung hin.

Visualisierung

Die gegenwärtige Medienentwicklung ist durch einen Trend zur Visualisierung geprägt. Von verschiedenen Autoren wird die Visualisierung sogar als der Haupttrend privat- und öffentlichkeitswirksamer Kommunikationsprozesse der vergangenen hundert Jahre beschrieben (vgl. Meyer/Ontrup/Schicha 2000: 75; Ludes/Schütte 1998: 239). Hinsichtlich massenmedialer Berichterstattung ist damit eine (meist zunehmende) Verwendung von (bewegten) Bildern gemeint. Dies steht in Zusammenhang mit technischer Verfügbarkeit (Vorhandensein von Aufnahmen, rechtzeitiges Eintreffen des Bildmaterials) und technisch-visuellen Darstellungsmöglichkeiten (Bildbearbeitung per Computer). Auch die zunehmende Konzentration auf Bildmotive und -material nach ästhetischen Kriterien (auch technische Qualität) und kommerziellen Aspekten (Aufmerksamkeit durch außergewöhnliche Aufnahmen) wird dazu gezählt (vgl. Diehlmann 2003: 120 u. 136; Ludes 2001a: 51 f.; Ludes/Schütte 1998: 242).

Dabei kommen der Visualisierung verschiedene Funktionen und Aufgaben zu (vgl. Meyer/Ontrup/Schicha 2000: 60 f., 169 u. 291 f.; Brosius 1998b: 217 f.; Jarren 1998: 87). Zu den Funktionen gehören die Informations-, Unterhaltungs-, Erlebnis-, Emotionalisierungs- und Interpretationsfunktion, die insgesamt zur Generierung von Aufmerksamkeit beitragen, welche in einem Konkurrenz betonten Umfeld auch hinsichtlich ökonomischer Aspekte relevant sind (vgl. Meckel 2001: 26). Bilder dienen darüber hinaus der Illustration von Themen, der Komplettierung und Ergänzung von Inhalten und der Transparenz von Sachverhalten. Sie können abstrakte Sachverhalte konkret vermitteln. Standard- und Schlüsselbilder erlauben es z. B., die visuelle Information auf ihren Kern bzw. Schlüssel zu verdichten (vgl. Ludes 2001b: 65 ff. sowie Kap. 2.2.3.3), Abstraktes konkret zu fassen, indem Politik reduziert und symbolisiert dargestellt wird und einzelne Bilder die Gesamtheit eines Geschehens, dessen Vielfalt und Mehrdimensionalität nicht dargestellt werden kann, vertreten (vgl. Kamps 1998: 37; Meckel/Kamps 1998: 26). Bilder können darüber hinaus Verständlichkeit fördern und zur Herausbildung von Orientierungsmustern beitragen (vgl. Spangenberg 1988: 784 f.). Außerdem können Bilder eigene Botschaften transportieren sowie Atmosphäre und Stimmungen darstellen. Zugleich verleihen Bilder der Berichterstattung Authentizität, denn sie scheinen die Realität ungefiltert wiederzugeben. Während bei journalistischen Texten offenbar klar ist, dass Journalisten Realität beschreiben, scheint dies bei Bildern nicht der Fall zu sein (vgl. Brosius 1998b: 213). Die Bilder genießen Priorität bei der Selektion von Reizen. Der Rezipient verliert die Distanz zu den Bildern. Vor allem mit Live-Berichterstattung wird eine Augenzeugenschaft assoziiert. Bilder wirken ohne rationale Prüfung des Informationsgehalts überzeugend (vgl. Meyer/Ontrup/Schicha 2000: 77; Schicha 2000a: 16 sowie Kap. 2.2.2.3).

Allerdings waren Ausstrahlungen im Fernsehen, das aufgrund seiner technischen Gegebenheiten ein Bildermedium ist, schon immer an das Visuelle gebunden. In diesem Sinne stand Fernsehjournalismus stets unter einem Visualisierungszwang, so dass Themen regelmäßig auch nach ihrem Visualisierungspotenzial ausgewählt wurden (vgl. Kap. 2.2.2.1 u. 2.2.2.3). Hier stellt sich die Frage, ob und inwieweit sich der Einsatz von Bildern durch den Fernsehjournalismus in den vergangenen Jahrzehnten verändert hat bzw. was invariant geblieben ist. Dies lässt sich durch die Untersuchung der unterschiedlichen Formen von Visualisierung im Bereich der journalistischen Berichterstattung im TV beantworten.

Visualisierung zeigt sich erstens im Hinblick auf die verwendeten journalistischen Darstellungsformen. So gelten Filmbeiträge und Nachrichten im Film als Indikator für einen höheren Grad an Visualisierung, während Wortmeldungen, Moderationen und Interviews für eine eher niedrige Ausprägung stehen (vgl. im Einzelnen Bruns/Marcinkowski 1997 123 ff.; Ludes 1994: 109; vgl. zusammenfassend Diehlmann 2003: 136 ff.). Der Visualisierungsgrad von Wortmeldungen, Moderationen und Interviews kann dabei etwa durch Hintergrundbilder oder durch Kamerabewegungen und Schnitte gesteigert werden. Visualisierung wird zweitens also in den eingesetzten fernseh-ästhetischen Mitteln deutlich. So sind Standbilder und ungeschnittene, unbewegte Sequenzen Indizien für wenig Visualisierung, während bewegte und montierte Bilder eine stärkere Visualisierung andeuten (vgl. Diehlmann 2003: 140), die sich durch Dynamik und Tempo noch vergrößern lässt (vgl. Zubayr/Fahr 1999: 643; Bruns/Marcinkowski 1997: 123 ff.; Ludes 1994: 109). Drittens zeigt sich Visualisierung in journalistischen TV-Sendungen auch über deren formal-ästhetische Gestaltung. Hier wird sie bei der Bildbearbeitung und -gestaltung, z. B. beim Vorspann, bei den Grafiken und Hintergrundbildern und den Schrifteinblendungen usw., durch ausgefeiltes Design deutlich. Zugleich trägt die Dekoration des Sendestudios zur Visualisierung journalistischer TV-Berichte bei, etwa durch Farben, Formen und Aufschriften als visuelle Hintergrundmerkmale (vgl. Diehlmann 2003: 120). Viertens weisen außergewöhnliche und seltene Aufnahmen auf einen hohen Visualisierungsgrad hin (vgl. Diehlmann 2003: 140).

Insgesamt lässt sich der Grad der Visualisierung wie folgt empirisch erfassen (vgl. Diehlmann 2003: 39 ff.): Je mehr Filmberichte gegenüber Wortmeldungen, Moderationen und Gesprächen, bewegte Bilder gegenüber Standbildern sowie Grafik- und Schrifteinblendungen gegenüber abgefilmten Plakaten und Schriften vorkommen und je stärker die Bildbearbeitung ist, desto größer ist die Visualität der Berichterstattung (vgl. Bruns/Marcinkowski 1997: 123 ff.; Ludes 1994: 109). Je ausgefeilter die formal-ästhetische Gestaltung vom Trailer über das Sendungslogo, die Schrifteinblendungen (Aufmachung in Farbe; bewegt oder statisch) und die Grafiken (nur Tabelle oder sich aufbauende Säulen/animierte Grafik; von Kamera abgefilmt oder eigenständige Computergrafik) bis hin zur Studiodekoration ist, desto höher kann der Grad der Visualisierung eingestuft werden. Und: Je häufiger außergewöhnliche Bilder eingesetzt werden, desto größer erweist sich die Visualität.

2.3 Wahlkampfberichterstattung als Form der Wahlberichterstattung

Nachdem die Politikberichterstattung als Form der Politikvermittlung erörtert und der Stand der Forschung dazu vorgestellt worden sind (vgl. Kap. 2.2), wird in diesem Kapitel eine Sonderform politischer Berichterstattung in den Fokus gerückt, die als Gegenstand politischer Kommunikation sehr gut erforscht ist (vgl. Kap. 2.2.2.3): die Wahlkampfberichterstattung. Sie ist Teil der Wahlkommunikation und kann weiter spezifiziert als Form von Wahlberichterstattung gelten. Wie sich diese Begrifflichkeiten voneinander abgrenzen lassen, steht im Mittelpunkt des folgenden Abschnitts (vgl. Kap. 2.3.1). Wegen der in der empirischen Forschung zur Wahlkampfkommunikation üblichen, oft uneindeutigen und uneinheitlichen Verwendung der verschiedenen Termini ist es nötig, schon an dieser Stelle eine systematische Präzisierung auch des Ausdrucks der Wahlabendberichterstattung voranzutreiben. Darauf wird in Kapitel 3, das sich diesem Phänomen exklusiv widmet, zurückgegriffen. Im Anschluss an die Definitionsarbeit erfolgt hier eine Bestandsaufnahme der Forschung zur Wahlkampfberichterstattung in Deutschland (vgl. Kap. 2.3.2), um die Vielzahl der Studien zu diesem Forschungsfeld und ihre heterogenen Herangehensweisen zu zeigen.

2.3.1 Wahlkampfberichterstattung – eine Begriffsabgrenzung

Unter dem Begriff der Wahlkommunikation wird üblicherweise eine ganze Reihe von Kommunikationsprozessen subsumiert. Schon vor zwei Jahrzehnten hat deshalb Langenbucher vorgeschlagen, den Ausdruck mindestens zu differenzieren nach: Wahl(parteien)kommunikation, Wahl(interessenverbands)kommunikation, Wahl(initiativen)kommunikation, Wahl(medien)kommunikation und Wahl(souverän)kommunikation (vgl. Langenbucher 1983: 114). Befolgt wurde der Rat jedoch nicht, denn der allgemeine Begriff wird in der politischen Kommunikationsforschung ebenso wie in der Praxis politischer Kommunikation weiter für unterschiedliche politische Kommunikationsprozesse verwendet.

Hier wird Langenbuchers Anregung aufgegriffen, die indes weiter zu konkretisieren ist, da die vorgeschlagenen Ausdrücke zum einen *nicht trennscharf* und zum anderen teilweise mehrere Phänomene in sich vereinen und deshalb *weiter differenzierbar* sind. An Trennschärfe fehlt es z. B. den Bezeichnungen Wahl(parteien)- und Wahl(medien)kommunikation. Sie überlappen sich etwa in Bezug auf Werbespots: Diese werden von Parteien initiiert, verantwortet und von den Fernseh- und Hörfunksendern lediglich ausgestrahlt. Wahl(medien)kommunikation lässt sich außerdem weiter differenzieren, denn der Terminus integriert als Darstellung von Politik im Kontext von Wahlkampf bzw. Wahlen durch die Medien sowohl Journalismus als auch andere Formen massenmedialer Darstellung. So kann die Selbstdarstellung der Politik (vgl. Kap. 2.2.1) ebenfalls per Massenmedien verbreitet werden, wie sich am Beispiel von Homepages von Parteien und Politikern im Internet (vgl. Döring 2003; Schweitzer 2003; Gellner/Strohmeier 2002a u. 2002b; Siedschlag/Bilgeri/Lamatsch 2002) oder auch von Werbespots der Parteien im Fernsehen illustrieren lässt (vgl. Müller, D. 2002; Holtz-Bacha 2000; Müller, M. 1999; Jakubowski 1998; Schönbach/Semetko 1994), deren Ausstrahlung rundfunkrechtlichen Regelungen unterliegt (vgl. Lessinger 2004: 129; Holtz-Bacha 2000: 63 ff.; Meyn 2001: 179 f.).

Als journalistische Darstellung von Politik im Zusammenhang mit Wahlen bzw. Wahlkämpfen gilt die Wahlkampfberichterstattung. Diese ist zunächst zu definieren als die politische Kommunikation während des Wahlkampfs und über den Wahlkampf in Massenmedien. Wahlkampfberichterstattung entsteht als spezifisches Produkt des Politikjournalismus innerhalb journalistischer Organisationen und wird von Akteuren hergestellt, die bestimmte journalistische Rollen innehaben und sich an spezielle Programme des Journalismus halten (vgl. Kap. 2.2.2.1). Dabei sollte die Wahlkampfberichterstattung aus Perspektive der politischen Kommunikationsforschung, idealerweise die drei Dimensionen von Politik – polity, policy und politics – darstellen, um als Politikberichterstattung bezeichnet werden zu können (vgl. Kap. 2.2.2.2).

Allerdings stellt sich die Frage, inwieweit Wahlkämpfe als eigenständige Phasen politischer Kommunikation von wahlfreien Phasen im politischen Prozess abzugrenzen sind. Eine Antwort erweist sich als schwierig. Generell bezeichnet Wahlkampf die Phase vor Wahlen. Zwar ist der Endpunkt eines Wahlkampfes eindeutig durch den Wahltermin gesetzt, jedoch gibt es kein ähnliches Kriterium für den Beginn. Beginnt der Wahlkampf direkt nach der Wahl, wie die in der Politik verbreitete Redewendung „Vor der Wahl ist nach der Wahl" vorgibt? Für einen permanenten Wahlkampf spricht die Vielzahl an Wahlen, die neben Bundestagswahlen auf Landes- und kommunaler Ebene jährlich stattfinden. Aus pragmatischer Sicht werden empirische Untersuchungen meist auf die letzten drei bis vier Wochen vor dem Wahltag begrenzt (vgl. Sarcinelli 2000: 23; Stiehler 2000: 105; Wilke/Reinemann 2000: 21).

Problematisch erweist sich zudem, dass neben dem Begriff der Wahlkampfberichterstattung in der diesbezüglichen wissenschaftlichen Literatur und empirischen Forschung weitere kursieren und daher eine begriffliche Schwammigkeit herrscht.[54] Diese lässt sich exemplarisch zeigen: Während Wilke und Reinemann Wahlkampfberichterstattung klar bezogen auf vier Wochen vor dem Wahltag definieren (vgl. Wilke/Reinemann 2000: 21), bündeln Krüger und Zapf-Schramm generell alle Sendungen, „die sich in ihrer Gesamtdauer und Thematik mit einer Wahl [...] befassten sowie auch alle Einzelbeiträge mit Wahlbezug in politischen Inlandsmagazinen" (Krüger/Zapf-Schramm 1999: 230) unter Wahlberichterstattung bzw. unter dem Ausdruck Wahlsendungen. Nach ihrer Begriffsauslegung und Anlage der Untersuchungszeiträume, die sechs Wochen bzw. fast sieben Monaten einschließlich des Wahltags bzw. sogar eines Tags nach der Wahl umfassen, gehören also Sendungen und Beiträge zum Wahlkampf, am Wahlabend und danach zur Wahlberichterstattung (vgl. Krüger/Zapf-Schramm 2002a: 610 u. 1999: 222). Zubayr und Gerhard definieren Wahlberichterstattung ebenfalls weitläufig: Neben Sendungen zum Wahlkampf und am Wahlabend gehören bei ihnen Sendungen nach dem Wahltag auch dazu (vgl. Zubayr/Gerhard: 1999: 237). Allerdings differenzieren sie zwischen Wahlkampfberichterstattung, z. T. als Vorwahlberichterstattung bezeichnet, und Wahlabendberichterstattung, teils als Wahltagberichterstattung tituliert (vgl. Zubayr/Gerhard 2002: 587).

Im Gegensatz dazu geht Zeh, der das Konstrukt Wahl(kampf)berichterstattung gebraucht, präziser vor (vgl. Zeh 1992: 45). Damit macht er zwar deutlich, dass er zwischen Wahlkampf- und Wahlberichterstattung trennt, aber er untersucht neben dem Wahlkampf (drei Wochen vor dem Wahltag) auch die Berichterstattung über das Wahlergebnis am Wahlabend und an den Tagen danach (bis zum Samstag nach dem Wahltag). Eine Abgren-

---

[54] Selbst im Journalismus werden die Begriffe vermischt (vgl. Bresser 1998: 3; Schättle 1981: 115).

zung von Wahlabend- und Nachwahlberichterstattung erfolgt also ebenfalls nicht. Auch Försterling bezeichnet die Berichterstattung an Tagen nach Wahlen lediglich als Wahlberichterstattung und nicht als Nachwahlberichterstattung (vgl. Försterling 2000: 91). Gleichermaßen verwenden Tennert und Stiehler den Begriff der Nachwahlkommunikation (vgl. Tennert/Stiehler 2001: 7; Stiehler 2000: 106 u. 111) für die Berichterstattung am Wahlabend und an den folgenden Tagen. Hingegen nutzen Melischek und Seethaler (vgl. Melischek/Seethaler 2003: 165; 2000: 135) sowie Scherer, Hagen, Rieß und A. Zipfel (vgl. Scherer/Hagen/Rieß/Zipfel 1996: 151) den Ausdruck Nachwahlberichterstattung für die Tage nach der Wahl.

Dieser Überblick zeigt das vorherrschende diffuse Verständnis der Begrifflichkeiten journalistischer Berichterstattung im Kontext von Wahlkampf und Wahlen sowie die uneinheitliche Verwendung dieser in der empirischen Forschung: Teilweise wird unter einem breiten gemeinsamen Label die journalistische Thematisierung zu unterschiedlichen Berichtsgegenständen bzw. verschiedenen -anlässen und zeitlichen Phasen verpackt, bspw. wenn mit Wahlberichterstattung einerseits Wahlkampf-, Wahlabend- und Nachwahlberichterstattung und andererseits lediglich Nachwahlberichterstattung gemeint ist. Teilweise ist die Etikettierung auch zu eng gewählt, z. B. wenn der Begriff der Nachwahlberichterstattung für Wahlabend- und Nachwahlberichte verwendet wird.

Nicht zuletzt wegen der Vergleichbarkeit der Forschungsergebnisse erscheint es erforderlich, diese Begrifflichkeiten voneinander abzugrenzen und genau zu beschreiben, denn es handelt sich dabei um Phänomene mit jeweils eigenen Funktionen, die je eine spezifische journalistische Behandlung erfordern. Während es im Wahlkampf überwiegend darauf ankommt, Botschaften der Politik an die Bevölkerung zu transportieren, deren Inhalte dabei transparent zu gestalten und ggf. zu kritisieren, um zu informieren und Orientierung zu geben, liegt der Schwerpunkt der Berichterstattung am Wahlabend darin, das (vorläufige) Ergebnis zu präsentieren, Statements dazu einzuholen und erste Interpretationen des Geschehens anzubieten. Im Zentrum der journalistischen Thematisierung an den Tagen nach der Wahl stehen hingegen die ausführliche Information über das Ergebnis und dessen Zustandekommen, eine breiter angelegte und tiefer gehende Interpretation sowie ein Ausblick.

Von diesen Überlegungen ausgehend macht es Sinn, das weitläufige Begriffsverständnis der vorhandenen Forschungsarbeiten zu journalistischer Berichterstattung im Zusammenhang von Wahlkampf und Wahlen zu systematisieren und einzugrenzen. Deshalb wird vorgeschlagen, den Ausdruck Wahlberichterstattung als Oberbegriff für die Begriffe Wahlkampf-, Wahltag-, Wahlabend- und Nachwahlberichterstattung zu verwenden (vgl. Abb. 2). Wahlkampfberichterstattung bezeichnet die journalistische Politikberichterstattung während des Wahlkampfs und über den Wahlkampf. Wahltagberichterstattung wird als diejenige politische Berichterstattung am gesamten Wahltag definiert, während Wahlabendberichterstattung die Berichterstattung speziell am Wahlabend in Form von Ergebnispräsentation, Statements und Interpretationen sowie auf Stimmungen bei Wahlfeiern fokussiert (vgl. Tennert/Stiehler 2001: 7, 15 u. 18 ff.; Wied 2001: 151; Försterling 2000: 92; Stiehler 2000: 106). Nachwahlberichterstattung meint die journalistische Berichterstattung über das Ereignis Wahl und seinen Folgen an den Tagen nach einer Wahl. Um als Politikberichterstattung im Sinne der politischen Kommunikationsforschung zu gelten, werden im Idealfall jeweils die drei Dimensionen des Politischen angesprochen.

Abb. 2: Formen von Wahlberichterstattung

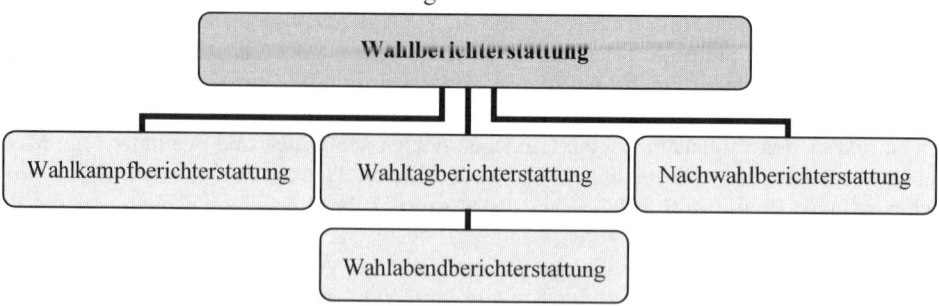

```
                    Wahlberichterstattung
        ┌──────────────────┼──────────────────┐
Wahlkampf-        Wahltag-              Nachwahl-
berichterstattung berichterstattung     berichterstattung
                        │
                  Wahlabend-
                  berichterstattung
```

Diese Begriffsbestimmung reicht aus, um den Stand der Forschung zur Wahlkampfberichterstattung vorstellen zu können. Für die Produktanalysen dieser Studie zur Wahlabendberichterstattung wird es notwendig sein, weitere Präzisierungen vorzunehmen, um den Untersuchungsgegenstand empirisch handhabbar zu machen (vgl. Kap. 3).

2.3.2 Untersuchungsgegenstand Wahlkampfberichterstattung

Wurden in dem vorangegangenen Abschnitt die Termini Wahlkommunikation und Wahlberichterstattung als Oberbegriffe für Kommunikation respektive Berichterstattung im Kontext von Wahlen und Wahlkampf diskutiert und auch deren interne Differenzierungen erörtert (vgl. Kap. 2.3.1), wird im Folgenden der Fokus auf die Wahlkampfberichterstattung gerichtet. Der Stand der Forschung zur Wahlkampfberichterstattung wird gerafft referiert. Dies dient als Basis zur Einordnung der Forschungsaktivitäten zur Wahlabendberichterstattung sowie der empirischen Erkenntnisse der vorliegenden Studie (vgl. Kap. 3.2 u. 6 bis 9). Zunächst ist aufgrund der Komplexität des Forschungsfeldes eine knappe allgemeine Einführung nötig.

Wahlen und Wahlkämpfe als Ereigniskontext sind seit Jahrzehnten bevorzugter Gegenstand der politischen Kommunikationsforschung. Dies ist kaum verwunderlich, gelten sie doch als Kristallisationspunkte politischer Kommunikation, als Testphase für moderne Formen der Politikvermittlung in der Mediengesellschaft und als prototypische Situation, um Beziehungen zwischen Medien und Politik zu erforschen (vgl. statt anderer Schulz 2003: 462). So wird stets betont, dass Kommunikation in Wahlkampfzeiten wegen der Bedeutung von Wahlen in demokratischen Systemen wie in Deutschland wichtig ist und Trends politischer Kommunikation hier besonders gut zu erkennen sind (vgl. Sarcinelli/Schatz 2002b: 9; Sarcinelli 2000: 22 f. u. 26). Allerdings wird auch kritisiert, dass die so gewonnenen Befunde allenfalls auf Wahlkämpfe mit ihren jeweiligen Konstellationen interpretiert werden können und keine verallgemeinerbaren Aussagen möglich sind (vgl. zusammenfassend Jarren/Donges 2002b: 207).

Als Themenfeld politischer Kommunikationsforschung haben Wahlen und Wahlkämpfe entsprechend eine lange Tradition. So begründete etwa die von Lazarsfeld geleitete Erie County-Studie anlässlich der amerikanischen Präsidentschaftswahl 1940 die empirische Wahl- bzw. Meinungsforschung, die den Beginn dieses Forschungszweiges markiert (vgl. Lazarsfeld/Berelson/Gaudet 1944). Dieser hat sich in den vergangenen Dekaden auch in Deutschland entwickelt und etabliert. Seit den 1980er Jahren haben Kaase und Klingemann zu den Bundestagswahlen Sammelbände zu dieser Thematik veröffentlicht (vgl. Klingemann/Kaase 2001, 1994 u. 1986; Kaase/Klingemann 1998, 1990 u 1983). Inzwischen wird die Reihe von weiteren Politikwissenschaftlern fortgeführt (vgl. Falter/Gabriel/Weßels 2005). Für einen Einblick in die Entwicklung der empirischen Wahl- und Meinungsforschung in Deutschland sei an dieser Stelle auf einen Sammelband verwiesen (vgl. Klein/Jagodzinski/Mochmann/Ohr 2000). Einen Überblick zu dieser Forschungsrichtung bieten in ihren Publikationen zur Wahlkampfberichterstattung Wilke und Reinemann (vgl. Wilke/Reinemann 2000: 8 ff.) sowie Jürgen Zeh (vgl. Zeh 1992: 12 ff. u. 27 ff.).

Während die Erkenntnisse der empirischen Wahlforschung für die vorliegende Studie zur Wahlabendberichterstattung weniger bedeutend sind, erweist sich die Berichterstattung über empirische Wahl- und Meinungsumfragen in aktuellen Massenmedien als relevant. Mit der journalistischen Thematisierung von Bevölkerungsumfragen v. a. in Wahlkampfzeiten hat sich die politische Kommunikationsforschung jüngst vermehrt beschäftigt (vgl. Hohlfeld 2003; Raupp 2003; Rössler 2003; Donovitz 1999; Brettschneider 1996 u. 1991).

Zur Rolle der Massenmedien und der journalistischen Berichterstattung im Kontext von Wahlkämpfen wird hierzulande verstärkt seit Anfang der 1970er Jahre geforscht. Auslöser scheinen Publikationen der Demoskopin Noelle-Neumann (vgl. Noelle Neumann: 1980a u. 1980b) zu ihrer Theorie der Schweigespirale gewesen zu sein (vgl. für einen synoptischen Überblick zur Geschichte dieses Forschungszweigs Holtz-Bacha 1996: 9). Zuvor sind Studien bereits vereinzelt durchgeführt worden: So entstanden zu Beginn der 1960er Jahre retrospektive Untersuchungen zur Meinungsbildung der Presse im Wahlkampf zu den Bundestagswahlen 1957 und 1953 (vgl. Meyn 1965; Müller 1961). Zur Bundestagswahl 1961 kamen weitere Analysen hinzu (vgl. für eine ausführliche Übersicht Wilke/Reinemann 2000: 10 ff.; Zeh 1992: 16 ff.). Mittlerweile ist die Zahl der Studien nicht nur zur Wahlkommunikation insgesamt, sondern auch zur Wahlkampfberichterstattung im Speziellen groß. Wie die politische Kommunikationsforschung (vgl. Kap. 2.1.2) ist auch der Bereich zur Wahlkampfberichterstattung ein heterogenes Forschungsfeld, das durch differierende Fragestellungen, unterschiedliche theoretische Herangehensweisen und verschiedene methodische Ansätze gekennzeichnet ist. In der Summe führt dies dazu, dass die Befunde dieses Forschungszweigs nur eingeschränkt vergleichbar sind.

An dieser Stelle genügt ein kursorischer Überblick über die wesentlichen Aspekte, ohne auf die einzelnen Ergebnisse der zahlreichen Studien einzugehen. In jüngeren Arbeiten wurde eine ausführliche Synopse kommunikationswissenschaftlicher Befunde zur Wahlkampfberichterstattung bereits geleistet: Zeh gliedert seinen international angelegten Überblick in die Darstellung der Akteure sowie ihre Tendenz und Dimensionen (vgl. Zeh 2005: 32 ff.). Wilke und Reinemann bevorzugen in ihrem Überblick kommunikationswissenschaftliche Untersuchungen aus Deutschland, berücksichtigen aber auch Studien aus den USA. Sie gehen darüber hinaus auf soziologische und politikwissenschaftliche Studien ein (vgl. Wilke/Reinemann 2000: 8 ff.). Holtz-Bacha berücksichtigt in ihrer Übersicht gesicherte Befunde und Desiderata kommunikationswissenschaftlicher Studien aus Deutschland (vgl. Holtz-Bacha 1996: 9 ff.). Zeh konzentriert sich in seinem Überblick auf Forschungen zur Wahlkampfberichterstattung in Zeitungen und fokussiert dabei auf den europäischen Kontext (vgl. Zeh 1992: 11 ff.). In dieser Arbeit werden daher nur die *Ergebnisse* der *Langzeituntersuchungen* zur Wahlkampfberichterstattung näher beleuchtet, da sie Ansatzpunkte für einen Vergleich mit der vorliegenden Longitudinalstudie zur Wahlabendberichterstattung bieten, die die Entwicklung politischer Kommunikation exemplarisch nachzeichnet.

In Anlehnung an die Lasswell-Formel lassen sich die Forschungsarbeiten zur Wahlkampfberichterstattung wie folgt gliedern (vgl. zur ebenfalls an diese Formel angelehnte Systematisierung politischer Kommunikationsforschung Kap. 2.1.2):

- Kommunikatoren und deren Quellen,
- Botschaften, Aussagen bzw. Inhalte,
- Medium und dessen Produktionskontext,
- Rezeption und Wirkung beim Publikum.

Auffallend ist, dass die einzelnen Segmente unterschiedlich intensiv behandelt werden. So stehen die Kommunikatoren der Wahlkampfberichterstattung und ihre Quellen sowie das Medium und seine Produktionskontexte selten im Zentrum der politischen Kommunikationsforschung. Im Mittelpunkt befinden sich dagegen die Inhalte der Wahlkampfberichterstattung sowie ihre Rezeption und Wirkung. Forschungen, die sich mit den Inhalten der Wahlkampfberichterstattung, ihrer Rezeption und Wirkung beschäftigen, lassen sich aber nur bedingt systematisch skizzieren, weil sich die Forschungsfelder teilweise überlappen. Deshalb werden manche Arbeiten beim folgenden Überblick mehrfach angeführt.

Generell wird nach der *Ausgewogenheit* und der *Vielfalt* der journalistischen Berichte gefragt sowie die *Trennung von Nachricht und Kommentar* analysiert.[55] Weiter werden die Thematisierung und die Darstellung der *Kanzlerkandidaten* in der Wahlkampfberichterstattung untersucht.[56] Auch einzelne journalistische *Medienangebote* bzw. *Formate* sind Gegenstand der Analysen. So wurden früher die Fernsehdebatten, die so genannten „Elefantenrunden" mit dem Titel „Drei Tage vor der Wahl", die zwischen 1967 und 1987 vor der Wahl geführt wurden, erforscht. Seit der Bundestagswahl 2002 werden die im Wahlkampf gezeigten TV-Duelle der Spitzenkandidaten von Union und SPD in den Blick genommen.[57]

In jüngerer Zeit stößt die Wahlkampfberichterstattung zu spezifischen *Themen* verstärkt auf das Interesse der politischen Kommunikationsforschung: Konjunktur hat z. B. die Analyse der Berichterstattung zu Umfragedaten der empirischen Wahl- und Meinungsforschung (vgl. Hohlfeld 2003; Raupp 2003; Rössler 2003; Donovitz 1999; Brettschneider 1996 u. 1991). Zudem wird die Meta-Berichterstattung in den Fokus gerückt, die die politische Fremddarstellung der Massenmedien im Wahlkampf thematisiert (vgl. Esser 2003).

Die Frage nach dem *Einfluss* der Wahlkampfberichterstattung ist eine der zentralen Fragen der politischen Kommunikationsforschung. Seit Mitte der 1970er Jahre wurden die *Wirkungen* der Berichterstattung bzw. der Massenmedien im Kontext von Wahlkämpfen auf die Politikwahrnehmung, auf Meinungen und Einstellungen und die Wahlentscheidung der Bürger u. a. unter Bezug auf die Agenda-Setting-These kontrovers diskutiert.[58]

---

[55] Vgl. Krüger/Müller-Sachse/Zapf-Schramm 2005; Krüger/Zapf-Schramm 2002a u. 1999; Schönbach/Semetko 2000 u. 1994; Zeh 1992; Koszyk/Prause 1990; Weiß 1982; Krüger 1978.

[56] Vgl. Zeh 2005; Schulz/Zeh 2003; Brettschneider 2002a u. 2002d; Greger 2002; Wilke/Reinemann 2003 u. 2000; Schneider/Schönbach/Semetko 1999; Wirth/Voigt 1999; Schulz/Berens/Zeh 1998; Kepplinger/Rettich 1996; Kindelmann 1994, Kepplinger/Dahlem/Brosius 1993; Schulz/Kindelmann 1993; Zeh 1992.

[57] Vgl. Dehm 2005 u. 2002; Scheufele/Schünemann/Brosius 2005; Maurer/Reinemann 2003; Bieber 2002; Hofmann 2002; Klein 1990, Schrott 1990; Holly/Kühn/Püschel 1989 u. 1986, Rütten 1989; Burkart 1985; Norpoth/Baker 1983; Baker/Norpoth/Schönbach 1981; Weiß 1976.

[58] Vgl. Maurer/Kepplinger 2003; Maurer/Reinemann 2003; Rössler 2003; Brettschneider 2002b u. 2002c; Greger 2002; Hüning/Otto 2002; Schatz-Bergfeld 2002; Schulz 1998 u. 1994; Kepplinger/Brosius/Dahlem

Zur *Rezeption* von Wahlkampfberichterstattung wird ebenfalls seit Ende der 1970er, Anfang der 1980er Jahre geforscht – auch dieser Themenbereich ist bis heute aktuell (vgl. Dehm 2005 u. 2002; Geese/Zubayr/Gerhard 2005; Zubayr/Gerhard 2002 u. 1999; Schneider/Schönbach/Semetko 1999; Kepplinger/Dahlem/Brosius1993; Darkow/Zimmer 1982).

Insgesamt ist das Gros der kommunikationswissenschaftlichen Studien zur Wahlkampfberichterstattung als *Einzeluntersuchungen* angelegt, die sich mit spezifischen Aspekten beschäftigen und meist auf ein Wahljahr beschränken (vgl. für eine ähnliche Bilanz Wilke/Spiller 2006: 103). Seit Beginn der 1990er Jahre sind aber regelmäßig *Sammelbände* erschienen, in denen unterschiedliche Forschungsansätze und Analysen zur Wahlkampfkommunikation und -berichterstattung gebündelt werden (vgl. Holtz-Bacha 2003a u. 1999; Bohrmann/Jarren/Melischek/Seethaler 2000; Holtz-Bacha/Kaid 1996 u. 1993).

Analysen, die *mindestens zwei Bundestagswahlen* einbeziehen, blieben lange die Ausnahme.[59] In jüngerer Zeit wurden jedoch einige Zeitreihenuntersuchungen durchgeführt oder Einzelanalysen früherer Jahre mit ähnlichen Designs wiederholt bzw. fortgesetzt: Eine Langzeitanalyse legten Wilke und Reinemann vor (vgl. Wilke/Reinemann 2000). Sie analysierten die Darstellung der Kanzlerkandidaten in den überregionalen Tageszeitungen FAZ, SZ, FR und „Die Welt" von 1949 bis 1998. Für den Wahlkampf zur Bundestagswahl 2002 wurde diese Studie fortgeführt (vgl. Wilke/Reinemann 2003).[60] Festgestellt wurden nur vereinzelt lineare Entwicklungen. Dies führte zur Schlussfolgerung, dass ihre Ursachen nicht in erster Linie medienintern zu lokalisieren, sondern die charakteristischen Schwankungen vielmehr auf die jeweilige politische Situation, die Ereignislage und die Kandidatenkonstellation zurückzuführen sind (vgl. Wilke/Reinemann 2003: 30, 42 u. 55). Einer der wenigen stetigen Trends ist hinsichtlich der journalistischen Darstellungsformen zu konstatieren: So zeigten sich ein Rückgang von Meldungen und Berichten sowie eine Zunahme von Reportagen, Features, Kommentaren und Glossen (vgl. Wilke/Reinemann 2003: 36). Darüber hinaus konnte gemessen an der Menge der Bilder eine im Zeitverlauf gesteigerte Visualisierung ermittelt werden (vgl. Wilke 2004: 213). Dabei verstärkte sich die Visualisierung relativ zu den Artikeln überproportional und war in spannenden Wahlkämpfen (1961, 1972 und 1976) stärker als in spannungsarmen (1987 und 1990). Wilke identifizierte zudem Zusammenhänge zwischen den Veränderungen bezüglich der Visualisierung und dem Wandel der Fototechnik sowie der Wahlkampfführung.

Bei den Themen wurden im Untersuchungszeitraum gewisse Konstanten, aber auch Themenwechsel verzeichnet (vgl. Wilke/Reinemann 2003: 38 ff.). Belege für einen durchgängigen Trend zur Personalisierung konnten Wilke und Reinemann nicht finden (vgl. Wilke/Reinemann 2003: 41 ff.). Jedoch machten sie Hinweise für eine zweiphasige Entwicklung aus: So kamen die Kandidaten seit 1980 stets häufiger in der Wahlkampfberichterstattung vor. Der Gesamtumfang der Zitierung verringerte sich seit 1980 kontinuierlich auf etwa die Hälfte seines Ausgangswertes und die durchschnittliche Länge der Zitate nahm

---

1994; Darkow/Buß 1983, Merten 1993; Schönbach 1983; Buß/Ehlers 1982; Feist/Liepelt 1982; Noelle-Neumann 1982, 1980a u. 1980b.

[59] Vgl. zu den Fernsehdiskussionen während der Bundestagswahlkämpfe 1972 bis 1980 Baker/Norpoth/Schönbach 1981; Norpoth/Baker 1983; vgl. zu den Sendungen „Drei Tage vor der Wahl" von 1972 bis 1987 Klein 1990; Schrott 1990.

[60] Das Untersuchungsmaterial und das Erhebungsinstrument wurden 2002 gleich gehalten, um eine Vergleichbarkeit der Befunde zu garantieren. Jedoch gab es Ergänzungen in Bezug auf die Wahlkampf-Themen sowie eine stärkere Untergliederung des Themas Wahl/Wahlkampf, „das sich als dominierend, aber als zu pauschal gefasst erwies" (Wilke/Reinemann 2003: 31).

ab. Dieser Trend setzte sich 2002 nicht fort. Der amtierende Kanzler wurde aber immer in mehr Beiträgen zitiert als sein Herausforderer (vgl. Wilke/Reinemann 2003: 49).

Des Weiteren wurde eine Langzeituntersuchung zu den Sendeformaten der Wahlkampfberichterstattung im Fernsehen vorgelegt (vgl. Wilke/Spiller 2006). Wegen der unzulänglichen Situation hinsichtlich des TV-Materials stützte sich diese Studie auf Sekundärquellen wie die Programmzeitschrift „HörZu", die Medien-Korrespondenzdienste „epd-Kirche und Rundfunk" und „Funkkorrespondenz" sowie Einzelstudien zur Wahlkampfberichterstattung im Fernsehen (vgl. Wilke/Spiller 2006: 105). In den Blick genommen wurden die Sondersendungen, die in den Bundestagswahlkämpfen von 1953 bis 1987 in der ARD und dem ZDF gezeigt worden sind. Die Autoren lieferten einen Überblick über Sendungstypen und -titel, über Programmfolgen und Ausstrahlungszeiten sowie z. T. über Akteure der Wahlkampfberichterstattung.

In einer weiteren Langzeituntersuchung haben Schönbach und Semetko die journalistischen Auswahlkriterien für Themen in Bundestagswahlkämpfen von 1976 bis 1998 erforscht (vgl. Schönbach/Semetko 2000). Sie kamen zu dem Ergebnis, dass in Deutschland i. d. R. ein „Sichtbarkeitsbonus" (Schönbach/Semetko 2000: 69) für die Regierung gilt, d. h., dass in der heißen Phase des Wahlkampfs im Unterschied zu angelsächsischen Ländern die jeweilige Opposition nicht ähnlich ausführlich zu Wort kommt wie die Regierung. Sie schlussfolgern daraus, dass bei der Themenauswahl der politischen Berichterstattung in Deutschland auch in Wahlkampfzeiten die üblichen Nachrichtenfaktoren bestimmend sind (vgl. Kap. 2.2.2.1).

Mittlerweile liegen außerdem einige Studien zur Thematisierung und Darstellung der beiden Spitzenkandidaten im Fernsehen vor, die seit 1990 mit ähnlichen Instrumenten gearbeitet haben, so dass auch hierbei kontinuierliche Entwicklungen sichtbar werden können (vgl. Schulz/Zeh 2003; Schulz/Berens/Zeh 1998; Kindelmann 1994; Schulz/Kindelmann 1993). Inzwischen wurde auch eine zeitlich vergleichende Analyse der Nachrichtensendungen von ARD, ZDF, RTL und Sat.1 in den Bundestagswahlkämpfen 1994 und 1998 veröffentlicht (vgl. Zeh 2005). Zeh arbeitete den Charakter der Berichterstattung über die Kanzlerkandidaten im Lichte sich ändernder Bedingungen heraus – verknüpft mit den Fragen nach den Wirkungen der Medien auf die Politik und nach der Instrumentalisierung der Medien durch die Politik.

Schließlich lässt sich festhalten, dass sich ältere Untersuchungen oft mit Wahlkampfberichterstattung in der Presse beschäftigten, dass das Fernsehen als Untersuchungsgegenstand aber schnell an Bedeutung gewann. Das Radio im Wahlkampf wurde indes bislang kaum wissenschaftlich beachtet (vgl. als Ausnahme Vowe/Wolling 2003). Dem Internet kommt hingegen inzwischen verstärkt Aufmerksamkeit zu, wenn auch weniger die Wahlkampfberichterstattung im Zentrum steht (vgl. als Einzelfall etwa Bieber 2003). Vielmehr wendet sich die Forschung der Selbstdarstellung durch Politik im Internet zu (vgl. u. a. Döring 2003; Schweitzer 2003; Gellner/Strohmeier 2002a u. 2002b; Siedschlag/Bilgeri/Lamatsch 2002).

Auf Basis der Begriffsklärung zur Wahlberichterstattung (vgl. Kap. 2.3.1) und der Bilanz zu Forschungsaktivitäten hinsichtlich der Wahlkampfberichterstattung (vgl. Kap. 2.3.2) lässt sich näher auf die Wahlabendberichterstattung eingehen (vgl. Kap. 3).

3 Wahlabendberichterstattung

Die Berichterstattung am Abend von Wahlen ist neben der Wahlkampfberichterstattung (vgl. Kap. 2.3) eine Sonderform der Politikberichterstattung. Sie stellt dementsprechend eine Komponente politischer Kommunikation (vgl. Kap. 2.1) dar, die innerhalb eines journalistischen Produktionskontextes (vgl. Kap. 2.2.2.1) hergestellt wird. Wurde dieser allgemeine Forschungsrahmen in den vorangegangenen Abschnitten erörtert, so steht im Folgenden die Wahlabendberichterstattung selbst im Zentrum. Bevor der Stand der Forschung zur Berichterstattung an Wahlabenden referiert und kritisch eingeordnet wird (vgl. Kap. 3.2), gilt zu klären, was genau als Wahlabendberichterstattung einzustufen ist (vgl. Kap. 3.1). Dabei kann an bereits vorgenommene Begriffsabgrenzungen angeknüpft werden (vgl. Kap. 2.3.1). An die Diskussion vorliegender Forschungsarbeiten zur Wahlabendberichterstattung, die sowohl auf die Untersuchungsdesigns eingeht als auch Befunde referiert, schließt eine Problemfokussierung an, die den Ausgangspunkt der weiteren Untersuchungsschritte markiert und diese anleitet (vgl. Kap. 3.3). Die Problemfokussierung beinhaltet sowohl die begründete Eingrenzung des Untersuchungsgegenstands und des -zeitraums als auch die in spezifizierte Einzelfragen konkretisierte forschungsleitende Ausgangsfrage (vgl. Kap. 1) sowie die analytische Unterscheidung in Untersuchungs-Ebenen.

3.1 Definition der Wahlabendberichterstattung

In Anlehnung an vorangegangene Überlegungen (vgl. Kap. 2.3.1) wird mit dem Terminus der Wahlabendberichterstattung eine Form von Wahlberichterstattung bezeichnet, die generell als die Politikberichterstattung am Abend von Wahltagen über den Wahlgang, das Wahlergebnis, erste Statements und Interpretationen dieses Ausgangs definiert werden kann. Aus der Perspektive der Journalismusforschung wird Wahlabendberichterstattung dabei innerhalb journalistischer Organisationen von journalistischen Akteuren in bestimmten Rollen und mit spezifischen Programmen des Journalismus produziert, wobei eine Orientierung an der Unterscheidung aktuell/nicht-aktuell in zeitlicher (neu), sachlicher (tatsachenbasiert) und sozialer (relevant) Dimension erfolgt. Um als Politikberichterstattung im Sinne der politischen Kommunikationsforschung gelten zu können, werden dabei im Idealfall jeweils die drei Dimensionen des Politischen angesprochen (vgl. Kap. 2.2.2.2).

Neben der in dieser Studie fokussierten Wahlabendberichterstattung können unter dem Oberbegriff der Wahlberichterstattung auch noch die Wahlkampf-, die Wahltag-, und die Nachwahlberichterstattung subsumiert werden. Sie lassen sich jeweils zeitlich, d. h., vor, am und nach dem Wahltag, sowie inhaltlich, etwa durch Fokussierung auf Wahlkampforganisation und politische Absichten, den Wahlgang, die Wahlbeteiligung und die Konsequenzen des Wahlgangs, von der Wahlabendberichterstattung abgrenzen.

Um eine Bestandsaufnahme der Forschungsaktivitäten zur Wahlabendberichterstattung vorzunehmen (vgl. Kap. 3.2), reicht die vorgelegte Definition aus. Weitere Präzisierungen sind jedoch mit Blick auf die empirischen Produktanalysen dieser Studie nötig, um den Untersuchungsgegenstand empirisch handhabbar zu machen. Sie erfolgen in der Problemfokussierung (vgl. Kap. 3.3).

3.2 Wahlabendberichterstattung als Forschungsgegenstand

Im Gegensatz zur Wahlkampfberichterstattung, zu der eine Vielzahl an Studien vorliegt (vgl. Kap. 2.3.2), erweist sich die kommunikationswissenschaftliche Literaturlage zur Wahlabendberichterstattung in Deutschland als äußerst dünn.[61] Die Studien, die überhaupt Aussagen zur Wahlabendberichterstattung treffen, beschäftigen sich oft nur am Rande mit diesem Phänomen (vgl. Wilke/Spiller 2006; Geese/Zubayr/Gerhard 2005; Krüger/Müller-Sachse/Zapf-Schramm 2005; Krüger/Zapf-Schramm 2002a u. 1999; Zubayr/Gerhard 2002 u. 1999; Huhndorf 1996). Lediglich einige wenige Ausnahmen richten gezielt ihr gesamtes Augenmerk auf diesen Untersuchungsgegenstand. Diese einschlägigen Auseinandersetzungen nehmen jedoch meist eine bestimmte Perspektive ein, sind auf eine spezifische Frage ausgerichtet und analysieren i. d. R. nur die Wahlabendberichterstattung über eine, allenfalls einige wenige zeitlich eng zusammenliegende Bundestagswahlen (vgl. Tennert/Stiehler 2001; Teichert/Deichsel 1987; Frank 1970; Freyberger 1970). Darüber hinaus werden in anderen Wissenschaftsdisziplinen die Wahlnachtssendungen im Fernsehen als Medienereignisse zum Anlass für Untersuchungen genommen (vgl. Lauerbach 2001).

Besonders auffällig ist außerdem, dass sich die Studien zur Wahlabendberichterstattung i. d. R. auf das politische Leitmedium Fernsehen (vgl. Kap. 2.2.2.3) beziehen[62], während die übrigen aktuellen Massenmedien bislang vernachlässigt wurden – nur ausnahmsweise wird der Radiojournalismus an Wahltagen und -abenden in den Blick gerückt (vgl. Vowe/Wolling 2003). Ist diese Bilanz für die Presseberichterstattung wenig verwunderlich, da Zeitungen üblicherweise nicht Sonntagabend erscheinen, sondern erst Montagmorgen veröffentlicht werden und damit als Nachwahlberichterstattung im Sinne der verwendeten Definition gilt (vgl. Melischek/Seethaler 2003 u. 2000; Försterling 2000; Scherer/Hagen/Rieß/Zipfel 1996; Försterling/Groeneveld 1983), erstaunt sie dagegen für den Onlinejournalismus, der wie der Rundfunk ebenfalls aktuell reagiert und berichtet.

Weiterhin lassen sich die bestehenden Studien und ihre Resultate zur Wahlabendberichterstattung in Deutschland nur bedingt systematisch vergleichen, da sie von unterschiedlichen Definitionen ausgehend verschiedene Untersuchungsgegenstände analysieren, sich dabei auf unterschiedliche Methoden stützen und divergierende Erhebungsinstrumente einsetzen. Dies kann jedoch nicht der Grund dafür sein, dass auf eine Gesamtschau vorlie-

---

[61] Auch im englischsprachigen Ausland gibt es bisher zur Wahlabendberichterstattung im Fernsehen nur wenige Forschungserträge (vgl. als Ausnahmen Mason/Frankovic/Hall Jamieson 2001; Mariott 2001; Frankovic 1998; Bohn 1980 u. 1968; Brown/Hain 1978; Pepper 1974). Erkenntnisse aus diesen Arbeiten wurden in die vorliegende Studie einbezogen, wenn sich Vergleichsmöglichkeiten im Hinblick auf Randbedingungen der Produktion der Wahlberichte ergeben haben (vgl. Kap. 5).

[62] Für die Forschungsarbeiten, die in den USA zur Wahlabendberichterstattung vorliegen, lässt sich eine ähnliche Bilanz ziehen – zumindest für die Analysen seit 1952 (vgl. Bohn 1980: 140; Pepper 1974: 27). Zuvor hatte es zwar bereits TV-Sendungen am Wahlabend gegeben, sie hatten jedoch eher einen Versuchscharakter. So wurden 1940 Bilder ohne Ton gezeigt, auf denen die Ergebnisse zu sehen waren, die aus einem Nachrichtenticker stammten (vgl. Bohn 1968: 281). 1948 spielte das Fernsehen eine größere Rolle, aber die Berichterstattung am Abend von Präsidentenwahlen war bis dahin von einem Wettbewerb zwischen Pressemedien und Radiosendern geprägt, der entsprechend wissenschaftlich begleitet wurde (vgl. Bohn 1968).

gender Studien und Befunde verzichtet wird. Vielmehr gilt es, bei dem vergleichenden Überblick die Unterschiedlichkeiten der Designs aufzudecken und damit die Verschiedenartigkeit der Ergebnisse, die jeweils anschließend präsentiert werden, transparent und nachvollziehbar zu machen. In einem ersten Schritt werden die Studien diskutiert, die sich eher beiläufig und damit *implizit* mit der Wahlabendberichterstattung als Forschungsgegenstand beschäftigen (vgl. Tab. 2), um in einem zweiten Schritt näher auf die Analysen einzugehen, die sich *explizit* mit diesem Untersuchungsobjekt befassen.

Implizit haben sich Untersuchungen mit Wahlabendberichterstattung auseinander gesetzt, die im Auftrag von ARD und ZDF durchgeführt wurden und ihren Fokus auf den Medienbereich des Fernsehjournalismus gerichtet haben. So gingen Krüger, Müller-Sachse und Zapf-Schramm sowie Krüger und Zapf-Schramm in ihren Analysen der Wahlberichterstattung im deutschen Fernsehen (Krüger/Müller-Sachse/Zapf-Schramm 2005; Krüger/Zapf-Schramm 2002a u. 1999) auch auf die TV-Berichterstattung am Wahlabend ein, während die Wahlkampfberichterstattung im Zentrum der Studien stand. Per Inhaltsanalyse wurde die Berichterstattung von ARD, ZDF, RTL, Sat.1 und z. T. Pro7 vor und zu den Bundestagswahlen 1998, 2002 und 2005 untersucht. Die Studien erfolgten unter dem Titel „Wahlmonitor" und wurden am Kölner IFEM-Institut durchgeführt, das sich seit 1986 für die ARD/ZDF-Programmanalyse im Auftrag der ARD/ZDF-Medienkommission verantwortlich zeichnet (Kap. 2.2.3.2). Ziel der Analysen war es, den Verlauf der Politikberichterstattung im Fernsehen in den Wahljahren systematisch zu beobachten und dabei den Umfang und die Erscheinungsformen der Wahlberichterstattung im Fernsehen strukturell und inhaltlich zu beschreiben.

In allen drei Studien wurde nach den Beiträgen mit explizitem Wahlbezug bzw. wahlrelevanten Informationsangeboten gefragt (vgl. Krüger/Müller-Sachse/Zapf-Schramm 2005: 598; Krüger/Zapf-Schramm 2002a: 610 u. 1999: 223). Es bestehen jedoch Unterschiede zwischen den Untersuchungszeiträumen. So deckte die Studie zur Bundestagswahl 2005 insgesamt 17 Wochen vorher, den Wahltag selbst und den Tag danach ab (vgl. Krüger/Müller-Sachse/Zapf-Schramm 2005: 598). Dagegen untersuchte der „Wahlmonitor" 2002 nur sechs Wochen vor der Bundestagswahl. Es wurden aber ebenfalls der Wahltag und der Tag nach der Wahl analysiert (vgl. Krüger/Zapf-Schramm 2002a: 610). Der Zeitraum der Analyse zur Bundestagswahl 1998 war hingegen noch breiter angelegt als die Untersuchung zur Bundestagswahl 2005: Es wurden beinahe sieben Monate einschließlich des Wahltags analysiert. Zusätzlich wurden 1998 unterschiedliche Analysezeiträume für die Nachrichtensendungen (13 Wochen) und für die politischen Informationssendungen (30 Wochen) gewählt (vgl. Krüger/Zapf-Schramm 1999: 222). Da indes nicht alle relevanten Ausgaben der politischen Informationssendungen als Aufzeichnung verfügbar waren, bezieht sich die Analyse auch auf Daten aus Sekundärquellen. So lässt sich nicht ausschließen, dass es einige Erhebungslücken gibt (vgl. Krüger/Zapf-Schramm 1999: 223). Außerdem wurden in der Themenanalyse unterschiedliche Kategorien verwendet. So wurden 1998 die Themen Arbeit/Wirtschaft/Soziales/Steuer und vier Jahre später Arbeit/Wirtschaft/Finanzen zu einer Kategorie zusammengefasst. Außerdem wurden die 1998 gebündelten Aspekte Wahlkampf/Umfragen/Kandidaten/Parteien vier Jahre später der Kategorie Wahl gegenübergestellt (vgl. Krüger/Zapf-Schramm 2002a: 612 f. u. 1999: 224 f.). 2005 wurden wiederum andere Kategorien zusammengezogen: z. B. Wahlkampf/Parteien allgemein, Umfragen/Reaktionen/Stimmungslage oder Wahlabend/Nach der Wahl (vgl. Krüger/Müller-Sachse/Zapf-Schramm 2005: 604).

Tab. 2: Übersicht über Design vorhandener Untersuchungen zur Wahlabendberichterstattung im Rundfunk (implizit)

Publikation	Auftraggeber	Untersuchungsgegenstand	Untersuchungszeitraum	Methode	Untersuchungsaspekte
Huhndorf 1996	Magisterarbeit	Wahlkampf- u. Wahlabendberichterstattung in ARD, ZDF, RTL u. Sat.1	Wahlkämpfe u. -abende der Bundestagswahlen 1969 bis 1994	Sekundärliteratur- u. Dokumentenanalyse	Konzept; Inhalt u. Akteure; Bedingungen u. Zwänge; Rezeption
Krüger/Müller-Sachse/Zapf-Schramm 2005	Medienkommission ARD/ZDF	Politikrelevante Informationssendungen (inklusive Personality Shows; ohne Wirtschaftsmagazine) in ARD, ZDF, RTL u. Sat.1	17 Wochen vor der Bundestagswahl 2005, der Wahltag u. der Tag danach; Haupt- u. Spätabendprogramm	Inhaltsanalyse	Umfang der wahlrelevanten Berichterstattung; Formate bzw. Sendeformen; Themen; Akteure; TV-Duell, Umfragen u. Metakommunikation
Krüger/Zapf-Schramm 2002a	Medienkommission ARD/ZDF	Politikrelevante Informationssendungen (inklusive Wirtschaftsmagazine u. Personality Shows) in ARD, ZDF, RTL, Sat.1 u. Pro7	sechs Wochen vor der Bundestagswahl 2002, der Wahltag u. der Tag danach; 17-1 Uhr	Inhaltsanalyse	Umfang der wahlrelevanten Berichterstattung; Formate bzw. Sendeformen; Themen; Akteure; TV-Duell
Krüger/Zapf-Schramm 1999	Medienkommission ARD/ZDF	Nachrichten u. politische Informationssendungen (ohne Wirtschaftsmagazine) in ARD, ZDF, RTL, Sat.1 u. Pro7	ca. sieben Monate vor der Bundestagswahl 1998 u. der Wahltag; versch. Analysezeiträume für Nachrichten (13 Wochen) u. pol. Infosendungen (30 Wochen); 17-1 Uhr	Inhaltsanalyse	Umfang der wahlrelevanten Berichterstattung; Formate bzw. Sendeformen; Themen; Akteure; Amerikanisierung
Vowe/Wolling 2003	verschiedene Landesmedienanstalten	Radiosender mit Programm für Thüringen: Antenne Thüringen, Landeswelle Thüringen, radio TOP 40, MDR 1, JUMP, MDR Kultur	zwei Tage vor der Bundestagswahl 2002, Wahltag, ein Tag nach der Wahl (je 5-19 Uhr; Wahltag bis 24 Uhr)	Inhaltsanalyse	Struktur; Themen

Publikation	Auftraggeber	Untersuchungsgegenstand	Untersuchungszeitraum	Methode	Untersuchungsaspekte
Wilke/Spiller 2006	Magisterarbeit	Wahlkampf- u. Wahlabendberichterstattung in ARD u. ZDF	Wahlkämpfe u. -abende der Bundestagswahlen 1953 bis 1983	Sekundärliteraturanalyse	Geschichte: u. a. Programmfolge, Titel, Sendetypen, Ausstrahlungszeitpunkt, Sendedauer
Geese/Zubayr/Gerhard 2005	Medienkommission ARD/ZDF	Wahlkampf-, Wahlabend- und Nachwahlberichterstattung (überwiegend) in ARD, ZDF, RTL u. Sat.1	für Auswertung der GfK-Daten: 23.05.-19.09.2005; für Befragung: Tage unmittelbar nach der Bundestagswahl 2005 (Es sind keine exakten Daten ausgewiesen.)	Nutzungsdaten der AGF-GfK-Fernsehforschung; ARD/ZDF-Wahltrend 2005	Umfang, Art der Nutzung; (v. a. Auswirkung der TV-Duelle auf das Informationsverhalten); Beurteilung der Informationsleistung; Zusammenhang zwischen Informationsverhalten u. Parteipräferenz
Zubayr/Gerhard 2002	Medienkommission ARD/ZDF	Wahlkampf- u. Wahlabendberichterstattung (überwiegend) in ARD, ZDF, RTL u. Sat.1	für Auswertung der GfK-Daten: 06.05.-22.09.2002; für Befragung: (1) 16.-19.09.2002, (2) 23./24.09.2002	Nutzungsdaten der AGF-GfK-Fernsehforschung; ARD/ZDF-Wahltrend 2002	Umfang, Art der Nutzung; (v. a. Auswirkung der TV-Duelle auf das Informationsverhalten); Beurteilung der Informationsleistung; Zusammenhang zwischen Informationsverhalten u. Parteipräferenz
Zubayr/Gerhard 1999	Medienkommission ARD/ZDF	Wahlkampf-, Wahlabend- u. Nachwahlberichterstattung (überwiegend) in ARD, ZDF, RTL u. Sat.1	für Auswertung der GfK-Daten: 01.05.-28.09.1998; Befragung: 22.10.-06.12.1998	Nutzungsdaten der AGF-GFK-Fernsehforschung; ARD/ZDF-Trend 1998	Umfang, Art der Nutzung; Beurteilung der Informationsleistung; Zusammenhang zwischen Informationsverhalten u. Parteipräferenz

Ähnlich waren sich die drei Untersuchungen dagegen in ihrem Erkenntnisinteresse. Es wurden weitgehend dieselben Fragen gestellt (vgl. Krüger/Müller-Sachse/Zapf-Schramm 2005: 598; Krüger/Zapf-Schramm 2002a: 610 u. 1999: 223):

- nach dem Umfang der wahlrelevanten Berichterstattung,
- nach den Sendeformen, in denen die Wahlinformationen vermittelt wurden,
- nach den Themen und ihrer Entwicklung im Zeitverlauf,
- nach den Parteien und Politikern, die in den wahlrelevanten Sendungen vorkamen, und
- nach der Ausgewogenheit und Chancengerechtigkeit ihrer Darstellung.

Darüber hinaus wurden unterschiedliche Aspekte schwerpunktmäßig behandelt. So erhielten 2002 die Fernsehduelle besondere Aufmerksamkeit, während 1998 die Tendenz zur Amerikanisierung thematisiert wurde. 2005 wurden zusätzlich die Berichterstattung über Umfrageergebnisse und die Metakommunikation, d. h., der Auftritt von prominenten Journalisten als Interpretatoren in der Wahlberichterstattung, in den Blick genommen.

Die wichtigsten Befunde des „Wahlmonitors" 2005, 2002 und 1998 waren folgende: In allen drei Untersuchungsjahren wurden Wahlinformationen im Wesentlichen von den öffentlich-rechtlichen Sendern erbracht. Zwei Drittel des gesamten wahlrelevanten Informationsangebots stammten 1998 und 2002 von ARD und ZDF und ein Drittel von RTL, Sat.1 und Pro7[63] (vgl. Krüger/Zapf-Schramm 2002a: 610 u. 1999: 223). 2005 wurden sogar mehr als 80 Prozent der Informationsangebote mit Wahlbezug von den öffentlich-rechtlichen Programmen ausgestrahlt (vgl. Krüger/Müller-Sachse/Zapf-Schramm 2005: 600 u. 611).[64] Während die Wahlinformationen 2002 in etwa zur Hälfte in regelmäßig ausgestrahlten Informations- bzw. Politiksendungen mit festem Sendeplatz und zur Hälfte in Wahlsondersendungen ausgestrahlt wurde (vgl. Krüger/Zapf-Schramm 2002a: 611), fand der Fernsehwahlkampf 1998 schwerpunktmäßig in den politischen Informationssendungen (einschließlich der Wahlsondersendungen) statt. In den Nachrichten war der Wahlkampf 1998 ein Thema unter vielen (vgl. Krüger/Zapf-Schramm 1999: 223).[65] 2005 lag das Schwergewicht mit 61 Prozent auf den Wahlsendungen, während auf Nachrichten und Magazine nur 39 Prozent entfielen (vgl. Krüger/Müller-Sachse/Zapf-Schramm 2005: 601).

Die Wahl bzw. der Wahlkampf waren in der Wahlberichterstattung zu den drei Bundestagswahlen mit Abstand am häufigsten angesprochene Thema (vgl. Krüger/Müller-Sachse/Zapf-Schramm 2005: 603 u. 612). Dabei spielte in den Wahlkämpfen 1998 und 2002 die Themenentwicklung eine wichtige Rolle (vgl. Krüger/Zapf-Schramm 2002a: 612 ff. u. 1999: 223 u. 231). Für 1998 belegen die Autoren, dass das Thema Wahlkampf in den

---

[63] Bei Pro7 wurde die Wahl 2002 außerhalb der Nachrichten und Magazine nur auf der Ebene der Unterhaltung aufgegriffen: in der „Wahlbullyparade" und als „TV total Wahl Spezial". Seriöse Wahlsendungen gab es im Gegensatz zu 1998 nicht (vgl. Krüger/Zapf-Schramm 2002a: 611).

[64] Allerdings wurde Pro7 wegen seines äußerst geringen Beitrags zur Wahlinformation im Wahljahr 2002 nicht in diese Analyse einbezogen (vgl. Krüger/Müller-Sachse/Zapf-Schramm 2005: 598).

[65] An dieser Stelle sei noch einmal darauf hingewiesen, dass den beiden Untersuchungen offensichtlich ein unterschiedliches Begriffsverständnis zugrunde lag und auch der Untersuchungsgegenstand differierte: So wurde 1998 zwischen politischen Informationssendungen einschließlich Wahlsondersendungen von Nachrichten und Nachrichtenmagazinen unterschieden, während Nachrichten 2002 zu den politischen Informationssendungen zählten. Ein systematischer Vergleich ist damit kaum möglich.

Sendungen am Wahlabend der Landestagswahlen und der Bundestagswahl am stärksten vertreten war (vgl. Krüger/Zapf-Schramm 1999: 232). Sie vermuten, dass die außerordentlich häufige Thematisierung des Wahlkampfes eine Reaktion der Medien auf neue Formen der Wahlkampfführung oder aber sogar auch selbst Ausdruck dieser neuen Formen sein könnte (vgl. Krüger/Zapf-Schramm 1999: 233).

Die Wahlsendungen 2002 und 1998 sind durch eine quantitative Ausgewogenheit der Parteienpräsenz – 2002 gemessen anhand der Erscheinungshäufigkeit in Form von Partei- und Politikernennungen und O-Ton-Auftritten – von Regierung und Opposition gekennzeichnet (vgl. Krüger/Zapf-Schramm 2002a: 617 u. 1999: 224 f. u. 233). Auch in der Wahlthematisierung zur Bundestagswahl 2005 wurden die beiden großen politischen Lager ausgewogen präsentiert (vgl. Krüger/Müller-Sachse/Zapf-Schramm 2005: 606 u. 612). Dabei waren 2005 und 2002 die einzelnen Parteien in ARD und ZDF breiter und mit deutlich mehr Politikern präsent als bei den Privatsendern, die sich stärker auf die beiden großen Parteien und die Kanzlerkandidaten konzentrierten. 2005 kam die Verteilung der Fernsehpräsenz der Parteien den tatsächlichen Stimmenanteilen nach der Bundestagswahl relativ nahe (vgl. Krüger/Müller-Sachse/Zapf-Schramm 2005: 607). 1998 wurde sogar eine idealtypische Chancenverteilung der Parteienpräsenz konstatiert: „Dies zeigte sich nicht nur in formaler Ausgewogenheit der beiden großen Blöcke aus Regierungskoalition und Opposition, sondern auch in einer nach Proporz ausgewogenen Präsenz der einzelnen Parteien." (Krüger/Zapf-Schramm 1999: 233) 1998 konnte jedoch ein Regierungs- bzw. Amtsbonus des Kanzlers in der allgemeinen Politikberichterstattung und in den Nachrichtensendungen festgestellt werden (vgl. Krüger/Zapf-Schramm 1999: 225). Im Gegensatz dazu weisen die Befunde für die wahlrelevanten Informationssendungen 2002 weder auf einen „nennenswerten Kanzlerbonus noch einen Regierungsbonus" (Krüger/Zapf-Schramm 2002: 618) hin. 2005 wurde sogar ein Vorsprung der Herausforderin Angela Merkel vor dem Bundeskanzler Gerhard Schröder belegt (vgl. Krüger/Müller-Sachse/Zapf-Schramm 2005: 609).

Neben den Inhaltsanalysen von Krüger, Müller-Sachse und Zapf-Schramm sowie Krüger und Zapf-Schramm liegen Zuschauerbefragungen der Medienforschungsabteilungen der öffentlich-rechtlichen Sendeanstalten vor, die ebenfalls implizit Ergebnisse zur TV-Berichterstattung an den Abenden der Bundestagswahlen 2005, 2002 und 1998 liefern (vgl. Geese/Zubayr/Gerhard 2005; Zubayr/Gerhard 2002 u. 1999). Geese, Zubayr und Gerhard sowie Zubayr und Gerhard untersuchten die Nutzung und Bewertung der Fernsehwahlberichterstattung, verstanden als Wahlkampf-, Wahlabend- sowie 2005 und 1998 auch als Nachwahlberichterstattung. Dabei definierten sie in beiden Studien Wahlsondersendungen 2002 und 1998 ähnlich, nämlich als solche, „die sich explizit mit der Bundestagswahl beschäftigt und dies auch im ausgedruckten Sendungstitel angekündigt haben" (Zubayr/Gerhard 1999: 237). Sie stützten sich bei ihren Auswertungen zum einen auf Daten der AGF-GfK-Fernsehforschung, welche Auskunft über die Reichweiten von TV-Sendungen geben. Die Meinung der Zuschauer über die Wahlberichterstattung entstammt zum anderen den Befunden des ARD/ZDF-Trends 1998[66] bzw. des ARD/ZDF-Wahltrends 2002[67] sowie des

---

[66] Der ARD/ZDF-Trend ist eine regelmäßige Repräsentativbefragung, die in diesem Fall vom 22.10.1998 bis 06.12.1998 bei etwa 4 500 Personen über 14 Jahre in Form von mündlichen Face-to-face-Interviews von Infratest und RSG Marketing Research durchgeführt wurde.

[67] In einer zweistufigen Repräsentativumfrage wurden von forsa 2 500 wahlberechtigte Bundesbürger ab 18 Jahren befragt. Um Ergebnisse zum Wahlkampf und zum Wahlabend zu erzielen, wurde die Stichprobe geteilt: Die erste Hälfte wurde in der Woche vor der Wahl vom 16. bis 19.09.2002 befragt und die zweite Hälfte am Montag und Dienstag nach der Wahl (23./24.09.2002).

ARD/ZDF-Wahltrends 2005[68]; (vgl. Geese/Zubayr/Gerhard 2005: 613 Zubayr/Gerhard 2002: 586 u. 1999: 237). Ein direkter Vergleich der Ergebnisse ist hierbei jedoch aus mehreren methodischen Gründen kaum möglich, da neben unterschiedlichen Untersuchungszeiträumen die Erhebungsverfahren und Untersuchungsinstrumente divergieren. Einerseits wurden die Interviews im Gegensatz zur Studie von 2002 vier Jahre zuvor mündlich-persönlich geführt. Informationen zum Erhebungsverfahren 2005 liegen nicht vor. Andererseits waren die verwendeten Antwortmöglichkeiten 2002 differenzierter als 1998 (vgl. Zubayr/Gerhard 2002: 598 f.). Während den Befragten 1998 z. B. in Bezug auf die Wahlabendberichterstattung vier Aussagen zur Beurteilung der Sender vorgelegt wurden, waren es 2002 insgesamt neun, davon lediglich zwei in demselben Wortlaut und eine ähnlich klingende Formulierung (vgl. Tab. 3).

Tab. 3: Antwortskalen der ARD/ZDF-Trendbefragungen zur Wahlabendberichterstattung

1998	2002
- war klar und verständlich	- brachte zuverlässige Prognosen und Hochrechnungen
- hatte interessante Interviews	- war klar und verständlich
- brachte aufschlussreiche Analysen	- die Sendungen waren kompetent moderiert
- war spannend gemacht	- zeigte die Reaktionen der wichtigsten Politiker im Gespräch
	- war sehr informativ
	- brachte sofort die wichtigsten Ergebnisse
	- führte interessante Interviews
	- die Sendungen waren sympathisch moderiert
	- brachte aufschlussreiche Analysen

Quelle: Zubayr/Gerhard 2002: 597 u. 1999: 241

2005 kamen weitere Antwortoptionen hinzu (vgl. Geese/Zubayr/Gerhard 2005: 625): „hier wurden die Ergebnisse anschaulich dargestellt", „die Moderatoren behielten – trotz des komplizierten Wahlausgangs – den Überblick", „die Ergebnisse wurden sachkundig erklärt" und „hier wurde die Wahl dramatischer gemacht als sie eigentlich ist". Im Vergleich zu 2002 wurden außerdem zwei Aussagen leicht abgeändert. Darüber hinaus ermöglichten die Fragen 1998 Antworten auf einer sechsstufigen Skala von „trifft voll und ganz zu" bis „trifft überhaupt nicht zu". Hingegen wurde 2005 und 2002 danach gefragt, auf welchen Sender die jeweilige Aussage am ehesten zuträfe. Zudem wurde 2002 nach einer Gesamtbewertung der Wahlabendberichterstattung verschiedener Fernsehsender gefragt (vgl. Geese/Zubayr/Gerhard 2005: 625; Zubayr/Gerhard 2002: 597 u. 1999: 241). In allen drei Analysen wurde jedoch ähnlichen Fragen nachgegangen (vgl. Geese/Zubayr/Gerhard 2005: 613 u. 621; Zubayr/Gerhard 2002: 586 u. 1999: 237). Sie betreffen:

- den Umfang sowie die Art und Weise der Nutzung der TV-Wahlberichterstattung (Wo haben sich die Bürger informiert? Welche Präferenzen sind zu erkennen?),[69]

- die Beurteilung der Informationsleistung des Fernsehens bzw. der Fernsehsender,

---

[68] forsa befragte in den Tagen nach der Bundestagswahl 2005 insgesamt 1 200 repräsentativ ausgewählte Wahlberechtigte. Exaktere Daten wurden nicht angegeben.
[69] 2002 wurde zusätzlich speziell nach der Auswirkung der TV-Duelle auf das Informationsverhalten der Bundesbürger gefragt.

- den Zusammenhang zwischen Informationsverhalten bzw. Bewertung und Parteipräferenz der Zuschauer der TV-Wahlabendberichterstattung sowie ihr Bild von Politik bzw. Politikern.

Die zentralen Ergebnisse der AGF-GFK-Nutzungsdaten lassen sich wie folgt zusammenfassen: In allen drei Wahljahren wurden die Wahlsendungen von ARD und ZDF von deutlich mehr Zuschauern gesehen als die von RTL und Sat.1. 2005 fiel diese Bilanz eindeutiger aus als drei Jahre zuvor. Im Vergleich zur Bundestagswahl 2002 reduzierte sich die Zahl der Zuschauer, die 2005 Wahlsendungen bei RTL und Sat.1 sahen, stark (vgl. Geese/Zubayr/Gerhard 2005: 614). Die Autoren machen hierfür das verringerte Angebot der Privatsender und den veränderten Modus des Fernsehduells verantwortlich. Dagegen waren die Zuschauerzahlen bei den Privatanbietern 2002 im Vergleich zu 1998 höher. Dies führen die Autoren ebenfalls auf die Fernsehduelle zurück, die innerhalb der Wahlkampfberichterstattung 2002 die größte Beachtung fanden. Ohne Berücksichtigung der TV-Duelle erzielte die Wahlkampfberichterstattung 2002 aber insgesamt eine ähnliche Resonanz wie vier Jahre zuvor (vgl. Zubayr/Gerhard 2002: 587 u. 1999: 237). Zubayr und Gerhard nehmen an, dass die höhere Nutzung von ARD und ZDF dadurch bedingt ist, dass die Öffentlich-Rechtlichen mehr Informationssendungen ausstrahlen und dies zu günstigeren Zeiten tun (vgl. Zubayr/Gerhard 2002: 587 u. 1999: 238).

Auch am Abend der Bundestagswahlen informierten sich die meisten Zuschauer bei den öffentlich-rechtlichen Sendern (vgl. Geese/Zubayr/Gerhard 2005: 622 u. 625; Zubayr/Gerhard 2002: 595 u. 239). Vor dem Hintergrund der knappen Wahlausgänge 2005 und 2002 fanden die nach 21.00 Uhr ausgestrahlten Sendungen ein ungleich größeres Publikum als 1998 (vgl. Geese/Zubayr/Gerhard 2005: 623). 2002 wurden die Wahlberichte zur Bundestagswahl bis weit nach Mitternacht verfolgt (vgl. Zubayr/Gerhard 2002: 595).

Die Befragungen haben ergeben, dass die Wahlkampfberichterstattung von ARD und ZDF 2005, 2002 und 1998 positiver bewertet wurde als die der privaten TV-Anbieter (vgl. Geese/Zubayr/Gerhard 2005: 620; Zubayr/Gerhard 2002: 592 u. 1999: 240). Dabei erhielt die Wahlkampfberichterstattung der ARD ein etwas besseres Urteil als die des ZDF (vgl. Geese/Zubayr/Gerhard 2005: 620; Zubayr/Gerhard 2002: 592 u. 1999: 240). Das Publikumsbild der Sendungen des Wahlabends ähnelte dem Meinungsbild über die Wahlkampfsendungen: Auch am Wahlabend wurde die Berichterstattung der öffentlich-rechtlichen Sender 2002 und 1998 besser beurteilt als die der Privaten (vgl. Zubayr/Gerhard 2002: 596 u. 1999: 240 ff.). Anders als bei der Wahlkampfberichterstattung schnitt das ZDF hier positiver ab als die ARD (vgl. Zubayr/Gerhard 2002: 596 f. u. 1999: 242).

Es wird jedoch deutlich, dass die Bewertungsunterschiede der öffentlich-rechtlichen Sendeanstalten auf der einen Seite und der privaten TV-Sender auf der anderen Seite bei der Wahlabend- geringer waren als bei der Wahlkampfberichterstattung. Dies gilt insbesondere für RTL. Der Privatsender erreichte 2005 sogar das gleiche Ergebnis wie das ZDF: 69 Prozent der Zuschauer waren mit den Leistungen der beiden Programme am Wahlabend zufrieden. Dagegen schnitt die ARD mit insgesamt 71 Prozent etwas besser ab (Geese/Zubayr/Gerhard 2005: 623). Zubayr und Gerhard begründen die gute Bewertung der RTL-Wahlabendberichterstattung für die Bundestagswahl 1998 damit, dass der redaktionellen Ausgestaltung der Berichte an Wahlabenden durch die jeweilige Ereignislage engere Grenzen gesetzt seien als bei den Wahlkampfsendungen. „Denn der Einsatz von Ergebnismeldungen, Analysen und Interviews folgt am Wahlabend einem bekannten Schema, nach dem alle Sender sich mehr oder weniger richten (müssen)." (Zubayr/Gerhard 1999: 242) Darüber hinaus lassen sich 2005 und 2002 zwischen den beiden Privatsendern große Differenzen ausmachen. Sat.1 schnitt in beiden Jahren im Vergleich zu RTL wesentlich schlechter ab als noch 1998 (vgl. Geese/Zubayr/Gerhard 2005: 623; Zubayr/Gerhard 2002: 596 f.). Insgesamt lässt sich festhalten, dass die Bewertung der Wahlabend- mehr als die der Wahlkampfberichterstattung mit dem Alter der Zuschauer zusammenhängt. Für 2002 befanden die Autoren: „Wer jünger als 30 Jahre alt ist, bewertete die Sendungen von RTL am besten. Alle Zuschauer über 30 Jahre gaben dem ZDF die beste Bewertung." (Zubayr/Gerhard 2002: 596)[70] Ein Befund der Trendbefragung zur Bundestagswahl 1998 relativiert diese Aussage. Demnach hielten jüngere Zuschauer im Unterschied zu älteren die Ergebnisberichte aller Sender für nicht besonders spannend (vgl. Zubayr/Gerhard 1999: 242).

Neben den referierten Studien im Auftrag von ARD und ZDF geht Huhndorf in einer als Dokumentation vorgelegten historisch-deskriptiven Magisterarbeit zu den Wahlkampfsondersendungen im deutschen Fernsehen von 1969 bis 1994 auch auf die Wahlabendberichterstattung ein (vgl. Huhndorf 1996). Dies geschieht jedoch äußerst knapp: Auf lediglich zwei Seiten werden einige wichtige Aspekte der Wahlabendberichterstattung von 1965 bis 1994 exemplarisch angesprochen, so z. B. der grobe Zeitrahmen, einige zentrale inhaltliche Aspekte wie Hochrechnungen, technische Entwicklungen und der Start der Wahlabendsondersendungen im privaten Fernsehen (vgl. Huhndorf 1996: 39 f.).

Die Magisterarbeit von Spiller ist Grundlage eines gemeinsamen Aufsatzes mit Wilke zur Wahlkampfberichterstattung im deutschen Fernsehen von 1953 bis 1983 am Beispiel von Sondersendungen (vgl. Wilke/Spiller 2006). Dabei befassen sich die Autoren ebenfalls mit den Wahlabendberichten im TV (vgl. Wilke/Spiller 2006: 115 ff.), obwohl Wilke und Spiller davon ausgehen, dass diese Sendungen am Wahlabend nicht „im eigentlichen Sinne zur Wahlkampfberichterstattung" (Wilke/Spiller 2006: 115) gehören und es sich bei diesen Wahlabendberichten ihrer Ansicht nach auch „weniger um ein eigenes Sendeformat, sondern um eine Mischform handelt, in die im Laufe der Jahre verschiedene Elemente Eingang fanden" (Wilke/Spiller 2006: 116). Wilke und Spiller skizzieren die Entwicklung der Wahlabendsondersendungen, indem sie die Titel, die Ausstrahlungszeiten sowie die Elemente und die Akteure der Berichte am Abend von Bundestagswahlen in ihrer historischen Abfolge darstellen. Die Autoren stützen sich dabei auf Sekundärquellen.

Des Weiteren haben sich Vowe und Wolling mit der Wahlberichterstattung von sechs Radiosendern, die ein Programm (auch) für Thüringen ausstrahlen, beschäftigt und dabei neben der Wahlkampf- und Nachwahl- auch die Wahlabendberichterstattung in den Blick genommen (vgl. Vowe/Wolling 2003). Die Untersuchung erfolgte als Sekundäranalyse von Daten, die nicht extra für diesen Zweck, sondern im Rahmen eines Forschungsprojektes im Auftrag mehrerer Landesmedienanstalten zu den Erwartungen der Hörer an das Radio und den Leistungen von Radiosendern erhoben wurden. Gegenstand der Inhaltsanalyse war die Berichterstattung mit Wahlbezug – verstanden als explizite Erwähnung der Bundestagswahl (vgl. Vowe/Wolling 2003: 102). Neben Informationsbeiträgen (Nachrichtenbeiträge und einzelne Beiträge außerhalb der Nachrichtenblocks) wurden ebenfalls humorvolle Beiträge, Hörermeinungen, Trailer, Wahlsondersendungen und Wahlwerbung in die Analyse einbezogen, sofern sie einen dezidierten Wahlbezug aufwiesen.

Die Befunde zeigen generell, dass die Radiosender die Bundestagswahl 2002 sehr unterschiedlich thematisierten. In der Regel werden jedoch am Wahlabend die gleichen Ele-

---

[70] Nach einer Gesamtbewertung ist 1998 nicht gefragt worden.

mente eingesetzt wie in der TV-Wahlabendberichterstattung: So erweisen sich neben der kontinuierlichen Information über Prognose und Hochrechnungen ebenfalls Reaktionen von Spitzenpolitikern und die Stimmung auf Wahlpartys wie auch Einschätzungen von Experten und Berichte über die Wahrnehmung und Einschätzung der Bundestagswahl im Ausland als relevant (vgl. Vowe/Wolling 2003: 108 ff.). Wegweisend ist darüber hinaus v. a. die Erkenntnis der Bedeutung von skurrilen Beiträgen, etwa zum Kauf und Verkauf von Wählerstimmen, zum Wahlgang von Gefängnis-Insassen oder zum Interview eines Kindes mit Bundestagsabgeordneten, und von humorigen Berichten, z. B. zu den Wahlkampfaktivitäten einer fiktiven Partei, Gespräch mit einem Stimmenimitator des amtierenden Kanzlers bzw. seines Herausforderers oder mit einem Kabarettisten, der zur Wahlabstinenz aufruft (vgl. Vowe/Wolling 2003: 108).

Thematisierten die bisher vorgestellten Analysen die Wahlabendberichterstattung eher implizit, fokussieren die nachfolgend dargestellten Studien *explizit* auf diesen Untersuchungsgegenstand (vgl. Tab. 4). Auch hier lässt sich zwischen Medieninhaltsanalysen und Rezipientenstudien differenzieren. Zu Letzteren gehören verschiedene Studien, die im Auftrag von ARD und/oder ZDF oder intern in einer der beiden Sendeanstalten durchgeführt wurden und auf die Rezeption der Wahlabendberichterstattung fokussierten.[71] Dazu zählen z. B. Untersuchungen des Zuschauerverhaltens und der Beurteilung der TV-Wahlsendungen am Abend der Bundestagswahl 1969 durch Infratest und Infratam (vgl. Frank 1970).[72] Insgesamt drei Sonderanalysen und -auswertungen der Fernsehberichterstattung am Wahltag hat das ZDF damals in Auftrag gegeben.[73] Frank hat in einem Aufsatz einige Befunde zusammengefasst (vgl. Frank 1970: 192 ff.). Er geht dabei v. a. auf die Beurteilung der ZDF-Wahlabendberichterstattung ein.[74] Die quantitativen Daten zur Nutzung der Wahlabendsendungen bei ARD und ZDF referiert er hingegen nur kurz.

Zentrale Befunde sind: Das Interesse an der TV-Berichterstattung am Wahlabend war 1969 nicht auf die Zuschauer beschränkt, die sich selbst als politisch interessiert bezeichnen. Außerdem schloss dieses Interesse an der Wahlabendberichterstattung ein Interesse an unterhaltenden Zwischenprogrammen nicht aus: Alle Zuschauergruppen bevorzugten mehr oder weniger eine Kombination von Wahlberichten und Unterhaltung (vgl. Frank 1970: 192).

---

[71] Interne Auswertungen zum Zuschauerverhalten an Wahlabenden wurden i. d. R. nicht publiziert. Einige dieser Vergleiche sind jedoch in den öffentlich-rechtlichen Sendeanstalten, etwa in den Redaktionen oder den Archiven sowie im Deutschen Rundfunkarchiv (DRA) in Frankfurt am Main, dokumentiert (vgl. Emmert/Stögbauer 1994; ZDF Medienforschung 1994a u. 1994b; o. V. 1983b; o. V. 1980b; Darschin 1979 u. 1972; Frank 1969). Die Befunde dieser internen Auswertungen werden später vorgestellt (vgl. Kap. 5.2.3.4).

[72] Diese Infratam- und Infratest-Daten zum Sehverhalten sind nicht vergleichbar. Während Infratam kontinuierlich ermittelte Durchschnittswerte für die gesamte Sendezeit auf Basis aller Fernsehhaushalte mit Wahlmöglichkeit ARD/ZDF ermittelte, gibt Infratest Individualaussagen einer Sonderuntersuchung wieder und bezieht sich auf alle Personen, die am 28.09.1969 nach eigenen Angaben abends nach 18 Uhr das Fernsehgerät eingeschaltet hatten.

[73] Infratest führte eine Befragung vor und nach der Bundestagswahl zu Bewertung und Nutzung der Wahlabendberichterstattung durch. Infratam analysierte das Ein-, Um- und Ausschaltverhalten am Wahlsonntag. Darüber hinaus wurde das Sehverhalten am Wahlsonntag in sieben Regionalbereichen verglichen.

[74] In einem internen Dokument stellt Frank jedoch Vergleiche der Infratam- und Infratestergebnisse für ARD und ZDF an (vgl. Frank 1969). Darauf wird in Kapitel 5.2.3.4 näher eingegangen, wenn es darum geht, die hier präsentierten Studien und deren Ergebnisse durch interne Senderinformationen zur Nutzung und Beurteilung der Wahlabendberichterstattung zu ergänzen.

Tab. 4: Übersicht über Design vorhandener Untersuchungen zur Wahlabendberichterstattung im Rundfunk (explizit)

Publikation	Auftraggeber	Untersuchungsgegenstand	Untersuchungszeitraum	Methode	Untersuchungsaspekte
Frank 1970	ZDF	Wahlabendberichterstattung zur Bundestagswahl 1969 (inklusive Vergleichsdaten zur Bundestagswahl 1965) von ARD u. ZDF	Wahlabendberichterstattung	drei Sonderanalysen/-auswertungen	Nutzung u. Beurteilung der Wahlabendsondersendungen (Fokus auf die Beurteilung)
Freyberger 1970	keine direkten Angaben; wahrscheinlich ARD	Wahlabendsondersendung der ARD 1969 (ohne Sportschau, Tagesschau u. Fernsehspiel)	Wahlabendsondersendung	nachträgliche analytische Protokollierung	charakteristische inhaltliche Merkmale u. Übertragungsorte (Fokus auf Effizienz des technischen Aufwands)
Kamps o. D.	keine Erkenntnisse	Traditionelle Wahlabendsondersendungen u. Programmverlauf am Wahltag in ARD, ZDF, RTL u. Sat.1	Gesamtprogramm von 12-24 Uhr am Tag u. Sondersendungen am Abend der Bundestagswahl 1998	Inhaltsanalyse	Integration des Ereignisses Wahl im Programmverlauf am Wahltag; Umfang; Akteure, Präsentationsstrategien
Teichert/ Deichsel 1987	unabhängig: Arbeitsgruppe für Soziologie der Universität Hamburg	Wahlabendsondersendung in ARD (Erstes Programm), ARD (Drittes Programm) ZDF, RTL u. Sat.1	Abend der Landtagswahlen in Hessen (05.04.1987) u. in Hamburg (17.05.1987)	keine direkten Angaben; indirekt abzuleiten: Dokumentenanalyse u. Inhaltsanalyse	charakteristische inhaltliche Elemente; Rollen von Journalisten; Ergebnis-Informationen u. deren Präsentation; Interaktion mit Politikern; Sendungs-Nutzung durch Publikum

Publika-tion	Auftragge-ber	Untersuchungsgegenstand	Untersuchungszeitraum	Methode	Untersuchungsaspekte
Lauer-bach 2001	DFG-Projekt	nationale Wahlnachtssen-dungen; USA: CNN Interna-tional u. NBC; GB: CNN International, BBC u. ITV; BRD: ARD, ZDF, RTL, Sat.1, n.tv u. MTV	Abend bzw. Nacht der Wahlen USA 1996 u. 2000, GB 1997 u. 2001, BRD 1998	Diskursanalyse, Sekundärliteratur- u. Dokumentenanalyse sowie einige Inter-views mit Experten	interkultureller Vergleich dis-kursiver Praktiken; Vergleich öffentlich-rechtlicher u. privater TV-Sender; Amerikanisierungs-these, Frage der Inszenierung (u. a. Musik, Studio, Bild, Sprache), Liveness von Me-dienereignissen; Visualisierung; Akteure
Tennert/ Stiehler 2001	Seminar-projekt sowie Magisterar-beit	Wahlsondersendungen, Nachrichten u. Diskussions-sendungen in ARD (Erstes Programm), ARD (Dritte Programme: ORB u. MDR, n.tv	Abend der Landtagswah-len in Brandenburg u. im Saarland (05.09.1999), in Thüringen (12.09.1999) u. in Sachsen (19.09.1999); 17.45-22 Uhr	Inhaltsanalyse	Struktur; Attributionen; Sprechhandlungen
Wied 2001 (unveröf-fentlicht)	Diplomar-beit	Traditionelle Wahlabend-sondersendungen im ZDF	Abend der Bundestags-wahlen 1965, 1976, 1987 u. 1998 ab etwa 18 Uhr	Sekundärliteratur- u. Dokumentenanalyse; Programmstruktur-analyse; qualitative u. quantitative In-haltsanalysen; Leit-fadeninterviews	Entwicklung: Konzept, Inhalt, Themen, Akteure, Orte, Dar-stellung, Rahmenbedingungen

Gegenüber 1965 – damals wurde offenbar ebenfalls eine Studie zur Bewertung der Wahlabendberichterstattung durchgeführt, die jedoch nicht publiziert ist – fiel das Urteil über die ZDF-Wahlabendberichte 1969 insgesamt besser aus (vgl. Frank 1970: 194). Die Zuschauer honorierten in erster Linie „die Größe und das Funktionieren des technischen und personellen Apparates" (Frank 1970: 195) und lobten die verständliche und anschauliche Berichterstattung. Dagegen war 1965 z. T. heftige Kritik geübt worden – vorwiegend am Charakter der „Wahlparty", bei der sich die Zuschauer über das Auftreten ausländischer Schlagerstars und die gemeinsame Übertragung der Wahlergebnisse und der Unterhaltungsshow aus der Bonner Beethovenhalle geärgert hatten (vgl. Frank 1970: 195).

Um das Interesse und die Beurteilung der einzelnen Elemente der Wahlabendberichterstattung wie Interviews mit Politikern, Reportagen aus den Parteizentralen, Stimmungsberichte aus den Landesstudios, laufende Durchsagen der Ergebnisse in den einzelnen Wahlkreisen und Hochrechnungen herauszufinden, konnten die Befragten ihre Antworten auf einer mehrstufigen Skala auswählen. Bei der Beurteilung gab es die Antwortmöglichkeiten „ausgezeichnet", „gut", „zufriedenstellend", „mäßig" und „sehr schlecht". Als mögliche Antworten für das Interesse lassen sich in dem publizierten Aufsatz nur „sehr stark" und „stark" erkennen (vgl. Frank 1970: 192 ff.). Das größte Interesse und die beste Beurteilung erhielten die Hochrechnungen. 58 Prozent der Befragten zeigten sich „sehr stark" und „stark" interessiert und 77 Prozent urteilten „ausgezeichnet" und „gut". Den zweiten Platz nahmen Unterhaltungsbeiträge ein: 55 Prozent Interesse und 77 Prozent positive Urteile (vgl. Frank 1970: 196).

Explizit hat sich auch Freyberger mit der Wahlabendberichterstattung im Fernsehen beschäftigt. Er hat mittels einer „nachträgliche[n] analytische[n] Protokollierung" (Freyberger 1970: 35), wie er sein Vorgehen bezeichnet, versucht, die charakteristischen Merkmale der ARD-Wahlsendung zur Bundestagswahl 1969 (ohne Sportschau, Tagesschau und Fernsehspiel) zu erfassen, die in enger Beziehung zu den aufwändigen Kommunikationssystemen, welche im ARD-Wahlbericht 1969 verwendet wurde, standen. Dabei ging es ihm darum, die Effizienz des technischen Aufwands, den er näher ausführt, zu überprüfen (vgl. Freyberger 1970: 32). Nähere Angaben zur Methodik liegen nicht vor. Folgende Ergebnisse brachte die Untersuchung: Der größte Teil der Sendezeit wurde mit Kommentaren von Politikern gefüllt (46,1 Prozent). Freyberger erklärt dies mit der Spannung des Wahlabends und dem Interesse, „doch etwas über eine künftige Koalitionsbildung zu erfahren" (Freyberger 1970: 40). Über Wahlergebnisse und Hochrechnungen wurde in etwa so lange berichtet (19,4 Prozent) wie Journalisten selbst kommentiert und analysiert haben (20 Prozent). Der geringste Anteil der Sendezeit fiel auf „Hintergrundinformationen und soziologische Daten" (14,5 Prozent), darunter wurden Informationen subsumiert, die sich auf die politische, wirtschaftliche und gesellschaftliche Situation in der Bundesrepublik bezogen (vgl. Freyberger 1970: 40). An dieser Stelle ist allerdings zu kritisieren, dass Freyberger keine trennscharfe Kategorisierung vornahm. Er vermischte thematische Aspekte mit journalistischen Darstellungsformen. So bleibt unklar, wie sich Analysen durch Journalisten von Hintergrundinformationen und soziologischen Daten, die z. T. auch von Journalisten geliefert wurden, unterscheiden lassen.

Freyberger stellte weiterhin fest, dass der Hauptanteil der Sendezeit von den Übertragungsorten bestritten wurde, die in erster Linie Wahlergebnisse und Hochrechnungen sowie Kommentare von Politikern brachten (vgl. Freyberger 1970: 38). Darüber hinaus konstatierte er zu Beginn der ARD-Wahlsendung eine „Umschaltspitze" (Freyberger 1970:

38), die sich seiner Ansicht nach dadurch ergibt, dass diese „notwendig war, um den Zuschauern alle Übertragungsorte zunächst einmal vorzustellen" (Freyberger 1970: 38). Freyberger zieht aus den Befunden den Schluss, dass eine Konzentration der Übertragungsorte eine Entlastung des technischen Aufwands und auch für die Reporter bringen würde (vgl. Freyberger 1970: 43 f.).

Ebenfalls explizit hat eine Arbeitsgruppe für Soziologie der Universität Hamburg die Wahlabendsondersendungen zu mehreren Landtagswahlen im Jahr 1987 untersucht (vgl. Teichert/Deichsel 1987 sowie o. V. 1987a). Zu den verwendeten Methoden wurden keine direkten Aussagen gemacht. Allenfalls lässt sich indirekt erkennen, dass sowohl eine Dokumenten- als auch eine Inhaltsanalyse des originären Fernsehmaterials durchgeführt worden sein müssen. Die forschungsleitende Frage ist dagegen veröffentlicht: Gefragt wurde, welche Elemente diese Sendungen dramaturgisch bestimmen. Dabei galt folgenden Aspekten besonderes Interesse (vgl. Teichert/Deichsel 1987: 3):

- den Rollen und Funktionen der Journalisten,
- den unterschiedlichen Ergebnis-Informationen und ihrer Präsentation,
- der Interaktion der Journalisten mit den Politikern und
- der Sendungs-Nutzung beim Publikum.

Folgende Ergebnisse wurden veröffentlicht: Hinsichtlich der Hochrechnungen und ihrer Abweichungen vom Endergebnis[75] stellten die Forscher fest, dass es im Wettkampf zwischen ARD und ZDF keinen Sieger gab – sowohl was die Genauigkeit als auch die Schnelligkeit betrifft: „Hinsichtlich der Treff-Genauigkeit kann man von einem ‚Unentschieden' sprechen." (Teichert/Deichsel 1987: 4) „Auch hinsichtlich der Schnelligkeit gibt es eher ein ‚Gleichauf'." (Teichert/Deichsel 1987: 5) Auch die Präsentation der prognostizierten respektive hochgerechneten Daten wurde von der Forschergruppe analysiert. Hier konstatierten sie senderspezifische Akzentuierungen, obgleich ähnliche Datenkomponenten gezeigt wurden: Prozentanteile der Parteien, Gewinne und Verluste sowie die zu erwartende Sitzverteilung (vgl. Teichert/Deichsel 1987: 5 f.). Während das ZDF ein grafisches Grundmuster stets wiederholte, setzte die ARD auf vielfältigere und informationsdichtere Grafiken. Auch in Bezug auf die Wahlanalyse zeichneten sich unterschiedliche Betonungen ab. So nutzte die ARD die Erkenntnisse seines Wahlforschungsinstituts v. a. über aktuelle Auswertungen des Wahlgangs, wohingegen das ZDF auf vorangegangene Umfragen zurückgriff. Was die journalistischen Rollen am Wahlabend anbelangt, zeigte sich ein recht breites Rollen-Spektrum: Fünf verschiedene Rollenmuster konnten bei allen untersuchten Wahlberichten von ARD und ZDF herausgefiltert werden, die jedoch z. T. unterschiedlich ausgestaltet wurden (vgl. Teichert/Deichsel 1987: 6). Der Moderator als anchor etwa „verteilt die Bälle, er gibt die Einsätze – und zwar an die ‚Datenzentrale' (Dateninterpret und Wahlforscher), an den Kommentator, an die Interviewer, die Reporter vor Ort und an die Repräsentanten der alternativen, nicht wahlbezogenen Sendungsteile (Sport/Unterhaltung)" (Teichert/Deichsel 1987: 6). Beim ZDF wurde diese Funktion besonders (zeit-)intensiv genutzt. Bei der Landtagswahl in Hessen bestritt der Moderator knapp ein Drittel der gesamten Wahlabendsondersendung. Diese Wortlastigkeit „nagt" (Teichert/Deichsel 1987: 7) an der Attraktivität der Sendung, so die Arbeitsgruppe. Neben der Moderation durch den anchor

---

[75] Hierbei wurden weitere Wahlabendsendungen seit 1985 hinzugezogen (vgl. Teichert/Deichsel 1987: 4).

kommt den Interviews ein hoher Zeitanteil – zwischen 35 und 50 Prozent der Wahlberichte – zu. Neben den Moderatoren treten also auch Interviewer sowie Datenpräsentatoren und -interpreten, Reporter vor Ort und Kommentatoren mit jeweils eigenständigen Aufgaben auf. Im Hinblick auf die Zuschauer-Resonanz auf die Wahlabendsondersendungen im deutschen Fernsehen unterscheiden Teichert und Deichsel zwischen „Seßhaften", die einem Programm von Anfang bis Ende treu bleiben, „Wanderern", die von den Programmen ab oder ihnen zuwandern (etwa bei den etablierten Nachrichtenterminen), und „Besuchern", die kurz ins Programm herein- und wieder hinausschauen. Alle Gruppen sind in den allgemeinen Einschaltquoten, die angeführt werden, gebündelt (vgl. Teichert/Deichsel 1987: 9).

Explizit hat sich auch Kamps mit den traditionellen abendlichen Wahlsondersendungen beschäftigt (vgl. Kamps o. D.). Er legte eine Inhaltsanalyse zu den Sendungen vor, „die vom jeweiligen Sender um 18:00 Uhr angesetzte oder dort laufende Sendung" (Kamps o. D.: 2), von ARD, ZDF, RTL und Sat.1 zur Bundestagswahl 1998. Diese Perspektive wurde jedoch erweitert, indem der Programmablauf des Wahlsonntags von 12.00 bis 24.00 Uhr in den Blick rückte. Kamps richtete sein Augenmerk dabei auf Differenzen in der Wahltag- bzw. der Wahlabendberichterstattung zwischen den öffentlich-rechtlichen TV-Anbietern ARD und ZDF und den privaten Fernsehsendern RTL und Sat.1. Im Einzelnen fragte er:

- nach der Integration des Ereignisses Wahl im Programmverlauf am Wahltag,
- nach dem Umfang der Wahlabendberichterstattung,
- nach den dabei auftretenden politischen Akteuren und
- nach den eingesetzten Präsentationsstrategien.

Während Kamps für die Untersuchung des Programmverlaufs ein grobes allgemein-formales Analyse-Schema verwendete, setzte er zur Untersuchung der traditionellen Wahlabendsondersendungen ein differenziertes inhaltsanalytisches Kategoriensystem ein, das journalistische Darstellungsformen und weitere Präsentationsweisen umfasste und auch politische Akteure einbezog.

Die wichtigsten Erkenntnisse zum Programmverlauf sind: Die Fernsehanbieter integrierten die Bundestagswahl 1998 als Ereignis des Tages recht unterschiedlich im Programm. Jeder Sender etablierte ein eigenes Profil, so dass sich nicht von einer „gleichförmigen Berichterstattung" (Kamps o. D.: 11) sprechen lässt. Eher ist zu konstatieren, dass die Sender über die Integration der Wahl in ihr Programm „ihr ‚Gesicht wahren', also das Ereignis in bei ihnen bewährten Formaten einbinden" (Kamps o. D.: 6).

In Hinblick auf die klassischen Wahlabendsondersendungen ergab sich folgendes Bild: Zur Präsentationsweise[76] der jeweiligen Wahlabendbeichte sind wesentliche Unterschiede in Bezug auf den Einsatz von Grafiken, die Verwendung des Interviews als Darstellungsform und das Schalten zu Journalisten vor Ort zu erkennen (vgl. Kamps o. D.: 6 f.). Während die privaten Sender mehr Grafiken verwendeten als die öffentlich-rechtlichen Sendeanstalten, führten ARD und ZDF mehr Interviews in ihren Wahlstudios als RTL und Sat.1. Schließlich setzten ZDF und Sat.1 mehr auf Filmbeiträge als ARD und RTL.

---

[76] Kamps unterschied Grafik, Moderation, Interview, Film, Journalist vor Ort und Rede (vgl. Kamps o. D.: 6 f.). Zu kritisieren ist an dieser Differenzierung, dass sie nicht weit genug geht. Es fehlen z. B. Gespräche zwischen Moderator, Zahlen-Präsentator und Wahlforschern. Ignoriert wurde auch, dass die filmische Darstellung zum einen in Berichten und zum anderen in Nachrichten im Film (NiF) erfolgt.

Bei näherer Analyse des Einsatzes der Grafiken – Kamps differenziert zwischen so genannten „klassischen" Grafiken und sonstigen Grafiken (vgl. Tab. 5) – zeigt sich, dass bei ARD, ZDF und RTL jeweils die Gewinn- und Verlustrechnungen den geringsten Anteil der klassischen Grafiken ausmachen und deren Anteil bei Sat.1 dagegen fast so hoch ist wie zum Wahlausgang. Die Anteile der Grafiken werden in Zeit in Prozent zur Gesamtsendezeit dargestellt. Dies führt aufgrund von langer Verweildauer der Grafiken mit Verlust- und Gewinnrechnungen zu dem ausgesprochen hohen Wert bei Sat.1. Es fällt außerdem auf, dass beim ZDF im Vergleich zu den übrigen untersuchten Sendern die Grafiken variantenreicher eingebunden werden.

Tab. 5: Kategorisierung der Grafiken bei Kamps

„klassische" Grafiken	sonstige Grafiken
- Wahlausgang in Prozent (Prognose und Hochrechnung) - Sitzverteilung - Gewinn- und Verlustrechnung	- Kandidaten/Kanzler - Koalition - Partei - Wählereinschätzungen - Wählerverhalten - Themen

Quelle: Kamps o. D.: 7 f.

Bezüglich des Auftretens politischer Akteure – gemessen an deren O-Tönen im Rahmen von Interviews und Reden[77] – sind neben der größeren Gewichtung des Interviewformats bei den öffentlich-rechtlichen Sendeanstalten drei Punkte auffallend: erstens ein Überhang von Unionspolitikern bei der ARD, zweitens das Fehlen von PDS-Politikern bei RTL und drittens die im Vergleich zu den anderen Sendern deutlichere Konzentration auf Akteure der beiden Volksparteien CDU und SPD bei Sat.1. Ein ähnliches Muster ergibt sich, wenn die Daten für das Format Rede diesen noch hinzugefügt werden (vgl. Kamps o. D.: 9 f.).

Um unter einer sprachwissenschaftlichen Perspektive Fernsehdiskurse interkulturell vergleichend zu untersuchen, hat Lauerbach im Rahmen eines DFG-geförderten Projektes nationale Wahlnachtssendungen in Deutschland, Großbritannien und den USA in den Blick genommen (vgl. Lauerbach 2001). Hauptziel war eine kulturvergleichende Analyse diskursiver Stile im amerikanischen, britischen, deutschen und englisch-sprachigen internationalen Fernsehen anhand der Wahlnachtssendungen.[78] Überprüft werden sollte u. a. die Amerikanisierungsthese. Analysiert wurden die Wahlnachtssendungen von CNN International und NBC zu den Präsidentenwahlen in den USA 1996 und 2000, von CNN International, BBC und ITV zu den britischen Unterhaus-Wahlen 1997 und 2001 und von ARD, ZDF, RTL, Sat.1, n.tv und MTV zur Bundestagswahl 1998 in Deutschland (vgl. Lauerbach 2001: 14). Was dabei genau unter dem Begriff der Wahlnachtssendungen verstanden wird, bleibt unklar. Die Studie ging u. a. auf folgende Aspekte ein (vgl. Lauerbach 2001: 16 ff.):

- den Kontext der Wahlnachtssendungen,
- die Teilnehmerstrukturen,

---

[77] Aus der Darstellung der Studie, die der Autorin vorliegt, geht allerdings nicht hervor, ob z. B. hinsichtlich der Interviews zwischen Redezeit des Journalisten und des Politikers differenziert wurde.
[78] Darüber hinaus wurde die US Post-Election 2000, bekannt als Florida Recount, als monokultureller Fall analysiert (vgl. Schieß/Lauerbach 2003).

- die Inszenierung von Eigen-Identität der Fernsehsender und
- die Visualisierung.

Methodisch wurden Sekundärliteratur- und Dokumentenanalysen, etwa Berichte in Printmedien und im Internet, sowie Diskursanalysen am originären TV-Material durchgeführt. Des Weiteren wurden Interviews mit Vertretern der Fernsehsender etwa zur Vorbereitung und Durchführung von Wahlnachtssendungen geführt. Diese dienen der Triangulation der diskursanalytisch erreichten Ergebnisse. Die Resultate des DFG-Projekts, das im Dezember 2004 abgeschlossen wurde, sind m. W. nicht veröffentlicht.

Ebenfalls explizit haben sich Tennert und Stiehler inhaltsanalytisch mit der Wahlabendberichterstattung im Fernsehen auseinander gesetzt, obwohl sie den Terminus der Nachwahlkommunikation verwenden (vgl. Tennert/Stiehler 2001). Die empirische Analyse wurde in einem Projektseminar unter Leitung von Stiehler am Institut für Kommunikations- und Medienwissenschaft der Universität Leipzig durchgeführt. Tennert unterstützte Stiehler dabei als Tutor. Grundlage der Publikation ist die Magisterarbeit Tennerts, die gemeinsam überarbeitet und um einzelne Aspekte erweitert wurde (vgl. Tennert/Stiehler 2001: 11). Basierend auf der aus der Sozialpsychologie stammenden Attributionstheorie in Kombination mit der Sprechakttheorie richtete sich der Untersuchungsfokus auf Interpretationen und Sprechhandlungen zum Wahlgeschehen. Interpretierende Aussagen und Erklärungen hierzu wurden v. a. in TV-Sondersendungen am Abend von Wahlen vermutet (vgl. Tennert/Stiehler 2001: 9). Dementsprechend wurde die Fernsehberichterstattung am Abend von insgesamt vier Landtagswahlen im September 1999 untersucht, den Landtagswahlen in Brandenburg, Saarland, Sachsen und Thüringen. Das Sample umfasste das erste Programm der ARD, z. T. die dritten ARD-Programme ORB und MDR sowie den privaten Nachrichtensender n.tv.[79] Analysiert wurde die TV-Berichterstattung am Wahlsonntag im Zeitraum von 17.45 bis 22.00 Uhr. Die Sendungen, die in den aufgezeichneten Programmstunden gesendet wurden, jedoch keinen Bezug zur Politik hatten und von denen insofern auch keine Erklärungen zu den Wahlergebnissen zu erwarten waren, wurden ausgeklammert (vgl. Tennert/Stiehler 2001: 95 ff.). Forschungsleitend waren diese Fragen (vgl. Tennert/Stiehler 2001: 9 f. u. 95):

- nach der Struktur, den Themen, den Akteuren und den medialen Formaten sowie
- nach den Besonderheiten von Erklärungen der Wahlabendberichterstattung im TV:
  o Welche Wahlergebnisse werden erklärt?
  o Welcher Akteur erklärt und worauf bezieht sich seine Erklärung und welche Inhalte haben die Erklärungen?
  o Welche Attributionsmuster und -richtungen dominieren?
  o Welche Sprechhandlungen finden sich bei den Wahlverlierern und -siegern?
  o Welche Sprechhandlungstypen werden durch Attributionen repräsentiert?

Die Inhaltsanalyse ermöglichte folgende Erkenntnisse: Die Grobstruktur des Wahlabends im Fernsehen war durch eine „Mixtur zwischen etablierten Programmplätzen und den für Wahlabende eingeführten Formaten" (Tennert/Stiehler 2001: 105 f.) gekennzeichnet. So wurde im ersten Programm der ARD wie üblich die „Lindenstraße" und der Sonntagabend-

---

[79] Für die Klassifizierung von Sprechhandlungstypen wurden nur die Aufzeichnungen von den dritten Programmen der ARD zu den Landtagswahlen in Brandenburg und Thüringen berücksichtigt.

Krimi ausgestrahlt. Indes mussten die Zuschauer auf die gewohnte „Sportschau" und das sonst üblicherweise gesendete „Auslandsjournal" verzichten. Diese Sendungen wurden durch den Wahlabendsonderbericht und die Bundestagsrunde ersetzt. Bei den dritten Programmen ARD wurde dagegen ein stärkerer Eingriff konstatiert, da erst später als üblich die Fernsehunterhaltung zum Zuge kam (vgl. Tennert/Stiehler 2001: 106). Der private Nachrichtenkanal n.tv berichtete im Gegensatz zu den öffentlich-rechtlichen TV-Sendern den gesamten Abend über die Landtagswahlen. Die Wahlabendberichterstattung wurde nur durch Werbe-, Nachrichten- und Wetterblöcke unterbrochen. Damit unterschied sich das Programm allerdings nicht von der Konzeption der Berichterstattung über andere Ereignisse von nationaler oder internationaler Bedeutung. Im Unterschied zu den ARD-Programmen sendete n.tv außerdem eine Laufschrift am unteren Bildrand, die sich ganz der Wahlabendberichterstattung widmete und über Hochrechnungen, Detailergebnisse und Kernaussagen von Spitzenpolitikern informierte (vgl. Tennert/Stiehler 2001: 106).

Innerhalb der Wahlberichterstattung konnten Tennert und Stiehler ein strukturbildendes Prinzip identifizieren: die Wahlforschungsergebnisse. Sie gaben als Grundlage für Interpretationen den Rhythmus der Wahlsendungen vor. Denn es scheint die „ungeschriebene Regel, dass die Spitzenkandidaten erst dann auftreten, wenn sich die wichtigsten Konturen des Ergebnisses stabilisiert haben" (Tennert/Stiehler 2001: 111), zu gelten. Grob lässt sich die Feinstruktur der Sondersendungen zu den Landtagswahlen 1999 in einen Ausblick, der bis 18 Uhr gegeben wurde, sowie einen Wechsel aus Ergebnisdarstellung und Interpretation der Daten ab 18 Uhr zweiteilen. Als integralen Bestandteil der Wahlabendberichterstattung im Fernsehen bezeichnen Tennert und Stiehler neben den Wahlforschungsergebnissen die Erklärungen bzw. Attributionen.

Eine Detailanalyse der Beiträge, in denen Attributionen vorkamen, ergab auf Sequenz-Ebene, dass am Wahlabend nicht die Themen und Programme der Parteien und Politiker im Mittelpunkt der Interpretationen stehen, sondern zunächst die emotionale Verarbeitung des Wahlergebnisses in der Öffentlichkeit und erste Rationalisierungsbemühungen während der Ursachensuche ins Zentrum rücken (vgl. auch nachfolgend Tennert/Stiehler 2001: 116). Aussagen zu Wahlzielen wurden nur sparsam artikuliert. Erklärungen fanden sich dabei v. a. zu Beginn des Wahlabends, während im zeitlichen Verlauf der Fernsehberichterstattung die Ursachenklärung vorläufig abgeschlossen wurde und man sich verstärkt den Folgen der Wahl widmete. Die Erklärungen konzentrierten sich dabei auf ausgewählte Darstellungsformen und Akteure. Attributionen wurden vorrangig in Einzelinterviews und Diskussionen geäußert. Als Akteure waren v. a. Politiker mit der Erklärung des Wahlergebnisses beschäftigt. Experten und Journalisten artikulierten hingegen kaum Ursachen für das Zustandekommen des Wahlresultats (vgl. Tennert/Stiehler 2001: 146). Nur acht Prozent der Attributionen stammten von Journalisten. Dies deutet darauf hin, dass journalistische Akteure vorrangig eine informierende und moderierende Rolle in der Wahlabendberichterstattung spielen (vgl. Tennert/Stiehler 2001: 117).

Die Ergebnisse zeigen darüber hinaus, dass Niederlagen und Fehlleistungen offenbar stärker erklärungsbedürftig sind als Siege. Dieser Befund geht einher mit Erkenntnissen aus der Sozialpsychologie und mit Resultaten der Nachrichtenwertforschung (vgl. zur theoretischen Beschreibung der journalistischen Themenauswahlprogramme Kap. 2.2.2.1), wonach Negativismus etwa in Form von Misserfolgen, aber auch Überraschungen wie z. B. unerwartet hohe Verluste oder Gewinne zu einer verstärkten Beachtung durch den Journalismus führen (vgl. Tennert/Stiehler 2001: 119). Während Sieger eher internale Erklärungen abgaben, erklärten Verlierer ihre Ursache i. d. R. external (vgl. Tennert/Stiehler 2001: 127 u. 147). So machten die Wahlverlierer vorrangig widrige Umstände für den für sie schlechten Wahlausgang verantwortlich und seltener ihre eigenen (Fehl-)Leistungen. Gewinner der Wahl erklärten ihren Erfolg in erster Linie durch eigene Leistungen und Fähigkeiten. Ursachenzuschreibungen mit Bezug auf die Wähler spielten insgesamt kaum eine Rolle.

Die Detailanalyse zu den vorgenommen Sprechhandlungen in der Wahlabendberichterstattung erlaubt folgende Aussagen: Insgesamt überwogen Sprechhandlungen, die als Feststellen, Berichten und Erklären beschrieben werden. Insbesondere Journalisten und Experten beschränkten sich darauf (vgl. Tennert/Stiehler 2001: 129 u. 147). Die Autoren vermuten hier einen Zusammenhang mit den Rollen, die diese Akteure ausüben und die mit Erwartungen wie Neutralität und Kompetenz verbunden sind. Schließlich wurde festgestellt, dass Wahlverlierer eher zu neutralen Sprechhandlungen neigen und stärker um Rationalität und Erklärung bemüht sind, wohingegen die Wahlsieger vergleichsweise emotional reagieren und Handlungsabsichten formulieren und einen positiven Duktus haben (vgl. Tennert/Stiehler 2001: 139 u. 148). Der obligatorische Dank an den Wähler ist sowohl bei Gewinnern und Verlierern ein „festes kommunikatives Muster" (Tenert/Stiehler 2001: 133), wobei sich Wahlsieger häufiger beim Wähler bedanken als Wahlverlierer.

Zusammenfassend kann festgehalten werden: An die referierten Studien kann die vorliegende Arbeit zur Wahlabendberichterstattung im Hinblick auf mehrere Aspekte anknüpfen. So bieten sich bei den Inhaltsanalysen, die implizit oder explizit die Berichterstattung am Wahlabend untersucht haben, Ansatzpunkte bei:

- den Forschungsfragen
    - nach der Grobstruktur und dem Umfang,
    - nach der Feinstruktur,
    - nach den Themen (etwa auch nach skurrilen und humorigen), den Orten und den Akteuren sowie
    - nach der Präsentation und Gestaltung der Wahlabendberichte;
- der methodischen Umsetzung in Bezug auf
    - die Auswahl der untersuchten Sender,
    - die Eingrenzung des Untersuchungsobjektes und
    - die Bildung des Kategoriensystems.

Des Weiteren liefert die vorhandene Dokumentation Hinweise für die Kontextbedingungen der Wahlberichterstattung, auf die aufgebaut werden kann. An die vorgestellten Untersuchungen zur Zuschauerschaft der Wahlabendberichterstattung im Fernsehen kann die vorliegende Studien ebenfalls anschließen, indem die vorhandenen Daten, soweit dies aufgrund der unterschiedlichen Erhebung möglich ist, systematisch verglichen, aufeinander bezogen und durch weitere Informationen ergänzt werden. Dazu gehören z. B. Daten zu den Reichweiten und den Marktanteilen sowie Erkenntnisse zur Zuschauerbeurteilung der Wahlabendberichterstattung. Diese Informationen lassen sich in den schriftlichen Unterlagen der untersuchten TV-Sender finden und in Tageszeitungsartikeln bzw. Aufsätzen in Fachzeitschriften recherchieren. Die Erforschung der Nutzung und Bewertung der Wahlabendberichterstattung im deutschen Fernsehen steht jedoch nicht im Mittelpunkt dieser Studie. Auf das Publikum wird gleichwohl als relevante Rahmenbedingung journalistischer Arbeit eingegangen. Darüber hinaus werden die Erkenntnisse zu den Attributionen und Sprechhandlungen aufgenommen. Es wird jedoch darauf verzichtet, Attributionen und

Sprechhandlungen zu analysieren. Eine entsprechend ins Detail gehende Untersuchung würde zusätzlichen Aufwand bedeuten, der den Rahmen dieser breit angelegten kontinuierlichen Zeitreihenanalyse sprengen würde.

Neben den referierten Studien kann außerdem auf die eigene unveröffentlichte Diplomarbeit zur ZDF-Wahlabendberichterstattung über die Bundestagswahlen von 1965, 1976, 1987 und 1998 zurückgegriffen werden (vgl. Wied 2001). Zentral war die Frage nach der Entwicklung der abendlichen Wahlberichterstattung des ZDF zu Bundestagswahlen zu diesen Messzeitpunkten. Für die vorliegende Studie bieten sich neben der Ausweitung auf mehrere Sender und der Ausdehnung auf eine kontinuierliche Langzeituntersuchung verschiedene Anknüpfungsmöglichkeiten an diese Vorarbeit an:

Erstens hat sich der eingesetzte Mehr-Methoden-Ansatz bewährt. Er bestand aus einer Analyse von Sekundärliteratur und schriftlichen Dokumenten, einer Programmstrukturanalyse, quantitativen und qualitativen Inhaltsanalysen des originären TV-Materials der Wahlabendsondersendungen des ZDF ergänzt durch Leitfadeninterviews mit Experten aus den Bereichen Redaktion, Produktion und Wahlforschung der ZDF-Wahlberichte. Darüber hinaus flossen Erkenntnisse einer teilnehmenden Beobachtung ein, die die Verfasserin während ihrer journalistischen Mitarbeit bei der Wahlabendberichterstattung des ZDF sammeln konnte.[80] Für die vorliegende Studie erscheint jedoch eine Modifizierung des methodischen Vorgehens und der bereits entwickelten Instrumente als instruktiv. Dabei kann sich die Anpassung auf Erfahrungen mit den einzelnen Methoden und Instrumenten stützen.

Zweitens können vorhandene Untersuchungsmaterialien erneut als Grundlage der Analyse dienen. Dies betrifft:

- schriftliche Quellen, die im Historischen Archiv des ZDF recherchiert worden sind,
- VHS-Kassetten, auf denen die bereits untersuchten ZDF-Wahlabendsondersendungen dokumentiert sind und die der Autorin vorliegen,
- die auf Tonband aufgenommenen und wörtlich transkribierten Leitfadeninterviews, die für die Diplomarbeit mit ZDF-Verantwortlichen aus den Bereichen Redaktion und Produktion sowie mit einem Vertreter der Forschungsgruppe Wahlen und einem Parteienforscher geführt worden sind.[81]

Dieser Rückgriff bedeutet jedoch nicht, dass die Recherche mit Blick auf das ZDF bereits abgeschlossen ist. Vielmehr ist damit eine Basis gegeben, auf die aufgebaut werden kann. So gilt es z. B., für die noch nicht analysierten Wahljahre Dokumente und Unterlagen zu recherchieren und das Fernsehmaterial zu beschaffen.

Drittens können die Resultate der Vorarbeit Hinweise dafür geben, welche Entwicklungsprozesse zu erwarten sind und daher als relevant für diese Untersuchung eingeschätzt werden können. Dies ist bereits in die Entscheidung eingeflossen, welche Trends politischer Berichterstattung analysiert werden (vgl. Kap. 2.2.3.4). Die vorliegenden Erkenntnisse sind darüber hinaus hilfreich für die Eingrenzung des Gegenstands und Zeitraums der Untersuchung sowie für die Fragen, die diese Analyse anleiten (vgl. Kap. 3.3)

---

[80] Sie wurde als MAZ-Redakteurin, zuständig für die Aufnahme und spätere Einspielung relevanter Ereignisse, und als Programmbeobachterin, verantwortlich für die Beobachtung der Wahlabendberichterstattung anderer Sender, eingesetzt. Als so genannte „Schlepperin" war sie dafür zuständig, Politiker zu vereinbarten Zeiten an bestimmte Orte zu Interviews zu „schleppen".

[81] Dies gilt selbstverständlich nur insofern, als die Beteiligten der erneuten Verwendung zugestimmt haben.

3.3 Problemfokussierung

In den vorangegangenen Abschnitten wurde ausführlich dargelegt, dass Wahlabendberichterstattung in aktuellen Massenmedien bislang kaum kommunikationswissenschaftliches Forschungsinteresse fand – ein insbesondere im Vergleich mit Wahlkampfberichterstattung auffallender Befund (vgl. Kap. 2.3.2). Resümierend lassen sich folgende Defizite neben dem allgemeinen Mangel an Studien, die diesen Themenkomplex behandeln und sich darauf konzentrieren, konstatieren: Bisher stand im Mittelpunkt der empirischen Untersuchungen zur Wahlabendberichterstattung das Fernsehen, während andere Massenmedien nur in Ausnahmefällen in den Fokus rückten. Dabei wurden bis dato Analysen vernachlässigt, die nicht nur einzelne Aspekte der Wahlabendberichterstattung im TV untersuchen, sondern neben dem Inhalt auch die Präsentation und Gestaltung analysiert haben, die Akteure näher betrachteten und die Rahmenbedingungen in den Blick nahmen. Darüber hinaus fehlen Studien, in denen die Wahlabendberichterstattung über einen längeren Zeitraum kontinuierlich analysiert wurde. Schließlich besteht ein Mangel an komparativ angelegten Analysen zur Wahlabendberichterstattung verschiedener Fernsehsender.

Mit dieser zusammenfassenden Kritik an den vorhandenen Forschungsarbeiten sollen diese nicht pauschal abgeurteilt werden, jedoch liefert sie den Nachweis, dass die Wahlabendberichterstattung in aktuellen Massenmedien insgesamt und auch im Fernsehen bislang nicht hinreichend empirisch untersucht wurde, obwohl hierzu einige Analysen vorliegen. Die angeführten Defizite zur Wahlabendberichterstattung im Fernsehen sollen mit dieser Arbeit angegangen werden. Die Ausgangsfragestellung dabei lautet:

Wie hat sich die Wahlabendberichterstattung im deutschen Fernsehen im Laufe der Zeit entwickelt?

Diese Frage impliziert dreierlei: Sie zielt erstens allgemein darauf ab, zu ermitteln, welche grundlegenden Konzeptionen zur Wahlabendberichterstattung im deutschen Fernsehen erkennbar sind, welche Elemente diese Grundmodelle enthalten und inwieweit sich diese Konzepte im Laufe der Zeit gewandelt oder als beständig erwiesen haben. Im Einzelnen gilt es, die Inhalte und die Darstellungsweisen der Wahlabendberichterstattung über die Jahre hinweg herauszuarbeiten, Perioden der Entwicklung zu identifizieren und systematisch zu beschreiben sowie Erklärungsansätze dafür zu bieten. Mit einer derartigen Analyse der historischen Entwicklung eines Fernsehformats liefert diese Studie einen Beitrag zur fernsehprogrammgeschichtlichen Forschung.

Zweitens ermöglicht diese Fragestellung eine Analyse von Wandel und Stabilität politischer Kommunikation am Beispiel der Entwicklung der Wahlabendberichterstattung im deutschen Fernsehen. Dabei ist von Interesse, ob Trends politischer Kommunikation wie Infotainment bzw. Boulevardisierung, Inszenierung, Personalisierung, Ritualisierung und Visualisierung tatsächlich über einen längeren Zeitraum festgestellt werden können. Damit trägt diese Studie auch zur politischen Kommunikationsforschung bei.

Drittens schließt diese Ausgangsfrage neben der Analyse der Wahlabendberichterstattung als journalistisches Produkt auch seine Kontexte ein. Damit rücken die Bedingungen in den Fokus, unter denen die Wahlabendberichterstattung im deutschen TV produziert wurde, denn diese schlagen sich in dem Produkt nieder. Diese sind in den journalistischen Organisationen zu verorten, in denen die Wahlabendberichterstattung entsteht. Sie lassen sich zudem über die Arbeit der journalistischen Akteure, die dabei auf journalistische Programme rekurrieren, und die Rollen der weiteren, beteiligten Akteure identifizieren. Zudem beeinflussen z. B. Bedingungen des politischen und medialen Umfelds die journalistische Arbeit. Nur wenn entsprechende Implikationen in die Analyse einbezogen werden, sind Aussagen über den Entstehungszusammenhang der Wahlabendberichterstattung möglich, die Erklärungsansätze für Erkenntnisse zu diesem Produkt erlauben. So leistet diese Studie ebenfalls einen Beitrag zur Journalismusforschung.

Das gerade umrissene Erkenntnisinteresse ist gebunden an drei Voraussetzungen: den Einbezug mehrerer Fernsehsender, die Erhebung von Zeitverlaufsdaten und, um die Untersuchung empirisch handhabbar zu machen, eine engere Definition von Wahlabendberichterstattung als Analyseobjekt. Gegenstand und Zeitraum dieser Studie werden im Folgenden beschrieben und erläutert.

Untersuchungsgegenstand und Untersuchungszeitraum

Um ein vollständiges Bild der Geschichte der Wahlabendberichterstattung im deutschen Fernsehen zeichnen zu können, ist es notwendig, mehrere Fernsehsender und ihre Wahlabendberichterstattung in die Stichprobe einzubeziehen. Dabei erscheint es sinnvoll, um die heutige Situation auf dem deutschen Fernsehmarkt ausreichend zu erfassen, sowohl Fernsehanbieter mit öffentlich-rechtlicher Organisation als auch private TV-Sender aufzunehmen. Die Stichprobe umfasst deshalb die öffentlich-rechtlichen Fernsehvollprogramme ARD und ZDF und die kommerziellen TV-Vollprogramme RTL und Sat.1. Die Auswahl dieser Sender erfolgt aufgrund von Zuschauerzahlen: Die ausgewählten TV-Sender sind die quotenstärksten in Deutschland. Darüber hinaus wird auf eine Einbeziehung von Pro7 verzichtet, da der Sender lediglich 1998 eine Wahlabendsondersendung zu Bundestagswahlen ausgestrahlt hat.[82] Die Nachrichtensender n.tv und N.24 sowie der Informations- und Dokumentationskanal Phoenix werden ebenfalls nicht in die Stichprobe aufgenommen, da sich diese von den ausgesuchten Vollprogrammen schon allein in ihrer Ausrichtung als Spartenkanäle unterscheiden und deshalb kaum mit ARD, ZDF, RTL und Sat.1 vergleichbar sind.

Bevor der zeitliche Rahmen der vorliegenden Studie abgesteckt werden kann, muss geklärt werden, welche Wahlen berücksichtigt werden, denn in Deutschland gibt es Wahlen auf verschiedenen Verwaltungsebenen. Sie finden in einem unterschiedlichen Turnus statt, so dass die Bestimmung des Untersuchungszeitraums wesentlich davon abhängt, welche Wahlen in den Blick genommen werden.

Diese Studie fokussiert auf die Wahlabendberichterstattung zu Bundestagswahlen. Diese besitzen im politischen System Deutschlands einen größeren Stellenwert als z. B. Landtags- oder Kommunalwahlen (vgl. Kaase 1999: 5; Korte 1999: 80). Außerdem sind mehr Menschen von Bundestagswahlen betroffen als von Landtags- oder Kommunalwahlen. Sie interessieren sich zudem stärker dafür (vgl. Kaase 1999: 5; Zubayr/Gerhard 1999: 237; Holtz-Bacha 1996: 26; Wildenmann 1969: 169 f.). Aus forschungsökonomischer Sicht kommt hinzu, dass es eine überschaubare Anzahl an Bundestagswahlen gibt, über die im Fernsehen am Wahlabend berichtet worden ist. Da v. a. die ersten Wahlabendberichte im

---

[82] Auch Krüger, Müller-Sachse und Zapf-Schramm verzichteten in ihrer Analyse der politikrelevanten Sendungen im deutschen Fernsehen zur Bundestagswahl 2005 darauf, Pro7 einzubeziehen, da der Privatsender zur Bundestagswahl 2002 nur einen äußerst geringen Beitrag zur Wahlinformation geleistet hatte (vgl. Krüger/Müller-Sachse/Zapf-Schramm 2005: 598).

Fernsehen mit mehr als sechs Stunden eine ansehnliche Länge haben (vgl. Kap. 6.1.2), ist eine solche Beschränkung gerechtfertigt – zumal ein anspruchsvoller Mehr-Methoden-Ansatz als Untersuchungsdesign vorgesehen ist (vgl. Kap. 4).

Das Ziel, die Entwicklung der Wahlabendberichterstattung im deutschen Fernsehen zu Bundestagswahlen zu analysieren und dabei Veränderungen ebenso wie Kontinuitäten aufzuspüren, erfordert die Erhebung von Zeitverlaufsdaten. Da es zudem nur mittels einer lückenlosen Zeitreihe möglich ist, die Geschichte der Wahlabendberichterstattung im deutschen TV kontinuierlich zu erfassen, lineare Entwicklungen zu konstatieren oder Veränderungen exakt nachzuweisen (vgl. Donsbach/Büttner 2005: 25; Marcinkowski 1996: 211; Ludes 1994: 108 f. sowie Kap. 2.2.3.1), muss die vorliegende Studie so konzipiert sein, dass die Wahlabendberichterstattung zu allen Bundestagswahlen, die bei den ausgesuchten Fernsehvollprogrammen ausgestrahlt wurde, analysiert werden kann.

Die bislang jüngste Wahlabendberichterstattung zu einer Bundestagswahl, die die ausgewählten Fernsehsender ausgestrahlt haben, ist die Berichterstattung am Abend der Bundestagswahl 2005. Trotzdem bezieht die vorliegende Studie nur die Wahlabendberichterstattung bis zur Bundestagswahl 2002 ein. Der Grund liegt darin, dass die Auswahl der Stichprobe schon erfolgte und die Erhebung der Daten bereits abgeschlossen war, bevor die Wahl zum 15. Deutschen Bundestag auf 2005 vorgezogen worden ist.

Die Bestimmung des Zeitpunktes, an dem zum ersten Mal am Abend in den ausgesuchten Fernsehprogrammen eingehend über die Wahl zum Deutschen Bundestag berichtet wurde, erweist sich dagegen als schwieriger. Es liegen nur wenige Dokumente vor, die darüber Aufschluss geben können. Erstmals wurde offenbar am Abend der Bundestagswahl 1953 über dieses politische Großereignis im Fernsehprogramm des NWDR informiert (vgl. Wilke/Spiller 2006: 116). In der ARD gab es dagegen zum ersten Mal am Abend der Bundestagswahl 1957 ausführliche Informationen zur Wahl. Die damalige Wahlabendberichterstattung ist anscheinend jedoch, genau wie die zur Bundestagswahl 1961, kaum mit der Wahlabendberichterstattung, wie sie seit der Bundestagswahl 1965 erfolgt, vergleichbar. Damit die Vorläufer der ARD-Wahlabendberichterstattung, also diejenigen am Abend der Bundestagswahlen 1957 und 1961, in dieser Untersuchung genügend beachtet werden, beginnt der Untersuchungszeitraum folglich nicht erst 1965, sondern bereits vier Jahre früher. So wird dem vorherigen Modell der ARD ausreichend Genüge getan, ohne die Sendungen 1957 ebenfalls einbeziehen zu müssen. Unausweichliche Probleme bei der Beschaffung alten TV-Materials werden auf diese Weise vermieden (vgl. Kap. 2.2.3.1 u. 4.2.4). Folglich erstreckt sich der Untersuchungszeitraum von 1961 bis 2002. Die Wahlabendberichterstattung von ARD und ZDF wird von Anfang der 1960er Jahre und die Wahlabendberichterstattung von RTL und Sat.1 wird ab 1987 in die Untersuchung einbezogen.

Eine weitere Prämisse für die empirischen Analysen dieser Studie ist die genaue Definition des Untersuchungsgegenstands. Die bisherige, relativ breite Auslegung des Begriffs der Wahlabendberichterstattung (vgl. Kap. 2.3.1 u. 3.1) scheint dafür – insbesondere hinsichtlich der retrospektiven Anlage dieser Arbeit und den bereits angedeuteten Schwierigkeiten bei der Beschaffung des notwendigen TV-Materials als primäre Quelle für die Produktanalysen – ungeeignet und muss deshalb präzisiert werden. Eine Präzisierung des Untersuchungsgegenstands ist darüber hinaus im Hinblick auf den mehr als vier Jahrzehnte umfassenden Zeitraum der Analyse unerlässlich, da nur so die Vergleichbarkeit der Ergebnisse der Produktuntersuchungen gewährleistet ist. Analysiert werden daher ausschließlich die traditionellen bzw. als inzwischen „klassisch" bezeichneten TV-Wahlabendsondersendungen. Diese Wahlabendsondersendungen lassen sich als Sendeformat vergleichsweise gut von anderen Berichterstattungsformen am Wahlabend abgrenzen, denn Formate übermitteln Informationen in einer standardisierten Form (vgl. schon Pfetsch 1996: 482).

Mit den traditionellen respektive inzwischen „klassisch" bezeichneten TV-Wahlabendsondersendungen sind diejenigen Sendungen gemeint, die sich am Abend bzw. in der Nacht der Wahl explizit mit dieser beschäftigen. Zudem führen diese Wahlabendsonderberichte i. d. R. den Begriff „Wahl" im Sendungstitel.[83] Die Wahlabendsondersendungen im Fernsehen begannen seit Ende der 1960er Jahre üblicherweise gegen 18 Uhr (vgl. für die exakten Sendedaten Kap. 6.1.2).[84] Ausnahmen sind die Wahlabendsonderberichte zur Bundestagswahl 2002, deren Sendestart bei allen untersuchten Fernsehprogrammen schon gegen 17.00 Uhr war, sowie der Sat.1-Wahlabendbericht 1998, der ebenfalls gegen 17 Uhr begann. Die Wahlabendsendungen zu Bundestagswahlen in den frühen 1960er Jahren starteten später: Die ARD sendete 1961 erst ab etwa 22.00 Uhr und 1965 lag der Sendebeginn bei ARD und ZDF gegen 20.00 Uhr. Schließlich fand die Wahlabendberichterstattung zur Bundestagswahl 1987 bei Sat.1 in den Nachrichten des Senders, „Sat.1 blick", statt. Die Nachtausgabe konzentrierte sich auf die Berichterstattung zur Wahl und informierte über keine weiteren Themen. Insofern kann diese Sendung als Wahlabendsonderbericht betrachtet werden, obwohl sie den Begriff „Wahl" nur im Untertitel trug. Gestützt wird diese Entscheidung dadurch, dass Sat.1 der Verfasserin Fernsehmaterial zur „Wahlabendberichterstattung" zur Bundestagswahl 1987 genau für diese Sendung zur Verfügung stellte.

Im Gegensatz dazu werden für die empirischen Analysen folglich regelmäßig ausgestrahlte Sendungen wie Nachrichten, Magazinsendungen oder Polit-Talkshows ausgeschlossen, da in dieser Arbeit die Entwicklung der spezifischen Wahlabendberichterstattung im Mittelpunkt des Interesses steht und nicht die Geschichte von Nachrichtensendungen, -magazinen oder weiteren politischen Informationssendungen. Auch wenn eigenständige Formate wie Magazinsendungen oder Polit-Talkshows am Sonntagabend Sonderausgaben zur Wahl senden, werden diese nicht mit in die Untersuchung einbezogen, da es sich dabei meist um einmalige Ausstrahlungen handelt, die daher nicht im Laufe der Zeit betrachtet werden können. Gleiches gilt für einzelne Beiträge wie Dokumentationen oder Reportagen mit Wahlbezug. Auch die so genannte „Bonner/Berliner Runde" bzw. „Bundestagsrunde"[85] gehört im Sinne der hier angewendeten strikten Auslegung nicht zu den traditionellen Wahlabendsondersendungen im Fernsehen, obwohl auch diese Diskussionssendung auf ein langjähriges Bestehen verweisen kann. Zwei Gründe lassen sich dafür anführen: Erstens stellt die „Bundestagsrunde" ein weiteres Sendeformat dar, auf das hier nicht fokussiert werden soll, da diese Diskussionen mit hochrangigen Parteienvertretern ein Thema für eine eigenständige wissenschaftliche Betrachtung mit darauf abgestimmten Methoden ist (vgl.

---

[83] Ähnlich formulierten Zubayr und Gerhard die von ihnen untersuchten Wahlsondersendungen als solche, „die sich explizit mit der Bundestagswahl beschäftigt und dies auch im ausgedruckten Sendungstitel angekündigt haben" (Zubayr/Gerhard 1999: 237).

[84] Kamps definierte die untersuchten traditionellen Wahlabendsendungen zur Bundestagswahl 1998 ebenso als „die vom jeweiligen Sender um 18:00 Uhr angesetzte oder dort laufende Sendung" (Kamps o. D.: 2).

[85] Bei der Bezeichnung der Diskussionsrunden herrscht eine Begriffsverwirrung. Diese Runden der Parteivorsitzenden oder Generalsekretäre werden heute „Bonner/Berliner Runden" oder auch „Elefantenrunden" genannt. Früher wurden sie jedoch als „Bundestagsrunden" oder „Vierer-Runde" bezeichnet. „Bonner Runden" und „Elefantenrunden" waren damals ausschließlich die gemeinsamen Diskussionssendungen mit den Parteichefs etwa drei Tage vor einer Wahl (vgl. Interview Bellut: 6; Interview Zimmer: 8; Niederschriften APouZ: 25.01.1991, 09.06.1988, 15.01.1988, 11.11.1982, 10.10.1977, 15.10.1976, 24.11.1972). Im Folgenden wird nur einer der Begriffe „Bonner/Berliner Runde" oder „Bundestagsrunde" angeführt.

Holly/Kühn/Püschel 1986). Zweitens werden diese Runden seit Ende der 1960er Jahre, bei Bundestagswahlen zum ersten Mal 1969, von ARD und ZDF gemeinsam während oder nach den traditionellen Wahlabendsendungen ausgestrahlt (vgl. Hagen 1969a: 160; o. V. 1969c: I/2; Protokoll CR TV vom 27./28.09.1972: 2; Protokoll StTVPG vom 9./10.1969: 2). Ein Vergleich böte sich daher nur zeitlich, nicht aber intramediär an. Auch der „Internationale Frühschoppen" mit Werner Höfer, den die ARD 1961 und 1965 als Vorläufer quasi anstelle der „Bundestagsrunde" zeigte, ist als extra ausgewiesene Sendung nicht integraler Bestandteil der Wahlabendsondersendungen und wird dementsprechend nicht analysiert.

Während die bis hier vorgestellte Bestimmung des Untersuchungsgegenstandes der TV-Wahlabendsondersendungen für die Dokumenten- und Sekundäranalyse sowie die Leitfadeninterviews mit Experten ausreichend präzisiert worden ist, erscheint eine weitere Eingrenzung für die Produktanalysen angebracht (vgl. zum Untersuchungsdesign Kap. 4). Um die Resultate dieser Produktanalysen der Wahlabendsondersendungen zu Bundestagswahlen, die in den einbezogenen zwölf Messzeitpunkten in den vier ausgewählten Sendern ausgestrahlt wurden, miteinander vergleichen zu können, werden hierbei jeweils nur die Hauptausgaben der Wahlabendsonderberichte untersucht, während die weiteren Sonderausgaben nicht analysiert werden. Eine solche Eingrenzung hat sich bereits bei Analysen von Fernsehsendungen etabliert, etwa bei Nachrichtensendungen (vgl. Ruhrmann/Woelke/Maier/Diehlmann 2003; Zubayr/Fahr 1999; Pfetsch 1996). Eine zeitliche Ausdehnung der Analyse über die Hauptausgaben hinaus dient zudem kaum dem Erkenntnisgewinn, da Hochrechnungen, Wahlforschungsanalysen, wichtige Stellungnahmen und Erklärungen der Politiker sowie Einschätzungen von Experten i. d. R. nur wiederholt oder in Zusammenfassungen präsentiert werden, und damit dieselben Inhalte in denselben Darstellungsweisen in entsprechender Struktur aufbereitet werden, so dass mit erheblichen Redundanzen zu rechnen ist (vgl. Tennert/Stiehler 2001: 95).

Eine strikte Auslegung des in den Produktanalysen untersuchten Gegenstands ist weiterhin forschungsökonomisch unabdingbar: Auch hier zieht das schon mehrere Male vorgebrachte Argument der Zugänglichkeit der primären Quellen, also des Fernsehmaterials. Wegen der damit verbundenen Schwierigkeiten ist es um so zweckmäßiger, sich auf ein bestimmtes Format bzw. eine bestimmte Ausgabe mit begrenzter Sendezeit zu konzentrieren, da es schwieriger und teurer ist, komplette Sendestrecken von den Fernsehsendern zur Verfügung gestellt zu bekommen (vgl. Kap. 4.2.4). Des Weiteren ist eine Eingrenzung wegen des ansonsten sehr großen Umfangs an Material über einen mehrere Jahrzehnte umfassenden Untersuchungszeitraum notwendig. Schließlich dient sie auch der für zeitlich vergleichende Analysen notwendigen Äquivalenz des Untersuchungsgegenstands.

An dieser Stelle ist nun wiederum die Frage aufzuwerfen, wie die Hauptausgaben der Wahlabendsondersendungen gegenüber danach zusätzlich ausgestrahlten Spätausgaben der Wahlabendberichte abgegrenzt werden können. Hier steht v. a. das Ende der Hauptausgaben im Mittelpunkt der Definitionsarbeit, während der Beginn verhältnismäßig leicht festzustellen ist, da die Hauptausgaben jeweils die am Abend zuerst ausgestrahlten Sondersendungen sind, deren Anfang anhand der Ankündigungen etwa in Fernsehprogrammzeitschriften zu ermitteln ist. Zwei Kriterien lassen sich zur Festlegung des Sendeschlusses der Hauptausgaben der Wahlabendsondersendungen zu Bundestagswahlen heranziehen, die generell das Ende einer Fernsehsendung markieren bzw. Auskunft darüber geben: Erstens ist der Sendeschluss der Hauptausgaben regelmäßig durch das Resümee und/oder Verabschiedung der Zuschauer durch den Moderator der Wahlabendsondersendungen gekennzeichnet. Zweitens ist das Ende der Haupt-Wahlabendsondersendung üblicherweise durch die Übergabe an die nächste Sendung, eventuell mit Verweis auf weitere Ausgaben der Wahlabendsondersendung im Laufe des Abends, und/oder durch den Abspann geprägt.

Die Begrenzung der Haupt-Wahlabendsondersendungen gegenüber nachfolgenden Sendeabschnitten erweist sich allerdings insofern als diffizil, als es, aufgrund der unterschiedlichen Gestaltung des Sendeschlusses im Laufe der mehr als 40 Jahre, die der Untersuchungszeitraum insgesamt umfasst, nicht ausreicht, wenn nur ein Kennzeichen oder gar beide Merkmale erfüllt sind. Vielmehr ist das Ende der Hauptausgabe der Wahlabendsendungen nur anhand des Zusammenspiels dieser beiden Kennzeichen mit den Programmankündigungen in TV-Zeitschriften und/oder mit der Dokumentation in schriftlichen Unterlagen der Fernsehsender zu den Sendezeiten der Wahlabendsondersendungen im Einzelfall ermittelbar (vgl. für das Ende der Haupt-Wahlabendsondersendungen Kap. 6.1.2).

Bezog sich die bisherige Argumentation auf die Definition von Beginn und Ende der Hauptausgaben der Wahlabendsendungen, ist nun noch eine interne Abgrenzung gegen andere Sendungen und Sendungselemente notwendig, die die Haupt-Wahlabendberichte im Untersuchungszeitraum regelmäßig unterbrochen haben (vgl. Kap. 6.2.3). Sie werden i. d. R. von einer Moderation eingeleitet und abgenommen, wobei der Übergang zu einer Unterbrechung ebenfalls durch einen Trailer gekennzeichnet sein kann, jedoch üblicherweise keine Zusammenfassung und Verabschiedung der Zuschauer durch den Moderator erfolgt.

In die empirischen Produktanalysen werden diese Unterbrechungen unterschiedlich einbezogen: So interessieren bei der qualitativen Inhaltsanalyse in Form der formal-inhaltlichen Strukturierung alle Unterbrechungen und zwar als Sequenzen, die die Einheiten der Feinstruktur der Wahlabendsondersendungen bilden (vgl. Kap. 4.2.1). Bei der quantitativen Inhaltsanalyse inhaltlicher Merkmale werden dagegen ausschließlich die wahlbezogenen Bestandteile, die nicht in einem anderen speziellen Sendeformat ausgestrahlt wurden, untersucht (vgl. Kap. 4.2.2). Nur sie sind im Detail für die Analyse der Wahlabendsondersendungen als journalistisches Format relevant. Dagegen würde die Erforschung der eigenständigen Sendeformate, welche die Wahlabendsondersendungen unterbrechen, nur deren typische Merkmale identifizieren. Als Element der Wahlabendsendungen gelten indes einige Abschnitte innerhalb der als Unterbrechung ausgestrahlten Nachrichten. Dies sind diejenigen Sequenzen, die während der Nachrichten direkt und live aus dem Wahlstudio selbst gesendet wurden bzw. den angeschlossenen Außenstellen kamen und überwiegend vom Moderator der Wahlabendsendung präsentiert wurden. Nicht gemeint sind hingegen wahlbezogene Grafiken oder Filmberichte, die Meldungen des Nachrichtensprechers illustrierten oder von ihm anmoderiert wurden. Diese Entscheidung ist jeweils mit Bezug auf die konkreten Sendeabschnitte und -elemente zu treffen.

Forschungsleitende Frage

Auf Grundlage der vorgelegten Eingrenzung des Gegenstandes und des Zeitraums der Untersuchung kann nun die *Ausgangsfragestellung präzisiert* werden:

Wie hat sich die Wahlabendberichterstattung – in Form von (den Hauptausgaben der) Wahlabendsondersendungen – in ARD, ZDF, RTL und Sat.1 zu den Bundestagswahlen von 1961 bzw. 1987 bis 2002 entwickelt?

Auf Basis der vorangegangenen Auseinandersetzung mit den vorhandenen Forschungsarbeiten zur Wahlabendberichterstattung (vgl. Kap. 3.2) und in Anknüpfung an Traditionen politischer Kommunikationsforschung, Journalismusforschung und programmgeschichtlicher Fernsehforschung (vgl. Kap. 2) lässt sich diese übergeordnete Frage weiter in spezielle Einzelfragen konkretisieren, die die Konzeption und Durchführung der empirischen Analyse anweisen. Die Einzelfragen zielen auf Aussagen über die Wahlabendberichterstattung im deutschen Fernsehen auf drei Ebenen: der Inhalts- und Form-Ebene, der Organisations-Ebene und der Akteurs-Ebene. Diese Bezeichnungen sind eng an die in der Journalismusforschung häufig verwendeten Termini für die Strukturen des Journalismus angelehnt (vgl. auch im Folgenden Kap. 2.2.2.1). Allerdings wird anstelle des Programmbegriffs, der sich für die Wahlabendberichterstattung als zu abstrakt erweist, hier die Formulierung „Inhalt und Form" bevorzugt, welche bei der konkreten Umsetzung der empirischen Analyse adäquat erscheint. Denn die Benennung der dritten Ebene als „Inhalt und Form" ermöglicht einerseits Aussagen zu den theoretisch beschriebenen journalistischen Programmen wie diejenigen der Themenauswahl und der Darstellung, die die journalistische Arbeit entweder routiniert oder zweckorientiert anleiten. Dieser Ausdruck ist andererseits offen für nicht-journalistische Zweckprogrammierungen, d. h., weitere Entscheidungsgrundlagen, die neben den journalistischen Programmen für die Herstellung der Wahlabendsondersendungen bei den ausgewählten Fernsehanbietern bedeutsam sind. Als Beispiele eignen sich Anweisungen zu nicht-journalistischen Inhalten (etwa die Ausstrahlung von Fernsehserien oder Showauftritten), die in nicht-journalistischen Abteilungen der ausgesuchten Medienunternehmen, etwa derjenigen der Intendanz oder der Programmdirektion, sowie in für die ausgewählten Medienunternehmen zuständigen Aufsichtsgremien formuliert werden.

Untersuchungs-Ebenen und Einzelfragen

Die Trennung der drei Untersuchungs-Ebenen ist eine analytische. Sie dient der Gliederung der einzelnen Fragen in Frage-Komplexe und erfüllt damit eine Überblicksfunktion. Die Ergebnis-Präsentation in den weiteren Kapiteln erfolgt jedoch nicht strikt entlang der Untersuchungs-Ebenen, sondern ist vielmehr an den verschiedenen Analyseschritten des Mehr-Methoden-Ansatzes des Untersuchungsdesigns der vorliegenden Studie orientiert (vgl. Kap. 4). Die unterschiedlichen Untersuchungsschritte ermöglichen wiederum jeweils insbesondere Aussagen zu einzelnen Untersuchungs-Ebenen (vgl. Tab. 6).

Während z. B. die Sekundärliteratur- und Dokumentenanalyse v. a. Erkenntnisse zur Organisations- und zur Akteurs-Ebene erbringt, erlauben die Produktanalysen hauptsächlich Aussagen zur Inhalts- und Form-Ebene. Gleichwohl werden von der Sekundär- und Dokumentenanalyse auch Befunde zur Inhalts- und Form-Ebene und vice versa von den Produktanalysen ebenfalls Resultate zur Organisations- und Akteurs-Ebene erwartet. Darüber hinaus fließen Befunde der Sekundärliteratur- und Dokumentenanalyse z. T. in die Ergebniskapitel der Produktanalysen ein. Teilweise ergänzen Ergebnisse der Produktanalysen umgekehrt auch die Resultate der Analyse der Sekundärliteratur und der Dokumente. Die Leitfadeninterviews versprechen schließlich Erkenntnisse zu allen Untersuchungs-Ebenen und werden an den entsprechenden Stellen ergänzt.

Tab. 6: Untersuchungs-Ebenen und Analyseschritte

Inhalt und Form	Organisation	Akteure
Produktanalysen (Kap. 6 bis 8)	**Sekundär- und Dokumentenanalyse (Kap. 5)**	**Sekundär- und Dokumentenanalyse (Kap. 5)**
Inhaltliche Merkmale: - Themen - Orte - Akteure (Auftreten) - Darstellungsformen	Formale Organisationsstrukturen	Journalisten: - Selbstverständnis / Anspruch - Tätigkeitsmerkmale u. Arbeitsweisen
Formale Merkmale: - formal-inhaltliche Strukturierung - formal-ästhetische Gestaltung	Rechtliche Regelungen und Berufsnormen	Wahlforscher/weitere Experten: - Tätigkeitsmerkmale bzw. Funktion - Arbeitsweise
Fernseh-ästhetische Merkmale: - Schnittfrequenz - Bildbearbeitung - Einstellungswechsel - Einstellungsgrößen - Kamera-Aktionen - Kameraperspektiven	Ressourcen: - finanzielle Ressourcen - personelle Ressourcen - logistische Ressourcen	Sonstige Akteure (Politiker, Bürger): - Erscheinungsweise - Funktion
	Ökonomische Bedingungen: - Finanzierungsform - Marktposition - Wettbewerbssituation	Publikum: - Nutzung - Bewertung - Zuschauerprofil - Zuschauerinteresse
	Technische Einflussfaktoren	

Auf der *Inhalts-* und *Form-Ebene* wird in erster Linie untersucht, welche Inhalte in der Wahlabendberichterstattung thematisiert werden und welche Darstellung dafür gewählt wird. Ins Zentrum rücken auf dieser Ebene Fragen, die sich auf die Themen, die Akteure und die Schauplätze sowie die Darstellungsformen beziehen. Zugleich werden die formal-inhaltliche Strukturierung und formal-ästhetische Gestaltung sowie der Einsatz fernsehtypischer Mittel in den Blick genommen.[86] Im Einzelnen stellen sich folgende *Fragen*:

- *Formal-inhaltliche Merkmale:* Wie sieht das programmliche Umfeld der Wahlabendsondersendungen im TV aus? Welche Sendungen werden vorher, welche nachher ausgestrahlt? Wann beginnen die TV-Wahlberichte am Wahlabend und wie lange dauern sie? Wie sieht der Ablauf der Haupt-Wahlabendsondersendungen? Welche integralen Bestandteile lassen sich identifizieren? Gibt es Unterbrechungen und wie sehen diese aus? Welche Themen und Ereignisse sind i. d. R. relevant?

- *Formal-ästhetische Merkmale:* Welche Elemente bestimmen das Profil der Wahlabendberichte? Welche Bildbearbeitung und -gestaltung (Vorspann, Schrifteinblen-

---

[86] Diese analytische Trennung zwischen formal-ästhetischen Merkmalen, journalistischen Darstellungsformen und fernseh-ästhetischen Mitteln ist nicht ganz trennscharf. Sie erweist sich jedoch in Anlehnung an bestehende Kategorisierungen (vgl. Kap. 2.2.3.4) und hinsichtlich der unterschiedlichen empirischen Analysemethoden, die für die einzelnen Elemente adäquat erscheinen, als sinnvoll und nützlich (vgl. Kap. 4).

dungen, Signets, Grafiken, Schalten) kennzeichnet die Haupt-Wahlabendsondersendungen? Welche Studioausstattung (Aufbau, Dekoration) ist prägend? Welche Akteure treten in welchen Rollen auf? Wie ist das Verhalten (Kleidung, Präsentationsweise, Sprachstil) der Moderatoren? Wie werden relevante Bestandteile wie die Wahlforschung in die Sendung eingebunden?

- *Inhaltliche Merkmale:* Welche Themen werden behandelt? Welche Akteure treten wo auf und kommen wie lange zu Wort? (Frage nach der Ausgewogenheit des Auftretens politischer Akteure unterschiedlicher Couleur bzw. unterschiedlicher Prominenz und Position) An welchen Schauplätzen handelt das Geschehen? Welche Darstellungsformen werden bei der TV-Wahlabendberichterstattung eingesetzt?

- *Fernseh-ästhetische Merkmale:* Welche fernsehtypischen Mittel (Kamerabewegungen und -perspektiven, Einstellungsgrößen und -längen) prägen die Wahlabendberichterstattung im TV?

Begleitet werden diese Fragen nach den inhaltlichen und gestalterischen Merkmalen der Wahlabendberichterstattung im deutschen Fernsehen immer von der Frage nach dem „Warum?" und „Wieso?". Welche Gründe geben z. B. für die gewählte Grobstruktur des Wahlabends und die Feinstruktur der Wahlabendsenderungen den Ausschlag? Worin liegt etwa die Entscheidung für eine bestimmte formal-ästhetische Gestaltung begründet? Es stellt sich bspw. auch die Frage, wodurch die Themensetzung beeinflusst wird. Wird die Auswahl durch Nachrichtenfaktoren angeleitet? Wie wirkt sich der Berichterstattungsgegenstand selbst, z. B. durch die Knappheit des und die Unsicherheit über den Wahlausgang(s) oder das Verhalten der politischen Akteure, auf die Themen der Wahlabendsondersendung aus? Inwiefern haben die Produktionsbedingungen einen Einfluss auf die Themen? Diese Fragen lassen sich meist nur implizit anhand der mittels Produktanalysen gewonnenen Daten klären, indem diese interpretiert werden. Hierzu ist auch ein Blick auf die Befunde der Sekundär- und Dokumentenanalyse notwendig. Denn dieser Analyseschritt ermöglicht, die Produktionsumstände der Wahlabendberichterstattung – auch den politischen und den medialen Kontext – näher zu beleuchten und so Hinweise für Erklärungsansätze der Entwicklung von Inhalt und Form der Wahlabendsendungen herauszuarbeiten. Dabei stehen die Akteurs- und die Organisations-Ebene im Zentrum.

Auf der *Akteurs-Ebene* rücken zum einen die in den Wahlabendsendungen auftretenden Akteure in den Mittelpunkt des Interesses. Dies sind nicht nur Journalisten, deren Aufgabenbereiche und Tätigkeitsmerkmale (Mitglieds- und Arbeitsrolle) sowie Selbstverständnis bzw. journalistischer Anspruch (Berufsrolle)[87] als Leistungsrollen herausgearbeitet werden sollen, sondern auch Wahlforscher, weitere Experten und sonstige Interviewte (Politiker und Bürger). Auch ihre Rollen gilt es im Rahmen der Wahlabendberichte zu eruieren. Zum anderen geht es darum, die Rezipienten, an die sich die Wahlabendsondersendungen richten, einzubeziehen. Obwohl Rezipienten ihre Interessen im Herstellungsprozess der Wahlabendberichte nicht direkt einbringen können, kommt ihnen eine Bedeutung bei der Entstehung dieses journalistischen Produkts zu: über die vermuteten Publikumserwartungen der Journalisten. Diese orientieren sich u. a. an den Einschaltquoten und an Zuschauerbefragungen. Folgende *Fragen* sind auf der Akteurs-Ebene relevant:

---

[87] Dies ist methodisch nur mittels der Leitfadeninterviews bzw. über dokumentierte Materialien, die dies aufgreifen, möglich, obwohl auch die Inhaltsanalysen Anhaltspunkte liefern können.

- *Generell:* Welche Akteure (Journalisten, Wahlforscher, weitere Experten, Politiker, Bürger) treten bei den abendlichen Wahlsondersendungen im Fernsehen wo und wie in Erscheinung?[88]
- *Im Einzelnen:*
  - *Journalisten:* Welche Mitglieds- und Arbeitsrollen nehmen Journalisten bei der Wahlabendberichterstattung ein? Welche Aufgaben fallen ihnen zu, welche Tätigkeitsmerkmale kennzeichnen ihre Arbeit? Wie sieht das Selbstverständnis der Journalisten bzw. ihr journalistischer Anspruch aus?
  - *Experten*: Welche Rolle wird von Wahlforschern bzw. weiteren Experten eingenommen, d. h., welche Merkmale weist ihre Tätigkeit auf und in welcher Funktion agieren sie? Wie lässt sich ihre Arbeitsweise beschreiben?
  - *Sonstige Interviewte (Politiker[89], Bürger):* Wie und in welcher Weise treten sie in Erscheinung? Welche Funktion nehmen sie ein?
- *Rezipienten:*
  - Wie werden die Wahlabendsondersendungen von Fernsehzuschauern genutzt und bewertet?
  - Wie sieht das Profil der Zuschauer von Wahlabendsonderberichten aus?
  - Wofür interessieren sich die Zuschauer der TV-Wahlsendungen besonders?

Auf der *Organisations-Ebene* ist erstens die organisatorische Struktur, innerhalb der das journalistische Produkt Wahlabendsendung hergestellt wird, zu identifizieren. Hierbei geht es um die Erforschung von Zuständigkeiten: sowohl in den Bereichen, die die Produktion der Wahlabendberichterstattung übernehmen, als auch in Bezug auf die Instanzen, die Entscheidungen zur generellen Konzeption der Wahlabendberichte treffen, Verantwortung tragen oder die Berichterstattung im Nachhinein auf Einhaltung von Richtlinien überprüfen.

Im erstgenannten Fall ist herauszuarbeiten, welche Redaktion respektive welches Ressort oder welches Team in welcher Zusammensetzung die Sondersendungen am Wahlabend gestaltet. In diesem Zusammenhang stellt sich auch die Frage nach der Koordination dieser Arbeit. Obwohl Koordination als journalistisches Programm und nicht als Komponente journalistischer Organisationen modelliert wurde (vgl. Kap. 2.2.2.1)[90], ist sie bei der empirischen Analyse der Wahlabendberichterstattung auf dieser Ebene anzusiedeln. Diese Entscheidung wurde im Hinblick auf die in der vorliegenden Studie verwendeten Analysemethoden und deren Erkenntnismöglichkeiten getroffen. Ausschlaggebend ist, dass die Koordination im Rahmen der retrospektiven Zeitreihenanalyse von Wahlabendsondersendungen

---

[88] Das Auftreten der Akteure spielt nicht nur auf der Akteurs-Ebene eine Rolle, sondern ist auch auf der Inhalts-Ebene von Bedeutung und zwar bspw. unter der Fragestellung der Ausgewogenheit des Auftretens politischer Akteure unterschiedlicher Couleur.

[89] Die Politiker werden in der vorliegenden Arbeit nicht als eigene Gruppierung untersucht, da hier der Fokus auf den Journalisten und Experten im Rahmen der Wahlabendsondersendungen liegt, weil sie mit ihren Berufs- und Arbeitsrollen die Produktion der Wahlberichte bestimmen. Die Politiker dagegen agieren genauso wie andere Akteure, welche interviewt werden, i. d. R. als Befragte. Ihre Berufs- und Arbeitsrollen sind daher von nachrangigem Interesse.

[90] Dieser Modellierung lässt sich darauf zurückführen, dass sich Koordinationen unabhängig von den anderen Strukturbereichen im Journalismus überall nach ähnlichen Prinzipien etabliert haben und wandeln. Außerdem erfolgen Koordinationen nicht nur formal-strukturell in Konferenzen, sondern es werden auch in informellen Absprachen Abstimmungen getroffen und journalistische Arbeitsweisen (Redigieren) tragen ebenfalls zur Koordination bei.

von 1961 bis 2002 vornehmlich über Sekundärliteratur und Dokumente sowie in Interviews analysiert wird und dabei überwiegend Aussagen zur formal-strukturellen Koordination erwartbar sind. Informelle Absprachen über journalistische Arbeitsweisen, die dafür sprechen, Koordinationen als journalistische Programme zu modellieren, sind hingegen eher über Beobachtungen erfassbar (vgl. Altmeppen 1999), die sich aber aufgrund der retrospektiven Anlage der Untersuchung nicht realisieren lassen. Bei Letzterem rückt die Frage, wer konzeptionelle Vorgaben für die Wahlabendsondersendungen macht und Entscheidungen darüber trifft, in den Vordergrund. Wichtig sind auch die Gründe für dieses Handeln.

Zweitens lassen sich auf der Organisations-Ebene die weiteren Kontextbedingungen herausfiltern, die den Produktionsprozess von Wahlabendberichterstattung beeinflussen. Hierzu gehören rechtliche und normative Implikationen. Von Interesse ist z. B., welche gesetzlichen Regeln, berufsspezifischen Normen oder organisationsinternen Grundsätze die journalistische Arbeit anleiten. Gefragt wird auch nach personalpolitischen Entscheidungen im Zusammenhang mit Wahlabendsondersendungen. Ökonomische Bedingungen sind ebenfalls auf Organisations-Ebene ermittelbar. Hier stellt sich bspw. die Frage nach den Ressourcen, die für die Wahlabendberichterstattung zur Verfügung stehen. Konkret sind damit die personellen und zeitlich-räumlichen Ressourcen gemeint. Sie resultieren aus den Vorgaben der Medienunternehmen und ihrer Ziele in Abhängigkeit von den jeweiligen Etats, der Finanzierungsform, der Marktposition und der Wettbewerbssituation. Weiterhin sind auf der Organisations-Ebene die technischen Möglichkeiten in den Blick zu nehmen.

Auf der Organisations-Ebene werden also die organisatorische Struktur und seine Bedingungen in den Mittelpunkt des Forschungsinteresses gerückt, in dessen Rahmen Wahlabendsondersendungen im TV produziert werden. Folgende *Fragen* lassen Aussagen zum Entstehungskontext erwarten:

- *Formale Organisationsstruktur:* Innerhalb welcher formalen Strukturen (Redaktion/Ressort/Team) werden Wahlabendsendungen hergestellt? Wie wird diese Arbeit koordiniert? Welche Gremien respektive Instanzen entscheiden über die Art und Weise der Wahlabendberichterstattung im Fernsehen? Wie wird darüber entschieden?

- *Rechtliche Regelungen und normative Implikationen:* Welche gesetzlichen Regelungen, Berufsnormen und organisationsspezifischen Grundsätze weisen die Produktion der Wahlabendberichterstattung an?

- *Ökonomische Bedingungen*: Welche Finanzierungsformen herrschen vor? Innerhalb welcher Marktposition und Wettbewerbssituation werden die TV-Wahlabendsondersendungen produziert? Welche Ressourcen stehen der Wahlabendberichterstattung im TV zur Verfügung?

- *Technische Möglichkeiten:* Wie entwickelt sich die Darstellungs- und Bearbeitungstechnik?

Die skizzierten Fragen auf den drei Untersuchungs-Ebenen können nur mittels einer Kombination mehrerer Methoden empirisch beantwortet werden, die sich dem Untersuchungsgegenstand der Wahlabendberichterstattung zu Bundestagswahlen im deutschen Fernsehen aus unterschiedlichen Perspektiven nähern. Auch die verschiedenen Dimensionen, die eine Fernsehsendung charakterisieren, etwa visuelle und auditive Eindrücke, machen ein solches komplexes Forschungsdesign notwendig. Es wird im Folgenden vorgestellt (vgl. Kap. 4).

4 Untersuchungsdesign

Als geeigneter Zugang zur empirischen Beantwortung der *zentralen Forschungsfrage* nach der Entwicklung der Wahlabendberichterstattung zu Bundestagswahlen im deutschen Fernsehen als Beispiel für Stabilität und Wandel politischer Kommunikation, zur Rekonstruktion der Programmgeschichte eines spezifischen TV-Formats und dessen journalistischen Produktionskontextes auf den drei Untersuchungs-Ebenen (vgl. Kap. 3.3) erweist sich ein Mehr-Methoden-Ansatz, der die Multidimensionalität des Untersuchungsgegenstandes berücksichtigt (vgl. Abb. 3).

Abb. 3: Mehr-Methoden-Ansatz im Überblick

Gesamtprojekt	
Historisch-deskriptive Methoden	**Empirisch-analytische Methoden**
- Dokumenten- und Sekundärliteraturanalyse - Teilnehmende Beobachtung	- Qualitative Inhaltsanalysen formal-inhaltlicher und formal-ästhetischer Merkmale - Quantitative Inhaltsanalyse inhaltlicher Merkmale - Quantitative Inhaltsanalyse fernsehästhetischer Merkmale
Explorative Methode	
- Leitfadeninterviews mit Experten	

Der Einsatz der *verschiedenen Methoden* zielt darauf ab, das Untersuchungsobjekt aus *unterschiedlichen Perspektiven* zu analysieren, dabei *unterschiedliche Aspekte* in den Blick zu nehmen und jeweils die *Stärken* der einzelnen Analysemethoden zu nutzen. Qualitative wie quantitative Methoden der Erhebung, Aufbereitung und Auswertung werden dabei – im Sinne eines Triangulationsmodells, mit dem breitere und profundere Erkenntnisse zu erzielen sind als bei der Verwendung einer einzigen Methode (vgl. Lamnek 2005: 278 ff.; Mayring 2001: Absatz 21 u. 25) – kombiniert. Dabei geht es um ein *Verständnis* des untersuchten Gegenstandes. Als sinnvoll zur Erweiterung und Vertiefung haben sich Leitfadeninterviews erwiesen. Der Leitfaden bezieht sich dabei auf die Befunde der bereits durchgeführten Analysen (vgl. Mayring 2001: Absatz: 24).

Eine derartige Methoden-Kombination erscheint notwendig, da sich erst aus der Integration und Vernetzung der Erkenntnisse der einzelnen Analysen generelle Aussagen über den multidimensionalen Untersuchungsgegenstand erzielen und Erklärungen dazu ableiten lassen (vgl. für ein ähnliches Untersuchungsdesign zur Analyse der Entwicklung von TV-Nachrichten Ludes 2001a: 45). Dieser Mehr-Methoden-Ansatz erlaubt es, die Geschichte der Wahlabendberichterstattung im deutschen TV systematisch zu erfassen, Zusammenhänge zu belegen und Gründe für Entwicklungen zu nennen.

Im Folgenden wird die Konzeption des Mehr-Methoden-Ansatzes expliziert: Es wird erläutert, welche Datenerhebungs- und Datenauswertungsmethoden für diese Studie gewählt wurden und warum dies geschehen ist. Zudem wird geklärt, wo die Vor- und Nachteile der einzelnen Methoden liegen. Außerdem wird die Konzeption der Methoden und ihre Umsetzung vorgestellt. Insofern wird der Forderung Rechnung getragen, wissenschaftliches Arbeiten müsse *systematisch* und *intersubjektiv nachprüfbar* sein (vgl. Früh 2001: 19 u. 37). Die Methoden werden in der *Reihenfolge* präsentiert, in der sie auch im *Untersuchungsverlauf* angewendet werden. Zunächst wird die Konzeption der Dokumenten- und Sekundärliteraturanalyse erklärt (vgl. Kap. 4.1), bevor auf die Methodik der Produktanalysen eingegangen wird (vgl. Kap. 4.2). Hierbei wird zuerst die qualitativen Inhaltsanalysen formaler Merkmale (vgl. Kap. 4.2.1) vorgestellt. Anschließend werden die quantitativen Inhaltsanalysen zu den inhaltlichen Merkmalen (vgl. Kap. 4.2.2) und den fernsehästhetischen Mitteln (vgl. Kap. 4.2.3) behandelt. Des Weiteren wird die Datengrundlage der Produktanalysen dargelegt (vgl. Kap. 4.2.4). Schließlich wird der methodische Ansatz präsentiert, auf dem die Leitfadeninterviews mit Experten fußen (vgl. Kap. 4.3).

4.1 Dokumentenanalyse und Analyse der Sekundärliteratur

Der erste Schritt der empirischen Untersuchung ist eine Dokumentenanalyse der recherchierten schriftlichen Primärquellen zu den Wahlabendberichten der einbezogenen Fernsehsender – ergänzt durch die Analyse der dazu vorliegenden Sekundärquellen. Die Dokumentenanalyse wird hier hauptsächlich historisch-deskriptiv angewendet. Der Begriff Dokument wird i. d. R. breit definiert und umfasst nicht nur Urkunden und Schriftstücke im engeren Sinne, sondern allgemein „schriftliche Texte, die als Aufzeichnung oder Beleg für einen Vorgang oder Sachverhalt dienen" (Wolff 2000: 502).

Zu den *Vorzügen* der Dokumentenanalyse zählt erstens die Materialvielfalt. Auch in diesem Fall kann auf zahlreiche und vielfältige schriftliche Primärquellen zurückgegriffen werden. Allerdings kann die Fülle an schriftlichen Unterlagen auch Herausforderungen mit sich bringen. Zweitens unterliegen die Daten so gut wie keinen Fehlerquellen bei der Datenerhebung, da das Material bereits vorhanden ist. Ausgeschlossen ist jedoch nicht, dass die Dokumente an sich fehlerhaft sind, dass sie gefälscht wurden oder z. T. vernichtet sind. Der Erkenntniswert von Dokumenten lässt sich etwa an der Herkunft und der Art der Dokumente abschätzen (vgl. für weitere Kriterien Mayring 2002: 48).

Eine Dokumentenanalyse wird v. a. dann eingesetzt, wenn sich eine Untersuchung mit zurückliegenden Ereignissen befasst und ein direkter Zugang zum Untersuchungsgegenstand durch andere Erhebungstechniken nicht möglich ist, aber Material vorliegt (vgl. Mayring 2002: 48 f.). Folglich kann mit Hilfe der Dokumentenanalyse dem Ziel dieser Studie näher gekommen werden, die Produktionsumstände der Wahlabendsendungen im deutschen TV in ihrer Entwicklung nachzuzeichnen, um Erklärungsansätze für die Programmgeschichte der Wahlabendberichte herausarbeiten zu können. Die Dokumentenanalyse dient damit insgesamt als Basis der weiteren Untersuchungsschritte: Erarbeitet wird mit ihr erstens eine Chronik über die Geschichte der Wahlabendsondersendungen im deutschen TV (vgl. Kap. 5.1). Zweitens hilft sie dabei, einen Überblick über die Entstehungs- und Herstellungsbedingungen des Forschungsgegenstandes zu verschaffen (vgl. Kap. 5.2).

Als Dokumente gelten hier senderinterne schriftliche Primärquellen zur Wahlabendberichterstattung von ARD, ZDF, RTL und Sat.1. Einen Überblick über die vorliegenden Primärquellen liefert die folgende Übersicht (vgl. Tab. 7).

Tab. 7:   Verfügbare Primärquellen

ARD	- Redaktionsakten - Produktionsakten - Verwaltungsakten - Akten des ARD-Programmdirektors - Akten des Koordinators für Politik - Protokolle und Niederschriften zu Hauptversammlungen, Arbeitssitzungen, Sitzungen der Ständigen Fernsehprogrammkonferenz und des Programmbeirats der ARD sowie der Konferenz der Chefredakteure Fernsehen (z. T. zusammen mit den Kultur- und Wissenschaftsredakteuren Fernsehen) - Protokolle und Niederschriften von Sitzungen des WDR-Rundfunkrats sowie des WDR-Programmbeirats (bzw. des Programmausschusses des WDR-Rundfunkrats) - Jahrbücher, Mitarbeiterzeitschriften und Pressemitteilungen
ZDF	- Redaktionsakten - Produktionsakten (u. a. Produktion) - Verwaltungsakten (u. a. Justiziariat) - Akten der Chefredaktion - Akten der Intendanz - Protokolle und Niederschriften des ZDF-Fernsehrats und dessen Ausschuss für Politik und Zeitgeschehen - Jahrbücher, Mitarbeiterzeitschriften und Pressemitteilungen
RTL	- Pressemitteilungen und Unternehmensveröffentlichungen
Sat.1	- Pressemitteilungen und Unternehmensveröffentlichungen

Die Art der vorhandenen Dokumente ist sehr unterschiedlich. So liegen z. B. Akten des WDR, der bis 1998 für die ARD-Wahlabendberichte zuständig war (vgl. Kap. 5.2.1.5), und des ZDF mit Redaktions-, Produktions- und Verwaltungsunterlagen vor. Weiterhin existieren Protokolle zu ARD-Hauptversammlungen und Arbeitssitzungen, Niederschriften zu Sitzungen der Ständigen Programmkonferenz und der Chefredakteurskonferenz Fernsehen sowie Akten des ARD-Programmdirektors und des Koordinators für Politik. Darüber hinaus sind Unterlagen der Chefredaktion, der Intendanz, des Justiziariats, der Programmdirektion und der Produktion des ZDF vorhanden. Diese Dokumente stammen aus den Beständen des Deutschen Rundfunkarchivs (DRA) sowie der Historischen Archive des WDR und des ZDF. Des Weiteren sind Akten des WDR-Rundfunkrats und des ZDF-Fernsehrats verfügbar. Im Gegensatz dazu liegen von den Privaten ausschließlich Senderpublikationen vor. Ferner kann auf Berichte über die Wahlabendberichte der ausgewählten Sender in Zeitungen, Zeitschriften und Fachpublikationen als Sekundärliteratur zurückgegriffen werden.

Während Programmfahnen und Ankündigungen in Programmzeitschriften die *geplante* Wahlabendberichterstattung dokumentieren und nicht das wirklich gesendete Programm, können sich Pressemitteilungen auf *Programmaktualisierungen* beziehen. Auch aktualisierte Sendeabläufe zeigen den geplanten Ablauf einer Sendung an. Aus ihnen wird aber nicht deutlich, ob die vorgegebenen Sendezeiten wirklich eingehalten wurden, denn die Verlaufspläne können aus aktuellen Gründen in der Sendung selbst revidiert werden, ohne dass dies in den schriftlichen Unterlagen vermerkt ist (vgl. zu entsprechenden Erfahrungen bei der Rekonstruktion der Programmgeschichte von TV-Nachrichten Ludes 2001a: 50). Dies wiederum ist eventuell Zeitungsberichten zu entnehmen. Als Außenansicht von Journalisten haben sie jedoch einen anderen Stellen- und Quellenwert als interne Dokumente (vgl. Dussel/Lersch 1999: 13). Auch in diesen finden sich aber z. T. Hinweise auf den tatsächlichen Sendeablauf, etwa in den Protokollen der anschließenden Redaktionssitzungen bzw. der Zusammenkünfte der Aufsichtsgremien. Insgesamt wird ein hoher Erkenntniswert dadurch erreicht, dass diese vielfältigen Dokumente aufeinander bezogen analysiert werden. Folglich ist die systematische Durchsicht auch der Sekundärquellen für die Analyse der Primärquellen in den Archiven eine wichtige Voraussetzung. Besonders die Fachdienste sind aufgrund ihrer detaillierten Fakten und ihrem hohen Informationswert eine unverzichtbare Grundlage zur Ergänzung und Überprüfung der primären schriftlichen Quellen (vgl. zur Einschätzung des Informationswerts von Sekundärliteratur Prüsse 1997: 6).

Die Dokumentenanalyse erfasst die in den Dokumenten festgehaltenen Sachverhalte, während sie deren Herstellung nicht nachvollziehen kann (vgl. Wolff 2000: 505). Folglich kann mittels der Dokumentenanalyse kein direkter Nachweis geführt werden, ob die Schlussfolgerungen über Absichten und Entscheidungen ihrer Verfasser – etwa zur Konzeption der Wahlsendungen (vgl. Kap. 5.2.2) – tatsächlich zutreffen. Gleichwohl wird die wissenschaftliche Bedeutung von Dokumenten zum Produktionskontext und zu den Konzeptionen von Fernsehsendungen als hoch eingestuft. So gelten die Protokolle der Programmausschüsse und -beiräte der Gremien der öffentlich-rechtlichen Rundfunkanstalten als unersetzlich, „weil hier von den einzelnen Programmsparten und der sie motivierenden Grundvorstellungen relativ kontinuierlich über die Arbeit berichtet wird" (Lersch 1981: 241). Außerdem greifen an dieser Stelle die Vorzüge des Mehr-Methoden-Ansatzes: Die Sicht der Entscheidungsträger ist per Befragung zugänglich.

4.2 Produktanalysen

Unter Produktanalysen werden hier die Untersuchungen gebündelt, die sich mit dem originären TV-Material beschäftigen. Dies sind mehrere Inhaltsanalysen, die den Untersuchungsgegenstand mit fortschreitender Genauigkeit beleuchten: qualitative Inhaltsanalysen formaler Merkmale (vgl. Kap. 4.2.1), eine quantitative Inhaltsanalyse inhaltlicher Elemente (vgl. Kap. 4.2.2) und eine quantitative Inhaltsanalyse fernseh-ästhetischer Mittel (vgl. Kap. 4.2.3). Sie werden im Folgenden vorgestellt, indem ihre methodische Konzeption erläutert und begründet wird. Ihnen gemein sind einige Vorzüge (vgl. Brosius/Koschel 2001: 156 ff. u. 170; Früh 2001: 39; Diekmann 1996: 481; Ludes 1994: 115): Durch eine inhaltsanalytische Untersuchung werden keine Veränderungen des Untersuchungsobjektes hervorgerufen. Inhaltsanalysen sind daher beliebig reproduzierbar oder mit einem modifizierten Analyseinstrument am selben Gegenstand wiederholbar. So wird es einerseits möglich, vorgenommene inhaltsanalytische Erhebungen zu überprüfen. Andererseits erweist sich diese Methode als geeignet, um einen Forschungsgegenstand aus unterschiedlichen Blickwinkeln zu analysieren. Schließlich ist eine Stärke von Inhaltsanalysen, dass Aussagen über Medieninhalte der Vergangenheit gemacht werden können. Damit sind sie für diese retrospektiv angelegte Langzeitstudie, die Erkenntnisse zur Wahlabendberichterstattung im deutschen TV über einen Zeitraum von mehr als 40 Jahren liefern soll, zweckdienlich.

Wurden im Kapitel zur Dokumenten- und Sekundärliteraturanalyse die schriftlichen Unterlagen, die zur empirischen Untersuchung verfügbar sind, aufgeführt (vgl. Kap. 4.1), bietet es sich an dieser Stelle an, die Datengrundlage der Produktanalysen, die alle auf dasselbe TV-Material zurückgreifen, nur einmal zu benennen (vgl. Kap. 4.2.4).

4.2.1 Qualitative Inhaltsanalysen

Der zweite Analyseschritt zielt darauf ab, Einblick in die *formal-inhaltliche Ordnung* der Wahlabendberichterstattung zu Bundestagswahlen im deutschen Fernsehen zu erhalten, etwa durch die Einbettung in das Gesamtprogramm oder den internen Sendeablauf, und *formal-ästhetische Gestaltungselemente* wie die audiovisuelle Leitmotivik herauszufiltern, die charakteristisch für die Wahlabendberichte sind. Die Analyse dieser formalen Merkmale ist für die vorliegende Studie unerlässlich, da sie die spezielle Konzeption einer Wahlsendung erkennen lassen und deren spezifisches Profil formen (vgl. Kap. 2.2.3.4).

Das *zweckmäßige Vorgehen*, den formalen Charakter einer Fernsehsendung herauszuarbeiten, ist die *qualitative Inhaltsanalyse* in Form der *Strukturierung* (vgl. Mayring 2002: 115 ff.).[91] Damit ist es möglich, „unter vorher festgelegten Ordnungskriterien einen Querschnitt durch das Material zu legen oder das Material auf Grund bestimmter Kriterien einzuschätzen" (Mayring 2002: 115). Mittels der Strukturierung werden alle Hauptausgaben der Wahlabendsondersendungen zu Bundestagswahlen von ARD, ZDF, RTL und Sat.1 untersucht (vgl. Kap. 3.3), die im Zeitraum von 1961 bis 2002 ausgestrahlt worden sind (Untersuchungseinheit = Hauptausgabe der jeweiligen Wahlabendsondersendung). Sie werden komplett qualitativ analysiert. Dabei erfordert das Erkenntnisinteresse zwei unterschiedliche Herangehensweisen und Instrumente, die in zwei getrennten Durchgängen angewendet werden: die formal-inhaltliche und die formal-ästhetische Strukturierung.

Formal-inhaltliche Strukturierung

Die Analyse der formal-inhaltlichen Ordnung der Wahlabendberichterstattung im deutschen TV wird in Form einer formal-inhaltlichen Protokollierung des Ablaufs umgesetzt, die sich an *Sequenzen* (Analyseeinheit = Sequenz) orientiert. Diese Sequenzcodierung wird aus der Filmanalyse abgeleitet (vgl. für ein ähnliches Vorgehen zur Analyse der verbalen und visuellen Gestaltung von Wahlspots Lessinger 2004: 132; Holtz-Bacha 2000: 151). Solche Sequenzlisten, auch Sequenzprotokolle genannt, haben sich als Ausgangspunkt wissenschaftlicher Beschäftigung mit Filmen und TV-Sendungen bewährt. Dabei wird der Film bzw. die TV-Sendung in der Zusammensetzung seiner bzw. ihrer Sequenzen vollständig dokumentiert. Als Sequenz wird meist eine Handlungseinheit bezeichnet, die mehrere Einstellungen umfasst und sich durch ein Handlungskontinuum von anderen unterscheidet. Handlungseinheiten werden i. d. R. durch einen Themen- bzw. Ortswechsel oder eine Veränderung der Figurenkonstellation markiert. Im Protokoll werden verschiedene Handlungselemente festgehalten: der Schauplatz, die Akteure und das Geschehen. Außerdem wird die Dauer der Sequenzen ermittelt (vgl. Hickethier 2001: 38 f.; Korte 2000: 24 f., 32 u. 38).

Für die formal-inhaltliche Strukturierung von Wahlabendsendungen interessieren die *Abfolge* von Sequenzen sowie ihre zeitliche *Dauer*. Unter einer Sequenz wird in dieser Arbeit ein Setting aus sachlicher, sozialer und zeitlich-räumlicher Dimension verstanden.

---

[91] Gleichermaßen gehen Bruns und Marcinkowski in ihrer Zeitreihenstudie zu politischen Informationsangeboten und Nachrichten im Fernsehen vor. Allerdings nennen sie dieses Vorgehen „qualitative Sendungsbeschreibung". Mittels einer halb-standardisierten, qualitativen Beobachtung anhand eines Leitfadens werden Merkmale erhoben und in einem umfangreichen Sendungsprotokoll festgehalten. 20 Merkmale wurden beschrieben (vgl. Bruns/Marcinkowski 1997: 40 ff.).

Sobald sich dieses *grundlegend* ändert, beginnt eine neue Sequenz. Grundlegend heißt in diesem Fall, wenn sich *mindestens zwei* der Dimensionen ändern, wobei eine davon das *Thema* sein muss.[92] Es wird festgehalten, welche Akteure an welchen Orten auftreten und welche Inhalte behandelt werden. Zudem wird das Geschehen knapp beschrieben. Schließlich wird ein Titel vergeben. Die formal-inhaltliche Protokollierung erfolgt dabei weitestgehend offen. Es werden keine inhaltlichen Vorgaben gemacht. Vielmehr ist möglichst genau zu notieren, welche Beobachtungen gemacht werden. So ist gewährleistet, dass während des Protokollierungsprozesses eine Offenheit für Unerwartetes besteht.[93] „Ohne Offenheit ist eine ‚saubere Deskription' nicht möglich." (Mayring 2002: 27)

Dabei erfasst die formal-inhaltliche Strukturierung *alle Komponenten* der Wahlabendberichterstattung, da nur in der Gesamtschau die komplette Feinstruktur der Wahlsendungen ermittelt werden kann (vgl. Kap. 3.3). Entsprechend werden auch die Unterbrechungen der Wahlabendberichte etwa durch Nachrichten, Sportsendungen oder Gesprächsformate, wie den „Internationalen Frühschoppen" oder die „Bundestagsrunde", in die formalinhaltliche Strukturierung einbezogen. Ebenfalls werden Unterhaltungsabschnitte, wie etwa Show-Auftritte oder Filme, sowie Werbe-Sendestrecken erfasst. Sie werden jedoch nicht in ihren einzelnen Sequenzen codiert und analysiert, sondern als Unterbrechungen der Wahlabendsendungen festgehalten, indem sie komplett als eine Sequenz dokumentiert werden. Ausnahmen werden zum einen bei Talkshows gemacht, bei denen kein eigenes Format vorliegt und die einen Wahlbezug aufweisen, und zum anderen bei den Sendestrecken innerhalb von Nachrichten, die direkt aus dem Wahlstudio oder von den Außenstellen gesendet werden und damit als Teil der Wahlabendsondersendung definiert sind. In diesen Fällen werden auch die einzelnen Sequenzen notiert.[94]

Diese Vorgehensweise hat mehrere *Vorzüge*: So bietet ein solches Sequenzprotokoll die Möglichkeit, den formal-inhaltlichen Aufbau der Wahlsendung überschaubar darzustellen. Es dient folglich der *Orientierung* und erleichtert so die weitere Auseinandersetzung mit dem Untersuchungsmaterial (vgl. Hickethier 2001: 38 f.; Korte 2000: 32 ff.; Faulstich 1995: 16 ff.). Anhand der formal-inhaltlichen Strukturierung der Wahlsendungen lassen sich außerdem, wie an der Programmstruktur des Wahlabends, „schon Grundlinien von Programmkonzeptionen […] erkennen" (Lersch 1981: 241). Dies gilt besonders für Analysen im Längsschnitt oder im Vergleich mit anderen Sendern. Beides wird hier geleistet.

Konkret erlaubt die formal-inhaltliche Strukturierung in dieser Studie, erstens eine *sinnvolle* und *exakte Begrenzung des Untersuchungsgegenstandes der Produktanalysen* (der Hauptausgaben der Wahlabendsondersendungen; vgl. Kap. 3.3) zu erarbeiten, die sich für alle einbezogenen Wahljahre gleichermaßen als tauglich erweist. Diese Definitionsarbeit ist aufgrund des mehr als 40 Jahre umfassenden Untersuchungszeitraums nicht ausschließlich auf Basis vorliegender schriftlicher Dokumente möglich, sondern erst im Zusammenspiel mit der primären Quelle, also dem Fernsehmaterial, machbar.

Indem *alle Komponenten* der Wahlabendsondersendungen – und damit auch die Unterbrechungen – mittels der formal-inhaltlichen Strukturierung erfasst werden, ist es zweitens möglich, zu identifizieren, ob die Bestandteile einen *Wahlbezug aufweisen* oder eher

---

[92] Die detaillierte Definition einer Sequenz und deren Veranschaulichung durch Ankerbeispiele finden sich im Codebuch zur formal-inhaltlichen Strukturierung im Anhang dieser Arbeit. Der Anhang ist elektronisch publiziert und verfügbar unter: http://www.vs-verlag.de/tu/7g
[93] Begriffsexplikationen und genaue Codieranweisungen sind im Anhang dokumentiert.
[94] Die ausführliche Codieranweisung findet sich im Codebuch im Anhang.

als *wahlfern einzustufen* und ob die Elemente als *eigenständiges Sendeformat* einzuordnen sind. Diese Unterscheidung ist als *Basis für die quantitativen Inhaltsanalysen* (vgl. zu deren Methodik Kap. 4.2.2 u. 4.2.3) relevant, da sie sich auf die Inhalte der Hauptausgaben der Wahlabendsondersendungen konzentrieren, die sich auf die *Wahl beziehen* und *nicht ein eigenes Sendeformat* bilden. Die Sendeelemente, die keinen Wahlbezug aufweisen, sowie die wahlbezogenen, aber extra ausgewiesenen Formate sind hierfür nicht relevant, d. h.: Es interessiert nicht, welche Akteure, Themen und Schauplätze z. B. in den wahlfernen oder den wahlbezogenen, aber eigenständigen Sendeformaten vorkommen. Um sie von den quantitativen Inhaltsanalysen auszuschließen, sind in einem *ersten Schritt* die wahlfernen Sendeabschnitte zu identifizieren, weil diese nicht die hier relevante Thematik behandeln. Dazu werden sie von den wahlbezogenen Elementen abgegrenzt.

Unter *wahlbezogenen* Komponenten werden in Anlehnung an die Definition von Wahlberichterstattung (vgl. Kap. 2.3.1 u. 3.1) Bestandteile und Sendungen verstanden, die sich mit dem Wahlgeschehen beschäftigen. Wahlbezogene Unterbrechungen können zum einen *komplett* auf das Wahlgeschehen ausgerichtet sein: etwa die Diskussionsformate „Internationaler Frühschoppen" und die „Bundestagsrunde", die extra für den Wahlabend konzipierten Talkshows (bspw. bei der ARD 1972 und 1976), die Comedy-Shows, die eine spezielle Ausgabe zur Wahl bringen (z. B. „Die Hinterbänkler" bei Sat.1 2002) oder kabarettistische Showauftritte, welche Politikerrituale am Wahlabend behandeln (z. B. bei RTL 1990). Zum anderen ist es möglich, dass die wahlbezogenen Unterbrechungen nur einen *teilweisen Wahlbezug* besitzen: etwa die Nachrichten, die neben sonstigen Ereignissen auch über das Wahlgeschehen berichten, oder das Boulevardformat („RTL exklusiv Weekend-Wahl spezial" 2002), das einen Sendeabschnitt ausführlich dem Wahlgeschehen widmet, einen weiteren aber mit den üblichen Themen füllt.

Als *wahlfern* (Ausschließungsmerkmal) gelten Sendungen, die das Wahlgeschehen nicht thematisieren. Dazu zählen die Sportsendungen, in Einzelfällen die Nachrichtensendungen, die sich auf das sonstige Geschehen am Tage konzentrieren, sowie Quiz-Elemente, Filme und Showauftritte, die live oder als Einspielungen präsentiert werden. Gelegentlich werden die Showauftritte mit Bezug auf das Wahlgeschehen anmoderiert. Da die An- oder Abmoderationen aber unmittelbar zu den angekündigten oder abgenommenen Sendebestandteilen gehören und diese keinen Wahlbezug aufweisen, werden die Moderationen auch nicht als primär wahlbezogen, sondern als wahlfern eingestuft.

Um die Untersuchungseinheit der quantitativen Inhaltsanalysen zu bestimmen, ist in einem *zweiten Schritt* die Identifikation der eigenständigen Sendeformate notwendig, die ausgeschlossen werden, da sie erstens jeweils eigene charakteristische Merkmale aufweisen, die hier nicht im Zentrum des Forschungsinteresses stehen, und zweitens z. T. mit einem speziellen, darauf ausgerichteten Untersuchungsdesign erforscht werden müssten. Die wahlbezogenen, aber *gesonderten Sendeformate* sind daran zu erkennen, dass sie meist einen etablierten Titel tragen, über ein eigenständiges Profil in Form formal-inhaltlicher Ordnung und formal-ästhetischer Gestaltung verfügen und in den Programmankündigungen ausgewiesen werden. Dazu zählen z. B. die Nachrichten, die „Bundestagsrunde" (ARD/ZDF), der „Internationale Frühschoppen" (ARD), „Die Hinterbänkler" (Sat.1) oder „RTL exklusiv Weekend-Wahl spezial". Ausgeschlossen werden so zudem Sendestrecken mit Werbung – sowohl Werbespots und Sponsoring als auch Eigen-Werbung in Trailern.

Darüber hinaus zwingt eine derart *systematische und gleichzeitig offene Erfassung* zur genauen Beobachtung und ermöglicht dadurch, „den Film [bzw. die Fernsehsendung;

K.W.] weitaus besser kennenzulernen als bei einer auch mehrfachen reinen Betrachtung" (Korte 2000: 32). Diese sehr intensive und auf Unerwartetes ausgerichtete Beschäftigung mit dem TV-Material ermöglicht zugleich die *Exploration von Forschungsdimensionen* und leistet so einen wichtigen *Beitrag zur Entwicklung des Kategoriensystems* der quantitativen Inhaltsanalyse inhaltlicher Merkmale. Des Weiteren erlaubt die formal-inhaltliche Strukturierung Aussagen zu verschiedenen *Trends politischer Berichterstattung* (vgl. Kap. 2.2.3.4). Schließlich wird mit diesem Vorgehen einem Postulat an qualitativer Forschung entsprochen – der Forderung, dass am Anfang einer Analyse eine *genaue und umfassende Beschreibung* des Untersuchungsgegenstandes stehen sollte, die als *Grundlage für Erklärungen* dienen kann (vgl. Mayring 2002: 21). Als *Nachteil* kann jedoch die Offenheit dieser Methode betrachtet werden, da die Protokollierung *subjektiv* erfolgt. Deshalb ist es wichtig, den Ablauf der Sequenzen kurz zu beschreiben, so dass nachzuvollziehen ist, warum eine Sequenz als Sequenz ein- und einem bestimmten Titel zugeordnet wurde.

Formal-ästhetische Strukturierung

Auch die Analyse der formal-ästhetischen Aufmachung lehnt sich methodisch an Mayrings Konzeption der „Strukturierung" an. Die Analyse erfolgt auf Ebene der Hauptausgabe der jeweiligen Wahlabendsondersendung (Analyseeinheit = Hauptausgabe der jeweiligen Wahlabendsondersendung). Dies erscheint notwendig, da *formal-ästhetische Elemente nicht variabel*, sondern *auf Sendungs-Ebene konstant* sind.

Als Strukturierungsdimensionen werden Gestaltungsmerkmale festgelegt, die die formal-ästhetische Darstellung einer Fernsehsendung bestimmen. Dies sind u. a. Vorspann, Aufbau und Dekoration des Sendestudios, Einsatz von Grafiken und Schaltgesprächen sowie Verhalten relevanter Akteure vor der Kamera.[95] Diese Dimensionen werden entlang verschiedener Ausprägungen beschrieben. Beispielsweise wird der Vorspann in Bezug auf den Einsatz von Musik, von Farben, von Schriften und Signets untersucht. Aufbau und Ablauf des Vorspanns werden geschildert und der Übergang zur Berichterstattung aus dem Wahlstudio notiert. Diese Beschreibung orientiert sich an Ankerbeispielen für einzelne Ausprägungen. Dabei greift die Autorin auf ihre Diplomarbeit zurück, in der formal-ästhetische Profile für Wahlberichte des ZDF zu mehreren Bundestagswahlen erarbeitet worden sind (vgl. Wied 2001: 80 ff.). Das offene Vorgehen, das auch für diesen Analyseschritt prägend ist, ermöglicht und erfordert es, dass beim Protokollieren weitere Ankerbeispiele aufgenommen werden.[96]

Die *Vorzüge und Nachteile* einer formal-ästhetischen Strukturierung *gleichen* denen der formal-inhaltlichen Strukturierung: Sie bietet erstens einen *Überblick über das ästhetische Profil*. Durch die intensive Auseinandersetzung mit dem Untersuchungsmaterial und die Offenheit der Analyse können zweitens *Gestaltungsmerkmale extrahiert* werden, auf die zunächst nicht fokussiert wurde, die aber aufgrund des Materials relevant erscheinen. Drittens ermöglicht die genaue und ausführliche Beschreibung des Erscheinungsbildes

---

[95] Journalistische Darstellungsformen und fernseh-ästhetische Mittel, die das Profil einer Sendung ebenfalls formen, werden in den quantitativen Inhaltsanalysen inhaltlicher und fernseh-ästhetischer Merkmale (vgl. Kap. 4.2.2 u. 4.2.3) untersucht.

[96] Definitionen der Strukturierungsdimensionen, Codierregeln und Ankerbeispiele sind im Codebuch im Anhang festgehalten.

Anhaltspunkte hinsichtlich verschiedener *Trends politischer Berichterstattung* (vgl. Kap. 2.2.3.4). So lassen sich Indizien für Infotainment, Inszenierung, Ritualisierung und Visualisierung herausfiltern. Dagegen kann das *offene und subjektive* Vorgehen auch bei dieser Strukturierung wegen schwieriger Nachvollziehbarkeit als Nachteil bewertet werden. Deshalb ist es notwendig, Einschätzungen und Beschreibungen mit Beispielen zu belegen.

Validität und *Reliabilität* dieses Analyseschrittes sind nicht wie bei quantitativen Methoden über Kennwerte berechenbar (vgl. Mayring 2002: 140). Sie müssen vielmehr – wie hier geschehen – durch begründetes Vorgehen und Transparenz hinsichtlich der Vorgehensweise sichergestellt werden. Allerdings ist zu berücksichtigen, dass es sich bei dieser Studie um Forschung handelt, die *ex post* ansetzt. Dabei erweist es sich als problematisch, dass Aussagen zum Untersuchungsgegenstand nur aus heutiger Sicht, die geprägt ist von gegenwärtigen Maßstäben, getroffen werden können. Dies betrifft v. a. Einschätzungen zum Verhalten der Moderatoren (vgl. Wutz/Brosius/Fahr 2004: 167 f.). Was gegenwärtig gestelzt wirkt, könnte früher mitunter angemessen gewesen und erwartet worden sein. Deshalb ist es besonders hierbei wichtig, Beispiele anzuführen und etwa konkret zu beschreiben, wie die Akteure auftraten. Auch Einschätzungen in Bezug auf Musik in Vorspännen sind unter diesem Vorbehalt zu betrachten und müssen veranschaulicht werden.

4.2.2 Quantitative Inhaltsanalyse inhaltlicher Merkmale

Im Mittelpunkt dieser Produktanalyse steht der Inhalt der Hauptausgaben der Wahlabendsondersendungen im deutschen Fernsehen in mehr als vier Jahrzehnten (vgl. zur quantitativen Inhaltsanalyse allgemein Früh 2001; Merten 1995; vgl. speziell zur Inhaltsanalyse von Filmen und Fernsehsendungen Hickethier 2001: 30 ff.). Konkret werden Themen, Akteure und Schauplätze der TV-Wahlabendberichterstattung systematisch analysiert. Auch die Darstellungsformen werden untersucht.[97] Weitere ästhetische Merkmale werden in diesem Analyseschritt dagegen nicht untersucht. Dies geschieht in der qualitativen Inhaltsanalyse (vgl. Kap. 4.2.1) und der quantitativen Inhaltsanalyse fernseh-ästhetischer Mittel (vgl. Kap. 4.2.3). Hier greifen die Vorteile des Mehr-Methoden-Ansatzes.

Angelegt ist diese Inhaltsanalyse als *vergleichende Inhaltsanalyse* – in zweifacher Weise: zum einen als Vergleich der Wahlabendberichterstattung *verschiedener Fernsehsender* und zum anderen *über die Zeit*. Letzteres bedeutet, dass die Wahlabendberichterstattung hinsichtlich ihrer inhaltlichen Merkmale im Laufe der Zeit mit sich selbst verglichen wird, um so Stabilität und Wandel dieses Formats analysieren zu können. Dabei sollen im Sinne einer Frequenzanalyse v. a. Häufigkeiten gemessen werden.

Die quantitative Inhaltsanalyse inhaltlicher Merkmale ermöglicht erstens, die *inhaltliche Charakteristik* des Sendeformats der Wahlabendberichte in den verschiedenen TV-Programmen in seiner Entwicklung zu rekonstruieren. Zweitens lassen sich mittels der quantitativen Inhaltsanalyse auch *Trends politischer Berichterstattung* (vgl. Kap. 2.2.3.4) im Zeitverlauf empirisch überprüfen. Da die Inhaltsanalyse ex post ansetzt, kann sie die Kontexte, in denen die Inhalte entstanden sind, nicht vollständig rekonstruieren (vgl. Loosen 2002: 50 f.). Gleichwohl können mit Hilfe der quantitativen Inhaltsanalyse drittens *Hinweise zur Entstehung* des Produktes herausgearbeitet werden. So sucht die Nachrich-

---

[97] Die einzelnen Variablen sind im Codebuch zur quantitativen Inhaltsanalyse inhaltlicher Merkmale aufgelistet und detailliert beschrieben. Das Codebuch befindet sich im Anhang dieser Arbeit.

tenwertforschung per Inhaltsanalysen nach journalistischen Programmen (vgl. Kap. 2.2.2.1), die die Auswahl von Nachrichten anleiten. Obwohl diese Informationen nicht direkt vom Text mitgeteilt werden, können sie entsprechend interpretiert werden.

Die quantitative Inhaltsanalyse inhaltlicher Merkmale baut auf der formal-inhaltlichen Strukturierung auf, bei der die untersuchungsrelevanten Abschnitte der Wahlabendsondersendungen identifiziert und die dort vorkommenden Themen, Akteure und Schauplätze grob herausgearbeitet wurden (vgl. Kap. 4.2.1). Die Festlegung und die Definition der zu erhebenden Kategorien mittels Ankerbeispielen im Codebuch orientieren sich daran.[98]

Untersuchungseinheit ist jeweils die Hauptausgabe einer Wahlabendsondersendung zu einer Bundestagswahl. Dabei sind alle wahlbezogenen Sendeabschnitte, die nicht in einem gesonderten Sendeformat, das den Wahlbericht unterbricht, ausgestrahlt werden, zu analysieren (vgl. Kap. 4.2.1). Ausschlaggebend hierfür ist, dass in der vorliegenden Studie die Entwicklung des Formats der journalistischen Wahlberichte – als auf die Wahlthematik fokussiertes Produkt, das an Wahlabenden innerhalb von journalistischen Strukturen (Organisationen, Akteuren und Rollen sowie Programmen; vgl. Kap. 2.2.2.1) entstanden ist – als Beispiel politischer Kommunikation im Zentrum steht (Untersuchungseinheit = wahlbezogene, nicht in einem extra ausgewiesenen Sendeformat ausgestrahlte Abschnitte der Haupt-Wahlabendberichte). Ähnlich wurde die Untersuchungseinheit für die „nachträgliche analytische Protokollierung der Aufzeichnung" (Freyberger 1970: 35) der Bundestagswahlsendung in der ARD 1969 bestimmt.

In der folgenden Übersicht (vgl. Abb. 4) veranschaulichen die markierten Felder die Auswahl der in diesem Analyseschritt zu untersuchenden Sendestrecken. Die Entscheidung, ob ein Abschnitt wahlfern ist bzw. ein eigenständiges Sendeformat darstellt, wird dabei im Zweifel im konkreten Einzelfall getroffen.

Abb. 4: Auswahl der mittels quantitativer Inhaltsanalyse zu untersuchenden Abschnitte

Wahlabendsondersendung		
Wahlbezug		kein Wahlbezug
kein eigenständiges Format	eigenständiges Format	

Diese Eingrenzungsstrategie schließt *resümierend* also wahlferne, etwa Sportsendungen oder Show-Auftritte, und wahlbezogene, aber gesonderte Sendeformate, z. B. den „Internationalen Frühschoppen", von der Untersuchungseinheit der quantitativen Inhaltsanalyse inhaltlicher Merkmale aus, während sie neben den journalistischen Darstellungsformen, in welchen die Wahlthematik aufbereitet wird, auch kabarettistische Darbietungen mit Wahlbezug, die kein eigenständiges Sendeformat darstellen, integriert.[99] Damit wird etwa der Auftritt eines Kabarettisten einbezogen, der einzelne Aspekte des Wahlgeschehens überspitzt darstellt. Diese Vorgehensweise erscheint instruktiv, da in empirischen Untersuchungen zur Wahlabendberichterstattung in aktuellen Massenmedien herausgefunden wurde, dass solchen Beiträgen eine Bedeutung zukommt (vgl. Vowe/Wolling 2003: 108).

---

[98] Die genaue Operationalisierung ist im Anhang festgehalten.
[99] Das Codebuch enthält eine Liste mit den Sendungselementen, die in diesen Untersuchungsschritt einzubeziehen bzw. auszuschließen sind (vgl. Anhang). Sie basiert auf Erkenntnissen der formal-inhaltlichen Strukturierung (vgl. Kap. 6.1 u. 6.2) und gibt auch die zu untersuchenden Einheiten der quantitativen Inhaltsanalyse fernseh-ästhetischer Merkmale vor (vgl. Kap. 4.2.3).

Innerhalb der untersuchungsrelevanten Sendeabschnitte fungiert ein *Beitrag* als *Analyseeinheit* der quantitativen Inhaltsanalyse. Ein Beitrag kann als eine inhaltliche und/oder formale Einheit definiert werden. Um im Vergleich zur formal-inhaltlichen Strukturierung und dessen Auswertungseinheit Sequenz (vgl. Kap. 4.2.1 u. 12.1.1.1) in diesem Untersuchungsschritt eine stärker ins Detail gehende Analyse durchzuführen, wird ein Beitrag – wie in der journalistischen Praxis üblich – formal über seine Darstellungsform abgegrenzt.[100] Darunter werden sowohl journalistische Darstellungsformen als auch weitere Darstellungsformen subsumiert. Zu Ersteren zählen eigenständige Moderationen, Kommentare, Gespräche, Einzel- und Gruppeninterviews, Filmberichte, Nachrichten im Film, Aufsager, einzeln eingespielte oder live gesendete O-Töne aus Reden sowie Grafik- bzw. Schaubildinterpretationen, also Interpretationen von Infografiken, die nicht primär künstlerischen oder dekorativen Zwecken dienen, sondern Informationen übersichtlich und transparent übermitteln sollen (vgl. Knieper 1995: 3). Zu Letzteren gehören kabarettistische oder sonstige künstlerische Auftritte und satirische Beiträge. Die journalistischen Darstellungsprogramme lassen sich dabei über ihre Orientierung an Aktualität in ihren drei Dimensionen Neuigkeit, Tatsachenbezug und soziale Relevanz (vgl. Kap. 2.2.2) von weiteren Darstellungsformen abgrenzen. So überzeichnen Satire und Kabarett üblicherweise die Realität. Sie sind insofern immer fiktiv und erfüllen damit die faktische Bedingung an Journalismus nicht. Außerdem wird i. d. R. explizit auf das Überzeichnende oder Künstlerische hingewiesen, wenn etwa angekündigt wird „Und nun Kabarettist xy mit xy" oder wenn abgenommen wird „Das war Stimmenimitator xy".

Ein so definierter Beitrag kann eine Sequenz – verstanden als Handlungskontinuum aus sachlicher, sozialer und zeitlich-räumlicher Dimension (vgl. Kap. 4.2.1) – darstellen. Er ist aber nicht in jedem Fall mit einer Sequenz gleichzusetzen, da eine Sequenz auch mehrere Beiträge umfassen kann. Jedoch kann ein Beitrag nicht mehrere Sequenzen beinhalten.[101]

Aufgrund der zu erwartenden hohen Zahl an Beiträgen als Analyseeinheiten in den insgesamt 31 Wahlabendsondersendungen von ARD, ZDF, RTL und Sat.1 zu Bundestagswahlen von 1961 bis 2002 (vgl. Kap. 4.2.4)[102], erfolgt die quantitative Inhaltsanalyse inhaltlicher Merkmale in den untersuchungsrelevanten Sendeabschnitten per *Zufallsauswahl* (vgl. Diekmann 1996: 330 f.; Boeltken 1976: 29 ff. u. 161 ff.). Vor jeder Codierung wird per Würfel entschieden, welcher (erste bzw. folgende) Beitrag codiert wird. Dieses Vorgehen erscheint nach Erkenntnissen des *Pretests* als sinnvoll.

Für den *Pretest* wurden folgende Wahlabendberichte bewusst ausgewählt: ARD 1961 und 1983, ZDF 1976 und 2002, Sat.1 1994 und RTL 1998. Abgedeckt wurden damit sowohl öffentlich-rechtliche als auch private TV-Sender und sowohl ältere als auch jüngere Wahlberichte. Es wurden jeweils zehn Beiträge analysiert. Anhand dieses Pretests konnte das Codebuch durch Ankerbeispiele für einzelne Kategorien konkretisiert werden. Es wurde darüber hinaus deutlich, dass die zunächst angewandte systematisierte Zufallsauswahl[103] sich mit der Systematik der Wahlabendberichte überlagern kann, so dass etwa die Grafikin-

---

[100] Im Codebuch im Anhang dieser Arbeit werden die einzelnen Darstellungsformen explizit beschrieben.
[101] Die genaue Abgrenzung eines Beitrags von einer Sequenz und deren Veranschaulichung durch Ankerbeispiele findet sich im Codebuch der Inhaltsanalyse inhaltlicher Elemente (vgl. Anhang).
[102] In der Diplomarbeit der Autorin wurden in den vier untersuchten ZDF-Wahlabendsendungen zu Bundestagswahlen (1965, 1976, 1987 und 1998) fast 1.000 Beiträge gemessen (vgl. Wied 2001: 95). Davon ausgehend ergeben sich für die 31 in die vorliegende Studie einbezogenen Wahlsendungen etwa 6 000 Beiträge.
[103] Nach einer systematisierten Zufallsauswahl wurde zunächst jeder siebte Beitrag codiert, wobei per Würfel entschieden wurde, welches der zuerst zu analysierende Beitrag war.

terpretation Hochrechnung – obwohl sie für Wahlabendsendungen typisch ist – i. d. R. nicht codiert wurde, sondern stets die folgende Grafikinterpretation in die Stichprobe fiel. Hier galt es, das Erhebungsverfahren wie beschrieben zu modifizieren.

Ziel war es, 1 000 Beiträge zu untersuchen. Dies entspricht der üblichen und aussagekräftigen Stichprobe (vgl. Donsbach/Büttner 2005: 27). Analysiert wurden 1 408 Beiträge von insgesamt 4 904 Beiträgen in den 31 Wahlberichten. Damit umfasst die Stichprobe 28,7 Prozent aller ausgestrahlten Beiträge in den untersuchten Sendungen.

Eine *ausreichende Repräsentanz* pro Sender bzw. pro Jahr entspricht ungefähr einer Teilstichprobe von etwa fünf Prozent aller analysierten Beiträge (vgl. Scholl/Weischenberg 1998: 310). Bezüglich der *Sender* ergibt sich folgendes Bild (vgl. Tab. 8): Von den codierten 1 408 Beiträgen wurden mit mehr als zwei Fünftel die meisten Beiträge bei der ARD codiert, gefolgt vom ZDF mit einem Anteil von etwas mehr als einem Drittel. Bei den Privatsendern umfasste die Teilstichprobe etwas weniger als ein Zehntel. Damit ist bei allen Sendern eine genügend große Teilstichprobe vorhanden. Die Unterschiede sind erklärbar darüber, dass von der ARD die meisten Sendungen vorlagen, gefolgt von Sendungen des ZDF und den Privatsendern. Die TV-Anbieter betreffend, umfasst die Teilstichprobe jeweils rund ein Drittel aller Beiträge des jeweiligen Senders, so dass diesbezüglich ebenfalls von einer ausreichenden Repräsentanz ausgegangen werden kann.

Tab. 8: Stichprobe der quantitativen Inhaltsanalyse inhaltlicher Merkmale

Beiträge	ARD	ZDF	RTL	Sat.1*	Alle Sender
Beiträge gesamt	2 226	1 804	421	453	4 904
Codierte Beiträge gesamt	640	517	119	132	1 408
Codierte Beiträge in Prozent aller Beiträge des Senders / der Sender	ca. 28,8	ca. 28,7	ca. 28,3	ca. 29,1	ca. 28,7
Codierte Beiträge in Prozent aller codierten Beiträge	ca. 45,5	ca. 36,7	ca. 8,5	ca. 9,4	

* vor der Nachcodierung 1987: codierte Beiträge Sat.1 gesamt: 125; Anteil codierte Beiträge an allen Beiträgen des Senders: ca. 27,6 Prozent; Anteil codierter Beiträge an allen codierten Beiträgen: ca. 8,9 Prozent; 1 401 codierte Beiträge gesamt; Anteil codierter Beiträge an allen Beiträgen: ca. 28,6 Prozent.

Was die *Jahre* anbelangt, bleiben einige Teilstichproben unter der Fünf-Prozent-Marke. Dies ist 1961 und 1980 der Fall. Für diese Jahre liegen nur die Wahlberichte der ARD vor. 1987 werden mit der Teilstichprobe ebenfalls weniger als fünf Prozent erreicht. Für dieses Jahr liegen für drei der vier einbezogenen TV-Sender Wahlberichte vor. Darüber hinaus sind die Sondersendungen zur Bundestagswahl 1987 durch eine vergleichsweise geringe Zahl an Beiträgen überhaupt geprägt. Da diese Teilstichproben die anvisierten fünf Prozent nur knapp verfehlen, wird von einer zusätzlich disproportionalen Schichtung abgesehen.

Es erscheint gleichwohl zweckmäßig, die Stichprobe im Hinblick auf den Sat.1-Wahlbericht zur Bundestagswahl 1987, der insgesamt nur 21 Beiträge enthält, *zusätzlich disproportional zu schichten* (vgl. Scholl/Weischenberg 1998: 305 ff.; Boeltken 1976: 239 u. 262 ff.), indem er ein zweites Mal nach dem skizzierten Verfahren analysiert wird. Diese Sendung weicht so stark von den anderen ab, dass sie aufgrund ihrer unzureichenden Repräsentanz quantitativ nicht mehr sinnvoll analysiert werden kann. Ihre Teilstichprobe liegt bei 0,4 Prozent, während das Gros der Sonderberichte zwei bis drei Prozent aller codierten Beiträge umfasst. Fällt die Zufallsauswahl dabei auf einen Beitrag, der bereits codiert worden ist, wird der jeweils nächste Beitrag analysiert, der noch nicht einbezogen worden war. Mit der Nachcodierung wurde erreicht, dass die Teilstichprobe rund ein Prozent beträgt.

Um die *Reliabilität* – das Maß für die Reproduzierbarkeit von Messergebnissen – der quantitativen Inhaltsanalyse inhaltlicher Elemente zu bestimmen, wurde die Übereinstimmung einer zweimaligen Codierung eines Codierers am selben Material mit zeitlichem Abstand getestet (Intracoder-Reliabilität). Der Reliabilitätstest wurde in Anlehnung an Früh mit folgender Formel durchgeführt (vgl. Früh 2001: 179):

$$CR = \frac{2\ddot{U}}{C1 + C2}$$

CR = Codierer-Reliabilität
Ü = Anzahl der übereinstimmenden Codierungen
C1 = Anzahl der Codierungen von Codierer 1
C2 = Anzahl der Codierungen von Codierer 2

Für die *Intracoder*-Reliabilität wurden nach Abschluss des Datenerhebungsverfahrens von der Verfasserin zwei Wahlabendberichte, die zu Beginn codiert, sowie je eine Sendung, die in der Mitte und am Ende dieses Analyseschrittes untersucht worden waren, nochmals analysiert. Dabei handelte es sich um die folgenden Wahlsendungen: ARD 1961 und 1983, Sat.1 1994 und RTL 1998. Damit wurden zugleich verschiedene TV-Anbieter sowie unterschiedliche Jahrgänge in die Überprüfung der Intracoder-Reliabilität einbezogen. Der Reliabilitätstest erfolgte anhand von zehn Beiträgen je ausgewählter Wahlabendsondersendung. Diese Teststichprobe erscheint ausreichend, um eine statistisch sichere Vergleichsbasis zu haben (vgl. Früh 2001: 178). Die Intracoder-Reliabilität ist bei allen untersuchten Wahlabendsondersendungen als sehr gut einzustufen: Sie lag zwischen CR= .84 und CR= .9.

4.2.3 Quantitative Inhaltsanalyse fernseh-ästhetischer Merkmale

Dieser Untersuchungsschritt hat zum Ziel, den Einsatz *fernseh-ästhetischer Merkmale* in den Hauptausgaben der Wahlabendsondersendungen der verschiedenen TV-Sender und im Zeitverlauf systematisch zu erforschen. Die Relevanz dieses Erkenntnisinteresses besteht darin, dass audiovisuelle Kommunikationsformen einen großen Teil ihrer Informationen mit Hilfe von Bildern transportieren (vgl. Kap. 2.2.2.1 u. 2.2.3.4). Die meisten der vorliegenden Inhaltsanalysen politischer Berichterstattung im TV beziehen sich jedoch überwiegend auf gesprochene Informationen. Die Studien, die visuelle Informationen analysieren, untersuchen diese häufig eher rudimentär, indem auf die journalistischen Darstellungsformen eingegangen wird. Die Verwendung von fernseh-ästhetischen Elementen, welche das Profil einer journalistischen TV-Sendung ebenfalls prägen, wird dagegen selten in den Blick gerückt.[104] Dies liegt in dem arbeitstechnischen Aufwand begründet.

---

[104] Vgl. für einen ähnlichen Befund Donsbach/Büttner 2005: 25; vgl. als Ausnahmen Zubayr/Fahr 1999: 643; Bruns/Marcinkowski 1997: 259 ff.; Goertz 1996: 204 ff.; Wix 1996; Schatz/Adamczewski/Lange/Nüssen 1981: 37 f.

Die adäquate Methode zur Analyse fernseh-ästhetischer Elemente ist die *quantitative Inhaltsanalyse* auf Ebene von *Einstellungen* (Analyseeinheit = Einstellung). Nur sie ermöglicht es, die einzelnen fernseh-ästhetischen Mittel exakt zu erfassen, da Einstellungen die kleinste Auswertungseinheit zur Analyse von Fernsehsendungen sind und in diesem Rahmen fernseh-ästhetische Elemente gut unterschieden und gemessen werden können. Dies ist auf der Ebene eines Beitrags oder einer Sequenz kaum der Fall, da hier i. d. R. eine Vielfalt an fernseh-ästhetischen Mitteln eingesetzt wird.

In der Filmanalyse werden Einstellungen als die kleinste kontinuierlich belichtete filmische Einheit bezeichnet, die mit einem Schnitt bzw. einem sonstigen Übergang wie einer Blende beginnt und endet (vgl. Korte 2000: 25). Im Gegensatz zu den anderen Produktanalysen der vorliegenden Studie wird die quantitative Inhaltsanalyse fernseh-ästhetischer Merkmale aus forschungsökonomischen Motiven als *exemplarische Detailanalyse* durchgeführt, da sie sehr aufwändig ist. So wurde für dieses Analyseverfahren ein Codierfaktor von 1:10 ermittelt. Das heißt, eine Filmminute entspricht zehn Codierminuten (vgl. Bruns/Marcinkowski 1997: 43). Ohnehin erscheint für *vergleichende* Untersuchungen *mehrerer Fernsehsendungen* eine vollständige Transkription von Einstellungen aus zeitlichen Gründen kaum durchführbar, so dass davon in der einschlägigen Literatur *abgeraten* wird (vgl. Korte 2000: 33). Empfohlen wird, *zentrale Ausschnitte* auf Einstellungs-Ebene zu protokollieren.

Die quantitative Inhaltsanalyse fernseh-ästhetischer Merkmale konzentriert sich deshalb auf eine *charakteristische* und entsprechend *relevante Sendestrecke* der Hauptausgaben der Wahlabendsondersendungen im TV, innerhalb derer sich das typische fernseh-ästhetische Profil der jeweiligen Wahlberichte herauskristallisiert und untersuchen lässt.

Als Untersuchungseinheit wird der *Beginn* der Hauptausgaben der Wahlabendsondersendungen ausgewählt, da dieser für TV-Sendungen generell als relevant einzustufen ist. Denn am Anfang entscheidet sich, ob dass Interesse der Zuschauer geweckt und ihre Aufmerksamkeit für den weiteren Verlauf erhalten werden kann, damit sie „dran bleiben". Zu analysieren sind jeweils zehn Minuten ab dem ersten Bild im Wahlstudio. Die Untersuchungseinheit *endet* jeweils mit der Einstellung, die als letzte vor Abschluss der zehn Minuten-Frist begonnen wurde. Nicht untersucht werden die fernseh-ästhetischen Mittel innerhalb der Unterbrechungen durch wahlferne Elemente und andere Sendeformate, da sie keine Erkenntnisse zur Entwicklung des journalistischen Formats Wahlabendbericht als Beispiel politischer Kommunikation erwarten lassen (vgl. Kap. 4.2.2).[105]

Als Basis der quantitativen Inhaltsanalyse fernseh-ästhetischer Merkmale dient das aus der Filmanalyse stammende *Einstellungsprotokoll* (vgl. Hickethier 2001: 39; Korte 2000: 32 ff.), mit dessen Hilfe die filmische – hier fernseh-ästhetische – Struktur einzelner Sendeabschnitte genau erfasst werden kann. Damit liefert das Einstellungsprotokoll die notwendigen Daten zur Überprüfung gestalterischer Strategien der zentralen Ausschnitte einer TV-Sendung und bietet so die Grundlage für eine Gegenüberstellung mit vergleichbaren Produkten (vgl. Hickethier 2001: 39; Korte 2000: 15). Da die Einstellungsprotokolle ein *Hilfsmittel* zum Erkenntnisgewinn darstellen, muss sich die Konzeption nach dem *Forschungsinteresse* richten (vgl. Hickethier 2001: 39; Korte 2000: 32). Da es in diesem Untersuchungsschritt darum geht, die fernseh-ästhetischen Merkmale der Wahlberichte zu ermitteln, die einen Beitrag zu dem Präsentations-Profil der jeweiligen TV-Sendung leisten[106],

---

[105] Die genauen Anweisungen sind im Codebuch im Anhang enthalten.
[106] Daneben tragen auch die formal-ästhetischen Gestaltungselemente und die journalistischen Darstellungsformen zu dem Präsentations-Profil der Wahlsendungen bei (vgl. Kap. 4.2.1 u. 4.2.2).

werden in dem hier eingesetzten Einstellungsprotokoll u. a. die Einstellungslänge, die Einstellungsgröße, die Kameraperspektive, die Kamera-Aktion und die Bildbearbeitung festgehalten.[107] Merkmale des Bildinhalts und des Handlungsablaufs sowie Elemente auf der Tonebene zu erfassen – wie in der Filmanalyse üblich (vgl. Hickethier 2001: 39; Korte 2000: 32 ff.) –, erscheint nicht angebracht, da die Untersuchung dieser Komponenten bereits mit der qualitativen Inhaltsanalyse abgedeckt wurde (vgl. Kap. 4.2.1).

Die quantitative Inhaltsanalyse fernseh-ästhetischer Merkmale dient dazu, die quantitative Inhaltsanalyse inhaltlicher Merkmale hinsichtlich der Präsentation der Wahlberichte zu *ergänzen* und zu *unterstützen* und damit im Zusammenspiel mit der formal-inhaltlichen und formal-ästhetischen Strukturierung insbesondere auf Fragen der *Aufmerksamkeitserzeugung* Antworten zu finden. Die in diesem Untersuchungsschritt gewonnenen Daten ermöglichen zum einen die *Rekonstruktion* charakteristischer Gestaltungskomponenten der Wahlabendberichte der einzelnen TV-Anbieter im Zeitverlauf. Zum anderen lassen sich auch einige *Trends politischer Berichterstattung* (vgl. Kap. 2.2.3.4) bei den untersuchten Programmen über mehrere Jahrzehnte empirisch überprüfen.

Als *Pretest* der quantitativen Inhaltsanalyse fernseh-ästhetischer Merkmale wurde die Diplomarbeit der Autorin herangezogen (vgl. Wied 2001), bei der sich diese Analysekonzeption und das verwendete Codierbuch zur Messung von Elementen wie Kamerabewegungen und Einstellungsgrößen etc. bewährt hat. Das Kategoriensystem wurde für die vorliegende Studie auf Grundlage von Erkenntnissen aus der formal-inhaltlichen und der formal-ästhetischen Strukturierung allerdings noch weiterentwickelt.

Insgesamt wurden bei der quantitativen Inhaltsanalyse fernseh-ästhetischer Merkmale mehr als 1 200 Einstellungen analysiert. Pro Sender wurden Teilstichproben zwischen rund 20 und 35 Prozent erreicht (vgl. Tab. 9). Dies entspricht einer ausreichenden *Repräsentanz*.

Tab. 9: Stichprobe der quantitativen Inhaltsanalyse fernseh-ästhetischer Merkmale

Einstellungen	ARD	ZDF	RTL	Sat.1	Alle Sender
Codierte Einstellungen gesamt	423	283	236	264	1 206
Codierte Einstellungen in Prozent aller codierten Einstellungen	ca. 35,1	ca. 23,5	ca. 19,6	ca. 21,9	

Auch für die untersuchten Jahre liegen ausreichend große Teilstichproben vor. Jedoch umfassen sie zwischen 1961 und 1980 jeweils weniger als fünf Prozent und sind entsprechend vorsichtig zu interpretieren. Zwei Aspekte sind für die geringeren Teilstichproben bis 1980 ausschlaggebend: Es liegt für einzelne Wahljahre z. T. nur die Wahlsendung eines TV-Anbieters vor und die Einstellungen in diesen Wahlberichten dauern vergleichsweise lange.

Um die *Reliabilität* dieser Inhaltsanalyse zu messen, wurde wie beim Reliabilitätstest der quantitativen Inhaltsanalyse inhaltlicher Merkmale (vgl. Kap. 4.2.2) vorgegangen. Die *Intracoder-Reliabilität* ist bei allen untersuchten Wahlsendungen als sehr gut einzustufen: Sie lag zwischen CR=.88 und CR=.97. Damit hat sich das entwickelte und eingesetzte Instrument zur Erhebung fernseh-ästhetischer Mittel als äußerst zuverlässig erwiesen.

---

[107] Die einzelnen Variablen und die dazugehörigen Definitionen sind dem Codebuch zu entnehmen (vgl. Anhang).

4.2.4 Datengrundlage der Produktanalysen

Die *Beschaffung* der primären Quellen – also des TV-Materials zur Wahlabendberichterstattung im deutschen Fernsehen – bot einige Herausforderungen (vgl. zur problematischen Datengrundlage bei historisch angelegten Analysen von Fernsehsendungen Ludes 2001a: 50). Generell war es schwierig, die Fernsehbänder zu erhalten, auf denen die Wahlabendberichte zu den Bundestagswahlen der vier ausgewählten TV-Vollprogramme von 1961, 1965 bzw. 1987 bis 2002 aufgenommen worden sind und die einen Teil der deutschen Fernsehgeschichte darstellen. Nur durch außerordentliche Hartnäckigkeit und Aufwendungen recht hoher finanzieller Mittel gelang es der Autorin, beinahe alle 33 im Untersuchungszeitraum bei ARD, ZDF, RTL und Sat.1 ausgestrahlten Hauptausgaben der Wahlabendsondersendungen (vgl. Tab. 10) für diese Studie zur Verfügung gestellt zu bekommen.

Tab. 10: Vorliegendes TV-Material

	1961	1965	1969	1972	1976	1980	1983	1987	1990	1994	1998	2002
ARD	X	X	X	X	X	X	X	X	X	X	X	X
ZDF		X	X	X	X	--[1]	X	X	X	X	X	X
RTL								--[1]	X	X	X	X
Sat.1								X[2]	X	X	X	X

[1] Die Wahlabendsendungen zur Bundestagswahl 1980 des ZDF und zur Bundestagswahl 1987 von RTL sind selbst bei den Fernsehsendern nicht dokumentiert worden.
[2] Als Sat.1-Wahlsendung zur Bundestagswahl 1987 wurde die Nachtausgabe der Nachrichtensendung „Sat.1 blick" einbezogen, die sich auf die Berichterstattung zur Wahl konzentrierte und für die auf Anfrage nach der „Wahlabendberichterstattung" das originäre TV-Material von Sat.1 zur Verfügung gestellt wurde.

Trotz der Anstrengungen konnten zwei Wahlabendsendungen zu Bundestagswahlen – der ZDF-Wahlbericht 1980 und die RTL-Wahlsendung 1987 – nicht beschafft werden, was indes auf die unvollständige Archivierung bei den Sendern zurückzuführen ist. Auch auf anderem Wege waren diese Sendungen nicht recherchierbar. Eine kontinuierliche Bestandsaufnahme und Erforschung der Entwicklung der Wahlabendberichterstattung ist daher bei ZDF und RTL nur teilweise zu leisten. Jedoch kann eine derartige, auf originärem TV-Material basierte, geringfügig lückenhafte Langzeitanalyse als weitaus aussagekräftiger gelten als fernsehprogrammhistorische Studien, die sich auf überlieferte Schriftquellen stützen und so keine Aussagen zu Inhalt und Form der Fernsehsendungen treffen können – zumal in dieser Studie die primären Quellen und die bestehende Sekundärliteratur zur Wahlabendberichterstattung ebenfalls eine wichtige Rolle spielen (vgl. Kap. 4.1 u. 5).

Als schwierig erwies sich darüber hinaus, dass einige der Wahlsendungen nicht vollständig vorhanden sind, da zu Beginn, am Ende oder dazwischen Sendestrecken fehlen. Dies betrifft sogar Bänder der Archive von ARD und ZDF und darunter auch solche, die der Beschriftung zufolge komplett aufgezeichnet sein müssten (vgl. für ähnliche Erfahrungen Ludes 2001a: 50). Von den als TV-Material existierenden 31 Wahlberichten weisen etwa ein Viertel geringe und zu kompensierende Lücken auf. Selbst die quantitative Inhaltsanalyse inhaltlicher Merkmale wird dadurch nicht beeinträchtigt, da nicht zu erwarten ist, dass die fehlenden Abschnitte in einem Wahlbericht in spezifischer Weise anders gestaltet sind als die vorhandenen Sendestrecken. Damit liegt kein systematischer Fehler vor. Das fehlende Material verringert lediglich die Zahl aller Beiträge, die als Basis der Zufallsauswahl dienen (vgl. Kap. 4.2.2).

Trotz der lückenhaften Dokumentation lagen insgesamt fast 110 Stunden Fernsehmaterial zu den Hauptausgaben der Wahlabendsondersendungen im Untersuchungszeitraum vor (vgl. Tab. 11).

Tab. 11: Vorliegendes TV-Material in hh:mm:ss

ARD	ZDF	RTL	Sat.1	Insgesamt
49:10:00	39:33:23	9:15:18	10:49:24	107:48:05

4.3 Leitfadeninterviews mit Experten

Zur *Erweiterung* und *Vertiefung* der Erkenntnisse werden leitfadengestützte Interviews mit Experten geführt (vgl. Lamnek 2005: 388 ff.; Gläser/Laudel 2004; Scholl 2003: 67; Mayring 2002: 67 ff.; Bock 1992: 90 ff.). Ziel von Experteninterviews ist es, bereichsspezifische und objektbezogene Aussagen zu generieren – in der vorliegenden Studie mit dem Fokus auf der Entwicklung der Wahlabendsendungen im deutschen Fernsehen. Der Expertenstatus der Befragten wird dabei dadurch bestimmt, dass sie in ihren Organisationen für spezifische Aufgaben verantwortlich sind bzw. waren und entsprechend über einen privilegierten Zugang zu den anvisierten Informationen sowie besonderes Wissen darüber verfügen. Die Leitfadeninterviews mit Experten versprechen so *hintergründige* Informationen und Einordnungen, die weder anhand der Dokumenten- und Sekundäranalyse noch mittels der verschiedenen Produktanalysen zu erlangen sind. Entsprechend dienen sie der Ergänzung der übrigen Untersuchungsschritte des vorliegenden Mehr-Methoden-Ansatzes. Dabei wird mit dem Einsatz der Leitfadeninterviews versucht, nicht bei der Deskription der Entwicklung der Wahlabendberichterstattung der analysierten Fernsehsendern stehen zu bleiben, sondern *Gründe* der beteiligten Akteure zu identifizieren, kontextbezogene *Ursachen* und *Implikationen* auszumachen und *Zusammenhänge* zu erkennen.

Die *konkrete Auswahl der Interviewpartner* gestaltet sich v. a. deshalb schwierig, weil im gesamten Untersuchungszeitraum eine große Zahl an Akteuren an der Wahlabendberichterstattung der ausgewählten TV-Sender beteiligt war. Um den Aufwand überschaubar zu halten und im Rahmen der vorliegenden Analyse bewältigen zu können, war es notwendig, sich auf einige der Beteiligten zu konzentrieren. Dazu wurde eine *bewusste Auswahl* getroffen (vgl. Gläser/Laudel 2004: 113 ff.). Sie richtete sich nach folgenden Aspekten:

- Die Experten sollten *verschiedenen Organisationseinheiten* angehören, die maßgeblich an den Wahlabendberichten der analysierten TV-Sender mitwirken. Nur wenn die Perspektive der einzelnen relevanten Bereiche berücksichtigt wird, lassen sich Wandel und Stabilität der Entwicklung der Wahlabendberichterstattung im deutschen Fernsehen angemessen rekonstruieren, da ein journalistisches Produkt durch seinen Entstehungskontext geprägt ist (vgl. Kap. 2.2.2.1). Zu den für Wahlsendungen wichtigen Organisationseinheiten zählen: Redaktion, Produktion und Wahlforschungsinstitute. Darüber hinaus spielen von den Sendern eingeladene Experten eine wichtige Rolle.

- Hinsichtlich der redaktionellen Organisation der untersuchten Fernsehanbieter sollten durch die Experten verschiedene wichtige *Rollen* und damit *Aufgabenbereiche* abgedeckt sein, um so Veränderungsprozesse mit Blick auf journalistische Ansprüche und einzelne Zuständigkeiten nachzeichnen zu können. Relevante redaktionelle Positionen und Aufgaben nehmen in der Wahlabendberichterstattung ein: Moderatoren, Zahlen-Präsentatoren, Leiter der Sendungen und weitere Redakteure (vgl. Kap. 2.2.2.1).

- Die Auswahl der Experten sollte die *geschichtliche Dimension* dieser Studie berücksichtigen. Entsprechend sollten Akteure ausgewählt werden, die sich zu unterschiedlichen Phasen in verschiedenen Positionen mit spezifischen Funktionen für die Wahlabendberichte ihrer Sender verantwortlich zeichneten, um so eine Rekonstruktion der Entwicklung zu ermöglichen.[108]

Angeleitet von diesen Aspekten wurden insgesamt 16 *Experten* befragt (vgl. Tab. 12).

Tab. 12: Sample der Leitfadenbefragung

Fernsehsender	Gesprächspartner	Termin
ARD	Deppendorf, Ulrich	31.03.2005
	Nowottny, Friedrich	30.03.2005
	Schönenborn, Jörg	30.03.2005
	Tann, Hartmann von der	23.03.2005
ZDF	Bellut, Thomas	24.10.2001
	Heimermann, Günter	10.10.2001
	Raue, Stefan	10.10.2001
	Seibert, Steffen	12.10.2001
	Wagenbach, Micha	17.10.2001
	Zimmer, Dieter	08.10.2001
RTL	Kloeppel, Peter	29.03.2005
	Wulf, Michael	29.03.2005
Sat.1	Howe, Jörg	18.07.2005
Wahlforscher	Güllner, Manfred (forsa)	29.03.2005
	Roth, Dieter (FGW)	09.10.2001
Experten	Nowottny, Friedrich	30.03.2005
	Raschke, Joachim	18.10.2001

Um die Geschichte der Wahlabendsendungen der öffentlich-rechtlichen Sender hinterfragen zu können, wurden bei ARD und ZDF jeweils gegenwärtige und ehemalige verantwortliche Mitarbeiter aus verschiedenen Bereichen interviewt. Dabei wurde es als ausreichend erachtet, beispielhaft für die Produktion der öffentlich-rechtlichen Wahlberichte einen Produktionsmitarbeiter zu befragen. Die Zahl der Interviewpartner von ARD und ZDF übersteigt diejenige der Gesprächspartner von RTL und Sat.1, da es aufgrund der weniger lang dauernden Geschichte der Wahlsendungen in den privaten Programmen nicht notwendig erschien, ebenso viele Experten zu interviewen. Wegen der geringen personellen Kontinuität und des häufigen Wechsels der zuständigen Mitarbeiter bei den Wahlsendungen musste bei Sat.1 zudem exemplarisch vorgegangen werden – es wurde nur ein Gespräch mit einem Sat.1-Vertreter geführt. Bei RTL wurden hingegen zwei redaktionelle Mitarbeiter mit langjährigen Erfahrungen bei Wahlberichten befragt.

---

[108] Insofern dienen die Experteninterviews in dieser Arbeit als Instrumente zur Rekonstruktion der Produktionsumstände der Wahlabendberichterstattung zu Bundestagswahlen zwischen 1961 und 2002 (vgl. statt anderer Gläser/Laudel 2004: 11 u. 34).

Um in Bezug auf die Wahlforschungsinstitute eine gewisse Bandbreite abzudecken, wurden seitens der öffentlich-rechtlichen Anbieter ein Vertreter der FGW und seitens der privaten Sender ein Mitarbeiter von forsa befragt. Hinsichtlich der an Wahlabenden zu Wort kommenden Experten wurde ähnlich vorgegangen: Interviewt wurde ein Experte, der in den vergangenen Jahren bei den öffentlich-rechtlichen TV-Sendern aufgetreten ist, und ein Experte, der in die Wahlabendsendungen eines Privatsenders eingebunden wurde.[109]

Schon bei der *Interviewanfrage* ist darauf geachtet worden, eine große Teilnahmebereitschaft herzustellen: Zunächst wurde schriftlich um ein Interview gebeten. In dem Anschreiben wurden das Ziel der Untersuchung und die Themenschwerpunkte des Interviews vorgestellt. Wenige Tage nach Versenden der Anschreiben wurden die Experten angerufen, um Gesprächstermine zu vereinbaren sowie Setting und Ablauf des Gesprächs zu klären (vgl. zur Relevanz des Briefings Gläser/Laudel 2004: 153 ff.; Scholl 2003: 191; Froschauer/Lueger 2003: 66 f.). Einige der Experten meldeten sich sogar selbst bei der Autorin, um einen Termin abzusprechen – ein Hinweis auf das Interesse an der vorliegenden Arbeit.

Die Experteninterviews wurden innerhalb von *zwei Zeiträumen* geführt: Die erste Phase umfasste zweieinhalb Wochen im Herbst 2001. In diesem Zeitraum wurden die Interviews zur Wahlabendberichterstattung des ZDF, mit der sich die Autorin in ihrer Diplomarbeit auseinander gesetzt hat (vgl. Wied 2001), geführt.[110] Die zweite Phase umfasste einige Wochen im Frühjahr 2005 und einen Interview-Termin Anfang Juli 2005.

Die Interviews wurden größtenteils *persönlich* vor Ort in den Redaktionsräumen bzw. den Büros der Befragten geführt. Aus organisatorischen Gründen fanden einige Gespräche per Telefon statt. Für die Stimmung und den Verlauf der Gespräche machte es jedoch keinen Unterschied, ob sie face-to-face oder telefonisch geführt wurden. So war die Gesprächsatmosphäre entspannt und offen. Zudem war die Interviewerin bemüht, in der ersten Phase des Gesprächs eine gute und vertrauensvolle Stimmung zu schaffen, indem sie das Forschungsvorhaben skizzierte und den Interviewverlauf erläuterte (vgl. Gläser/Laudel 2004: 140; Froschauer/Lueger 2003: 63 u. 67 ff.). Außerdem liefen die Interviews insgesamt ruhig und konzentriert ab. Aufgrund dieser Gegebenheiten sowie der offensichtlichen Bereitwilligkeit und des daraus abzuleitenden Interesses am Forschungsvorhaben, ist anzunehmen, dass die Interviewpartner ehrlich antworteten – und zwar auch bei den für sie möglicherweise heiklen Fragen, etwa zur aktuellen Konzeption der Wahlabendberichterstattung. Die *Dauer der Interviews* fiel je nach Gesprächsbereitschaft und Zeitbudget der Befragten unterschiedlich aus. Die Gespräche dauerten zwischen einer knappen, aber informationsreichen halben und ausführlichen, beispielhaften eineinhalb Stunden.

Als *Erhebungsinstrument* für die Interviews wurde ein Leitfaden entwickelt, der die für die vorliegende Studie relevanten thematischen Aspekte mit vorgeschlagenen Fragen beinhaltete (vgl. zur Ausgestaltung eines Leitfadens Scholl 2003: 68 f.; Mayring 2002: 67 ff.).[111] Ziel war in erster Linie, Informationen zur *Geschichte* der Wahlabendberichterstat-

---

[109] Bei Letzterem fiel die Wahl auf Friedrich Nowottny. Hierbei spielten auch forschungsökonomische Gründe eine Rolle, denn Nowottny konnte zugleich als Experte eines RTL-Wahlberichts und als langjähriger Mitarbeiter der ARD-Wahlabendsondersendungen befragt werden.

[110] Die Leitfadengespräche der ersten Phase sind nutzbar für die vorliegende Studie, da ihre Zielsetzung und ihr thematischer Aufbau mit den Interviews der zweiten Phase vergleichbar sind. Bis auf eine Ausnahme erklärten sich die Interviewpartner der ersten Phase ausdrücklich mit der Verwendung der Aussagen für die vorliegende Arbeit einverstanden.

[111] Der grundlegende Leitfaden und die spezifischen Fragen für die einzelnen Expertengruppen sind im Anhang dieser Arbeit dokumentiert.

tung im deutschen Fernsehen zu gewinnen und so zur Rekonstruktion der Geschichte dieses TV-Sendeformats beizutragen. Dabei interessierte insbesondere die *subjektive Perspektive* der Experten, die v. a. Veränderungen und Kontinuitäten in den zeitlichen Abschnitten einordnen und erklären sollten, in denen sie selbst an dem journalistischen Produkt der Wahlabendsondersendungen in einem der vier analysierten TV-Sender mitgewirkt haben. Ebenso sollten die Leitfadeninterviews mit momentanen Entscheidungsträgern Aussagen zu den derzeitigen Konzepten der Wahlabendberichte liefern. Als *Pretest* konnten die Erfahrungen, die die Verfasserin bei ihrer Diplomarbeit zur Entwicklung der Wahlabendberichterstattung im ZDF mit entsprechenden Leitfadeninterviews gemacht hat (vgl. Wied 2001), herangezogen werden. Das Erhebungsinstrument wurde dabei erfolgreich getestet.

Der *Beginn* der Expertengespräche wurde nach einer Einleitungsphase immer durch Fragen zur *Person* markiert. Die Gesprächspartner wurden zunächst gebeten, sich und ihre Funktion vorzustellen. Diese Angaben dienten dazu, ein offenes Gesprächsklima zu erzeugen, eine mögliche Anfangs-Spannung abzubauen und einen guten Einstieg zu finden (vgl. Bock 1992: 94 f.). Außerdem konnten so die notwendigen Daten zur beruflichen Position gewonnen werden. Die *Formulierung* und die weitere *Reihenfolge* der Fragen waren nicht strikt vorgegeben (vgl. zur Flexibilität des Leitfadens je nach Interviewsituation Scholl 2003: 66). Ein solches, an einem Leitfaden orientiertes Gespräch erlaubt es den Befragten, ihnen wichtige Aspekte von sich aus anzusprechen, hervorzuheben und zu formulieren, wie sie es für angebracht halten. Außerdem fungiert der Leitfaden als *Gedächtnisstütze* und dient der *Gesprächsstrukturierung* (vgl. Scholl 2003: 66). Der *Schluss* der Expertengespräche wurde durch Fragen nach Kritik, Verbesserungsvorschlägen und Ergänzungen sowie zur Zukunft der Wahlabendsendungen im deutschen TV gekennzeichnet.

Bei der *Zusammenstellung* des Erhebungsinstrumentes war es notwendig, die spezifischen Zuständigkeiten bei der Wahlabendberichterstattung, wegen der die Experten für die Interviews ausgewählt wurden, zu bedenken und den Leitfaden in einzelnen Aspekten zu variieren (vgl. Gläser/Laudel 2004: 113). Neben einem einheitlichen Leitfadengerüst, das Fragen zu der grundlegenden Konzeption, der Aufgabe und der Relevanz der abendlichen Wahlabendberichterstattung und den Auswirkungen der Dualisierung des deutschen Rundfunksystems Mitte der 1980er Jahre beinhaltete, wurden deshalb einzelne Frage-Komplexe auf die verschiedenen Expertengruppen abgestimmt. So wurde etwa bei den Präsentatoren der Zahlen ein Schwerpunkt des Gesprächs auf eben diese Veröffentlichung gelegt.

Die Interviews wurden nach Absprache mit den Befragten auf *Tonband* aufgezeichnet. Um die in den Leitfadeninterviews gewonnen Informationen systematisch analysieren zu können, wurden die Aufzeichnungen der Gespräche verschriftlicht. Gewählt wurde dazu die *wörtliche Transkription* (vgl. Mayring 2002: 89 ff.). Damit wurden die verbalen Daten vollständig erfasst und gleichzeitig in normales Schriftdeutsch übertragen. Die transkribierten Interviews umfassen insgesamt 141 Seiten. Die Transkriptionsprotokolle wurden in der Schrift Arial, mit Schriftgröße 11, bei einzeiligem Zeilenabstand und einem geringfügigen Abstand nach den Absätzen verfasst. Die *Auswertung* konzentrierte sich auf die inhaltlich-thematischen Informationen der Interviews (vgl. Lamnek 2005: 405 ff.; Mayring 2002: 114 ff.). Die *Erkenntnisse* aus den Leitfadeninterviews werden an passenden Stellen eingefügt. Sie ergänzen so die Befunde der anderen Analyseschritte, wobei sie deren Aussagehalt unterstützen oder auch klarstellen können. Außerdem liefern sie Hintergründe und Ursachen für einzelne Entwicklungen.

5 Wahlabendberichterstattung im deutschen Fernsehen: Kontext-Merkmale

In diesem Kapitel wird der *Kontext*, in dem die Wahlabendberichterstattung im deutschen Fernsehen als journalistisches Produkt in den vergangenen vier Jahrzehnten entstanden ist, in den Blick gerückt. Auf dieser Grundlage können *Bedingungen* identifiziert und *Erklärungsansätze* für die Entwicklung der formalen, inhaltlichen und fernseh-ästhetischen Merkmale der Wahlabendsendungen (vgl. Kap. 6 bis 8) herausgearbeitet werden. Die Darstellung der erfolgt in zwei Stufen: Erstens wird ein *chronologischer Überblick* zur Entwicklung der Wahlabendberichterstattung im deutschen Fernsehen gegeben (vgl. Kap. 5.1). Dabei werden die politische und die mediale Situation berücksichtigt. Zweitens wird auf einzelne strukturelle *Rahmenbedingungen* (vgl. Kap. 5.2) eingegangen.

Dieses Kapitel konzentriert sich auf die *Sekundärliteratur- und Dokumentenanalyse* (vgl. Kap. 4.1) – komplettiert von Erkenntnissen einer *teilnehmenden Beobachtung*, die die Verfasserin bei ihrer freien Mitarbeit für ZDF-Sendungen zu Landtagswahlen zwischen 1999 und 2001 erlangen konnte. Ergänzend fließen Resultate der *Leitfadeninterviews mit Experten* (vgl. Kap. 4.3) ein.[112] Darüber hinaus wird dieses Kapitel durch Befunde der *qualitativen Inhaltsanalysen* (vgl. Kap. 4.2.1) ergänzt – bei den logistischen Ressourcen, den journalistischen Arbeitsrollen und dem Einsatz von Wahlforschern und weiteren Experten.

5.1 Chronik

Mit dieser Chronik wird die zeitliche Abfolge der Entwicklung der Wahlabendberichterstattung zu Bundestagswahlen im deutschen Fernsehen überblickt. Berücksichtigt werden *die jeweilige politische und mediale Situation*, indem sowohl auf die Bundestagswahlen, die jeweiligen Kanzlerkandidaten, die Wahlergebnisse und deren politische Auswirkungen als auch auf Veränderungsprozesse des deutschen Rundfunksystems eingegangen wird. Zunächst werden die politischen Konstellationen beschrieben, um dann die Historie der Wahlabendberichte vor dem Hintergrund der medialen Entwicklung zu erläutern. Dies erscheint notwendig, um Einordnungen geben zu können, welche Aspekte die TV-Sondersendungen am Abend von Bundestagswahlen beeinflusst haben.

Politische Konstellationen

Bis heute haben die deutschen Staatsbürger 15 Mal einen Deutschen Bundestag gewählt. Die erste Bundestagswahl fand 1949 statt. Die bislang letzte wurde 2005 durchgeführt. Normalerweise wird in einem Rhythmus von vier Jahren gewählt. Dieser wurde 1972 und

---

[112] Diese Interviews werden mit der Angabe Interview plus Nachname zitiert.

1983 durch die vorzeitige Auflösung des Bundestags unterbrochen. Die Bundestagswahl 1990 wurde aufgrund der Wiedervereinigung vorgezogen. Nach einer vorzeitigen Auflösung des Bundestags wurde auch die jüngste Bundestagswahl vorverlegt.[113] CDU/CSU und SPD zogen mit eigenen Spitzenkandidaten in die Wahlkämpfe (vgl. Tab. 13).

Tab. 13: Überblick über die Spitzenkandidaten zu den Bundestagswahlen 1949 bis 2005

Bundestagswahl	Kanzler / Kanzlerkandidat
1949	-- / --*
1953	Konrad Adenauer (CDU/CSU) / Erich Ollenhauer (SPD)
1957	Konrad Adenauer (CDU/CSU) / Erich Ollenhauer (SPD)
1961	Konrad Adenauer (CDU/CSU) / Willy Brandt (SPD)
1965	Ludwig Erhard (CDU/CSU) / Willy Brandt (SPD)
1969	Kurt Georg Kiesinger (CDU/CSU) / Willy Brandt (SPD)
1972	Willy Brandt (SPD) / Rainer Barzel (CDU/CSU)
1976	Helmut Schmidt (SPD) / Helmut Kohl (CDU/CSU)
1980	Helmut Schmidt (SPD) / Franz-Josef Strauss (CDU/CSU)
1983	Helmut Kohl (CDU/CSU) / Hans-Jochen Vogel (SPD)
1987	Helmut Kohl (CDU/CSU) / Johannes Rau (SPD)
1990	Helmut Kohl (CDU/CSU) / Oskar Lafontaine (SPD)
1994	Helmut Kohl (CDU/CSU) / Rudolf Scharping (SPD)
1998	Helmut Kohl (CDU/CSU) / Gerhard Schröder (SPD)
2002	Gerhard Schröder (SPD) / Edmund Stoiber (CDU/CSU)
2005	Gerhard Schröder (SPD) / Angela Merkel (CDU/CSU)

Quelle: Niclauß 2002; Wilke/Reinemann 2000: 22
* Konrad Adenauer wurde zum ersten Bundeskanzler der Bundesrepublik Deutschland gewählt. Kanzlerkandidaten gab es damals noch nicht.

Die Ergebnisse der Bundestagswahlen sind im Folgenden zusammengefasst (vgl. Tab. 14). Die Darstellung konzentriert sich auf die Parteien, deren Abschneiden üblicherweise in den Wahlabendsendungen journalistisch thematisiert wurde. Dabei handelt es sich neben den großen Parteien CDU/CSU und SPD auch um die kleineren Parteien, die über die Fünf-Prozent-Grenze oder nahe daran kamen bzw. die die Chance hatten, mehr als drei Direktmandate zu erreichen. An dieser Zusammenstellung zeigt sich, dass einige Bundestagswahlen besonders eng ausgegangen sind und/oder die Resultate einzelner Parteien äußerst knapp über oder unterhalb der Fünf-Prozent-Marke der gültigen Zweitstimmen lagen. Diese Hürde muss überschritten werden, damit eine Partei bei der Verteilung der Sitze nach Landeslisten berücksichtigt werden kann (vgl. Bundeswahlgesetz (BWG) § 6 Abs. 6 Satz 1).[114] Beides erzeugt am Wahlabend eine Spannung.

---

[113] Wie bereits angekündigt, konzentriert sich die vorliegende Arbeit auf die Bundestagswahlen zwischen 1961 und 2002 (vgl. Kap. 1). Zur Vollständigkeit wird die Bundestagswahl 2005 an dieser Stelle einbezogen. In den übrigen Abschnitten wird sie jedoch ausgeklammert.

[114] Eine weitere Möglichkeit, bei der Verteilung der Sitze nach den Landeslisten berücksichtigt zu werden, besteht darin, mindestens in drei Wahlkreisen per Erststimme einen Sitz errungen zu haben (vgl. BWG § 6 Abs. 6 Satz 2). Dies gelang der PDS 1994.

Tab. 14: Überblick über die Wahlergebnisse zum Deutschen Bundestag

Wahl	Ergebnis (Stimmenanteil in Prozent/Mandate)
1949	CDU/CSU: 31,0/139; SPD: 29,2/131; FDP/DVP: 11,9/52; KPD: 5,7/15; BP: 4,2/17; DP: 4,0/17
1953	CDU/CSU: 45,2/243; SPD: 28,8/151; FDP/DVP: 9,5/48; BHE/GP: 5,9/27; DP: 3,3/15
1957	CDU/CSU: 50,2/270; SPD: 31,8/169; FDP: 7,7/41; DP: 3,4/17
1961	CDU/CSU: 45,3/242; SPD: 36,2/190; FDP: 12,8/67
1965	CDU/CSU: 47,6/245; SPD: 39,3/202; FDP: 9,5/49
1969	CDU/CSU: 46,1/242; SPD: 42,7/224; FDP: 5,8/30; NPD: 4,3/-
1972	SPD: 45,8/230; CDU/CSU: 44,9/225; FDP: 8,4/41
1976	CDU/CSU: 48,6/243; SPD: 42,6/214; FDP: 7,9/39
1980	CDU/CSU: 44,5/226; SPD: 42,9: 218; FDP: 10,6/53
1983	CDU/CSU: 48,8/244; SPD: 38,2/193; FDP: 7,0/34; Grüne 5,6/27
1987	CDU/CSU: 44,3/223; SPD: 37,0/186; FDP: 9,1/46; Grüne: 8,3/42
1990	CDU/CSU: 43,8/319; SPD: 33,5/239; FDP: 11,0/79; PDS: 2,4/17; Grüne: 1,2/8
1994	CDU/CSU: 41,5/294; SPD: 36,4/252; Grüne: 7,3/49; FDP: 6,9/47; PDS: 4,4/30
1998	SPD: 40,9/298; CDU/CSU: 35,2/245; Grüne: 6,7/47; FDP: 6,2/43; PDS: 5,1/36
2002	CDU/CSU: 38,5/248; SPD: 38,5/251; Grüne: 8,6/55; FDP: 7,4/47; PDS: 4,0/2
2005	CDU/CSU: 35,2/225; SPD: 34,3/222; Grüne: 8,1/51; FDP: 9,8/61; Linke: 8,7/54

Quelle: SZ 2005; Alemann 2003: 52 ff.

Aus den Wahlergebnissen gingen folgende Regierung(skoalition)en hervor (vgl. Tab. 15):

Tab. 15: Überblick über die Regierung(skoalition)en in Deutschland

Bundestag	Regierung(skoalition)
1949: 1. Bundestag	CDU/CSU, FDP und DP
1953: 2. Bundestag	CDU/CSU, FDP, DP und GB/BHE[1]
1957: 3. Bundestag	CDU/CSU und DP (FVP)
1961: 4. Bundestag	CDU/CSU und FDP[2]
1965: 5. Bundestag	CDU/CSU und FDP[3]; ab 1966 CDU/CSU und SPD
1969: 6. Bundestag	SPD und FDP
1972: 7. Bundestag	SPD und FDP
1976: 8. Bundestag	SPD und FDP
1980: 9. Bundestag	SPD und FDP[4]; ab 1982 CDU/CSU und FDP
1983: 10. Bundestag	CDU/CSU und FDP
1987: 11. Bundestag	CDU/CSU und FDP
1990: 12. Bundestag	CDU/CSU und FDP (sowie DSU; ohne Koalitionsvertrag)
1994: 13. Bundestag	CDU/CSU und FDP
1998: 14. Bundestag	SPD und Bündnis90/Die Grünen
2002: 15. Bundestag	SPD und Bündnis90/Die Grünen
2005: 16. Bundestag	CDU/CSU und SPD

Quelle: Alemann 2003: 42 ; Niclauß 2002; Wilke/Reinemann 2000: 22.

[1] Zunächst traten der GB und die GDP aus der Koalition aus, später die FDP.
[2] Die FDP trat 1962 wegen der „Spiegel"-Krise vorübergehend aus der Regierung aus.
[3] Die FDP trat 1966 aus der Regierung aus. Im Dezember bildete sich eine neue Koalition.
[4] Die FDP trat 1982 aus der Regierung aus. Nach dem Misstrauensvotum regierten CDU/CSU und FDP.

Mediale Entwicklung

Da das Fernsehen in Deutschland noch nicht auf Sendung war, als die erste Bundestagswahl 1949 stattfand, konnte in diesem Massenmedium damals noch nicht über dieses politische Großereignis berichtet werden (vgl. Diller 1999; Ludes 1999; Wilke 1999; Bausch 1980 u. 1969). 1953 berichtete der NWDR am Abend bzw. in der Nacht in seinem Fernsehprogramm über die zweite Bundestagswahl in Deutschland. Mit der Sendung „Berichte vom Wahlsonntag" informierte die Rundfunkanstalt ab 22.00 Uhr die Zuschauer (vgl. Wilke/Spiller 2006: 116; Gong 1953; HörZu 1953: 27).

1957 strahlte erstmals das „Deutsche Fernsehen", das TV-Programm der Arbeitsgemeinschaft der öffentlich-rechtlichen Rundfunkanstalten der Bundesrepublik Deutschland (ARD), das seit dem 01.11.1954 auf Sendung war, einen Wahlabendbericht zu einer Bundestagswahl aus: Ab 22.30 Uhr wurde der „Wahlsonderdienst des Deutschen Fernsehens" aus Köln gesendet (vgl. Wilke/Spiller 2006: 116; Protokoll StTVPG vom 31.07./ 01.08.1957; Gong 1957: 24; HörZu 1957: 44). 1961 hatte die ARD ein Hilfsstudio im Bonner Bundeshaus aufgebaut (vgl. Gütt 1969: 11). Dort liefen Meldungen der Deutschen Presseagentur mit den Wahlkreisergebnissen ein, die vom Moderator übermittelt wurden. Außerdem wurden in einer Diskussionsrunde Meinungen und Analysen zum Wahlausgang erörtert. Allerdings waren die Informationen – wie ARD-Mitarbeiter und Fernsehkritiker bemängelten – kaum fernsehgerecht aufbereitet (vgl. Gütt 1969: 11; W.S. 1961: 11).

1965 berichteten zum ersten Mal zwei TV-Sender über die Bundestagswahl: neben der ARD auch das ZDF, das seit dem 01.04.1963 ein Programm ausstrahlte (vgl. Kap. 5.2.1.3). Gemäß verfassungsrechtlichem Auftrag des öffentlich-rechtlichen Rundfunks lieferten sie ein Kontrastprogramm. Während sich die ARD „betont politisch" (Spiegel 1965) und auf Sachlichkeit bedacht gab und „eine rein informative, sachliche Sendung" (Protokoll CR TV vom 18.03.1965: 2) zeigte, setzte das ZDF mit seiner Wahlparty auf eine neue Art der Wahlberichterstattung, nämlich auf eine „Kombination von Information und Unterhaltung mit klarer Priorität fürs Politische" (Hagen 1969a: 159; vgl. zu den Sendekonzepten Kap. 5.2.2). Trotz dieser unterschiedlichen Herangehensweisen hatten die Wahlsendungen von ARD und ZDF 1965 eine Gemeinsamkeit. Beide setzten erstmals Computer zur Auszählung und Hochrechnung des Wahlergebnisses ein (vgl. o. V. 1990b; Wördemann 1969a: 146 sowie Kap. 5.2.1.4). Damit enthielten die Wahlberichte „bereits alle wesentlichen Elemente der [...] Nachrichten- und Analyseübermittlung" (Gütt 1969: 11).

1969 arbeiteten ARD und ZDF bei der Wahlabendberichterstattung erstmals in einigen Bereichen zusammen: bei der Technik sowie der Vorbereitung und Durchführung von Interviews (vgl. Dietrich 1969: 23; Hagen 1969a: 159 f. sowie Kap. 5.2.1.3). Auch die Berichterstattung zu den Bundestagswahlen 1972, 1976, 1980 und 1983 war durch eine kollegiale Konkurrenz zwischen ARD und ZDF geprägt. Dabei wurden verschiedene Sendekonzepte ausprobiert, die aus einem Mix von Politik, Sport und Unterhaltung mit je unterschiedlichen Akzentuierungen bestanden (vgl. Kap. 5.2.2.2).

1987 war das erste Jahr, in dem private wie öffentlich-rechtliche Fernsehsender am Wahlabend über die Bundestagswahl berichteten (vgl. Müller 1987: 5; o. V. 1987b: 5; Reinhard 1987), nachdem mit dem Kabelpilotprojekt in Ludwigshafen am 01.01.1984 das Duale Rundfunksystem in Deutschland eingeführt worden war (vgl. statt anderer Meyn 2001: 183; Steinmetz 1999: 182). Eigene Wahlforschungsinstitute hatten die Privatsender 1987 aber noch nicht unter Vertrag (vgl. Thurner-Fromm 1998; Zimmer 1987: 4; interner

Schriftwechsel, dokumentiert in Akte „ARD Wahlberichterstattung/Verwaltung" im Historischen Archiv des WDR). 1990 arbeitete RTL erstmals mit eigenen Prognosen und Hochrechnungen, die von forsa ermittelt wurden (vgl. Interview Güllner: 2; Interview Kloeppel: 5; Interview Wulf: 4; Etscheit 1994; Hamerla 1990; Heymann 1990; rbh/Red. 1990). Über die erste gesamtdeutsche Bundestagswahl 1990 berichtete darüber hinaus der Deutsche Fernsehfunk, kurz DFF (vgl. Meyn 1990; Mühl-Benninghaus 1990: 14). Er arbeitete, was die Technik, die Produktion und die Inhalte betrifft, eng mit ARD und ZDF zusammen (vgl. Heimermann 1991: 87). Zudem zeigte der DFF Sendeausschnitte der ARD (vgl. Mühl-Benninghaus 1990: 14).

1994 änderte sich kaum etwas (vgl. malo 1994; Weischenberg 1994: 12; Wolf 1994: 3). Zur Bundestagswahl 1998 unternahmen die privaten Fernsehsender „größere Anstrengungen [...] als je zuvor" (Nyary 1998). Neben RTL, Sat.1, Pro7 und dem Nachrichtensender n.tv hatte selbst der Musiksender MTV die Wahlberichterstattung entdeckt (vgl. Müller 1998). Zur Bundestagswahl 2002 arbeitete auch Sat.1 zum ersten Mal mit einem Wahlforschungsinstitut zusammen. forsa lieferte an eine ganze Reihe kommerzieller Fernsehsender Zahlen und Daten. Neben Sat.1 erhielten sowohl die übrigen Sender der ProSieben-Sat.1Media-AG als auch RTL, n.tv und CNN Informationen von forsa (vgl. Interview Güllner: 2; Interview Howe: 4; Interview Kloeppel: 5; Hörnle 2002; Wied 2002: 16 u. 18). Zur Bundestagswahl 2005 zeichnete sich ein ähnliches Bild ab wie drei Jahre zuvor.

5.2 Rahmenbedingungen

Die journalistische Thematisierung von Bundestagswahlen als politisches Großereignis in Deutschland ist in strukturelle *Rahmenbedingungen* eingebettet (vgl. zur theoretischen Beschreibung Kap. 2.2.2.1). Die für die *Wahlabendberichterstattung charakteristischen Bedingungen* sind auf Ebene der journalistischen *Organisationen* zu identifizieren (vgl. Kap. 5.2.1). Senderinterne Diskussionen und Entscheidungen lassen Entscheidungsgrundlagen zum *Inhalt* und zur *Form* der Sendungen erkennen (vgl. Kap. 5.2.2). Auch auf der *Akteurs-Ebene* sind Einflussfaktoren auszumachen (vgl. Kap. 5.2.3). Es werden die Aspekte der Bedingungen näher betrachtet, die bei der Dokumenten- und Sekundärliteraturanalyse (vgl. Kap. 4.1) herausgefiltert und als relevant eingestuft wurden.

5.2.1 Organisation

Journalistische Produkte werden in ausdifferenzierten Gesellschaften in Medienorganisationen kontinuierlich und professionell produziert (vgl. Kap. 2.2.2.1). Diese Organisationen sind durch spezifische Regelungen und bestimmte Entscheidungsstrukturen geprägt, auf deren Basis sie stabile Produktionsabläufe entwickeln. Von diesen organisatorischen Strukturen ist maßgeblich abhängig, ob und wie gesellschaftliche Ereignisse, etwa Bundestagswahlen, zum Gegenstand journalistischer Berichterstattung werden. Als Einflussgrößen der Wahlberichte sind *rechtliche Regelungen* (vgl. Kap. 5.2.1.1), *Berufsnormen* (vgl. Kap. 5.2.1.2), *wirtschaftliche Bedingungen* (vgl. Kap. 5.2.1.3), *technische Einflussfaktoren* (vgl. Kap. 5.2.1.4) und *formale Organisationsstrukturen* (vgl. Kap. 5.2.1.5) identifizierbar.

5.2.1.1 Rechtliche Regelungen

Die Arbeit der öffentlich-rechtlichen Rundfunkanstalten und der privaten Rundfunksender in Deutschland basiert auf einem komplexen Geflecht verschiedener *Rechtsgrundlagen*.[115] Deren Ausgangspunkte sind das Grundgesetz und die so genannten „Rundfunkurteile" des Bundesverfassungsgerichts (BVerfG).

In Art. 5 Abs. 1 Satz 1 des *Grundgesetzes* ist die Rundfunkfreiheit festgeschrieben. Sie wird im Wesentlichen auf der Basis von *Entscheidungen des BVerfG* definiert. Nach Auslegung des BVerfG dient die Rundfunkfreiheit der freien individuellen und öffentlichen Meinungs- und Willensbildung. Dabei kommt es v. a. auf die Gewährleistung von Vielfalt und Integration an. Beides ist für eine funktionierende Öffentlichkeit in einer Demokratie notwendig. Das *Vielfaltsgebot* bezieht sich auf einen breiten und offenen Dialog über Themen von gesellschaftlicher Relevanz. Das BVerfG hat bereits 1961 hervorgehoben, dass alle gesellschaftlich relevanten Gruppen im Rundfunk zu Wort kommen sollen.[116] Das *Integrationsgebot* soll u. a. dafür sorgen, dass auch Minderheiten zu Wort kommen.

Laut BVerfG ist die Rundfunkfreiheit nicht an eine bestimmte Organisationsform gebunden: Sowohl öffentlich-rechtlicher als auch privater Rundfunk ist mit dem Grundgesetz vereinbar. Solange Frequenzen fehlten und die Kosten hoch waren, entsprach das Duopol der öffentlich-rechtlichen Anstalten der Verfassung. Entsprechend hatten die Sender innerhalb ihres Programms für Vielfalt und Ausgewogenheit zu sorgen (Binnenpluralismus). 1981 räumte das BVerfG zum ersten Mal ein, Vielfalt könne auch durch eine Vielzahl an Veranstaltern entstehen (Außenpluralismus). So wurde das *duale Rundfunksystem* möglich. Bei der damit anstehenden Neudefinition der Rolle des öffentlich-rechtlichen Rundfunks orientierte sich das BVerfG an den Defiziten kommerzieller Angebote. Die öffentlich-rechtlichen Sender wurden mit der *Grundversorgung* beauftragt, um so „Vielfaltsdefizite des werbefinanzierten kommerziellen Rundfunks auszugleichen" (Holznagel 1999: 176).

Der Verfassungsauftrag der Rundfunkfreiheit wird gesetzlich auf mehreren Ebenen umgesetzt: durch den *Rundfunkstaatsvertrag* (RStV), durch *Rundfunkstaatsverträge* für einzelne öffentlich-rechtliche Sender sowie durch *Landesrundfunk- und -mediengesetze*. Um der im Grundgesetz verankerten Rundfunkfreiheit Rechnung zu tragen, haben sich die Bundesländer, bei denen die gesetzgeberische Zuständigkeit für den Rundfunk als Kulturgut liegt, weitgehend auf Rahmenvorschriften beschränkt.

Im *RStV* bestimmen die Bundesländer sowohl grundlegende Regelungen für den kommerziellen als auch den öffentlich-rechtlichen Rundfunk.[117] Zu den Regelungen, die für die Wahlabendsendungen Relevanz haben und die für die öffentlich-rechtlichen wie privaten Rundfunksender *gemeinsam* gelten, gehören die allgemeinen Programmgrundsätze, nach denen u. a. die Würde des Menschen zu achten und zu schützen ist (RStV § 3). Für die Wahlabendberichte ist in diesem Kontext bedeutsam, dass sie nach anerkannten *journalistischen Grundsätzen* gestaltet werden müssen. Sie sollen unabhängig und sachlich sowie sorgfältig geprüft sein. Kommentare sind deutlich von der Berichterstattung zu trennen. Bei

---

[115] Vgl. für die ARD Steinwärder 1999 u. 1998; vgl. für das ZDF Holznagel 1999; vgl. allgemein u. a. Altendorfer 2001: 267 ff.; Meyn 2001: 149 ff.; Stuiber 1998: 322 ff.

[116] Das Vielfaltsgebot zeigt sich auch in der Besetzung der Aufsichtsgremien der Rundfunksender, die gesellschaftlich relevante Gruppen repräsentieren (vgl. statt anderer Meyn 2001: 163 ff. u. 193 ff.).

[117] Der RStV gilt derzeit in der Fassung des achten Rundfunkänderungsstaatsvertrags vom 01.04.2005 (vgl. o. V. 2005).

der Wiedergabe von Meinungsumfragen, die von Rundfunkveranstaltern durchgeführt wurden, ist anzugeben, ob sie repräsentativ sind (RStV § 10).

Die für die Inhalte der Wahlberichte bedeutsamen und *nur für die öffentlich-rechtlichen Sender* geltenden Regelungen finden sich im II. Abschnitt des RStV, in dem der *Programmauftrag* des öffentlich-rechtlichen Rundfunks – als Medium und Faktor des Prozesses individueller und öffentlicher Meinungsbildung zu wirken – festgeschrieben ist (RStV § 11, Abs. 1). Der öffentlich-rechtliche Rundfunk hat einen umfassenden Überblick über das Geschehen in allen wesentlichen Lebensbereichen zu geben. Sein Programm hat der Information, Bildung, Beratung und Unterhaltung zu dienen. Er hat Beiträge insbesondere zur Kultur anzubieten (RStV § 11, Abs. 2). Bei der Erfüllung dieses Auftrags sind die Grundsätze der Objektivität, der Unparteilichkeit, der Meinungsvielfalt und der Ausgewogenheit zu berücksichtigen (RStV § 11: Abs. 3). Darüber hinaus ist geregelt, dass ARD und ZDF jeweils Satzungen oder Richtlinien zur näheren Ausgestaltung ihres Auftrags erlassen und alle zwei Jahre einen Bericht u. a. über die Erfüllung des Auftrags veröffentlichen müssen (RStV § 11 Abs. 4; RStV § 16).

Im III. Abschnitt des RStV sind die Vorschriften für den *privaten Rundfunk* dokumentiert, die für Wahlabendsondersendungen relevant sind. Danach sind die privaten Sender angehalten, inhaltlich die Vielfalt der Meinungen „im Wesentlichen" zum Ausdruck zu bringen. Entsprechend müssen die „bedeutsamen politischen, weltanschaulichen und gesellschaftlichen Kräfte und Gruppen [...] in den Vollprogrammen angemessen zu Wort kommen. Auffassungen von Minderheiten sind zu berücksichtigen" (RStV § 25 Abs. 1).

Auch die im RStV festgehaltenen *Werbevorschriften* sind für die Wahlabendberichterstattung im Fernsehen von Bedeutung. Während die Öffentlich-Rechtlichen sonntags keine Werbung ausstrahlen dürfen (RStV § 16 Abs. 1) und folglich in den Wahlabendsendungen von ARD oder ZDF keine Werbung gesendet werden darf, gibt es ein solches Verbot für die privaten Anbieter nicht. Jedoch gilt für Sendungen im privaten Rundfunk generell, dass sie nur durch Werbung unterbrochen werden können, sofern „der gesamte Zusammenhang und der Charakter der Sendung nicht beeinträchtigt" (RStV § 44 Abs. 2) wird. Speziell für Nachrichten und Sendungen zum politischen Zeitgeschehen im Fernsehen ist weiterhin vorgeschrieben, dass sie nicht durch Werbung unterbrochen werden dürfen, wenn die programmierte Sendezeit weniger als 30 Minuten beträgt. Bei längerer Sendedauer können die privaten TV-Sender also auch die Wahlabendsendungen mit Werbung unterbrechen.

Für die Rundfunksender in Deutschland sind rechtliche Regelungen über den RStV hinaus in Staatsverträgen und Landesgesetzen festgehalten. So gilt für die ARD der *ARD-Staatsvertrag* (ARD-StV). Hierin findet das Fernsehprogramm der ARD seine normative Grundlage (ARD-StV § 1). Weitere Vorgaben für das Programm des ARD-Fernsehens werden in dem ARD-StV jedoch nicht gemacht. Die Einzelheiten ergeben sich erst aus dem Fernsehvertrag der Landesrundfunkanstalten (vgl. Steinwärder 1999: 371 u. Steinwärder 1998: 101 f.). Für das ZDF ist der *ZDF-Staatsvertrag* (ZDF-StV) bindend, der vorgibt, dass das ZDF das Fernsehvollprogramm „Zweites Deutsches Fernsehen" veranstaltet (ZDF-StV § 2). Die Vorschriften zur Gestaltung der Sendungen und zur Berichterstattung (ZDF-StV § 5 u. 6) sind inhaltlich weitgehend mit denen des RStV identisch. Gleiches gilt für die Regelungen in den *Landesrundfunk- und Landesmediengesetzen*, die eine Reihe von Anforderungen an den privaten Rundfunk auflisten.

Mit Blick auf die Produktanalysen lässt sich *festhalten*, dass es Differenzen in den rechtlichen Vorgaben für die öffentlich-rechtlichen und für die privaten Sender gibt. Die

Unterschiede treten bei den Werbevorschriften besonders deutlich hervor. Sie zeigen sich aber auch in der Forderung nach Vielfalt und Ausgewogenheit, die für ARD und ZDF strenger geregelt ist als für die Privatsender.

5.2.1.2 Berufsnormen

Relevante Berufsnormen, an denen sich Journalisten im Hinblick auf die Wahlabendberichterstattung im deutschen Fernsehen orientieren sollen, finden sich im *Pressekodex* des Deutschen Presserates sowie in den *Richtlinien* und den *Leitlinien* für die Sendungen und in den *Kodices* der Fernsehanbieter.

In seinen *Richtlinien für die publizistische Arbeit* empfiehlt der *Deutsche Presserat*[118], bei der Publikation von Umfrageergebnissen „die Zahl der Befragten, den Zeitpunkt der Befragung, den Auftraggeber sowie die Fragestellung" (Deutscher Presserat 2001: 10) zu veröffentlichen. Sollte die Umfrage auf Initiative des eigenen Medienunternehmens durchgeführt worden sein, so soll dies mitgeteilt werden. Nicht empfohlen wird die Veröffentlichung der Fehlertoleranz. Damit verstößt das Nichtveröffentlichen diverser Methodeninformationen nicht gegen publizistische Grundsätze (vgl. Donovitz 2004: 230).[119]

Als öffentlich-rechtliche Rundfunkanstalten müssen ARD und ZDF ihre eigenen *Richtlinien* zur Durchführung der Vorschriften des RStV für ihre Sendungen erlassen (RStV § 11 Abs. 4; auch RStV § 16). Sowohl die Richtlinien der ARD als auch des ZDF entsprechen weitgehend den gesetzlichen Grundlagen (vgl. Kap. 5.2.1.1). Neben diesen allgemeinen Regelungen hat die Juristische Kommission beider Sender spezielle *Leitlinien* für die *redaktionelle Gestaltung von Wahlsendungen* aufgestellt. Dabei liegt der Fokus jedoch auf den Sendungen im Wahlkampf und nicht auf den Berichten am Wahlabend. In dem Papier „Redaktionell gestaltete Sendungen zu Wahlen – Empfehlungen für die redaktionelle Praxis"[120] wurden Kriterien zur Kontrolle der Ausgewogenheit aufgestellt. Diese greifen z. T. bereits vor Ausstrahlung der Sendung. Die Auswahl von Gesprächspartnern könne bspw. über die Bedeutung der Parteien im Allgemeinen – etwa aufgrund früherer Wahlerfolge oder Zulassung zur Wahl – kontrolliert werden. Die Moderation von Diskussionsrunden soll sich allein an journalistischen Grundsätzen orientieren. Dies bedeute zwar Gleichbehandlung der Parteien im Sinne journalistischer Fairness, nicht aber formale Gleichbehandlung durch Redezeitbemessung.

Für die Sendungen der untersuchten *Privatsender* gibt es *keine expliziten Richtlinien*. Wohl aber hat RTL einen Katalog mit Leitlinien für die Berichterstattung aufgestellt, nach denen versucht werden soll, den Zuschauern ein „objektives Bild" der politischen Lage darzustellen, um ihnen die Möglichkeit zu geben, sich eine eigene Meinung zu bilden (vgl. Interview Wulf: 2). Des Weiteren konnten die RTL-Mitarbeiter bei der Berichterstattung zur Bundestagswahl 2002 auf einen *Kodex* zurückgreifen (vgl. RTL-Kommunikation 2002:

---

[118] Formal ist der Deutsche Presserat als Institution für Printmedien zuständig. Der Pressekodex dient aber inzwischen medienübergreifend zur Orientierung von Journalisten.

[119] Demgegenüber reichen Normen und Standards der Meinungsforschungsverbände wie dem Arbeitskreis Deutscher Markt- und Sozialforschungsinstitute (ADM) oder der American Association of Public Opinion Research (AAPOR) weiter (vgl. Gallus 2004: 209; Kornelius 2004: 219; Hohlfeld 2003: 125; Raupp 2003: 120; Rössler 2003: 140; Donovitz 1999: 78; Frankovic 1998: 162).

[120] Vgl. interne Schriftwechsel, dokumentiert in Akte „Bundestagswahl 1998", Sig. 146; Akte „ARD Fernsehen Wahlberichterstattung allgemein/Verwaltung" im Historischen Archiv des WDR.

23). In diesem wurde u. a. die strikte Trennung von Nachricht und Kommentar als selbstverständlich bezeichnet und Objektivität gefordert. Darüber hinaus wurde betont, dass die Interessen der Zuschauer im Mittelpunkt der RTL-Wahlberichterstattung stünden.

Es lässt sich konstatieren, dass sich die Berufsnormen, die für die Akteure der verschiedenen TV-Sender gelten, an den rechtlichen Regelungen orientieren und ähneln. Dabei sind die Richtlinien für die öffentlich-rechtlichen Anbieter umfangreicher und konkreter.

5.2.1.3 Ökonomische Bedingungen

Im Hinblick auf die ökonomischen Bedingungen im Herstellungsprozess der Wahlabendberichterstattung im deutschen Fernsehen interessieren die *Finanzierungsform* und die *Marktposition* der TV-Veranstalter sowie die *Wettbewerbssituation*. Weiterhin ist von Interesse, welche finanziellen, personellen und zeitlich-räumlichen *Ressourcen* den einzelnen TV-Anbietern für die Wahlabendberichterstattung zu Bundestagswahlen zur Verfügung stehen.

Finanzierungsform

In Bezug auf die Finanzierungsform lassen sich die analysierten Fernsehsender in zwei Gruppen einteilen (vgl. Loeb 2003): Einerseits finanzieren sich die öffentlich-rechtlichen Fernsehanstalten ARD und ZDF gemäß RStV § 12 Abs. 1 durch Rundfunkgebühren, Einnahmen aus Rundfunkwerbung und sonstigen Einnahmen. Vorrangige Finanzierungsquelle ist die Rundfunkgebühr, doch insgesamt basiert die Arbeit der Öffentlich-Rechtlichen auf einer Mischfinanzierung. Andererseits stützt sich die Finanzierung der Privatsender RTL und Sat.1 laut RStV § 43 auf Einnahmen aus Werbung, Teleshopping und sonstigen Quellen. Eine Finanzierung aus der Rundfunkgebühr ist ausgeschlossen.

Marktposition

Die Marktposition der untersuchten Sender hat sich im Untersuchungszeitraum verändert. War die ARD zunächst Monopolist, änderte sich diese Situation mit dem Sendestart des ZDF 1963. Es begann die Zeit des Duopols der öffentlich-rechtlichen Sender, die als „abgeschwächte Konkurrenz" (Ludes 1999: 256; vgl. Dussel 1999: 246 ff.; Bleicher 1993a: 21 f.) beschrieben wird. Einerseits war die Gründung des ZDF mit dem Ziel verbunden, ein Kontrastprogramm zur ARD zu veranstalten. Andererseits sollten ARD und ZDF auch Partner sein.[121] Diese Zeit ging zu Ende, als 1984 private TV-Anbieter zugelassen wurden.

Wettbewerbssituation

Die Wettbewerbssituation, innerhalb derer die Wahlabendsendungen der analysierten TV-Sender im Untersuchungszeitraum entstanden sind, lässt sich differenziert beschreiben:

---

[121] Die Koordinierung wurde damals in § 22 Abs. 4 ZDF-StV festgeschrieben. Mittlerweile ist die Verpflichtung zur Abstimmung im ZDF-StV § 2 Abs. und im ARD-StV § 3 verankert (vgl. o. V. 2005).

nach der Wettbewerbssituation der öffentlich-rechtlichen Anstalten untereinander, nach dem Konkurrenzverhältnis von ARD und ZDF zu den Privatsendern, nach der Konkurrenz zwischen den Wahlforschungsinstituten und nach der Situation zwischen den Fernsehsendern und anderen Massenmedien. Alle diese Konkurrenzverhältnisse haben regelmäßig die Gremien von ARD und ZDF beschäftigt (vgl. Kap. 5.2.1.5). In Presseberichten über die Wahlabendberichte wurden sie ebenfalls immer wieder thematisiert. Darüber hinaus bestanden zu einzelnen Zeitpunkten Kooperationen zwischen den TV-Anbietern.

Wettbewerb zwischen ARD und ZDF

Das Verhältnis zwischen den öffentlich-rechtlichen TV-Sendern hinsichtlich der Wahlabendberichte wird von Seiten der ARD und des ZDF als Haupt-Konkurrenz bezeichnet (vgl. Interview Deppendorf: 6; Interview Schönenborn: 5; Interview von der Tann: 6; Interview Wagenbach: 4 f.). Diese Konkurrenz zeigt sich im Untersuchungszeitraum regelmäßig schon während der *Vorbereitung* einer Wahlsendung – bei der Verteilung der Studioflächen (vgl. Interview Heimermann: 3; Eisenhauer 1998; rg/th, 1998: 6).

Es gibt Hinweise darauf, dass die Konkurrenz am *Wahlabend* noch stärker war: „[Am] Wahlabend kämpft jeder für sich allein. Das ist knallharte Konkurrenz." (Deppendorf zit. n. Starke 1990b) Dabei konzentrierte sich der Wettbewerb zwischen den öffentlich-rechtlichen TV-Sendern hauptsächlich auf die früheste Veröffentlichung von Ergebnissen, exaktere Zahlen sowie vorzeitigere Interviews mit wichtigen Gesprächspartnern.[122] Im Nachhinein wurden diese Aspekte regelmäßig in den zuständigen Gremien bewertet, wobei der jeweils eigene Sender als besser eingestuft wurde.[123]

Während die frühere Bekanntgabe und die höhere Präzision von Wahlresultaten von den Leistungen der beauftragten Meinungsforschungsinstitute abhängen, handelt es sich bei den Interviews um genuin journalistische Aufgaben, die immer wieder einen hohen Einsatz der Journalisten forderten. Dies war schon bei den älteren Wahlsendungen so:

> „Es war eine Fernsehschlacht um ‚Alles oder Nichts'. Eingekeilte Politiker. Hemmungslos drängelnde Reporter. [...] Jeder wollte der erste sein, koste es, was es wolle. [...] Die heiße Nacht von Bonn wurde zu einem einzigen Nahkampf. Interviews bekam nur der, der die stärkeren Ellenbogen hatte." (o. V. 1976c: 8)

Auch in den jüngeren Wahlberichten wurde um das „kostbarste Gut des Abends" (Eisenhauer 1998; vgl. Müller-Gerbes 1999) im wahrsten Sinne des Wortes gekämpft.

Mit Blick auf diesen starken Wettbewerb um Gesprächsgäste wurden bereits Ende der 1960er Jahre *Strategien* entwickelt, um Interviewpartner möglichst frühzeitig und vor dem Konkurrenzsender zu interviewen. So wurden 1969 vom ZDF so genannte „Späher" eingesetzt. Von ihnen „wurde über Funksprechgerät jeder Prominente anvisiert, der das Bundeshaus betrat, so daß man ihn bei Bedarf sofort zum Interview einladen konnte" (o. V. 1970: 74; vgl. Hagen 1969a: 161). In den folgenden Jahren blieben die Strategien weitgehend

---

[122] Vgl. Interview Deppendorf: 4; Interview Raue: 9; Interview von der Tann: 2 u. 4; Müller-Gerbes 1999; Eisenhauer 1998; Müller 1987: 5; Land 1983: 12; o. V. 1983a; Schmidt 1980: 1; Rabl 1976; Protokoll CR TV vom 08./09.08.1972: 4; Protokoll StTVPG vom 26./27.05.1987: 10.

[123] Vgl. Hauptredaktionsleiterkonferenz des ZDF, dokumentiert in Akte „Bundestagswahl 1987" Bestand Chefredakteur im Historischen Archiv des ZDF, Sig. 6/1146; Protokoll CR TV/KR u. WR TV vom 12./13.02.1987: 7.

gleich – nur die Bezeichnungen wurden geändert: Zum Beispiel arbeitete die ARD 1972 mit einem so genannten *Stringersystem*, das dafür zu sorgen hatte, dass Politiker rechtzeitig für Schalten bereitstanden (vgl. Akte „Bundestagswahl 1972" im Historischen Archiv des WDR, Sig. 140). Die Reporter mussten ihre Gesprächspartner allerdings bis dato selbst zum Interview heranholen (vgl. Interview Nowottny: 2). Für die Bundestagswahl 1980 ist dokumentiert, dass sowohl die ARD als auch das ZDF so genannte *Schlepper* einsetzten, „um die Prominenz im Wettstreit vor die Kameras zu lotsen" (o. V. 1980a: 7). Diese Bezeichnung wurde bislang beibehalten (vgl. Interview Wagenbach: 4; Eisenhauer 1998).

Waren die Schlepper im Untersuchungszeitraum bei Bundestagswahlen üblicherweise normale Redakteure, engagierten einige der ARD-Landesrundfunkanstalten und teilweise auch das ZDF bei Landtagswahlen Judokämpfer bzw. Ringer sowie Bodyguards bzw. Polizisten (vgl. Interview Deppendorf: 7; Interview Kloeppel: 6 f.; Interview Wagenbach: 4 f.; Kain 2000; Müller-Gerbes 1999; Nea. 1987).[124] Dies führte stets zu einer Verschärfung der Wettbewerbssituation, über die in den Gremien beider Sender diskutiert und nach „einvernehmlichen Regelungen" (Protokoll StTVPG vom 26./27.05.1987: 10; vgl. Interview Deppendorf: 7; Niederschrift APouZ vom 06.02.1987) gesucht wurde. Die Chefredakteure Fernsehen der ARD-Anstalten waren der Auffassung, dass „eine kollegiale Absprache über die Reihenfolge der Auftritte von Spitzenpolitikern versucht werden sollte" (Protokoll CR TV/KR u. WR TV vom 25.-27.01.1988: 8). Auch öffentlich wurde, etwa vom ehemaligen ZDF-Chefredakteur Reinhard Appel, dafür plädiert, auf den zuletzt „mit den Ellenbogen geführten Wettstreit um die jeweils ersten Interviews mit den Spitzenpolitikern" (Appel zit. n. M. Oe. 1987) zu verzichten. Schließlich einigten sich ARD und ZDF darauf,

> „daß das unzumutbare Gerangel zwischen ARD und ZDF um die jeweiligen Spitzenpolitiker im Lande aufhöre und daß sich die Systeme fair abstimmten, wer [...] entweder den Spitzenkandidaten der regierenden Partei oder der Oppositionspartei zuerst im Programm habe" (Niederschrift APouZ vom 15.01.1988).

Bei der Berichterstattung am Abend der Bundestagswahl 1990 funktionierte dieses *Koordinationsabkommen* (vgl. Geldner 1990). Bis 1994 wurden Absprachen, wer welchen Spitzenpolitiker zuerst interviewen durfte, zwischen den Konkurrenten ARD und ZDF aufrechterhalten. Seitdem waren sie nicht mehr üblich und die Wettbewerbssituation erscheint wieder angespannter (vgl. Interview Raue: 9; Lendzian 1994b: 3). Bei jüngeren Landtagswahlen wie 2004 im Saarland wurde von Politikern und journalistischen Beobachtern erneut Kritik an dem „Gerangel" (Grabenströer 2004) geübt.

Konkurrenz zwischen öffentlich-rechtlichen und privaten TV-Sendern

Seit der Dualisierung des Rundfunksystems in Deutschland standen sich nicht mehr nur ARD und ZDF als Konkurrenten bei der Wahlabendberichterstattung gegenüber. Private TV-Sender sind hinzugekommen, die Wahlsendungen ausstrahlen. Die privaten Fernsehsender RTL oder Sat.1 wurden von Seiten der öffentlich-rechtlichen TV-Anbieter v. a. Ende der 1980er und Anfang der 1990er Jahre nicht als ernst zu nehmende Konkurrenten

---

[124] Die Autorin arbeitete bei einigen Landtagswahlen in den Jahren 1999 bis 2001 für das ZDF als Schlepperin, u. a. auch bei der vorgezogenen Berlin-Wahl 2001, bei der nach eigener teilnehmender Beobachtung Bodyguards für den SFB im Einsatz waren.

betrachtet (vgl. Interview Wagenbach: 5). Neben der eher kurzen Dauer der Wahlabendberichte der Privatsender und den vergleichsweise geringen Ressourcen, die von ihnen für die Sondersendungen bereitgestellt wurden, war der Verzicht auf eigene Hochrechnungen, der damals von RTL und Sat.1 geübt wurde, ausschlaggebend. Nur mit eigenen Wahlforschungsdaten kann sich ein TV-Sender von den anderen absetzen (vgl. auch Interview Kloeppel: 4). RTL hatte mit forsa bereits zur Bundestagswahl 1990 ein Wahlforschungsinstitut unter Vertrag, verfügte über eigene Zahlen und lieferte insofern eine mit ARD und ZDF vergleichbare Wahlabendberichterstattung ab (vgl. Thurner-Fromm 1998; Hamerla 1990). Sat.1 verwendete aus Kostengründen dagegen bis 1998 die Zahlen der öffentlich-rechtlichen TV-Anstalten (vgl. Interview Howe: 4; Leder/Olbert 1990; R.Z. 1990). Diese reagierten bereits 1990 mit internen Prüfungen, ob gegen Sat.1 rechtliche Schritte aufgrund wettbewerbswidriger unmittelbarer Übernahme fremder Leistungen eingeleitet werden könnten. Es blieb jedoch bei Abmahnungsschreiben der Justiziariate von ARD und ZDF.[125] In diesen wurde Sat.1 aufgefordert, die Rechtslage künftig zu berücksichtigen, wobei insbesondere eine durchgehende Kennzeichnung der Quelle erforderlich sei. Sat.1 arbeitete 2002 mit RTL und forsa zusammen (vgl. Kap. 5.1 u. 5.2.2.1), verfügte damit erstmals zu dieser Bundestagswahl über eigene Zahlen und gewann so an Gewicht.

Wettbewerb der Wahlforschungsinstitute

Neben den TV-Sendern konkurrierten im Hinblick auf die Wahlabendsendungen im Untersuchungszeitraum auch die von den Fernsehanbietern beauftragten Wahlforschungsinstitute (vgl. Interview Zimmer: 4; Tieschky 2004: 18; Gangloff 2002: 7; Thurner-Fromm 1998; Teichert/Deichsel 1987: 3; Protokoll PA-WDR-RR vom 05.11.2002).[126] Stilisiert wurde dabei seitens der Fernsehsender und der Medienjournalisten der „Wettkampf der Computer" (Hofmann 1972; vgl. o. V. 1990b; FB/St/rp 1980).

Im Mittelpunkt dieser Konkurrenz standen jeweils die *Prognosen und Hochrechnungen* (vgl. Protokoll PA-WDR-RR vom 05.11.2002). Zentral war die Frage, welches Forschungsinstitut sowohl zeitlich als auch hinsichtlich der Genauigkeit am besten abgeschnitten hat (vgl. Interview Deppendorf: 3 f.; Interview Kloeppel: 5; Interview Schönenborn: 1). Beides wurde üblicherweise im Nachhinein in den Gremien der Rundfunksender auf den Prüfstand gestellt.[127] Seit die privaten TV-Sender am Wahlabend berichteten und dabei eigene Zahlen vorlegten, wurden auch sie in den Vergleich einbezogen (vgl. z. B. Protokoll WDR-RR vom 11.10.2002). Im Zeitverlauf betrachtet war mal das eine und mal das andere Institut besser (vgl. Depenbrock 1998: 5). Für den Fall des schlechteren Abschneidens wurde nach den Gründen gesucht (vgl. etwa Protokoll StTVPG vom 08./09.03.1983: 10).

Der Wettbewerb der Wahlforschungsinstitute wurde im Untersuchungszeitraum immer wieder von den Verantwortlichen der Sender vorangetrieben. So stimmten Anfang der

---

[125] Vgl. Schriftwechsel, dokumentiert in den Akten „ARD Fernsehen Wahlberichterstattung allgemein/Verwaltung" und „ARD Wahlberichterstattung/Verwaltung" im Historischen Archiv des WDR.

[126] Dennoch handelt es sich dabei nicht um eine Art kommerzieller Marktsituation, da alle TV-Sender mit ihren Instituten fest verbunden sind (vgl. Interview Güllner: 5).

[127] Vgl. Protokoll StTVPG vom 26./27.05.1987: 9; 03.-05.11.1986: 5 f.; 08./09.03.1983: 10; 14./15.10.1980: 17; Akte „ARD Wahlberichterstattung 1986 bis 1989 Infas/Verwaltung" im Historischen Archiv des WDR; Schriftwechsel, dokumentiert in den ARD Sachakten Koordinator Politik „Bundestagswahl 1987" und „Sendungen anläßlich der Bundestagswahl 1976".

1980er Jahre die Chefredakteure der ARD mit dem Votum der Programmdirektoren überein, zusätzliche Gelder für Wahlforschung bereitzustellen, um eine Garantie zu erhalten, dass „bereits um 18.00 Uhr eine [...] Trendmeldung" (Protokoll CR TV vom 18.01.1983: 3) gebracht werde. Auch hinsichtlich der Hochrechnungen wurde eine frühere Veröffentlichung gefordert. Entsprechend lieferten sich die Sender „Hochrechnungsduelle" (Etscheit 1994; vgl. Zimmer 1984: 91), bei denen sich die TV-Anbieter gegenseitig beobachteten.[128]

Das Wettrennen um die ersten Zahlen führte dazu, dass die Prognosen des Wahlergebnisses seit Mitte der 1980er Jahre um genau 18 Uhr – dem Zeitpunkt, zu dem die Wahllokale schließen – gesendet wurden (vgl. Interview Zimmer: 5 sowie Kap. 6.2.2). RTL veröffentlichte die Prognose zur Bundestagswahl 1998 sogar vor 18 Uhr. Der Privatsender brach damit nicht nur „eine stillschweigende Vereinbarung [zwischen den Fernsehsendern; K.W.], die bisher eisern eingehalten wurde" (Bellut zit. n. Hoff 1998) und sorgte damit für empörte Reaktionen der öffentlich-rechtlichen Anstalten (vgl. Lüke 1998: 9). Zudem RTL erhielt für diesen Verstoß gegen das Bundeswahlgesetz auch einen Verweis des Bundeswahlleiters, der allerdings ohne weitere rechtliche Konsequenzen blieb (vgl. Herrgesell 1998; Hoff 1998; Lüke 1998: 9; Nyary 1998; rg 1998: 12). Im Bundeswahlgesetz ist festgeschrieben, dass Umfrageergebnisse nicht vor der Schließung der Wahllokale um 18 Uhr veröffentlicht werden dürfen (vgl. BWG § 32 Abs. 2).[129]

Nicht erst dieser Verstoß von RTL gegen das Bundeswahlgesetz hat *Kritik* an der Veröffentlichungspraxis zum Wahlausgang hervorgerufen. Diese richtete sich darauf, dass Schnelligkeit vor Genauigkeit gehe. Die Wahlforscher würden gern so lange warten, bis die Hochrechnungen statistisch stabil sind. In jüngerer Zeit war dies schon etwa eine dreiviertel Stunde nach Schließen der Wahllokale der Fall. „Aber diese Wünsche bleiben Illusion, solange es im Konkurrenzkampf [...] sogar um Sekunden geht [...]." (Depenbrock 1998: 5) In den Gremien der öffentlich-rechtlichen Anstalten wurde ebenfalls mehrmals gefordert, es solle mehr Wert auf die Qualität als auf die Schnelligkeit gelegt werden (vgl. Protokoll PA-WDR-RR vom 05.11.2002; Protokoll CR TV/KR u. WR TV vom 21./22.02.1983).

Neben der Forderung, Genauigkeit solle vor Schnelligkeit gehen, wurde in den zuständigen Instanzen wegen der hohen Kosten regelmäßig darüber diskutiert, ob sich ARD und ZDF nicht auf die gemeinsame Nutzung eines Forschungsinstituts verständigen könnten.[130] Darauf konnten sich die öffentlich-rechtlichen Anbieter aber nicht einigen. Jeweils eigene Institute seien „unabdingbar [...], „um Profil in der Wahlberichterstattung zu gewinnen" (Niederschrift KoorA vom 08.07.1988: 6; vgl. Protokoll PA-WDR-RR vom 24.11.1994: 11). Außerdem wurde befürchtet, dass mit einem gemeinsamen Wahlforschungsinstitut der

---

[128] Bei verschiedenen Landtagswahlen war die Autorin selbst als Programmbeobachterin für das ZDF tätig. Weitere Belege für die Programmbeobachtung finden sich in diesen Quellen: o. V. 1972a; Rudolph 1969: 196 f.; Wördemann 1969b: 4; Protokoll PA-WDR-RR vom 02.02.1983: 18; Disposition, dokumentiert in Akte „Bundestagswahl 1987", Sig. 144, sowie in Akten „Dispositionen und Produktionsunterlagen Studio Bonn zu wichtigen innen- und außenpolitischen Ereignissen", Sig. 5381, Sig. 5382 u. Sig. 5384, im Historischen Archiv des WDR, Akten „Bundestagswahl 1983" und „Bundestagswahl 1987" Bestand Chefredakteur im Historischen Archiv des ZDF, Sig. 6/0692 u. Sig. 6/1146; Akte „Berichterstattung über die Bundestagswahl 1969. Produktionsunterlagen" im Historischen Archiv des WDR", Sig. 383.

[129] Damit soll sichergestellt werden, dass jeder Wahlberechtigte seine Stimme unbeeinflusst abgeben kann (vgl. Brettschneider 2000: 478; Korte 1999: 53). RTL drohten Geldstrafen von bis zu 100.000 Deutsche Mark (vgl. Depenbrock 1998: 4; Hoff 1998).

[130] Vgl. Niederschrift ArS vom 27./28.11.1990; interne Schriftwechsel, dokumentiert in Akte „Bundestagswahl 1983" Bestand Chefredakteur im Historischen Archiv des ZDF, Sig. 6/0692; Protokoll PBei vom 15./16.04.1983: 7; Protokoll WDR-RR vom 12.12.1983: 2.

Grund für eine konkurrierende Berichterstattung wegfiele (vgl. Akte „ARD Wahlberichterstattung 1986 bis 1989 Infas/Verwaltung" im Historischen Archiv des WDR). Darüber hinaus, so wurde in den Gremien argumentiert, sei das Bestehen von mehreren Umfragesystemen „demokratischer" (Protokoll PA-WDR-RR vom 05.11.2002). Es bestünde so die Möglichkeit einer gegenseitigen Korrektur (vgl. Akte „Bundestagswahl 1972" im Historischen Archiv des WDR, Sig. 140; Protokoll CR TV/KR u. WR TV vom 22./23.11.1990). Diese wird als „demokratisches Korrektiv" (Interview Deppendorf: 4; vgl. Interview Schönenbon: 6) bezeichnet. Es erweise sich immer dann als relevant, wenn die Prognosen und Hochrechnungen auseinander lägen, und es erscheint besonders wirkungsvoll, wenn in den Sendungen die Daten des anderen Senders zum Vergleich präsentiert würden oder auf deren Tendenzen hingewiesen würde. Aus Studien zur Umfrageberichterstattung ist jedoch bekannt, dass wegen der engen Verbindung zwischen TV-Programmen und Umfrageinstituten der Fokus auf die Darstellung jener Ergebnisse gerichtet ist, welche aus den selbst in Auftrag gegebenen Umfragen stammen (vgl. Esser 2003: 186; Rössler 2003: 149 f. u. 158).

Ein weiterer Hinweis auf das Wettbewerbsverhältnis der Wahlforschungsinstitute findet sich im Hinblick auf die Bundestagswahl 1972. Damals setzte infas für die ARD zum ersten Mal eine so genannte *Wählerwanderungsanalyse* ein (vgl. Akten „Bundestagswahl 1972", Sig. 140, und „Bundestagswahl 1972. Gesamtdisposition", Sig. 385, im Historischen Archiv des WDR; o. V. 1972a). Mit dieser Analyse wurden erstmalig am Wahlabend Fragen nach dem „Woher?" und dem „Wohin?" der Wähler geklärt. Um zu vermeiden, dass das ZDF das Modell nachahmen und rechtzeitig eine ähnliche Analysemethode entwickeln konnte, wurde dies so lange wie möglich geheim gehalten (vgl. o. V. 1972a).

Konkurrenzsituation der Fernsehsender zu weiteren Massenmedien

Hinsichtlich der Wettbewerbssituation zwischen den Fernsehsendern und anderen Massenmedien wird am Wahlabend deutlich, was allgemein für politische Berichterstattung gilt: Das Fernsehen ist das Leitmedium – auch aus Sicht der Politiker (vgl. Interview Deppendorf: 7 sowie Kap. 2.2.2.3). Deshalb werden Fernsehjournalisten von Politikern bevorzugt behandelt. Auch an Wahlabenden führten sie meist Interviews, bevor Radio- und Zeitungsjournalisten dazu Gelegenheit bekamen. Zum Teil blieben direkte Gespräche mit Politikern den TV-Journalisten sogar vorbehalten. Print- und Hörfunkjournalisten mussten Zitate bzw. O-Töne des Fernsehens übernehmen.[131]

Aus Sicht der für die TV-Wahlsendungen zuständigen Mitarbeiter war die Konkurrenz im Untersuchungszeitraum mit anderen aktuellen Massenmedien gering. In den Experteninterviews wurden auf die Frage nach der Konkurrenzsituation an Wahltagen weitere Massenmedien nicht erwähnt – es sei denn auf Nachfrage (vgl. Interview Deppendorf: 7; Interview Schönenborn: 9; Interview Wagenbach: 4 f.). Diese Überlegenheit des Fernsehens liegt auch darin begründet, dass die Fernsehsender mit den Prognosen und Hochrechnungen ihrer Wahlforschungsinstitute über Informationen verfügen, die sie selbst generieren (vgl. Interview Raue: 3; Interview Raschke: 2; Interview Schönenborn: 3, 9 u. 12) und denen ein hoher Nachrichtenwert zugewiesen wird (vgl. Raupp 2003: 116 sowie Kap. 2.2.2.1).

---

[131] Vgl. allgemein Schaaf 1988: 31; vgl. zur Situation an Wahlabenden Interview Deppendorf: 7; Weber 2000a u. 2000b; Müller-Gerbes 1999; Protokoll PA-WDR-RR vom 21.10.1994: 6; Dürr 1980; Göbel 1969: 204.

Kooperationen der TV-Anbieter

Trotz der intensiven Konkurrenzsituation zwischen den Fernsehsendern bei den Wahlabendsendungen haben sie zu verschiedenen Zeitpunkten auch miteinander kooperiert (vgl. auch Kap. 5.1). Hinweise für eine *technische Zusammenarbeit* finden sich erstmals für die Bundestagswahl 1969, bei der jeweils ein Sender die technische Ausstattung an den Übertragungsorten zur Verfügung stellte (vgl. Freisewinkel 1969: 228 f.; Hagen 1969a: 159 f.; o. V. 1969c:I/2). Auch in den Folgejahren wurde auf diese Weise technisch gepoolt.[132] Für die Bundestagswahl 2002 ist dokumentiert, dass die Kooperation an einigen Übertragungsorten ausgeweitet wurde. Neben ARD und ZDF vereinbarten RTL, N24 und n.tv eine Pool-Lösung für die Außenstellen in Berlin (vgl. Decker 2003: 245). Die Aufgabe der Poolführer beinhaltete u. a. die Bereitstellung der Energieversorgung, das Reservieren der benötigten Stellplätze, der Produktionsmittel und das Herstellen des Pool-Signals.

Zwischen den öffentlich-rechtlichen Sendern gab es zu einzelnen Messzeitpunkten darüber hinaus *inhaltliche Kooperationen* – etwa 1969. Damals wurden Interviews in einer gemeinsamen Redaktion vorbereitet und auf beiden Kanälen gemeinschaftlich gesendet (vgl. Dietrich 1969: 23; vgl. Hagen 1969a: 160 sowie Kap. 5.1). Diese Zusammenarbeit resultierte aus einer öffentlich und auch intern geführten Diskussion um eine komplett gemeinsame Wahlabendsendung. Auslöser dieser Debatte waren die ähnlichen Programmkonzeptionen beider Sender (vgl. Kap. 5.2.2.2) und es bestand die Sorge, dass die Politiker von den Reportern hin- und hergezerrt und letztlich nur die gleichen Statements abgeben würden (vgl. Niederschrift APouZ vom 12.07.1968).

Eine Diskussion um eine Gemeinschaftssendung von ARD und ZDF wurde im Untersuchungszeitraum immer wieder geführt – mal intensiver und mal schwächer. Kennzeichnend sind die stets ähnlichen Argumente: Es wurde beanstandet, dass sich die Wahlsendungen beider Sender ähnelten und es für Zuschauer keine Ausweichmöglichkeiten gebe.[133] Auch der hohe Aufwand wurde als Argument für einen gemeinsamen Wahlabendbericht angeführt.[134] Die Befürworter von konkurrierenden Wahlsendungen wiesen dagegen auf die Relevanz von Wahlen als politische Großereignisse in Deutschland und die journalistischen Profilierungsmöglichkeiten hin, die sich dabei böten (vgl. Dietrich 1969: 24; Niederschrift APouZ vom 12.07.1968; Akte „Bundestagswahl 1965 und 1969" Bestand Chefredakteur im Historischen Archiv des ZDF, Sig. 6/0013). Außerdem wurde regelmäßig die Sicherung der publizistischen Vielfalt als Begründung für zwei getrennte Wahlberichte angeführt.[135] Darüber hinaus wurden immer wieder Alternativ-Vorschläge vorgetragen – etwa die Möglichkeit einer alternierenden Berichterstattung (vgl. Protokoll StTVPG vom 08./09.03.1983: 10; vgl. Protokoll CR TV/KR u. WR TV vom 09.05.1983: 7). Erörtert wurde auch eine Option,

---

[132] Vgl. o. V. 1972a; Protokoll CR TV vom 27./28.09.1972; Akte „Bundestagswahl 1972" im Historischen Archiv des WDR, Sig. 140; Vorbesichtigungsprotokoll vom 13.09.1976, dokumentiert in der ARD Sachakte Koordinator Politik Bundestagswahl 1976 „Wahltreff".

[133] Vgl. Knott-Wolf 1998: 5; Protokoll StTVPG vom 08./09.03.1983: 10; hy. 1976; interner Schriftwechsel, dokumentiert in der ARD Sachakte Koordinator Politik zur „Bundestagswahl 1976 II"; o. V. 1969g.

[134] Vgl. Protokoll PA-WDR-RR vom 05.11.2002; interne Schriftwechsel, dokumentiert in Akte „ARD Wahlberichterstattung 1986 bis 1989 Infas/Verwaltung" im Historischen Archiv des WDR; Akte „Bundestagswahl 1983" Bestand Chefredakteur im Historischen Archiv des ZDF, Sig. 6/0692; Protokoll PA-WDR-RR vom 24.10.1983: 11.

[135] Vgl. Protokoll PA-WDR-RR vom 24.10.1983: 11; Akte „Bundestagswahl 1965 und 1969" Bestand Chefredakteur im Historischen Archiv des ZDF, Sig. 6/0013; Dietrich 1969: 23.

nach der das ZDF über Bundestags- und die ARD über Landtagswahlen berichten sollte. Die Gremien von ARD und ZDF hielten aber an separaten Wahlberichten fest (vgl. Protokoll PA-WDR-RR vom 12.02.1998; Niederschrift ZDF-TVR vom 12.06.1987; Niederschrift APouZ vom 06.02.1987).

An dieser Stelle lässt sich *resümieren*, dass sich die analysierten Fernsehsender hinsichtlich ihrer Finanzierungsform unterscheiden. In Bezug auf die Marktposition werden veränderte Konstellationen im Untersuchungszeitraum deutlich: Zunächst entstanden die Wahlabendsendungen unter den Bedingungen des ARD-Monopols, später im Rahmen des Duopols von ARD und ZDF sowie schließlich im dualisierten Rundfunksystem. Die Wettbewerbssituation betreffend hat sich gezeigt, dass im Untersuchungszeitraum vorwiegend die öffentlich-rechtlichen Sender und die bei ihnen unter Vertrag stehenden Wahlforschungsinstitute miteinander konkurriert haben. Ein Wettbewerb mit anderen Massenmedien konnte nicht festgestellt werden. Trotz der Konkurrenz im TV-Bereich lassen sich Kooperationen bei der Fernsehtechnik erkennen. Eine ARD/ZDF-Gemeinschaftssendung wurde bislang abgelehnt. Ob und inwiefern sich diese ökonomischen Implikationen in den Wahlabendberichten niederschlagen, wird sich bei den Produktanalysen zeigen.

Ressourcen

Der Aufwand für die Wahlabendberichterstattung zu Bundestagswahlen im deutschen Fernsehen ist immens und übertraf sich von Wahljahr zu Wahljahr. Schon für die Wahlsendungen 1961 finden sich Meldungen wie diese: „Der Wahlsonderdienst 1961 [...] war die in technischer, personeller und zeitlicher Hinsicht größte Sendung, die im Deutschen Fernsehen bisher produziert wurde." (o. V. 1961: 425) Der Tenor blieb bis 2002 vergleichbar.[136]

Im Folgenden wird die Entwicklung der Ressourcen, die für die Wahlabendberichte verwendet wurden, *differenziert* betrachtet. Nachgezeichnet werden der finanzielle Aufwand, die personellen Ressourcen und der logistische Einsatz der analysierten TV-Sender. Bevor die Entwicklung dieser Aspekte dargestellt wird, ist zunächst auf Schwierigkeiten einzugehen, die sich bei der Rekonstruktion der Ressourcen ergeben haben. Problematisch war, die notwendigen Informationen zu recherchieren. Auch in den Experteninterviews wurden kaum exakte Angaben gemacht. Nur vereinzelt konnten in den schriftlichen Dokumenten der Anbieter und den Sekundärquellen Hinweise auf den Aufwand gefunden werden. Selbst wenn die Recherche Aussagen zu den Ressourcen erbrachte, riefen diese neue Herausforderungen hervor, da die Bezugspunkte nicht immer deutlich werden. So ist nicht in jedem Fall klar, welche Kosten ausgewiesen sind – Gesamtkosten, direkte oder indirekte Kosten oder Kosten der Wahlforschungsinstitute – oder welche Personengruppen gemeint sind. Problematisch ist schließlich, dass für die Privatsender kaum Informationen zu finden waren und auch von ihnen nicht geliefert wurden. Vor diesem Hintergrund wird die Rekonstruktion in dem Bewusstsein vorgenommen, dass sie nur beschränkt aussagekräftig ist.

Die *finanziellen Ressourcen* für die Wahlabendsendungen zu Bundestagswahlen sind im Untersuchungszeitraum mit wenigen Ausnahmen gestiegen (vgl. Tab. 16).

---

[136] Vgl. Stellmacher 2002; Eisenhauer 1998; Gültner/Hagedorn 1998: 4; Lendzian 1994a: 3; Roloff 1980: 9; Schriftwechsel, dokumentiert in ARD Sachakte Koordinator Politik zur „Bundestagswahl 1976 II"; Freyberger 1970: 32; Donner 1969: 25; Freisewinkel 1969: 226 f.; o. V. 1969b.

Tab. 16: Ressourcen: Finanzen

ARD[1]	Gesamtkosten (gerundet)	ZDF[2]	Gesamtkosten (gerundet)
1961	keine Angaben (k. A.)		
1965	0,7 Millionen Deutsche Mark	1965	0,75 Millionen Deutsche Mark
1969	k. A.	1969	zwischen 1,02 u. 1,14 Millionen Deutsche Mark
1972	0,82 Millionen Deutsche Mark	1972	zwischen 0,89 und 2,1 Millionen Deutsche Mark
1976	k. A.	1976	1,2 Millionen Deutsche Mark
1980	1,32 Millionen Deutsche Mark	1980	zwischen 1,45 und 1,6 Millionen Deutsche Mark
1983	1 Millionen Deutsche Mark	1983	1,5 Millionen Deutsche Mark
1987	1,2 Millionen Deutsche Mark	1987	mehr als 2 Millionen Deutsche Mark
1990	k. A.	1990	zwischen 0,75 und 2,56 Millionen Deutsche Mark
1994	k. A.	1994	k. A.
1998	k. A.	1998	k. A.
2002	0,9 Millionen Euro	2002	k. A.
RTL		**Sat.1**[3]	
1987	k. A.	1987	k. A.
1990	k. A.	1990	k. A.
1994	k. A.	1994	k. A.
1998	k. A.	1998	k. A.
2002	k. A.	2002	0,75 Millionen Euro

Quelle: schriftliche Dokumente

[1] Protokoll PA-WDR-RR vom 05.11.2002; Protokoll StTVPG vom 14./15.07.1986; 08./09.03.1983: 4; 02./03.09.1980: 3; Schriftwechsel, dokumentiert in der ARD Sachakte Koordinator Politik „Bundestagswahl 1987"; Akten „Bundestagswahl 1987", Sig. 144, „Bundestagswahl 1972", Sig. 140, „Berichterstattung über die Bundestagswahl 1969. Produktionsunterlagen", Sig. 383, im Historischen Archiv des WDR.

[2] o. V. 1990a: 5; b.l./h.t. 1987: 8; M.H. 1980; o. V. 1969g; Niederschrift APouZ vom 23.11.1984; 24.11.1972; Dokumente zur Bundestagswahl 1990 im Historischen Archiv des ZDF; Akten „Bundestagswahl 1987" Bestand Chefredakteur, Sig. 6/1146, „Bundestagswahl 1983" Bestand Chefredakteur, Sig. 6/0692, Akten „Bundestagswahl 1976" Bestand Chefredakteur, Sig. 6/0015, „Bundestagswahl 1972" Bestand Chefredakteur, Sig. 6/0014, „Bundestagswahl 1965 und 1969" Bestand Chefredakteur, Sig. 6/0013, im Historischen Archiv des ZDF.

[3] Löwer 2002: 30.

Die verfügbaren Angaben zeigen, dass die Gesamtkosten bei ARD und ZDF üblicherweise vergleichbar waren. Abweichungen sind v. a. auf die Uneindeutigkeit der Daten und die unterschiedlichen Angaben für ein- und denselben Wahlabendbericht zurückzuführen. Während für RTL keine Angabe zu dem finanziellen Aufwand gemacht werden kann, ist für Sat.1 immerhin bekannt, dass die Senderfamilie ProSiebenSat.1Media AG für die Wahlabendberichte 2002 insgesamt 750.000 Euro ausgegeben hat (vgl. Löwer 2002: 30).

Hinsichtlich des *personellen Aufwands* lässt sich bei den analysierten Sendern keine klare Tendenz im Untersuchungszeitraum feststellen (vgl. Tab. 17). Insgesamt wird jedoch an der Aufstellung der personellen Ressourcen deutlich, dass über die Jahre hinweg zahlreiche Mitarbeiter an der Herstellung der Wahlberichte beteiligt waren.

Tab. 17: Ressourcen: Personal

ARD[1]	Personal	ZDF[2]	Personal
1961	150 Mitarbeiter		
1965	keine Angaben (k. A.)	1965	k. A.
1969	500 bzw. 1 000 Mitarbeiter	1969	400 bzw. 450 Mitarbeiter
1972	k. A.	1972	mehr als 400 Mitarbeiter
1976	mehr als 1 000 Mitarbeiter	1976	k. A.
1980	750 Mitarbeiter (allein WDR)	1980	120 Ingenieure und Techniker
1983	500 bzw. 611 Mitarbeiter	1983	k. A.
1987	mehr als 100 Mitarbeiter	1987	k. A.
1990	k. A.	1990	k. A.
1994	k. A.	1994	k. A.
1998	300 Mitarbeiter (allein WDR)	1998	k. A.
2002	mehr als 200 Mitarbeiter	2002	300 bzw. 500 Mitarbeiter
RTL[3]		**Sat.1[4]**	
1987	k. A.	1987	k. A.
1990	k. A.	1990	k. A.
1994	k. A.	1994	k. A.
1998	300 Mitarbeiter	1998	200 Redakteure und Techniker
2002	k. A.	2002	40 Journalisten

Quelle: schriftliche Dokumente

[1] Löwer 2002: 29; Stellmacher 2002; Eisenhauer 1998; o. V. 1998a: 68; DW 1987: 7; DW/ma 1986; Land 1983: 12; Mohn 1983; hu 1980: 2; St/ma 1980; Hübner 1976: 3; o. V. 1976b; o. V. 1969e; o. V. 1969f: 213; o. V. 1969g; -r 1969; o. V. 1961: 425.

[2] Löwer 2002: 30; M. H. 1980; o. V. 1969a; o. V. 1969f: 214; -r 1969; Handbuch für Mitarbeiter, dokumentiert in Akte „Bundestagswahl 1972" Bestand Chefredakteur, Sig. 6/0014, im Historischen Archiv des ZDF; Moderator Bellut in der Wahlabendsendung 2002.

[3] Eisenhauer 1998.

[4] Hörnle 2002; o. V. 1998c.

Der *logistische Aufwand,* den die untersuchten TV-Sender für die Wahlabendberichte betrieben haben, lässt sich an zwei relevanten Schauplätzen veranschaulichen: an den Örtlichkeiten des zentralen Wahlstudios sowie an den Orten und der Zahl der Außenstellen. An dieser Stelle werden Erkenntnisse aus der formal-inhaltlichen Strukturierung herangezogen (vgl. Kap. 4.2.1, 6.1 u. 6.2).

In Bezug auf die Entwicklung der *Örtlichkeiten des zentralen Wahlstudios* fällt auf, dass alle Anbieter im Verlauf der Zeit von verschiedenen Schauplätzen aus gesendet haben. Die öffentlich-rechtlichen Anstalten strahlten ihre Wahlsendungen von einem politikfernen Ort, z. B. der Bonner Beethovenhalle, und von Schauplätzen mit starkem Politikbezug, etwa dem Bundeshaus oder dem Reichstag, aus. Für die zweite Möglichkeit waren die Nähe zum politischen Geschehen und die Erwartung maßgeblich, dass sich dort zahlreiche Menschen an einem Wahlabend versammeln würden (vgl. Interview Nowottny: 9; Hagen 1969a: 160). Darüber hinaus sendeten ARD und ZDF auch aus eigenen Studios (vgl. Tab. 18). Für diese Option gab den Ausschlag, dass die Gegebenheiten in Bonn nicht den Anforderungen der Sender und einer komplexen Sendung mit zahlreichen Schaltorten entsprachen (vgl. Interview Deppendorf: 7; Protokoll CR TV/KR u. WR TV vom 24./25.10.1990).

Tab. 18: Ressourcen: Orte der zentralen Wahlstudios – ARD und ZDF

Jahr	ARD	ZDF
1961	Bundeshaus in Bonn	
1965	Studios des WDR in Köln	Bonner Beethovenhalle
1969	Studios des WDR in Köln	Lobby des Bundeshauses
1972	Studios des WDR in Köln	Lobby des Bundeshauses in Bonn
1976	Studios des WDR in Köln	Lobby des Bundeshauses in Bonn
1980	Studios des WDR in Köln	ZDF-Studio in Bonn*
1983	Studios des WDR in Köln	ZDF-Studio in Bonn
1987	Studios des WDR in Köln	ZDF-Studio in Bonn
1990	Studios des WDR in Köln	ZDF-Studio in Bonn
1994	Studios des WDR in Köln	ZDF-Studio in Bonn
1998	„Wasserwerk" in Bonn, Ex-Parlaments-Provisorium	ZDF-Studio in Bonn
2002	Berliner Reichstag	Berliner Reichstag

Quelle: eigene Erhebung; schriftliche Dokumente
* Die ZDF-Wahlabend zur Bundestagswahl 1980 lag nicht als TV-Material vor. Diese Angabe stammt aus: Erfahrungsbericht Bundestagswahl 1980, dokumentiert in Akte „Bundestagswahl 1980" Bestand Chefredakteur im Historischen Archiv des ZDF, Sig. 6/0649.

Die privaten TV-Anbieter setzten in Bezug auf die Schauplätze ihres zentralen Wahlstudios auf politikferne Orte wie die Bonner Beethovenhalle oder Hotels in Berlin und Bonn, auf Schauplätze direkt beim politischen Geschehen, etwa im Bundestag, auf ein eigenständiges Studio und auf ihr Nachrichtenstudio bzw. ihre Nachrichtenredaktion (vgl. Tab. 19).

Tab. 19: Ressourcen: Orte der zentralen Wahlstudios – RTL und Sat.1

Jahr	RTL	Sat.1
1987	Bonner Beethovenhalle*	Nachrichtenstudio
1990	Hotel in Berlin	Studio in Hamburg / Hotel in Bonn
1994	Wahlstudio in Essen	Bonner Bundestag
1998	Nachrichtenstudio	Berlin am Pariser Platz
2002	Nachrichtenstudio	Nachrichtenredaktion

Quelle: eigene Erhebung; schriftliche Dokumente
* Die RTL-Wahlsendung zur Bundestagswahl 1987 lag nicht als TV-Material vor. Diese Angabe stammt aus: o. V. 1987b.

An den Örtlichkeiten des zentralen Wahlstudios lässt sich erkennen, dass von den privaten Fernsehanbietern 1987 und 1990 eigene Konzepte bezüglich des zentralen Wahlstudios verfolgt wurden. Dagegen orientierten sich sowohl RTL als auch Sat.1 vier Jahre an den Routinen von ARD und ZDF. Während Sat.1 daran 1998 noch festhielt, setzte sich RTL in diesem Jahr bereits davon ab und begann, mit der Nutzung des Nachrichtenstudios Eigenständigkeit zu demonstrieren. Weiterhin weisen v. a. die Strategien, von einem politiknahen oder politikfernen Schauplatz zu senden, auf einen hohen Aufwand hin, mit der an die Wahlabendberichterstattung herangegangen wurde. Aber auch die Umgestaltung eines normalen Studios zu einem Wahlstudio ist aufwändiger als die Nutzung des Nachrichtenstudios. Die Ausstrahlung aus dem Nachrichtenstudio wird denn auch mit den geringeren Kosten begründet (vgl. Interview Howe: 3; Interview Kloeppel: 2; Interview Wulf: 5). Zusätzlich spielte bei RTL die Option, Grafiken virtuell präsentieren zu können (vgl. Kap.

5.2.1.4), bei der Entscheidung für das Nachrichtenstudio als zentrales Wahlstudio eine Rolle (vgl. Interview Wulf: 5)

Die *Zahl der Außenstellen*, zu denen die Sender schalteten, ist ebenfalls ein Indikator für den Aufwand, den sie am Wahlabend betrieben haben. Generell ist feststellbar, dass v. a. die Öffentlich-Rechtlichen von Außenstellen berichteten (vgl. Tab. 20). Im Detail betrachtet sind jedoch z. T. erhebliche Schwankungen zu konstatieren. So variiert die Zahl der Schaltorte bei der ARD zwischen sechs und 24 Außenstellen. Ausschlaggebend für die hohe Zahl an Schaltstellen zur Bundestagswahl 1969 war die Einbindung von neun Wahlkreisen. Damit wollte die ARD Bürgernähe demonstrieren:

> „Wenn ein Volk an die Urne geht, gibt es mehr zu berichten als die Feststellung des Siegers, die Meinung der Parteikämpfer, die Analyse des Wahlausgangs und die Spekulation über mögliche Koalitionen. Deshalb baute die ARD dort Kameras auf, wo der wichtigste Mann dieses Tages, der Wähler, [...] war: auf Straßen, in Gasthäusern, bei Wahlpartys und in Privatwohnungen." (Freisewinkel 1969: 225 f.; vgl. Akte „Berichterstattung über die Bundestagswahl 1969. Produktionsunterlagen" im Historischen Archiv des WDR", Sig. 383).

Auch beim ZDF sticht das Wahljahr 1969 mit einer hohen Zahl an Schaltstellen hervor.

Tab. 20: Ressourcen: Zahl der Schaltorte

	1961	1965	1969	1972	1976	1980	1983	1987	1990	1994	1998	2002	Ø
ARD	10	9	24[137]	11[138]	10	11	15	6	10	12	9	13	11,7
ZDF		12	23	9	8	--*	7	6	8	10	9	12	10,4
RTL								--*	9	10	9	8	9
Sat.1								1	6	9	13	8	7,4

Quelle: eigene Erhebung; schriftliche Dokumente
* Die ZDF-Wahlsendung zur Bundestagswahl 1980 und der RTL-Wahlbericht zur Bundestagswahl 1987 lagen nicht als TV-Material vor. Auch auf Basis von schriftlichen Unterlagen können keine Aussagen getroffen werden.

Hinsichtlich der *Örtlichkeiten der Außenstellen* ist schließlich zu konstatieren, dass v. a. RTL außergewöhnliche Schauplätze wie den eines Hubschraubers, der 1998 über Bonn und 2002 über Berlin kreiste, nutzte. Dies lässt sich als Hinweis auf Boulevardisierung, Inszenierung und Visualisierung interpretieren (vgl. Kap. 2.2.3.4).

Was die Ressourcen betrifft, lässt sich *festhalten*: Zu allen Messzeitpunkten wurde über die Sendergrenzen hinweg ein immenser Aufwand betrieben. Dennoch haben die Öffentlich-Rechtlichen gemessen an der Logistik i. d. R. stärker investiert als die Privatsender. Vereinzelt fallen zudem besondere Anstrengungen auf – etwa die enormen logistischen Ressourcen, die die ARD und das ZDF 1969 aufwendeten, sowie die außergewöhnlichen Schauplätze, zu denen RTL 1998 und 2002 schaltete.

5.2.1.4 Technische Einflussfaktoren

Technische Einflussfaktoren in Bezug auf TV-Sendungen lassen sich in mehreren Bereichen von Fernsehtechnik finden: in der Aufnahme-, der Übertragungs- sowie der Darstel-

---

[137] Im Gegensatz zur formal-inhaltlichen Strukturierung wird in Pressemitteilungen der ARD und des WDR die Zahl von 23 (vgl. o. V. 1969c: I/1) bzw. 18 (vgl. o. V. 1969d) Außenstellen angeführt.
[138] In einer ARD-Pressemitteilung war abweichend von 15 Außenstellen die Rede (vgl. o. V. 1972a).

lungs- und Bearbeitungstechnik. Für die Entwicklung der Wahlabendberichterstattung im deutschen Fernsehen konnten v. a. Implikationen im Hinblick auf die *Darstellungs- und Bearbeitungstechnik* eruiert werden. Zentrale Aspekte waren die Einführung des Farbfernsehens und die technischen Datenerhebungsmöglichkeiten der Wahlforscher sowie die Gestaltungsoptionen der Grafiken zur Veranschaulichung der Wahlforschungsergebnisse.

Das *Farbfernsehen* kam 1967 in Deutschland auf (vgl. etwa Reimers 2000: 82; Freyberger 1974: 77). Entsprechend wurden die Wahlabendberichte zur Bundestagswahl 1969 von ARD und ZDF in Farbe übertragen.[139] Aufgrund der begrenzten Zahl an Übertragungswagen, die dies umsetzen konnten, war eine Farbübertragung jedoch nur z. T. möglich. Um trotzdem dem Wunsch der Verantwortlichen entgegenzukommen und möglichst viele Programmteile farbig auszustrahlen, kooperierten ARD und ZDF bei der Farbtechnik.

Mit der Option, in Farbe zu senden, wurden auch neue Formen der Gestaltung möglich. Die Farbe ermöglichte verbesserte Trickverfahren wie das Blaustanz-Verfahren, das auch als Blue Box bezeichnet wird (vgl. Freyberger 1974: 80 f.). Beim Blaustanz-Verfahren können alle blauen Stellen einer Bildvorlage durch ein anderes Bild ersetzt werden.[140] Dies geschah zum ersten Mal im Vorspann der 1972er-Sendung des ZDF (vgl. Kap. 6.3.1).

Prägend für die Wahlabendberichterstattung im Fernsehen waren des Weiteren die *technischen Verfahren*, mit denen die Wahlforscher ihre *Daten erhoben* haben und in *Grafiken veranschaulichten*. 1965 wurden erstmals Computer zur Hochrechnung und Analyse der Wahlergebnisse eingesetzt (vgl. o. V. 1990b; Hofmann 1972; Hagen 1969a; Wördemann 1969a sowie Kap. 5.1). Mit diesem technischen Fortschritt ging eine Entwicklung der Methodik der Wahlforscher sowie der grafischen Darstellung ihrer Ergebnisse einher (vgl. Interview Roth: 2 f.).[141] Wurden zunächst an Tafeln geschriebene Zahlen abgefilmt und stand anfangs noch eine Kamera neben dem Drucker, mit dem die Zahlen gedruckt wurden, war es zur Bundestagswahl 1969 erstmals ein Bildschirm, auf den die Kamera gerichtet war (vgl. Starke 1990a: 5o. V. 1970: 74; Maurer 1969: 6 u. 14 sowie Kap. 6.3.3). Zurückzuführen ist dies auf eine Orientierung an den Standards der us-amerikanischen Wahlsendungen (vgl. Erfahrungsberichte, dokumentiert in Akte „Bundestagswahl 1969" im Historischen Archiv, Sig. 139). 1956 setzten alle TV-Networks in den USA Computer zur Präsentation des Wahlergebnisses ein (vgl. Bohn 1980: 142 f.).

Der nächste Entwicklungsschritt zeigte sich Mitte der 1970er Jahre. Beim ZDF wurde „Vitex" eingeführt. Das System hatte bei der Bundestagswahl 1976 Premiere in Deutschland. „Vitex" lieferte rechnergesteuerte Fernsehbilder, die ein Fernsehtechniker wie folgt erklärt: „An einem Druckerterminal konnten die über die Schulter zugerufenen Prozentwerte eingetippt und sofort als sich aufbauendes Bild dargestellt werden." (Denninger 1998b: 6) Ausschlaggebend dafür, dass diese Technik entwickelt wurde, war die bis dato schlechte Bildqualität. Da das Bild des bislang genutzten EDV-Terminals, das von einer Kamera abgefilmt wurde, mit eben dieser nicht synchronisiert war, flimmerte das Bild und war unscharf (vgl. Zimmer 1984: 90). Dies war nicht mehr vertretbar. Die Entscheidung für „Vitex" fiel aber auch mit Blick auf „sauberere Darstellungsmethoden der ARD" (interner

---

[139] Vgl. o. V. 1970: 68 ff.; Freisewinkel 1969: 228 f.; Akte „Berichterstattung über die Bundestagswahl 1969. Produktionsunterlagen" im Historischen Archiv des WDR, Sig. 383.

[140] Bei den Wahlabendberichten wurde diese Technik in einfacherer Form im Schwarzweißfernsehen bereits zur Bundestagswahl 1961 im Vorspann der ARD-Sendung eingesetzt (vgl. Kap. 6.3.1).

[141] Darüber hinaus hat auch die Entwicklung der Kommunikationstechnologien ihren Beitrag hierzu geleistet (vgl. Frankovic 1998: 156).

Schriftwechsel, dokumentiert in Akte „Bundestagswahl 1976" Bestand Chefredakteur im Historischen Archiv des ZDF, Sig. 6/0015).

Nachdem Günter Siefarth, der damalige Zahlen-Präsentator der ARD, Alternativen zur Präsentation von Hochrechnungen aus England mitgebracht hatte (vgl. Lendzian 1994b: 3), entschied sich Ende der 1970er Jahre auch die ARD für eine Verbesserung der grafischen Darstellung. Die Entscheidung fiel auf das System „ICON" (vgl. Protokoll StTVPG vom 12./13.11.1980: 2; 27./28.11.1979: 2). Darüber hinaus setzte die ARD Anfang der 1980er Jahre erstmals ein neues Computerprogramm zur „Datenvermittlung von Resultaten und Analysen mit computerunterstützten und leicht verständlichen Abbildungen" ein, kurz „Dracula" genannt (Siefarth in der ARD-Wahlabendsondersendung 1980; vgl. o. V. 1990b). Premiere hatte „Dracula" bei der Landtagswahl in Nordrhein-Westfalen.

> „Neben den Standardinformationen über Prozentanteile der Parteien (Säulen), Gewinne und Verluste (Blöcke) und Mandatsverteilung (Kreis) lassen sich nun auch alle anderen, durch den Rechner ermittelten Daten, z. B. die Ergebnisse und Veränderungen in Gebieten, die nach geografischen und sozialen Kriterien ausgesucht werden, mit beweglichen Grafiken veranschaulichen." (Siefarth 1980)

Beim ZDF wurde „Vitex" 1983 durch „David" abgelöst – bei der Berichterstattung über die Landtagswahl in Hessen. „David" ist die Abkürzung für „Datengesteuerte Videografik" (vgl. ZDF o.D. zum Thema DAVID). „Vitex" entsprach nicht mehr den Vorstellungen. „[E; K.W.]s bot keine räumliche Darstellung von Grafiken, war unbeweglich und konnte bspw. die Farbsäulen nicht wachsen oder schrumpfen lassen. Auch wich das Schriftbild von den seit Jahren im ZDF einheitlich verwandten Typen ab." (Zimmer 1984: 90; vgl. Interview Roth: 11 f.) Mit „David" waren die gewünschten beweglichen Säulen möglich. Darüber hinaus konnten Umfrageergebnisse und Fotos in Grafiken eingebaut werden (vgl. Zimmer 1984: 90). 1987 erneuerte die ARD abermals das Computersystem. Es wurde auf das „INSAT"-System umgestellt. Damit standen vielfältige grafische Sujets zur Verfügung, die mit Wappen, Emblemen und Karten kombinierbar waren.[142] Auch beim ZDF wurden die Anforderungen umfangreicher. Transparente und in die Tiefe gehende Bildelemente wurden verlangt. Zunehmend wurde der Rechnertyp „Octane" eingesetzt (vgl. Denninger 1998a: 5 u. 1998b: 6). Schließlich nahm der Privatsender RTL, was die Technik zur Darstellung der Grafiken anbelangt, seit Mitte der 1990er Jahre eine Sonderposition ein – indem er auf virtuelle Technik setzte (vgl. o. V. 1998b: 53). So arbeitete RTL 1998 mit einem so genannten ONXY-Super-Grafikcomputer, der die Daten visualisierte.

Insgesamt ist festzustellen, dass sich die Darstellungs- und Bearbeitungstechnik im Untersuchungszeitraum schrittweise verändert hat. Dies wird in den Produktanalysen deutlich werden. Darüber hinaus spielte RTL in Bezug auf den Einsatz von virtueller Technik eine Sonderrolle, die sich in seinen Wahlberichten ebenfalls niederschlagen wird.

5.2.1.5 Formale Organisationsstrukturen

Wahlabendsendungen im Fernsehen werden in bestimmten *formalen Organisationsstrukturen* hergestellt. Diese sind prägend für ein journalistisches Produkt (vgl. Kap. 2.2.2.1). Im folgenden Abschnitt interessiert, wie diese Strukturen innerhalb der untersuchten Fernseh-

---

[142] Vgl. Höfer 1987: 12; interne Schriftwechsel, dokumentiert in Akten „ARD Wahlberichterstattung 1986 bis 1989 Infas/Verwaltung" und „Bundestagswahl 1987", Sig. 144, im Historischen Archiv des WDR.

sender im Untersuchungszeitraum aussahen und wie die Vorbereitungen zur Wahlabendberichterstattung *koordiniert* wurden. Von Interesse ist auch, welche *Instanzen* über die Inhalte der Wahlabendberichte *entschieden* haben. Dabei sind implizit Elemente der journalistischen Koordinationsprogramme erkennbar (vgl. ebenfalls Kap. 2.2.2.1).

In Bezug auf die *formalen Strukturen* zeigt sich Folgendes: Bei der ARD hatte der WDR über einen langen Zeitraum die Federführung für die Wahlabendberichterstattung inne. Gemäß ARD-Satzung (§ 3 Abs. 2 Satz 1) können einzelne Rundfunkanstalten als Mitglieder der ARD im Rahmen von Federführungen für „bestimmt umrissene Aufgaben [...] bestimmt werden". Diese Aufgaben übernehmen und erledigen sie für die übrigen Mitglieder. Welchem Mitglied eine Federführung übertragen wird, beschließt die Mitgliederversammlung der ARD (vgl. Steinwärder 1998: 68 ff.). Eine Federführung ist i. d. R. auf zwei Jahre befristet; Rundfunkanstalten können wiederholt mit der Federführung betraut werden. So war der WDR von 1961 bis 1998 federführend für die Wahlabendsendungen zu Bundestagswahlen.[143] 2002 lag die Zuständigkeit beim ARD-Hauptstadtstudio (vgl. Interview Schönenborn: 1; kp 2002: 4; Protokoll WDR-RR vom 22.01.2002: 3).

Die ARD-Wahlberichte zu Bundestagswahlen wurden üblicherweise vom Koordinator für Politik redaktionell geleitet (vgl. Protokoll CR TV/Kr u. WR TV vom 07./08.06.1990; Protokoll StTVPG vom 14./15.11.1989: 9 f.; o. V. 1972a; vgl. zu dessen Aufgabe u. a. Abich 1975). Abweichend übernahm der TV-Chefredakteur bzw. der Abteilungsleiter „Aktuelles" des WDR die Gesamtleitung (vgl. Interview Schönenborn: 4; Protokoll CR TV vom 13.07.1965: 2). 2002 war der stellvertretende Chefredakteur des ARD-Hauptstadtstudios dafür zuständig (vgl. Interview Schönenborn: 4). Die Moderation wurde sowohl von den WDR-Chefredakteuren Fernsehen als auch von den Leitern des Hauptstadtstudios übernommen. In Einzelfällen moderierte auch der politische Koordinator der ARD oder der Moderator der „Tagesthemen" (vgl. Interview Deppendorf: 9). Die weiteren Positionen vor der Kamera – die der Reporter, der Kommentatoren und des Zahlen-Präsentators bzw. Wahlmoderators[144] – waren bei der ARD den Chefredakteuren der Landesrundfunkanstalten, den Leitern der Polit-Magazine sowie Mitarbeitern des Hauptstadtstudios vorbehalten. Ein zentrales Wahlteam, das in einem bestimmten Zeitraum für alle Wahlen zuständig war, gab es nicht. Die engsten Mitarbeiter arbeiteten jedoch üblicherweise zusammen (vgl. Interview Schönenborn: 4). Dennoch wurde in den ARD-Gremien vor dem Hintergrund der Wettbewerbssituation oft über den Einsatz eines zentralen Wahlteams diskutiert.[145]

Beim ZDF wurde die Wahlabendberichterstattung im Untersuchungszeitraum redaktionell von der Hauptredaktion Innenpolitik bzw. von der Hauptabteilung Politik und Zeitgeschehen betreut (vgl. Niederschrift APouZ vom 10.12.1971). Charakteristisch für das ZDF ist ein zentrales Wahlteam. Die Experten bewerteten diese Einrichtung durchweg als sinnvoll und vorteilhaft gegenüber dem wechselnden Personal bei der ARD (vgl. Interview Heimermann: 2; Interview Raschke: 5 f.; Interview Seibert: 4; Interview Wagenbach: 3):

---

[143] Vgl. Interview Schönenborn: 1; o. V. 1994: 39; o. V. 1990b; o. V. 1972a; Protokoll WDR-RR vom 26.01.1994: 12; Protokoll StTVPG vom 18.03.1986: 8; 09.-11.12.1969: 2; Protokoll CR TV vom 06./07.06.1972: 1; 22.10.1969: 2; 12.05.1965: 2.

[144] Während das ZDF den Begriff des Zahlen-Präsentators verwendet, gebraucht die ARD den des Wahlmoderators. Um die Lesbarkeit dieser Arbeit zu erleichtern, wird im Folgenden der Begriff des Zahlen-Präsentators benutzt, da dieser die Aufgabe dieses Akteurs m. E. am ehesten trifft.

[145] Vgl. Interview von der Tann: 7; Protokoll StTVPG vom 23./24.04.1991: 7; 03. bis 05.11.1986: 6; Protokoll CR TV/KR u. WR TV vom 13./14.05.1991: 9 f.; 12./13.02.1987: 8; Protokoll PA-WDR-RR vom 24.05.1988; 19.11.1987: 6.

> „Dadurch muss man keine großen Vorabsprachen mehr mit dem Regisseur oder mit dem Produktionsleiter oder mit dem technischen Leiter oder mit dem Redakteur [...] der Sendung führen. Jeder weiß ungefähr, wie das läuft. [...] Das erleichtert die Arbeit, da muss die Konkurrenz zum Teil schon allein den Normalfall erst mal diskutieren." (Interview Raue: 5)

Darüber hinaus wurden Moderation und Zahlen-Präsentation in einem gewissen Zeitraum stets von denselben Akteuren durchgeführt. Die Moderation oblag üblicherweise dem Leiter der Innenpolitik. In Einzelfällen wurden die Wahlberichte von dem Leiter des Hauptstadtstudios bzw. dem Chefredakteur des ZDF oder dem ZDF-Chefreporter moderiert.

Bei RTL war im Untersuchungszeitraum die Nachrichtenabteilung redaktionell für die Wahlberichte zu Bundestagswahlen zuständig (vgl. Interview Wulf: 2). Auch hier bestand ein festes Team (vgl. Interview Wulf: 2). Die Moderation wurde i. d. R. von dem Chefmoderator der Haupt-Nachrichten übernommen. Die Reporter waren üblicherweise Leiter und Mitarbeiter des RTL-Studios in Bonn bzw. Berlin (vgl. Interview Wulf: 7). Bei Sat.1 wurden die Wahlsendungen redaktionell ebenfalls von der Nachrichtenredaktion betreut. Diese arbeitete eng mit dem Hauptstadtbüro zusammen (vgl. Interview Howe: 2). Als Moderatoren wurden auch bei Sat.1 die anchor der Nachrichten eingesetzt (vgl. Interview Howe: 3).

Die Wahlabendsendungen zu Bundestagswahlen erforderten im Untersuchungszeitraum stets *Vorbereitungen in enger Zusammenarbeit* der verschiedenen beteiligten Arbeitsbereiche. Zentral waren bei den untersuchten Fernsehanbietern die redaktionelle und die produktionelle Vorbereitung, die jeweils frühzeitig begonnen wurden.[146]

Zur *redaktionellen Vorbereitung* zählten senderübergreifend und über die Jahre hinweg die Entwicklung des jeweiligen Konzeptes, die Auswahl von Gesprächspartnern und die terminliche zeitliche oder sachliche Absprache der Interviews. Filme spielten dagegen eine geringe Rolle (vgl. Interview Schönenborn: 2). Die inhaltliche Vorbereitung mündete normalerweise in Absprache mit der Produktion und der Regie in einem Sendeablaufplan, in dem die einzelnen Positionen der Wahlsendung festgehalten wurden (vgl. Freisewinkel 1969: 225). Diese Vorbereitung wird von den redaktionell Verantwortlichen als äußerst wichtig eingestuft,

> „weil sich jeder der Beteiligten bei den vielen Außenstellen, bei den vielen Akteuren im Studio, in der Regie darauf einstellen muss, wann er ungefähr dran kommt. [...] Nichts ist gefährlicher, als wenn man sagt: ‚Ihr stellt Euch dahin und wir gucken und fragen Euch an'. Es ist besser, wenn permanent jeder damit rechnet, dann und dann auch dran zu kommen." (Interview Raue: 6)

Obwohl die redaktionelle Vorbereitung wochenlang dauerte und die Sondersendungen dabei detailliert geplant wurden, musste am Wahlabend normalerweise flexibel reagiert werden, denn eine zeitliche Fixierung der berichtenswerten Informationen und Ereignisse ist bei Wahlen im Voraus kaum möglich (vgl. kp 2002: 4; Freyberger 1970: 33; Hagen 1969b: 2; o. V. 1969c: I/1; o. V. 1969d). Zwar gab es stets ein Grundgerüst aus festen Bestandteilen, aber der Rest musste flexibel bleiben und richtete sich nach dem Angebot.[147]

---

[146] Vgl. Interview Raue: 5; Interview Schönenborn: 2 f.; Interview von der Tann: 1; Interview Wagenbach: 1; Interview Wulf: 2; kp 2002: 4; Gültner/Hagedorn 1998: 4; rg/th 1998: 6; Heussen/Blaes 1997: 346; Bellut 1994: 3; o. V. 1970: 68; Freisewinkel 1969: 225; o. V. 1969c: I/1.

[147] Vgl. Interview Raue: 6; Interview Schönenborn: 4 f.; Interview von der Tann: 1; Interview Wulf: 3; kp 2002: 4; düp 2001: 48; Eisenhauer 1998; interner Schriftwechsel, dokumentiert in Akte „Bundestagswahl 1998" im Historischen Archiv des WDR, Sig. 146; Lendzian 1994b: 3; Hubner 1976: 3; o. V. 1970: 68; Akte „Bundestagswahl 1965 und 1969" Bestand Chefredakteur im Historischen Archiv des ZDF, Sig. 6/0013; Freisewinkel 1969: 225; Hagen 1969a: 157.

Die *produktionelle Vorbereitung* der Wahlsendungen drehte sich im Untersuchungszeitraum v. a. um die Finanzierung sowie um die technische und logistische Organisation (vgl. Lendzian 1994a: 3; vgl. zur allgemeinen Rolle der Produktion im Fernsehjournalismus Heussen/Blaes 1997: 346). Besonders wichtig waren bei allen Fernsehsendern die so genannten technischen Vorbesichtigungen, die i. d. R. einige, spätestens aber eine Woche vor einer Wahl an den relevanten Schauplätzen stattfanden.[148] Diese technischen Vorbesichtigungen dienten u. a. dazu, die Standorte der TV-Anbieter vor Ort festzulegen und die Plätze der Übertragungswagen zu vereinbaren. ARD und ZDF besichtigten die relevanten Schauplätze der Wahlsendungen üblicherweise gemeinsam und verabredeten dabei technische Kooperationen (vgl. Kap. 5.2.1.3). Als Kalkulationsgrundlage diente stets ein so genanntes technisches Vorbesichtigungsprotokoll. In diesen Protokollen wurde u. a. festgehalten, welche Technik wann und wie lange eingesetzt und welches Personal gebraucht wurde (vgl. Interview Heimermann: 4; Heimermann 1991: 84; Knipp 1981: 125; Pieroth 1977: 76 f.).

Entscheidungen und Urteile über die Wahlabendberichterstattung wurden bei den analysierten TV-Sendern von verschiedenen Instanzen getroffen. Bei der ARD entschied die Ständige Fernsehprogrammkonferenz auf Vorschlag der Konferenz der Chefredakteure Fernsehen über die Konzeption der Wahlabendberichte zu Bundestagswahlen (vgl. Interview von der Tann: 2; Steinwärder 1998: 127 ff.). Die Chefredakteure wiederum entschieden auf Vorschlag des Zahlen-Präsentators, der i. d. R. bei der Entwicklung und Vorstellung von Veränderungen bzw. Ideen mit der Produktion des WDR und den Wahlforschern sowie dem zuständigen Regisseur zusammenarbeitete (vgl. Interview Deppendorf: 8; Interview Schönenborn: 1). Das Programm konnte aus aktuellem Anlass durch den Programmdirektor der ARD geändert werden. Bei der Gestaltung des Programms wurde die Ständige Fernsehprogrammkonferenz vom ARD-Fernsehbeirat beraten (vgl. Steinwärder 1998: 132 f.). Die Kritik erfolgte nach Ausstrahlung einer Sendung. Im Nachhinein wurden die Wahlsendungen der ARD regelmäßig im Rundfunkrat des WDR und in dessen Programmbeirat bzw. -ausschuss beraten. Beim ZDF wurden die Entscheidungen von der Hauptredaktion Innenpolitik in Absprache mit der Chefredaktion gefällt. Auch wurden Absprachen mit dem Intendanten und dem Programmdirektor getroffen, etwa hinsichtlich der Gesamtgestaltung des Wahlabends. Nach Ausstrahlung der Wahlsendungen berieten der Fernsehrat und dessen Programmausschuss Politik und Zeitgeschehen darüber. Bei RTL und Sat.1 oblagen die Entscheidungen zur Wahlberichterstattung der Chefredaktion in Absprache mit der Geschäftsführung bzw. den Verantwortlichen der Informationsabteilungen (vgl. Interview Howe: 2 f.; Interview Kloeppel: 1; Interview Nowottny: 7).

Es lässt sich *zusammenfassen*, dass die formale Struktur, in der die Wahlabendsendungen zu Bundestagswahlen bei den ausgewählten TV-Sendern produziert wurden, jeweils unterschiedlich ausgestaltet war. Dass die Zuständigkeiten divergieren würden, war bereits auf Basis der vorliegenden Erkenntnisse zu den journalistischen Organisationsbereichen Redaktion, Ressort und Team vermutet worden (vgl. Kap. 2.2.2.1). Es fällt allerdings auf, dass bei der organisatorischen Einbettung der Produktion und bei der personellen Besetzung der Wahlsendungen senderübergreifend Kontinuität besonders relevant war. Darüber hinaus liefen die Vorbereitungen über die Sendergrenzen hinweg und zu den verschiedenen

---

[148] Vgl. Interview Heimermann: 4; Lendzian 1994a: 3; Freyberger 1970: 36; Akten „Bundestagswahl 1965 und 1969", „Bundestagswahl 1972", „Bundestagswahl 1976" und „Bundestagswahl 1987" Bestand Chefredakteur, Sig. 6/0013, Sig. 6/0014, 6/0015 und 6/1146 sowie „Wahlen 1975 bis 1983" Bestand Intendant, Sig. 3/1339, im Historischen Archiv des ZDF.

Zeitpunkten ähnlich ab. Daraus lässt sich schließen, dass sich spezifische Routineprogramme herausgebildet und etabliert haben, die die Planung und die Koordination im Produktionsprozess anleiten (vgl. zu den Koordinationsprogrammen Kap. 2.2.2.1). Schließlich konnte gezeigt werden, dass die Instanzen, die über den Inhalt der Wahlabendberichterstattung beraten und entschieden haben, bei den vier Anbietern unterschiedlich organisiert waren. Dies mag Einfluss darauf haben, über welche Aspekte diskutiert und wie aufgrund welcher journalistischer Programme sowie nicht-journalistischer Beweggründe über inhaltliche Bestandteile entschieden wurde (vgl. Kap. 5.2.2).

5.2.2 Inhalt und Form

Nachdem bislang die Rahmenbedingungen der Wahlabendsendungen im deutschen Fernsehen geschildert wurden, die auf der Organisations-Ebene angesiedelt sind (vgl. Kap. 5.2.1), geht es im Folgenden um *senderinterne Diskussionen und Entscheidungen* zur *inhaltlichen Konzeption*. Dabei werden sowohl journalistische Programme als auch nicht-journalistische Zweckprogrammierungen deutlich. Im Anschluss werden relevante Produktionsbedingungen auf der Akteurs-Ebene herausgearbeitet (vgl. Kap. 5.2.3). Für die inhaltliche Konzeption der Wahlabendsendungen haben sich bei der Dokumenten- und Sekundärliteraturanalyse und in den Experteninterviews verschiedene Elemente als relevant erwiesen. Neben der *Wahlforschung* als wahlbezogener Bestandteil (vgl. Kap. 5.2.2.1) gehören dazu *wahlferne Elemente* wie Unterhaltung und Sport (vgl. Kap. 5.2.2.2).

5.2.2.1 Wahlforschung

Seit 1949 werden in der Bundesrepublik Deutschland Wahlstudien durchgeführt. Diese basieren auf repräsentativen Umfragen. Sie werden von universitären Einrichtungen und privaten Meinungsforschungsinstituten erhoben. Waren in der Anfangszeit v. a. Parteien an demoskopischer Beratung interessiert, sind es inzwischen die Massenmedien, die in großem Umfang Umfragen in Auftrag geben (vgl. Interview Roth: 8 f.; Raupp 2003: 116; Rössler 2003: 140; Kaase 2000: 20; Hölscher 1999). Aus Perspektive der TV-Anbieter kommt der Wahlforschung besonders an Wahlabenden eine zentrale Rolle zu (vgl. Interview Kloeppel: 4; Interview Raschke: 2; Interview Raue: 6 f.; Interview Roth: 10; Interview Schönenborn: 6, Interview von der Tann: 1; Interview Zimmer: 6). Dies ist im Untersuchungszeitraum gleich geblieben (vgl. Interview Deppendorf: 2; Interview Zimmer: 6).

Schon zur Bundestagswahl 1961 präsentierte Elisabeth Noelle-Neumann vom Institut für Demoskopie (IfD) in der ARD-Wahlsendung eine Prognose des Wahlausgangs. Außerdem analysierten zwei Soziologen die ausgezählten Wahlergebnisse, die vom Ergebnisdienst der Nachrichtenagentur dpa übernommen wurden. 1965 arbeiteten ARD und ZDF mit mehreren Umfrageinstituten zusammen. In beiden TV-Programmen wurden Prognosen des Wahlausgangs des IfD, von Emnid und von Divo vorgestellt. Bei der ARD prognostizierte außerdem das Bad Godesberger Institut für angewandte Sozialforschung (infas) das Ergebnis. Darüber hinaus war infas bei der ARD auch für die ausgezählten und hochgerechneten Resultate zuständig, während die ausgezählten und hochgerechneten Ergebnisse im ZDF vom Institut für Sozialwissenschaft der Universität Mannheim präsentiert wurden.

Sowohl die ARD als auch das ZDF kooperierten in den folgenden Wahljahren mit diesen Instituten. Die ARD arbeitete bis 1996 mit infas zusammen, das dann Insolvenz anmeldete (vgl. Interview Schönenborn: 8; Ziller 1998). Nachfolger wurde infratest-dimap (vgl. Kaase 2000: 24; Hölscher 1999; Omerzu 1998). Das Institut arbeitete bei einer Bundestagswahl erstmals 1998 für die ARD (vgl. Depenbrock 1998: 4). Kooperationspartner des ZDF ist bis heute die Forschungsgruppe Wahlen (FGW). Die FGW ging Anfang der 1970er Jahre als eingetragener Verein aus dem Institut für Sozialwissenschaft der Universität Mannheim hervor (vgl. Huber 2003; Ziller 1998; Gibowski 1978). Über die Verträge mit den Wahlforschungsinstituten diskutierten und entschieden regelmäßig die Gremien von ARD und ZDF.[149] Diskussionen kamen v. a. auf, wenn die Institute Zahlen geliefert hatten, die relativ stark vom amtlichen Endergebnis abwichen (vgl. Interview Deppendorf: 3; Protokoll PA-WDR-RR vom 05.11.2002; WDR-RR vom 11.10.2002: 6; Protokoll CR TV vom 22.03.1983: 3 sowie Kap. 5.2.1.3).

Inzwischen arbeiten auch die analysierten Privatsender in Bezug auf die Wahlabendberichterstattung mit Meinungsforschungsinstituten zusammen. Während RTL bereits zur Bundestagswahl 1990 mit forsa kooperierte und diese Zusammenarbeit seitdem fortgesetzt hat (vgl. Interview Kloeppel: 5), verfügte Sat.1 nur zu einzelnen Zeitpunkten über Wahlforschungsdaten. So konnte Sat.1 zwar zur Bundestagswahl 1990 eine Prognose veröffentlichen, die aus einer Kooperation von Sat.1, des IfD und der überregionalen Tageszeitung FAZ stammte (vgl. Interview Howe: 4). In den späteren Jahren war dies jedoch bis auf 2002 nicht mehr der Fall. Für die Berichterstattung über die Bundestagswahl 2002 kooperierte Sat.1 mit RTL und beauftragte forsa (vgl. Interview Howe: 4; Interview Güllner: 2 f.; Interview Kloeppel: 5 sowie Kap. 5.1 u. 5.2.1.3). Über IfD-Umfragedaten aus der Vorwahlzeit verfügte Sat.1 lediglich im Jahr 1994 – diese stammten ebenfalls aus einer Kooperation mit dem IfD und der FAZ.

Neben der Entscheidung, mit welchen Wahlforschungsinstituten zusammengearbeitet werden solle, wurde in den zuständigen Gremien der TV-Sender auch mehrmals über die Methoden diskutiert, welche die Institute zur Erhebung ihrer Daten nutzten. Meinungsverschiedenheiten gab es v. a. um den Einsatz von so genannten „*exit polls*". Exit polls sind Befragungen der Wähler am Wahltag, nachdem diese gewählt haben (vgl. Korte 1999: 83 f.; Roth 1998c). Früher wurden exit polls auch als Wahlnachfrage bezeichnet. Diese Befragungsmethode stammt aus den USA (vgl. zur Geschichte der exit polls in den USA Mason/Frankovic/Hall Jamieson 2001: 13, 28, 52 u. 62 ff.; Minkmar 2000; Frankovic 1998: 157; Bohn 1980: 147; Pepper 1974: 28). Die erste Diskussion um diese Erhebungsmethode entbrannte Ende der 1970er Jahre, nachdem die ARD die Wahlnachfrage 1976 erstmals zu einer Bundestagswahl eingesetzt hatte (vgl. Interview Nowottny: 5; Protokoll CR TV/KR u. WR TV: 18.08.1976). Auch öffentlich wurde darüber heftig debattiert – der Deutsche Bundestag beschäftigte sich damals mit der Wahlnachfrage (vgl. Höfer 1987).

Zwei konträre Positionen bestimmten die Debatte: Einerseits wurde ein möglicher Datenmissbrauch durch Veröffentlichung der Zahlen vor Schließung der Wahllokale und dadurch eine Beeinflussung des Wählerverhaltens befürchtet. Darüber hinaus wurde eine Beeinträchtigung des Wahlakts angenommen, der durch den psychologischen Druck –

---

[149] Vgl. Niederschrift ArS vom 27./28.11.1990; 03.12.1985; Protokoll StTVPG vom 16./17.10.1990: 11 f.; 10./11.07.1990: 11; 14./15.11.1989: 35; 10./11.09.1985: 22; 12./13.01.1983: 6; Protokoll CR TV/KR u. WR TV vom 20.06.1990; interne Schriftwechsel, dokumentiert in Akte „ARD Wahlberichterstattung 1986 bis 1989 Infas/Verwaltung" im Historischen Archiv des WDR.

ausgeübt durch die exit polls auf die befragten Wähler – ausgelöst werde. Darunter würde, so lautete die Argumentation, die demokratische Würde der Wahl leiden (vgl. Schmid 1979). Andererseits wurden diese Bedenken von wissenschaftlicher Seite – im Auftrag des ZDF – pariert (vgl. Gutachten, dokumentiert in Akte „Nachfrage bei Wahlen 1978/1979" Bestand Chefredakteur im Historischen Archiv des ZDF, Sig. 6/0646). Das ZDF und die FGW plädierten dafür, die exit polls einzusetzen, da diese zusätzliche interessante Analysen des Wahlvorgangs ermöglichen würden (vgl. K.M. 1979; o. V. 1979: 85; o. V. 1978: 3).

Die Diskussion um den Einsatz der exit polls in Deutschland endete mit einer *Selbstbeschränkung* von ARD und ZDF (vgl. Höfer 1987), in der sich beide Sender bereit erklärten, auf die Wahlnachfrage zu verzichten (vgl. Interview Roth: 4 f.; Niederschrift APouZ vom 11.05.1979). Bis Ende der 1980er Jahre wurde diese Selbstbeschränkung eingehalten. Dann setzte infas die Wahlnachfrage im Auftrag der ARD bei Landtagswahlen ein – wenn auch zunächst nur *testweise*.[150] Die ARD-Intendanten hatten auf Vorschlag der Chefredakteure und der Ständigen Programmkonferenz zugestimmt, die Nachfrage bei Landtagswahlen wieder einzuführen (vgl. Protokoll ArS vom 13.05.1987; Protokolle StTVPG vom 26./27.05.1987: 8; 28./29.04.1987: 17; 10./11.09.1985). Die Bedenken, die Ende der 1970er Jahre zur Selbstbeschränkung von ARD und ZDF geführt hatten, bestanden zwar weiterhin. Aber mit Blick auf die zu erwartende Konkurrenz durch private TV-Anbieter, die wahrscheinlich nicht freiwillig darauf verzichten würden, wurde der Einsatz der Wahlnachfrage gebilligt.[151] Seitdem gehören exit polls zum üblichen Erhebungsverfahren.

Resümierend lässt sich in Bezug auf die Bedeutung der Wahlforschung für die Wahlsendungen festhalten, dass deutliche Unterschiede zwischen den öffentlich-rechtlichen und den privaten Sendern bestehen. Vor allem im Hinblick auf Sat.1 sind klare Differenzen erkennbar. Des Weiteren konnten verschiedene Gründe eruiert werden, aufgrund derer die Entscheidungen darüber getroffen wurden, ob und inwiefern exit polls genutzt werden durften. Für den Einsatz der exit polls entschieden sich ARD und ZDF dabei Ende der 1980er Jahre mit Blick auf den Wettbewerb mit den Privatsendern (vgl. Kap. 5.2.1.3). Die Auswirkung der divergierenden Relevanz der Wahlforschung und der Entscheidungen zur Nachfrage auf die Wahlsendungen gilt es mit Hilfe der Produktanalysen zu erforschen.

5.2.2.2 Wahlferne Elemente

Die Konzeption der Wahlabendsendungen beinhaltete im Untersuchungszeitraum auch *wahlferne Elemente*. Intensiv diskutiert wurden in den Gremien der öffentlich-rechtlichen Fernsehanstalten Sendungen und Berichte aus dem *Sport-Bereich* sowie Einspielungen und Live-Auftritte aus dem *Bereich der Unterhaltung*. Als wichtig eingestuft wurde dabei beinahe durchgängig, dass wahlferne Elemente jederzeit unterbrechbar sein sollten.[152]

---

[150] Vgl. Interview Roth: 4; Protokoll StTVPG vom 28./29.04.1987: 18; Schriftwechsel, dokumentiert in Sachakte ARD Programmdirektor „Wahlberichterstattung allgemein, Nachfrage, 01.07.1989 bis 31.12.1995"; interner Schriftwechsel, dokumentiert in Akte „Bundestagswahl 1987" im Historischen Archiv des WDR, Sig. 144.

[151] Vgl. Niederschriften APouZ: 22.09.1989, 09.06.1988, 11.05.1979, 09.03.1979; Niederschrift KoorA vom 12.09.1989; Protokoll StTVPG vom 28./29.04.1987: 17; 10./11.09.1985: 22.

[152] Vgl. Protokoll CR TV vom 18.01.1983: 3; 11./12.07.1979:3; Niederschrift APouZ vom 12.11.1976; 02.07.1969; 12.07.1968; Ergebnis-Protokoll einer Besprechung zur Wahlsendung, dokumentiert in Akte „Bundestagswahl 1976" Bestand Chefredakteur im Historischen Archiv des ZDF, Sig. 6/0015.

Sport

Die Ausstrahlung von Sport-Berichten und -Meldungen in Wahlabendsendungen zu Bundestagswahlen ist ein charakteristisches Merkmal der ARD – „eine Art ‚Markenzeichen'" (Protokoll der CR TV/KR u. WR TV vom 09.05.1983: 7).[153] Bereits Ende der 1960er Jahre wurde darauf zurückgegriffen. Die ARD-Verantwortlichen waren sich nicht sicher, ob die reine Wahlberichterstattung den ganzen Abend trage (vgl. Interview Deppendorf: 4). Die Frage war stets: „Wie schafft man es, die Zuschauer am Sender zu halten?" (Interview Nowottny: 3). Diese Praxis wurde bis Mitte der 1990er Jahre beibehalten. In der Regel wurde zu Beginn der Wahlberichte über sportliche Ereignisse informiert. Sport diente als „Überbrückung" (Hübner 1976: 3) für die „Minuten, in denen es kein aktuelles Angebot gibt, keine Hochrechnung, keine Ergebnisse, keinen Interviewpartner" (Hübner 1976: 3; vgl. Interview von der Tann: 2). Nachdem die Sportmeldungen in der Wahlsendung 1994 regelmäßig mit massiven Zuschauerverlusten von etwa eineinhalb Millionen Zuschauern verbunden waren (vgl. Emmert/Stögbauer 1994: 2 u. 4 sowie Kap. 5.2.3.4), verzichtete die ARD 1998 erstmals darauf. Dies mag auch damit zusammenhängen, dass die Privatsender Sportrechte erworben hatten. Darüber hinaus wurde das Unterbrechen der Sportteile wegen wichtiger Ereignisse im Politikteil (vgl. Kap. 6.2.2) als nachteilig betrachtet. Der ehemalige Zahlen-Präsentator Ulrich Deppendorf erinnert sich:

> „Dann wurde ein Spiel angekündigt [...], das lief eine Minute. Und dann hatte ich eine Hochrechnung und habe gesagt: ‚Raus mit dem Sport.' Und dann bin ich rein und habe eine Hochrechnung gemacht. Und [...] dann wieder zurück zum Sport. Dann fing der wieder an, das abgebrochene Fußballspiel anzumoderieren." (Interview Deppendorf: 4; vgl. auch Interview von der Tann: 2)

Demgegenüber brachte das ZDF nur in Ausnahmefällen (1969 und 1976) Berichte aus dem Sport. Sat.1 und RTL wiederum strahlten während der Wahlsendungen in den 1990er Jahren z. T. ihre normalen Sportsendungen aus.

Unterhaltung

Hinsichtlich der Einbindung von Unterhaltungselementen haben sich sowohl die ARD als auch das ZDF in den 1960er Jahren Anregungen aus dem englischsprachigen Raum geholt. Während sich die ARD die Sendungen der US-Networks NBC und CBS zum Vorbild nahm (vgl. Erfahrungsberichte, dokumentiert in Akte „Bundestagswahl 1969" im Historischen Archiv, Sig. 139)[154], orientierte sich das ZDF an den „election-parties" in Großbritannien (vgl. Netenjakob 1965; Niederschrift ZDF-TVR vom 01.10.1965). Dies bestimmte die Konzeption der deutschen Sender in den folgenden Wahljahren.

Die ARD-Wahlabendsendungen waren von 1961 bis 1976 durch eine *Konzentration auf politische Information* geprägt.[155] Entsprechend der Wahlberichte im US-Fernsehen, bei

---

[153] Vgl. Protokoll CR TV vom 27./28.10.1986: 8; 18.01.1983: 3; 16.06.1980: 2; Protokoll StTVPG vom 20./21.05.1980: 5; Protokoll CR TV/KR u. WR TV vom 24./25.10.1990; 07./08.02.1990; 28./29.04.1976: 5.

[154] Zugleich wurde zu den Sendungen über die Wahlen zum britischen Unterhaus recherchiert. Hierzu findet sich ein Hinweis in den Erfahrungsberichten zu den US-Wahlen (vgl. Akte „Bundestagswahl 1969", Sig. 139, und Akte „Bundestagswahl 1965", Sig. 138, im Historischen Archiv des WDR).

[155] Vgl. Wördemann 1969a: 148; Protokoll CR TV/KR u. WR TV vom 28./29.04.1976: 5; Protokoll CR TV vom 06./07.06.1972: 1; Protokoll StTVPG vom 05.07.12.1972: 20; 07.-09.10.1969: 5.

denen „auf jedes Füllprogramm verzichtet und einzig und allein über den Stand der Wahl berichtet" (Erfahrungsberichte, dokumentiert in Akte „Bundestagswahl 1969" im Historischen Archiv, Sig. 139) wurde, wollten die Verantwortlichen beweisen, „dass die ARD das politisch gewichtigere Sendesystem in der Bundesrepublik ist" (Programmvorschlag, dokumentiert in Akte „Bundestagswahl 1965" im Historischen Archiv des WDR, Sig. 138).

Trotz der Entscheidung, sich auf Politik zu konzentrieren, strengten Vertreter der ARD aufgrund des Quotenerfolgs des ZDF mit seiner Mixtur aus Politik und Unterhaltung (vgl. Kap. 5.2.3.4) bereits Ende der 1960er Jahre Überlegungen an, ob das ARD-Modell richtig sei. Es wurde befürchtet, dass „die ARD mit ihrem rigorosen Anspruch, Information nicht durch die Beimischung informationsfremder Elemente zu verwässern, die Massenzuschauer, mit deren Informations- und Unterhaltungsbedürfnis" (Wördemann 1969b: 5) überfordere. So wurden vor der Wahlsendung 1972 diverse Vorschläge gemacht. Die Chefredakteure Fernsehen sahen etwa „zu wenig Ausweichmöglichkeiten" (Protokoll CR TV vom 30.10.1972: 2) – was durch Reaktionen von Zuschauern, die bei ARD und ZDF in den 1970er und 1980er Jahren eingingen (vgl. Kap. 5.2.3.4), bestätigt wurde. Einige regten an, „vielleicht doch ein unterhaltendes Nummernprogramm vorzusehen oder aber andere Filmbeiträge" (Protokoll CR TV vom 30.10.1972: 2; vgl. Protokoll CR TV vom 08./09.08.1972: 3). Diese Empfehlung wurde jedoch von der Mehrheit der ARD-Chefredakteure Fernsehen mit der Begründung, ein Kontrastprogramm zum ZDF herstellen zu müssen (vgl. Kap. 5.1), zurückgewiesen. Stattdessen wurde auf Empfehlung der Ständigen Programmkonferenz ein „Wahlempfang" (Protokoll CR TV vom 27./28.09.1972: 2; vgl. Protokoll StTVPG vom 03.-05.10.1972: 4) mit Vertretern der gesellschaftlich relevanten Gruppen realisiert. So wurde daran festgehalten, „am Wahlabend nur über das Wahlergebnis zu berichten" (Protokoll CR TV vom 29./30.11.1972: 1).

Ein ähnliches Konzept setzte die ARD auch 1976 um, obwohl erneut Vorschläge aufkamen, Unterhaltung einzubauen (vgl. Protokoll CR TV/KR u. WR TV vom 28./29.04.1976: 5). Doch die Ständige Programmkonferenz setzte sich erneut durch: So wurde ein politisches Wahlstudio, der so genannte „Wahltreff", anstelle einer Wahlparty veranstaltet (vgl. o. V. 1976a; Protokoll StTVPG vom 06./07.04.1976: 9).

Ein *Einschnitt* im Hinblick auf die Konzeption der ARD-Wahlsendungen zu Bundestagswahlen ist 1980 zu verzeichnen. Damals befanden die Chefredakteure Fernsehen, dass die Wahlberichterstattung einer „gründlichen Überholung" (Protokoll CR TV vom 11./12.07.1979: 2) bedürfe. Damit meinten sie auch die Programmplanung an Wahlabenden. Sie appellierten daran, „höchstes Augenmerk auf das Unterhaltungs-Umfeld dieser Abende" (Protokoll CR TV vom 11./12.07.1979: 3) zu richten und schlugen vor, in der Zeit bis 20 Uhr „attraktive Unterhaltungselemente anstelle von Sportschau-Beiträgen" (Protokoll CR TV/KR u. WR vom 05.05.1980: 2) zu senden. Dies lehnte die Ständige Programmkonferenz zwar ab. Sie war aber einverstanden, dass „andere Programm-Elemente dann eingebracht werden, wenn die Wahlberichterstattung zwangsläufig Pause hat" (Protokoll StTVPG vom 15./16.01.1980: 7). So kam es, dass Alfred Biolek 1980 erstmals „eine Mischung aus Live-Musik, Kleinkunst und Gesprächen vor Publikum" (FB/St/rp 1980) präsentierte. Zu Biolek wurde immer geschaltet, wenn keine Neuigkeiten mehr zur Verfügung standen – weder Sport noch Ergebnisse, Aufsager oder Interviews. „Die Party war der große Lückenbüßer." (Interview Nowottny: 3) Ähnlich, aber nicht mehr so aufwändig, sah das Konzept 1983 aus. Im Nachhinein wurde dieser Wahlbericht von der Ständigen Programmkonferenz als „sehr positiv beurteilt" (Protokoll StTVPG vom 08./09.03.1983: 10).

Vor der Bundestagswahl 1987 gab es in der ARD erneut Überlegungen, das bisherige Konzept zu ändern (vgl. Interview Deppendorf: 4). Sie mündeten darin, dass neben Sportberichten ein Quiz zu prominenten Personen gesendet wurde. Dies war das letzte Mal, dass Unterhaltungselemente während der ARD-Wahlberichte ausgestrahlt wurden. Diese Konzeption wird als „Zeitgeistgeschichte" (Interview Deppendorf: 4) bezeichnet. In den folgenden Wahljahren ist eine Rückbesinnung zur *strikten Informationsorientierung* zu erkennen. So wurde der 1998er-Wahlbericht als „streng informationsorientiert" (Protokoll PA-WDR-RR vom 09.06.1998; interner Schriftwechsel, dokumentiert in Akte zur „Bundestagswahl 1998" im Historischen Archiv des WDR, Sig. 146) angelegt. Damit sollte ein deutlicher „Gegenakzent zu den von Privatsendern angekündigten Mischformen aus Politik und Unterhaltung" (interner Schriftwechsel, dokumentiert in Akte zur „Bundestagswahl 1998" im Historischen Archiv des WDR, Sig. 146) gesetzt werden.

Im Gegensatz zur ARD setzte das ZDF zunächst auf eine *Mischung aus Politik und Unterhaltung*. Mehr als zwei Jahrzehnte bestimmte diese Konzeption die ZDF-Wahlabendsendungen zu Bundestagswahlen. 1965 startete das ZDF nach englischem Vorbild mit einer Wahlparty als öffentlicher Veranstaltung in der Bonner Beethovenhalle. Dem Publikum im Saal und den Fernsehzuschauern wurden Informationen und wissenschaftliche Analysen sowie Unterhaltung mit „Stars von internationalem Niveau" (o. V. 1966: 72) geboten. Das unterhaltende Programm sollte dazu dienen, nachrichtenarme Zeiten zu überbrücken und so die Zuschauer vor den Bildschirmen zu halten. Außerdem sollte so eine Möglichkeit zur Entspannung gegeben und auf diese Weise auch vergleichsweise unpolitisches Publikum gewonnen werden, ohne politisch interessierte Zuschauer zu verprellen (vgl. Hagen 1969a: 159 u. 1969b: 1; Niederschriften APouZ vom 02.07.1969; 09.07.1965; 01.10.1965).

Den Gedanken einer Wahlparty ließ das ZDF bei der Bundestagswahl 1969 wieder fallen (vgl. Dietrich 1969: 22). Es wurde argumentiert, dass „eine Berichterstattung in Form einer Wahlparty [...] in Anbetracht der seit 1965 veränderten politischen Situation in der Bundesrepublik nicht angebracht" (Niederschrift APouZ vom 12.07.1968) sei. Außerdem hatte es 1965 zur Wahlparty Kritik der Zuschauer gegeben, die sich u. a. über eine gemeinsame Übertragung der Wahlergebnisse und der Unterhaltungsshow aus einer Halle geärgert hatten (vgl. Frank 1970: 195 sowie Kap. 3.2). Trotzdem blieben die Wahlsendungen zu Bundestagswahlen im ZDF bis 1987 eine Mischung aus Information und Unterhaltung. Regelmäßig wurde betont, diese Konzeption habe sich bewährt (vgl. Niederschrift APouZ vom 12.09.1980; Frank 1970: 195) und sei „um so notwendiger, als die Spannung am Wahlabend durch die Perfektion der Hochrechnungen relativ schnell vorbei" (Schättle 1981: 116) sei. Dabei wurden verschiedene Varianten, Information und Unterhaltung miteinander zu verbinden, ausprobiert. So wurden von 1969 bis 1976 Episoden aus Filmserien gezeigt und aufgezeichnete Showauftritte gesendet. 1965 und 1980 wurde Live-Unterhaltung gebracht (vgl. Erfahrungsbericht, dokumentiert in Akte „Bundestagswahl 1980" Bestand Chefredakteur im Historischen Archiv des ZDF, Sig. 6/0649). Darauf verzichtete das ZDF aus Kostengründen in den übrigen Jahren (interner Schriftwechsel, dokumentiert in Akte „Bundestagswahl 1983" Bestand Chefredakteur im Historischen Archiv des ZDF, Sig. 6/0692). Seit 1980 wurden zudem Sketche der TV-Serie „Ein verrücktes Paar" mit Grit Boettcher und Harald Juhnke ausgestrahlt.

Zur Bundestagswahl 1990 sendete das ZDF erstmals *keine Unterhaltungselemente*, obwohl vorher intern diskutiert worden war, einen „großen öffentlichen Live-Abend aus Berlin" zu senden (vgl. Dokumente zur Bundestagswahl 1990 im Historischen Archiv des

ZDF). Ausschlaggebend für eine ausschließlich politische Wahlsendung war, sich im Wettbewerb mit den privaten TV-Sendern zu positionieren (vgl. Interview Bellut: 4; Interview Zimmer: 9 sowie Kap. 5.2.1.3). Auch spielte bei der Entscheidung für einen auf Politik fokussierten Wahlbericht der geringe Erfolg eine Rolle, den die unterhaltenden Elemente 1987 bei den Zuschauern gehabt hatten (vgl. Kap. 5.2.3.4). Die Quoten waren hinter den Erwartungen zurückgeblieben (vgl. Niederschrift APouZ vom 06.02.1987). In den 1990er Jahren und 2002 wurde die *Informationsorientierung* der Wahlabendsendungen als Stärke des ZDF angesehen (vgl. Interview Bellut: 4; Interview Raue: 3).

RTL setzte zunächst auf eher *unterhaltende Wahlberichterstattung* über Bundestagswahlen – ganz im Sinne der Zielsetzung, die Politikberichterstattung unterhaltsamer zu gestalten (vgl. Interview Kloeppel: 2). Die Mischung von Unterhaltung und Information am Wahlabend – 1987 mit einer Showbühne, auf der Stars wie Nino de Angelo live auftraten – war der Versuch, Aufmerksamkeit zu erzeugen und Zuschauer zu gewinnen. Dabei setzte RTL darauf, sich abzugrenzen:

„'Wenn wir genau dasselbe machen wie ARD und ZDF, ist das für den Zuschauer nicht so spannend. Er sagt dann: Ich schaue mir doch lieber die an, die ich auch schon länger kenne.' Von daher haben wir damals versucht, es ein bisschen zu mischen. Dass man sagte: ‚Wir machen eine Kombination aus Politikberichterstattung [...] mit Unterhaltungselementen [...], weil der Zuschauer [...] gern zwischendurch [...] durchatmet.'" (Interview Wulf: 3)

Auch 1990 hielt RTL an einem Mix aus Information und Unterhaltung fest. Letztere war z. T. in Form von kabarettistischen Auftritten wahlbezogen. An den Reaktionen des Publikums merkten die Verantwortlichen jedoch, dass Politik und Unterhaltung an einem Wahlabend wohl keine gute Kombination darstellte (vgl. Interview Wulf: 4) So ging RTL Mitte der 1990er Jahre „auf die klassische Form der Wahlberichterstattung [...] mit Politikerinterview, mit längeren Live-Gesprächen, mit Reportern in den Parteizentralen, mit längeren Exegesen von Hochrechnungen [...]" (Interview Kloeppel: 2; vgl. Interview Wulf: 4) über.

Die Sat.1-Wahlberichterstattung war 1990 „bunt" angelegt (vgl. Interview Howe: 2). Im Gegensatz dazu orientierte sich Sat.1 unter der Leitung des Chefredakteurs Heinz Klaus Mertes beim Wahlbericht 1994 stärker an den öffentlich-rechtlichen Sendern. 1998 konzipierte das Sat.1-Team um Chefredakteur Jörg Howe dagegen wieder eine Mischung aus Boulevardinformation und Politik gepaart mit Sportberichten. Dies war ein Versuch, zielgruppengerechte Wahlberichterstattung anzubieten: „Wir haben versucht, Leute, die tendenziell eher weniger Politikinteresse und eher weniger Politikverständnis haben, mit dieser Mixtur aus Boulevard, Sport und politischer Information einzufangen." (Interview Howe: 3) Es ging Sat.1 darum, eine Alternative zur Wahlberichterstattung der übrigen Sender zu bieten. Auch 2002 hat Sat.1 versucht, sich abzugrenzen. Dies geschah durch die zwischenzeitliche Ausstrahlung von weiteren Sendeformaten wie der Polit-Sitcom „Die Hinterbänkler" als „heitere Verschnaufpause" (Hörnle 2002).

Für den Einsatz von wahlfernen Elementen in der Wahlabendberichterstattung zu Bundestagswahlen im deutschen Fernsehen lässt sich *resümierend* ein differenziertes Bild nachzeichnen. Im Untersuchungszeitraum integrierten die vier Sender jeweils wahlferne Elemente auf unterschiedliche Weise in ihre Wahlsendungen. Die Konzeptionen reichten von der Wahlparty mit Showauftritten über Einspielungen von Folgen aus Fernsehserien bis hin zur Einbindung der eigenen Sportsendung mit den gewohnten Fußballberichten. Dabei hat sich die Wettbewerbssituation auf dem deutschen Fernsehmarkt als eine beeinflussende Bedingung herauskristallisiert (vgl. Kap. 5.2.1.3). Darüber hinaus gaben verschiedene Motive den Ausschlag für die unterschiedlichen Konzeptionen. Als ein Grund konnte die Absicht identifiziert werden, dem Publikum Abwechslung bieten zu wollen. Mit der Ausstrahlung von wahlfernen Bestandteilen war darüber hinaus das Ziel verbunden, politisch eher uninteressierte Zuschauer für die Wahlberichterstattung zu gewinnen. Daran wird, wie theoretisch antizipiert (vgl. Kap. 2.2.2.1), die Ausrichtung an vermuteten Publikumserwartungen in der Produktionspraxis dieses Fernsehformats deutlich. Des Weiteren konnte die Überlegung, die Zeit, in der keine aktuellen Informationen zur Wahl lieferbar waren, mit unterhaltsamen und sportlichen Bestandteilen zu überbrücken, bis in die 1980er Jahre als Grund ausgemacht werden.

5.2.3 *Akteure*

Im Folgenden stehen die Akteure im Mittelpunkt (vgl. zur theoretischen Beschreibung Kap. 2.2.2.1). Zunächst wird auf die *Journalisten* als zentrale Akteure bei der Herstellung der Wahlabendsondersendungen eingegangen (vgl. Kap. 5.2.3.1). Neben den journalistischen Akteuren sind weitere Akteure, die innerhalb der Berichterstattung im Fernsehen am Wahlabend agieren, relevant. Von Interesse sind sowohl Tätigkeitsmerkmale und Aufgaben der auftretenden *Wahlforscher* und *weiterer Experten* (vgl. Kap. 5.2.3.2) als auch die Art und Weise, in der *sonstige Interviewte* wie Politiker und Bürger in Erscheinung treten (vgl. Kap. 5.2.3.3). Darüber hinaus kommen den *Rezipienten* der Wahlabendberichterstattung Publikumsrollen zu. Auch sie erweisen sich als bedeutend für die Wahlabendberichterstattung und sind deshalb in die Analyse einzubeziehen (vgl. Kap. 5.2.3.4).

5.2.3.1 Journalisten

Journalisten nehmen bei ihrer Arbeit verschiedene Rollen ein: Berufs-, Mitglieds- und Arbeitsrollen (vgl. Kap. 2.2.2.1). Sichtbar werden Berufsrollen etwa über den *journalistischen Anspruch*, der mit einem journalistischen Produkt verknüpft ist. Dagegen lassen sich *Arbeitsrollen* über Aufgaben und Tätigkeitsmerkmale herausarbeiten. Die Mitgliedsrolle bindet die Journalisten generell an ein Medienunternehmen, eine Redaktion und/oder Redaktions-Team. Im Rahmen der Mitgliedsrolle sind verschiedene Arbeitsrollen möglich. Die Rollen sind potenzielle Einflussgrößen auf die Wahlabendberichte.

Journalistischer Anspruch

Senderübergreifend wurde im Untersuchungszeitraum mit den Wahlsendungen zu Bundestagswahlen das Ziel verfolgt, *möglichst schnell* und *zuverlässig* über Prognosen, Hochrechnungen und Ergebnisse und über Reaktionen der Politiker zu berichten.[156] Auch journalistische *Objektivität* spielte eine Rolle (vgl. Interview von der Tann: 4; Interview Wulf: 1). So wurde vom ZDF-Chefredakteur vor dem Wahlabendbericht zur Bundestagswahl 2002 an-

---

[156] Vgl. Interview Howe: 2; Interview Bellut: 2; Interview Raue: 3; Gültner/Hagedorn 1998: 4; rg/th 1998: 3; Hagen 1969a: 158; interner Schriftwechsel, dokumentiert in Akte „Bundestagswahl 1998" im Historischen Archiv des WDR, Sig. 146.

geordnet: „Wir kondolieren nicht, wir gratulieren nicht." (Brender zit. n. Keil 2002: 23) Angedeutet werden damit ein Rollenselbstverständnis als neutraler Vermittler und die Berichterstattungsmuster des Informations- und objektiven Journalismus (vgl. Kap. 2.2.2.1).

Darüber hinaus hat in den Wahlberichten seit Jahren anscheinend die Frage nach den Hintergründen und Ursachen des Wahlergebnisses zunehmend an journalistischer Bedeutung gewonnen (vgl. Interview Güllner: 6; Interview Howe: 2 u. 5; Interview Schönenborn: 2 u. 7 f.; Interview Seibert: 5; Schättle 1981: 116). Entsprechend sind auch Ansätze der Berichterstattungsmuster Präzisionsjournalismus, wenn es um wissenschaftliche Genauigkeit geht, und Interpretativer Journalismus, durch den Hintergründe erläutert werden, feststellbar. Diese Entwicklung lässt sich v. a. auf den befürchteten Spannungsverlust durch die immer frühere Präsentation von Prognosen und Hochrechnungen zurückführen (vgl. Interview Roth: 10; Atzorn 1976; D. B. 1976 sowie Kap. 5.2.1.3 u. 6.2.2). Allerdings wird eine umfassende Analyse des Wahlausgangs nicht angestrebt. Sie ist im Fernsehen auch kaum zu leisten (vgl. Interview Bellut: 1; Interview Wagenbach: 7; Diehl 2002).

Diese Befunde zum journalistischen Anspruch können am Sendematerial überprüft werden. So lässt sich bspw. ermitteln, ob und inwiefern vielfältig und ausgewogen und damit objektiv berichtet wird. Auch kann die in den Experteninterviews beschriebene Zunahme an Analysen und Erläuterungen der Wahlergebnisse empirisch kontrolliert werden.

Arbeitsrollen von Journalisten

Für die Wahlabendsendungen im deutschen Fernsehen sind wie für jedes journalistische Produkt sowohl *vertikale* bzw. *hierarchische* als auch *horizontale* bzw. *funktionale* Arbeitsrollen relevant (vgl. Kap. 2.2.2.1). Bei der Herstellung der Wahlberichte haben Journalisten verschiedene funktionale Arbeitsrollen inne (vgl. Teichert/Deichsel 1987: 6). In den Blick gerückt werden die Arbeitsrollen, welche die journalistische Arbeit an Abenden von Bundestagswahlen *vor der Kamera* prägen. Dies sind: Moderator, Zahlen-Präsentator und Reporter. Bevor auf die charakteristischen Merkmale dieser Tätigkeiten eingegangen wird, wird herausgearbeitet, welche Akteure bei Wahlsendungen der analysierten Sender im untersuchten Zeitraum mit welchen fachlichen Arbeitsrollen vor der Kamera betraut wurden. Dabei werden auch hierarchische Arbeitsrollen berücksichtigt.

Bei allen TV-Anbietern bestimmten *Männer* das Bild. Es wird jedoch deutlich, dass *Frauen seit 1987* stärker vor der Kamera eingesetzt wurden. Meist kam ihnen die Aufgabe der Reporterin zu, wenn sie auch i. d. R. für die kleineren und im politischen Prozess womöglich als weniger wichtig erachteten Parteien abgestellt waren. Eine Sonderrolle nahm die ARD ein, die in den 1990er Jahren und 2002 die Zahlen-Präsentation von einem Mann und einer Frau übernehmen ließ. Hierbei hat sich eine feste Teilung der Aufgaben etabliert: So war die Zahlen-Präsentatorin stets für die Veröffentlichung der Zahlen für gleichzeitig stattfindende Landtagswahlen verantwortlich, während der männliche Part jeweils die Resultate zur Bundestagswahl bekannt gab. Seit Ende der 1990er Jahre teilten sich bei der ARD ein Mann und eine Frau außerdem die Moderation der Wahlsendung zu Bundestagswahlen. Eine Moderatorin gab es beim ZDF nur 1994.[157] Auch bei Sat.1 und RTL wurde die Moderation nur in Einzelfällen von Frauen übernommen.

---

[157] Seit 2003 moderiert mit Bettina Schausten als Leiterin der Hauptredaktion Innenpolitik wieder eine Frau die ZDF-Wahlsendungen (vgl. Seel 2002: 30).

Dass bis Mitte der 1980er Jahre Frauen nur ausnahmsweise journalistisch in den Wahlberichten zu Bundestagswahlen eingesetzt wurden, lässt sich auf mehrere Aspekte zurückführen: Offensichtlich spielte das Bild von Frauen und deren Bestimmung als Ehe-/Hausfrau und Mutter eine Rolle, das v. a. in den 1960er und 1970er Jahren prägend war (vgl. statt anderer Geißler 2002: 45, 365, 384 ff.). Ein zweiter Gesichtspunkt betrifft die Bildung von Frauen. Deren Qualifikationsniveau ist erst mit der generellen Bildungsexpansion, die einen kräftigen Schub mit den bildungspolitischen Debatten der 1960er Jahre erfuhr, angestiegen (vgl. Geißler 2002: 335). Als Konsequenz der Bildungsexpansion ist eine Verringerung der sozialen Ungleichheit zwischen den Geschlechtern festzustellen (vgl. Geißler 2002: 342, 368, 372 ff.).

Die seit 1987 steigende Zahl an Journalistinnen vor der Kamera geht schließlich mit der verstärkten Forderung nach Gleichberechtigung in den Gremien der öffentlich-rechtlichen Sender einher (vgl. Protokoll PA-WDR-RR vom 06.09.2002; 10.12.1998; 24.11.1994: 11; 02.11.1990: 22; 17.07.1986: 8; Protokoll WDR-RR vom 21.12.1987; 02.07.1986: 15). In der Ständigen Programmkonferenz wurde die Bitte an die Chefredakteure formuliert, zu prüfen, „wie bei künftiger Wahlberichterstattung vermehrt Reporterinnen, Moderatorinnen und Interviewerinnen eingesetzt werden können" (Protokoll StTVPG vom 26./27.05.1987: 9). Da „die Mehrheit der Wähler Frauen seien" (Protokoll PA-WDR-RR vom 17.07.1986: 8), müssten auch am Wahlabend Journalistinnen zum Einsatz kommen, hieß es im Programmausschuss des WDR-Rundfunkrates. Im WDR-Rundfunkrat wurde bspw. beklagt, dass

> „die gesamte Wahlberichterstattung faktisch ohne Frauen in der Programmverantwortung und Moderation stattfände. Da der WDR gesetzlich zur Gleichstellung von Männern und Frauen verpflichtet sei, bitte der Ausschuß darum, an den Wahlsendungen auch Journalistinnen zu beteiligen" (Protokoll WDR-RR vom 02.07.1986: 15).

Darüber hinaus wurde auch in Reaktionen von Zuschauern der Appell deutlich, mehr Frauen vor der Kamera einzusetzen (vgl. Kap. 5.2.3.4).

Die bis 2002 vorherrschende Dominanz von Männern bei Wahlabendsendungen lässt sich dadurch erklären, dass nur wenige Frauen hochrangige Positionen mit Entscheidungskompetenzen innehatten. Dies ist v. a. in Bezug auf die öffentlich-rechtlichen Anstalten von Bedeutung, da sowohl bei der ARD als auch beim ZDF Aufgaben vor der Kamera innerhalb der wichtigen politischen Berichterstattung – als die die Wahlabendsondersendungen gelten – traditionell den Akteuren in Entscheidungspositionen zukamen (vgl. Protokoll PA-WDR-RR vom 13.11.1986: 2 sowie Kap. 5.2.1.5).

Für die fachlich differenzierten Arbeitsrollen der *Moderatoren*[158], journalistischen *Zahlen-Präsentatoren* und *Reporter* haben sich getrennte Aufgabenbereiche herausgebildet, die z. T. senderübergreifend ähnlich und z. T. senderspezifisch sind.

Über die Sendergrenzen hinweg gehörte es zu allen Messzeitpunkten zur Aufgabe des *Moderators* (vgl. auch Teichert/Deichsel 1987: 6), die Zuschauer zu begrüßen, den Sendungsablauf und die geplanten Inhalte des Wahlberichts zu thematisieren, die journalistischen Akteure im Studio und an den Außenstellen vorzustellen, ggf. über die Schauplätze, von denen aus gesendet wurde, zu informieren und insgesamt durch die Sendung zu führen,

---

[158] Dieser Abschnitt konzentriert sich auf die Moderatoren der originären Wahlabendberichterstattung und vernachlässigt die Moderatoren der unterbrechenden Sendeteile (vgl. Kap. 6.2.3).

indem zwischen Sendungsabschnitten übergeleitet wurde. Dies lässt sich als Hinweis für eine senderübergreifende Ritualisierung interpretieren (vgl. Kap. 2.2.3.4).

Des Weiteren sind jedoch senderspezifische Tätigkeitsmerkmale der Moderatoren zu einzelnen Wahljahren zu konstatieren. Zu den Besonderheiten der ARD-Moderatoren zählte bis Mitte der 1980er Jahre das Verlesen einzelner Meldungen, die über Nachrichtenagenturen verbreitet wurden. Bis Mitte der 1980er Jahre waren die Moderatoren der ARD außerdem dafür zuständig, Ergebnisse der Wahl bekannt zu geben. Besonders ausgeprägt gestaltete sich diese Aufgabe 1961, da dort die Rolle des Zahlen-Präsentators vom Moderator der Sendung vollständig übernommen wurde, sowie 1976, als einer der beiden Moderatoren die Resultate der infas-Nachfrage bekannt gab. Nur in einzelnen Wahlsendungen der ARD führten die Moderatoren Interviews (1961, 1965, 1998 und 2002). In einem Einzelfall (1987) moderierte einer von zwei Moderatoren ein Zuschauerquiz.

Für die ZDF-Wahlberichte war charakteristisch, dass die Präsentation der Prognose bis 2002 in die Zuständigkeit des Moderators fiel: Sie wurde bis 1983 in einem Gespräch, das der Moderator leitete, vorgestellt. Seit 1987 las der Moderator die Zahlen selbst vor. ZDF-typisch war weiterhin der Umgang der Moderatoren mit den Wahlforschern: Sie wurden mittels Gesprächen einbezogen (vgl. Kap. 5.2.3.2). Interviews mit Politikern gehörten auch bei den ZDF-Moderatoren nicht zu den üblichen Aufgaben.

Prägend für die Moderation der RTL-Wahlsendungen war ebenfalls die regelmäßige Präsentation der Wahlergebnisse (vgl. Interview Kloeppel: 3). Darüber hinaus interviewte einer der RTL-Moderatoren 1990 mehrere Politiker und einen Wirtschaftswissenschaftler. Zu den übrigen Messzeitpunkten führte der Moderator bei RTL nur Gespräche mit dem Experten, der die gesamte Sendung hindurch mit ihm am Moderationstisch saß (vgl. Kap. 5.2.3.2). Auch bei Sat.1 führten die Moderatoren nur ausnahmsweise Interviews (1987 und 1994). Die Sat.1-Moderatoren gaben beinahe im gesamten Untersuchungszeitraum die Prognose bekannt, informierten über Hochrechnungen und stellten die Sitzverteilung dar.

Zur Arbeit der journalistischen *Zahlen-Präsentatoren* gehörte es i. d. R., die Ergebnisse zu präsentieren, zu gewichten und zu interpretieren (vgl. Interview Deppendorf: 1; Interview Seibert: 1 u. 5; Deppendorf zit. n. Starke 1990b).[159] Während bei ARD und ZDF die Bekanntgabe der Zahlen üblicherweise von Zahlen-Präsentatoren vorgenommen wurde, waren bei RTL und Sat.1 die Moderatoren dafür mitverantwortlich. Dabei wurde sie gelegentlich von weiteren Akteuren unterstützt: einem Wahlforscher (RTL 1990), einem weiteren Zahlen-Präsentator (Sat.1 und RTL 1994[160]), den Reportern (Sat.1 1994 und 1998).

Trotz der Gemeinsamkeiten zwischen ARD und ZDF im Hinblick auf die Zahlen-Präsentation sind Differenzen zu konstatieren: Die Rolle des Zahlen-Präsentators nahmen in der ARD abgesehen von 1980 stets zwei Akteure wahr, deren Funktion meist klar gegliedert war. So wurden die Aufgabenbereiche 1983 und seit 1990 entlang von Wahlgebieten, d. h., zwischen Resultaten für Bundestags- und Landtagswahlen, getrennt. Dabei handelt es sich um eine entlastende Aufgabenteilung (vgl. Interview Schönenborn: 9). Im Gegensatz dazu erfolgte die Darstellung der Wahlforschungsresultate beim ZDF meist durch einen Zahlen-Präsentator. Eine weitere Differenz zur ARD betrifft die Vorstellung der Prognose, die beim ZDF vom Moderator vorgenommen wurde.

---

[159] Bei der ARD kommt hinzu, dass der Zahlen-Präsentator die Hochrechnungen zur Veröffentlichung freigab (vgl. Interview Schönenborn: 10).

[160] RTL verzichtete seit 1998 aus organisatorischen Gründen auf diese Rollenteilung. Die Publikation der Daten sollte zudem stärker auf den Moderator fokussiert werden (vgl. Interview Kloeppel: 3).

Bei den *Reporteraufgaben* zeigen sich bei den untersuchten Sendern und im Zeitverlauf kaum Unterschiede. Die Reporter machten über die Sendergrenzen hinweg und zu allen Messzeitpunkten Aufsager zur Stimmung, zur Organisation und zum Ablauf vor Ort (vgl. Interview Nowottny: 2). Sie kommentierten eingespielte, geschnittene oder live gezeigte Bilder, kündigten z. T. aufgezeichnete Statements an und führten Interviews.

Hinsichtlich der journalistischen Arbeitsrollen hat sich gezeigt, dass über die Sendergrenzen hinweg vorwiegend Männer als Journalisten in Wahlabendsendungen agierten. Seit Ende der 1980er Jahre wurden jedoch zunehmend Journalistinnen eingesetzt. Außerdem divergierten die Aufgaben, die von den Moderatoren, den Zahlen-Präsentatoren und den Reportern innerhalb der Wahlberichte im Untersuchungszeitraum erfüllt wurden, kaum (Indiz für Ritualisierung). Zwischen den Fernsehanbietern ließen sich allerdings Differenzen bei den Tätigkeitsmerkmalen der Moderatoren und Zahlen-Präsentatoren eruieren, während die Aufgabenbereiche der Reporter ähnlich zugeschnitten waren. Bei den Privatsendern kam den Moderatoren aufgrund ihres breiteren Aufgabenzuschnitts eine stärkere Bedeutung zu als bei den Öffentlich-Rechtlichen. Dagegen hat sich die Rolle des Zahlen-Präsentators bei ARD und ZDF im Vergleich zu RTL und Sat.1 als bedeutender erwiesen.

5.2.3.2 Wahlforscher und weitere Experten

Neben journalistischen Akteuren kommt auch Wahlforschern und weiteren Experten, die vor der Kamera agieren, Bedeutung bei der Produktion von Wahlabendsendungen im deutschen TV zu. *Wahlforscher* sind i. d. R. Politik- und Sozialwissenschaftler, die größtenteils im Auftrag der Fernsehsender vor der Wahl und/oder am Wahltag Umfragen durchführen, um den Wahlausgang prognostizieren zu können, und die die gemeldeten Ergebnisse der einzelnen Stimmbezirke und Wahlkreise am Wahlabend hochrechnen (vgl. Kap. 5.2.2.1). Sie gelten als Experten, da sie über spezifisches Fachwissen verfügen. Ihnen wird dabei eine besondere Glaubwürdigkeit zugeschrieben (vgl. Tenscher 2003: 109; Tennert/Stiehler 2001: 35). Im Rahmen der Wahlabendberichterstattung sind neben den Wahlforschern auch *Wissenschaftler weiterer Fachrichtungen* als Experten zu bezeichnen. Sie thematisieren üblicherweise die Bedeutung und Konsequenzen der Wahlergebnisse (vgl. Interview Raschke: 5). In Anlehnung an den im anglo-amerikanischen Raum gebräuchlichen Begriff „*pundit*", mit dem prominente Kommentatoren bezeichnet werden, die eine Einordnung und Bewertung aktueller Vorgänge vornehmen (vgl. Schultz 2003: 247), sind auch in Deutschland langjährige und/oder ehemalige *Journalisten* und *Publizisten* als Experten einzustufen (vgl. Interview Raue: 6). Auch *ausländische Journalisten* zählen hierzu.

Wahlforscher

Was den Einsatz von Wahlforschern in den Wahlberichten der Öffentlich-Rechtlichen anbelangt, kristallisiert sich für die 1960er und 1970er Jahre eine zweigleisige Strategie heraus: Einerseits präsentierten und/oder lieferten unter Vertrag stehende Wahlforschungsinstitute Trends, Hochrechnungen und Auszählungsergebnisse. Andererseits gingen ARD und ZDF Kooperationen mit weiteren Meinungsforschungsinstituten ein (vgl. Kap. 5.2.2.1).

Auch die räumlich-zeitliche Integration der Wahlforscher in die Wahlberichte lief bei ARD und ZDF ähnlich ab – wenn auch zeitlich versetzt. Arbeiteten bei der ARD 1961 zwei Sozialwissenschaftler der Universität Köln vor Ort, saßen beim ZDF 1965 zwei Mitarbeiter des Instituts für Sozialwissenschaft der Universität Mannheim im zentralen Wahlstudio (vgl. Interview Roth: 1; Kaase 2000: 23; Deuse 1993: 204). 1965 hatte die ARD dagegen ein anderes Modell eingeführt. Die Ergebnisdarstellung wurde zum ersten Mal an die Außenstelle infas in Bad Godesberg ausgegliedert und erfolgte durch einen Zahlen-Präsentator. Das ZDF folgte mit einem ähnlichen Konzept 1969 und verlagerte die Zahlen-Präsentation in das Rechenzentrum des beauftragten Instituts. Ausschlaggebend waren bei beiden Sendern die technischen Gegebenheiten, die den Aufbau eines Studios im selben Gebäude erforderten, in dem der verwendete Großcomputer stand (vgl. o. V. 1991: 116; Gibowski 1978). Darüber hinaus wurde so der direkte Zugriff des Zahlen-Präsentators auf die Daten des Großrechners gesichert (vgl. Hagen 1969a: 162). Die Wahlforscher selbst waren weder bei der ARD noch beim ZDF vor der Kamera zu sehen.[161]

Die seit den 1960er Jahren bestehende räumliche Trennung von zentralem Wahlstudio und Zahlen-Präsentator bzw. Wahlforschern wurde 1981 aufgehoben. Bei der Berliner Senatswahl führte das ZDF das so genannte „mobile Wahlstudio" ein. Seitdem befanden sich der Zahlen-Präsentator und die FGW im zentralen Wahlstudio des ZDF (vgl. Interview Roth: 4; Interview Zimmer: 1 f.; Zimmer 1984: 91). Bei einer Bundestagswahl war dies zum ersten Mal 1983 der Fall (vgl. o. V. 1983c; interner Schriftwechsel, dokumentiert in Akte „Bundestagswahl 1983" Bestand Chefredakteur im Historischen Archiv des ZDF, Sig. 6/0692). Bis 2002 wurde beim ZDF entsprechend verfahren. Die Vorteile lagen in geringeren Kosten, da ein Übertragungsort wegfiel. Zudem wurde auf diese Weise eine „ad hoc-Abstimmung zwischen analyse- und ergebnisbezogener Berichterstattung" (Erfahrungsbericht, dokumentiert in Akte „Bundestagswahl 1980" Bestand Chefredakteur im Historischen Archiv des ZDF, Sig. 6/0649) möglich. Durch den direkten Kontakt zwischen den Wahlforschern, dem Zahlen-Präsentator und der Redaktion, so wurde argumentiert, könne die Sendung interessanter und journalistischer gestaltet werden (vgl. interner Schriftwechsel, dokumentiert in Akte „Wahlen 1975 bis 1983" Bestand Intendant im Historischen Archiv des ZDF, Sig. 3/1339).

Bei den Landtagswahlen in Baden-Württemberg und der Europawahl 1984 verlegte auch die ARD die Arbeit der Wahlforscher und des Zahlen-Präsentators in das zentrale Wahlstudio.[162] Damit war infas 1987 erstmals für die Berichterstattung zu einer Bundestagswahl vor Ort (vgl. DW 1987; DW/ma 1986). Dieses Konzept wurde ebenfalls bis 2002 beibehalten. Die Gründe waren dieselben wie beim ZDF: Aufwändige Schaltungen entfielen, die Sendung konnte flexibler gestaltet werden und die Journalisten „gleich neben den Bildschirmen von infas hatten stets den aktuellen Überblick" (o. V. 1991: 117; vgl. Interview von der Tann: 3; DW/ma 1986). Darüber hinaus werden dramaturgische Gründe angeführt: Dadurch, dass die Wahlforscher ins Studio geholt wurden, sollte die Berichterstattung nachvollziehbarer gemacht werden. Die Zuschauer „sollten sehen, wie da gearbeitet wird, wer da alles sitzt" (Interview Deppendorf: 2). Dies weist auf Inszenierung hin, wie sie auch für TV-Nachrichten festgestellt wurde (vgl. Hickethier/Bleicher 1998: 372).

---

[161] Ausnahmen gab es 1969 und 1972, als Rudolf Wildenmann die Ergebnisse analysierte.
[162] Vgl. Interview Deppendorf: 2; Starke 1990a: 5; Protokoll StTVPG vom 10./11.09.1985: 22; Protokoll ArS vom 28.09.1984; interne Schriftwechsel, dokumentiert in Akten „ARD Wahlberichterstattung 1986 bis 1989 Infas/Verwaltung" sowie „Bundestagswahl 1987", Sig. 144, im Historischen Archiv des WDR.

Mit der Integration der Zahlen-Präsentatoren und Wahlforscher in das zentrale Wahlstudio von ARD und ZDF ging einher, dass die Wahlforscher regelmäßig vor der Kamera zu sehen waren. Die Zahl der im Bild erscheinenden Wahlforscher war bei den öffentlich-rechtlichen Anbietern vergleichbar. Unterschiede werden indes in den Tätigkeitsmerkmalen deutlich: Die Mitarbeiter von infas oder infratest-dimap kamen in den ARD-Wahlberichten nur ausnahmsweise zu Wort (vgl. Interview Deppendorf: 1; Interview von der Tann: 3). Im Gegensatz dazu hat das ZDF auch auf die Einschätzung der Wahlforscher Wert gelegt.

> „Die Wahlforscher Wolfgang G. Gibowski und Dr. Dieter Roth wurden Schritt für Schritt in die Sendungen ‚eingebaut' und haben damit nicht zuletzt den für viele Zuschauer rätselhaften Vorgang der Hochrechnung durchschaubar gemacht." (Zimmer 1984: 91)

Zu Wort kamen Mitglieder der FGW insbesondere bei heiklen Fragen und knappen Ergebnissen – z. B. bei der Frage, ob die NPD bei der Bundestagswahl 1969 über die Fünf-Prozent-Hürde komme oder die PDS 2002 drei Direktmandate erreichen könne. Diese Rollenteilung in den Wahlabendberichten des ZDF wurde von mehreren Seiten als sinnvoll erachtet – etwa von den Wahlforschern selbst:

> „Es ist wichtig, dass die journalistische Interpretation und die wissenschaftliche Analyse getrennte Gebiete bleiben und dass keine starken Vermischungen stattfinden. Ich fühle mich als Analytiker sehr viel wohler, wenn ich mein wissenschaftliches Instrumentarium, das ich habe, anwenden kann, und ich nicht gezwungen werde, das alles in vierzig Sekunden oder in eins dreißig zu packen." (Interview Roth: 7)

Dagegen stieß auf Kritik, dass die Wahlforscher in den ARD-Sendungen nicht direkt einbezogen wurden (vgl. Teichert/Deichsel 1987: 8). Seitens der ARD wurde dem entgegengehalten, dass sich die Wahlforscher so auf ihre Arbeit konzentrieren könnten und sie selbst auch nicht den „Drang" (Interview Deppendorf: 1 f.) verspürten, im O-Ton aufzutreten.

Neben den öffentlich-rechtlichen Sendern arbeitete auch RTL mit einem eigenen Wahlforschungsinstitut zusammen. Seit der Bundestagswahl 1990 kooperiert RTL mit forsa (vgl. Interview Güllner: 2; Interview Kloeppel: 5; Interview Wulf: 5 sowie Kap. 5.2.1.3 u. 5.2.2.1). forsa-Mitarbeiter waren jedoch nur 1990 vor Ort und kamen lediglich 1990 und 1998 zu Wort. RTL setzte statt auf Wahlforscher auf Journalisten, die die Resultate transportierten. Sie könnten dies verständlicher leisten und seien überdies schon aus anderen Sendungen bekannt – so lautet die Begründung (vgl. Interview Wulf: 4). Die Wahlforscher schätzten diese Aufgabenteilung, da sie sich in einer vergleichsweise ruhigen Arbeitsatmosphäre auf die Zahlen konzentrieren konnten (vgl. Interview Güllner: 4).

Im Unterschied zu RTL kooperierte Sat.1 erst zur Bundestagswahl 2002 mit einem Wahlforschungsinstitut – gemeinsam mit RTL (vgl. Kap. 5.2.1.3 u. 5.2.2.1). Allerdings hatte Sat.1 zur Bundestagswahl 1990 gemeinsam mit der überregionalen Tageszeitung FAZ die Meinungsforscherin Elisabeth Noelle-Neumann (IfD) beauftragt, eine Prognose zu erstellen. Diese wurde in einem Filmbeitrag durch Noelle-Neumann vorgestellt und live im Studio kommentiert. Darüber hinaus kam 1994 Renate Köcher (IfD) zu Wort. Sie ordnete Ergebnisse einer Vorwahlumfrage ein und analysierte die Geschehnisse am Wahlabend.

Weitere Experten

Weitere Experten werden als eine Informationsquelle betrachtet, die jederzeit verfügbar ist, da sie im zentralen Wahlstudio des jeweiligen Senders zu Gast sind und bei Bedarf einbezogen werden können (vgl. Interview Schönenborn: 11). Damit sind sie als Art „Rettungsanker" (Interview Schönenborn: 11) bzw. eine „Rückfall-Position" (Interview von der Tann: 4) ein wichtiger Bestandteil von Wahlberichten, in denen ein Großteil der Informationen über Sendeleitungen kommt und kaum planbar ist (vgl. Kap. 5.2.1.5).

Die ARD setzte in ihren Wahlberichten zu Bundestagswahlen im gesamten Untersuchungszeitraum auf Journalisten als weitere Experten (vgl. Tab. 21). Dabei handelte es sich vornehmlich um Journalisten aus den eigenen Reihen. In Ausnahmefällen wurden Journalisten einbezogen, die für andere Massenmedien tätig waren. Teils handelte es sich um deutsche, teils um ausländische Journalisten. Daneben kamen 1972 und 1976 Wissenschaftler verschiedener Fachrichtungen zu Wort. Schließlich wurde in den 1970er Jahren und 1998 die Einschätzung von Verbände- und Interessenvertretern abgefragt (vgl. interner Schriftwechsel, dokumentiert in Akte zur „Bundestagswahl 1998" im Historischen Archiv des WDR, Sig. 146). Insgesamt war die Einbindung von weiteren Experten in die ARD-Wahlsendungen darauf ausgerichtet, neben Zusatzinformationen und Hintergründen durch eine Vielfalt an unterschiedlichen Meinungen auch Orientierung durch Kommentierung zu bieten (vgl. Interview von der Tann: 4).

Tab. 21: Einbindung von weiteren Experten

Einbindung von weiteren Experten
ARD
- 1965-1987, 2002: Journalisten aus den Reihen der ARD, darunter auch Auslandskorrespondenten
- 1969: ausländische Journalisten
- 1972: Im „Gästestudio": Journalisten und Wissenschaftler verschiedener Fachrichtungen, etwa Staatsrecht und Pädagogik, sowie Verbände- und Interessenvertreter
- 1976: Im „Wahllokal": Politikwissenschaftler Alfred Grosser sowie einige (ehemalige) Publizisten
- 1990: Journalist und Herausgeber Johannes Groß; freie Journalistin Cora Stephan
- 1998: Politikwissenschaftler Everhard Holtmann, Chefvolkswirt der Deutschen Bank Norbert Walter, Hans-Olaf Henkel (BDI), Dieter Schulte (DGB), Bischöfin Maria Jepsen
- 2002: Politikwissenschaftler Everhard Holtmann, ARD-Börsenberichterstatter Frank Lehmann
ZDF
- 1976-1990, 1998: Journalisten aus den Reihen des ZDF, darunter auch Auslandskorrespondenten
- 2002: Politikwissenschaftler Karl-Rudolf Korte, Bild-Kolumnist Mainhardt Graf Nayhauß
RTL
- 1990: Wirtschaftswissenschaftler Rudolf Hickel
- 1994: Journalist Johannes Groß
- 1998: Journalist Johannes Groß, RTL-Auslandskorrespondenten
- 2002: Journalist Friedrich Nowottny
Sat.1
- 1990: Meinungsforscherin Elisabeth Noelle-Neumann (IfD) und ausländische Journalisten
- 1994: Meinungsforscherin Renate Köcher (IfD), Historiker Michael Wolffssohn
- 1998: Politikwissenschaftler Peter Lösche und Sat.1-Auslandskorrespondenten
- 2002: Journalist Dieter Kronzucker

Quelle: eigene Erhebung; schriftliche Dokumente

Auch im ZDF kommentierten in den Wahlsendungen zu Bundestagswahlen im Untersuchungszeitraum i. d. R. Journalisten das Wahlgeschehen (vgl. auch Akten „Bundestagswahl 1976" und „Bundestagswahl 1987" Bestand Chefredakteur im Historischen Archiv des ZDF, Sig. 6/0015 und 6/1146). Die journalistischen Kommentatoren sollten ebenfalls erklärend in Erscheinung treten (vgl. Ergebnis-Protokoll zur Wahlsondersendung, dokumentiert in Akte „Bundestagswahl 1976" Bestand Chefredakteur im Historischen Archiv des ZDF, Sig. 6/0015). Im Gegensatz zur ARD setzte das ZDF jedoch nicht auf Vertreter von Verbänden und Interessengruppen. Auch wissenschaftliche Standpunkte neben denjenigen der unter Vertrag stehenden Wahlforscher wurden bis auf 2002 nicht einbezogen.[163]

Die in RTL-Wahlsendungen zu Bundestagswahlen auftretenden weiteren Experten waren im Untersuchungszeitraum hauptsächlich Journalisten, die in früheren Jahren für die ARD gearbeitet hatten und auf dem Gebiet der Wahlabendberichterstattung über Erfahrungen verfügten (vgl. Interview Kloeppel: 4).[164] Erwartet wurde von diesen Experten, dass sie ihre journalistische und ihre Lebenserfahrung als Ergänzung zu dem relativ jungen Moderator Peter Kloeppel einbrachten (vgl. Interview Kloeppel: 3 f.; RTL-Kommunikation 2002: 18). Ziel war es, zusätzliche Glaubwürdigkeit zu erzeugen, die Möglichkeit zu haben, zu interpretieren und zu kommentieren, und dabei auf jemanden zurückzugreifen, der von den Zuschauern wiedererkannt wurde. Nur 1990 wurde ein wissenschaftlicher Experte einbezogen. Dafür gab es mehrere Gründe: Erstens wird bei RTL bezweifelt, dass Wissenschaftler ihre Gedanken so präzise ausdrücken können wie Journalisten. Zweitens sind Wissenschaftler nach Ansicht von RTL selten so bekannt, dass Zuschauer bei einem Programm hängen bleiben, wenn sie sie sehen. Drittens sind Wissenschaftler RTL zufolge nicht auf die Anforderungen des Fernsehens vorbereitet (vgl. Interview Kloeppel: 4).

Im Gegensatz dazu bezog Sat.1 vergleichsweise häufig Wissenschaftler in seine Wahlsendungen zu Bundestagswahlen ein, während Journalisten seltener auftraten. Nur 2002 kam ein journalistischer Experte zu Wort. Dieser ausgeprägte Rückgriff auf Wissenschaftler diente bei Sat.1 – im Gegensatz zu ARD und ZDF, bei denen auf diese Art und Weise zusätzliche Expertise angeboten wurde – der Kompensation der bis 2002 nicht verfügbaren eigenen Wahlforschungsergebnisse und Analysen (vgl. Interview Howe: 5).

Zusammenfassend lässt sich festhalten: Wahlforscher und weitere Experten wurden in den Wahlabendsendungen der ausgewählten TV-Sender nach jeweils spezifischen Strategien eingesetzt. Dabei sind jeweils marginale Veränderungen im Zeitverlauf zu beobachten. Im Sendervergleich nahmen die *Wahlforscher* bei ARD und ZDF eine relevantere Rolle ein als bei den Privatsendern. Bei den öffentlich-rechtlichen Anstalten waren Wahlforscher seit den 1980er Jahren vor Ort. Beim ZDF kamen die Wahlforscher darüber hinaus regelmäßig selbst zu Wort. Beides war bei RTL und Sat.1 nur ausnahmsweise der Fall. Als *weitere Experten* hat die ARD im Untersuchungszeitraum regelmäßig Journalisten aus den eigenen Reihen und auch Journalisten anderer Massenmedien eingesetzt. Des Weiteren traten in Einzelfällen Wissenschaftler weiterer Fachrichtungen sowie Interessens- und Verbändevertreter auf. Durch die Einbindung weiterer Experten sollten den ARD-Zuschauern Orientierung sowie Zusatzinformationen und Hintergründe durch eine Vielfalt an Ansichten geboten werden. Im ZDF ordneten i. d. R. Journalisten des eigenen Hauses die Geschehnisse der Wahl ein. Zusätzlich wurden zu einer Bundestagswahl erstmals 2002 ein Politikwis-

---

[163] Dies ist an Abenden von Landtagswahlen üblich (vgl. Interview Bellut: 3; Interview Raschke: 1 ff.).
[164] Friedrich Nowottny war Moderator der ARD-Wahlberichte zu den Bundestagswahlen von 1976 bis 1983. Johannes Groß trat 1969 als Kommentator und 1990 als Experte der ARD auf.

senschaftler und ein Journalist eines anderen Mediums herangezogen. RTL setzte auf erfahrene und bekannte Journalisten als weitere Experten, die vorher bei der ARD gearbeitet hatten. Dabei ging es den Verantwortlichen darum, Glaubwürdigkeit zu erzeugen und über eine Option zur Interpretation und Kommentierung zu verfügen. Eine Rolle spielte außerdem der Wiedererkennungswert der verpflichteten Journalisten. Bei Sat.1 war es üblich, Meinungsforscher und Wissenschaftler weiterer Fachrichtungen zu Wort kommen zu lassen. Wie bei RTL trat 2002 auch bei Sat.1 ein ehemaliger Journalist des öffentlich-rechtlichen Fernsehens auf. Für Sat.1 war es wichtig und zur Analyse der Wahlergebnisse notwendig, auf fremde Expertise zurückgreifen zu können, da der Sender meist über keine eigenen Wahlforschungsdaten verfügte (vgl. Kap. 5.2.1.3 u. 5.2.2.1).

5.2.3.3 Politiker und Bürger

In den Wahlabendberichten der analysierten Fernsehsender kamen Politikern und Bürgern im gesamten Untersuchungszeitraum jeweils ähnliche Rollen zu. *Politiker* traten üblicherweise als Interviewpartner auf, gaben Antworten auf Fragen oder wichen diesen aus, formulierten z. T. auch Statements oder hielten Reden vor Anhängern ihrer Partei, die live übertragen wurden. Die Verantwortlichen der Wahlsendungen nahmen an, dass die Zuschauer „eher daran interessiert sind, die Politiker, die entweder gewählt oder nicht gewählt worden sind, zu hören als ausschließlich Bürger, die sich mit dem Ergebnis dieser Wahl beschäftigen" (Interview von der Tann: 7). Vor diesem Hintergrund wurde die Einbindung von *Bürgern* lediglich als eine zusätzliche Gestaltungsoption der Wahlberichte betrachtet (vgl. Interview von der Tann: 7), die zum einen ermöglichte, zu erfahren, welche Wirkungen die Wahlergebnisse und die Berichterstattung darüber beim Publikum bzw. den Wählern hatten (vgl. Interview Schönenborn: 11). Zum anderen diente dies dazu, Bürgernähe zu demonstrieren (vgl. Freisewinkel 1969: 225 f.; Akte „Berichterstattung über die Bundestagswahl 1969. Produktionsunterlagen" im Historischen Archiv des WDR", Sig. 383).

Wenn Bürger in die Wahlberichte eingebunden wurden, dann normalerweise im Rahmen eines Vox populi, d. h., einer Straßenumfrage, die an verschiedenen Orten durchgeführt wurden. Da dies in der Zeit des öffentlich-rechtlichen Duopols jedoch vergleichsweise selten geschah, forderten Medienjournalisten damals mehr Live-Schaltungen in Wahlkreise, in Bürgerrunden und in Gaststätten, in denen die Bürger die Wahlauszählung verfolgten (vgl. Schmidt 1980: 2). Der Bürger, „der gewählt hat und der nun auch seine Meinung über den Wahlausgang hat [...]" (Schmidt 1980: 2) müsse in die Wahlabendberichte der Fernsehsender stärker eingebunden werden, so der damalige Appell. Zwischenzeitlich artikulierten die Verantwortlichen der Wahlsendungen bei den privaten Fernsehsendern die Absicht, die Berichterstattung am Abend von Bundestagswahlen stärker zu „popularisieren" (Interview Kloeppel: 2; vgl. Interview Wulf: 6 f.), obgleich sie bereits seit ihrem Hinzukommen das Ziel verfolgten, „[...] Menschen zu Wort kommen zu lassen, die man normalerweise mit Politik nicht unbedingt zusammenbringen würde." (Interview Kloeppel: 2).

Ob und inwiefern sich die Forderungen, die von Medienjournalisten zwischenzeitlich gestellt wurden, und die Ansprüche, die Verantwortliche an die eigene Sendung gerichtet haben, Konsequenzen hatten, lässt sich am TV-Material überprüfen.

5.2.3.4 Rezipienten

Obwohl Rezipienten nicht direkt auf die TV-Wahlsendungen einwirken, kommt ihnen eine Bedeutung bei der Entstehung dieses journalistischen Produkts zu (vgl. Kap. 2.2.2.1). Das Publikum ist mit Journalisten, die die Wahlberichte produzieren, auf vielfältige Weise verbunden. So lässt sich an den *Einschaltquoten* ablesen, wie die Wahlsendungen *genutzt* wurden. Wie sie beim Publikum angekommen sind, lässt sich an den Befunden von *Befragungen* erkennen und an *Zuschauerreaktionen* zeigen. Zudem sind die vermuteten Publikumserwartungen der Journalisten an das *Profil* und das *Interesse* der *Zuschauer* gebunden.

Einschaltquoten

Einschaltquoten werden als „Zuschauerecho" (Interview Raue: 10; vgl. Interview Deppendorf: 5; Interview von der Tann: 5; Lersch 1981: 244) bezeichnet. An ihnen wird z. B. überprüft, ob einzelne Sendebestandteile erfolgreich waren (vgl. Interview Raue: 10; Emmert/Stögbauer 1994). Diese Überprüfung erfolgt im Minutenverlauf. Außerdem wird regelmäßig ein Vergleich mit den Wahlabendsendungen weiterer TV-Anbieter angestellt.[165] Hieran lässt sich die Konkurrenz zwischen den Sendern ablesen (vgl. Kap. 5.2.1.3).

Obgleich gute Quoten des eigenen TV-Senders sehr wichtig sind (vgl. Interview Deppendorf: 5; Hölscher 1999), ist die Existenz der Wahlberichte bei den öffentlich-rechtlichen Anbietern unabhängig davon (vgl. Interview von der Tann: 5; Interview Raue: 10). Denn mit ihnen wird der Programmauftrag erfüllt, über für die Gesellschaft relevante Ereignisse zu informieren und zu orientieren (vgl. Interview Bellut: 4; Interview Nowottny: 8; Interview Raue: 10 sowie Kap. 5.2.1.1 u. 5.2.1.2). Auch die Vertreter der Privatsender geben an, dass bei den Wahlberichten Quoten nicht so eine große Rolle spielten wie bei anderen Programmteilen, da damit Kompetenz geschaffen werden solle (vgl. Interview Wulf: 6).

Ein Vergleich der Einschaltzahlen zu Wahlabendsendungen über Bundestagswahlen von 1961 bis 2002 bei den vier Sendern hat sich aus mehreren Gründen als schwierig erwiesen. Zum einen liegen für die Wahlberichte in den 1960er Jahren kaum Informationen ihrer Nutzung vor. Dies liegt u. a. daran, dass Zuschaueruntersuchungen bis zum Start des ZDF bei der ARD kaum „für nötig gehalten worden" (Dussel 1999: 251) sind und erst danach mit empirischen Studien begonnen wurde (vgl. Dussel 1999: 252 ff.; Schumacher/Gerhard o. D.). Zum anderen wurden im Zeitverlauf unterschiedliche Messmethoden verwendet. Bis in die 1970er Jahre wurden Haushaltsquoten, d. h., der Anteil eingeschalteter Fernsehhaushalte[166], ermittelt, während seitdem Reichweiten (RW) und Marktanteile (MA)[167] erhoben wurden (vgl. Kayser 1999: 212; Schumacher/Gerhard o. D.). Darüber hinaus wird ein Vergleich der Quoten zu den verschiedenen Zeitpunkten dadurch erschwert, dass die Daten für unterschiedliche Bezugsgruppen ausgewiesen sind. Dies ist bei der Interpretation zu berücksichtigen.

---

[165] Vgl. Interview Raue: 10; Auszug aus der Hauptredaktionsleiter-Sitzung des ZDF, dokumentiert in Akte „Bundestagswahl 1987" Bestand Chefredakteur im Historischen Archiv des ZDF, Sig. 6/1146.

[166] Fernsehhaushalte bedeutet, dass lediglich diejenigen Haushalte in die Untersuchung einbezogen wurden, die über ein Fernsehgerät verfügten.

[167] Die Reichweite beschreibt, wie viele Zuschauer ein Programm gesehen haben. Der Marktanteil drückt aus, welchen prozentualen Anteil ein Fernsehprogramm an den Gesamtzuschauern erreicht, die zu einem bestimmten Zeitpunkt ferngesehen haben (vgl. ALM 2001: 413).

Sonderberichte zu Bundestagswahlen im deutschen Fernsehen haben i. d. R. ein großes Publikum erreicht.[168] So war 1961 fast die Hälfte aller Geräte in *Fernsehhaushalten* eingeschaltet (vgl. Akte „Bundestagswahl 1965 und 1969" Bestand Chefredakteur im Historischen Archiv des ZDF, Sig. 6/0013). Die durchschnittliche Sehbeteiligung bis 1972 lag zwischen 46 Prozent und 71 Prozent (vgl. Darschin 1972: 1). Auch danach sahen etwa 60 Prozent aller Fernsehhaushalte die Wahlabendberichte (vgl. Tab. 22).

Tab. 22: Eingeschaltete Fernsehhaushalte in Prozent

Jahr	ARD[1]	ZDF[2]	RTL[3]	Sat.1[4]
1961	44	--	--	--
1965	31	keine Angabe (k. A.)	--	--
1969	11-33*	6-40*	--	--
1972	25-40*	29-46*	--	--
1976	21-38*	28-40*	--	--
1980	5-37*	14-35*	--	--
1983	23-34*	25-36*	--	--
1987	28-34*	12-23*	5-8*	4
1990	24	14-20*	3-4*	2-3*

Quelle: schriftliche Dokumente
[1] GfK 1990, 1987a u. 1987b; o. V. 1983a; o. V. 1980b: 1; pb 1980; Teleskopie 1980 u. 1976; Darschin 1979; Hübner 1976: 3; Infratam 1972 u. 1969; o. V. 1972b; Ihlau 1969; Akte „Bundestagswahl 1965 und 1969", Bestand Chefredakteur im Historischen Archiv des ZDF, Sig. 6/0013.
[2] GfK 1990, 1987a, 1987b; o. V. 1983a; o. V. 1980b: 1; pb 1980; Teleskopie 1980 u. 1976; Infratam 1972 u. 1969; o. V. 1972b; Ihlau 1969.
[3] GfK 1990 u. 1987b.
[4] GfK 1990 u. 1987b.
* Die vorliegenden Informationen schwanken zwischen den angeführten Zahlen. Zum Teil handelt es sich um Angaben für unterschiedliche Sendeabschnitte.

Auch im Hinblick auf Reichweiten und Marktanteile haben Wahlabendberichte zu Bundestagswahlen im Fernsehen große Resonanz gefunden (vgl. Tab. 23). 1994 erreichten die Sendungen bei ARD, ZDF und Sat.1 insgesamt mehr als 60 Prozent der Zuschauer. 1998 waren es bei allen vier Sendern fast 70 Prozent. 2002 erzielten ARD, ZDF und RTL gemeinsam einen Marktanteil von mehr als 50 Prozent.

Seit der Dualisierung des deutschen Rundfunksystems haben ARD und ZDF bei den Wahlabendsendungen hinsichtlich der Zuschauerresonanz dominiert, obwohl die Privatsender – v. a. RTL – in jüngerer Zeit bei den Einschaltquoten aufgeholt haben (vgl. Geese/Zubayr/Gerhard 2005: 622 f.; Zubayr/Gerhard 2002: 595 u. 1999: 239; Kain 2000; Emmert/Stögbauer 1994: 9 sowie Kap. 3.2). Dabei konkurrierten ARD und ZDF auch miteinander. Diese Konkurrenz um Zuschauer besteht, seitdem das ZDF 1965 erstmals über eine Bundestagswahl am Wahlabend berichtete (vgl. Kap. 5.2.1.3). Bis auf wenige Ausnahmen, in denen des ZDF höhere Quoten hatte – z. B. 1972 – oder die Quoten vergleichbar hoch waren – etwa 1969, 1976 und 1983 (vgl. o. V. 1983b: 2 f.; Darschin 1979 u. 1972), entschied die ARD den Wettbewerb um das Publikum über die Jahre hinweg meist für sich. Entsprechend wurde die Frage, warum dies so ist, mehrmals in den Gremien des ZDF erörtert (vgl. Niederschriften APouZ: 09.06.1988, 06.02.1987). Als Begründung wurde u. a. das

---

[168] Die Wahlabendberichte zu Landtagswahlen erzielen nicht so hohe Quoten wie diejenigen zu Bundestagswahlen (vgl. Teichert/Deichsel 1987: 9).

Image des ZDF als zweites Programm angeführt (vgl. Niederschriften APouZ 6.02.1987). Weiterhin wurde die gesamte Programmgestaltung am Wahlabend als Grund für das schlechtere Abschneiden des ZDF gegenüber der ARD herangezogen, v. a. die ARD-Serie „Lindenstraße" wurde regelmäßig als Ursache für die schlechteren Quoten des ZDF ausgemacht (vgl. Interview Bellut: 4; Interview Raue: 10; düp 2001: 49; Hölscher 1999). Nur 2002 drehte sich diese Argumentation um, als die ARD trotz des knappen Ausgangs der Wahl am geplanten Programmablauf festhielt und die „Lindenstraße" sendete (vgl. Kap. 6.1.1). Wie aus den Quoten-Verläufen ersichtlich ist, schalteten zu diesem Zeitpunkt 3,34 Millionen Zuschauer von der ARD zum ZDF (vgl. Huber 2002; Jakobs/Ott 2002: 23).[169] Vor dem Hintergrund dieser Daten wird deutlich, dass es in Bezug auf das Zuschauerinteresse gemessen an Einschaltquoten nicht so sehr auf den Programminhalt des anderen TV-Anbieters ankam, als vielmehr auf die Wahlgeschehnisse (vgl. für eine ähnliche Schlussfolgerung Geese/Zubayr/Gerhard 2005: 623; Zubayr/Gerhard 2002: 595). Als ausschlaggebend erscheint die Frage, ob der Ausgang der Wahl so knapp war, dass noch keine sicheren Aussagen darüber getroffen werden konnten. In diesen Fällen waren die Zuschauer an entsprechenden Informationen interessiert. Wenn demgegenüber bereits klar war, wer die Wahl gewonnen hatte, war eine Abwechslung wie durch die „Lindenstraße" willkommen.

Tab. 23: Einschaltquoten der Hauptausgaben der Wahlabendsondersendungen seit 1976[170]

Jahr	ARD[1]		ZDF[2]		RTL[3]		Sat.1[4]	
	RW in Mio	MA in %	RW in Mio	MA in %	RW in Mio	MA in %	RW in Mio	MA in %
1976	5,97-12,67	14-30	7,69-12,65	18-30	--	--	--	--
1980	1,65-12,77	3-24	6,24-12,92	10-24	--	--	--	--
1983	k. A.	k. A.	k. A.	k. A.	--	--	--	--
1987	11,92-14	k. A.	6,84-8,68	k. A.	0,07-0,15	3-5	0,06	2
1990	8,58-8,80	k. A.	4,64-7,24	k. A.	1,04	k. A.	0,61-0,92	k. A.
1994	6,72-8,67	26-30,7	5,89-8	21,4-26,9	1,62-2,5	k. A.	1,14-2,14	5,0-6,7
1998	7,71	28,2	5,75	21,0	3,02-3,03	9,9-12,4	2,05	7,6
2002	5,53	21,2	5,23	18,8	1,56-3,90	8,1-12,6	k. A.	k. A.

Quelle: schriftliche Dokumente

[1] Huber 2002; RP 2002; WDR HA KomForS, Medienforschung 2002; Akte zur „Bundestagswahl 1998" im Historischen Archiv des WDR, Sig. 146; Protokoll WDR-RR vom 21.10.1998: 4; ZDF Medienforschung 1998a u. 1994b; o. V. 1995: 158; Nyary 1994; o. V. 1994: 39; GfK 1990 u. 1987a, DW 1987: 7; schw/da 1987; Teleskopie 1980 u. 1976.

[2] Huber 2002; RP 2002; WDR HA KomForS, Medienforschung 2002; Akte zur „Bundestagswahl 1998" im Historischen Archiv des WDR, Sig. 146; Protokoll WDR-RR vom 21.10.1998: 4; ZDF Medienforschung 1998a u. 1994b; Nyary 1994; ZDF Planungsredaktion/Medienforschung 1994; GfK 1990 u. 1987a; schw/da 1987; Teleskopie 1980 u. 1976.

[3] RTL 2002; WDR HA KomForS, Medienforschung 2002; Akte zur „Bundestagswahl 1998" im Historischen Archiv des WDR, Sig. 146; Protokoll WDR-RR vom 21.10.1998: 4; RTL 1998; ZDF-Medienforschung 1998a u. 1994b; Nyary 1994; GfK 1990.

[4] Akte zur „Bundestagswahl 1998" im Historischen Archiv des WDR, Sig. 146; Protokoll WDR-RR vom 21.10.1998: 4; Sat.1 Medienforschung 1998 u. 1994; Nyary 1994; ZDF Medienforschung 1994b; GfK 1990.

---

[169] Im Nachhinein wurde die Ausstrahlung der „Lindenstraße" von mehreren Vertretern der ARD kritisiert (vgl. Jakobs/Ott 2002: 23; uka 2002: 10).

[170] In Tabelle 23 sind Zuschauer eines Alters ab drei Jahren (1980, 1998 und 2002) bzw. Zuschauer ab sechs Jahren (1987, 1990 und 1994) ausgewiesen. Die Zahlen der Privatsender im Jahr 1987 sowie von ARD und ZDF 1976 beziehen sich auf Zuschauer ab 14 Jahren.

Darüber hinaus wurden von Seiten des ZDF die Unterhaltungselemente als störend bezeichnet (vgl. Interview Bellut: 4). Auf sie wurde seit 1990 verzichtet (vgl. Kap. 5.2.2.2). Doch gerade die Unterhaltungsabschnitte hatten in den früheren Wahlberichten dazu beigetragen, dass das ZDF in Einzelfällen von mehr Zuschauern gesehen wurde als die ARD (vgl. Darschin 1979 u. 1972: 1). Daraufhin wurde in der ARD nach Gründen geforscht. Eine Studie ergab, dass zwei Drittel der Befragten „eine Berichterstattung [...], die mit Unterhaltungssendungen durchsetzt ist" (Darschin 1979) bevorzugten. Dabei handelte es sich nicht nur um politisch Desinteressierte. Daraus wurde geschlossen, dass das Konzept des ZDF aufgegangen sei, „mit einer unterhaltenden Wahlsendung eine höhere Zuschauerquote zu erreichen, als sie sonst für politische Sendungen üblich ist" (Darschin 1972: 1). Auf diese Feststellung wurde reagiert – zunächst moderat: 1976 wurde ein politisches Wahlstudio realisiert. Die Zuschauer goutierten die Änderungen insofern, als sie bis gegen 21.20 Uhr zu fast gleichen Teilen ARD und ZDF sahen. Dann gingen die Nutzungskurven auseinander. Das ZDF wurde – offenbar in Erwartung des angekündigten Krimis – zwei- bis viermal so häufig eingeschaltet wie die ARD. Daraus wurde in der ARD gefolgert, dass das Interesse an Berichten zu Bundestagswahlen intensiver sei und länger anhielte, wenn eine Möglichkeit zur Entspannung gegeben werde (vgl. Darschin 1979).

Zuschauerbefragungen

In mehreren Befragungen wurden Zuschauer um eine Bewertung der Wahlabendsendungen gebeten. Deren Ergebnisse sind aber aufgrund der unterschiedlichen Erhebungsmethoden und des differenten Untersuchungsdesign nur bedingt vergleichbar (vgl. Kap. 3.2).

1965 und 1969 schnitten die Wahlberichte von ARD und ZDF in der Zuschauerbewertung etwa gleich gut ab: Sie wurden jeweils von fast 80 Prozent der Befragten als „ausgezeichnet" bis „gut" bewertet (vgl. Frank 1969: 4). In Befragungen zu den Bundestagswahlen 1998 und 2002 erzielte das ZDF jeweils geringfügig bessere Werte als die ARD; 2005 zeigte sich ein umgekehrtes Bild (vgl. Geese/Zubayr/Gerhard 2005: 623). Darüber hinaus wurde die Berichterstattung der öffentlich-rechtlichen Sender i. d. R. besser beurteilt als die der Privatsender (vgl. Zubayr/Gerhard 2002: 596 f. u. 1999: 240 ff.). So gaben 2002 bspw. 30 Prozent aller Befragten auf die Frage, welcher Sender am besten am Wahlabend berichtet habe, das ZDF an. Demgegenüber nannten 27 Prozent die ARD, 16 Prozent entschieden sich für RTL und nur zwei Prozent bewerteten Sat.1 als besten Sender.

Zuschauerreaktionen

Für einige Messzeitpunkte sind Reaktionen der Zuschauer zu den Wahlabendsendungen von ARD und ZDF dokumentiert.[171] Kritik wurde Ende der 1970er und Anfang der 1980er Jahre insbesondere daran geübt, dass beide Sender an Wahlabenden zu viel über Politik berichtet und zu wenige Möglichkeiten der Entspannung gegeben hätten. Es wurde z. B.

---

[171] Vgl. ZDF-Dokumente zur Bundestagswahl 1990 im Historischen Archiv des ZDF; Akte „Bundestagswahl 1987" Bestand Chefredakteur im Historischen Archiv des ZDF, Sig. 6/1146; Akte „Bundestagswahl 1983" im Historischen Archiv des WDR, Sig. 143; Ergebnis-Protokoll des Telefondienstes in ZDF-Dokumenten zur Bundestagswahl 1976 im Historischen Archiv des ZDF.

gefragt, warum nicht einer der beiden Kanäle ein „politikfreies Programm" gesendet hätte. Während die Anrufer bei der ARD die etablierte sonntägliche Sportberichterstattung verlangten, beschweren sich die Anrufer beim ZDF über die zu lange Dauer der Wahlsendung vor dem Krimi. In den 1980er Jahren wurden von Anrufern beider TV-Sender auch abrupte Unterbrechungen von Interviews zugunsten neuer Hochrechnungen kritisiert (vgl. Kap. 6.2.2). Darüber hinaus wurde der Einsatz von mehr Frauen gefordert (vgl. Kap. 5.2.3.1): Mehr als 50 Prozent der Wahlberechtigten seien Frauen, warum berichtete also nicht eine einzige Reporterin von der Wahl, so lautete etwa die Kritik an der ARD 1983.

Zuschauerprofil

Zu dem Profil der Zuschauer von Wahlabendsendungen liegen vereinzelte, auf Einschaltzahlen basierende Auswertungen vor, die von den Medienforschungsabteilungen der analysierten TV-Sender durchgeführt worden sind. Ein Einbezug der originären Einschaltzahlen ist nur bedingt möglich, da unterschiedliche Bezugsgruppen ausgewiesen und teilweise nur prozentuale Werte statt absoluter Zahlen angegeben sind. Es deutet sich Folgendes an:

Hinsichtlich des *Geschlechts* wurden früh vergleichsweise geringe Unterschiede deutlich: So interessierten sich Männer am Abend der Bundestagswahlen 1965 und 1969 stärker für die politische TV-Berichterstattung als Frauen (vgl. Bz/Ri/Mm 1972: 1 f.), wobei im ZDF-Publikum Frauen etwas stärker vertreten waren als in der Zuschauerschaft der ARD (Wördemann 1969b: 5). Dies zeigt sich auch in den konkreten Zahlen, die für drei Bundestagswahlen vorliegen (vgl. Tab. 24). Danach haben Frauen insbesondere 1976 die ZDF-Sendung bevorzugt. Sie stellten in den übrigen Wahlberichten ebenfalls die Mehrheit der Zuschauerschaft des ZDF. Auch die ARD-Wahlsendung 1976 wurde von mehr Frauen als Männern gesehen. Im RTL-Publikum waren 1994 und 1998 ebenfalls mehr Zuschauerinnen als Zuschauer vertreten. Insgesamt zeigt sich, dass Männer und Frauen jeweils zu fast gleichen Teilen die Wahlberichte der einzelnen TV-Sender gesehen haben.

Tab. 24: Zuschauer im Durchschnitt in Millionen nach Geschlecht pro TV-Sender[172]

Jahr	ARD[1]		ZDF[1]		RTL[2]		Sat.1[2]	
	weibl.	männl.	weibl.	männl.	weibl.	männl.	weibl.	männl.
1976	5,25	5,14	6,08	4,68	--	--	--	--
1994	3,61	3,78	3,49	3,32	1,12	1,06	k. A.	k. A.
1998	3,68	3,81	2,84	2,79	1,37	1,28	k. A.	k. A.

Quelle: schriftliche Dokumente
[1] ZDF Medienforschung 1998b u. 1994a; Teleskopie 1976.
[2] ZDF Medienforschung 1998b u. 1994a.

In Bezug auf das *Alter* der Zuschauer von Bundestagswahlsendungen wurde bereits 1969 festgestellt, dass die Sehhäufigkeit mit steigendem Alter zunahm (vgl. Frank 1970: 193). Dieser Befund wird von Informationen zu den Wahlberichten 1998 und 1994 gestützt (vgl.

---

[172] In Tabelle 24 sind Zuschauer ab 14 Jahren aufgenommen. Die Durchschnittswerte für die 1976er-Wahl wurden auf Basis der vorliegenden einzelnen Werte von der Autorin errechnet.

Tab. 25).[173] Die Privatsender wiesen dabei jeweils einen höheren Anteil an jüngeren Zuschauern auf als ARD und ZDF. Bei den älteren Zuschauern war dies umgekehrt.

Tab. 25: Zuschauer nach Alter in Prozent aller Zuschauer eines TV-Senders

Alter	ARD*		ZDF*		RTL*		Sat.1*	
	1998	1994	1998	1994	1998	1994	1998	1994
14-19	3	3	2	2	5	4	k. A.	2
20-29	6	10	7	7	14	14	k. A.	11
30-39	14	14	11	9	24	18	k. A.	19
40-49	14	15	13	10	19	20	k. A.	17
50-64	36	31	31	31	23	28	k. A.	25
ab 65	27	28	37	39	15	16	k. A.	26

Quelle: schriftliche Dokumente
* ZDF Medienforschung 1998b, 1994a u. 1994b.

Das Interesse an der Wahlberichterstattung im Fernsehen hängt mit dem Grad der *Bildung* zusammen: So interessierte sich etwa die Hälfte bis zu gut 70 Prozent der Volksschul-Abgänger für das Ergebnis der Bundestagswahlen 1965 und 1969 (vgl. Bz/Ri/Mm 1972: 1 f.). Bei den Absolventen der Mittel- und Fachschule waren es zwischen rund 70 und 86 Prozent sowie bei Hochschulabsolventen zwischen etwa 74 und 90 Prozent. Mit diesen Befunden aus den 1960er Jahren sind die Daten, die zur Zuschauerschaft der Wahlsendungen 1994 und 1998 vorliegen (vgl. Tab. 26) kaum vergleichbar. Jedoch zeigt sich an ihnen, dass bei allen vier Sendern der größte Anteil der Zuschauer die Volksschule mit Lehre absolviert hat. Deren Anteil war bei Sat.1 mit fast 50 Prozent am größten. Während bei RTL die Gruppe der Absolventen weiterführender Schulen einen höheren Anteil erreichte als bei den übrigen Sendern, war die Gruppe der Zuschauer mit Abitur oder Hochschulabschluss bei den Öffentlich-Rechtlichen größer als bei den kommerziellen Anbietern.

Tab. 26: Zuschauer nach Bildung in Prozent aller Zuschauer eines TV-Senders

Bildung	ARD*		ZDF*		RTL*		Sat.1*	
	1998	1994	1998	1994	1998	1994	1998	1994
Volksschule ohne Lehre	11	8	11	10	16	12	k. A.	9
Volksschule mit Lehre	43	40	44	42	39	40	k. A.	48
Weiterführende Schule	27	31	29	32	30	37	k. A.	30
Abitur/Hochschule/Studium	19	21	16	17	13	11	k. A.	12

Quelle: schriftliche Dokumente
* ZDF Medienforschung 1998b, 1994a u. 1994b.

Zuschauerinteresse

Welche Bestandteile auf hohes oder niedriges Zuschauerinteresse stoßen können, lässt sich anhand der Einschaltzahlen im Minutenverlauf und mit Hilfe von Befragungen herausarbeiten. Beides wurde im Untersuchungszeitraum im Auftrag von ARD und ZDF praktiziert

---

[173] Konkrete, vergleichbare Daten hinsichtlich des Alters der Zuschauer liegen nur zu diesen Wahlberichten vor. Sonst wurden allenfalls die Marktanteile in bestimmten Altersgruppen ausgewiesen.

(vgl. Emmert/Stögbauer 1994; Frank 1970). Dabei hat eine Minutenauswertung der Zuschauerzahlen der Wahlsendungen 1994 von ARD, ZDF und RTL ergeben, dass senderübergreifend Bestwerte bei Hochrechnungen und Analysen der Wahlergebnisse erzielt wurden (vgl. Emmert/Stögbauer 1994: 1, 4, 8 u. 12; vgl. für ein hohes Interesse an Wahlforschungsergebnissen in Wahlkämpfen Rössler 2003: 154; Brettschneider 2000: 490). Ebenfalls über Sendergrenzen hinweg gingen die Zuschauerzahlen bei Interviews mit Politikern zurück (vgl. Emmert/Stögbauer 1994: 4, 9 u. 12). Auch politikferne Elemente führten zu Zuschauerrückgängen. So erlitt die ARD massive Verluste, wenn Sportmeldungen gesendet wurden (vgl. Emmert/Stögbauer 1994: 2 u. 4).

Dass Hochrechnungen für die Zuschauer von TV-Wahlabendsendungen besonders interessant sind, wurde bereits Ende der 1960er Jahre bei einer Befragung festgestellt, nach der den Hochrechnungen das größte Interesse zukam und sie auch am besten beurteilt wurden (vgl. Frank 1970: 196 sowie Kap. 3.2). Nach den Befunden der 1994er-Minutenanalyse überraschend, nahmen damals Unterhaltungsbeiträge den zweiten Platz in der Zuschauergunst ein. In der Reihenfolge ähnliche Ergebnisse brachte eine weitere Befragung zum Zuschauerinteresse und zur Bewertung der Wahlberichterstattung über die Bundestagswahl 1969 (vgl. Hagen 1969b: 2 f.). Erneut stießen Hochrechnungen und Unterhaltungselemente auf hohes Interesse. Erstaunlich im Vergleich mit der Minutenauswertung von 1994 ist, dass es großes Interesse an Interviews mit Politikern gab.

Das Publikum, sein Profil, seine Erwartungen und Interessen sowie seine Beurteilungen sind potenzielle Einflussgrößen für die Produktion der Wahlabendsondersendungen im deutschen Fernsehen, deren Auswirkungen sich inhaltsanalytisch ermitteln lassen (vgl. Kap. 6 bis 8). In Bezug auf die Rezipienten lässt sich Folgendes *zusammenfassen*:

Es bestand im Untersuchungszeitraum gemessen an den Einschaltquoten ein starkes Interesse an den Wahlabendsendungen im deutschen Fernsehen. Auffällig ist außerdem, dass die öffentlich-rechtlichen Sender – seitdem ein duales Rundfunksystem besteht (vgl. Kap. 5.2.1.3) – regelmäßig höhere Quoten erzielt haben als die Privatsender. Dabei erreichte die ARD meist höhere Einschaltzahlen als das ZDF, was auf verschiedene Gründe wie das Image des ZDF als zweites Programm oder die gesamte Programmgestaltung zurückgeführt wird. Darüber hinaus sind Unterschiede in der Beurteilung der Fernsehsender durch die Zuschauer festzustellen. In Zeiten des Duopols schnitten ARD und ZDF etwa gleich gut ab. Im dualisierten deutschen Rundfunksystem erreichte das ZDF 1998 und 2002 geringfügig bessere Werte als die ARD. Beide öffentlich-rechtlichen Sender wurden in Bezug auf ihre Wahlabendberichte 1998 und 2002 aber besser beurteilt als die Privatsender. Weiterhin übten die Zuschauer Kritik an den Wahlsendungen von ARD und ZDF: Ende der 1970er und Anfang der 1980er Jahre zielte diese darauf ab, dass zu viel über Politik berichtet worden sei. In den 1980er Jahren wurden abrupte Unterbrechungen von Interviews kritisiert und die Zuschauer forderten mehr Frauen vor der Kamera.

Des Weiteren hat sich herauskristallisiert, dass sich Männer in den 1960er Jahren stärker für die Wahlabendberichte interessiert, seit den 1990er Jahren Männer und Frauen jedoch zu fast gleichen Teilen die Wahlabendsendungen gesehen haben. Zudem kann festgehalten werden, dass die Sehhäufigkeit mit steigendem Alter zugenommen hat. Im Sendervergleich ist zu konstatieren, dass die Privatsender einen höheren Anteil an jüngeren Zuschauern und ARD und ZDF einen höheren Anteil an älteren Zuschauern aufwiesen. Das Interesse an den Wahlabendberichten hing ferner mit der Bildung zusammen, wobei sich Differenzen bei den Sendern gezeigt haben.

Schließlich konnte sowohl in den 1960er Jahren als auch in den 1990er Jahren über die Sendergrenzen hinweg ein großes Interesse an und eine gute Beurteilung von Hochrechnungen ermittelt werden. Während in den 1960er Jahren Unterhaltungsbeiträge den zweiten Platz in der Zuschauergunst einnahmen, führten politikferne Elemente in den 1990er Jahren zu Zuschauerrückgängen. Zurück gingen die Zuschauerzahlen in den 1990er Jahren ebenfalls bei Interviews mit Politikern.

5.3 Zwischenfazit

Um die Entwicklung von Wahlabendsondersendungen im deutschen Fernsehen erklären und die Implikationen identifizieren zu können, ist es notwendig, den *Produktionskontext*, innerhalb dessen dieses journalistische Format in den vergangenen Jahrzehnten entstanden ist, näher zu betrachten. Dies wurde in dem vorliegenden Kapitel geleistet, indem zunächst eine *Chronik* aufgestellt wurde (vgl. Kap. 5.1). Berücksichtigt wurden dabei die politischen Konstellationen und die mediale Entwicklung. Anschließend wurde auf einzelne *Rahmenbedingungen* eingegangen (vgl. Kap. 5.2).

Auf der *Organisations-Ebene* wurden rechtliche Regelungen sowie Berufsnormen beschrieben, wirtschaftliche Bedingungen herausgearbeitet, technische Einflussfaktoren vorgestellt und formale Strukturen erläutert (vgl. Kap. 5.2.1). Darüber hinaus wurde auf die Entstehungszusammenhänge der *inhaltlichen Konzeption* von Wahlberichten auf Basis von nicht-journalistischen Zweckprogrammierungen eingegangen (vgl. Kap. 5.2.2). Schließlich wurden die Rollen von Akteuren, die an der Produktion der Wahlsendungen beteiligt sind, beleuchtet (vgl. Kap. 5.2.3). Dabei wurde auch die Rolle von Rezipienten erörtert (vgl. Kap. 5.2.3.4). Die Zuschauer haben zwar keinen direkten Einfluss auf die Herstellung von Fernsehsendungen, aber sie rufen durch ihr Verhalten und ihre Bewertungen bestimmte Publikumsbilder bei Produzenten hervor und beeinflussen so den Produktionsprozess (vgl. Kap. 2.2.2.1). Die Bedingungskonstellationen der Wahlabendberichterstattung im deutschen Fernsehen haben sich im Untersuchungszeitraum verändert. Außerdem gibt es Unterschiede hinsichtlich der Rahmenbedingungen der untersuchten Fernsehsender.

Veränderungen im Zeitverlauf lassen sich bspw. in Bezug auf die politische Situation feststellen (vgl. Kap. 5.1). Unter anderem haben die Wahlentscheidungen der Bürger sowohl zu knappen Wahlausgängen als auch zu klaren Ergebnissen geführt – dementsprechend differierte der Ausgangspunkt der Wahlberichterstattung, der durch die Wahl als gesellschaftliches Ereignis vorgegeben wurde. Des Weiteren haben sich im Hinblick auf die Marktposition veränderte Konstellationen im Untersuchungszeitraum gezeigt (vgl. Kap. 5.2.1.3). Wurden die Wahlsendungen zunächst unter den Bedingungen des ARD-Monopols produziert, wurden sie später nach den Regeln des Duopols ARD und ZDF und schließlich im Rahmen des dualisierten deutschen Rundfunksystem hergestellt. Das Hinzukommen von Privatsendern führte zu einer Veränderung der Wettbewerbssituation, wobei nach wie vor die Öffentlich-Rechtlichen hinsichtlich der Wahlabendberichterstattung als Hauptkonkurrenten eingestuft werden.

Hinsichtlich der *Fernsehtechnik* konnten ebenfalls veränderte Produktionsbedingungen für die Wahlsendungen eruiert werden (vgl. Kap. 5.2.1.4). So hat sich im Untersuchungszeitraum die Darstellungs- und Bearbeitungstechnik gewandelt. Dies wird beim Einsatz von Grafik-Programmen zur Darstellung der Wahlforschungsergebnisse deutlich.

Auch was die *inhaltlichen Konzeptionen* betrifft, konnten Veränderungen im Zeitverlauf ausgemacht werden (vgl. Kap. 5.2.2). So konnten für die Einbindung der *Wahlforschung* unterschiedliche Beweggründe identifiziert werden (vgl. Kap. 5.2.2.1). Ob und inwiefern exit polls genutzt werden durften, wurde von den zuständigen Instanzen etwa mit Verweis auf Warnungen vor Datenmissbrauch, auf Befürchtungen einer Beeinflussung des Wählerverhaltens und auf Annahmen einer Beeinträchtigung des Wahlaktes entschieden. Auch war die Wettbewerbssituation mit den privaten Anbietern relevant.

In Bezug auf die *wahlfernen Elemente* lassen sich unterschiedliche Konzeptionen ermitteln (vgl. Kap. 5.2.2.2): von der Wahlparty mit Showauftritten, die live gezeigt wurden, über Einspielungen von Folgen aus Fernsehserien bis hin zur Einbindung der eigenen Sportsendung. Als beeinflussende Bedingung konnte die Konkurrenz auf dem deutschen Fernsehmarkt festgestellt werden (vgl. Kap. 5.2.1.3). Darüber hinaus wurden die Konzeptionen im Zeitverlauf an vermuteten Publikumswünschen ausgerichtet (vgl. Kap. 5.2.3.4). Auch die Überlegung, die Phasen der Übertragung, in der keine aktuellen Informationen zur Wahl lieferbar waren, mit wahlfernen Bestandteilen zu überbrücken, spielte eine Rolle.

Des Weiteren lässt sich aus den Aussagen in den Experteninterviews der Schluss ziehen, dass mit der Zeit neben Informationen zum Wahlergebnis auch Analysen und Erläuterungen des Wahlausgangs immer wichtiger wurden (vgl. Kap. 5.2.3.1). Es hat sich darüber hinaus gezeigt, dass seit 1987 tendenziell mehr Journalistinnen eingesetzt wurden. Die Aufgaben, die jeweils von den Moderatoren, den Zahlen-Präsentatoren und den Reportern bei den einzelnen Fernsehsendern im Untersuchungszeitraum erfüllt wurden, divergierten nur marginal (Hinweis auf Ritualisierung; vgl. Kap. 2.2.3.4). Auch den *Politikern* und den *Bürgern* kamen im gesamten Untersuchungszeitraum jeweils ähnliche Rollen zu (vgl. Kap. 5.2.3.3). Zeitweise verfolgten ARD und ZDF das Ziel, Bürgernähe zu demonstrieren. RTL hat von Beginn an mehr oder weniger den Anspruch erhoben zu popularisieren.

Im Untersuchungszeitraum kam den Wahlabendsendungen gemessen an den *Einschaltquoten* stets ein starkes Interesse zu (vgl. Kap. 5.2.3.4). Belege für Änderungen in der *Zuschauerbeurteilung* finden sich in dokumentierten Zuschauerbriefen und -anrufen. Wurde Ende der 1970er und Anfang der 1980er Jahre kritisiert, dass zu viel über Politik berichtet worden sei, wurde in den 1980er Jahren Kritik an abrupten Unterbrechungen von Interviews geübt. Während für verschiedene Zeitpunkte ein großes Interesse an und eine gute Beurteilung von Hochrechnungen dokumentiert sind, gehen die *Bewertungen* für andere Elemente auseinander. So nahmen Unterhaltungsbeiträge in den 1960er Jahren den zweiten Platz in der Zuschauergunst ein, wohingegen politikferne Beiträge in den 1990er Jahren dafür sorgten, dass Zuschauer das Programm wechselten. Schließlich hat sich herauskristallisiert, dass sich Männer in den 1960er Jahren stärker für die Wahlabendberichte interessiert haben als Frauen. Im Gegensatz dazu haben Männer und Frauen seit den 1990er Jahren zu fast gleichen Teilen die Wahlsendungen gesehen. Die zunehmende Sehhäufigkeit mit steigendem Alter ist im Untersuchungszeitraum gleich geblieben.

Unterschiede in Bezug auf die Produktionsbedingungen *der vier TV-Sender* lassen sich z. B. hinsichtlich der *rechtlichen Regelungen* konstatieren (vgl. Kap. 5.2.1.1). Diese Differenzen werden besonders in den Werbevorschriften deutlich. Sie zeigen sich aber auch in der Forderung nach Vielfalt und Ausgewogenheit, die für ARD und ZDF strenger geregelt ist als für die Privatsender. Des Weiteren unterscheiden sich die Sender im Hinblick auf ihre *Finanzierungsform* (vgl. auch nachfolgend Kap. 5.2.1.3). Was die *Ressourcen* angeht, wurde deutlich, dass ARD und ZDF i. d. R. stärker in die Logistik investiert haben als RTL und Sat.1. Hinsichtlich der *Bearbeitungs- und Darstellungstechnik* nahm RTL eine Sonderrolle ein: Er setzte auf virtuelle Technik (vgl. Kap. 5.2.1.4).

Unterschiede zwischen den TV-Sendern lassen sich darüber hinaus bezüglich der *Wahlforschung* feststellen: Bei den Öffentlich-Rechtlichen war die Relevanz der Wahlforschung höher als bei den Privatsendern. Vor diesem Hintergrund ist es nicht überraschend, dass sich Differenzen bei den *Tätigkeitsmerkmalen* der Moderatoren und Zahlen-Präsentatoren belegen lassen (vgl. Kap. 5.2.3.1). Diese lassen darauf schließen, dass die Rolle des Zahlen-Präsentators bei ARD und ZDF im Vergleich zu RTL und Sat.1 relevanter war. Im Gegensatz dazu kam den Moderatoren bei den Privaten eine stärkere Bedeutung zu als bei den öffentlich-rechtlichen Anstalten. Die Aufgabenbereiche der Reporter waren indes senderübergreifend ähnlich zugeschnitten. Übereinstimmungen gab es auch in Bezug auf den *journalistischen Anspruch*, den die TV-Anbieter mit der Wahlabendberichterstattung verbunden haben (vgl. Kap. 5.2.3.1). Über Sendergrenzen hinweg war es erklärtes Ziel, schnell und zuverlässig zu informieren und dabei möglichst objektiv zu berichten.

Wahlforscher und weitere Experten wurden in den Wahlsendungen der ausgewählten Fernsehsender nach jeweils spezifischen Strategien, die auf unterschiedlichen Gründen beruhen, eingesetzt (vgl. Kap. 5.2.3.2). Auch hieran wird deutlich, dass die *Wahlforscher* im Sendervergleich bei ARD und ZDF eine relevantere Rolle eingenommen haben als bei den Privatsendern. Bei den öffentlich-rechtlichen Anstalten befanden sich Wahlforscher seit Anfang der 1980er Jahre vor Ort. Beim ZDF kamen die Wahlforscher darüber hinaus regelmäßig selbst zu Wort. Beides kam bei RTL und Sat.1 nur ausnahmsweise vor. Durch die Einbindung von *weiteren Experten* haben ARD und ZDF versucht, Orientierung und Hintergründe durch eine Vielfalt an Ansichten zu bieten. RTL verfolgte die Absicht, mit der Kommentierung durch erfahrene und bekannte Journalisten Glaubwürdigkeit zu erzeugen und einen Wiedererkennungswert zu erzielen. Für Sat.1 war es wichtig, auf fremde Expertise zurückzugreifen, um fehlende eigene Wahlforschungsdaten zu kompensieren (vgl. Kap. 5.2.1.3 u. 5.2.2.1).

Auffällig ist schließlich, dass seit der Dualisierung des deutschen Rundfunksystems die öffentlich-rechtlichen Sender mit ihrer Wahlabendberichterstattung regelmäßig höhere *Einschaltquoten* erzielt haben als die Privatsender (vgl. Kap. 5.2.3.4). Wie schon in Zeiten des Duopols erreichte die ARD dabei meist höhere Einschaltzahlen als das ZDF. Des Weiteren schnitten ARD und ZDF in den 1960er Jahren in der Zuschauerbewertung etwa gleich gut ab, dagegen wurde das ZDF 1998 und 2002 geringfügig besser bewertet als die ARD. Zugleich wurden die öffentlich-rechtlichen Anbieter in den letztgenannten Wahljahren besser beurteilt als die Privaten. Die Zuschauerschaft der kommerziellen Anbieter war im Vergleich zum Publikum von ARD und ZDF jünger.

Die vorgestellten Produktionsbedingungen werden sich in den Wahlabendsendungen niederschlagen (vgl. Kap. 2.2.2.1). Das heißt, die veränderten Rahmenbedingungen im Zeitverlauf sowie die Differenzen zwischen den TV-Anbietern werden in den Wahlberichten zu identifizieren sein. Auf Grundlage der Befunde dieses Kapitels ist es also möglich, die Geschichte der Wahlabendberichterstattung, die anhand von formalen, inhaltlichen und fernseh-ästhetischen Merkmalen rekonstruiert wird (vgl. Kap. 6 bis 8), einzuordnen, indem auf Entstehungszusammenhänge verwiesen werden kann. Darüber hinaus können Unterschiede zwischen den Sendern mit Bezug auf den Produktionskontext erläutert werden.

6 Wahlabendberichterstattung im deutschen Fernsehen: formal-inhaltliche und formal-ästhetische Merkmale

Wie sich die grobe *formal-inhaltliche Struktur* der Wahlabendberichterstattung zu Bundestagswahlen im deutschen Fernsehen im Laufe von etwas mehr als vier Jahrzehnten darstellt, wird in diesem Kapitel präsentiert. Dies geschieht, indem erstens ein Überblick über die *Grobstruktur* (vgl. Kap. 6.1) des Wahlabends in den analysierten Fernsehprogrammen zu den verschiedenen Zeitpunkten gegeben wird. Dabei kommt der formal-inhaltlichen Strukturierung außerdem eine herausragende Bedeutung als Grundlage für die weiteren empirischen Schritte zu. Denn sie trägt dazu bei, das Untersuchungsobjekt der Produktanalysen – die Hauptausgaben der Wahlabendsondersendungen – präzise am Fernsehmaterial zu begrenzen und damit empirisch handhab- und vergleichbar zu machen. Zweitens wird die *Feinstruktur* (vgl. Kap. 6.2) der Wahlabendberichte der TV-Sender beschrieben und systematisch miteinander verglichen. Darüber hinaus wird in diesem Kapitel eine Übersicht über die externe Strukturierung und die audiovisuelle Leitmotivik der TV-Wahlberichte zu Bundestagswahlen in mehr als 40 Jahren gegeben. Die Darstellung der *formal-ästhetischen Elemente* erfolgt anhand der Entwicklung bei den einzelnen Sendern. Deren detaillierte Beschreibung dient als Grundlage für die qualitativen Analysen. Diese ist unerlässlich, um die Gültigkeit und die Genauigkeit dieses Vorgehens zu gewährleisten. Systematische Vergleiche zwischen den TV-Anbietern runden die Analyse zu den formal-ästhetischen Mitteln ab, die sich unter den Begriffen „Bildgestaltung und -bearbeitung" (vgl. Kap. 6.3), „Studioausstattung" (vgl. Kap. 6.4) und „Verhalten der Moderatoren" (vgl. Kap. 6.5) zusammenfassen lassen. Als Einzelaspekt wird die Einbindung der Wahlforschung in die Wahlberichte betrachtet (vgl. Kap. 6.6).

Die Daten, auf denen die hier vorgestellten Resultate basieren, wurden mittels *qualitativer Inhaltsanalysen* erhoben (vgl. Kap. 4.2.1). Die zugrunde gelegten Codebücher finden sich im online verfügbaren Anhang (unter http://www.vs-verlag.de/tu/7g). Zur *Ergänzung* dienen Erkenntnisse aus der *Dokumenten- und Sekundärliteraturanalyse* (vgl. Kap. 4.1). Sie werden dazu genutzt, die Befunde der formal-inhaltlichen Strukturierung zu vervollständigen. So können Lücken geschlossen werden, die aufgrund der unvollständigen Datengrundlage des originären Fernsehmaterials zu bewältigen sind (vgl. Kap. 4.2.4).

6.1 Die Grobstruktur des Wahlabends

Die in der formal-inhaltlichen Strukturierung herausgefilterten Merkmale ermöglichen, sowohl die Entwicklung der groben Struktur des Wahlabends im deutschen TV zu beschreiben (vgl. Kap. 6.1) als auch die feine Strukturierung der Wahlsendungen zwischen 1961 und 2002 nachzuzeichnen (vgl. Kap. 6.2).

Die Grobstruktur des Fernsehprogramms an Abenden von Bundestagswahlen lässt sich anhand des *Sendeablaufs* des Gesamtprogramms und der *Einbettung* der Hauptausgaben der Wahlabendsondersendungen darin darstellen (vgl. Kap. 6.1.1). Dabei erscheint es ausreichend, den Ablauf der Programmschemata am Abend von Bundestagswahlen ab etwa 17 Uhr bis gegen Sendeschluss des Programms bzw. Mitternacht zu analysieren. In diesem Zeitrahmen wurden die Wahlabendsendungen zwischen 1953 und 2002 ausgestrahlt. Anschließend wird die *Dauer* der Hauptausgaben der Wahlabendsondersendungen ermittelt und deren Entwicklung rekonstruiert, indem Sendestart und -schluss zu den einzelnen Messzeitpunkten herausgearbeitet werden (vgl. Kap. 6.1.2).

6.1.1 Sendeablauf an Wahlabenden

Bei der ARD lässt sich hinsichtlich des Sendeablaufs am Abend von Bundestagswahlen ein Entwicklungsprozess in drei Phasen rekonstruieren. Von 1953 bis 1965 sind die ARD-Sendeabläufe am Abend der Bundestagswahlen von einem vergleichsweise späten Sendestart der Wahlabendsondersendungen geprägt (vgl. Gong 1965, 1961, 1957 u. 1953; HörZu 1965, 1961, 1957 u. 1953 sowie eigene Erhebung): Sie begannen gegen 22 bzw. 20 Uhr. Kennzeichnend für diese erste Phase ist weiterhin, dass die Wahlabendberichte mit ihrem Ende jeweils den Sendeschluss des Sonntagabendprogramms markierten, so dass zu ihrer Einbettung nur das Vorab-Programm relevant ist: Die Programmplätze vor den Wahlberichten waren von 1953 bis 1965 unterschiedlich besetzt. Es sind jedoch zwei kontinuierliche Entwicklungslinien feststellbar. Einerseits wurden mit der Zeit mehr informierende Formate gesendet, die jedoch nur z. T. Wahlbezug aufwiesen. Während 1953 ausschließlich auf Unterhaltung ausgerichtete Sendungen gezeigt wurden – etwa die Musiksendung „Schlager-Express" –, ist das Vorab-Programm seit 1957 als Mixtur aus informierenden und unterhaltenden Formaten zu beschreiben. Andererseits lässt sich konstatieren, dass im Laufe der Jahre etablierte Sendeformate ausgestrahlt wurden. Mit dem „Wochenspiegel" wurde 1957 erstmals eine solche regelmäßige Sendung gebracht. 1961 und 1965 wurden die „Tagesschau" und die „Sportschau" als feste Formate gezeigt – ein Indiz für Ritualisierung (vgl. Kap. 2.2.3.4).

Die zweite Phase schließt die Wahljahre 1969 bis 1983 ein (vgl. Bild und Funk 1983; HörZu 1983, 1980, 1976, 1972 u. 1969; Gong 1969 sowie eigene Erhebung). In Abgrenzung zur ersten ist diese zweite Phase durch einen Beginn der Wahlabendberichte gegen 18 Uhr charakterisiert. Dies erweist sich als folgenreich, denn mit dem früheren Sendebeginn erstreckte sich die Wahlabendsendung der ARD über den ganzen Abend und integrierte andere Formate und Sendeelemente. Ein weiteres typisches Merkmal des Sendeablaufs am Wahlabend dieser zweiten Phase ist die Ausstrahlung einer „Tagesschau"-Ausgabe jeweils im Anschluss an die Wahlabendberichte. Vor den Wahlabendsondersendungen wurde in dieser zweiten Phase ebenfalls eine Mischung aus unterhaltenden und informierenden Sendungen platziert. Von 1976 bis 1983 war es dabei üblich, direkt vorher die „Tagesschau" zu senden. Sowohl die Programmgestaltung vor als auch die Konzeption nach den ARD-Wahlabendsondersendungen von 1969 bis 1983 lassen sich als Beleg für eine Ritualisierung erkennen (vgl. Kap. 2.2.3.4).

Die dritte Phase der Entwicklung der ARD-Sendeabläufe an Abenden von Bundestagswahlen beginnt 1987 und reicht bis 2002 (vgl. Bild und Funk 2002, 1994, 1990 u. 1987; HörZu 2002, 1998, 1994, 1990 u. 1987; SZ 2002 sowie eigene Erhebung). Charakteristisch für diesen Entwicklungsabschnitt erweist sich der von Wahljahr zu Wahljahr frühere Start der Wahlabendsondersendungen von zunächst 17.55 Uhr (1987) auf schließlich 17 Uhr (2002). Typisch ist weiterhin, dass die Wahlabendberichte nicht mehr den gesamten Wahlabend dauerten. Vielmehr endeten sie mit einer Ankündigung des folgenden Programms jeweils gegen kurz vor 20 Uhr. 1987 und 1990 folgte, etwa gegen 22.30 Uhr, eine Spätausgabe der jeweiligen Wahlabendsondersendung. Darauf wurde seit 1994 verzichtet. Stattdessen wurden seitdem am späten Abend Spezialausgaben etablierter Formate platziert, etwa „Tagesthemen extra" (1994 bis 2002), „ZAK extra" (1994) und „Sabine Christiansen extra" (1998 und 2002).

Alle Wahlabende dieser Phase sind darüber hinaus dadurch gekennzeichnet, dass das Programm mit Standardformaten gefüllt war. Die „Tagesschau" nahm ihren gewohnten Sendeplatz um 20 Uhr ein, der gegen 20.15 Uhr die ARD/ZDF-„Bundestagsrunde" folgte. Von 1994 bis 2002 kamen die „Tagesthemen" hinzu. Außerdem wurde jeweils eine Folge der Serie „Lindenstraße" gezeigt. Des Weiteren wurde der ARD-übliche Sonntagabend-Krimi ausgestrahlt. Diese Einbettung der Wahlberichte in das übliche ARD-Programm an Sonntagen ist als Indiz für eine Ritualisierung zu werten (vgl. Kap. 2.2.3.4).

Im Gegensatz zur ARD lässt sich die Entwicklung der Programmstruktur an den Abenden von Bundestagswahlen beim ZDF schrittweise nachzeichnen. Die Schritte umfassen meist ein oder zwei Wahljahre. Am Abend der Bundestagswahlen 1965 und 1969 ähnelte der Sendeablauf des ZDF dem der ARD (vgl. Gong 1969 u. 1965; HörZu 1969 u. 1965 sowie eigene Erhebung): Die Wahlsendung des ZDF füllte 1965 ebenfalls die komplette Sendestrecke von 20 Uhr bis zum Sendeschluss, und im Vorprogramm wurden auch etablierte Sendeformate wie die „heute"-Nachrichten eingesetzt. Daneben bot das ZDF vorab Informations- und Servicesendungen – meist jedoch ohne Wahlbezug. 1969 startete der Wahlbericht um 18 Uhr und dauerte bis kurz vor 1 Uhr nachts. Vorher wurden ein Spielfilm und eine Nachrichtensendung gezeigt und im Anschluss wurden Nachrichten ausgestrahlt. 1972 und 1976 begannen die Wahlsendungen beim ZDF gegen 18 Uhr und endeten gegen 22 bzw. 23 Uhr (vgl. HörZu 1976 u. 1972; sowie eigene Erhebung). Das Vorprogramm war durch das Standardformat „Sport-Reportage" geprägt, das bis 1998 an den Wahlsonntagen gesendet wurde. Anschließend wurde ein Spielfilm gezeigt. 1976 wurde für das Nachprogramm eine informierende Programmstrecke eingeführt, die neben den „heute"-Nachrichten, Berichte zur „Wahl 76" und „Sport am Sonntag" enthielt. Dieses Konzept wurde auch 1980, 1990 und 1994 angewandt.

Das ZDF-Programm der Abende zu Bundestagswahlen in den 1980ern ist dadurch gekennzeichnet, dass die Hauptausgabe des Wahlberichts früher endete und neben ihr eine (1980) bzw. zwei (1983 und 1987) Spätausgaben der Wahlsendung gezeigt wurden (vgl. Bild und Funk 1987 u. 1983; HörZu 1987, 1983 u. 1980 sowie eigene Erhebung). Im Mittelpunkt dieser Spätausgaben stand jeweils die Bekanntgabe von einzelnen Wahlergebnissen. Bereits 1976 war beim ZDF überlegt worden, die Wahlkreisergebnisse an einem geeigneten Platz am Wahlabend bekannt zu geben (vgl. Niederschrift ZDF-TVR vom 18.12.1969, Niederschrift APouZ vom 12.11.1976). Praktiziert wurde dies jedoch bei einer Bundestagswahl zum ersten Mal 1980 (vgl. Interview Zimmer: 1). Zwischen Haupt- und Spätausgabe des Wahlberichts wurde jeweils Unterhaltung gezeigt: 1980 die Episode einer Fernsehserie, 1983 eine Musiksendung und 1987 ein Heimatfilm.

Zur Bundestagswahl 1990 wurde das Programm des ZDF am Sonntagabend erstmals dadurch bestimmt, dass die Haupt-Wahlsendung gegen 20 Uhr endete und anschließend die ARD/ZDF-„Bundestagsrunde" ausgestrahlt wurde. Diese Konzeption wurde bis 2002 beibehalten und ist als ritualisiert einzustufen. Dagegen erwies sich der weitere Sendeverlauf zwischen 1990 und 2002 als unterschiedlich (vgl. Bild und Funk 2002, 1994 u. 1990; Hör-Zu 2002, 1998, 1994 u. 1990; SZ 2002 sowie eigene Erhebung). So wurden 1990 und 1994 keine Spätausgaben der Wahlsendungen ausgestrahlt, sondern eine „heute"-Sendung mit Berichten von der Wahl und „Sport am Sonntag". Dagegen gab es 1998 und 2002 Spätausgaben der Wahlberichte. Während 1998 mit „Frontal: Die Diskussion – live" außerdem die Extraausgabe einer etablierten ZDF-Sendung gezeigt wurde, brachte das ZDF 2002 eine weitere Ausgabe der Wahlsendung, bevor das Nachrichtenmagazin „heute-journal" erstmals am Abend einer Bundestagswahl regulär sendete. Diese Integration von etablierten Sendeformaten weist auf eine Ritualisierung hin (vgl. Kap. 2.2.3.4). Das ZDF-Programm 2002 war überdies dadurch geprägt, dass der Wahlbericht vor 17 Uhr begann.

Das RTL-Programm an den Abenden von Bundestagswahlen ist seit 1987 dadurch gekennzeichnet, dass die Wahlsendungen jeweils von etablierten Sendeformaten eingerahmt wurden (vgl. Bild und Funk 2002, 1994, 1990 u. 1987; HörZu 2002, 1998, 1994, 1990 u. 1987; SZ 2002 sowie eigene Erhebung). Ein Unterschied lässt sich jedoch zwischen 1987 und den folgenden Wahljahren konstatieren. So wurde der Wahlabendbericht zu dieser Bundestagswahl ausschließlich in unterhaltsame Sendungen, wie die Musiksendung „Die Zwölf", und in Serviceformate, wie das „Horoskop" und „Betthupferl", eingebettet, während danach sowohl etablierte Unterhaltungssendungen als auch informationsorientierte Standardformate mit Spezialausgaben zur Wahl gesendet wurden. Die seit 1990 gezeigten unterhaltungsorientierten Standardsendungen lassen sich differenzieren in Sendungen ohne Bezüge zur Wahl wie „Knight Rider" (2002) sowie Sendungen mit Wahlbezug. Dazu zählen das Reisequiz „Ein Tag wie kein anderer – heute: Deutschland Special zur Bundestagswahl" (1990), „Life! – Dumm gelaufen – Wahl-Comedy" (1998) und „RTL exklusiv Weekend – Wahl spezial" (2002). Zu den informativen Standardformaten mit Spezialausgaben gehören „Spiegel TV" oder „Nachtjournal". Die Einbettung in Standardformate ist ein Hinweis auf Ritualisierung (vgl. Kap. 2.2.3.4). Zudem deutet die seit 1990 veränderte Schwerpunktsetzung auf eine stärkere Bedeutung der Wahlberichterstattung bei RTL hin.

Obwohl das TV-Programm an Wahlabenden bei RTL seit der Bundestagswahl 1990 ähnlich aufgebaut war, zeichnet sich der Wahlabendbericht 2002 durch drei Besonderheiten aus. Erstens begann er früher: vor 17 Uhr. Zweitens hatte RTL den einzelnen Abschnitten des Wahlberichts jeweils unterschiedliche Titel zugewiesen, um – so ist anzunehmen – zusätzliche Spannung zu erzeugen. Drittens wurden die Werbepausen des anschließenden Spielfilms dazu genutzt, weiter von der Wahl zu berichten. Dies dürfte mit dem Wahlausgang zusammenhängen, der lange nicht eindeutig feststand (vgl. Kap. 5.1). Insgesamt sind die ersten beiden Besonderheiten der RTL-Wahlabendsendung 2002 als Indiz für eine gestiegene Inszenierung im Vergleich zu den vorangegangenen Wahljahren zu interpretieren. Die dritte Eigentümlichkeit deutet hingegen auf eine größere Relevanz hin, die dem Ereignis Wahl trotz des Festhaltens am eigenen Sendeprofil (Ritualisierung) seitens RTL beigemessen wird. Der Ersatz von Werbung durch eine journalistische Thematisierung der Wahl ist dabei als Hinweis auf eine ausgeprägte Informationsorientierung des Privatsenders in diesem Jahr zu werten, die auf die aktuellen Geschehnisse des knappen Wahlausgangs zurückzuführen ist (vgl. uka 2002: 10; vgl. zu den journalistischen Auswahlprogrammen Kap. 2.2.2.1).

Die Sat.1-Programmstruktur an Wahlsonntagen entwickelte sich von 1990 bis 2002 in jeweils kleinen Schritten von einem Bundestagswahljahr zum nächsten, während von 1987 zu 1990 ein großer Sprung zu konstatieren ist (vgl. Bild und Funk 2002, 1994, 1990 u. 1987; HörZu 2002, 1998, 1994, 1990 u. 1987; SZ 2002 sowie eigene Erhebung). Am Abend der Bundestagswahl 1987 war das Programm von Sat.1 durch einen ständigen Wechsel zwischen Spielfilmen und der Nachrichtensendung „Sat.1 blick" gekennzeichnet. Dabei konzentrierte sich die Nachtausgabe auf die Berichterstattung zur Wahl und informierte über keine weiteren Themen, während die vorher gesendeten Nachrichten in erster Linie allgemeine Informationen lieferten.

Der Programmablauf bei Sat.1 war an den Wahlabenden von 1990 bis 2002 durch eine Haupt- und eine bzw. zwei Spätausgaben der Wahlabendsondersendungen geprägt. Weitere typische Merkmale – mit Ausnahme von 2002 – waren Wahl-Extra-Ausgaben des herkömmlichen Formats „Talk im Turm" sowie die Einbettung in etablierte Unterhaltungsformate, die vorher und nachher (bzw. 1990 in der Sendung) ausgestrahlt wurden. Trotz dieser übereinstimmenden Kennzeichen weisen die Wahlabende jeweils Spezifika in Bezug auf die gesamte Programmstruktur auf. So dauerte die Hauptausgabe der Wahlabendsondersendung 1990 wesentlich länger als in den Folgejahren. Der 1994er-Wahlabend bei Sat.1 entsprach weitgehend dem üblichen Sat.1-Sonntagabendprogrammschema, was als Indiz für Ritualisierung einzuordnen ist. Dagegen wich der Abend zur Bundestagswahl 1998 stärker von dem normalen Programmablauf ab, indem etwa der folgende Spielfilm nicht um 20.15 Uhr, sondern erst um 20.20 Uhr begann, oder indem zwei Spätausgaben der Wahlabendberichte gesendet wurden. Außerdem begann die Haupt-Wahlsendung 1998 bereits um 17 Uhr. Sat.1 legte damit vier Jahre eher als die übrigen TV-Anbieter den Sendestart auf diesen frühen Zeitpunkt fest. Diese Vorverlegung des Sendebeginns legt die Interpretation nahe, dass Sat.1 zur Bundestagswahl 1998 vergleichsweise stark inszenierte. Mit der Ausstrahlung einer Wahl-Spezial-Ausgabe der Comedy-Show „Die Wochenschau" vor und in der Wahlsendung 1998 verfolgte Sat.1 eine ähnliche Strategie wie RTL im selben Jahr.

2002 unterschied sich der Wahlabend bei Sat.1 von den vorhergegangenen Wahljahren – und auch von den übrigen analysierten Fernsehprogrammen – durch den frühen Sendeschluss der Sat.1-Wahlabendsondersendung gegen 19 Uhr. Hier lässt sich schlussfolgern, dass für Sat.1 die journalistische Thematisierung der Wahl zu diesem Messzeitpunkt offenbar relativ unwichtig war – sowohl im Vergleich mit den weiteren Untersuchungszeitpunkten als auch gegenüber den drei anderen untersuchten TV-Anbietern. Gleichwohl nutzte Sat.1 die in der folgenden Sportsendung „ran" enthaltenen Werbepausen, um aus dem Wahlstudio weiter über den knappen Ausgang zu berichten und von dort aus auch zu den Auftritten des amtierenden Bundeskanzlers und des Kanzlerkandidaten zu schalten. Dies wiederum deutet darauf hin, dass der Wahl aus aktuellem Anlass – aufgrund des knappen Wahlausgangs (vgl. Kap. 5.1) – von Sat.1 eine vergleichsweise hohe Relevanz beigemessen wurde (vgl. zu den journalistischen Auswahlprogrammen Kap. 2.2.2.1).

Abschließend lässt sich hinsichtlich des Programmangebots an Abenden von Bundestagswahlen im deutschen Fernsehen im Zeitverlauf festhalten: Im Hinblick auf das Umfeld der Wahlabendsondersendungen ist bereits Ende der 1950er und zu Beginn der 1960er Jahre eine Mischung von unterhaltungs- und informationsorientierten Sendungen vor und/oder nach den Wahlsendungen zu identifizieren. Dieser Mix wurde auch in den folgenden Wahljahren von ARD und ZDF beibehalten. Dabei lassen sich keine Unterschiede zwischen den öffentlich-rechtlichen Programmen feststellen. Auch bei den analysierten privaten Sendern ist über die Jahre hinweg eine Mixtur aus unterhaltungs- und informationsorientierten Sendungen im Umfeld der Wahlabendberichte auszumachen. Jedoch strahlten RTL und Sat.1 neben Spezialausgaben von informationsorientierten Standardformaten auch wahlbezogene Ausgaben etablierter Unterhaltungssendungen aus.

Senderübergreifend ist beinahe an allen Wahlabenden eine *Ritualisierung* zu konstatieren. Sie lässt sich an den etablierten Sendeformaten festmachen, die die Wahlsendungen gerahmt haben. So ist das TV-Programm über die Jahre hinweg auch am Wahlabend durch das spezifische Profil der einzelnen Sender charakterisiert (vgl. für einen ähnlichen Befund zur Bundestagswahl 1998 Kamps o. D.: 6 u. 11). Für eine *Inszenierung* spricht insgesamt die verschiedenartig konzipierte Einbettung der Wahlabendberichte, die bei den einzelnen TV-Sendern phasen- oder schrittweise erfolgte. Hinweise auf eine vergleichsweise starke Inszenierung in Bezug auf die Konzeption des Sendeablaufs an Wahlabenden sind senderspezifisch für einzelne Messzeitpunkte zu erkennen. Als Indizien für eine ausgeprägte Inszenierung lassen sich auffällige Verschiebungen des Sendestarts bzw. des -schlusses heranziehen. Vor allem das Programm von RTL am Wahlabend 2002 kann als stark inszeniert eingestuft werden.

Was die *Bedeutung des Ereignisses Bundestagswahl* angeht, werden senderspezifische Entwicklungsprozesse deutlich, die mit Erkenntnissen von Programmstrukturanalysen zur Politikberichterstattung im TV einhergehen (vgl. Kap. 2.2.3.2): Bei der ARD kam dem Wahlgeschehen jeweils eine relativ hohe Relevanz zu. Auch beim ZDF wurde dem Ereignis der Bundestagswahl durchweg eine hohe Bedeutung zugewiesen. Der Wahlbezug des Fernsehprogramms von RTL schwankte an den Abenden von Bundestagswahlen zwischen 1987 und 2002 und ist im Vergleich zu den öffentlich-rechtlichen Fernsehsendern als eher gering einzuschätzen. Das TV-Programm von Sat.1 an den Abenden von Bundestagswahlen zeichnet sich durch wechselnd hohe Anteile mit Wahlbezug aus. Dementsprechend kam dem politischen Großereignis bei Sat.1 eine unterschiedlich hohe Relevanz zu.

6.1.2 Hauptausgaben der Wahlabendsondersendungen: Beginn, Ende, Dauer

Die folgende Rekonstruktion der *Sendedaten der Hauptausgaben der Wahlabendsondersendungen* ist nicht nur wichtig, um Indizien für die Bedeutung von Wahlen in den Programmen der analysierten TV-Sender oder für Trends politischer Berichterstattung zu ermitteln, sondern auch, weil so der Untersuchungsgegenstand der weiteren Produktanalysen (vgl. Kap. 7 u. 8) exakt begrenzt und empirisch handhabbar gemacht wird. Das Sendevolumen einer TV-Sendung lässt sich über ihren Beginn und ihr Ende bestimmen.

Der *Beginn* der Hauptausgaben der Wahlabendsonderberichte ist anhand von Ankündigungen in Fernsehprogrammzeitschriften und sonstigen schriftlichen Unterlagen zu eruieren. Es handelt sich dabei um die erste Wahlabendsondersendung, die am Abend einer Bundestagswahl gezeigt wurde. Der Sendestart der Haupt-Wahlabendsendungen erfolgte im Untersuchungszeitraum über fast drei Jahrzehnte (von 1969 bis 1998) gegen 18 Uhr. Diese Standardisierung ist als Ritualisierung einzustufen (vgl. Kap. 2.2.3.4). Im Einzelnen lässt sich die folgende Entwicklung nachzeichnen (vgl. Tab. 27).

Die Wahlabendsendungen der ARD begannen zu den Bundestagswahlen 1953 bis 1961 etwa gegen 22 Uhr. Ein früherer Start erschien nicht sinnvoll, da selbst um diese für heutige Verhältnisse recht späte Sendezeit von Wahlabendberichten nur allmählich wenige Einzelergebnisse bekannt gegeben werden konnten und es lange dauerte, bis sich die Politiker zu einer Einschätzung der Zahlen bereit erklärten. Mit der Verbesserung der Übertragungstechnik und dem Einsatz von Computern zur Be- bzw. Hochrechnung des Ergebnisses (vgl. Kap. 5.2.1.4) wurde 1965 ein früherer Sendebeginn möglich, den sowohl die ARD als auch das ZDF gegen 20 Uhr ansetzten. Zugleich ist die Vorverlegung des Sendebeginns ein Hinweis auf Inszenierung (vgl. Kap. 2.2.3.4). Mit dieser dramaturgischen Umsetzung soll Spannung aufgebaut werden, und sie ist darauf ausgerichtet, die vermuteten Erwartungen und Wünsche des Publikums zu erfüllen. 1969 wurde der Sendebeginn bei den öffentlich-rechtlichen Sendern nochmals um gut zwei Stunden vorverlegt. Anlass waren die verfeinerten Wahlforschungsmethoden, die schon zu einem frühen Zeitpunkt Ergebnisse lieferten, die eine Richtung vorgaben (vgl. Hagen 1969a: 157; Kap. 5.2.1.4). Der Start der Wahlsendungen von ARD und ZDF pendelte sich in den folgenden 30 Jahren bei 18 Uhr ein.

Tab. 27: Beginn der Hauptausgaben der Wahlabendsondersendungen

	1961	1965	1969	1972	1976	1980	1983	1987	1990	1994	1998	2002
ARD*	21:40	20:15	18:00	18:00	18:03	17:58	17:55	17:55	17:55	17:45	17:45	17:00
ZDF		20:00	18:00	17:45	1800	17:54	18:00	17:55	17:55	17:45	17:45	16:45
RTL								18:00	17:45	17:55	17:50	16:45
Sat.1								23:45	17:55	17:55	17:00	17:00

Quelle: eigene Erhebung; Bild und Funk 2002; HörZu 2002; 1987; 1976; 1957 u. 1953; SZ 2002; Sendezeiten und Sendelängen „Wahl '80", dokumentiert in ZDF-Dokumenten im Historischen Archiv des ZDF; Minuten-Protokoll zur Bundestagswahl 1980, dokumentiert in ARD Sachakte Koordinator Politik „Bundestagswahl 1980"; Gesamtdisposition und interner Schriftwechsel, dokumentiert in Akte zur „Bundestagswahl 1972" im Historischen Archiv des WDR, Sig. 140; Gong 1957 u. 1953.
*   1957 war der Beginn um 22:30 Uhr. 1953 startete die Sendung um 22:00 Uhr.

Auch RTL sendete seinen ersten Wahlabendsonderbericht 1987 ab 18 Uhr, wohingegen Sat.1 seine als Wahlabendsondersendung eingestufte Nachrichtenspezialausgabe um kurz vor Mitternacht brachte und erst 1990 einen früheren Sendebeginn vollzog. Während RTL in den Folgejahren bezogen auf den Beginn der Haupt-Wahlabendsondersendungen eine vergleichbare Strategie wie ARD und ZDF wählte, spielte Sat.1 noch einmal eine Sonderrolle, als der Privatsender 1998 seinen Wahlbericht bereits um 17 Uhr beginnen ließ (Indiz für Inszenierung). Seinem Beispiel folgten die drei übrigen TV-Anbieter vier Jahre später. Als Ursache hierfür sind Wettbewerbsgründe anzunehmen, denn die Sender versuchen mit einem frühen Sendestart, Zuschauer zu gewinnen (vgl. Interview Kloeppel: 6; Interview Schönenborn: 2 f. sowie Kap. 5.2.1.3 u. 6.2.1). Aber auch inhaltliche Gründe werden von den Verantwortlichen der Wahlabendberichterstattung der analysierten TV-Sender angeführt: Es habe hinsichtlich des drohenden Irak-Kriegs und der Flut in Ostdeutschland so viel zu berichten gegeben, dass der Wahlbericht um 17 Uhr gestartet sei (vgl. Interview Deppendorf: 6).

Während der Beginn der Haupt-Wahlabendberichte zu Bundestagswahlen in den mehr als vier Jahrzehnten relativ einfach abzulesen ist, erweist sich die Frage nach dem *Ende* der Hauptausgaben schwieriger und nur im Zusammenspiel der folgenden Kriterien umsetzbar:

- Resümee und/oder Verabschiedung durch den Moderator,
- Übergabe an die nächste Sendung (eventuell mit Verweis auf weitere Ausgaben der Wahlabendsondersendung im Laufe des Abends) und/oder Abspann,
- Programmankündigungen in Fernsehzeitschriften und/oder

- Dokumentation in schriftlichen Unterlagen der Fernsehsender zu den Sendezeiten der Wahlabendsondersendungen.

Auf diese Art ergibt sich für das Ende der Hauptausgaben der Wahlabendsondersendungen bei den vier ausgewählten Fernsehsendern insgesamt ein uneinheitlicheres Bild als für den Beginn der Haupt-Wahlabendberichte. Zwar ist insgesamt eine Entwicklung hin zu einem kontinuierlich früheren bzw. gegen Ende des Untersuchungszeitraums bei etwa 20 Uhr konstanten Sendeschluss zu verzeichnen, jedoch verläuft die Linie nicht so stetig wie beim Beginn der Wahlabendsondersendungen (vgl. Tab. 28).

Tab. 28: Ende der Hauptausgaben der Wahlabendsondersendungen

	1961	1965	1969	1972	1976	1980	1983	1987	1990	1994	1998	2002
ARD	03:06	01:58	00:48	23:00	23:51	23:23	23:14	19:59	20:01	19:59	19:54	19:59
ZDF		01:39	00:56	23:03	22:02	23:05	21:36	21:00	20:15	20:19	20:20	20:20
RTL								21:00	19:08	20:08	20:07	20:06
Sat.1								00:04	21:50	20:14	20:20	19:00

Quelle: eigene Erhebung; Bild und Funk 1987; HörZu 1987; Sendezeiten und Sendelängen „Wahl '80", dokumentiert in ZDF-Dokumenten im Historischen Archiv des ZDF; Minuten-Protokoll zur Bundestagswahl 1980, dokumentiert in ARD Sachakte Koordinator Politik „Bundestagswahl 1980".

Eine Sonderrolle spielte beim Sendeschluss Sat.1, dessen Haupt-Wahlabendberichte 1987 und 1990 rund drei bzw. zwei Stunden später sowie 2002 etwa eine Stunde früher endeten als diejenigen der anderen analysierten TV-Sender. Bei RTL sticht v. a. der Schluss der Hauptausgabe des Wahlabendberichts 1990 hervor, die ebenfalls schon kurz nach 19 Uhr endete – eine Stunde vor dem Schluss der Sendungen von ARD und ZDF.

Im Detail hat sich der Sendeschluss wie folgt entwickelt: Die Hauptausgaben der ARD-Wahlabendsendungen 1961 und 1965 endeten um 3 bzw. 2 Uhr nachts. 1969 endete sie kurz vor 1 Uhr nachts. Vergleichbar entwickelten sich die Endzeitpunkte der ZDF-Wahlsendungen in den 1960er Jahren. Auch 1972 stimmte der Sendeschluss der Hauptausgaben der Wahlabendberichte der öffentlich-rechtlichen Anstalten beinahe auf die Minute überein. In den folgenden vier Wahljahren divergierte der Schluss der Wahlabendsondersendungen von ARD und ZDF dagegen stark. Das ZDF beendete seinen Haupt-Wahlbericht zwischen etwa 20 Minuten und fast zwei Stunden früher als die ARD. Im Gegensatz dazu ließ die ARD 1987 die Hauptausgabe der Wahlabendsendung gegen 20 Uhr und damit drei Stunden eher enden als vier Jahre zuvor. Dies hatte beträchtliche Auswirkungen auf die Feinstruktur des 1987er-Wahlabendberichts der ARD (vgl. Kap. 6.2). Seit diesem Zeitpunkt waren die Hauptausgaben der ARD-Wahlabendsendungen um kurz vor 20 Uhr zu Ende.

Das ZDF sendete 1987 noch bis etwa 21 Uhr. Es stellte den Sendeschluss erst 1990 auf den früheren Zeitpunkt um – jedoch gingen die ZDF-Wahlberichte im Gegensatz zu denen der ARD seitdem erst gegen 20.20 Uhr zu Ende. Dafür wurden sie aber von der Hauptausgabe der „heute"-Nachrichten unterbrochen, wohingegen sich die Haupt-„Tagesschau" an die Wahlsendung der ARD anschloss. Seit 1994 ließ auch RTL die Hauptausgabe seiner Wahlabendsendung gegen 20 Uhr enden – Sat.1 tat dies nur 1994 und 1998. Damit fällt Sat.1 in Bezug auf den Sendeschluss stärker aus der Reihe als RTL, was sich dadurch erklären lässt, dass Sat.1 im Gegensatz zu RTL offenbar nicht den Anspruch verfolgte, eine ähnliche Wahlabendberichterstattung zu Bundestagswahlen wie die Öffentlich-Rechtlichen zu bieten (vgl. uka 2002: 10 sowie Kap. 5.2.2).

Die *Dauer* der Hauptausgaben der Wahlabendsendungen zu Bundestagswahlen variierte im Untersuchungszeitraum stark (vgl. Tab. 35) – in erster Linie in Folge des erheblichen Wandels bei den Sendeanfangs- und -schlusszeiten.

Tab. 35: Dauer der Hauptausgaben der Wahlabendsondersendungen (in hh:mm:ss)

	ARD	ZDF	RTL	Sat.1
2002	2:58:56[1]	3:34:56	3:21:37	2:00:00
1998	2:09:10	2:32:28	2:17:51	3:20:00
1994	2:14:04	2:34:24	2:12:09	2:19:22
1990	2:05:03	2:19:29[5]	1:23:41	3:55:00[10]
1987	2:04:54	3:05:47	3:00:00[9]	0:15:02
1983	5:20:27	3:36:47		
1980	5:24:58[2]	5:11:00[6]		
1976	5:48:16	4:02:49		
1972	5:00:28[3]	5:17:49		
1969	6:47:58	6:56:35[7]		
1965	5:52:54[4]	5:39:39[8]		
1961	5:26:11			

Quelle: eigene Erhebung

[1] Hier sind etwa 19 Sekunden eingerechnet, die nicht auf dem Sendeband vorliegen, die aber laut schriftlicher Quellen gesendet wurden (vgl. Bild und Funk 2002; HörZu 2002; 1976; 1957 u. 1953; SZ 2002).

[2] Hier sind etwa 33 Minuten eingerechnet, die nicht auf einem Sendeband vorliegen, aber laut schriftlicher Quellen gesendet wurden (vgl. Minuten-Protokoll zur Bundestagswahl 1980, dokumentiert in ARD Sachakte Koordinator Politik „Bundestagswahl 1980"). Rechnet man noch die Unterhaltungssendung hinzu, die während der Wahlabendsondersendung begann, so ergibt sich eine Länge von 6:28:45.

[3] Hier sind etwa 80 Minuten eingerechnet, die nicht auf einem Sendeband vorliegen, aber gesendet wurde (vgl. Gesamtdisposition und interner Schriftwechsel, dokumentiert in Akte zur „Bundestagswahl 1972" im Historischen Archiv des WDR, Sig. 140).

[4] Laut Aufzeichnungen des Regisseurs der ARD-Wahlabendsendung 1969 dauerte der Wahlbericht der ARD 1965 etwa sieben Minuten länger (vgl. Freisewinkel 1969). Die Differenz zu dem aus dem vorliegenden Fernsehmaterial ermittelten Sendevolumen liegt allerdings nicht in einem Band- oder Protokollierungsfehler begründet, der bei dem mehrmaligen Sichten und Auswerten der Wahlsendung aufgefallen wäre.

[5] An dieser Stelle sind etwa 30 Minuten eingerechnet, die nicht auf einem Sendeband vorliegen, aber laut schriftlicher Quellen gesendet wurden (vgl. Sendeablauf, dokumentiert in ZDF-Dokumenten zur Bundestagswahl 1990 im Historischen Archiv des ZDF). Sie fehlen während der Nachrichten.

[6] Zur Bundestagswahl 1980 liegt keine Dokumentation der ZDF-Wahlsendung vor. Die Daten stammen aus: Sendezeiten und Sendelängen „Wahl '80", dokumentiert in ZDF-Dokumenten im Historischen Archiv des ZDF; Minuten-Protokoll zur Bundestagswahl 1980, dokumentiert in ARD Sachakte Koordinator Politik „Bundestagswahl 1980".

[7] Hier sind etwa 38 Minuten eingerechnet, die nicht auf einem Sendeband vorliegen, aber laut Time Code des vorliegenden Fernsehmaterials gesendet wurden.

[8] Laut eines Sendeprotokolls endete diese Sendung erst zu einem späteren Zeitpunkt und dauerte so insgesamt etwa 30 Minuten länger als anhand des vorliegenden TV-Materials ermittelt (vgl. ZDF-Dokumente zur Bundestagswahl 1965 im Historischen Archiv des ZDF). Beim mehrmaligen Sichten der Sendung ist jedoch kein Bandfehler aufgefallen. Nicht auszuschließen ist, dass ein Fehler beim Sendeprotokoll vorliegt. Jedenfalls ist der vorliegende Zeitunterschied für die durchgeführten Produktanalysen nicht gewichtig. Selbst für die quantitative Inhaltsanalyse kann er vernachlässigt werden, da die grobe Richtung der Ergebnisse sich dadurch nicht verändert.

[9] Zur Bundestagswahl 1987 liegt keine Dokumentation der RTL-Wahlabendsendung vor. Die angegebene Dauer ergibt sich aus: Bild und Funk 1987; HörZu 1987.

[10] Wegen der Bandunterbrechungen wird die Dauer diesen Quellen entnommen: Bild und Funk 1990; HörZu 1990.

Die Sendung mit der längsten Dauer wurde 1969 vom ZDF ausgestrahlt. Sie umfasste fast sieben Stunden. Der kürzeste Wahlbericht lief 1987 bei Sat.1 und dauerte knapp 15 Minuten. Daraus ergibt sich eine Differenz zwischen der Sendung mit der längsten und der kürzesten Dauer von mehr als sechseinhalb Stunden. Die Unterschiede im Sendevolumen zwischen den einzelnen Sendern in den jeweiligen Wahljahren sind mit einigen Ausnahmen gering. Insbesondere 1965, 1969, 1972 und 1994 wurde ein senderübergreifend vergleichsweise einheitliches Sendevolumen erreicht, was auf ähnliche Konzeptionen der Wahlabendberichte schließen lässt.

Insgesamt können die vier Fernsehanbieter hinsichtlich der Dauer der Hauptausgaben der Wahlabendsondersendungen zu Bundestagswahlen auf senderspezifische Entwicklungen zurückblicken. Die Dauer der ARD-Wahlabendberichte von 1961 bis 2002 lässt sich grob auf zwei Niveaus anordnen: Die Haupt-Wahlabendsondersendungen dauerten erstens von 1961 bis 1983 zwischen fünf und sechs Stunden und zweitens von 1987 bis 2002 regelmäßig um die zwei Stunden. Beim ZDF lässt sich die Dauer der Haupt-Wahlabendsondersendungen in den analysierten vier Jahrzehnten nicht – wie bei der ARD – anhand von zwei Stufen erfassen. Vielmehr sind fließende Übergänge erkennbar. Von 1965 bis 1990 nahm die Länge der Hauptausgaben der ZDF-Wahlberichte kontinuierlich ab, um dann stetig zuzunehmen. Sowohl bei RTL als auch bei Sat.1 wird hinsichtlich des Sendevolumens der Hauptausgaben der Wahlabendsondersendungen zu Bundestagswahlen eine sprunghafte Entwicklung deutlich, die, so lässt sich schlussfolgern, durch wechselnde Konzeptionen bestimmt ist (vgl. Kap. 5.2.2). Während sich die Dauer der RTL-Wahlberichte 1994 und 1998 bei etwas mehr als zwei Stunden als stabil erwiesen hat und 2002 – ähnlich wie bei ARD und ZDF – um rund eine Stunde angestiegen ist, nahm das Sendevolumen bei Sat.1 von 1987 bis 2002 ständig zu und ab und entsprach dabei nur 1994 der Dauer der Wahlberichte der übrigen Sender.

Was Beginn, Ende und Dauer der Haupt-Wahlabendsondersendungen zu Bundestagswahlen im deutschen Fernsehen von 1961 bis 2002 betrifft, lässt sich *resümieren*: Der Wahlabend ist durch einen fast stetig früheren Sendebeginn der Hauptausgaben der Wahlabendberichte gekennzeichnet. Gleichwohl ist eine lange Phase von fast drei Jahrzehnten (von 1969 bis 1998) auszumachen, in der der Start der Wahlabendsendung regelmäßig gegen 18 Uhr lag und die entsprechend als standardisiert eingestuft werden kann.

Dieser ritualisierte Sendestart gegen 18 Uhr lässt sich mit der Schließung der Wahllokale um 18 Uhr respektive mit dem damit verbundenen Verbot einer vorherigen Veröffentlichung von Wahlprognosen und -ergebnissen erklären (vgl. Tennert/Stiehler 2001: 105; Kap. 5.1 u. 5.2.1.3). Allerdings greift dieser Erklärungsansatz, der für die von Tennert und Stiehler analysierte Berichterstattung am Abend von Landtagswahlen im Jahr 1999 konsistent und auch für die Wahlabendberichte zu Bundestagswahlen von 1969 bis 1998 nachvollziehbar ist, unter geschichtlichem Blickwinkel zu kurz. Um die Zeiten des Beginns der Wahlsendungen von 1953 bis 2002 erklären zu können, müssen Faktoren wie die Verbesserung der Übertragungstechnik, der Einsatz von Computern und die Weiterentwicklung der Wahlforschungsmethoden mit einbezogen werden (vgl. Kap. 5.1.2.4). Ebenso ist für 2002 der Wettbewerb zwischen den TV-Sendern zu berücksichtigen (vgl. Kap. 5.1 u. 5.2.1.3).

Diese Rahmenbedingungen sind ebenso für den mittlerweile früheren Sendeschluss der Hauptausgaben der Wahlabendsondersendungen im deutschen Fernsehen relevant. Vor allem der inzwischen relativ zügigen Konsolidierung des Ergebnisses kommt dabei eine wesentliche Rolle zu (vgl. Tennert/Stiehler 2001: 105 sowie Kap. 5.2.2.1). Auch aus der

Praxis heraus wird dies als Begründung angeführt (vgl. Interview Schönenborn: 7). Aufgrund der politischen Ereignisse am Abend der Bundestagswahl 2002 ist diese Erklärung jedoch ebenfalls zu modifizieren (vgl. Kap. 5.1). Obwohl damals über Stunden nicht deutlich war, welche Partei(en) die Wahl gewonnen hatte(n), endeten die Hauptausgaben der Wahlabendsondersendungen bei ARD, ZDF und RTL schon – wie seit längerem üblich – gegen 20 Uhr; der Sendeschluss des Haupt-Wahlabendberichts von Sat.1 lag sogar bei etwa 19 Uhr (vgl. Bauschke 2002; Forudastan/Henkel 2002; Kegel 2002; Leder 2002; Leppert 2002; uka 2002; Wied 2002). In diesem Fall lässt sich das frühe Ende zumindest nicht auf die Konsolidierung des Wahlergebnisses zurückführen. Aus historischer Perspektive erscheint es vielmehr plausibel, dass das Ende der Hauptausgaben der Wahlabendberichte in engem Zusammenhang mit dem spezifischen Profil der TV-Programme steht sowie mit dem Versuch der analysierten Fernsehsender, auch an Wahlabenden an ihrem üblichen Programmschema festzuhalten und etablierte Sendeformate zu bringen (vgl. Tennert/Stiehler 2001: 105; Kamps o. D.: 11). Bereits seit den 1960er Jahren ist der Abend von Bundestagswahlen im deutschen TV von einer Mixtur von Haupt- und Spätausgaben der klassischen Wahlabendsondersendungen, Extraausgaben standardisierter Fernsehsendungen mit Wahlbezug sowie etablierten Sendeformaten ohne expliziten Bezug zur Wahl geprägt (vgl. Kap. 6.1.1).

Beim Sendevolumen der Hauptausgaben der Wahlabendsondersendungen lässt sich im Untersuchungszeitraum keine einheitliche Entwicklungslinie für die vier betrachteten Fernsehsender identifizieren. Es kann jedoch festgehalten werden, dass die jüngeren Wahlberichte deutlich kürzer waren als die älteren. Dieser Befund stimmt mit Resultaten zur Entwicklung der Politikberichterstattung im Fernsehen überein, die Programmstrukturanalysen erbracht haben (vgl. Kap. 2.2.3.2). Allein die Dauer der Hauptausgaben der Wahlabendberichte lässt allerdings keine Rückschlüsse auf die Bedeutung zu, die dem Ereignis Wahl von den einzelnen TV-Sendern zu unterschiedlichen Zeitpunkten beigemessen wurde. Ausschlaggebend hierfür ist vielmehr, dass sich die jüngeren Wahlsendungen fast ausschließlich auf die Berichterstattung über das Ereignis Wahl konzentrierten, während ältere Sondersendungen des Öfteren und teilweise sogar über eine längere Sendezeit von anderen wahlbezogenen und/oder wahlfernen Sendeformaten unterbrochen wurden. Um die Relevanz von Wahlen an Abenden von Bundestagswahlen im deutschen Fernsehen ermitteln zu können, muss deshalb neben der Thematisierung der Wahl im gesamten Programm (vgl. Kap. 6.1.1) auch die innere Zusammensetzung der Wahlabendberichte analysiert werden (vgl. Kap. 6.2).

6.2 Die Feinstruktur der Hauptausgaben der Wahlabendsondersendungen

Die Feinstruktur der Hauptausgaben der Wahlabendsondersendungen lässt sich am *inneren Sendeablauf* ablesen. Nachdem in einem ersten Schritt der *grobe Ablauf* von Wahlabendberichten vorgestellt und dessen Entwicklung nachvollzogen wird (vgl. Kap. 6.2.1), werden in einem zweiten Schritt *konstitutive Bestandteile* der Wahlabendberichte näher betrachtet, die prägend für deren Ablauf sind (vgl. Kap. 6.2.2). In einem dritten Schritt werden die Sendeelemente und -formate in den Blick gerückt, die die originäre Wahlabendberichterstattung unterbrechen (vgl. Kap. 6.2.3). Diese *Unterbrechungen* lassen sich in wahlbezogene und wahlferne Elemente differenzieren.

Während sich die Präsentation der Erkenntnisse hinsichtlich der integralen Bestandteile und der Unterbrechungen der Hauptausgaben der Wahlabendsendungen an den Entwicklungen der analysierten TV-Sender orientiert, erfolgt die einleitende Darstellung des groben Ablaufs senderübergreifend.

6.2.1 Grober Ablauf

> „18 Uhr Beginn der Sendung; danach: Umschaltung in ein oder zwei Wahllokale, in denen die Stimmauszählung beginnt; danach: Vorstellung des aufgebauten Berichtsapparates durch Blitzumschaltungen zu den wesentlichen Außenstationen [...] zurück ins Zentralstudio Köln, wo Sportschau, Infaseinblendungen und evtl. Schaltungen zu Außenstellen sich abwechseln [...]; 20 Uhr Tagesschau mit Einbeziehung Infas. Die Zeit ab Ende Hauptausgabe Tagesschau wird wesentlich durch zwei Elemente bestimmt: Analysen der Wahlergebnisse und Kommentare, Schalten zu den Außenstellen. [...] Mit dem Einsatz von nichtpolitischen Programmbestandteilen (Krimi) ist, wenn überhaupt, erst ab etwa 21.45 Uhr zu rechnen. Die Entscheidung fällt im Verlauf der Sendung." (Wördemann 1969a: 148 f.)

Die Schilderung des „Rohablaufs" (Wördemann 1969a: 148) der 1969er-Wahlabendsendung der ARD durch Franz Wördemann, der diesen Wahlabendbericht redaktionell geleitet hat, veranschaulicht die prägenden Elemente sowie die zeitliche Abfolge.[174] In der Regel lässt sich bei den Hauptausgaben der Wahlabendsondersendungen zu Bundestagswahlen bei den vier untersuchten TV-Sendern im gesamten Untersuchungszeitraum der folgende innere Sendeablauf erkennen, der verschiedene Informationsebenen enthält (vgl. Abb. 5).

Die Wahlabendsondersendungen beginnen normalerweise nach dem *Vorspann* mit der *Begrüßung* und der *Einleitung* durch den Moderator. Dabei werden die an der Sendung beteiligten Akteure vorgestellt, die Schauplätze gezeigt und die geplanten Themen sowie der Ablauf der Sendung angesprochen. Weiterhin wird regelmäßig die politische *Ausgangslage* thematisiert und ein *Ausblick* auf die Wahlfolgen gegeben sowie die *Methodik der Wahlforschung* vorgestellt. Dies erfolgt nicht nur durch den Moderator, sondern auch durch Reporter vor Ort und Wahlforscher sowie teilweise per Filmbeitrag. Das Zusammenspiel der genannten Elemente kann als Aufwärmphase, „Warm up" (Interview Bellut: 4) oder als „Visitenkarten-Abgeben" (Interview Raue: 4) bezeichnet werden und hat sich inzwischen „bewährt" (Interview Bellut: 4). Es dient dazu, die Sendezeit bis zur Veröffentlichung der ersten Zahlen zu überbrücken (vgl. internen Schriftwechsel, dokumentiert in Akte „Bundestagswahl 1972" im Historischen Archiv des WDR, Sig. 140) und Spannung aufzubauen, die dafür sorgt, dass die Zuschauer im Programm bleiben (vgl. Interview Deppendorf: 5; Interview Schönenborn: 2).

Es folgen Elemente zur *Ergebnisdarstellung* sowie zur *Interpretation* und *Erklärung* der Daten, die sich üblicherweise abwechseln. Zu Ersterem gehört die Veröffentlichung von *prognostizierten, hochgerechneten und ausgezählten Wahlergebnissen*. Um diese Informationen gruppieren sich die übrigen Bestandteile der Wahlsendungen (vgl. Interview Raue: 6 f.; Interview von der Tann: 1). Sie sind zudem die Grundlage der Interpretation und Erklärung (vgl. Interview Bellut: 2; Tennert/Stiehler 2001: 25 u. 34; Hamerla 1980; Wördemann

---

[174] Vgl. Interview Raue: 3; Interview Schönenborn: 2; Interview von der Tann: 4; rg/th 1998: 3; Freyberger 1970: 32; Hagen 1969b: 1 f.; interner Schriftwechsel, dokumentiert in Akte „Bundestagswahl 1972" im Historischen Archiv des WDR, Sig. 140; Akte „Bundestagswahl 1965 und 1969" Bestand Chefredakteur im Historischen Archiv des ZDF, Sig. 6/0013.

1969a: 153 u. 1969b: 4 f.). Dazu sind erstens die wissenschaftliche Analyse des veröffentlichten Wahlergebnisses durch *Wahlforscher* und durch *weitere Experten* sowie zweitens die Interpretation des publizierten Wahlergebnisses durch *Politiker* zu zählen. Dies geschieht üblicherweise in Interviews und Diskussionsrunden sowohl im zentralen Wahlstudio der Fernsehsender als auch in den Studios, die an den Außenstellen eingerichtet worden sind. Des Weiteren wird den Politikern in den Wahlabendsondersendungen regelmäßig die Möglichkeit gegeben, ein Statement abzugeben oder eine Rede zu halten. Drittens erfolgt eine Interpretation und Erklärung durch *journalistische* Einordnung und Kommentierung des Wahlergebnisses, teils explizit in Kommentaren und in Gesprächen zwischen Journalisten und teils implizit in Interviews und Aufsagern. Darüber hinaus werden die Wahlberichte häufig durch *weitere Sendeelemente und -formate* unterbrochen, deren Einsatz variiert. Dabei handelt es sich – mit Blick auf die Geschichte – nicht nur um „unterhaltende oder/und werbende Unterbrechungen" (Stiehler 2000: 112), sondern auch um verschiedene informierende Unterbrechungen mit und ohne Wahlbezug.

Abb. 5: Sendeablauf

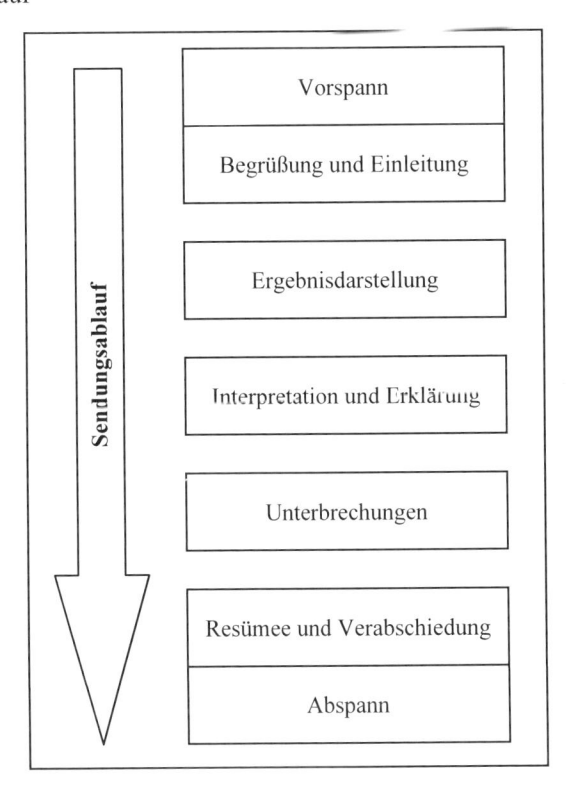

Die Wahlabendberichte enden regelmäßig mit einem *Resümee* des Moderators und mit der *Verabschiedung* der Zuschauer. Gelegentlich wird auf folgende Sendungen verwiesen, manchmal wird auch direkt an diese weitergegeben. Der Schluss der Wahlabendsondersendungen ist i. d. R. durch einen *Abspann* gekennzeichnet.

Für dieses generelle Ablaufmodell lassen sich im historischen Vergleich unterschiedliche Entwicklungsstufen identifizieren. Sie weisen Differenzen bei der Reihenfolge der einzelnen Bestandteile auf. Ausschlaggebend für die Unterschiede erscheinen konstitutive Bestandteile der Wahlabendsendungen. Diese stehen nun im Zentrum der Erörterungen (vgl. Kap. 6.2.2), um danach die unterbrechenden Sendeelemente und -formate zu behandeln, die das Profil der Wahlabendberichte ebenfalls mitbestimmt haben (vgl. Kap. 6.2.3).

6.2.2 Konstitutive Bestandteile

Struktur bildendes Element der Wahlabendsondersendungen im deutschen Fernsehen ist die *Bekanntgabe von Wahlforschungsergebnissen*. Sie wird von den Verantwortlichen der Sendungen als „extrem wichtig" (Interview Kloeppel: 4) eingestuft und als Bedingung „sine qua non" (Interview Schönenborn: 6) bezeichnet. Die konstituierende Relevanz der Wahlforschungsdaten lässt sich daran erkennen, dass die Ablaufplanung sich an ihnen ausrichtet (vgl. Interview von der Tann: 1) und weitere Sendeelemente häufig sofort für sie beendet werden (vgl. Interview Raschke: 3). Darüber hinaus erweisen sich auch die *Auftritte von Spitzenpolitikern* als prägend. An beiden Elementen ist die Umsetzung des journalistischen Anspruchs abzulesen, möglichst aktuell über Wahlergebnisse und Reaktionen zu berichten (vgl. Kap. 5.2.3.1). Zudem lässt sich an beiden Merkmalen die Orientierung an journalistischen Selektionsprogrammen wie den Nachrichtenfaktoren Aktualität und Relevanz sowie Prominenz erkennen (vgl. Kap. 2.2.2.1; vgl. in Bezug auf Umfragen Hohlfeld 2003: 1).

Bekanntgabe von Wahlforschungsergebnissen

Eine besondere, Struktur bildende Bedeutung kommt den Wahlforschungsergebnissen nicht erst in den jüngeren Ausgaben zu (vgl. Interview Deppendorf: 2; Interview Raue: 6; Tennert/Stiehler 2001: 111), vielmehr sind sie seit 1965, seitdem Prognosen und/oder Hochrechnungen mit Hilfe von Computern erstellt werden, für den Ablauf der Wahlabendsendungen zentral (vgl. Wördemann 1969a: 146 u. Kap. 5.2.2.1). Franz Wördemann, Leiter des ARD-Wahlberichts am Abend der Bundestagswahl 1969, erläuterte schon damals:

> „Eine Wahlnacht in der Bundesrepublik ist wie ein ungeordnetes Mosaik zahlloser, fast gleichzeitiger Vorgänge, die durch den Stromstoß der Anfangsinformation (die ersten Hochrechnungen) ausgelöst werden. Die Steine und Steinchen des Mosaiks verschieben sich je nach den Windungen, die der Informationsstrom aus den Computern einschlägt." (Wördemann 1969a: 151)

Auch in der offiziellen „Anweisung Nr. 1" der WDR-Chefredaktion zur Bundestagswahlsendung der ARD im Jahr 1969 vom 07.02.1969 lassen sich Hinweise auf die besondere Bedeutung der Wahlforschungsergebnisse für die abendliche Berichterstattung finden:

> „Feste Zeitpunkte in dieser Sendung sind nur der 18-Uhr-Beginn und die Hauptausgabe der Tagesschau um 20 Uhr. Im übrigen wird der Ablauf der Sendung wesentlich durch die Möglichkeiten des Infas-Computers bestimmt." (Wördemann 1969a: 148; vgl. Akte „Berichterstattung über die Bundestagswahl 1969. Produktionsunterlagen" im Historischen Archiv des WDR", Sig. 383)

Für die Wahlabendsondersendungen des ZDF sind ähnliche Aussagen dokumentiert:

> „Jenes Ergebnis [...] zu möglichst früher Minute vorauszuschätzen, bündig zu erläutern, von Politikern bejubeln oder beklagen, von Beobachtern auf Zukünftiges abklopfen zu lassen, das alles hat sich mehr

und mehr als die vornehme Aufgabe des Fernsehens in den Wahlnächten herausdestilliert." (Hagen 1969a: 158)

Darüber hinaus gibt es Hinweise darauf, dass die per Computer unterstützte Prognostizierung und Hochrechnung des Wahlausgangs Veränderungen des grundlegenden Profils der Wahlabendsondersendungen hervorrief:

> „Der Computer hat den Charakter der Wahlberichterstattung radikal verändert. Der Gedanke, ihn als eines der entscheidenden Informationsmittel einzusetzen, war in den Vorbereitungsmonaten der Wahlberichterstattung 1965 neu. Er verlangte einen strikten Bruch mit der Tradition des Berechnens, die etwas Sportliches an sich hatte und auch sehr viel Menschlich-Persönliches. Beides ließ die Langatmigkeit der Reihenverlesung von Ergebnissen vergessen, denn punktuell wurde das Eigeninteresse des Zuschauers angesprochen. Und zweifellos gab es den agierenden Politikern Zeit zum Ausfeilen ihrer Erklärungen über den Ausgang der Wahl." (Wördemann 1969a: 146)

Bevor dieser konstitutive Bestandteil der Wahlabendberichte jedoch in seiner Entwicklung analysiert wird, muss zunächst geklärt werden, was unter Wahlergebnissen innerhalb des mehr als 40 Jahre umfassenden Untersuchungszeitraums verstanden wurde, um anschließend die Veröffentlichungszeitpunkte einzelner Ergebnisarten herausfiltern und vergleichen zu können. Die Zeitpunkte der Bekanntgabe der Wahlergebnisse bieten dabei erstens einen Interpretationsrahmen für Entwicklungsprozesse des Gesamtformats. Zweitens lassen sich daran Indizien für eine mögliche Beschleunigung der Wahlabendberichterstattung finden.

Wahlergebnisse wurden i. d. R. als *Prognosen* und *Hochrechnungen* in Prozenten mit Gewinnen und Verlusten im Vergleich zur vorherigen Bundestagswahl angegeben. Darüber hinaus wurde gewöhnlich die Sitzverteilung vorgestellt. Des Weiteren wurden üblicherweise auch Informationen zu der Methodik, auf der diese Daten beruhen, bekannt gegeben – etwa die Vorwahl- oder Nachwahlumfrage und die Stichprobe. Damit entspricht die Wahlberichterstattung der gesetzlichen Regelung, die vorgibt, dass bei der Wiedergabe von Meinungsumfragen, die von Rundfunkveranstaltern durchgeführt werden, ausdrücklich anzugeben ist, ob diese repräsentativ sind (RStV § 10 (2); vgl. o. V. 2004: 8 sowie Kap. 5.2.1.1). Zudem wurden meist die gestellten Fragen genannt. Demgemäß sind auch die publizistischen Richtlinien des Deutschen Presserats erfüllt, nach denen bei der Publikation von Umfrageergebnissen von Meinungsbefragungsinstituten „die Zahl der Befragten, de[r; K.W.] Zeitpunkt der Befragung, d[ie; K.W.] Auftraggeber sowie die Fragestellung" (Deutscher Presserat 2001: 10 sowie Kap. 5.2.1.2) zu veröffentlichen sind.

Zu den Prognosen und Hochrechnungen kommen jedoch *weitere Ergebnisarten* bzw. *weitere Begrifflichkeiten* hinzu, die in den ersten zwei Jahrzehnten des Untersuchungszeitraums nicht trennscharf verwendet worden sind. Gelegentlich wurden sie sogar innerhalb eines Wahlberichts in unterschiedlicher Bedeutung benutzt. Dies führt zu Verwirrungen, denn es ist nicht immer exakt zu erkennen, welche Ergebnisart vorgestellt wurde. Deshalb werden die einzelnen Ergebnisarten nun beschrieben, um sie unterscheiden zu können.

Bei Prognosen handelt es sich um Ergebnisse in konkreten Zahlen, die seit etwa Anfang der 1990er Jahre üblicherweise auf Befragungen der Wähler am Wahltag, so genannten exit polls, basieren (vgl. Interview Roth: 3 f. sowie Kap. 5.2.2.1). Vorher wurde eine solche „Nachfrage" von der ARD ausnahmsweise bei der Bundestagswahl 1976 eingesetzt. Bevor Prognosen auf Grundlage von Nachwahlbefragungen erstellt wurden, basierten sie auf Umfrageergebnissen vor der Wahl. In einzelnen Wahlabendsendungen wurden Prognosen von mehreren Meinungsforschungsinstituten publik gemacht. Gerade in den Wahlabendberichten in den 1960er und 1970er Jahren sowie zu Beginn der 1980er war es jedoch üblich, entweder konkrete Zahlen zu benennen oder auch Tendenzen festzustellen. Hochrechnungen hingegen beruhen auf ausgezählten Resultaten, die auf ein Endergebnis hochgerechnet werden (vgl. Korte 1999: 83 f.; Roth 1998a: 7 u. 1998b: 5; o. V. 1972a; Wildenmann 1969: 171)

Zu den Ergebnisarten, die neben Prognosen und Hochrechnungen veröffentlicht wurden, sind auch die ausgezählten Ergebnisse zu zählen. So wurden gerade in den früheren Wahlabendsondersendungen Resultate aus einzelnen Stimmbezirken und Wahlkreisen inklusive der Vorstellung der direkt gewählten Kandidaten, aus Städten und Bundesländern ausgestrahlt sowie kurz vor Sendeschluss das ausgezählte bundesweite Ergebnis bekannt gegeben (vgl. Albrecht 1987: 4; Teichert/Deichsel 1987: 6). Dabei ist zu differenzieren zwischen amtlichen Auszählungsergebnissen, also denjenigen Resultaten, die von den Mitarbeitern der Landes- und Bundeswahlleiter stammten, sowie ausgezählten Ergebnissen der Wahlforschungsinstitute, deren Mitarbeiter die Informationen aus den Stimmbezirken und Wahlkreisen weitergaben. Die Veröffentlichung von Einzelergebnissen war besonders zu Beginn der 1960er Jahre ausgeprägt – die ARD-Wahlsendung 1961 basierte im Wesentlichen auf der Bekanntgabe von Auszählungsergebnissen. Hochrechnungen gab es damals nicht. In den Folgejahren wurden dagegen nur noch vereinzelt ausgezählte Resultate veröffentlicht. Um diese von den Zuschauern gewünschten und erwarteten Informationen dem Publikum nicht vorzuenthalten, wurde mit neuen Formen der Präsentation experimentiert. So bot das ZDF 1969 einen telefonischen Service an, über den sich die Zuschauer speziell über ihren eigenen Wahlkreis informieren konnten (vgl. Hagen 1969a: 161; Wildenmann 1969: 175). Damit kompensierte der Sender die Beschleunigung der Berichterstattung:

> „Die Sendungen des ZDF standen unter dem Gebot, schnell und zuverlässig über die Wahl zu berichten. [...] Es kommt dabei nicht so sehr [...] auf einzelne Wahlkreisergebnisse an, sondern auf zusammenfassende Darstellungen." (Wildenmann 1969: 170)

Die ARD reagierte mit einer anderen Strategie:

> „[U]m den Kontakt ‚nach draußen' zu finden, d. h. den geschlossenen Kreis ‚Zentralstudio – Studio Bonn-Bundeshaus – Computer – Parteizentralen' zu durchbrechen. Eine Lösung bot sich an: aus einzelnen, sorgsam ausgesuchten Wahlkreisen mit angemessener geographischer Streuung zu berichten, zuzusehen und zu hören, wie der Sieger oder der Geschlagene reagiert, wie seine Freunde das Wahlergebnis aufnahmen, an Ort und Stelle festzustellen, ob bestimmte Vorgänge eine außergewöhnliche Wirkung im Wahlverhalten jener Menschen erzeugt hatten, die nun abends vor der Kamera erscheinen sollten, auf Straßen, Plätzen, in Privatwohnungen, in Dorfschänken und Rathäusern" (Wördemann 1969a: 149).

In späteren Wahljahren wandelten sich die Konzepte nochmals. So wurden beim ZDF spezielle Sendungen am späteren Abend eingeführt, die Einzelwahlkreisergebnisse bekannt gaben (vgl. Kap. 6.1.1).

Darüber hinaus gehörte die Bekanntgabe von Tendenzen, Trends und Schätzungen zu den Leistungen der Wahlforscher am Wahlabend. Eine exakte Unterscheidung gab es hierfür nicht. Bevor erste konkrete Zahlen publiziert wurden, wurden oft Tendenzen bekannt gegeben. Diese wurden jedoch mal als Prognosen betitelt und mal als „grundsätzliche Einschätzung" (Wildenmann 1969: 171) bezeichnet. Bei der Veröffentlichung von Trends wurde wiederum differenziert zwischen einem ersten und einem verstärkten Trend. Nach einer Erklärung des Zahlen-Präsentators Rudolf Rohlinger in der ARD-Wahlabendsendung 1965 stellte ein „Trend" die ausgezählten Ergebnisse vor. Präsentiert wurden Trends v. a. in den ersten beiden Jahrzehnten des Untersuchungszeitraums, und zwar i. d. R. zwischen Prognose und erster Hochrechnung. Eine Schätzung entspricht nach Auskunft Rohlingers hingegen einer Hochrechnung. Auch Rudolf Wildenmann, Wahlforscher im Auftrag des ZDF, bezeichnete die frühe Schätzung des Endergebnisses als Hochrechnung (vgl. Wildenmann 1969: 170). Bei den Schätzungen wurde zwischen erster und weiteren unterschieden – ähnlich wie bei den Hochrechnungen seit Ende der 1980er Jahre. Allerdings erläuterte der damalige Zahlen-Präsentator Günter Siefarth in der ARD-Wahlsendung 1987, bevor er Resultate vorstellte, diese seien „eine neue Hochrechnung, die wir als Trend sehen".

Wurden die Begrifflichkeiten in Bezug auf die Wahlforschungsergebnisse in den Wahlberichten im Untersuchungszeitraum nicht trennscharf und mit divergierender Bedeutung verwendet, ist eine einheitliche Verwendung für die vergleichende Analyse der Veröffentlichungszeitpunkte von den Wahlergebnissen notwendig. Deshalb werden definiert:

- Prognose als Oberbegriff für die Bekanntgabe von Tendenzen und konkreten Zahlen auf Basis von Umfragen vor der Wahl und am Wahltag, die teilweise auch Prognosen genannt werden.
- Hochrechnungen als Oberbegriff für hochgerechnete Zahlen auf Basis von ausgezählten Stimmbezirken bzw. Wahlkreisen, die als Hochrechnung oder auch als Schätzung bezeichnet werden.

Bei den Veröffentlichungszeitpunkten der *Prognosen* lassen sich die folgenden Entwicklungslinien rekonstruieren (vgl. Tab. 30): Die Bekanntgabe der Prognose der ARD erfolgte 1961 kurz nach 22 Uhr. 1965 wurde sie bereits um kurz nach 20 Uhr und 1969 einige Minuten nach 18 Uhr bekannt gegeben. Diese Unterschiede des Zeitpunktes, zu dem die Prognose in den 1960er Jahren gesendet wurde, lassen deutlich werden, dass es sowohl im Bereich der Übertragungstechnik der Daten und der Computertechnik zur Berechnung dieser als auch bei der Methodik der Wahlforscher einschneidende Verbesserungen gegeben haben muss, die diese eindeutig frühere Veröffentlichung ermöglichten (vgl. Kap. 5.2.1.4 u. 5.2.2.1). Bis 1980 blieb es bei etwa demselben Veröffentlichungszeitpunkt. 1983 wurde die Prognose wenige Sekunden nach 18 Uhr öffentlich gemacht. 1987 erfolgte die Bekanntgabe erstmals um Punkt 18 Uhr – wie auch in den folgenden Wahljahren. Der Veröffentlichungszeitpunkt der Prognose beim ZDF hat sich im Prinzip parallel entwickelt. Dies lässt sich als Indiz für den Wettbewerb zwischen den Wahlforschungsinstituten werten (vgl. Kap. 5.2.1.3).

Tab. 30: Zeitpunkte der Veröffentlichung der Prognose

	1961	1965	1969	1972	1976	1980	1983	1987	1990	1994	1998	2002
ARD	22:04	20:21	18:10	18:01	18:16	18:20	18:00	18:00	18:00	18:00	18:00	18:00
ZDF[1]		20:08	18:06	18:34	18:07	18:02	18:00	18:00	18:00	18:00	18:00	18:00
RTL[2]								k.A.	18:00	18:01	17:59	18:00
Sat.1								23:45	18:00	18:03	18:02	18:00

Quelle: eigene Erhebung; schriftliche Dokumente

[1] Die Zeit für die Wahlsendung 1980 ist schriftlichen Dokumenten entnommen (vgl. Saur 1976).
[2] Für die RTL-Wahlsendung 1987 sind keine Aussagen möglich, da das TV-Material nicht vorlag.

RTL sendete seine Prognose jeweils um genau 18 Uhr. Während sich der Privatsender dabei 1994 um etwa eine Minute verspätete, verstieß er mit einer verfrühten Prognose gegen das Wahlgesetz. Dies zeigt den Konkurrenzdruck, unter dem die Sender und die Wahlforschungsinstitute an Wahlabenden arbeiten (vgl. Kap. 5.2.1.3). Bei Sat.1 lässt sich seit

1990 in Bezug auf den Zeitpunkt der Prognose-Veröffentlichung ebenfalls eine Konstanz beobachten. Um genau 18 Uhr gab Sat.1 eine Prognose allerdings nur 1990 bekannt, die auf einer Umfrage durch das IfD basierte (vgl. Kap. 5.2.2.1), sowie 2002, als Sat.1 in Zusammenarbeit mit RTL erstmals ein Wahlforschungsinstitut unter Vertrag hatte. In der Zwischenzeit stützte sich Sat.1 auf die in ARD und ZDF veröffentlichten Prognosen und konnte daher erst einige Minuten später senden. Letzteres lässt sich als Indiz für eine relativ geringe Relevanz werten, die Sat.1 der Berichterstattung über die Wahl zukommen ließ.

Die *ersten Hochrechnungen* wurden bei den vier untersuchten TV-Sendern im Untersuchungszeitraums immer früher ausgestrahlt, so dass sie seit Mitte der 1990er Jahre nur noch wenige Minuten später als die Prognosen präsentiert wurden (vgl. Tab. 31).

Tab. 31: Zeitpunkte der Veröffentlichung der 1. Hochrechnung

	1961	1965	1969	1972	1976	1980	1983	1987	1990	1994	1998	2002
ARD[1]	k. HR	21:45	19:04	19:06	18:36	18:33	18:36	18:20	18:27	18:15	18:09	18:14
ZDF[2]		21:29	18:55	18:57	18:48	19:29	18:28	18:24	18:24	18:12	18:08	18:17
RTL[3]								k. A.	18:28	18:14	18:10	18:06
Sat.1								23:45	18:31	18:17	18:14	18:08

Quelle: eigene Erhebung; schriftliche Dokumente[175]

1 1961 wurde im ARD-Wahlbericht keine Hochrechnung (k. HR) veröffentlicht. Die Wahlforschungsmethoden erlaubten dies erst vier Jahre später.
2 Die Angabe zur ZDF-Wahl 1980 entstammt einem Minuten-Protokoll, dokumentiert in ARD Sachakte Koordinator Politik „Bundestagswahl 1980".
3 Für die RTL-Wahlsendung 1987 sind keine Aussagen möglich, da das TV-Material nicht vorlag.

Dies kann als Indiz für eine Beschleunigung im Rahmen eines Wettbewerbsdrucks zum einen zwischen den TV-Sendern und zum anderen zwischen den Wahlforschungsinstituten interpretiert werden (vgl. Kap. 5.2.1.3), der jedoch auf die Weiterentwicklung von Technik und Methoden der Wahlforschung angewiesen war (vgl. Kap. 5.2.1.4 u. 5.2.2.1). Für eine entsprechende Konkurrenz als ausschlaggebende Kraft lassen sich schon zu frühen Zeitpunkten Hinweise finden. Nur bei den öffentlich-rechtlichen Sendern gab es vereinzelte Rückschritte – im Sinne von späteren Zeitpunkten der Veröffentlichung von Hochrechnungen im Vergleich mit der Vorwahl: bei der ARD etwa von 1990 zu 1987 bzw. zu 1983 sowie von 2002 zu 1998; beim ZDF von 2002 zu 1998. Als Erklärung lässt sich anführen, dass in diesen Wahljahren die Ergebnisse sehr knapp ausgefallen sind (vgl. Kap. 5.1). Dafür spricht auch, dass die Veröffentlichungszeitpunkte der ersten Hochrechnungen zu den einzelnen Bundestagswahlen jeweils in einem ähnlichen Rahmen liegen, wobei mal der eine und mal der andere Anbieter schneller war als der andere. Dies gilt sowohl für die Zeit des Duopols von ARD und ZDF als auch seit 1987, als die Privatsender hinzukamen (vgl. Kap. 5.1). Allerdings lagen RTL und Sat.1 mit ihren Hochrechnungen zeitlich erstmals 2002 vor den Öffentlich-Rechtlichen. Bei Sat.1 war eine frühere Bekanntgabe zuvor nicht

---

[175] Die Angaben zu den Veröffentlichungszeitpunkten der Hochrechnungen differieren in den vorliegenden internen schriftlichen Unterlagen z. T. von den hier gemessenen Zeiten. Die Unterschiede liegen bei maximal sechs Minuten (vgl. Schriftwechsel, dokumentiert in der ARD Sachakte Koordinator Politik „Bundestagswahl 1987", der ARD Sachakte „Sendungen anläßlich der Bundestagswahl 1976"; o. V. 1987b: 5 sowie der Akte „ARD Wahlberichterstattung 1986 bis 1989 Infas/Verwaltung" im Historischen Archiv des WDR). Auch die Erkenntnisse von Wilke und Spiller sind in diesem Bereich z. T. different (vgl. Wilke/Spiller 2006: 116 ff.).

möglich, da der Privatsender bis 1998 die Zahlen von ARD und ZDF übernahm (vgl. Kap. 5.1 u. 5.2.2.1).

Insgesamt lässt sich an den Veröffentlichungszeitpunkten der Prognose und der ersten Hochrechnung ablesen, dass die Wahlberichte zu allen Messzeitpunkten von dem Wettbewerb der TV-Sender und der Wahlforschungsinstitute geprägt wurden (vgl. Kap. 5.2.1.3) und sich zugleich die weiterentwickelte Technik sowie verbesserte Methoden der Wahlforschung bemerkbar machten (vgl. Kap. 5.2.1.4 u. 5.2.2.1).

Auftritte von Spitzenpolitikern

Neben den Zahlen zum Wahlausgang kommt dem Auftritt der Spitzenkandidaten – insbesondere dem des amtierenden Bundeskanzlers – Bedeutung hinsichtlich des Ablaufs der Wahlabendsondersendungen zu. Dies gilt für alle analysierten Wahlberichte. Schon in den 1960er Jahren wurde der Kanzlerauftritt als Element in die vorbereitenden Planungen einbezogen – wenn auch ohne festen Sendezeitpunkt. Dies geht auch aus einer Beschreibung von Franz Wördemann, Leiter der ARD-Wahlsendung 1969, hervor:

> „Wir wissen, daß sehr sehr spät am Abend im Palais Schaumburg der Auftritt des Kanzlers vor -zig Journalisten schon zu einem Bestandteil des Rituals geworden ist, seitdem die Bundeskanzler nicht mehr wie Konrad Adenauer früh am Wahlabend zu Bett gehen." (Wördemann 1969a: 150)

Da der Zeitpunkt des Kanzlerauftritts über die Jahre hinweg immer ungewiss geblieben ist, hat sich das folgende Vorgehen etabliert: Sobald der amtierende Bundeskanzler[176] auftrat oder sich der voraussichtliche neue Kanzler zeigte, wurde die Sendung i. d. R. unterbrochen (vgl. Rabl 1976). So wurde etwa in der 1965er-Wahlsendung des ZDF durch mehrmalige Ankündigungen des Moderators („Der Kanzler kommt jeden Moment durch diese Tür." Woller in der ZDF-Wahlabendsendung 1965) und Bilder einer verschlossenen Tür versucht, Spannung zu erzeugen. 1969 wurde bei der ARD immer wieder das Warten auf den Bundeskanzler thematisiert, indem z. B. zu den Journalisten vor Ort geschaltet wurde, die von den dortigen Vorbereitungen berichteten. Um live dabei zu sein, wie der bisherige Bundeskanzler einen Flur entlang geht, ohne sich zu äußern, wurde in dem ZDF-Wahlbericht 1976 z. B. ein Unterhaltungsbeitrag abrupt unterbrochen. Auch in den jüngeren Sendungen, wie etwa bei der ARD 1994, waren Unterbrechungen für den Kanzler bzw. den Kanzlerkandidaten üblich. 1994 wurde wegen des Auftritts des Kanzlerkandidaten eine Schalte verhindert.

Am Abend der Bundestagswahl 1998 stellten der bisherige und der zukünftige Kanzler die Fernsehsender vor eine in der Geschichte der Wahlabendsondersendungen neue Herausforderung: Beide traten zum gleichen Zeitpunkt bei den Wahlfeiern ihrer Parteien vor die Kameras. Das hieß: Sie konnten nicht beide zugleich gezeigt werden. Die TV-Anbieter lösten die Situation unterschiedlich. Während die einen auch bildlich hin und her gerissen waren – etwa das ZDF – und zwischen den Statements des alten und des neuen Bundeskanzlers hin- und herschalteten, sendeten die anderen Fernsehsender erst die eine und dann die währenddessen aufgezeichnete zweite Rede zu einem späteren Zeitpunkt als Einspie-

---

[176] Darüber hinaus gab es in zahlreichen der untersuchten Wahlabendberichte Unterbrechungen für Reden und Interviews mit weiteren prominenten bzw. ranghohen Politikern, wie etwa den Generalsekretären oder Vorsitzenden der Parteien.

lung. Die ARD setzte dabei auf eine Mischung aus beiden Lösungsansätzen: Zunächst schaltete sie hin und her, dann spielte sie eine Aufzeichnung der Rede des amtierenden Kanzlers ein, die dann wiederum unterbrochen wurde für ein Interview mit dem zukünftigen Kanzler.

6.2.3 Unterbrechungen

An den Entwicklungsstufen des Ablaufs der Wahlabendsondersendungen im deutschen TV (vgl. Kap. 6.2.1) wird deutlich, dass die Wahlberichte im Untersuchungszeitraum regelmäßig durch andere Sendeformate unterbrochen wurden. Ebenso wie die im vorangegangenen Abschnitt beschriebenen konstitutiven Bestandteile (vgl. Kap. 6.2.2) haben diese Unterbrechungen das spezifische Profil der Wahlsendungen in den verschiedenen Entwicklungsphasen durch drei Faktoren mitbestimmt: durch den Zeitpunkt, zu dem sie gesendet wurden, ihre Dauer und ihre mit diesen beiden Aspekten verbundene Funktion. Dienten die Unterbrechungen zunächst der Überbrückung von Sendezeit, bis Ergebnisse und Erklärungen sowie Interpretationen veröffentlicht werden konnten, wurden sie später zur Abwechslung eingesetzt (vgl. Kap. 5.2.2.2). Dabei wurden die Sendezeit füllenden Unterbrechungen früher ausgestrahlt und hatten eine längere Dauer als diejenigen, die für Abwechslung sorgen sollten. 1998 und 2002 wird deutlich, dass die Strategie, Unterbrechungen zur Überbrückung zu nutzen, von den Privatsendern erneut aufgenommen wurde, während die Öffentlich-Rechtlichen neue Wege gingen und die zusätzliche Sendezeit in der Anfangsphase der Sendungen dazu verwendeten, mit Umfrageergebnissen die Ausgangslage der Wahl stärker zu beleuchten.

Darüber hinaus ist der Charakter der Unterbrechungen, die teils einen Wahlbezug aufweisen und teils als eher wahlfern einzustufen sind (vgl. Kap. 4.2.1 u. 4.2.2)[177], symptomatisch für die innere Ablaufstruktur der analysierten Wahlsendungen. Zunächst wird die Entwicklung der Sende-Unterbrechungen beschrieben, um einen Überblick zu geben und darauf aufbauend die Anteile der wahlfernen Elemente im Verhältnis zu den wahlbezogenen Komponenten und der originären Wahlabendberichterstattung zu analysieren.

Bei der ARD lässt sich die Entwicklung der *Unterbrechungen mit Wahlbezug* in drei Phasen einteilen (vgl. Tab. 32). Die erste Phase umfasst die Wahljahre 1961 und 1965, in der der „Internationale Frühschoppen" mit Werner Höfer als eigenes Format (vgl. Kap. 4.2.1 u. 4.2.2) die Wahlabendsondersendungen der ARD unterbrochen hat.[178]

---

[177] Die Unterscheidung in wahlbezogene und wahlferne Sendeunterbrechungen spielt eine wesentliche Rolle für die Durchführung der quantitativen Inhaltsanalysen. Diese konzentrieren sich auf die Inhalte der Hauptausgaben der Wahlabendsondersendungen, die sich auf die Wahl beziehen und nicht ein eigenes Sendeformat bilden. Die Sendeelemente, die keinen Wahlbezug aufweisen, sind hierfür nicht im Detail relevant. Es interessiert also nicht, welche Akteure, Themen und Schauplätze z. B. in den gezeigten Sportberichten vorkommen (vgl. Kap. 4.2.2).

[178] Werner Höfer diskutierte 1961 und 1965 jeweils zu mehreren Zeitpunkten in einem Extra-Studio mit ausländischen Journalisten über den Wahlkampf in Deutschland im Vergleich zu den Wahlkämpfen in den Heimatländern der Journalisten, persönliche Prognosen zum Wahlausgang und die Schlagzeilen, die die Journalisten zum Ergebnis der Wahl titeln werden.

Tab. 32: Unterbrechungen der Hauptausgaben der ARD-Wahlabendsondersendungen

	Unterbrechungen	
	(Teilweiser) Wahlbezug	**Kein Wahlbezug**
ARD		
1961	Internationaler Frühschoppen	Tagesschau (Weltnachrichten)
1965	Tagesschau-Ergebnisdienst Internationaler Frühschoppen	Tagesschau (Weltnachrichten)
1969	Tagesschau ARD/ZDF-Bundestagsrunde	Sportschau Krimi: „Spuk im Morgengrauen"
1972	Tagesschau Tagesschau-Ergebnisdienst ARD/ZDF-Bundestagsrunde Gästestudio[179]	Sportschau*
1976	Tagesschau ARD/ZDF-Bundestagsrunde Wahllokal	Sportschau
1980	Tagesschau ARD/ZDF-Bundestagsrunde Unterhaltung nach Wahl: Satire mit Wahlbezug	Sportschau Unterhaltung nach Wahl: Showauftritte in einem Extra-Studio und Gespräche mit Prominenten
1983	Tagesschau ARD/ZDF-Bundestagsrunde	Sportschau Einspielung von Showauftritten Kurzkrimi[180]
1987	Tagesschau	Sportschau Quiz
1990	Tagesschau	Sportschau
1994	Tagesschau	Sportschau
1998	Tagesschau	Keine Unterbrechungen
2002	Tagesschau	Fernsehlotterie

Quelle: eigene Erhebung; schriftliche Dokumente
* Diese Sportberichte wurden laut schriftlicher Unterlagen gesendet (vgl. Gesamtdisposition und interner Schriftwechsel, dokumentiert in Akte zur „Bundestagswahl 1972" im Historischen Archiv des WDR, Sig. 140). Im vorliegenden TV-Material ist dies nicht dokumentiert. Allerdings bestehen bei dieser Wahlsendung Datenlücken, so dass es durchaus sein kann, dass Sportnachrichten gesendet wurden.

Die zweite Phase erstreckt sich von 1969 bis 1983. In diesem Zeitraum gab es Unterbrechungen durch die Nachrichtensendung „Tagesschau"[181] und das Sendeformat der von ARD und ZDF gemeinsam ausgestrahlten „Bundestagsrunde"[182]. Innerhalb dieser ersten beiden Phasen wurden in die Haupt-Wahlberichte der ARD in Einzelfällen auch „Tages-

---

[179] Die ARD brach nicht erst 1980 (vgl. Wilke/Spiller 2006: 117) mit ihrem bis dato praktizierten Programmkonzept, sondern bereits acht Jahre früher, als erstmals nicht nur auf informierende Berichterstattung, wie bis dahin üblich, gesetzt, sondern auch eine Talkshow veranstaltet wurde, in der Informationen unterhaltsamer aufbereitet wurden als dies in den vorangegangenen Wahljahren der Fall war.

[180] Im Gegensatz zur Programmankündigung (vgl. auch Wilke/Spiller 2006: 117) wurden nicht mehrere Kurzkrimis gezeigt, sondern nur einer ausgestrahlt.

[181] Während der Nachrichtensendungen, die die Wahlabendsondersendungen der ARD und auch der übrigen analysierten Sender unterbrechen, ist es üblich, neben Meldungen und Filmbeiträgen zur Wahl aus der Wahlsondersendung selbst zu berichten.

[182] In der „Bundestagsrunde" wird in erster Linie das Wahlergebnis interpretiert und erklärt.

schau"-Ergebnisdienste integriert (vgl. Protokoll StTVPG vom 23.-24.08.1972: 3 f.; Protokoll CR TV vom 08./09.08.1972: 3). Hinzu kommen in der zweiten Phase Unterbrechungen durch Talk-Runden in Extra-Studios, die sich mit dem Ereignis Wahl auseinander gesetzt haben. Die dritte Phase dauert von 1987 bis 2002: In diesen Jahren wurde ausschließlich die „Tagesschau" zwischendurch ausgestrahlt.

Demgegenüber stehen drei Entwicklungsphasen in Bezug auf *wahlferne Unterbrechungen* der Hauptausgaben der ARD-Wahlabendsendungen zu Bundestagswahlen, die andere Zeiträume umspannen: Erstens ist die „Tagesschau" 1961 und 1965 als Weltnachrichten-Ausgabe ohne Bezug zur Bundestagswahl gesendet worden. Die zweite Phase reicht von 1969 bis 1994 und ist geprägt durch nicht wahlbezogene Unterbrechungen wie die „Sportschau". In einigen Wahljahren wurden zudem Showauftritte gezeigt und Krimis ausgestrahlt. 1998 und 2002 hat es wiederum – abgesehen von der „Fernsehlotterie" 2002 – keine Unterbrechungen ohne Wahlbezug gegeben. Dies lässt sich auf einen Wandel der dahinter stehenden Sendekonzeption zurückführen (vgl. Kap. 5.2.2.2).

Drei Phasen sind auch bei der Entwicklung der *wahlbezogenen Unterbrechungen* der Hauptausgaben der ZDF-Wahlabendsonderberichte erkennbar (vgl. Tab. 33).

Tab. 33: Unterbrechungen der Hauptausgaben der ZDF-Wahlabendsondersendungen

	Unterbrechungen	
	(Teilweiser) Wahlbezug	**Kein Wahlbezug**
ZDF		
1965	Keine Unterbrechungen	Showauftritte im Wahlstudio
1969	Nachrichten ARD/ZDF-Bundestagsrunde	Sport Einspielung von Showauftritten
1972	Nachrichten ARD/ZDF-Bundestagsrunde	Fernsehfilm: „Die Leute von der Shiloh Ranch" Einspielung von Showauftritten
1976	heute – Nachrichten ARD/ZDF-Bundestagsrunde	Fernsehfilm: „Bonanza" Einspielungen von Showauftritten Sport
1980	--*	Einspielung: Sketche „Ein verrücktes Paar"*
1983	heute – Nachrichten ARD/ZDF-Bundestagsrunde	Einspielung: Sketche „Ein verrücktes Paar"
1987	heute – Nachrichten ARD/ZDF-Bundestagsrunde	Einspielung von Showauftritten
1990	heute – Nachrichten	Keine Unterbrechungen
1994	heute – Nachrichten	Keine Unterbrechungen
1998	heute – Nachrichten	Keine Unterbrechungen
2002	heute – Nachrichten	Keine Unterbrechungen

Quelle: eigene Erhebung; schriftliche Dokumente
* Die ZDF-Wahlsendung zur Bundestagswahl 1980 lag nicht als originäres TV-Material vor. Diese Angaben stammen auf: Erfahrungsbericht, dokumentiert in Akte „Bundestagswahl 1980" Bestand Chefredakteur im Historischen Archiv des ZDF, Sig. 6/0649 (vgl. Wilke/Spiller 2006: 117)

Die erste Phase ist äußerst kurz: 1965 sind keine Unterbrechungen zu eruieren, die Wahlbezug aufweisen. Dies scheint mit Blick auf das damalige Konzept des ZDF, das eine „Wahlparty" nach englischem Vorbild vorsah, erklärbar (vgl. Dietrich 1969: 22 sowie Kap.

5.2.2.2). Die zweite Phase erstreckt sich von 1969 bis 1987 und ist geprägt von Unterbrechungen durch die Nachrichtensendung „heute" und die ARD/ZDF-Gemeinschaftssendung „Bundestagsrunde". Die dritte Phase dauert von 1990 bis 2002. In diesem Zeitraum wurden die Haupt-Wahlabendberichte des ZDF nur von Nachrichten unterbrochen.

Die Entwicklung der *Unterbrechungen ohne Wahlbezug* verlief beim ZDF in zwei Phasen: Die erste umfasst die Wahljahre von 1965 bis 1987. Die zweite reicht von 1990 bis 2002. Während die Wahlberichte in der ersten Phase durch Showauftritte, die vereinzelt durch zusätzliche wahlferne Unterbrechungen – wie etwa Fernsehfilme, Einspieler mit Sketchen oder Sport-Beiträge – ergänzt wurden, ist für die zweite Phase charakteristisch, dass es keine wahlfernen Unterbrechungen gab. Dies hängt mit den Sendestrategien des ZDF zusammen: In der ersten Phase erweist sich das Konzept, ein Kontrastprogramm zur ARD zu senden und auf unterhaltsame Elemente zur Abwechslung zu setzen, als prägend (vgl. Kap. 5.2.2.2). In der zweiten Phase ist offenbar das Hinzukommen der privaten Fernsehsender dafür ausschlaggebend (vgl. Kap. 5.2.1.3), dass das ZDF auf wahlferne Unterbrechungen verzichtete.

Während bei ARD und ZDF relativ lange kontinuierliche Entwicklungsprozesse hinsichtlich der Unterbrechungen der Hauptausgaben der Wahlabendsendungen festzustellen sind, zeigen sich bei RTL sowohl in Bezug auf die *wahlbezogenen* als auch die *wahlfernen Unterbrechungen* sprunghafte Veränderungen (vgl. Tab. 34).

Tab. 34: Unterbrechungen der Hauptausgaben der RTL-Wahlabendsondersendungen

	Unterbrechungen	
	(Teilweiser) Wahlbezug	**Kein Wahlbezug**
RTL		
1987	--*	--*
1990	RTL aktuell – Nachrichten Showauftritte im Wahlstudio	Showauftritte im Wahlstudio
1994	RTL aktuell – Nachrichten	Sport Werbung/Programmhinweise
1998	RTL aktuell – Nachrichten	Werbung/Programmhinweise
2002	RTL aktuell – Nachrichten „Exklusiv – Weekend zur Wahl" Diskussionsrunde mit Heiner Bremer	Werbung/Programmhinweise

Quelle: eigene Erhebung
* Die RTL-Wahlsendung zur Bundestagswahl 1987 lag nicht als originäres TV-Material vor.

Zusammenhänge lassen sich dabei einerseits mit der generellen Programmkonzeption an Wahlabenden bei RTL (vgl. Kap. 5.2.2.2 u. 6.1.1) und andererseits mit dem Sendevolumen herstellen (vgl. Kap. 6.1.2). Die Unterbrechungen durch Showauftritte mit und ohne Wahlbezug 1990 deuten z. B. auf eine Strategie hin, die stark auf Abwechslung abzielt. Hingegen zeigt sich 2002, sowohl was die Unterbrechung durch die Diskussionsrunde betrifft als auch was den Verzicht auf Bestandteile ohne Wahlbezug angeht, ein eher auf Information ausgerichtetes Konzept. 2002 ist zudem feststellbar, dass die Einbindung von anderen Sendungen mit der verlängerten Dauer einhergeht. Die Unterbrechungen wurden genutzt, um Sendezeit zu füllen.

Schließlich ist eine Besonderheit der privaten Sender zu berücksichtigen: Sie senden seit 1990 bzw. 1994 während der Hauptausgaben der Wahlabendsendungen Werbung und

Programmhinweise, die z. T. eine beachtliche Länge aufweisen.[183] Bei den öffentlich-rechtlichen Fernsehsendern ist dies nicht zu beobachten, denn sie dürfen sonntags keine Werbung senden (RStV. § 15 und § 16; vgl. o. V. 2004: 9 sowie Kap. 5.2.1.1).Sprunghafte Veränderungen kennzeichnen die Entwicklung der Unterbrechungen der Hauptausgaben der Wahlabendsondersendungen von Sat.1. Besonders die *nicht wahlbezogenen Unterbrechungen* wurden unbeständig eingesetzt, während die Nachrichten von Sat.1 jeweils die einzige *Unterbrechung mit Wahlbezug* darstellten (vgl. Tab. 35). Die Entwicklung beim Einsatz von Unterbrechungen der Sat.1-Wahlberichte korrespondiert mit der stets veränderten Konzeption des Fernsehprogramms an Wahlabenden des Privatsenders (vgl. Kap. 5.2.2.2) und dem Sendevolumen, das es zu füllen galt (vgl. Kap. 6.1.2). Exemplarisch sei für den Wandel der Sendestrategie auf 1987 verwiesen, als Sat.1 eine Wahlsendung in Form einer Spezial-Ausgabe der Nachrichten sendete, die wegen ihrer kurzen Dauer nicht unterbrochen wurde. 1990 zielte Sat.1 mit dem Wahlbericht auf eine Mischung aus Information und Unterhaltung ab, wie sich an den unterhaltsamen Unterbrechungen ohne Wahlbezug ablesen lässt. Zugleich musste 1990 eine lange Sendestrecke gefüllt werden.

Tab. 35: Unterbrechungen der Hauptausgaben der Sat.1-Wahlabendsondersendungen

	Unterbrechungen	
	(Teilweiser) Wahlbezug	**Kein Wahlbezug**
Sat.1		
1987	Keine Unterbrechungen	Keine Unterbrechungen
1990	„Sat.1 blick"-Nachrichten	Showauftritte im Wahlstudio Showauftritt Heino Spielfilm „Die Ente klingelt um halb acht" Werbung/Programmhinweise
1994	Newsmagazin	„ranissimo Fußballshow" Werbung/Programmhinweise
1998	„Wochenshow-Wahl-spezial"	Nachrichten „ranissimo" Werbung/Programmhinweise
2002	Nachrichten	Polit-Comedy „Die Hinterbänkler" Werbung/Programmhinweise

Quelle: eigene Erhebung

Bei näherer Betrachtung des *Verhältnisses* von wahlfernen Unterbrechungen zur originären Wahlabendberichterstattung und wahlbezogenen Unterbrechungen, ergibt sich ein differenziertes Bild bei den analysierten TV-Sendern. Der Anteil an wahlfernen Elementen der ARD-Wahlabendsondersendungen schwankt von 1961 bis 2002 erheblich (vgl. Tab. 36). Der niedrigste Wert wurde mit etwa 0,8 Prozent 1965 erreicht, die höchsten Werte um 30 Prozent in den 1980er Jahren. Eine kontinuierliche Entwicklungslinie lässt sich nicht feststellen. Vergleichsweise wenig Raum wurde wahlfernen Unterbrechungen in den frühen 1960er Jahren sowie 1998 und 2002 gegeben – die Werte ergeben sich jeweils aus den Nachrichtensendungen, die komplett oder teilweise über sonstige Ereignisse berichteten. Der eher durchschnittliche Anteil von wahlfernen Unterbrechungen 1976, 1990 und 1994

---

[183] So sendete RTL zwischen zehn und mehr als 20 Minuten sowie Sat.1 zwischen acht und mehr als 40 Minuten Werbung und Programmhinweise.

lässt sich auf die in diesen Jahren ausgestrahlten Sportsendungen sowie die teilweise wahlbezogenen Nachrichtensendungen zurückführen. Die relativ hohen wahlfernen Anteile von 1980 bis 1987 zwischen einem Drittel und fast zwei Fünftel sowie der ebenfalls erhöhte Wert im Wahljahr 1969 sind wiederum erklärbar durch die explizit unterhaltungsorientierten Sendeabschnitte – die Krimis 1969 und 1983, die Showauftritte 1980 und 1983 sowie das Quiz 1987 –, die zusätzlich neben der etablierten „Sportschau" gezeigt wurden und Ausdruck einer auf Abwechslung ausgerichteten Sendestrategie sind (vgl. Kap. 5.2.2.2).

Tab. 36: Verhältnis wahlferne und wahlbezogene Sendeelemente bei der ARD[184]

	wahlferne Unterbrechungen in hh:mm:ss (Prozent)	originäre Wahlabendberichterstattung zzgl. wahlbezogenen Unterbrechungen in hh:mm:ss (Prozent)
ARD		
1961	00:06:35 (2,02)	05:19:36 (97,98)
1965	00:02:48 (0,79)	05:50:06 (99,21)
1969	01:41:21 (24,84)	05:06:37 (75,16)
1972	00:07:33 (3,42)[1]	03:32:55 (96,58)[1]
1976	00:39:08 (11,24)	05:09:08 (88,76)
1980	01:16:48 (26,23)[2]	03:35:10 (73,77)[2]
1983	01:40:40 (31,41)	03:39:47 (68,59)
1987	00:45:48 (36,67)	01:19:06 (63,33)
1990	00:10:29 (8,38)	01:54:34 (91,62)
1994	00:13:58 (10,42)	02:00:06 (89,58)
1998	00:04:56 (3,82)	02:04:14 (96,18)
2002	00:04:18 (2,40)	02:54:38 (97,60)
Ø Prozent[3]	15,56	84,44

Quelle: eigene Erhebung; schriftliche Dokumente

[1] Hierbei wird nicht von der tatsächlichen Gesamtzeit ausgegangen, sondern nur von der auf dem TV-Material vorliegenden Gesamtzeit, da nur diese auch auf Unterbrechungen hin untersucht werden konnte. Dementsprechend wurden von der Sendedauer 80 Minuten abgezogen (vgl. Gesamtdisposition und interner Schriftwechsel, dokumentiert in Akte zur „Bundestagswahl 1972" im Historischen Archiv des WDR, Sig. 140).
[2] Hierbei wird nicht von der tatsächlich gesendeten Gesamtdauer ausgegangen, sondern nur von der des dokumentierten TV-Materials. Etwa 33 Minuten wurden abgerechnet (Minuten-Protokoll zur Bundestagswahl 1980, dokumentiert in ARD Sachakte Koordinator Politik „Bundestagswahl 1980").
[3] Bei der Berechnung des Durchschnitts wurde die Sendung 1972 nicht einbezogen, da etwa 80 Minuten an TV-Material nicht vorlagen, in denen die „Sportschau" als wahlferne Unterbrechung gesendet worden ist. So werden Verzerrungen vermieden.

Insgesamt lässt sich für die ARD-Wahlsendungen festhalten, dass der originären Wahlabendberichterstattung sowie den Unterbrechungen mit Wahlbezug im gesamten Untersuchungszeitraum jeweils der größere Anteil zukam. Daraus lässt sich auf eine primäre Informations- und Orientierungsleistung hinsichtlich des politischen Großereignisses Wahl schließen, die die Verantwortlichen der ARD mit den Wahlabendsondersendungen von

[184] Bei den wahlbezogenen Unterbrechungen wird bei dieser Berechnung differenziert zwischen teilweisem und komplettem Wahlbezug. Bei teilweisem Wahlbezug, wie etwa bei Nachrichten, werden nur diejenigen Passagen als Wahlbezug gerechnet, die diesen auch aufweisen. Das heißt: Meldungen und Berichte über sonstige Geschehnisse werden den wahlfernen Unterbrechungen zugerechnet. Dies gilt auch für die Berechnungen bei den übrigen TV-Sendern.

1961 bis 2002 zu erbringen beabsichtigten (vgl. Kap. 5.2.3.1). Auch die wahlfernen Unterbrechungen in Form der „Sportschau" und der „Tagesschau" deuten auf den Anspruch hin, zu informieren. In den 1980er Jahren zielten die Wahlabendsondersendungen der ARD jedoch gleichzeitig auf eine Unterhaltung der Zuschauer ab (vgl. Kap. 5.2.2.2).

Bei den ZDF-Wahlabendsondersendungen von 1965 bis 2002 zeigt sich eine kontinuierliche Entwicklung hinsichtlich des Anteils ihrer wahlfernen Bestandteile – und zwar eine stufenweise lineare Abnahme (vgl. Tab. 37). Pendelte der Wert hierfür von 1965 bis 1976 zwischen einem Viertel und zwei Fünfteln, so betrug er in den 1980er Jahren nur noch weniger als ein Fünftel. Zurückzuführen ist dies auf die unterschiedliche Verwendung und die damit zusammenhängende Funktion der wahlfernen Unterbrechungen. Die wahlfernen Unterbrechungen wurden bis 1976 eingesetzt, um teilweise lange Strecken der Sendezeit zu füllen, bis Ergebnisse und Interpretationen veröffentlicht werden konnten. Seit 1983 dienten sie hingegen in erster Linie zur Abwechslung und waren deshalb jeweils von kurzer Dauer. Seit den 1990er Jahren ist der Anteil der nicht wahlbezogenen Sendeabschnitte der ZDF-Wahlberichte auf weniger als ein Zehntel gesunken. Der Grund für dieses Absinken des wahlfernen Anteils ist der Verzicht auf gänzlich wahlferne Unterbrechungen. Dieser Wert wurde von 1990 bis 2002 lediglich durch Sendeabschnitte der Nachrichtensendungen gespeist, die neben dem Wahlgeschehen weitere Ereignisse thematisierten.

Tab. 37: Verhältnis wahlferne und wahlbezogene Sendeelemente beim ZDF

	wahlferne Unterbrechungen in hh:mm:ss (Prozent)	originäre Wahlabendberichterstattung zzgl. wahlbezogenen Unterbrechungen in hh:mm:ss (Prozent)
ZDF		
1965	02:01:56 (35,90)	03:37:43 (64,10)
1969	01:36:57 (25,61)[1]	06:18:35 (74,39)[1]
1972	02:08:29 (40,43)	03:09:20 (59,57)
1976	01:17:17 (31,83)	02:45:32 (68,17)
1980	--*	--*
1983	00:35:34 (16,41)	03:01:13 (83,59)
1987	00:33:15 (18,21)	02:32:32 (81,79)
1990	00:09:12 (8,40)[2]	01:40:16 (91,60)[2]
1994	00:14:31 (9,40)	02:19:53 (90,60)
1998	00:09:59 (6,55)	02:22:29 (93,05)
2002	00:17:02 (7,92)	03:17:54 (92,08)
Ø Prozent	20,07	79,93

Quelle: eigene Erhebung; schriftliche Dokumente
* Für diese Wahlsendung können keine Aussagen gemacht werden, da sie nicht als TV-Material vorlag.
[1] Bei dem ZDF-Wahlbericht 1969 mussten wegen Bandunterbrechungen 38 Minuten abgezogen werden.
[2] Bei der ZDF-Wahlabendsendung 1990 mussten 30 Minuten abgerechnet werden (vgl. Sendeablauf, dokumentiert in ZDF-Dokumenten zur Bundestagswahl 1990 im Historischen Archiv des ZDF).

Insgesamt wird hinsichtlich des Verhältnisses wahlferner Sendeabschnitte zur originären Wahlabendberichterstattung und Unterbrechungen mit Wahlbezug beim ZDF deutlich, dass der Thematisierung des Wahlgeschehens von 1965 bis 2002 immer der größere Anteil zukam. Dies lässt sich ebenfalls auf eine Informations- und Orientierungsleistung in Bezug auf das politische Großereignis der Bundestagswahl zurückführen, auf die die Verantwortlichen der Wahlsendungen des ZDF von 1965 bis 2002 abzielten (vgl. Kap. 5.2.3.1). Die wahlfernen, unterhaltungsorientierten Unterbrechungen nahmen zudem ständig ab. Die anfängliche Strategie, eine Mixtur aus Information und Unterhaltung zu bieten, ist seit 1990 einer primären Ausrichtung auf wahlbezogene Informationsvermittlung gewichen (vgl. Kap. 5.2.2.2).

Die Entwicklung der wahlfernen Unterbrechungen der RTL-Wahlabendsendungen kennzeichnet eine relative Konstanz (vgl. Tab. 38). Ihr Anteil lag zwischen 1990 und 2002 durchweg bei rund einem Viertel der Gesamtsendezeit. Überraschend ist dabei, dass der wahlferne Anteil 1990 niedriger war als in den folgenden Wahljahren, verfolgte RTL doch gerade bei dieser Bundestagswahl den Anspruch, Informationen zu vermitteln und zu unterhalten (vgl. Kap. 5.2.2.2). Die Showauftritte, die vor der Ergebnisbekanntgabe gezeigt wurden, befassten sich jedoch z. T. mit der Wahl, so dass sich hiermit dieser – für das damalige Konzept erstaunlich niedrige – Wert erklären lässt. Der vergleichsweise hohe Anteil an wahlfernen Unterbrechungen zwischen 1994 und 2002 lässt sich dagegen auf die vermehrten und länger dauernden Unterbrechungen durch Werbung und Programmhinweise zurückfuhren. Insgesamt wird auch bei RTL deutlich, dass im gesamten Untersuchungszeitraum der Anteil der wahlbezogenen Sendeabschnitte überwogen hat. Hieran lässt sich ablesen, dass RTL der Wahl als politisches Großereignis ebenfalls durchweg eine relativ hohe Relevanz zukommen ließ. Gleichwohl zeigt sich zu einzelnen Messzeitpunkten ein mit dem Wahlgeschehen verknüpfter Unterhaltungsanspruch.

Tab. 38: Verhältnis wahlferne und wahlbezogene Sendeelemente bei RTL

	wahlferne Unterbrechungen in hh:mm:ss (Prozent)	originäre Wahlabendberichterstattung zzgl. wahlbezogenen Unterbrechungen in hh:mm:ss (Prozent)
RTL		
1987	--*	--*
1990	00:15:50 (18,92)	01:07:51 (81,08)
1994	00:28:50 (21,82)	01:43:19 (78,18)
1998	00:35:35 (25,81)	02:17:51 (74,19)
2002	00:49:35 (24,59)	02:32:02 (75,41)
Ø Prozent	22,79	77,21

Quelle: eigene Erhebung
* Für diese Wahlsendung können keine Aussagen gemacht werden, da sie nicht als TV-Material vorlag.

Der Anteil der nicht wahlbezogenen Sendeabschnitte der Sat.1-Wahlabendsondersendungen war von 1987 bis 2002 starken Veränderungen ausgesetzt (vgl. Tab. 39). Der Anteil der wahlfernen Unterbrechungen variierte zwischen null (1987) und mehr als 60 Prozent (1990). Von 1994 bis 2002 lag er zwischen einem Fünftel und etwa einem Drittel der Gesamtsendezeit. Da die wahlfernen Unterbrechungen 1990 als unterhaltungsorientiert einzustufen sind, überwog in diesem Jahr offenbar die Strategie, auch im Rahmen einer Wahlabendsondersendung Unterhaltung zu bieten (vgl. Kap. 5.2.2.2). In den folgenden Wahljahren zielte Sat.1 hingegen – wie die drei weiteren Fernsehsender auch – primär auf eine Informationsvermittlung und Orientierungsleistung ab (vgl. Kap. 5.2.3.1). Die wahlfernen Unterbrechungen durch Sportsendungen und durch bzw. innerhalb von Nachrichten zeugen davon. Ähnlich wie bei RTL wurden auch bei Sat.1 in den Jahren 1998 und 2002 unterhaltend ausgerichtete Comedy-Formate mit Wahl- oder zumindest mit Politikbezug während der Wahlabendsondersendungen ausgestrahlt. Dies lässt sich wiederum als Indiz für eine vergleichsweise hohe Relevanz der Wahl zu diesen Messzeitpunkten werten.

Tab. 39: Verhältnis wahlferne und wahlbezogene Sendeelemente bei Sat.1

	wahlferne Unterbrechungen in hh:mm:ss (Prozent)	Originäre Wahlabendberichterstattung zzgl. wahlbezogenen Unterbrechungen in hh:mm:ss (Prozent)
Sat.1		
1987	00:00:00 (0)	00:15:02 (100)
1990	02:28:39 (63,26)[1]	01:26:21 (36,74)[1]
1994	00:29:34 (21,22)	01:49:48 (78,78)
1998	01:05:57 (32,98)	01:14:03 (67,02)
2002	00:43:58 (36,64)	01:16:02 (63,36)
Ø Prozent	30,82	69,18

Quelle: eigene Erhebung; schriftliche Dokumente

[1] Das vorliegende TV-Material der Sat.1-Wahlsendung 1990 weist nicht kompensierbare Lücken auf, so dass hier nur Aussagen auf Basis schriftlicher Dokumente möglich sind (vgl. Bild und Funk 1990; HörZu 1990), wobei jedoch die Nachrichten nicht in wahlbezogene und wahlferne Abschnitte unterteilt werden können. Nachrichten werden hier im Hinblick auf die Sat.1-Wahlsendungen 1994 und 2002 als wahlbezogene Elemente definiert. In diesen Berichten machten die wahlfernen Abschnitte in den Nachrichten nur einen äußerst geringen Teil aus. Folglich können die wahlfernen Unterbrechungen 1990 ggf. einen größeren Anteil an der Wahlsendung einnehmen als hier berechnet.

Bezüglich der Unterbrechungen der analysierten Wahlabendsondersendungen im deutschen Fernsehen von 1961 bis 2002 lässt sich *resümieren*: Im Verhältnis zu der originären Wahlabendberichterstattung und den wahlbezogenen Unterbrechungen nahmen die wahlfernen Sendeabschnitte in allen untersuchten Wahljahren und bei allen vier TV-Programmen einen deutlich geringeren Anteil ein – mit einer Ausnahme: Bei Sat.1 hatten die wahlfernen Unterbrechungen 1990 einen Wert von mehr als zwei Dritteln der Gesamtsendezeit.

6.3 Bildgestaltung und -bearbeitung

Wesentliche Aspekte der „Bildgestaltung und -bearbeitung" einer Wahlabendsondersendung im Fernsehen sind *Vorspann* (vgl. Kap. 6.2.1.1), *Schrifteinblendungen* (vgl. Kap. 6.2.1.3) und *Grafiken* (vgl. Kap. 6.2.1.4) sowie *Schaltgespräche* (vgl. Kap. 6.2.1.5), die im Zusammenspiel miteinander den Charakter eines Wahlabendberichts mitbestimmen.

6.3.1 Vorspann

Der Vorspann einer Fernsehsendung ist durch seine Dauer, den Einsatz typischer Farben und bestimmter schriftlicher Informationen sowie seine spezifische audiovisuelle Gestaltung gekennzeichnet.

Bei der *Dauer* der ARD-Vorspänne zeigen sich im Untersuchungszeitraum erhebliche Differenzen, die sich grob in drei Phasen gliedern lassen (vgl. Abb. 6). Knapp eine Minute dauerten die Vorspänne in den 1960er Jahren, in den 1970er und 1980er Jahren hatten sie

Formal-inhaltliche und formal-ästhetische Merkmale 241

nur noch eine Länge von wenigen Sekunden. In den 1990er Jahren umfassten sie zwischen zwölf und 29 Sekunden. Die Länge hängt unmittelbar mit der Gestaltung der Vorspänne zusammen. Diese bestanden zunächst aus Realbildern mit Schrifteinblendungen, dann aus einfachen Grafiken und schließlich aus aufwändigen Computeranimationen. Im Vergleich zur ARD ist die Länge der Vorspänne der ZDF-Wahlberichte zu allen Messzeitpunkten relativ konstant geblieben. Sie lag üblicherweise zwischen zehn und 16 Sekunden.

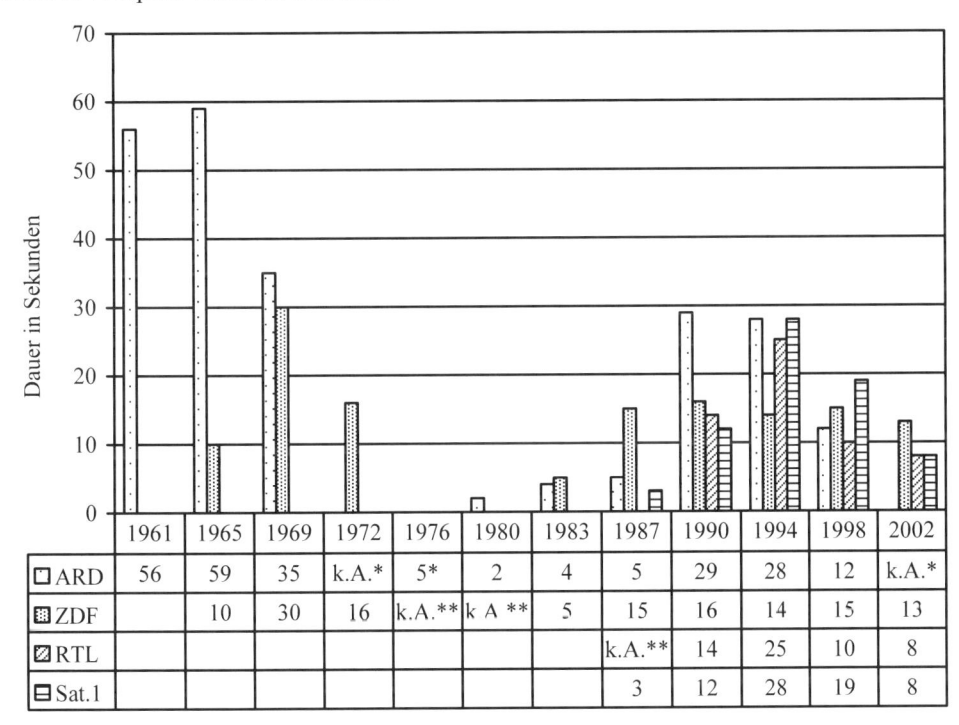

Abb. 6: Vorspann-Dauer in Sekunden

	1961	1965	1969	1972	1976	1980	1983	1987	1990	1994	1998	2002
ARD	56	59	35	k.A.*	5*	2	4	5	29	28	12	k.A.*
ZDF		10	30	16	k.A.**	k.A.**	5	15	16	14	15	13
RTL								k.A.***	14	25	10	8
Sat.1								3	12	28	19	8

Bundestagswahlen

* Für die ARD-Wahlberichte 1972 und 2002 sind keine Vorspänne dokumentiert. Auch zu Beginn der ARD-Wahlsendung 1976 ist kein Vorspann dokumentiert. Trotzdem sind hierzu Aussagen möglich, da der Vorspann in dem Wahlbericht noch einmal gesendet wurde.
** Für die ZDF-Wahlsendung 1976 ist kein Vorspann dokumentiert. Für den ZDF-Wahlbericht 1980 sind keine Aussagen möglich, da das TV-Material nicht vorlag.
*** Für die RTL-Wahlsendung 1987 sind keine Aussagen möglich, da das TV-Material nicht vorlag.

Bei Sat.1 gibt es große Unterschiede bei der Länge der Vorspänne der Wahlberichte – zwischen drei und 28 Sekunden. Zu erkennen ist dabei jedoch folgender Trend: Bis 1994 nahm die Dauer der Vorspänne zu und ab diesem Zeitpunkt wieder ab. Eine entsprechende Tendenz ist auch bei den RTL-Vorspännen zu beobachten: 1994 dauerte der Vorspann mit 25 Sekunden am längsten, davor und danach war er kürzer. Insgesamt differiert die Dauer der Vorspänne aber nicht so sehr wie bei Sat.1. Bei RTL umfasste der kürzeste acht Sekunden.

Während beim ZDF die Länge der Vorspänne im Untersuchungszeitraum recht konstant war, schwankte die Dauer der Vorspänne bei den übrigen drei Anbietern z. T. recht stark. Besonders kurz dauerten die Vorspänne zwischen 1976 und 1987. Seit 1994 sank die Länge erneut – jedoch nicht auf das niedrige Niveau der 1970er bzw. 1980er Jahre. Ein Trend zur Beschleunigung lässt sich im Hinblick auf die Vorspänne also nicht feststellen.

Bei der *farblichen Gestaltung* der Vorspänne lässt sich zwischen der Farbgestaltung des Hintergrunds und derjenigen der eingesetzten Schriften differenzieren. Die farbliche Gestaltung des Hintergrunds der Vorspänne der ARD-Wahlberichte erfährt in etwa zeitgleich Entwicklungsschübe wie ihre Dauer.[185] Während die Grundfarbe 1969 schwarz war, dominierten von 1976 bis 1983 helle Farben den grafischen Hintergrund. Seit 1987 ist blau in unterschiedlichen Tönen prägend. Dies ist als Indiz für eine Ritualisierung (vgl. Kap. 2.2.3.4) zu werten, die sich als Reaktion auf das Aufkommen der privaten TV-Anbieter interpretieren lässt (vgl. Kap. 5.1). Alle vier Sender richten sich nach Design-Richtlinien, die der senderspezifischen Wiedererkennbarkeit und Identifizierung sowie der Orientierung dienen (vgl. Hoff 2004; Schneider 2003; Gangloff 2001; Hefter 2001; o. V. 2001; Becker 1998). Speziell für die Wahlsendungen der ARD wurden in den 1980er Jahren Anweisungen formuliert, für alle Wahlberichte ein einheitliches Design zu verwenden (vgl. Protokoll CR TV vom 27./28.10.1986: 8). Auch beim Einsatz von Schriftfarben ähnelt die ARD-Sendung 1987 denen der 1990er Jahre. Außerdem ist die Farbgestaltung der Schriften 1969, 1980 und 1983 vergleichbar. Eine Besonderheit der ARD-Vorspänne gegenüber denen der anderen TV-Anbieter zeigt sich darin, dass für die Schriften nicht nur die üblichen Farben weiß, blau oder schwarz verwendet wurden, sondern z. B. auch rosa (1994) und orange (1983 und 1987). Dies kann als Hinweis für ein Streben nach Profilierung gedeutet werden – als vorausschauende Abgrenzung gegenüber den Privatsendern (vgl. Kap. 5.1 u. 5.2.1.3).

Beim Einsatz von Farbe[186] zeigen sich bei den ZDF-Vorspännen sowohl Stabilität als auch Wandel. Bis auf einen Sonderfall spielte die Farbe blau in unterschiedlichen Tönen und in Kombinationen mit weiteren Farben eine überragende Rolle bei der Hintergrundgestaltung. Damit setzte das ZDF seit 1969 seine spezifische Gestaltung fort und versuchte so, ein bestimmtes Profil der Wahlberichterstattung zu etablieren, welches von den Zuschauern einfach und schnell mit dem Sender in Verbindung gebracht werden konnte (Indiz für Ritualisierung; vgl. Kap. 2.2.3.4). Auch beim ZDF lässt sich dies anhand der Dokumentation von entsprechenden Richtlinien belegen (vgl. Niederschrift APouZ vom 11.05.1979). Bei der Farbgestaltung der Schriften wird deutlich, dass Schwarz und Weiß in unterschiedlichen Kombinationen (1969 und 1998) oder schlicht einfarbig (Weiß 1972, 1983 und 2002) bei den ZDF-Vorspännen dominierten.

Eine einheitliche Verwendung von Farben ist bei den RTL-Vorspännen v. a. bei der Hintergrundgestaltung nicht zu erkennen. Bei den Schriften lässt sich jedoch eine Tendenz von hellen zu dunklen Farben beobachten (1990 und 1994: Weiß, 1998: Weiß, Schwarz und Dunkelblau und 2002: Schwarz). Bei den Sat.1-Vorspännen wurde der Hintergrund mal von Schwarz und Rot (1987), mal von Weiß, Gelb und Hellgrau (1990) und mal von

---

[185] Die Vorspänne der ARD-Wahlberichte von 1961 und 1965 können hier nicht ausgewertet werden, da zu beiden Zeitpunkten noch eine schwarz-weiße Berichterstattung erfolgte. Das Farbfernsehen wurde 1967 eingeführt. Die erste Bundestagswahl, über die in Farbe berichtet wurde, war 1969. Auch diese wurde jedoch bei der ARD und beim ZDF noch z. T. in Schwarz-Weiß ausgestrahlt.

[186] Hier kann der Trailer der ZDF-Sendung 1965 nicht einbezogen werden, da in Schwarz-Weiß berichtet wurde.

Blau und Orange (1998 und 2002) bestimmt. Eine Kontinuität ist nur bei den beiden letztgenannten Sat.1-Wahlabendberichten zu konstatieren. Die farbliche Gestaltung der Schrifteinblendungen war bis auf 1990 (blau) in allen Vorspännen von 1987 bis 2002 ähnlich: weiß (1987) sowie weiß und schwarz (1994, 1998, 2002).

Resümierend lassen sich bei der Farbgestaltung der Vorspänne v. a. bei den öffentlich-rechtlichen Sendern Belege für eine Ritualisierung finden. Dabei fällt auf, dass diese bei der ARD insbesondere seit 1987 vorangetrieben wurde. Dies dürfte mit dem Hinzukommen der privaten Anbieter zusammenhängen (vgl. Kap. 5.2.1.3).

Im Hinblick auf den *Einsatz von Schriften* in Vorspännen kommt dem *Titel* der Wahlabendsendungen eine besondere Relevanz zu. Die ARD-Vorspänne beinhalteten bis auf eine Ausnahme (1965) immer die Einblendung des Titels der Wahlsendung, der sich gewöhnlich aus den Komponenten „Bundestagswahl" bzw. „Wahl" und der jeweiligen Jahreszahl zusammensetzte. Als Sonderfall zeigt sich der ARD-Wahlbericht 1990, der keine Jahresangabe enthielt, dafür aber mit einem Zusatz versehen war. Der damalige Titel lautete „Wahl in Deutschland – Politik, Sport, Spannung" (vgl. HörZu Nr. 49/1990: 62). Darüber hinaus transportierten die Sendetitel 1961 und 1998 zusätzliche Informationen. Die ZDF-Vorspänne präsentierten im Untersuchungszeitraum stets den Titel der Sendung. So war 1965 zu lesen, dass es sich um eine „Wahlparty" handelte. Seit 1969 lautete der Titel durchgehend „Bundestagswahl" oder „Wahl" plus die Jahreszahl. In den Vorspännen zu den frühen ZDF-Wahlberichten waren Einblendungen von weiterführenden Untertiteln üblich. So hießen die Sendungen: „Wahl `69. Von der Hochrechnung zum Endergebnis", „Wahl `72. Politik und Unterhaltung am Wahlabend" und Wahl `76. Ergebnisse-Analysen-Meinungen und Beliebte Interpreten – bekannte Melodien". Erklärbar ist der im Vergleich zur ARD ausgeprägte Gebrauch von ergänzenden Informationen, die inhaltlich Neues übermittelten, durch die Betonung der für das ZDF spezifischen Mixtur der Wahlberichterstattung aus politischen und unterhaltenden Abschnitten (vgl. Kap. 5.2.2.2).

Die RTL-Vorspänne transportierten ebenfalls stets den Sendetitel und den Ausdruck „Wahl". Ferner wurde auch das Datum bzw. das Jahr eingeblendet. Bei RTL gab es außerdem weitere schriftliche Einblendungen. Als Besonderheit von RTL ist zu nennen, dass die unterschiedlichen Abschnitte der Wahlsendungen 1998 und 2002 zusätzliche Überschriften in den Vorspännen bekamen. Dies kann als Hinweis auf eigenständige Profilbildung durch Inszenierung verstanden werden (vgl. Kap. 2.2.3.4). Auch bei den Sat.1-Vorspännen ist gleich geblieben, dass sie den Titel bzw. zumindest ähnliche Aufschriften aufwiesen. So lautete die Beschriftung des Vorspanns 1990 „Wahlen `90". Der Titel der Sendung war aber „Die deutsche Wahl", wie in damaligen Programmzeitschriften ausgewiesen ist (vgl. etwa HörZu Nr. 49/1990: 65). Des Weiteren enthielten die Sat.1-Vorspänne seit 1990 i. d. R. den Begriff „Wahl". Drei Jahre vorher war dies noch nicht der Fall. Mit der Zeit übernahm Sat.1 also die etablierten Muster der Vorspann-Beschriftung.

Was die Einblendung des Sendetitels im Vorspann anbelangt, lässt sich festhalten, dass bei den Sendern eine Ritualisierung auszumachen ist, die jedoch bei Sat.1 gering ausgeprägt ist. Zudem konnten Belege für eine Inszenierung bei RTL gefunden werden.

Die *audiovisuelle Umsetzung* der ARD-Vorspänne – verstanden als Einsatz von akustischen Elementen wie Musik, Geräusche, Off-Kommentar[187] sowie von visuellen Mitteln – ist im Untersuchungszeitraum einem starken Wandel unterworfen. In den 1960er und

---

[187] Bei einem Off-Kommentar ist der Sprecher nicht im Bild zu sehen (vgl. Sturm/Zirbik 2001: 149).

1970er Jahren kam keine Musik vor, dafür waren Geräusche der Realbilder (1961), z. T. plus Off-Text durch einen Sprecher (1965) bzw. Moderator (1969) und das Geräusch vom Tippen einer Schreibmaschine (1976) zu hören. 1980 und 1983 blieben die Vorspänne ohne Ton. Seit 1987 wurde Musik gesendet, die Off-Texte fielen weg. Die Musik klang dabei unterschiedlich: Mal war sie ruhig (1987), mal locker unterhaltend (1990) und mal dynamisch (1994 u. 1998). 1994 stand zusätzlich die Atmo[188] der Realbilder offen.

Die Veränderungen der akustischen Merkmale der ARD-Vorspänne gingen einher mit der Wandlung ihrer visuellen Gestaltung. Realbilder kennzeichneten die Anfänge der ARD-Wahlsendungen von 1961 bis 1969 – entsprechend waren sie akustisch unterstützt durch Atmo und Off-Text.[189] 1969 wurden die Realbilder kurz für die Einblendung einer kompletten Grafik unterbrochen. Die Vorspänne von 1976 bis 1983 bestanden aus einfachen Grafiken. 1976 wurde dabei die Technik der Blue-Box verwendet (vgl. Kap. 5.2.1.4) und die Grafik bewegte sich. 1980 und 1983 wurden die Grafiken als Standbilder eingesetzt. 1987 wurde erstmals eine computeranimierte grafische Darstellung als Vorspann verwendet. Dies wird bei Vorspännen von 1990 bis 1998 beibehalten, obgleich in ihnen in unterschiedlichem Ausmaß wieder Realbilder zum Einsatz kamen. So enthielt der Vorspann des 1990er Wahlberichts Abschnitte, die allein aus Realbildern bestanden. 1994 wurden die Realbilder entweder mit einer grafischen Animation kombiniert oder im Rahmen einer Blue-Box-Technik eingesetzt. 1998 dominierten die Animationen.

Starke Veränderungen sind auch bei der audiovisuellen Gestaltung der ZDF-Vorspänne zu erkennen.[190] 1969 wurde der Vorspann von lockerer und unterhaltender Musik begleitet, ebenso 1972. Leichte Unterhaltungsmusik, die an die Titelmusik damaliger Fernsehserien wie der „Schwarzwaldklinik" erinnert, leitete die Wahlsendungen 1987 und 1990 ein. 1983 war die Musik flott, aber noch nicht so dynamisch wie 1994 und den folgenden Wahljahren. Der Einsatz der Musik erfolgte auch beim ZDF passend zur visuellen Gestaltung. In den 1960er Jahren waren die Trailer visuell einfach gestaltet: 1965 wurde ein Plakat mit ZDF-Logo und Sendetitel abgefilmt. 1969 wurden zwei unifarbene Standbilder als Trailer benutzt, die Pappen mit einer Aufschrift zeigten und nach vorne weg geklappt wurden. Eine Weiterentwicklung zeigte sich in den 1970er Jahren mit dem Einsatz der Blue-Box-Technik (vgl. Kap. 5.2.1.4): 1972 wurde zunächst eine blaue Grafik mit weißer Aufschrift gesendet, dann wurde das Blau aus dem Bild herausgestanzt und durch das Bild der Totalen des Wahlstudios ersetzt. 1983 markierte zum ersten Mal ein computeranimierter, wenn auch einfacher Vorspann, den Beginn einer ZDF-Wahlsendung zu Bundestagswahlen.[191] Zu sehen war damals eine digital entworfene, bildfüllende Deutschlandfahne, die

---

[188] Der Begriff Atmo bezeichnet die Umweltgeräusche, die bei Aufnahmen automatisch einfließen. Sie soll das Charakteristische eines Drehorts akustisch wiedergeben (vgl. Sturm/Zirbik 2001: 24).

[189] 1961 und 1969 wurden Realbilder aus einem Wahllokal gezeigt, 1961 als Einspielung und 1969 live. 1965 wurde das zentrale Wahlstudio präsentiert.

[190] In diesem Analyseabschnitt muss die 1965er-Sendung des ZDF außen vor gelassen werden. Wegen einer technischen Panne ist zu Beginn kein Ton zu hören. Dieser setzt erst ein, nachdem das abgefilmte Wahlplakat, das als Trailer dient, nicht mehr zu sehen ist. Für 1976 ist kein Vorspann dokumentiert. Von 1980 liegt kein Sendeband vor.

[191] Dies gilt zumindest für die vorliegenden Sendedokumentationen. Da auf dem Sendeband des 1976er-ZDF-Wahlberichts kein Vorspann dokumentiert ist und für die Wahlsendung 1980 kein TV-Material existiert, können hier keine Aussagen getroffen werden. Dies ist bedauerlich, da sich die Bildgestaltung und -bearbeitung gerade in dieser Phase aufgrund neuer Techniken änderte. Jedoch liegt ein Ausschnitt der Wahlsendung zur Senatswahl in Berlin 1981 vor, bei der derselbe Vorspann eingesetzt wurde wie zur Bundestagswahl 1983. Der einzige Unterschied liegt in der Verwendung der Farben.

flatterte. Die Fahne wurde dann verkleinert und nach rechts unten verschoben, wo sie weiter wehend zu sehen war. Über der Fahne wurde der Sendetitel eingeblendet. Auch 1987 und 1990 startete die ZDF-Wahlsendung computeranimiert – mit demselben Vorspann. Dynamischere Computeranimationen bildeten die Vorspänne der Wahlberichte 1994 und 1998. Seit 1994 wurden darüber hinaus auch Realbilder eingesetzt. Während dies 1994 und 1998 nur moderat geschah, dominierten Realbilder den Vorspann 2002. Zu sehen waren Menschen, die andeuteten, in der Luft einen Kreis zu zeichnen und diesen anzukreuzen. Diese Symbole wurden per Computer nachträglich eingefügt, so dass sie auch tatsächlich sichtbar waren. Bei keinem der ZDF-Wahlberichte wurden die Vorspänne von einem Sprecher kommentiert.

Gleiches gilt für die RTL-Vorspänne. Jedoch war der Vorspann 1998 mit einem Off-Kommentar des Moderators versehen. Der Einsatz von Musik erfolgte bei RTL-Vorspännen uneinheitlich. So erinnerte die musikalische Gestaltung 1990, wie auch beim ZDF, an die Titelmusik einer Fernsehserie wie der „Schwarzwaldklinik". 1994 war dynamischere Musik zu hören. 1998 gab es einen Jingle als musikalisches Verpackungselement. 2002 ähnelte die Musik der Deutschlandhymne. Bei der visuellen Aufmachung der Vorspänne zeigt sich bei RTL keine lineare Umsetzung, wohl aber eine kontinuierliche Verwendung von Realbildern, verknüpft mit Computeranimationen. Das Zusammenspiel aus realen und computeranimierten Bildern differiert jedoch stark. Der Vorspann 1990 wurde von Realbildern dominiert. Grafiken bildeten nur den Rahmen: Sie markierten den Beginn und den Schluss des Vorspanns. Ähnlich war der Vorspann 1998 gestaltet, der dem damaligen Nachrichten-Vorspann entsprach, aber über zusätzliche Schriften verfügte. Im Gegensatz dazu wurde der Vorspann 1994 von einer sehr dynamischen, ständig bewegten Computeranimation bestimmt. Realbilder waren verfärbt und nur schwach durchschimmernd auf Abschnitten der Animation zu sehen. 2002 nahmen die Realbilder wieder etwas mehr Raum ein. Sie waren Teil einer Animation. Wie bei den übrigen Sendern passten bei den RTL-Vorspännen Musik und visuelle Gestaltung stets zueinander.

Veränderungen sind bei der audiovisuellen Gestaltung der Sat.1-Vorspänne festzustellen. Während 1987 und 2002 nur knappe Jingles die Vorspänne begleiteten, die denen der damaligen Sat.1-Nachrichten ähnelten, waren dazwischen kurze Musikstücke zu hören. Dynamisch-leichte Musik, die sich später dramatisierte, leitete die Sat.1-Wahlsendung 1990 ein. 1994 und 1998 war die Musik ruhig und melancholisch. Sie erscheint aus heutiger Perspektive staatstragend und geschichtsträchtig. Die musikalische Untermalung war dabei jeweils auf die visuelle Gestaltung des Vorspanns abgestimmt: So war der Jingle 1987 wie auch 2002 verbunden mit einer Computeranimation entsprechend dem Vorspann der damaligen Nachrichten, wobei der aktuellere dynamischer und aufwändiger produziert wurde und extra angefertigte Schriften für die Wahlsendung beinhaltete. Auch 1990 markierte eine Computeranimation den Beginn der Sat.1-Sendung. Diese wurde speziell dafür produziert und enthielt Elemente, die an Wahlen erinnern. Hingegen bestimmten Realbilder die Vorspänne 1994 und 1998 – obwohl auch diese computeranimiert waren. So wurden zu Beginn der 1994er-Sendung historische Ereignisse und Plätze in Deutschland – z. B. Aufräumarbeiten nach dem Zweiten Weltkrieg, Demonstrationen in Leipzig, das Brandenburger Tor – sowie herausragende deutsche Politiker wie Konrad Adenauer, Ludwig Erhard etc. gezeigt. Auch 1998 wurden in einer Computeranimation Bilder von den bisherigen deutschen Bundeskanzlern und dem Kandidaten Schröder präsentiert. Zudem wurden zum einzigen Mal O-Töne verwendet. 2002 wurde der Titel von einem Sprecher vorgetragen.

Insgesamt ist die Entwicklung der audiovisuellen Gestaltung der Vorspänne der Wahlberichte zu Bundestagswahlen der untersuchten TV-Sender durch eine weitgehende Ausnutzung technischer Möglichkeiten gekennzeichnet (vgl. Kap. 5.2.1.4). Darüber hinaus lassen sich an der audiovisuellen Umsetzung Profilierungsbestrebungen ablesen, die dazu dienen, sich von der Konkurrenz abzugrenzen (vgl. Kap. 5.1 u. 5.2.1.3). In der Zeit des Duopols von ARD und ZDF sticht eine solche Tendenz insbesondere zum Ende der 1970er bis Mitte der 1980er Jahre hervor. In diesem Zeitraum gestaltete die ARD die Vorspänne relativ spartanisch sachlich mit Betonung des Informationsanspruchs.[192] Das ZDF setzte hingegen aufwändigere und emotionalere Vorspänne ein, die auf die Kombination aus Information und Unterhaltung ausgerichtet waren – passend zum Sendekonzept (vgl. Kap. 5.2.2.2). Seit der Dualisierung des deutschen Rundfunksystems ist ein Trend zur Nutzung von Realbildern zu konstatieren, den die Privatsender partiell mit geschichtsträchtiger Musik untermauern. Dies weist auf eine Inszenierung hin (vgl. Kap. 2.2.3.4). Außerdem lassen sich Indizien für eine gestiegene Visualisierung registrieren. Die visuelle Gestaltung der Vorspänne hat sich von einfachen Realbildern in den 1960er und 1970er Jahren über simple computeranimierte Vorspänne in den 1980er bis hin zu aufwändiger produzierten und dynamischer wirkenden Computeranimationen in Kombination mit Realbildern in den 1990er Jahren und 2002 entwickelt.

6.3.2 Schrifteinblendungen und Signets

Die *Schrifteinblendungen* und *Signets* in den ARD-Wahlabendsendungen haben sich im Untersuchungszeitraum stetig verändert und weiterentwickelt. Außerdem wurden sie mit der Zeit häufiger und breiter eingesetzt. Dennoch sind Brüche festzustellen.

Im ARD-Wahlbericht 1961 gab es noch keine Schrifteinblendungen. Die Namen der Akteure im Wahlstudio wurden mit Schildern, die auf den Tischen vor ihnen standen, bekannt gemacht. Auf solche Schilder wurde vier Jahre später verzichtet. Allerdings wurden die Namen der Akteure im Wahlstudio immer noch nicht insertiert – insofern ist dies als Rückschritt zu werten. 1969 wurden Namen ebenfalls noch nicht eingeblendet. Ortsangaben dagegen wurden gemacht – in weißer Schrift und zentriert am unteren Bildrand. Solche Informationen über die Schauplätze der Sendung wurden auch im 1972er-Wahlbericht eingeblendet, in dem auch die Namen der Akteure im Wahl- und Gästestudio insertiert wurden. Politiker, die an Außenstellen interviewt wurden oder eine Rede hielten, bekamen dagegen kein Insert. 1976 machte die ARD bezüglich der Namensinserts wieder einen Schritt zurück – es wurden keine eingesetzt, wohl aber Ortsangaben. 1980 ist ein Fortschritt zu konstatieren: Erstmals erhielten alle Akteure, die zu Wort kamen, eine Einblendung mit ihrem Namen. Ausnahmen bildeten bis 2002 Bürger und einfache Parteimitglieder. 1994 bestanden die Inserts zum ersten Mal nicht nur aus einer einfachen Schrift, vielmehr wurden sie mit dem Sendetitel und dem ARD-Logo ausgestaltet. Dies zeugt von stärkerer Visualisierung im Vergleich zu zuvor (vgl. Kap. 2.2.3.4). Allerdings waren die Inserts innerhalb der Sendung ausnahmsweise nicht einheitlich gestaltet, da die Bauchbinden[193] der

---

[192] Diese Entwicklung ist zu beobachten, obgleich auch die ARD in diesem Zeitraum unterhaltende Elemente in die Wahlabendsendungen einbaute (vgl. Kap. 5.2.2.2 u. 6.2.3).
[193] Bauchbinde wird als Synonym für Insert verwendet (vgl. statt anderer Sturm/Zirbik 2001: 32).

Reporter zusätzlich mit einem Banner unterlegt waren. Den Sendetitel trugen auch die Inserts 1998 und 2002.

In einigen der ARD-Wahlsendungen gab es neben Einblendungen zu Namen und Schauplätzen weitere eingesetzte Schriften. So war es von 1969 bis 1976 üblich, Informationen zu Wahlkreisergebnissen einzublenden (vgl. o. V. 1972a) – etwa „Franz Josef Strauß und Dr. Rainer Barzel wiedergewählt" (1969) oder „Kohl kein Direktmandat" (1976). Die Idee für diese Art der Einspeisung einzelner Informationen ins laufende Programm holten sich die damaligen Verantwortlichen der ARD-Wahlberichte in den USA (vgl. Erfahrungsberichte, dokumentiert in Akte „Bundestagswahl 1969" im Historischen Archiv, Sig. 139). Die Art der Einblendung war dabei unterschiedlich: Während die Angaben 1969 von einer Studiotafel abgefilmt und per Blue-Box-Technik über das normale Bild gelegt wurden, wurden in den 1970er Jahren dieselben Inserts wie für Namen bzw. Orte verwendet, so dass das einheitliche Erscheinungsbild der ARD-Wahlsendungen betont wurde (Indiz für Ritualisierung). In den folgenden Wahljahren waren solche Ergebniseinblendungen nicht mehr zu beobachten – erst 1998 wieder. Seit diesem Zeitpunkt waren sie technisch verfeinert und mit weiterreichenden Informationen versehen. Am unteren Bildrand wurden zwei Banner eingesetzt. 2002 ersetzte ein laufendes blaues Band die statischen Banner von 1998. Dies deutet auf eine gestiegene Visualisierung hin. Die Gründe liegen neben der technischen Weiterentwicklung (vgl. Kap. 5.2.1.4) in der Konkurrenzsituation der Fernsehsender (vgl. Kap. 5.2.1.3), wie WDR-Fernsehdirektor Ulrich Deppendorf im Gespräch explizierte: Es ging darum, die Zuschauer im eigenen Programm zu halten (vgl. Interview Deppendorf: 7).

Bis 2002 einmalig waren folgende Einblendungen in der Wahlsendung der ARD 1969: Während eines Interviews, bei dem es um eine Einschätzung der hochgerechneten Zahlen ging, wurden diese von einer Grafik an der Studiowand abgefilmt und per Blue-Box-Technik über das Bild mit den Gesprächspartnern gelegt, so dass beide schwach zu sehen waren. Ebenso ging die ARD mit einer Grafik zur Sitzverteilung vor. 1976 gab es bei der ARD eine Neuerung, die seit 1994 abgewandelt fortgeführt wurde: Dabei handelte es sich um eine visualisierte Ankündigung der damals durchgeführten Wahl-Nachfrage durch infas (vgl. Kap. 6.6). 2002 gab es erstmals ein Insert mit einem Hinweis auf zusätzliche Informationen zur Wahl im Internet, das am unteren Rand auf einem laufenden Band im Design der weiteren Inserts zu sehen war. Dieser Einsatz von Schrifteinblendungen weist auf eine ausgeprägte Inszenierung in den einzelnen Wahljahren hin (vgl. Kap. 2.2.3.4).

Die Schrifteinblendungen bei den ZDF-Berichten haben sich im Untersuchungszeitraum ebenfalls deutlich verändert. Waren die Ortsbezeichnungen und Namen von 1965 bis 1990 in konstant einfacher weißer Farbe gehalten, änderte sich dies erstmals in der 1994er-Sendung. Zwar blieb die Schrift an sich weiter weiß, jedoch wurde die Einblendung mit einer gelben Linie unterstrichen und mit dem Signet des Sendetitels, das dem im Vorspann verwendeten entsprach (Hinweis auf Ritualisierung; vgl. Kap. 2.2.3.4), versehen. Hieran lässt sich ein höherer Grad an Visualisierung erkennen, der noch weiter angestiegen ist (vgl. Kap. 2.2.3.4): 1998 und 2002 wurden die Inserts mit einem grün-bläulichen Banner unterlegt. Über dem Namen befand sich 1998 das Titel-Logo aus dem Vorspann und es war eine wehende Deutschlandfahne zu sehen. 2002 wurden das ZDF-Logo und der Titel der Sendung mit einer Deutschlandfahne unterlegt gezeigt.

Im Untersuchungszeitraum wurde die Insertierung auch beim ZDF unterschiedlich gehandhabt: So waren es anfangs nur wenige Akteure, die sich äußerten, und deren Name eingeblendet wurde, während in den jüngeren Sendungen alle Akteure, die etwas sagen, ein

Insert bekamen – mit Ausnahme von Bürgern auf der Straße oder einfachen Parteimitgliedern. In einigen Jahren gab es außerdem Einblendungen, die nicht nur Ortsangaben machten oder über Namen informierten. So wurden 1969 während der Unterhaltung in einfacher weißer „Geisterschrift", wie die Unterhaltungsmoderatorin es damals formulierte, aktuelle Ergebnisse präsentiert oder angekündigt – z. B.: „Letzte Meldung: direkt gewählt Franz-Joseph Strauß CSU" oder „In Kürze: Trendmeldung". 1994 kam es erstmals zu einer Ankündigung der Prognose mit einem blinkenden Insert (vgl. Kap. 6.6). Diese Einblendungen lassen sich sowohl als Indiz für einen höheren Grad an Visualisierung als auch für eine ausgeprägte Inszenierung in den entsprechenden Wahljahren werten (vgl. Kap. 2.2.3.4). Eine weitere Neuerung wurde 1998 ein- und 2002 fortgeführt: die Einblendungen mit den aktuellsten Zahlen aus Prognose und Hochrechnung. Diese unterschieden sich 1998 in Farbe und Schriftart noch von den übrigen Einblendungen. 2002 war dies vereinheitlicht und die Art der Einblendung veränderte sich: Die Zahlen liefen als Ticker am unteren Bildrand entlang, ähnlich den Börsenkursen bei Wirtschaftsnachrichten. Auch dies ist als Beleg für einen ausgeprägten Grad der Visualisierung zu verstehen (vgl. Kap. 2.2.3.4).

Bei RTL ist folgende Entwicklung bei den Schrifteinblendungen festzustellen: Die Inserts erscheinen immer aufwändiger produziert. Bestand ein Namensinsert noch 1990 lediglich aus weißer Schrift mit schwarzem Rand oberhalb einer bordeauxroten Linie, war eine Bauchbinde 1994 umfassender gestaltet. Dies ist ein Indiz für einen höheren Grad an Visualisierung (vgl. Kap. 2.2.3.4). Die Namen wurden auf einem blauen Banner eingeblendet. Ein Signet mit dem Sendetitel vor dem Hintergrund der Farben der Deutschlandfahne ergänzte das Insert. Dieser Aufbau ist in den Jahren danach gleich geblieben, obgleich sich die Farben und die Logos änderten: Es gab ein Banner und ein Signet mit dem Titel der Sendung im selben Stil wie in den Vorspännen. Innerhalb der Wahlberichte waren die Bauchbinden mit Ausnahme der 1998er-Sendung gleich gestaltet, was auf Ritualisierung hinweist (vgl. Kap. 2.2.3.4). Darüber hinaus wurden Inserts bei RTL über die Jahre hinweg häufiger eingesetzt. So waren 1990 nicht alle Gesprächsgäste insertiert, und es gab keine Bauchbinden in den Filmberichten. Dies änderte sich seit 1994. In den 1990er Jahren wurde bei RTL außerdem eine größere Bandbreite an Schrifteinblendungen verwendet. 1998 wurden erstmals Zahlen der Hochrechnung bzw. der Sitzverteilung bei Schaltgesprächen und Berichten vor Ort gezeigt. Erweitert wurde dieses Element 2002, indem neben den Prognose- bzw. Hochrechnungszahlen weitere Informationen präsentiert wurden – etwa „Prognose – Schröder weiter Kanzler" oder „Wahlkrimi in Berlin". Darüber hinaus war die Einblendung farbig. Zusätzlich zu den Zahlen gab es Pfeile, die die Gewinne und Verluste anzeigten. Diese Einblendungen sind sowohl Hinweise auf eine ausgeprägte Inszenierung als auch auf einen hohen Visualisierungsgrad (vgl. Kap. 2.2.3.4).

Bei den Schrifteinblendungen zeigt sich bei Sat.1 eine vergleichbare Entwicklung wie bei den übrigen Sendern: Waren 1987 und 1990 die Namen der Akteure in einfacher weißer Farbe gehalten, wurden Schriften ab 1994 mit einem Banner unterlegt und mit dem Logo der Sendung versehen. Zusätzlich wiesen die Schrifteinblendungen 1998 ein Signet mit dem deutschen Bundesadler auf. Innerhalb einer Sendung waren die so genannten Bauchbinden bei Sat.1 üblicherweise einheitlich gestaltet. Dies lässt sich als Hinweis auf Ritualisierung einstufen (vgl. Kap. 2.2.3.4). Zu konstatieren ist insgesamt die Tendenz, dass mit den Jahren mehr Schrifteinblendungen eingesetzt wurden. Während in den ersten Sat.1-Wahlberichten nur der Moderator und ggf. Interviewpartner insertiert wurden, erhielten seit 1994 auch die Reporter und sonstige Akteure in den Studios und Filmbeiträgen Inserts. Des

Weiteren wurde die Prognose 1998 mittels einer Einblendung der Uhrzeit angekündigt (vgl. Kap. 6.6). 2002 wurde eine solche Zeitangabe nicht mehr eingeblendet, hingegen wurden weitere Einblendungen zur Einordnung eingespielter Bilder gezeigt – wie etwa: „Bundeskanzler Schröder in Berlin gelandet". Diese zusätzlichen Schrifteinblendungen lassen sich als Zeichen für eine intensive Inszenierung deuten (vgl. Kap. 2.2.3.4).

Insgesamt lassen sich in Bezug auf die Schrifteinblendungen die folgenden Tendenzen festhalten: Die Inserts wurden im Untersuchungszeitraum aufwändiger produziert – ein Trend, der z. B. an den zusätzlich eingesetzten Elementen wie Senderlogo, Signet oder Bannerunterlegung deutlich wird und auf einen höheren Grad an Visualisierung im Zeitverlauf hinweist. Die Schrifteinblendungen wurden im Laufe der Jahre zudem häufiger eingesetzt. Es zeichnet sich darüber hinaus ein Trend zu einer größeren Bandbreite an Schrifteinblendungen ab: Es wurden nicht mehr nur Namen und Orte angeführt, sondern auch Angaben zu Wahlergebnissen und Analysen gemacht. Zum Teil sind diese Schrifteinblendungen als Indizien für eine ausgeprägte Inszenierung einzustufen. Schließlich sind die Einblendungen innerhalb eines Wahlberichts i. d. R. einheitlich gestaltet. Dies ist wiederum ein Beleg für Ritualisierung (vgl. Kap. 2.2.3.4). Die Entwicklungen sind in unterschiedlichem Ausmaß bei allen Sendern zu beobachten, die zudem üblicherweise die gleichen Stilmittel verwendeten. Trotzdem wird eine spezifische Profilierung der einzelnen Anbieter deutlich, die der Wiedererkennung dient und gleichzeitig darauf abzielt, den mit der eigenen Wahlabendberichterstattung verbundenen Anspruch zu verdeutlichen (vgl. Kap. 5.2.3.1). Bewusste Profilbildung lässt sich bspw. an der mehrmaligen Verwendung des Sendesignets ablesen, während ein Verständnis der Chronistenpflicht an Einblendungen der Wahlforschungsergebnisse ersichtlich wird. Die Veränderungen im Zeitverlauf stehen in Zusammenhang mit der Wettbewerbssituation auf dem deutschen TV-Markt (vgl. Kap. 5.2.1.3) und mit der jeweils vorhandenen Technik (vgl. Kap. 5.2.1.4).

6.3.3 Grafiken

Die Entwicklung der Grafiken lässt sich auf zwei analytisch zu unterscheidenden Ebenen betrachten: erstens auf der *Ebene der Kommunikationsmittel* (die Machart der Grafiken; z. B. auf Pappe oder per Computeranimation) bzw. der Art der Grafiken und zweitens auf der *Ebene der Darstellungsform* (das „Wie" der Grafiken; bspw. Tabelle oder Säulendiagramm). Bei allen vier untersuchten Sendern haben sich die Grafiken im Laufe der Zeit verändert. Bei ARD und ZDF gibt es Veränderungen auf beiden Ebenen, bei den Privaten wandelt sich jeweils eine der Ebenen besonders deutlich (vgl. Tab. 40).

Bei der ARD lassen sich Entwicklungsschübe in den ersten zwei Jahrzehnten insbesondere bei den Kommunikationsmitteln erkennen, während in den 1990er Jahren eher sprunghafte Veränderungen auf Ebene der Darstellungsform zu verzeichnen sind. Zunächst wird auf die Kommunikationsmittel eingegangen: Bis 1976 wurden Grafik-Tafeln an den Wänden des zentralen Wahlstudios und des infas-Studios, Stehtafeln und Kreide-Tafeln sowie Plakate bzw. Pappen mit aufgedruckten Grafiken abgefilmt. Prägend waren diese Kommunikationsmittel v. a. für die 1961er- und 1965er-ARD-Wahlsendung. Neu waren 1965 abgefilmte Computerausdrucke, die auch 1969 eingesetzt wurden. 1969 wurden erstmals Computerbildschirme abgefilmt und Grafiken direkt aus dem Computer eingesetzt, die seit diesem Jahr in den ARD-Wahlberichten mehr und mehr Verwendung fanden und sich technisch entwickelten. Ab 1976 waren Computergrafiken farblich gestaltet, 1980 kamen sie erstmals ausschließlich zum Einsatz, teilweise sogar animiert. Gleiches gilt bis einschließlich 2002.

Tab. 40: Grafiken

	Grafiken	
	Kommunikationsmittel	**Darstellungsform**
ARD		
1961	Pappen / Steh- und Kreidetafeln / Compu-	Diagramme / Tabellen / Varianten
1965	terausdrucke	(z.B. Köpfe der Direktkandidaten)
1969	SW-Computergrafiken / Computerausdru-	Tabellen / Diagramme
1972	cke / Pappen	
1976	Bunte Computergrafiken / Pappen	
1980	Bunte, animierte und nicht-animierte	Diagramme / Tabellen
1983	Computergrafiken	
1987		
1990		
1994		3D-Körper / Diagramme / Tabellen
1998		Fenster / Diagramme / Tabellen
2002		Diagramme / Tabellen
ZDF		
1965	Pappen / Computergrafik gefilmt	Grafiken / Diagramme / Tabellen
1969	SW-Computergrafiken / Pappen	Tabellen / Diagramme
1972		
1976	Bunte Computergrafiken / Pappen	Diagramme / Tabellen
1980	--*	--*
1983	Bunte, animierte und nicht-animierte	Diagramme / Tabellen
1987	Computergrafiken / Pappen	
1990		
1994		
1998	Bunte, animierte Computergrafiken	Fenster / Diagramme / Tabellen
2002		
Sat.1		
1987	Bunte, animierte Computergrafiken	Tabellen
1990		Diagramme / Tabellen
1994		Grafiken / Diagramme / Tabellen
1998		Diagramme / Tabellen
2002		
RTL		
1987	--**	--**
1990	Bunte, animierte Computergrafik	Diagramme
1994	Virtuelle Wand + Studio / Bunte, nicht-animierte Computergrafiken	
1998	Virtuelles Studio / Bunte, nicht-animierte Computergrafiken	
2002		

*   Die ZDF-Wahlsendung 1980 lag nicht als TV-Material vor.
** Die RTL-Wahlsendung 1987 lag nicht als TV-Material vor.

Kennzeichen der Darstellungsform der Grafiken zu Beginn der 1960er Jahre war bei der ARD die zunächst sehr große Bandbreite an Grafiken. Möglich war eine solche aktuelle und variationsreiche Darstellung durch die Abbildung auf Pappen und Plakaten, welche ebenso wie eine mit Kreide angeschriebene Tabelle an einer Tafel abgefilmt wurden. Dieser Variationsreichtum ging jedoch bereits im Laufe der 1960er Jahre rapide zurück. 1961 waren noch zahlreiche unterschiedliche grafische Darstellungen an den Wänden des zentralen Wahlstudios angebracht.[194] Viele von ihnen kamen danach nicht wieder zum Einsatz, wie etwa ein Regal, in dem Fotos mit den Köpfen von Politikern – den einzelnen Wahlkreiskandidaten – standen. Das Regal bestand aus zwei Seiten, links die „unsichere" und rechts die „sichere", wie der Moderator damals erklärte. Das heißt: Von der linken Seite wurden all diejenigen auf die rechte Seite gestellt, die in ihrem Wahlkreis direkt gewählt worden waren. Ein weiteres Beispiel für Grafiken, die 1961 einmalig eingesetzt worden sind, ist die Darstellung einzelner Ergebnisse aus Stimmbezirken, Wahlkreisen, Städten und von Zwischen- und Endergebnissen für einzelne Bundesländer und den Bund, die mit Kreide auf eine Tafel geschrieben wurden. Der überwiegende Teil der Grafiken 1961 hatte die Gestalt von Diagrammen. Dagegen wurden die 1969 erstmals direkt eingesetzten Computergrafiken in Tabellenform präsentiert. Daran änderte sich bis einschließlich 1976 nichts. 1980 wurden mit Hilfe des Computerprogramms zur „Datenvermittlung von Resultaten und Analysen mit computerunterstützten und leicht verständlichen Abbildungen" (kurz „Dracula"; vgl. o. V. 1990b; Siefarth 1980 sowie Kap. 5.2.1.4) zum ersten Mal digital erstellte Balken- und Tortendiagramme gezeigt.

In den vier Jahrzehnten wurden innerhalb einer ARD-Wahlsendung die Grafiken jeweils in vergleichbarem Design gehalten – mit Ausnahme des 1990er- und 1994er-Wahlberichts. In diesen Sonderfällen waren die Computergrafiken für Prognose und Hochrechnung zur Bundestagswahl und zur Landtagswahl in Berlin mit unterschiedlichen Elementen ausgestattet und verschieden animiert. Außerdem erhielten die Parteien zur Prognose 1990 jeweils eine eigene Grafik mit Angaben für Gesamt-, West- und Ostdeutschland. Neu und einmalig war 1994 die dreidimensionale Darstellung einiger Grafiken, wie etwa die der Prognose. Sie erinnert an eine Leiter bzw. ein Zählgerät mit Kugeln für Kinder, bei dem sich anstelle von aufbauenden Balken Kugeln von den Parteinamen auf unterschiedlichen Stufen der Leiter aus von links nach rechts schieben. Auch die Sitzverteilung wurde 1994 in 3-D präsentiert, und zwar als eine Art Treppe für die Sitze, die sich nacheinander unterschiedlich gefärbt haben und dabei für einige Sekunden kurz angehoben wurden – ebenfalls einmalig. Außerdem sendete die ARD 1994 erneut zwei unterschiedliche Grafiken für die Ergebnisse in West- und Ostdeutschland – dies taten die übrigen Sender lediglich zur Einheitswahl 1990. Diese außergewöhnlichen Grafikdarstellungen weisen auf eine ausgeprägte Inszenierung und Visualisierung in beiden Wahljahren hin (vgl. Kap. 2.2.3.4). 1998 kehrte die ARD wieder zu althergebrachten Formen der grafischen Präsentation zurück. Der Versuch, 1990 und 1994 Dynamik in die Grafiken zu bringen, habe den Verantwortlichen und auch den Zuschauern nicht gefallen. Deshalb sei man wieder zu einem „eher puristischen Aussehen" (Interview Deppendorf: 8) zurückgegangen, erläuterte der damalige Zahlen-Präsentator der ARD, Deppendorf.[195]

---

[194] An dieser Stelle werden aus Platzgründen nur einige wenige dargestellt.
[195] Mit Bezug auf die Rücksichtnahme auf die Zuschauer und deren Sehgewohnheiten werden auch die wenig innovativen Aufbereitungen von Grafiken in der Berichterstattung von Nachrichten, Nachrichtenmagazinen und Spezialsendungen im Fernsehen zu Meinungsumfragen erklärt (vgl. Rössler 2003: 150).

Gleichzeitig setzte die ARD 1998 auf andere, zusätzliche technische Besonderheiten. Die herausragende Neuerung war der Einbau von Fenstern bei der Prognose-Grafik, in denen Schalten zu den Parteizentralen zu sehen waren (Indiz für gestiegene Inszenierung und Visualisierung; vgl. Kap. 2.2.3.4). 2002 verzichtete die ARD darauf und führte stattdessen zwei andere Neuerungen ein. Neu war erstens, dass für die Direktmandate der PDS[196] eine eigene Grafik erstellt worden war, die die wahrscheinlich direkt gewonnenen Wahlkreise sowie die Namen der Kandidaten und die von ihnen jeweils erreichte Prozentzahl an Erststimmen zeigte. Zweitens war neu, dass neben der Sitzverteilung auch die Koalitionsmöglichkeiten in einer Grafik präsentiert wurden. Überlegungen, virtuelle Elemente einzusetzen, wurden zwar angestellt, aber diese Idee wurde aus organisatorischen Gründen und hinsichtlich der vermuteten Publikumserwartungen verworfen, wie in den Expertengesprächen deutlich wurde (vgl. Interview Deppendorf: 8; Interview Schönenborn: 10).

Die Befunde zur Darstellungsform der Grafiken bei den ARD-Wahlberichten von 1961 bis 2002 lassen deutlich werden, dass der Schwerpunkt auf Säulen- oder Balkendiagrammen lag und auch häufig Zeitreihen und Tortengrafiken präsentiert wurden (vgl. für ähnliche Befunde zur Bundestagswahl 2002 Rössler 2003: 150[197]). Dennoch wurden – gerade in den Sendungen der 1960er Jahre und auch in den Berichten der 1990er Jahre – andere Aufbereitungen eingesetzt. Diese Erkenntnisse ergänzen vorliegende Befunde, die keine variantenreiche Einbindung grafischer Elemente feststellen konnten (vgl. Rössler 2003: 150). Während die Fokussierung auf Säulen- und Balkendiagramme sowie Zeitreihen und Tortengrafiken in Anlehnung an Rössler auf die Sehgewohnheiten der Zuschauer zurückgeführt werden kann, lässt sich der Variantenreichtum in den 1960er Jahren mit Blick auf die wenig ausgefeilte Technik erklären, die die Bandbreite erst möglich machte und auch zur phantasievollen Umsetzung gezwungen hat (vgl. Kap. 5.2.1.4).

Die Entwicklung der ZDF-Grafiken erfolgte auf beiden Ebenen – Kommunikationsmittel und Darstellungsform – meist in Schüben, die zwei Wahljahre umfassten. Wichtigstes Kommunikationsmittel waren beim ZDF 1965 Plakate, auf denen Grafiken visualisiert wurden. Zusätzlich wurden am Computer hergestellte Grafiken von einer Spezialkamera ins Bild gerückt. 1969 war das Jahr, in dem beide Sender gleichzeitig erstmals computergenerierte Grafiken direkt zeigten. Zugleich wurden beim ZDF weiterhin Plakate abgefilmt. Farbige Computergrafiken wurden vom ZDF zum ersten Mal 1976 präsentiert. Sie wurden mit Hilfe der Blue-Box dargestellt: 1983 wurde erstmalig eine animierte Grafik gezeigt. 1987 war der Anteil der bewegten Grafiken größer. 1990 wurden nur noch computergenerierte Grafiken eingesetzt, die teils animiert und teils nicht-animiert waren. 1998 und 2002 verwendete das ZDF in seinen Wahlberichten ausschließlich animierte Computergrafiken (Indiz für gestiegene Visualisierung und Inszenierung; vgl. Kap. 2.2.3.4).

Die Darstellungsform der Grafiken war v. a. im ZDF-Wahlbericht 1965 variantenreich. So wurden bspw. für die Prognose per Hand Säulen an einer Standtafel hochgezogen. Die von einer Spezialkamera abgefilmten Computergrafiken hatten 1965 dagegen die Form einer Tabelle. Vier Jahre später wurden die direkt eingesetzten computergenerierten Grafiken weiterhin als Tabelle präsentiert, während die abgefilmten Pappen Säulendiagramme

---

[196] Diese waren für den Einzug der Partei als Fraktion in den Bundestag relevant, da klar war, dass sie nicht über die Hürde von fünf Prozent kommen würde.

[197] Er hat mittels einer quantitativen Inhaltsanalyse Beiträge, die explizit das Ergebnis von einer oder mehreren Wahlumfragen thematisierte, in sechs Printmedien und fünf TV-Programmen vom 01.07.2002 bis zum 15.09.2002 untersucht (vgl. Rössler 2003).

zeigten. 1976 kam zum ersten Mal eine Computergrafik in Form eines Säulendiagramms zum Einsatz. Die nächste Neuerung gab es 1990, als erstmalig dreidimensionale Diagramme verwendet wurden. 1998 wurden erstmals Schaltfenster bei der Prognose-Bekanntgabe eingesetzt. Die Wahlfeier der jeweiligen Partei, deren Zahlen gerade bekannt gegeben worden waren, wurde mit Reaktionen eingeblendet – allerdings ohne Ton. Mit Ton wurden diese Schalten 2002 durchgeführt. Eine weitere Neuheit 1998, die ebenfalls 2002 eingesetzt wurde, waren die Grafiken zur Sitzverteilung. Sie wurden als Tortendiagramm präsentiert. Sobald dieses fertig aufgebaut war, teilte sich die Grafik in die zwei Lager CDU/CSU und FDP sowie Grüne und SPD, um die Koalitionsmöglichkeiten zu veranschaulichen. Die letztgenannten Darstellungsformen weisen sowohl auf eine stark ausgeprägte Visualisierung als auch einen hohen Grad an Inszenierung hin (vgl. Kap. 2.2.3.4).

Bei RTL entwickelte sich besonders die Ebene der Kommunikationsmittel weiter. Während 1990 ausschließlich farbige, computeranimierte Grafiken eingesetzt wurden, verwendete RTL im Wahlbericht 1994 erstmals virtuelle Elemente – zusätzlich zu Computergrafiken in Farbe, die nicht mehr animiert waren.[198] Zwei virtuelle Elemente kamen zum Einsatz: Für die Prognose und die Hochrechnung der Bundestagswahl wurde erstens an eine graue Wand des zentralen Wahlstudios eine dreidimensionale Grafik projiziert. Der Moderator stand davor, blickte in die Richtung der Wand und stellte dann die Zahlen vor. Farbige Balken bauten sich von links nach rechts auf. Die Parteinamen wurden rechts untereinander eingeblendet. Zweitens: Die Sitzverteilung zur Bundestagswahl wurde in einem virtuellen Studio von einer Zahlen-Präsentatorin vorgestellt. Dabei wurde simuliert, sie stünde in einem Saal mit mehreren Reihen Sitzbänken und Tischen, die wie bei einem Hörsaal nach oben weggehen. Die Animation verlief wie folgt: Die Sitze, die von einer Partei erreicht wurden, wurden nacheinander farbig markiert und mit dem Parteinamen, der Zahl der Sitze und der gewonnen oder verlorenen Sitze beschriftet. Für die beiden Fälle, dass die PDS in den Bundestag gewählt worden ist bzw. nicht worden wäre, wurden zwei unterschiedliche Grafiken gezeigt. Der Einsatz solcher virtueller Elemente in den Wahlabendsendungen wurde in den folgenden Jahren von RTL weiter vorangetrieben und deutet auf einen hohen Grad an Visualisierung und Inszenierung hin (vgl. Kap. 2.2.3.4). Seit 1998 wurden Prognose, Hochrechnung (als sich aufbauendes Balkendiagramm in 3-D), Sitzverteilung (als dreidimensionaler „virtueller Bundestag"), mögliche Koalitionen (als Tortendiagramm) und potenzielle Kabinettsmitglieder (mit Fotos der Kandidaten) in demselben virtuellen Studio durch den Moderator präsentiert.

Sat.1 brachte seit 1987 zur Bekanntgabe der Wahlergebnisse ausschließlich farbige und animierte Computergrafiken, so dass auf Ebene der Kommunikationsmittel eine Konstanz festzustellen ist. Ein Wandel wird hingegen bei Betrachtung der Darstellungsform deutlich. So zeigten die Grafiken 1987 lediglich Tabellen für Prognosen, Hochrechnungen, Gewinne und Verluste sowie die Sitzverteilung. Säulen- oder Tortendiagramme gab es nicht, obwohl diese Form der Darstellung bei den öffentlich-rechtlichen TV-Sendern bereits seit 1976 bzw. 1980 üblich war. 1990 wurden die Zahlen der Prognose erstmals mit Balken dargestellt und die Hochrechnung als Tortendiagramm präsentiert. Für Ost- und Westdeutschland wurden die Resultate 1990, den gesellschaftlichen Veränderungen der damali-

---

[198] Teilweise setzte RTL von 1994 bis 2002 noch traditionelle Grafiken ein, etwa für die Prognosen der Landtagswahlen oder für die Direktmandate der PDS. Sie waren in demselben Design wie die Darstellungen im virtuellen Studio gestaltet, aber nicht animiert.

gen Zeit entsprechend, getrennt ausgewiesen – dies entspricht dem Vorgehen bei den übrigen Sendern. Eine gewisse Bandbreite an verschiedenen grafischen Darstellungen kennzeichnete den Sat.1-Wahlbericht 1994. Beispielsweise wurden die vorangegangenen Wahlkämpfe und Duelle von Kanzler und Kanzlerkandidat als Kartenspiel visualisiert. Zudem wurden damals zum ersten und einzigen Mal nicht nur Grafiken für die prozentualen Ergebnisse der Wahl, sondern auch für Umfrageresultate eingesetzt. 1998 und 2002 dominierten Säulen- und Tortendiagramme für Prognose und Hochrechnungen die Grafiken.

Resümierend lässt sich im Hinblick auf den Einsatz von Grafiken festhalten: Die Entwicklung der Kommunikationsmittel der Grafiken ist stark von technischem Fortschritt geprägt (vgl. Kap. 5.2.1.4) – sie reicht von abgefilmten Pappen über Computergrafiken, die zunächst statisch waren und schließlich animiert wurden, bis hin zum Einsatz virtueller Elemente, bei dem RTL eine Sonderrolle spielt. ARD, ZDF und Sat.1 verzichteten bislang auf eine derartige Virtualisierung. Dieses Ergebnis ist mit einem Befund von Miriam Meckel zur Einführung dieser neuen Technik vergleichbar. Danach setzten Ende der 1990er Jahre nur wenige TV-Sender virtuelle Elemente ein. RTL nahm dabei eine Spitzenposition ein (vgl. Meckel 1998: 204 ff.). Mit der Veränderung der Kommunikationsmittel der Grafiken sind regelmäßig Auswirkungen auf die Form der grafischen Darstellungen verbunden. Während Grafiken auf Pappen und Plakaten schon in den 1960er Jahren als Diagramme dargestellt wurden, ermöglichten computergenerierte, direkt eingesetzte Grafiken zunächst nur Tabellen. Dies scheint erklärbar durch den Zwang zur möglichst schnellen Veröffentlichung (vgl. Kap. 5.2.1.3), der diametral zur Produktionszeit der Computergrafiken in Diagrammform stand. Um Computergrafiken herzustellen und direkt einzusetzen war es notwendig, zuerst aktuelle Daten in den Computer einzugeben. In einem zweiten Schritt benötigte der Computer dann Zeit zum Umrechnen (vgl. Meckel 1998: 206). Während die Diagramm-Grafiken 1961 und 1965 schon vorbereitet waren, so dass sie nur noch per Hand aktualisiert werden mussten, mussten die computergenerierten Grafiken Ende der 1960er und zu Beginn der 1970er Jahre ebenso schnell, aber direkt fertig produziert auf dem Bildschirm erscheinen. Dies das war zunächst nur in Tabellenform möglich. Erst später waren, aufgrund spezifischer Programme (vgl. Kap. 5.2.1.4), Computergrafiken in Diagrammform machbar, die möglichst aktuell präsentiert wurden.

Darüber hinaus war der Einsatz von Grafiken innerhalb der Wahlsendungen i. d. R. standardisiert – dies spricht für eine Ritualisierung (vgl. Kap. 2.2.3.4). Zugleich finden sich Standardisierungen über mehrere Bundestagswahlen hinweg. Schließlich zeigt sich auf den zu differenzierenden Ebenen der Kommunikationsmittel und der Darstellungsform der Grafiken von 1961 bis 2002 keine durchgehende Zunahme des Grads an Visualisierung. Alerdings lässt sich seit Mitte der 1970er Jahre – seit erstmals Computergrafiken in Säulendiagrammen technisch umgesetzt werden konnten – eine Steigerung des Visualisierungsgrads erkennen, der in den 1990er Jahren und 2002 besonders ausgeprägt ist. Für diesen Zeitraum sind zudem Hinweise für eine gestiegene Inszenierung auszumachen.

6.3.4 Schalten

Neben den Vorspännen (vgl. Kap. 6.3.1), den Schrifteinblendungen (vgl. Kap. 6.3.2) und den Grafiken (vgl. Kap. 6.3.3) sind Schalten als formal-ästhetische Merkmale prägend für das Profil einer TV-Sendung. Auf sie wird im Folgenden eingegangen.

Die ARD setzte bei Schalten von 1961 bis 2002 auf direkte Übergaben. Ein so genannter Altar[199] wurde in einer sehr einfachen Form nur 1961 verwendet. Technische Schwierigkeiten, die bei Ton- und Bildübertragung v. a. in den 1960er Jahren auftraten, wurden immer weniger sichtbar. 1965 wurde zu Auslandskorrespondenten der ARD noch per Telefon geschaltet, 1969 waren sie auch im Bild zu sehen. Erstmals wurden Schalten 1972 eingeleitet, indem die ARD die entsprechenden Bilder auf eine Leinwand im Wahlstudio hinter den Moderatorentisch legte. Dies spricht für eine stärkere Inszenierung, die sich bis 2002 gehalten hat. Indes erscheinen die ARD-Schalten stets technisch relativ einfach.

Anfängliche Technik-Probleme, Konstanz, aber auch kontinuierliche Veränderung kennzeichnen die Entwicklung der Schaltgespräche in den ZDF-Wahlsendungen. In den ersten beiden Sendungen waren die Schalten geprägt von technischen Problemen. Bild und Ton waren 1965 immer wieder gestört. Die Technik war 1969 offensichtlich ausgefeilter, so dass Störungen nur noch beim Schaltvorgang selbst auftraten. In den folgenden Wahljahren waren die Schalt-Schwierigkeiten deutlich geringer bzw. nicht mehr vorhanden. Auf die technischen Bedingungen zurückzuführen ist die Tatsache, dass in den 1960er Jahren auch reine Telefonschalten durchgeführt wurden, was die Moderatoren in den Berichten auf „Kostengründe" zurückführten. Die Schalten selbst wurden bis 1990 immer direkt ausgeführt, dabei bemühte sich das ZDF in diesem Jahr erstmalig bewusst darum, einen Übergang herzustellen – etwa 20 Jahre später als die ARD. Der Moderator schaute auf im Hintergrund aufgestellte TV-Bildschirme, auf denen die Gesprächspartner zu sehen waren. 1994 wurde erstmals der Altar eingesetzt. Allerdings nur für eine Schalte aus dem Nachrichtenstudio ins Wahlstudio. 2002 wurde der Altar zum ersten Mal in der Wahlabendsendung selbst genutzt.

Im Vergleich zur ARD erwies sich das ZDF seit den 1990er Jahren aufgeschlossener gegenüber modern gestalteten Schalten, z. B. per Altar, während die ARD in den frühen Jahren innovativ agierte und schon Ende der 1960er und Anfang der 1970er Jahre Schaltübergänge bewusst in Szene setzte. Die traditionellere Ausrichtung der ARD in den jüngeren Wahlabendsendungen ist erklärbar durch das Gesamtprofil der ARD, das z. B. auch in den etablierten und als Aushängeschilder bezeichneten Nachrichten „Tagesschau" und „Tagesthemen" angestrebt wird. Schaltgespräche werden in beiden ARD-Nachrichtensendungen mittels eines eingeblendeten Bildes, zu dem sich der Nachrichtensprecher bzw. -moderator hinwendet, auch auf traditionelle Weise eingebunden. Die vergleichsweise moderne Einbindung von Schalten in den jüngeren ZDF-Wahlsendungen lässt sich ebenfalls auf die Programmprofilierung des Senders zurückführen. Die Nachrichtenkonzeption des ZDF richtet sich dabei offenkundig am News-Konzept von RTL aus (vgl. o. V. 2002: 57).

RTL verwendete 1998 zum ersten Mal einen geteilten Bildschirm für Schalten innerhalb der Wahlabendberichterstattung. Vorher schaltete RTL direkt zu den Gesprächspartnern. Dabei bediente sich RTL eines aufgestellten Fernsehgerätes (1990) bzw. einer Videowand im Studio (1994). 1998 und 2002 wurden Schalten auf zweierlei Weise eingeleitet: Zum einen erfolgten sie aus dem virtuellen Studio heraus, in dem eine Wand eingeblendet wurde, auf der ein Bild der Schalte erschien. Zum anderen wurde vom Moderatorenplatz über einen geteilten Bildschirm (Split-Screen) geschaltet. Dabei wurde ähnlich vorgegangen wie bei Formel1-Übertragungen, wenn neben dem Rennen gleichzeitig Wer-

---

[199] Altar wird ein Bild genannt, das i. d. R. in der Mitte zweigeteilt ist und auf dem somit zwei unterschiedliche Bilder von verschiedenen Schauplätzen gleichzeitig zu sehen sind.

bung gezeigt wird. In diesem Fall wurden der zu schaltende Gesprächspartner in dem großen Ausschnitt und der Moderator im kleinen Ausschnitt dargestellt. Dieses Element des geteilten Bildschirms wurde 1998 auch außerhalb von Schalten genutzt, etwa bei Politiker Reden im großen Fenster, während die Außenansicht des Gebäudes im kleinen Ausschnitt gezeigt wurde. Um aus dem Statement herauszugehen, wurden die Bilder getauscht und im kleinen Fenster das Bild des Politikers durch das des Moderators ersetzt. So wurde ermöglicht, bei Schalten nicht komplett zurück ins Studio zu gehen, sondern das Wort über einen geteilten Bildschirm weiterzureichen. Sowohl der Einsatz von virtuellen Elementen als auch die Verwendung des Split-Screens deuten eine ausgeprägte Inszenierung und einen hohen Visualisierungsgrad an.

Ähnlich ging Sat.1 bei der Bundestagswahl 2002 vor. Der geteilte Bildschirm kam zum Einsatz, als aktuelle Bilder eingespielt wurden, die die Moderatorin kommentierte. Dabei waren die aktuellen Bilder im größeren Ausschnitt zu sehen und die Moderatorin im kleineren. Bei den Sat.1-Wahlsendungen 1987, 1990 und 1994 wurde direkt zu den jeweiligen Gesprächspartnern geschaltet. 1998 setzte Sat.1 das erste Mal einen Altar ein. Dieses Prinzip wurde auch 2002 verfolgt, nur füllten die beiden Schaltbilder nicht mehr den gesamten Bildschirm aus, sondern waren in Fenstern abgebildet.

Zusammenfassend lässt sich festhalten: Die Entwicklung der Einbindung von Schaltgesprächen vollzog sich unter starkem Einfluss von verfügbarer Fernsehtechnik. Insbesondere in den Wahlsendungen der 1960er Jahre kam es bei ARD und ZDF zu technischen Störungen. Mit der Zeit legten sich derartige Pannen. Außerdem wurden seit den 1970er Jahren auch Bildschalten zu weit entfernten Orten wie den USA möglich. Weiterhin ist zu konstatieren, dass die ARD im Hinblick auf den Einsatz von Schaltgesprächen nach wie vor traditionell verankert ist und dieses Element in der ARD einfacher erscheint. Insbesondere RTL erweist sich als modern. Auch hierbei kam das virtuelle Studio als Besonderheit des Kölner Privatsenders zum Einsatz (vgl. Kap. 5.2.1.4). ZDF und Sat.1 haben in den vergangenen Jahren hinsichtlich der Schaltgespräche eine ähnliche Entwicklung durchlaufen – beide gebrauchten eine moderne Form des Altars. Damit hebt sich das ZDF deutlich von der ARD ab. Jedoch brachte die ARD gerade im Zeitraum Ende der 1960er und Anfang der 1970er Jahre auch Neuerungen ein, die dann vom ZDF übernommen wurden – etwa die Übergabe per Bildschirm. Die Schaltgespräche wurden seit Mitte der 1970er Jahre bewusst in die Wahlberichte eingebunden. Diese bewusste Einbindung ist ein Indiz für eine recht ausgeprägte Inszenierung (vgl. Kap. 2.2.3.4), die sich im Zeitverlauf als vergleichsweise stabil erwiesen hat. Nur durch den Einsatz technischer Mittel wird dieser Inszenierungsgrad in jüngeren Wahlsendungen einiger TV-Sender gesteigert. Schließlich lässt sich mit Blick auf die Einbindung der Schaltgespräche eine mit der Zeit ausgefeiltere visuelle Gestaltung erkennen und damit ein höherer Grad an Visualisierung konstatieren (vgl. Kap. 2.2.3.4).

6.4 Studioausstattung

Das Präsentationsprofil einer TV-Sendung wird nicht nur durch die in den vorangegangenen Abschnitten behandelte Bildgestaltung und -bearbeitung (vgl. Kap. 6.3) geprägt, sondern auch durch die *Ausstattung und die Aufmachung des Sendestudios* bestimmt. Sein *Aufbau* (vgl. Kap. 6.4.1) ist ebenso Kennzeichen für den Charakter einer Fernsehsendung wie die *Dekoration* (vgl. Kap. 6.4.2).

6.4.1 Studioaufbau

An der Einteilung des zentralen Wahlstudios lassen sich Belege für die Relevanz einzelner Elemente sowie Hinweise auf den mit der Wahlberichterstattung verfolgten Anspruch ablesen. Bei der ARD ist erkennbar, dass zunächst besonderen Wert auf den Ergebnisdienst gelegt und den journalistischen Kommentatoren aus den Reihen der ARD bis Ende der 1980er Jahre ein hoher Stellenwert beigemessen wurde. Seit 1987 waren die Wahlforscher des von der ARD beauftragten Instituts im Zentralstudio untergebracht (vgl. Kap. 5.2.3.2). Bei der ARD liegt die Interpretation nahe, dass der Sender damit im gesamten Zeitraum einen Vermittlungsanspruch der Information, Erklärung und Orientierung über den Wahlausgang verfolgte. Zu einigen Zeitpunkten kam jedoch hinzu, dass die ARD ihre Zuschauer am Wahlabend auch unterhalten wollte, etwa 1983. In diesem Jahr saß der Unterhaltungsmoderator im Studio (vgl. Kap. 5.2.2.2). Zudem wurde Abwechslung durch Sportinformationen geboten, die von 1987 bis 1994 direkt aus dem Wahlstudio kamen. Der Studioaufbau des ZDF deutet darauf hin, dass der TV-Sender in den frühen Wahlsendungen sowohl den Anspruch verfolgte, durch Informationen und Kommentare zu orientieren, als auch Unterhaltung bieten wollte (vgl. Kap. 5.2.2.2). Seit 1983 waren die Wahlforscher durch ihre Präsenz im Zentralstudio für das ZDF von gestiegener Relevanz (vgl. Kap. 5.2.2.1).

1990 verfolgte RTL sowohl einen Unterhaltungsanspruch (Unterhaltungsbühne) als auch eine Vermittlerrolle von Informationen und Einordnungen (Bereich für Wahlforscher). Seit 1994 stand der Informationsanspruch im Sinne einer Chronistenpflicht an erster Stelle. Dies wird daran deutlich, dass es weder eine feste räumliche Einbindung der Wahlforscher noch der Unterhaltung im Wahlstudio gab. Im Gegenzug ist seitdem die Bedeutung des journalistischen Kommentators – direkt neben dem Moderator sitzend – gestiegen. Dies deutet auf eine Orientierungsfunktion hin (vgl. Kap. 5.2.3.2). An der Aufteilung der Studiobereiche bei den Sat.1-Wahlberichten ist erkennbar, dass insbesondere 1990 ein Unterhaltungsanspruch verfolgt wurde, während sich Sat.1 bei der Wahlabendberichterstattung in den übrigen Jahren mal mehr und mal weniger eine Chronistenpflicht auferlegte, in der es um Informationsvermittlung und Orientierung durch Einordnungen ging – neben dem Moderator waren weitere Experten präsent (vgl. Kap. 5.2.3.2). Hierbei fällt der vergleichsweise geringe Stellenwert der Wahlforschung auf (vgl. Kap. 5.2.2.1 u. 5.2.3.2).

6.4.2 Dekoration

Die Dekoration eines Fernsehstudios ist bestimmt durch Farben, Formen und Aufschriften sowie durch die Verwendung spezifischer Dekorationselemente. Neben der Gestaltung des zentralen Wahlstudios ist auch das Styling der Außenstellen (vgl. Kap. 5.2.1.3) für das Profil einer Wahlabendsondersendung relevant. Ob deren Aufmachung der Dekoration des zentralen Sendestudios ähnelt und so der Sendung einen einheitlichen Charakter verleiht, ist wesentlich für ein schnelles Wiedererkennen durch die Zuschauer und ein Beleg für Ritualisierung (vgl. Kap. 2.2.3.4). Ferner sind die vor Ort eingesetzten Dekorationselemente und aufgebauten Wahlstudios im Kleinformat ein Indikator für den Aufwand, den die einzelnen Fernsehanbieter am Wahlabend betreiben.

Die Dekoration der zentralen ARD-Wahlstudios ist von 1961 bis 2002 einem Wandel unterworfen, wobei einige Elemente über mehrere Jahre bzw. den gesamten Zeitraum hinweg eine gewisse Konstanz aufweisen und die Entwicklung insgesamt als kontinuierliche Bewegung hin zu einer bewusst einheitlichen Aufmachung[200] einzustufen ist. Die grafischen Darstellungen einzelner Wahlergebnisse gehörten bis 1976 zur Dekoration des zentralen Studios der ARD-Wahlabendberichterstattung (vgl. o. V. 1972a; o. V. 1969e). 1965 dienten außerdem erstmals Aufschriften der Dekoration. Seitdem waren der Begriff „Wahl" und die Jahresangabe stets Bestandteil der ARD-Studiodekoration und entsprachen seit der 1969er-Sendung dem im Vorspann abgebildeten Signet – ein Indiz für die Standardisierung formal-ästhetischer Elemente innerhalb einer Sendung. Hinzu kamen seit 1969 Aufschriften des Sendernamens und des ARD-Logos. Damit reagierte die ARD auf das ZDF-Design von 1965. 1969 waren zudem zahlreiche Abbildungen von Logos auch auf dem Boden des Studios zu sehen, die durch Totalen aus der Vogelperspektive gezeigt wurden – eine Neuerung, die ebenfalls als Reaktion auf das ZDF-Styling vier Jahre zuvor zu interpretieren ist. In der Wahlsendung 1969, die erstmals teilweise in Farbe ausgestrahlt wurde, waren weiterhin farbige Dekorationselemente zu erkennen: Seitdem ist eine überwiegend einheitliche Farbgestaltung der Dekoration im zentralen Wahlstudio der ARD zu erkennen. Wurde in den älteren Wahlabendberichten v. a. die Farbe Grün verwendet, so dominierte in den jüngeren Sendungen die Farbe Blau in verschiedenen Tönen (vgl. Protokoll CR TV/KR u. WR TV vom 13./14.1991: 10). 2002 wurde zudem Licht eingesetzt.

Hinsichtlich der Schaltorte kam 1972 erstmals eine Ähnlichkeit mit der Dekoration des zentralen Wahlstudios auf. Im infas-Studio in Bad Godesberg waren die Schreibtische vergleichbar gestaltet. Ähnliche Aufschriften wurden vier Jahre später abgebildet. In den 1980er Jahren wurden einige übliche Dekorationselemente zur Zierde der Außenstelle bei infas verwendet. Bei den Parteizentralen waren bis 1987 keine richtigen Studios aufgebaut. Vielmehr waren die Schauplätze der Schaltgespräche lediglich mit einzelnen Dekorationselementen bestückt. Diese ähnelten denjenigen, die im zentralen Wahlstudio der ARD eingesetzt waren. Die Außenstellen zur Berichterstattung über gleichzeitig stattfindende Landtagswahlen ähnelten dem zentralen Wahlstudio bereits 1983 sehr.

Die Dekoration des zentralen Wahlstudios und der Schaltstellen der ZDF-Wahlabendberichterstattung hat in den analysierten Jahrzehnten eine ähnliche Entwicklung durchlaufen wie bei der ARD. Die kontinuierliche Veränderung zielte dabei ebenso auf eine immer stärkere Vereinheitlichung ab. Nur setzte die auf ein einheitliches Profil abzielende Dekoration im zentralen Studio des ZDF vier Jahre eher ein als bei der ARD, indem die Sendungstitel und das ZDF-Logo schon seit 1965 der Gestaltung dienten. Bis 1976 kamen Dekorationselemente in unterschiedlicher Farbgestaltung zum Einsatz. 1983 wurde mit einer Art Plakatwand in blau-grau gearbeitet – diese Farbrichtung blieb bis einschließlich 1994 bei der Dekoration des zentralen ZDF-Wahlstudios dominierend. Ähnlich wie bei der ARD wurde auch beim ZDF 2002 zur Dekoration des zentralen Wahlstudios mit Licht gearbeitet.

Von 1969 bis 2002 wurden dabei konstant Abbildungen von Aufschriften eingesetzt. Verwendet wurden der „ZDF"-Schriftzug, das ZDF-Logo und der Sendetitel, wie er im Vorspann der jeweiligen Sendung präsentiert worden war (vgl. Kap. 6.3.1). Damit ist eine Einheitlichkeit der formal-ästhetischen Merkmale zu erkennen, und gleichzeitig ein Beleg für das Bemühen um Standardisierung gefunden. Einzelne Zubehörteile haben jedoch auch für geringe Unterschiede in der Dekoration des ZDF-Wahlstudios gesorgt: Zusätzliches

---

[200] Vgl. zu den Entscheidungen für ein einheitliches Studiodesign Protokoll StTVPG vom 08./09.02.1983: 7; Schriftwechsel, dokumentiert in der ARD Sachakte Koordinator Politik „Bundestagswahl 1980".

Gestaltungselement 1969 und 1972 war z. B. eine Uhr, die in die Dekorationswände eingelassen war. Seit 1994 wurde eine Uhr bzw. die Zeit auf der Leinwand gezeigt oder aber eingeblendet. In den Wahlberichten von 1983, 1990 und 1994 war darüber hinaus eine Deutschlandfahne abgebildet. Des Weiteren war der Boden des ZDF-Wahlstudios 1987 und 1990 sowie 2002 dekorativ in Szene gesetzt. Für die beiden Jahre 1987 und 1990 liegt die Interpretation nahe, dass das ZDF damit auf die Wahlberichterstattung der privaten Fernsehsender reagierte, die Ende der 1980er Jahre erstmalig Wahlsendungen brachten (vgl. Kap. 5.2.1.3). Zugleich zeigt diese Reaktion eine Parallele zu einer entsprechenden Antwort der ARD 1969 auf das Hinzukommen des ZDF.

Der Arbeitsbereich der vom ZDF engagierten Wahlforscher (vgl. Kap. 6.4.1) war sowohl im zentralen Wahlstudio als auch als Schaltstelle i. d. R. im gleichen Stil gestaltet wie das Zentralstudio. Die Unterhaltungsabschnitte wurden bis auf 1969 von einem Bereich des zentralen Wahlstudios aus präsentiert. Sie waren ebenso wie dieses gestaltet. In den ZDF-Sendungen der 1960er Jahre waren eigene Studios bzw. dekorative Elemente in den Parteizentralen und den Landtagen, die gleichzeitig gewählt wurden, nicht erkennbar. Seit den 1970er Jahren ist jedoch ein Trend zur Einrichtung spezieller Studios bzw. mit Dekorationswänden zu konstatieren. Beim ZDF war die 1983er-Wahlsendung die erste, in der bei den Parteien richtige Studios eingerichtet waren.

Auch bei den privaten TV-Anbietern zeigt sich in Bezug auf die Dekoration eine Wandlung. Die Veränderungen erfolgten dabei im Gegensatz zu den öffentlich-rechtlichen Sendern überwiegend sprunghaft, obgleich es auch wiederkehrendes Zubehör gab. Die Studios an den Außenstellen der RTL-Wahlsendungen ähnelten dem zentralen Wahlstudio in dessen Dekoration bis auf 2002 sehr. In Bezug auf das zentrale RTL-Wahlstudio wird der größte Entwicklungssprung beim Vergleich der 1990er- und der 1994er-Wahlsendung deutlich. Dies hängt offensichtlich mit der allgemeinen Atmosphäre zusammen (vgl. Kap. 5.2.1.3). Während 1990 noch aus einem Saal eines Hotels gesendet wurde, kamen die Wahlsendungen danach aus einem richtigen Studio. Dabei orientierte sich RTL 1994 an Wahlstudios englischer bzw. amerikanischer Sender. „Mit der großen Screen im Hintergrund, mit Menschen, die leicht versetzt im Hintergrund an Computern arbeiten [...]. Wir haben also so eine Art election-headquarter gebaut [...]." (Interview Kloeppel: 2; vgl. Mariott 2000: 134). Ein weiterer Entwicklungsschub ist zwischen 1994 und 1998 zu konstatieren. Seit 1998 wurden die Wahlberichte aus dem RTL-Nachrichtenstudio ausgestrahlt – was auf den geringeren Kostenaufwand zurückzuführen ist (vgl. Interview Kloeppel: 2 sowie Kap. 5.2.1.3). Kleine Veränderungen zeigen sich des Weiteren im Detail: Es wurden zwar in allen RTL-Wahlberichten dieselben Dekorationselemente eingesetzt, jedoch geschah dies auf unterschiedliche Art und Weise. Beispielsweise waren der Sendername und der Titel der Sendung 1990 noch an den Dekorationswänden angebracht. Seit 1994 kam nur noch das Sendungssignet als Dekoration zum Einsatz. Dieses wurde zudem lediglich auf einer Leinwand bzw. einem Flachbildschirm gezeigt.

Diskontinuitäten der Sat.1-Dekoration hängen wie bei RTL vorwiegend mit der allgemeinen Atmosphäre der zentralen Wahlstudios zusammen, die aufgrund der unterschiedlichen Örtlichkeiten stark differierte (vgl. Kap. 5.2.1.3). Kontinuierlich wurden hingegen dieselben Zubehörteile verwendet. Zur dekorativen Gestaltung dienten regelmäßig Abbildungen des „Sat.1"-Schriftzugs, des Senderlogos und des jeweiligen Sende-Signets (entsprechend des Signets, das auch im jeweiligen Vorspann gezeigt wurde; Indiz für Ritualisierung). Der Einsatz der Abbildungen variierte jedoch zwischen den einzelnen Sendungen.

Auch die Farben differierten. Waren die bis 1994 verwendeten Farben Grau und Beige, wurde es seit 1998 bunt: Orange kam ins Spiel. In dieser Farbe war auch der Arbeitsbereich der Sportmoderation gehalten, der im zentralen Studio platziert (vgl. Kap. 6.4.1) und in demselben Stil dekoriert war. 2002 dominierten Blau- und Rot-Orange-Töne das Design des zentralen Wahlstudios. Die Parteizentralen und die Landtage, von denen Sat.1 an Wahlabenden berichtete, verfügten i. d. R. über eigene Studios. Ihre Dekoration entsprach von 1990 bis 1998 überwiegend dem Styling des zentralen Wahlstudios. Im Jahr 2002 gab es an den Schaltstellen schließlich kein einziges speziell eingerichtetes Studio mehr. Damit zeigt sich, dass Sat.1 nicht mehr bereit war, den gleichen Aufwand für die Wahlabendberichterstattung zu betreiben wie die öffentlich-rechtlichen TV-Anstalten (vgl. Kap. 5.2.1.3) und deshalb auf Kosten eines nicht-standardisierten Profils auf die Einrichtung spezieller Sat.1-Studios verzichtete.

Beim Einsatz von Dekorationselementen in Wahlsendungen zu Bundestagswahlen ist *insgesamt* erkennbar: Alle analysierten TV-Sender benutzten dieselben Stilmittel (vgl. für ein ähnliches Ergebnis zur Dekoration von TV-Nachrichtenstudios Goertz 1996: 207). Deren Einsatz erfolgte senderspezifisch und variierte im Untersuchungszeitraum. Dabei wird deutlich, dass das Styling innerhalb einer Sendung üblicherweise konsequent umgesetzt wurde und auf Einheitlichkeit abzielte – ein Beleg für Ritualisierung (vgl. Kap. 2.2.3.4). Dies wird durch Aussagen, die in schriftlichen Unterlagen dokumentiert sind, unterstützt.[201] Gleichwohl ist festzustellen, dass Sat.1 – ebenso wie die drei übrigen TV-Sender – die dekorative Einbindung der Außenstellen zunächst forcierte, sie im Gegensatz dazu aber 2002 zurückfuhr. Dieser Befund legt den Schluss nahe, dass der Privatsender 2002 den Aufwand (vgl. Kap. 5.2.1.3) auf Kosten eines einheitlichen Profils verringerte. Ferner finden sich Hinweise darauf, dass Sprünge in der Entwicklung der dekorativen Gestaltung der zentralen Wahlstudios mit deren allgemeiner Atmosphäre in Verbindung gebracht werden können (vgl. Kap. 5.2.1.3). Schließlich ist bei den Zentralstudios der Wahlsendungen eine Entwicklung zu komplexerer Gestaltung im Zeitverlauf zu konstatieren (vgl. für einen äquivalenten Befund hinsichtlich politischer Magazine im Fernsehen Wegener 2001: 59). Ist für die älteren Wahlberichte eine spartanische Dekoration kennzeichnend, wurde die Gestaltung in jüngeren Wahlsendungen systematischer und umfassender.

6.5 Verhalten der Moderatoren: Kleidung, Präsentationsweise und Sprachstil

Ebenso wie Bildgestaltung und -bearbeitung (vgl. Kap. 6.3) und Studioausstattung (vgl. Kap. 6.4) tragen die journalistischen Akteure der Fernsehanbieter, die in den Wahlberichten vor der Kamera auftreten, zum formal-ästhetischen Profil einer Wahlsondersendung bei. Zum Beispiel gelten Moderatoren als wichtige Bezugspersonen für die Rezipienten, da sie durch stabile Rollenprofile, die neben bestimmten stets ähnlichen Tätigkeitsmerkmalen und Aufgaben (vgl. Kap. 5.2.3.1) auch ein spezifisches Verhalten, einen eigenen Sprachstil und typische Kleidungsgewohnheiten umfassen, und durch wiederholtes Auftreten bekannt und vertraut sind (vgl. Hickethier/Bleicher 1998: 372). Sie können zur Ritualisierung einer

---

[201] Vgl. Mitarbeiter-Handbuch Akte „Bundestagswahl 1987" Bestand Chefredakteur im Historischen Archiv des ZDF, Sig. 6/1146; interne Schriftwechsel, dokumentiert in Akte „Bundestagswahl 1983", Sig. 6/0649; Protokoll CR TV vom 18.01.1983: 2; Akte „Bundestagswahl 1980" Bestand Chefredakteur im Historischen Archiv des ZDF, Sig. 6/0692.

Sendung beitragen und so deren Wiedererkennungswert steigern (vgl. Kap. 2.2.3.4). Im folgenden Abschnitt wird das Verhalten der Moderatoren als relevante journalistische Akteure vor der Kamera näher betrachtet. Analysiert werden mehrere Aspekte: die *Kleidung*, die *Präsentationsweise* und der *Sprachstil*.[202]

Die Moderatoren der ARD-Wahlsendungen waren in den vier Jahrzehnten durchweg seriös und offiziell gekleidet (Indiz für Ritualisierung). Hierzu gab es – wie für einige Wahlberichte dokumentiert – offizielle Anweisungen. So wurden alle im Bild erscheinenden Mitarbeiter gebeten, „möglichst einen Anzug" (Akte „Bundestagswahl 1972. Gesamtdisposition" im Historischen Archiv des WDR, Sig. 385)[203] zu tragen. Daher trugen die Moderatoren fast durchgehend dunkelfarbige Anzüge in Kombination mit hellen Hemden und unterschiedlich gemusterten Krawatten – mit Ausnahme einer Phase: Ende der 1970er und Anfang der 1980er Jahre war die Kleidung der Moderatoren vergleichsweise farbenfroh. So hatte Friedrich Nowottny 1976 z. B. einen dunkelbraunen Anzug, ein hellrosa Hemd und dazu eine rot gemusterte Krawatte an. Auch die Moderatorinnen der ARD waren formell gekleidet: Sie trugen entweder Anzüge oder Kostüme in dezenten Farben.

Der Kleidung entsprechend war der Sprachstil der ARD-Moderatoren stets sachlich und nüchtern, was zu einem rituellen Charakter der ARD-Wahlberichte beiträgt (vgl. für ein ähnliches Ergebnis für TV-Nachrichten Hickethier/Bleicher 1998: 373). In den frühen Wahlsendungen sprachen sie vergleichsweise förmlich. So moderierte Kurt Mauch 1961 bspw. an: „Gestatten Sie nun, dass ich Ihnen zunächst meine Mitarbeiter vorstelle." Zum Teil wurde auch umständlich formuliert, wie 1969 als Dieter Gütt die Präsentation der Wahlforschungsresultate mit den Worten „Ergebnisse, die der Computer zu verschaffen sich vorgenommen hat" ankündigte. Erklärbar ist dies durch das Ablesen der Moderationen und durch die Verwendung von Schriftsprache, die sich gesprochen als steif und schlecht verständlich erweist (vgl. Rossié 2000: 7). 1976 bis 1983 sind die Moderationen der ARD-Wahlberichte im Vergleich zu den Vorjahren aufgelockerter. Zwei Gründe lassen sich dafür anführen: Erstens wurden sie in mündlicher Sprache frei vorgetragen. Zweitens lässt sich dies auf die Persönlichkeit des Moderators zurückführen, der in diesem Zeitraum die Moderationen der ARD-Wahlsendungen übernommen hat. Friedrich Nowottny wirkte relativ leger und v. a. in Gesprächen mit Alfred Biolek, dem Moderator der Unterhaltungsabschnitte (vgl. Kap. 6.2.3), unterhaltsam. Je weiter der Abend voranschritt, desto lockerer und alltagssprachlicher wurden ihre Dialoge. Zum Beispiel verdrehte Nowottny 1983 bei einer Abmoderation einer Unterhaltungseinspielung die Anfangsbuchstaben der Worte – ebenso wie es im Rahmen der Unterhaltung geschehen war. Dies ist als Hinweis auf Boulevardisierung (vgl. Kap. 2.2.3.4) zu deuten. Im Gegensatz dazu wirkten 1987 die Versuche, locker, unterhaltsam und witzig zu moderieren, gestelzt – etwa als Ernst Dieter Lueg zu einem Reporter bei der FDP überleitete und dabei einen Scherz machen wollte: „Die FDP steht gut im Saft, und ihr Chef auch, wie man sieht." Einen nicht gekünstelten Eindruck erzeugten hingegen die Moderationen von 1990 bis 2002: Die Sprache der Moderatoren war verständlich, sie sprachen natürlich und formulierten z. T. alltagssprachlich.

---

[202] Die Beschreibung und die Einschätzung des Verhaltens der Moderatoren erfolgt aus heutiger Perspektive. Die Sichtweisen haben sich im Laufe der Zeit jedoch wahrscheinlich gewandelt, so dass das, was aus heutiger Perspektive steif oder gestelzt wirkt, zum Sendezeitpunkt durchaus üblich gewesen und vom Publikum erwartet und goutiert worden sein kann (vgl. Kap. 4.2.1).

[203] Vgl. auch Akten „Dispositionen und Produktionsunterlagen Studio Bonn zu wichtigen innen- und außenpolitischen Ereignissen", Sig. 5381, 5382 u. 5383 im Historischen Archiv des WDR.

Im Verlauf des Untersuchungszeitraums wirkte die Präsentationsart der Moderatoren der ARD zwar durchgängig offiziell, aber zunehmend unverkrampft. Dies lässt sich u. a. auf die Einrichtung des zentralen Wahlstudios zurückführen, die sich mit der Zeit änderte. Standen den Moderatoren bis Mitte der 1980er Jahre ausschließlich Schreibtische zur Verfügung, waren seit 1987 Stehpulte aufgestellt, von denen aus moderiert wurde. Wegen der Einrichtung war der Bewegungs- und Gestikulierungsraum zunächst also eingeschränkt. Entsprechend wirkten die Moderationen bis 1976 eher steif – zumal einige der Moderatoren sich mit beiden Armen fest auf den Schreibtisch aufstützten oder aber ihren Blick starr nach unten gerichtet hielten. Ein Blickkontakt mit dem Zuschauer kam folglich kaum zustande, so dass eine Zuschauerbindung, die ein Moderator herstellen soll, nahezu nicht aufgebaut wurde. Von 1987 bis 2002 standen die ARD-Moderatoren bei ihren Ankündigungen und Überleitungen an einem Stehpult sowie an weiteren Örtlichkeiten des zentralen Wahlstudios. Seit 1994 wurden die ARD-Wahlsendungen auch moderiert, während der anchor durch das Studio ging. Dies trug dazu bei, dass die Moderationen natürlicher wirkten.

Ähnlich wie bei der ARD war auch beim ZDF die Kleidung der Moderatoren der Wahlsendungen über den gesamten Zeitraum hinweg seriös und formell. Auch dies lässt sich als Hinweis für eine Ritualisierung werten. Die Männer trugen Anzüge kombiniert mit Hemden und Krawatten. Die Frauen waren mit Anzügen und Blusen bzw. mit Kostümen, Röcken und Blusen oder Kleidern gekleidet. Während die Anzüge der Moderatoren in dezenten Farben gehalten waren, trugen die Frauen, die als Unterhaltungsmoderatorinnen auftraten, oft bunte und intensive Farben. Die ZDF-Moderatoren benutzten im Laufe der Zeit ebenfalls einen natürlicheren Sprachstil, der von einem schriftlichen Duktus zu einem eher gesprochenen tendierte. Auch ein Lächeln auf dem Gesicht der Moderatoren war seit den 1990er Jahren zu sehen, während die Moderationen bis dahin relativ ernst abliefen und einen formellen Eindruck machten. Gustav Trampe moderierte z. B. 1976: „Wir hoffen, dass wir darüber in dieser Stunde, also in 60 Minuten, Klarheit gewinnen. Wir hoffen, eine Garantie gibt es nicht." Im gesamten Zeitraum verwendeten die ZDF-Moderatoren dabei eine sachlich-nüchterne und auf Genauigkeit bedachte Sprache, wobei vereinzelt immer wieder versucht wurde, Humor zu planen – v. a. in den frühen Sendungen mit gekünstelter Wirkung. So sagte Moderator Rudolf Woller 1965 zu dem anwesenden Notar: „Bitte walten Sie Ihres Amtes, hoffentlich gehen die schönen Ergebnisse beim Aufreißen nicht kaputt." Darüber hinaus war der Ton v. a. bei Gesprächen, etwa zwischen dem für den Politikpart zuständigen und dem für den Unterhaltungsabschnitt verantwortlichen Moderator oder auch zwischen Politikmoderator und Zahlen-Präsentator, lockerer als in den üblichen An- und Abmoderationen der politischen Moderatoren. Es herrschte ein umgangssprachlicher Ton. Dies wird in den durchgeführten Experteninterviews bestätigt: „So nach dem Motto: Wie steht es denn jetzt? Wie Bundesliga-Konferenzschaltung. Ja, das ist der Ton. Aber, es ist uns schon immer bewusst, da wird über Politik geredet", beschreibt Steffen Seibert, seit 1999 Zahlen-Präsentator des ZDF, den Tonfall (Interview Seibert: 3).

Dass die gesamte Haltung der ZDF-Moderatoren mit der Zeit unverkrampfter geworden ist, lässt sich auch an der Präsentationsweise ablesen, die im Zusammenhang mit den Studiogegebenheiten steht. Wesentlichen Einfluss auf den Moderationsstil haben die Sitz- bzw. Stehmöglichkeiten. So wurde 1965 beim ZDF fast ausschließlich gesessen. 1969 lief die komplette Moderation sitzend ab. Der Eindruck einer angespannten Haltung wurde dadurch verschärft, dass Moderator von Hagen weniger in die Kamera als vielmehr auf die Papiere, die vor ihm auf dem Schreibtisch lagen, blickte. 1972 machte Moderator Woller einen vergleichsweise unverkrampften Eindruck: Er begrüßte die Zuschauer halb auf einem Schreibtisch sitzend und führte die Interviews, die ihm vorbehalten waren, im Stehen. 1976 war die Präsentation durch den Moderator eine Mischung aus Sitzen und Stehen, wobei das Sitzen den größeren Anteil einnahm und Moderator Trampe, wenn er stehend moderierte, dies beinahe unbeweglich tat. Auch 1983 wechselte der Moderator oftmals von der sitzenden in die stehende Position, etwa bei Interviews an einem zusätzlichen für Gespräche aufgebauten Stehpult. Bis zu diesem Zeitpunkt standen den Moderatoren und Zahlen-Präsentatoren des ZDF keine Stehpulte zur Verfügung, sondern nur Schreibtische. Lediglich die Unterhaltungsmoderatoren verfügten über Stehtische. Seit 1987 war ein solches Stehpult auch für den Moderator der Sendung aufgebaut. Allerdings wirkten die ZDF-Moderatoren bis 1994 steif. Etwas natürlicher als seine Vorgänger erschien Thomas Bellut 1998 und 2002, was darauf zurückzuführen ist, dass er sich nicht mit den Händen am Pult festhielt, sondern damit gestikulierte. Des Weiteren moderierte Bellut auch im Gehen. Bis dahin war dies eher unüblich.

Der Kleidungsstil der RTL-Moderatoren hob sich nur in einem Fall von dem der Kollegen der ARD und des ZDF ab: Als Hans Meiser 1990 einen bordeauxroten Anzug trug. Bis auf diese Ausnahme waren die Anzüge der RTL-Moderatoren immer in dezenten Tönen gehalten. Eine sachlich-nüchterne Sprache bestimmte auch die Moderationen von RTL, obgleich eine Tendenz zu betonter Lockerheit auffällt. Zum Beispiel verwendete Peter Kloeppel in allen Wahlberichten, die er moderierte (von 1994 bis 2002), gern Wortspiele, wie etwa 1994 bei der Thematisierung der Außenstellen: „Die Reporter in den Parteizentralen stehen Mikrofon bei Fuß." Dezidiert ernst und sachlich blieb Kloeppel hingegen bei der Veröffentlichung von Wahlergebnissen und -analysen sowie Gesprächen mit den publizistischen Experten im Studio. Darüber hinaus wird bei RTL ein Trend zur Moderation im Sitzen deutlich. Lediglich 1990 wurde ausschließlich im Stehen bzw. im Gehen moderiert. Seit 1994 wechselte Kloeppel Moderationen im Sitzen und im Stehen bzw. Gehen. Die jeweiligen Moderationsstile waren dabei mit einer spezifischen Thematik verbunden: So moderierte Kloeppel i. d. R. im Gehen, wenn er auf dem Weg ins virtuelle Studio zur Präsentation der Wahlforschungsergebnisse war, bei der er dann stand. Im Sitzen begrüßte er normalerweise, leitete zu Beiträgen und Außenstellen über und führte Gespräche mit dem neben ihm sitzenden Experten.

Die Moderatoren von Sat.1 waren ebenfalls formell und auf Seriosität bedacht ausgestattet. Abweichend erscheint allein der ausgeprägte Einsatz von auffallenden Farben. So trug Sat.1-Moderatorin Marina Ruperti 1987 z. B. eine leuchtend blaue Bluse unter ihrem schwarzen Blazer. Draeger war drei Jahre später mit einem Anzug in hellem Bordeauxrot bekleidet. 2002 trug Sat.1-Ankerfrau Astrid Frohloff einen strahlend roten Anzug sowie ein rotes Shirt. Die Sprache der Sat.1-Moderatoren war im gesamten Untersuchungszeitraum sachlich-nüchtern. Teilweise war der Tonfall jedoch lockerer als bei ARD und ZDF. Dies war etwa 1990 der Fall, als Moderator Udo Philipp zu seinem Kollegen Armin Halle übergab, indem er sagte: „Mein Kollege Armin Halle, der steht an der Bar und isst schon wieder. Armin, was gibt es denn?" (Indiz für Boulevardisierung; vgl. Kap. 2.2.3.4) Auch 1998 bei der Übergabe des Moderators Ulrich Meyer an die Sportmoderatorin, die ebenfalls im zentralen Wahlstudio vor Ort war (vgl. Kap. 6.4.1), wird ein Plauderton deutlich: „Gabi, wir haben klare Sieger in der Politik, aber wir haben Kopf-an-Kopf-Rennen in der Formel 1." Obwohl die Sat.1-Moderatorin 2002 erstmals sitzend moderierte, blieb der Stil der Moderation unverkrampft. Allerdings war die Präsentationsweise nicht so leger wie 1990, als zu großen Teilen aus einer Hotellobby gesendet wurde (vgl. Kap. 5.2.1.3) und die Moderatoren z. T. an der Bar oder am Klavier stehend durch die Sendung führten. Bis auf diese Ausnahme wirkte die Moderation der Sat.1-Wahlberichte immer nachrichtlich.

Hinsichtlich des Verhaltens der Moderatoren lässt sich *insgesamt* festhalten: Die Moderatoren der Wahlabendsendungen zu Bundestagswahlen waren bei den untersuchten Fernsehsendern i. d. R. formell und seriös gekleidet, was auf eine Ritualisierung hindeutet (vgl. Kap. 2.2.3.4) und auf den journalistischen Anspruch, sachlich und möglichst objektiv zu berichten, zurückzuführen ist (vgl. Kap. 5.2.3.1). Unterschiede zwischen öffentlich-rechtlichen und privaten TV-Anbietern zeigten sich nur bei der Verwendung der Farben. Während die Moderatoren bei ARD und ZDF meist unaufdringliche Farben trugen, war die Kleidung der Moderatoren von RTL und Sat.1 zu einigen Zeitpunkten auffallend farbenfroh und intensiv. In Bezug auf den Sprachstil sind die Moderatoren aller vier Sender im Untersuchungszeitraum ausnahmslos auf sachliche Darstellung und Genauigkeit bedacht. Auch hier wird der Einfluss des journalistischen Anspruchs deutlich. Dies ist zudem als Indiz für eine Ritualisierung einzustufen. Dabei wird jedoch deutlich, dass die Moderatoren der Privatsender vergleichsweise locker moderierten und natürlich agierten, indem sie z. B. auch hinter den Schreibtischen sitzend gestikulierten. Für ARD und ZDF ist festzustellen, dass die Moderationen mit der Zeit unverkrampfter wurden (vgl. für einen ähnlichen Befund bei politischen Fernsehmagazinen Wegener 2001: 58 f.). Ein Plauderton ist eher bei den Privaten beobachtbar (Indiz für Boulevardisierung; vgl. Kap. 2.2.3.4). Damit werden in den Wahlabendsondersendungen Veränderungen des Sprachstils in Richtung einer szenischen Dialogstruktur deutlich, die auch für Nachrichtensendungen im Fernsehen festgestellt wurden (vgl. Hickethier/Bleicher 1998: 372). Bei den Öffentlich-Rechtlichen sind Ansätze eines legeren Tonfalls erkennbar. Während bei den öffentlich-rechtlichen TV-Sendern des Weiteren eine Tendenz hin zu Moderationen im Stehen zu erkennen ist, verläuft der Trend bei den privaten Fernsehanbietern genau umgekehrt. In jüngeren Wahlsendungen wird darüber hinaus deutlich, dass die Moderatoren immer häufiger durch das Studio gehen. Indem auf diese Weise Ortswechsel vor laufender Kamera vollzogen werden, wird der Ablauf des Wahlberichts dynamisiert (vgl. für einen vergleichbaren Wandel bei Moderationen in politischen TV-Magazinen Wegener 2001: 58 f.). Dies lässt sich als Beleg für ausgeprägte Inszenierung einstufen (vgl. Kap. 2.2.3.4).

6.6 Einbindung von Wahlforschungsergebnissen

Konstitutiver Bestandteil der Wahlabendsendungen zu Bundestagswahlen im deutschen TV ist die Bekanntgabe von Wahlergebnissen (vgl. Kap. 6.2.2). Ihre Einbindung ist prägend für den formal-ästhetischen Charakter der Wahlberichte. Resultate des Wahlgangs wurden in Wahlberichten in den untersuchten vier Jahrzehnten u. a. als Prognose, Schätzung, Trend, Hochrechnung und Auszählung präsentiert (vgl. Kap. 6.2.2). An dieser Stelle steht die Prognose im Zentrum, da ihr mittlerweile eine enorme Wichtigkeit beigemessen wird, weil mit ihrer Veröffentlichung das Ergebnis der Wahl im Prinzip bekannt und der Spannungsbogen damit weitgehend an seinem Ende ist (vgl. Kap. 5.2.3.1).

Die Prognose-Veröffentlichung der ARD 1961 erscheint nur wenig inszeniert (vgl. Kap. 2.2.3.4). Eine Ankündigung fand nicht statt. Es wurde, als der Zeitpunkt der Bekanntgabe der Zahlen gekommen war, zum Reporter geschaltet, der mit drei Meinungsforschern in einer Sitzecke saß, diese vorstellte und ihnen das Wort übergab. Bevor die Prognose verkündet wurde, thematisierten alle Demoskopen ausführlich, dass es im Verlauf des Jahres wegen des gesellschaftlichen Schlüsselereignisses „Mauerbau" immense Veränderungen der Stimmung bei den Bundesbürgern gegeben habe und darum eine Prognose sehr schwierig sei. Die Bekanntgabe der Resultate erfolgte mündlich, und bei Elisabeth Noelle-Neumann (IfD) visuell unterstützt – mit einer vorbereiteten Pappgrafik (vgl. Kap. 6.3.3).

Bereits 1965 veränderte sich der Habitus der ARD hinsichtlich der Bekanntgabe der Prognose merklich – erklärbar ist dieser Wandel durch das erstmalige Senden eines Wahlabendberichts des Konkurrenten ZDF (vgl. Kap. 5.1 u. 5.2.1.3): Bereits in der ersten Moderation wies anchor Gütt auf die Wahlforschung der ARD und deren Schnelligkeit hin, die bis heute als Gütekriterium der Arbeit der Wahlforscher gilt (vgl. Kap. 5.2.2.1):

> „Wir werden Ihnen laufend, und zwar schon in wenigen Minuten, die geschätzte Voraussage des Endergebnisses geben können. [...] Wir zeigen die Wahlkreise in Städten und Ländern. Und Sie werden dort umgehend erfahren, wer dort in direkter Wahl die Mehrheit der Stimmen erhielt." (Gütt in der ARD-Wahlsendung 1965)

Nach einer Schalte zum Nachrichtendienst der „Tagesschau" erfolgte ein weiterer Hinweis auf die erste Vorausberechnung von infas. Daneben wurden weitere Prognosen vorgelesen: u. a. von Emnid, Divo und IfD. In den folgenden Wahljahren wurde die Prognose weiterhin regelmäßig angekündigt und in ähnlicher Weise vorgestellt wie 1965. Dazu gehörte auch ein Hinweis auf die methodische Konzeption der Umfrage, die 1976 eine Besonderheit aufwies: Damals wurde sie erstmals nicht vor dem Wahltag durchgeführt, sondern ausgewählte Bundesbürger wurden nach der Stimmabgabe am Wahltag selbst befragt (vgl. 5.2.2.1). Die Einmaligkeit dieser Umfragemethode wurde in der Anmoderation explizit hervorgehoben – und lässt sich abermals durch die Wettbewerbssituation zwischen ARD und ZDF erklären (vgl. Kap. 5.2 u. 5.2.1.3), auf die ebenfalls hingewiesen wurde:

> „Die ARD versucht das Wahlergebnis vorauszusagen, meine Damen und Herren. [Im Unterschied zur Konkurrenz; K.W.] geben wir keine Prognose, die auf Meinungsumfragen vor der Wahl beruht, Umfragen, die in der Regel etliche Tage vor der Wahl abgeschlossen wurden. Wir haben die Wähler nach ihrer Stimmabgabe gefragt, eine Nachfrage durchgeführt und ein Verfahren angewandt, das in Amerika [...] mit Erfolg angewandt wurde." (Merseburger in der ARD-Wahlsendung 1976)

Präsentiert wurde die Nachfrage (vgl. Kap. 5.2.2.1) an einer Stehtafel, an der die Resultate mit einem Stift per Hand eingetragen wurden. Dies sollte vermutlich Neugier erzeugen, da die Zahlen nicht in ihrer Gesamtheit zu sehen waren, sondern nacheinander visualisiert wurden, und damit eine Form von Inszenierung und Dramatisierung darstellen. In den folgenden Wahljahren wurde im Gegensatz dazu weniger die Bekanntgabe der Prognose inszeniert, als vielmehr zunächst Spannung aufgebaut, indem die Ankündigung der Prognose immer häufiger eingesetzt wurde. Seit 1980 gab es bereits in der ersten Moderation Hinweise auf die Prognose, deren Veröffentlichung und die Schnelligkeit der Wahlforschung:

> „Na, wer sagt es denn, der Wahlkampf ging vorüber, in zweieinhalb Minuten ist es der Wahltag selbst auch. Jetzt geht es nur noch um Ergebnisse, ein wenig Analysen gehören zu diesen Ergebnissen und Kommentare auch." (Nowottny in der ARD-Wahlsendung 1980)

Eine Steigerung des Inszenierungsgrads ist 1983 festzustellen, als der damalige ARD-Zahlen-Präsentator, Siefarth, erstmals bis zur Bekanntgabe der Prognose herunter zählte: „Der Countdown ist abgelaufen, die Wahllokale sind geschlossen, infas gibt eine Prognose über den Ausgang dieser zehnten Bundestagswahl. Hier ist die Prognose." Dieses Rückwärtszählen der Zeit bis zur Prognose-Veröffentlichung wurde seit 1983 zum regelmäßig eingesetzten Instrument der Zahlen-Präsentatoren und Moderatoren der ARD und ist mit Blick auf die audiovisuelle Leitmotivik als Beleg für Boulevardisierung (vgl. Kap. 2.2.3.4) einzustufen. Darüber hinaus ließen sie sich weitere Formulierungen einfallen, die die Spannung aufrechterhalten und ggf. erhöhen sollten. So wurde seit 1987 ausdrücklich auf eine Bekanntgabe der Resultate um „Punkt 18 Uhr" hingewiesen, wohingegen es bis dato lediglich hieß, dass die Zahlen publiziert würden, sobald die Wahllokale geschlossen hätten. Drei Jahre später wurden zusätzlich die guten Leistungen der infas-Wahlforscher sowie die Genauigkeit der von ihnen erarbeiteten Zahlen hervorgehoben:

> „Ich bin sicher, in den Parteizentralen gehen jetzt die Adrenalin-Spiegel hoch, denn um 18 Uhr, in wenigen Minuten, schließen die Wahllokale – im gleichen Augenblick wird die ARD den Ausgang dieser Wahl vorhersagen. Ulrich Deppendorf und das Top-Team von infas werden das besorgen. Nach den letzten [Wahlen; K.W.] werden sie mit ihren Prognosen dem Endergebnis sehr nahe kommen." (Pleitgen in der ARD-Wahlsendung 1990)

Gleichzeitig mit dem früheren Sendebeginn der Wahlberichte (vgl. Kap. 6.1.2) wurden auch die Hinweise auf die Veröffentlichung der Prognose immer früher und immer häufiger gesendet, wie erstmals 1994. ARD-Moderator Ulrich Wickert wies mehrmals auf die Prognose hin: „Der Countdown läuft. Noch zehn Minuten etwa.", „Wir haben jetzt noch genau 30 Sekunden, der Countdown läuft. Es wird also immer spannender." sowie „So wir haben jetzt noch 5 Sekunden, der Countdown läuft, vier, drei, zwei, eins, bitte die Prognose Ulrich Deppendorf." Eine ständig wiederholte Ankündigung ist auch für die Wahlberichte 1998 und 2002 typisch. Bei den Ankündigungen der Prognose wurde in der ARD außerdem immer wieder das Bild vom Sieger und Verlierer bemüht sowie ein Wettlauf zwischen den Parteien und Kandidaten, das so genannte „horse race", thematisiert.

In der ZDF-Wahlsendung 1965 wurden drei Prognosen verkündet: von den Meinungsforschungsinstituten Divo, Emnid und IfD (vgl. Brettschneider 2000: 480 sowie Kap. 5.2.2.1). Die Divo-Prognose wurde vom Wahlforscher Wildenmann lediglich verlesen. Die Bekanntgabe der Prognosen vom IfD und von Emnid fielen aufwändiger aus. Ein Notar öffnete die Prognose-Umschläge: „Ich habe Kuverts versiegelt, bis jetzt sind sie unversehrt." Er übergab dann den Inhalt der Umschläge, der anschließend vorgestellt und dabei an einer Stehtafel visualisiert wurde. Noch stärker inszeniert war die Bekanntgabe der Prognose-Zahlen 1969. Dies wird an dem komplett transkribierten Dialog zwischen einem Notar sowie dem damaligen ZDF-Zahlen-Präsentator, Karlheinz Rudolph, deutlich:

> Notar: „Mir ist gestern, am 27. September in meiner Notariatskanzlei vom Institut für Demoskopie in Allensbach ein verschlossener Umschlag mit der Bitte übergeben worden, diesen verschlossenen, versiegelten Umschlag in notarielle, amtliche Verwahrung zu nehmen. Dieser Bitte bin ich nachgekommen. In dem Umschlag befindet sich eine Prognose über den Ausgang der Wahl zum Bundestag 1969. Ich bin weiter gebeten worden, den Umschlag heute hier zu öffnen und den Umschlag und den Inhalt des Umschlags, also die Prognose vom Institut, Ihnen Herr Rudolph, zur Veröffentlichung zu übergeben."
>
> Rudolph [genervt; K.W.]: „Ja."
>
> Notar: „Ich komme dieser Bitte hiermit nach und öffne zunächst mein Notariatsprotokoll [Dabei hantiert er mit einem Taschenmesser und versucht, damit den Umschlag zu öffnen; K.W.]
>
> Rudolph: „Geht schwer auf – gut gesiegelt Herr Doktor."
>
> Notar: „Ja, gut gesiegelt, immer so. Darin befindet sich mein notarielles Protokoll und der ebenfalls versiegelte Umschlag [er hält diesen hoch und öffnet ihn dann; K.W.]
>
> Rudolph: „So, und wir warten gespannt auf die Zahlen, die da drin stehen."

Notar: „Ich bin ebenso gespannt auf diese Zahlen, die in diesem Umschlag enthalten sind."

Rudolph: „Danke schön Herr Doktor."

Notar: „Das ist die Prognose von dem Institut [und übergibt den Zettel an Rudolph; K.W.]."

Insgesamt dauerte dieses Gespräch, das der eigentlichen Präsentation der Prognose-Ergebnisse vorweg ging, gut zwei Minuten. Dies ist an sich nicht lang, es entsteht jedoch der Eindruck – zumindest aus heutiger Sicht – als habe der Dialog Längen. Erklärbar ist dies durch die Verwendung von formalen und offiziellen Sprachelementen. Eine Rolle spielt dabei auch, dass während des gesamten Dialogs nur eine einzige Kameraeinstellung vorherrschte, sich also durch den fehlenden Perspektivenwechsel, eine mangelnde Veränderung der Größeneinstellungen bzw. ohne Schnitte keine Dynamik entwickeln konnte. Die Inszenierung fand 1969 also eher auf sprachlicher Ebene zwischen den Dialogpartnern statt – weniger auf Ebene fernseh-ästhetischer Mittel (vgl. Kap. 8).

Im ZDF-Wahlbericht 1972 wies die Bekanntgabe der Prognose im Gegensatz zu den 1960er Jahren einen geringeren Inszenierungsgrad auf. So wurde in einem Gespräch zwischen Moderator Woller und Wahlforscher Werner Kaltefleiter lediglich die Schwierigkeit thematisiert, die das damalige Wahlgeschehen den Demoskopen bereitete. In diesem Kontext erklärte Wildenmann ebenfalls nur Trends. Keine der beiden Prognosen wurde visualisiert. 1976 erhielt die Visualisierung der Prognose wieder eine stärkere Bedeutung – sie wurde in Form einer Grafik, die auf Pappe angebracht war (vgl. Kap. 6.3.3), präsentiert. Der gesamte Inszenierungsrahmen entsprach jedoch dem des 1972er-Wahlberichts.

Ähnlich wie bei der ARD zeichnet sich auch in den ZDF-Wahlsendungen seit den 1980er Jahren eine Entwicklung ab, nach der weniger die Bekanntgabe der Prognose-Ergebnisse selbst inszeniert wurde, als vielmehr ihre Ankündigung. So wies 1983 bspw. eine Ansagerin bereits vor der eigentlichen ZDF-Wahlabendsendung auf die Prognose hin. Dies mag daran liegen, dass die ARD drei Jahre zuvor damit begonnen hatte, bereits in der ersten Moderation darauf hinzuweisen und das ZDF so reagierte. Üblicherweise wurde seit dieser Bundestagswahl in der Moderation zu Beginn des jeweiligen ZDF-Wahlberichts ein Hinweis auf die Prognose-Zahlen zur Schließung der Wahllokale gegeben.

In der ZDF-Wahlsendung 1987 wurde die Prognose der FGW genau um 18 Uhr öffentlich gemacht – so wie es bis 2002 üblich war. Seitdem wurde die Prognose stärker inszeniert. Etwa drei Minuten vor 18 Uhr gab Moderator Klaus Bresser den ersten Hinweis darauf: „Um Punkt 18 Uhr möchten wir von hier aus die Prognose des Wahlausgangs versuchen." Nach den anschließenden Nachrichten meldete sich der Moderator wieder: „Noch eine knappe Minute bis zur Schließung der Wahllokale. […] Der Gong wird gleich Punkt 18 Uhr anzeigen, dass wir die Prognose bringen." Dies war der erste Einsatz des Gongs bei einer Bundestagswahlsendung (Hinweis auf Boulevardisierung; vgl. Kap. 2.2.3.4). Nach wie vor kündigte 2002 ein Gongschlag die Prognose im ZDF an. Im Gegensatz zur ARD brachte das ZDF 1987 jedoch noch kein Herunterzählen der Zeit. Dies wurde im ZDF erst ab 1994 begonnen. Darüber hinaus gab es 1994 weitere Neuerungen, die das ZDF einsetzte, um auf die eigene Prognose aufmerksam zu machen: Erstens kündigten beinahe alle Reporter, die vor 18 Uhr geschaltet wurden, die Prognose an. Zweitens kam ein blinkendes Insert mit der Aufschrift „Punkt 18.00 Uhr – Prognose" zum Einsatz. Dies ist mit Blick auf die audiovisuelle Leitmotivik ebenfalls ein Indiz für gestiegene Boulevardisierung. Drittens wurde eine Uhr in die Inszenierung eingebunden, indem sie auf der Leinwand eingeblendet wurde und ZDF-Moderatorin Barbara Friedrichs sagte: „Ich schaue mal auf unsere Studio-

Uhr." Es folgten die Countdown-Zählung, ebenfalls erstmals verwendet, und der Gong, der die Prognose einläutete. Diese Gestaltungsmittel – die Reporteransagen, das blinkende Insert, die Einbindung einer Uhr, der Countdown und der Gong – prägten seitdem die Prognose-Präsentation der ZDF-Wahlberichterstattung. In dieser Kombination fand bei den übrigen Sendern bis 1994 keine Inszenierung der Veröffentlichung der Prognose statt.

In den folgenden Wahljahren gab es beim ZDF eine Steigerung – in Bezug auf die ständige Wiederholung einzelner Gestaltungsmerkmale (1998) und auf eine verstärkte sprachliche Inszenierung (2002). So wurde 1998 z. B. die ein- und ausgeblendete Bauchbinde mit der Aufschrift „Punkt 18.00 Uhr PROGNOSE" insgesamt drei Mal eingesetzt. Um 17.58 Uhr erschien auf der gesamten Leinwand hinter dem ZDF-Moderator Bellut eine Uhr. Dieser sagte: „Ja, ich gucke wieder auf die Uhr, es sind noch genau zwei Minuten bis zur Prognose. Jetzt bleiben wir im Studio, alles andere wäre mir viel zu riskant. Denn wir wollen Punkt 18 Uhr natürlich unsere Prognose bringen." Eine Minute vor diesem Zeitpunkt wurde eine kleine Uhr unten rechts eingeblendet. Bellut sagte: „40 Sekunden haben wir noch." Und 20 Sekunden vor 18 Uhr: „Also jetzt gucke ich auf die Uhr, wir wollen es nicht verpassen. Zehn Sekunden. Wir sind ganz gespannt auf dieses Ergebnis." Zusätzlich wurde 1998 wenige Sekunden vor 18 Uhr eine Grafik eingeblendet, so dass der Moderator nicht mehr im Bild zu sehen war. Fünf Sekunden vor 18 Uhr startete der Countdown, der Moderator zählte von Fünf auf Null herunter, der Gong ertönte und ein Tortendiagramm baute sich auf. Im Prinzip änderte sich an dieser Inszenierungsstrategie auch zur Bundestagswahl 2002 nichts, einzige Neuerung war der beständige verbale Hinweis des ZDF-Moderators auf die gute und zuverlässige Arbeit des kooperierenden Wahlforschungsinstituts. Er wies mehrfach gleich zu Beginn der schon vor 17 Uhr gestarteten Wahlsendung (vgl. Kap. 6.1.2) darauf hin, dass die FGW an der Prognose arbeite.

Bei den RTL-Wahlberichten zeigt sich, dass die Bekanntgabe der Prognose wiederholt angekündigt wurde – auffallend häufig 2002. Dies lässt sich mit Verweis auf den längeren Vorlauf erklären, der wegen des frühen Sendebeginns schon vor 17 Uhr gefüllt werden musste (vgl. Kap. 6.1.2). Darüber hinaus stechen zwei Wahlsendungen in Bezug auf eine Inszenierung der Prognose-Darstellung hervor: 1990 Jahr zählte RTL-Moderator Meiser einen Countdown – in Umsetzung der ARD-Gewohnheit – und ergänzte dieses Stilmittel durch ein gesprochenes „Ding-Dong" – in Anlehnung an den im ZDF üblichen Gong:

> „Ja, es ist eine Prognose, kurz vor 18 Uhr ist es, noch fünf Sekunden, vier, drei, zwei, eins, 18 Uhr – Ding-Dong – die Wahllokale sind geschlossen und Manfred Güllner vom Dortmunder forsa-Institut mit der ersten Prognose [...]." (Meiser in der RTL-Wahlsendung 1990)

2002 wurde ebenfalls auf bei der ARD und beim ZDF übliche Inszenierungselemente angespielt. Kloeppel moderierte: „Wir klingeln unsere Glocke, die wir nicht in der Hand haben. Aber wir können sagen, der Countdown zur Wahl beginnt."

Sat.1 inszenierte die Präsentation der Prognose im Untersuchungszeitraum kaum. Dies hängt offensichtlich damit zusammen, dass sich der Privatsender bis auf 1990 und 2002 ausschließlich auf Resultate der von den öffentlich-rechtlichen Anstalten beauftragten Meinungsforschungsinstitute stützte (vgl. Kap. 5.2.1.3 u. 5.2.2.1). Sogar in diesen Jahren erscheint die Inszenierung der Prognose-Bekanntgabe vergleichsweise schwach. 1990 wurde die Prognose-Präsentation lediglich durch eine normale Moderation angekündigt. Die Prognose selbst wurde mündlich vorgetragen. Damit ist der Inszenierungsgrad sogar niedriger als 1994 und 1998. Während 1994 und 1998 in mehreren Moderationen auf die Veröffentlichung der Prognose hingewiesen wurde, wurden 1998 außerdem Elemente angedeutet, die von ARD (Countdown) und ZDF (Uhr) zur Ankündigung der Prognose-Veröffentlichung eingeführt worden waren. Zudem wurde 1998 eine Alternative gewählt, die eine Schalte zu den Zentralen von CDU und SPD beinhaltete. Deren Besonderheit stellte Sat.1-Moderator Meyer heraus: „Das gibt es zum ersten Mal im deutschen Fernsehen, meine Damen und Herren, wir geben hinüber in die Parteizentralen. […] Bei der SPD scheint man sich zu freuen." Es folgte das Bild eines Sat.1-Reporters bei der SPD-Wahlfeier: „Die Prognosen bestätigen, was die Umfragen der letzten Wochen ergeben haben: Die SPD wird ganz deutlich über 40 Prozent landen und die Union ganz deutlich unter 40 Prozent." (Legowski in der Sat.1-Wahlsendung 1998) Nachdem wieder zurück ins Wahlstudio gegeben worden war, präsentierte der Moderator die Ergebnisse der Wahlforschungsinstitute von ARD und ZDF. 2002 kooperierte Sat.1 mit RTL und beauftragte forsa, Wahlergebnisse zu prognostizieren und hochzurechnen. Die Ankündigung der Prognose fiel 2002 entsprechend inszenierter aus als zuvor. Die Prognose wurde häufiger angekündigt und das eigene Institut hervorgehoben. Dies ist auch erklärbar durch die längere zu überbrückende Sendedauer vor 18 Uhr, da die Sendung bereits vor 17 Uhr startete (vgl. Kap. 6.1.2). Außerdem war erstmals die Bekanntgabe um „Punkt 18 Uhr" von Belang, da dies bis dato nicht möglich war.

Resümierend lässt sich bezüglich der Ankündigung und der Bekanntgabe der Prognose in Wahlabendsendungen im deutschen Fernsehen festhalten: Die ARD setzte die Ankündigung und die Präsentation der Prognose seit 1965 bis einschließlich 2002 erkennbar in Szene. Im Untersuchungszeitraum kamen dabei einige Elemente, wie etwa der Countdown, dazu, folglich ist der Grad der Inszenierung in den jüngeren Wahlsendungen größer als in den älteren. Gleichzeitig lässt sich ein Zusammenhang mit der Konkurrenzsituation zwischen ARD und ZDF und mit der Veränderung der Rundfunksituation in den 1980er Jahren erkennen (vgl. Kap. 5.1 u. 5.2.1.3). Gerade zu diesen Zeitpunkten wurden neue Elemente zur Inszenierung rund um die Prognose-Präsentation eingeführt. Des Weiteren ist ein Trend zur Visualisierung feststellbar, der allerdings schon 1961 mit der Prognose-Veröffentlichung in Form einer Grafik eingesetzt hat. Der Grad der Visualisierung ist aufgrund der gestiegenen technischen Möglichkeiten in den jüngeren Sendungen jedoch höher (vgl. Kap. 6.3.3). Beim ZDF waren Sendungen zu den Bundestagswahlen 1998 und 2002 mit Abstand die am stärksten inszenierten. Rund um die Prognose sind in diesen Wahljahren sehr viele Gestaltungselemente – und zwar in größerer Anzahl und in wiederholtem Maß – arrangiert worden, um Aufmerksamkeit und Spannung zu erzeugen. Des Weiteren spielten gerade in den jüngeren ZDF-Wahlsendungen Rituale eine Rolle – so z. B. der Gong. Außerdem wurde die Bekanntgabe der Prognose 1998 und 2002 visuell deutlich unterstützt. Im Vergleich zur ARD zeichnet sich ab, dass bis Mitte der 1980er Jahre die ARD die Prognose etwas stärker in Szene setzte und für Neuerungen verantwortlich war, dann aber das ZDF diesbezüglich aufholte und ab 1987 immer wieder Innovationen einbrachte. Dies lässt ein Konkurrenzbewusstsein zunächst zwischen den öffentlich-rechtlichen und schließlich auch zu den privaten Fernsehsendern deutlich werden (vgl. Kap. 5.1 u. 5.2.1.3).

Die Entwicklung bei RTL ist gekennzeichnet durch eine zu allen Messzeitpunkten ähnliche Inszenierung. Die Prognose wurde mehrfach angekündigt und durch einen Gang des Moderators durch das zentrale Wahlstudio zur virtuellen Präsentation eingeleitet. In zwei Sendungen wurde zudem explizit auf die bei ARD und ZDF üblichen Gestaltungsmittel angespielt. Bei Sat.1 waren die Ankündigung und die Bekanntgabe der Prognose im gesamten Untersuchungszeitraum dagegen kaum inszeniert. Dies hängt damit zusammen, dass Sat.1 sich i. d. R. der Zahlen von ARD und ZDF bediente und diese erst entsprechend später veröffentlichen konnte. Dennoch verwendet Sat.1 alternative Veröffentlichungsstrategien. Dies wiederum lässt sich als Hinweis auf ausgeprägte Inszenierung werten.

6.7 Zwischenfazit

In dem vorliegenden Kapitel sind sowohl die *formal-inhaltliche Struktur* als auch die *formal-ästhetische Gestaltung* der Wahlabendberichterstattung zu Bundestagswahlen im deutschen Fernsehen in ihrer *Entwicklung* nachgezeichnet worden. Bei der formal-inhaltlichen Struktur (vgl. Kap. 6.1 u. 6.2) sind spezifische Besonderheiten bei ARD, ZDF, RTL und Sat.1 erkennbar, die jedoch nicht allein auf die unterschiedliche Verwendung bestimmter Elemente zurückzuführen sind. Vielmehr liegen die Differenzen in den unterschiedlichen, auf Senderprofilierung ausgerichteten Konzeptionen begründet (vgl. Kap. 5.2.2). Auch hinsichtlich der formal-ästhetischen Präsentation (vgl. Kap. 6.3 bis 6.6.) sind die Wahlberichte der einzelnen Sender nicht durch den Einsatz verschiedener Mittel gekennzeichnet, sondern dadurch, dass alle vier TV-Anbieter zu den einzelnen Messzeitpunkten im Prinzip das gleiche Zubehör verwendeten. Die Differenzen sind daher größtenteils auf die je eigene Profilierung zurückzuführen. Jeder der Fernsehanbieter strebte ein eigenes Profil seiner Wahlabendsendung(en) an.

Im Einzelnen sind *folgende Ergebnisse* festzuhalten: Mit Blick auf die *Einbettung* der Wahlsendungen in das Gesamtprogramm (vgl. 6.1.1), die inhaltlichen *Bestandteile* (vgl. Kap. 6.2.2) und die *Unterbrechungen* (vgl. Kap. 6.2.3) der Wahlberichte ist zu konstatieren, dass der Wahlberichterstattung zu Bundestagswahlen seitens der öffentlich-rechtlichen Anstalten kontinuierlich eine hohe *Relevanz* beigemessen wurde. Demgegenüber ist die Bedeutung, die der journalistischen Thematisierung von Bundestagswahlen bei den Privatsendern zugekommen ist, schwankend.

Als *konstitutiver Bestandteil* der Wahlabendsondersendungen spielt im gesamten Untersuchungszeitraum und über Sendergrenzen hinweg die *Darstellung der Wahlergebnisse* eine wesentliche Rolle, die daran deutlich wird, dass andere Sendeelemente und -formate in allen Wahljahren für die Präsentation der Resultate unterbrochen wurden (vgl. Kap. 6.2.2). Aufgrund der Einbindung der Wahlergebnisse (vgl. Kap. 6.6) lässt sich gleichwohl feststellen, dass diesem Bestandteil *mit den Jahren eine noch höhere Bedeutung* beigemessen wurde als ihm ohnehin schon seit den ersten Wahlabendsonderberichten im deutschen Fernsehen zukam. Dieses Ergebnis wurde für alle vier TV-Sender festgestellt. Darüber hinaus kam den *Auftritten von Spitzenpolitikern* eine große Relevanz zu (vgl. Kap. 6.2.2).

Des Weiteren erweist sich das Gesamtprogramm der TV-Sender an Abenden von Bundestagswahlen zu allen Messzeitpunkten als *standardisiert* (vgl. Kap. 6.1.1) und damit *ritualisiert* (vgl. Kap. 2.2.3.4). Es wird geprägt durch eine Kombination aus etablierten, unterhaltungs- oder informationsorientierten Sendeformaten (gelegentlich als Spezialausgaben zur Wahl) und den für Wahlabende eingeführten Sendeformaten der Wahlabendsondersendungen, die in Haupt- und Spätausgaben ausgestrahlt wurden (vgl. für ein ähnliches Ergebnis an Abenden von Landtagswahlen Tennert/Stiehler 2001: 105 f.).

Was Inserts, Grafiken und Schaltgespräche anbelangt (vgl. Kap. 6.3.2 bis 6.3.4), ist dagegen zu erkennen, dass das Streben nach *Einheitlichkeit* und *Wiedererkennbarkeit* innerhalb der eigenen Wahlberichte bei allen vier TV-Anbietern zugenommen hat und der *Grad an Ritualisierung* (vgl. Kap. 2.2.3.4) im Verlauf der Jahre entsprechend stärker geworden ist. Auch die Ankündigung und die Bekanntgabe der Prognose erscheinen im Zeitverlauf stärker ritualisiert, was sich am standardisierten Einsatz verschiedener Inszenierungsmaßnahmen – etwa des Gongs und des Countdowns – gerade in den jüngeren Wahlsendungen ablesen lässt (vgl. Kap. 6.6). Indizien für eine zunehmende *senderspezifische Profilbildung* und damit mit der Zeit stärkere Ritualisierung sind auch bei der Studioausstattung zu konstatieren (vgl. Kap. 6.4). Hinweise hierfür liefert das konsequente Styling, das die vier TV-Sender insbesondere in den 1990er Jahren und 2002 betrieben haben, indem sie z. B. ihren Schriftzug, ihr Logo und/oder das jeweilige Sendesignet integrierten – etwa als ständiger Bestandteil der Studiodekoration (vgl. für einen ähnlichen Befund im Hinblick auf TV-Nachrichten Goertz 1996: 206 ff.). Es fällt jedoch auf, dass v. a. Sat.1 eine Sonderrolle bei der Gestaltung der Schaltorte spielt: 2002 hatte Sat.1 keine eigenen Studios mehr vor Ort eingerichtet und keine Dekorationselemente mehr aufgebaut (vgl. Kap. 6.4.2).

Die Programmprofilierung über Ritualisierung innerhalb der einzelnen Wahlsondersendungen der analysierten Fernsehsender ist in Verbindung mit der *Konkurrenzsituation auf dem deutschen Fernsehmarkt* zu sehen (vgl. Kap. 5.1 u. 5.2.1.3). Belege dafür, dass die Entwicklung der Wahlabendberichte im deutschen TV eng mit der Wettbewerbssituation verknüpft ist, finden sich nicht erst seit der Dualisierung des Rundfunksystems in Deutschland – wenn sie seitdem auch stärker zu beobachten ist –, sondern schon in Zeiten des Duopols von ARD und ZDF. Exemplarisch sei auf die unterschiedliche audiovisuelle Ausgestaltung der Vorspänne verwiesen (vgl. Kap. 6.3.1), die insbesondere im Zeitraum von Ende der 1960er bis Mitte der 1970er Jahre auf eine differente Konzeption der Wahlberichte hinwies. Die ARD war v. a. informationsorientiert und das ZDF auf einen Mix aus Information und Unterhaltung ausgerichtet (vgl. zur Konzeption auch Kap. 5.2.2.2). Auch die Dekoration liefert hierfür Anhaltspunkte (vgl. Kap. 6.4.2): Beispielsweise integrierte die ARD 1969 das eigene Sendelogo und den Sendetitel in die Dekoration des zentralen Wahlstudios und folgte damit dem ZDF, das entsprechende Aufschriften bereits vier Jahre zuvor in die Studioaufmachung eingebunden hatte. Die ARD ging 1969 sogar einen Schritt weiter, indem Logo und Titel auch auf dem Boden des Studios abgebildet wurden. Eine ähnliche Reaktion war 1987 erkennbar, als wiederum das ZDF den Studioboden mit dem Sendesignet dekorierte. Dies geschah im Hinblick auf die Privatsender, die Ende der 1980er Jahre zum ersten Mal über eine Wahl berichteten. Auch hinsichtlich der Einbindung der Wahlforschungsergebnisse (vgl. Kap. 6.6) ist ein Zusammenhang mit der Rundfunksituation zu erkennen. Gerade zu Zeitpunkten des Wandels der Fernsehlandschaft wurden neue Elemente zur Inszenierung der Prognose-Präsentation durch die ARD eingeführt. Zudem deuten formal-inhaltliche Merkmale an, dass die Entwicklung der Wahlberichte mit derjenigen des deutschen Rundfunksystems einhergegangen ist. Dies zeigt sich etwa an den Unterbrechungen der Wahlsendungen (vgl. Kap. 6.2.3): Strategien, die sich bis 1987 bei ARD und ZDF etabliert hatten, wurden grundlegend geändert.

Darüber hinaus konnte herausgearbeitet werden, dass zu allen Messzeitpunkten das Gesamtprogramm an Abenden von Bundestagswahlen und auch die Wahlsendungen der analysierten TV-Sender durch eine *Mischung* von mehr oder weniger unterhaltungsorientierten und informierenden Sendungen gekennzeichnet war (vgl. Kap. 6.1.1). Eine *Zunahme* an unterhaltungsorientierten Sendungen lässt sich dabei für die Jahre 1998 und 2002 bei den privaten Fernsehanbietern empirisch erhärten. Sie strahlten in diesen Wahljahren *etablierte Unterhaltungsformate als Extra-Ausgaben* mit Wahlbezug aus. Für eine *Tendenz zu einer Boulevardisierung* (vgl. Kap. 2.2.3.4) sprechen Befunde zum Sprachstil der Moderatoren, der im gesamten Untersuchungszeitraum zwar offiziell bzw. sachlich erschien (vgl. Kap. 6.5). Aber in den jüngeren Wahlberichten wurde eine *natürlichere Präsentation* in Richtung Plauderton festgestellt, die ebenfalls v.a. bei den Privatsendern deutlich wird.

Auch im Hinblick auf *Inszenierung* (vgl. Kap. 2.2.3.4) lässt sich an mehreren Indikatoren ein Anstieg im Zeitverlauf belegen – obgleich senderübergreifend zu allen Untersuchungszeitpunkten inszeniert wurde, wie sich etwa an der verschiedenartigen Einbettung der Wahlabendsendungen in das Gesamtprogramm feststellen lässt (vgl. Kap. 6.1.1). Der Grad der Inszenierung wird in den jüngeren Wahlberichten höher, etwa aufgrund des *vorverlegten Sendebeginns* (vgl. Kap. 6.1.2), des *häufigeren Gangs* der *Moderatoren durch das Studio* (vgl. Kap. 6.5) und der *stärker ausgeprägten Gestaltung* der Ankündigung und der Veröffentlichung der *Wahlforschungsresultate* (vgl. Kap. 6.6). In diesem Kontext spielt RTL seit 1994 eine Sonderrolle. Der Kölner Privatsender forcierte seitdem eine *Virtualisierung* bei der Bekanntgabe der Ergebnisse (vgl. Kap. 6.3.3), während die übrigen analysierten Fernsehsender darauf bislang verzichteten (vgl. für ein ähnliches Resultat zum Einsatz von Computeranimationen Meckel 1998: 204 ff.).

Für den Bereich der *Bildgestaltung und -bearbeitung* (vgl. Kap. 6.3) konnten des Weiteren Indizien dafür gefunden werden, dass *Visualisierung* (vgl. Kap. 2.2.3.4) im Untersuchungszeitraum für die Wahlabendsondersendungen offenbar einen *höheren Grad* erreicht hat und *bedeutender* geworden ist. Dies lässt sich bspw. an der Zunahme des Einsatzes von Inserts und Signets erkennen (vgl. Kap. 6.3.2). Allerdings spielte Visualisierung bereits 1961 eine wichtige Rolle, worauf etwa die Verwendung von Grafiken im ARD-Wahlabendbericht verweist (vgl. Kap. 6.3.3). Mit welchen Mitteln und wie stark zu den verschiedenen Messzeitpunkten visualisiert worden ist, hängt dabei mit den *verfügbaren technischen Mitteln* zusammen (vgl. Kap. 5.2.1.4). Ein solcher Zusammenhang zwischen der Entwicklung der Bildgestaltung und -bearbeitung der analysierten Wahlsendungen und dem Fortschritt technischer Möglichkeiten lässt sich an weiteren Beispielen verdeutlichen: etwa an den zunächst einfachen und im Verlauf des Untersuchungszeitraums technisch immer stärker ausgefeilten Vorspännen, die in den jüngeren Wahlberichten über Sendergrenzen hinweg aus aufwändigen Kombinationen aus Realbildern und Computeranimationen bestanden (vgl. Kap. 6.3.1). Auch die technisch immer sicherer werdenden Schalten (vgl. Kap. 6.3.4) oder die vormals einfachen Schrifteinblendungen von Wahlergebnissen während anderer Sendeabschnitte, die seit 1998 als laufender Ticker am unteren Bildrand dargestellt werden (vgl. Kap. 6.3.2), sind Hinweise auf diese Zusammenhänge. Auch der frühere Sendebeginn (vgl. Kap. 6.1.2) lässt sich mit der Verbesserung der Übertragungstechnik und durch den Computereinsatz bei der Wahlforschung in Verbindung bringen, womit wiederum eine i. d. R. frühere Konsolidierung der Wahlergebnisse zusammenhängt.

Was das *Verhalten der Moderatoren* (vgl. Kap. 6.5) betrifft, wird deutlich, dass Auftreten, Kleidung und Sprachstil der Moderatoren von der Mode und gesellschaftlichen Auffassung in der *jeweiligen Epoche abhängig* sind. Zwar lässt sich belegen, dass die Moderatoren durchgängig seriös und formell gekleidet waren, allerdings zeigen sich etwa an den Farben verschiedene Modetrends. Schließlich ist zu beobachten, dass im Bereich der *Bildgestaltung und -bearbeitung* (vgl. Kap. 6.3) immer wieder *gesellschaftliche Veränderungen thematisiert* wurden. Veranschaulichen lässt sich dieser Befund anhand der Grafiken (vgl. Kap. 6.3.3). So nahm die senderübergreifende Spezialform der Bekanntgabe der Prognose 1990 das Schlüsselereignis „Deutsche Einheit" und die damaligen Geschehnisse auf, indem z. B. die Wahlergebnisse getrennt nach Ost- und Westdeutschland veranschaulicht wurden.

7 Wahlabendberichterstattung im deutschen Fernsehen: inhaltliche Merkmale

In diesem Kapitel werden die Resultate der *quantitativen Inhaltsanalyse inhaltlicher Merkmale* präsentiert (vgl. Kap. 4.2.2). Analysiert wurden die wahlbezogenen, nicht in einem gesonderten Sendeformat ausgestrahlten Abschnitte der Hauptausgaben der Wahlabendsondersendungen. Die Analyse erfolgte auf Beitrags-Ebene. Die analysierten Beiträge wurden aus forschungsökonomischen Gründen per Zufallsauswahl ermittelt. Die Stichprobe umfasste etwa ein Drittel aller Beiträge der 31 vorliegenden Wahlberichte, die von ARD, ZDF, RTL und Sat.1 zu den Bundestagswahlen von 1961 bis 2002 gesendet worden sind. Das *Codebuch* ist im online verfügbaren Anhang (http://www.vs-verlag.de/tu/7g) dokumentiert.

7.1 Veränderung als Konstante

Die *Stichprobe* der quantitativen Inhaltsanalyse inhaltlicher Merkmale umfasst 1 408 Beiträge (vgl. Tab. 41). Ein Beitrag wurde formal über seine Darstellungsform abgegrenzt (vgl. Kap. 4.2.2 u. 12.2.1).

Tab. 41: Zahl der Beiträge

	ARD	**ZDF**	**RTL**	**Sat.1***	**Alle Sender**
Beiträge gesamt	2 226	1 804	421	453	4 904
Codierte Beiträge gesamt	640	517	119	132	1 408

Hinsichtlich der *durchschnittlichen Dauer der Beiträge* der analysierten Fernsehsender ist keine eindeutige Entwicklungsrichtung im Untersuchungszeitraum auszumachen. Vielmehr lässt sich eine Art Wellenbewegung erkennen (vgl. Abb. 7).

In drei Wahljahren (1961, 1976 und 1990) wurden besonders lange Beiträge gesendet. Am längsten dauerten die Beiträge 1961. Eine relativ kurze Dauer weisen dagegen die Beiträge 1965, 1998 und 2002 auf. Auf Basis dieser Daten ist keineswegs von einer Beschleunigung als Indiz für eine zunehmende Boulevardisierung der Wahlabendberichterstattung auszugehen. Eher lässt sich feststellen, dass die Wahlsendungen in einigen Jahren durch ein relativ geringes Tempo geprägt waren, während die Wahlberichte zu den übrigen Messzeitpunkten durch eine etwas stärkere Dynamik gekennzeichnet waren. Demgegenüber wurde für Nachrichten und politische Magazine im Fernsehen eine Reduktion der Beitragsdauer im Zeitverlauf festgestellt (vgl. Donsbach/Büttner 2005: 26 f.; Wegener 2001: 174 ff. u. 206). Allerdings zogen diese Studien jeweils nur drei Messzeitpunkte bzw. -räume zwischen 1983 und 1998 ein. Ein Vergleich mit Sendungen, die in den 1960er und 1970er Jahren ausgestrahlt wurden, ist dementsprechend nicht möglich.

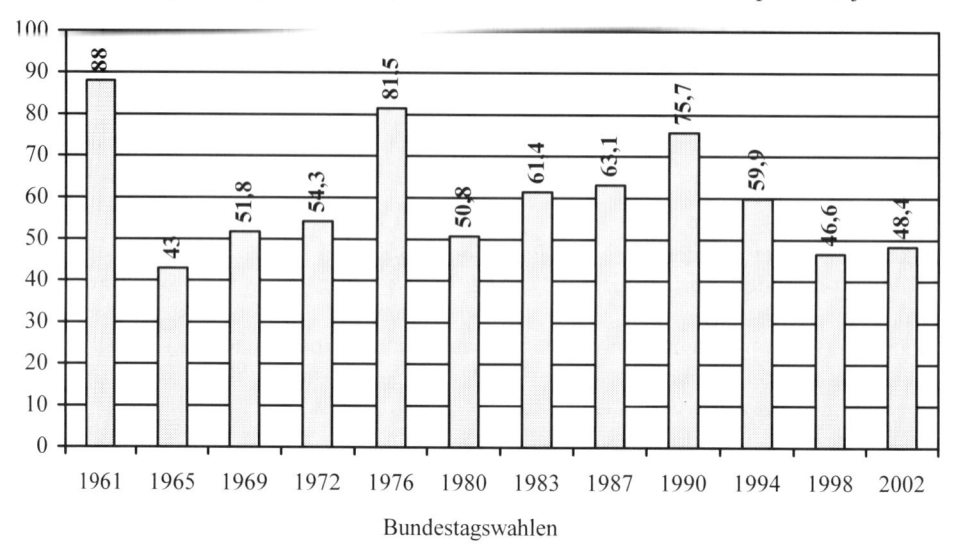

Abb. 7: Beitragsdauer (in Sekunden) im Durchschnitt aller TV-Sender pro Wahljahr

[Balkendiagramm mit folgenden Werten:
1961: 88
1965: 43
1969: 51,8
1972: 54,3
1976: 81,5
1980: 50,8
1983: 61,4
1987: 63,1
1990: 75,7
1994: 59,9
1998: 46,6
2002: 48,4
x-Achse: Bundestagswahlen]

Bei der Interpretation der Befunde zur Durchschnittsdauer der Beiträge ist jedoch zu beachten, dass in allen Wahljahren recht hohe Standardabweichungen vorliegen. Nur 1980 ist die Standardabweichung geringer als der Mittelwert. Dies zeigt eine relativ große Heterogenität in Bezug auf die Dauer der Beiträge. 1961 und 1976 – also in den Wahljahren mit den auffällig lang dauernden durchschnittlichen Beiträgen – ist die Standardabweichung besonders hoch. In diesen Jahren waren einzelne Beiträge mit beträchtlicher Dauer für die hohen Mittelwerte maßgeblich. Vor diesem Hintergrund erscheint es sinnvoll, die Entwicklung der durchschnittlichen Dauer der Beiträge bei den TV-Sendern im Einzelnen zu analysieren.

Die durchschnittliche Dauer der Beiträge divergiert bei den *einzelnen Fernsehsendern* zu den verschiedenen Messzeitpunkten. Dabei ist erkennbar, dass auffällig lange ARD-Beiträge dafür ausschlaggebend waren, dass die Durchschnittsdauer der Beiträge bei allen TV-Anbietern 1961, 1976 und 1990 länger war als in den übrigen Wahljahren. Auch 1987 waren die Beiträge der ARD im Durchschnitt vergleichsweise lang. Dies wurde jedoch durch relativ kurze Beiträge von ZDF und Sat.1 ausgeglichen.

Bis auf 1976 weisen die Beiträge bei ARD und ZDF von 1965 bis 1983 eine ähnliche durchschnittliche Dauer auf. 1987 und 1990 stieg die Durchschnittsdauer der ARD-Beiträge deutlich an, um in den Folgejahren klar und stetig zurückzugehen. Demgegenüber erreichte das ZDF 1987 einen niedrigen Wert, der drei Jahre später etwas stieg. Eine ähnliche Entwicklung lässt sich bei Sat.1 nachzeichnen. Auch in den folgenden Wahljahren entwickelte sich die durchschnittliche Dauer der Beiträge bei ZDF und Sat.1 vergleichbar: Sie ging bis 1998 zurück, um vier Jahre später wieder anzusteigen. Erreichte RTL 1990 bezüglich der Durchschnittsdauer der Beiträge ein ähnliches Niveau wie ZDF und Sat.1 und waren die Werte aller vier TV-Anbieter 1994 vergleichbar, sendete RTL 1998 entgegen dem Trend der übrigen Sender etwas längere Beiträge. Vier Jahre später wurden die RTL-Beiträge im Durchschnitt wieder kürzer, so dass alle Fernsehanbieter auf ähnliche Werte kamen – auf einem Niveau, das vergleichbar mit demjenigen von 1965 und 1969 ist (vgl. Abb. 8).

Inhaltliche Merkmale 275

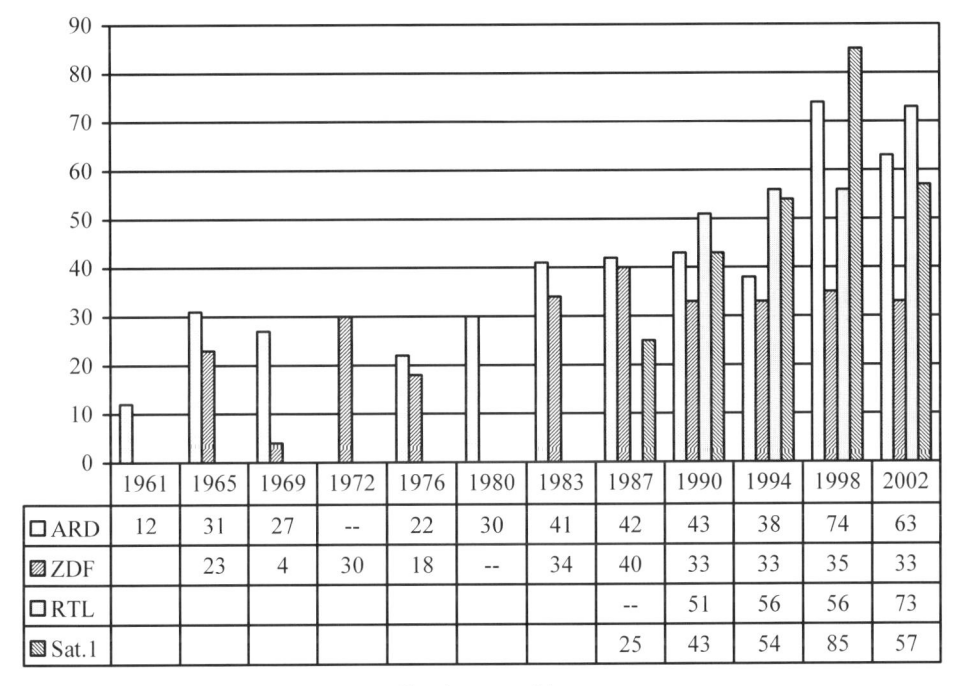

Abb. 8: Durchschnittliche Dauer der Beiträge in Sekunden

	1961	1965	1969	1972	1976	1980	1983	1987	1990	1994	1998	2002
☐ ARD	12	31	27	--	22	30	41	42	43	38	74	63
▨ ZDF		23	4	30	18	--	34	40	33	33	35	33
☐ RTL								--	51	56	56	73
▩ Sat.1								25	43	54	85	57

Bundestagswahlen

* Für die ZDF-Wahlsendung 1980 und die RTL-Wahlsendung 1987 lag kein originäres TV-Material vor.[204]

Auf Grundlage dieser Daten lässt sich ebenfalls nicht auf eine kontinuierliche Beschleunigung der Wahlabendberichterstattung im Laufe der untersuchten Jahrzehnte schließen. Es ist höchstens erkennbar, dass die Wahlsendungen der ARD von 1990 bis 2002 an Tempo zugelegt haben, das zuvor verlangsamt wurde. Sie waren 2002 dennoch weniger dynamisch angelegt als die Wahlberichte der übrigen untersuchten Sender. Bei ZDF und Sat.1 zeigt sich in den Wahlsendungen von 1990 bis 1998 mehr Dynamik, die 2002 etwas hinausgenommen wurde. RTL dagegen beschleunigte die Wahlberichterstattung erst 2002. Insgesamt ist die Durchschnittsdauer der Beiträge 2002 jedoch nicht kürzer als in den 1960er Jahren. Bei etwa 50 Sekunden erscheint diesbezüglich eine Sättigung erreicht zu sein.

Auch bei der Auswertung dieser Ergebnisse muss beachtet werden, dass die Standardabweichungen hoch ausfallen. Folglich sind die Werte zur Beitragsdauer in den verschiedenen Wahlsendungen relativ heterogen. Bei der ARD dauerte z. B. der kürzeste Beitrag 1961 zwei Sekunden und der längste acht Minuten und 58 Sekunden. Daher erweist es sich als instruktiv, *kurze* und *sehr lange Beiträge* näher zu betrachten.

Als kurze Beiträge wurden alle Beiträge verstanden, die bis zu 30 Sekunden dauern. Bei der ARD finden sich zu den Messzeitpunkten mit der längsten durchschnittlichen Dau-

---

[204] Für die folgenden Abbildungen und Tabellen in diesem Kapitel wird auf diese Angaben zu den Lücken im vorliegenden Fernsehmaterial verzichtet. Die Materialgrundlage bleibt jedoch dieselbe.

er des Senders (1961, 1976, 1987 und 1990) erwartungsgemäß die geringsten Anteile an kurzen Beiträgen (vgl. Tab. 42). Ein ähnliches Bild lässt sich für RTL 1998 nachzeichnen. Zur langen Durchschnittsdauer der Beiträge in diesem Wahljahr hat ebenfalls der geringe Anteil an kurzen Beiträgen beigetragen. Auffällig ist dagegen, dass der Anteil an kurzen Beiträgen sowohl beim ZDF als auch bei Sat.1 in der Wahlabendsendung 1998 nicht übermäßig hoch ausfällt, wie die kurze Durchschnittsdauer der Beiträge beider Sender in diesem Wahljahr vermuten ließe. Für die Dynamik dieser Wahlberichte ist offenbar eher entscheidend gewesen, dass nur selten lange und sehr lange Beiträge ausgestrahlt worden sind.

Tab. 42: Kurze Beiträge (Beiträge bis 30 Sekunden) in Prozent aller Beiträge

	1961	1965	1969	1972	1976	1980	1983	1987	1990	1994	1998	2002
ARD	31	70	46	61	29	38	41	34	16	58	47	40
ZDF		63	69	70	52	--	46	61	50	53	56	53
RTL								--	58	45	30	49
Sat.1								66	41	54	64	59

Besonders hoch waren die Anteile an kurzen Beiträgen bei der ARD 1965 sowie beim ZDF 1969 und 1972. Während der 1965er-Wahlbericht der ARD und die 1969er-Sendung des ZDF eine entsprechend kurze Durchschnittsdauer der Beiträge aufweisen, ist die durchschnittliche Dauer der ZDF-Sendung zur Bundestagswahl 1972 vergleichsweise hoch. So wurde beim ZDF 1987, 1994, 1998 und 2002 jeweils ein niedrigerer Durchschnittswert bei gleichzeitig geringeren Anteilen an kurzen Beiträgen erreicht als 1972. Dies liegt in der Zusammensetzung der Anteile der Beiträge begründet.

Insgesamt ist bezüglich der kurzen Beiträge über die Sendergrenzen hinweg im Untersuchungszeitraum keine Beschleunigung und damit kein Anstieg an Boulevardisierung nachzuweisen. Rekonstruiert wurden Schwankungen. Zugleich hat sich der Anteil an kurzen Beiträgen mit wenigen Ausnahmen seit 1990 bei 50 Prozent eingependelt.

Als sehr lange Beiträge wurden Beiträge mit einer Dauer von mehr als drei Minuten definiert. Ein herausragender Anteil an sehr langen Beiträgen ist bei der ARD 1976 zu verzeichnen (vgl. Tab. 43). Im Zusammenspiel mit dem geringen Anteil an kurzen Beiträgen ist dies für die lange durchschnittliche Dauer der ARD-Beiträge zu diesem Messzeitpunkt entscheidend.

Tab. 43: Sehr lange Beiträge (Beiträge ab drei Minuten) in Prozent aller Beiträge

	1961	1965	1969	1972	1976	1980	1983	1987	1990	1994	1998	2002
ARD	14	8	6	7	23	5	5	14	11	12	9	4
ZDF		4	4	7	9	--	8	14	11	8	0	2
RTL								--	11	9	15	3
Sat.1								8	6	9	0	4

Nicht ganz so beachtlich, aber doch als hoch einzustufen, sind die Anteile an sehr langen Beiträgen bei der ARD 1961 und 1987, beim ZDF 1987 sowie bei RTL 1998. Während die Durchschnittsdauer der Beiträge beim ZDF 1987 durch den zu diesem Messzeitpunkt relativ hohen Anteil an kurzen Beiträgen ausgeglichen wurde und recht niedrig ausfiel, sind die vergleichsweise vielen Beiträge mit sehr langer Dauer bei der ARD und bei RTL zusammen mit einem niedrigen Anteil an kurzen Beiträgen für eine hohe durchschnittliche Dauer in den genannten Wahljahren verantwortlich. Dagegen strahlten das ZDF und Sat.1 zur Bundestagswahl 1998 in ihrer Wahlsendung gar keine sehr langen Beiträge aus. Dies erklärt zum einen die geringe Standardabweichung, die das ZDF und Sat.1 in diesem Wahljahr bei der Durchschnittsdauer der Beiträge erzielt haben. Zum anderen wurde auf diese Weise die kurze durchschnittliche Dauer der Beiträge bei den beiden Sendern und die kurze Durchschnittsdauer bei allen untersuchten TV-Sendern zu diesem Messzeitpunkt möglich. 2002 ist bei allen TV-Anbietern ein vergleichsweise geringer Anteil an sehr langen Beiträgen zu konstatieren. Dies kann jedoch aufgrund der Schwankungen in den vorherigen Jahrzehnten noch nicht als Hinweis auf eine Tendenz in Richtung mehr Dynamik gewertet werden. Eine solche müsste sich erst in den weiteren Wahljahren abzeichnen.

7.1.1 Darstellungsformen

Darstellungsformen gehören zu den prägenden Elementen des Präsentationsprofils einer Fernsehsendung. Dazu tragen sie zusammen mit formal-ästhetischen Bestandteilen (vgl. Kap. 6.3 bis 6.6) und fernseh-ästhetischen Mitteln bei (vgl. Kap. 8.1). Für das Fernsehen haben sich spezifische journalistische Darstellungsformen herausgebildet und etabliert (vgl. Kap. 2.2.2.1). Unter Darstellungsformen werden hier jedoch *journalistische* und *weitere Darstellungsformen* gebündelt. So können neben originär journalistischen Darstellungsformen – bspw. Meldungen, Interviews oder Filmberichten – auch kabarettistische oder künstlerische Auftritte analysiert werden, die wahlbezogen sind und in den zu untersuchenden Abschnitten der Wahlabendberichte vorkommen (vgl. Kap. 4.2.2).

Mehrfachnennungen waren bezüglich der Darstellungsformen nicht möglich, da in der vorliegenden Studie jede Darstellungsform als formale Abgrenzung für einen Beitrag galt (vgl. Anhang). Der Einsatz der Darstellungsformen bei den Fernsehsendern und im Verlauf der vier Jahrzehnte lässt sich getrennt nach dem Vorkommen, der durchschnittlichen Dauer, der Gesamtdauer und dem Anteil an der Gesamtsendezeit ausweisen. Zunächst wird darauf eingegangen, welche Darstellungsformen die TV-Anbieter in ihren Wahlberichten eingesetzt haben. Daran lässt sich erkennen, welche Darstellungsprogramme prägend waren. Dann wird die Verwendung der Darstellungsformen im Zeitverlauf betrachtet. Dabei werden Hinweise auf Trends politischer Berichterstattung ergründet (vgl. Kap. 2.2.3.4). Schließlich wird der Einsatz von Grafiken in den Blick genommen.

Hinsichtlich der Darstellungsformen zeigt sich, dass *Moderationen* gemessen an ihrem Vorkommen über Sendergrenzen hinweg den größten Anteil an allen Darstellungsformen in Wahlabendsondersendungen hatten (vgl. Tab. 44). Dies ist dadurch erklärbar, dass Moderationen dazu dienen, eine TV-Sendung zusammenzuhalten und zu unterschiedlichen Schaltorten und Akteuren zu übergeben (vgl. zu den Aufgaben der Moderatoren Kap. 5.2.3.1). Moderationen machten bei RTL fast die Hälfte aller Beiträge aus. Bei den übrigen TV-Anbietern nahmen Moderationen ein Drittel bzw. ein Viertel aller Beiträge ein. Moderationen spielten bei RTL also eine größere Rolle als bei den anderen Sendern. Dies dürfte mit der relevanten Rolle des anchor zusammenhängen (vgl. Kap. 5.2.3.1).

Darüber hinaus waren die Wahlberichte bei allen Fernsehsendern durch *Grafikinterpretationen* geprägt. Diese für Wahlabendsendungen spezifischen Darstellungsformen nahmen jeweils rund zwei Zehntel aller Beiträge ein. Dabei erreichten ARD und ZDF etwas höhere Werte als Sat.1 und RTL, was sich auf die stärkere Bedeutung der Wahlforschung bei den Öffentlich-Rechtlichen zurückführen lässt (vgl. Kap. 5.2.2.1 u. 5.2.3.2). Die dritte charakteristische Darstellungsform über Sendergrenzen hinweg ist das *Einzelinterview*, das einen Anteil zwischen zehn und 15 Prozent aller Beiträge erzielte. Schließlich kamen bei allen TV-Anbietern *Aufsager* von Journalisten vor Ort vergleichsweise häufig vor. Hierbei nimmt Sat.1 eine Sonderrolle ein. Bei dem Privatsender machten Aufsager mit zwölf Prozent aller Darstellungsformen im Vergleich mit den übrigen Fernsehprogrammen einen doppelt so hohen Anteil aus.

Tab. 44: Darstellungsformen – Vorkommen pro TV-Sender

		ARD	ZDF	RTL	Sat.1
Moderation	Anzahl	167	198	55	47
	Prozent	26,1	38,3	46,2	35,6
Grafikinterpretation	Anzahl	143	123	21	26
	Prozent	22,3	23,8	17,6	19,7
Einzelinterview	Anzahl	94	82	12	20
	Prozent	14,7	15,9	10,1	15,2
Meldung	Anzahl	133	26	0	3
	Prozent	20,8	5,0	0	2,3
Aufsager	Anzahl	41	35	9	16
	Prozent	6,4	6,8	7,6	12,1
Gespräch	Anzahl	8	15	9	8
	Prozent	1,3	2,9	7,6	6,1
Gruppeninterview	Anzahl	20	18	2	4
	Prozent	3,1	3,5	1,7	3,0
Kommentar	Anzahl	20	9	0	0
	Prozent	3,1	1,7	0	0
Rede	Anzahl	8	8	4	1
	Prozent	1,3	1,5	3,4	0.8
Filmbericht	Anzahl	3	1	6	4
	Prozent	0,5	0,2	5,0	3,0
NiF	Anzahl	1	0	0	0
	Prozent	0.2	0	0	0
Statement	Anzahl	0	0	0	3
	Prozent	0	0	0	2,3
Satire/kabarettistische, künstlerische Beiträge	Anzahl	2	0	0	0
	Prozent	0,4	0	0	0
Sonstige Darstellungsform	Anzahl	0	2	1	0
	Prozent	0	0,4	0,8	0
Gesamt	Anzahl	640	517	119	132
	Prozent*	100	100	100	100

* Wegen Rundungsdifferenzen entspricht die Summe der Positionen nicht immer genau dem Wert 100.

Filmbeiträge und *NiF* nahmen über Sendergrenzen hinweg nur einen marginalen Anteil ein. Dieser war bei Sat.1 und RTL noch am höchsten. Filmorientierte Darstellungsformen haben in Wahlabendberichten folglich eine untergeordnete Bedeutung. Auch *Gruppeninterviews*, *Reden* und *Statements* wurden senderübergreifend nur selten bzw. überhaupt nicht eingesetzt. Des Weiteren wurden als *unterhaltsam einzustufende Stilformen* – Satire sowie künstlerische und kabarettistische Auftritte – selten in Wahlabendsendungen gezeigt.

Was den Einsatz der weiteren Darstellungsformen betrifft, sind Spezifika der Wahlabendberichte einzelner Sender erkennbar: So waren etwa ein Viertel aller Darstellungsformen der ARD *Meldungen*, während diese Stilform bei den anderen drei TV-Anbietern kaum oder gar keine Rolle spielte. Ausschlaggebend dafür ist die große Zahl an Meldungen in den ARD-Wahlabendberichten 1965 bis 1972, in denen z. T. ein „Tagesschau"-Ergebnisdienst eingerichtet war, bei dem direkt aus dem zentralen Wahlstudio Meldungen zu Wahlkreisergebnissen und gewählten Direktkandidaten verlesen wurden (vgl. Kap. 6.2.1). Dagegen setzten RTL und Sat.1 häufig *Gespräche* ein. Zum Teil verbrachten journalistische Experten die gesamte Zeit eines Wahlabendberichts neben dem Moderator und gaben regelmäßig analysierende und bewertende Anmerkungen in Gesprächen mit diesem ab (vgl. Kap. 5.2.3.2). *Kommentare* konnten bei den Privatsendern nicht ermittelt werden, während diese Darstellungsform bei ARD und ZDF vorkam – wenngleich nur selten.

Die bislang präsentierten Befunde zum Vorkommen der Darstellungsformen in den Wahlsendungen der einzelnen TV-Sender sagen allerdings nichts über den zeitlichen Umfang der Darstellungsformen aus. Auch dieser wurde, ausgedrückt in der durchschnittlichen Dauer, der Gesamtdauer und dem Anteil an der Gesamtsendezeit, gemessen (vgl. Tab. 45).

Was den zeitlichen Umfang anbelangt, waren senderübergreifend dieselben Darstellungsformen für die Wahlsondersendungen kennzeichnend wie beim Vorkommen. Die Reihenfolge ändert sich jedoch. Den jeweils größten zeitlichen Anteil nahmen *Einzelinterviews* ein, gefolgt von *Grafikinterpretationen*. *Moderationen* machten den drittgrößten Zeitanteil der Wahlabendberichte aus (vgl. für einen ebenfalls hohen Zeitanteil von Moderationen in Sondersendungen zu Landtagswahlen 1987 Teichert/Deichsel 1987: 7).

Auffallend ist, dass RTL Interviews etwas weniger und kürzer einsetzte als die übrigen Fernsehsender. Dieser Befund geht einher mit einem Ergebnis einer Studie zu den Sondersendungen zur Bundestagswahl 1998 (vgl. Kamps o. D.: 6 f.): Zu diesem Zeitpunkt führten ARD und ZDF mehr Interviews als RTL und Sat.1. Dabei erzielte Sat.1 ähnlich hohe Zeitwerte wie die öffentlich-rechtlichen Sender.

Bei den Moderationen zeigt sich, dass RTL zwar mit großem Abstand die meisten Moderationen gesendet hat, dieser sich aber im Hinblick auf den Zeitanteil verringert und nur noch knapp zwei Prozentpunkte beträgt. Darüber hinaus wird an der Dauer der Grafikinterpretationen deutlich, dass RTL der Wahlforschung eine ähnliche Bedeutung zuteil werden ließ wie die öffentlich-rechtlichen Sender. Im Unterschied dazu fand Kamps bei seiner Bestandsaufnahme zur Bundestagswahl 1998 heraus, dass die privaten Sender länger Grafiken zeigten als ARD und ZDF (vgl. Kamps o. D.: 6 f.). Diese Differenz lässt sich auf das unterschiedliche Untersuchungsdesign zurückführen: In der vorliegende Studien wurden zwölf Messzeitpunkte einbezogen, bei Kamps war es nur ein Messzeitpunkt.

Eine deutlich größere Relevanz kommt den *Gruppeninterviews* zu, wenn man diese an ihrem zeitlichen Umfang misst. Zwar wurden sie nur selten ausgestrahlt, aber ihre durchschnittliche Dauer war vergleichsweise hoch. Ihr zeitlicher Anteil war v. a. bei Sat.1 mit gut 14 Prozent groß. Auch *Reden* haben nach ihrer Dauer berechnet eine größere Bedeutung als am Vorkommen gemessen. Insbesondere bei RTL waren sie mit mehr als zwölf Prozent recht prägend. Ein ähnliches Bild zeigt sich bei *Filmberichten*. Auch sie sind gemessen an ihrem zeitlichen Umfang bedeutender als hinsichtlich ihres Vorkommens. Ihr Anteil war bei RTL mit fast zehn Prozent am größten, gefolgt von Sat.1 mit rund fünf Prozent.

Tab. 45: Darstellungsformen – zeitlicher Umfang pro TV-Sender in Sekunden

		ARD	ZDF	RTL	Sat.1
Einzelinterview	Dauer im Ø	144,2	115	121	97,2
	Gesamtdauer	13 553	9 430	1 460	1 943
	Prozent	ca. 34,3	ca. 35,9	Ca. 21,0	ca. 32,0
Grafikinterpretation	Dauer im Ø	46,2	38,2	57,6	26,7
	Gesamtdauer	6 612	4 703	1 210	695
	Prozent	ca. 16,7	ca. 17,9	Ca. 17,4	ca. 11,4
Moderation	Dauer im Ø	23,7	20,1	21,4	15,6
	Gesamtdauer	3 956	3 974	1 176	733
	Prozent	ca. 10	ca. 15,1	Ca. 16,9	ca. 12,1
Gruppeninterview	Dauer im Ø	177,3	169,3	227	215
	Gesamtdauer	3 545	3 048	454	860
	Prozent	ca. 9,0	ca. 11,6	ca. 6,5	ca. 14,2
Aufsager	Dauer im Ø	71,4	51,4	31,2	28,4
	Gesamtdauer	2 928	1 799	281	454
	Prozent	ca. 7,4	ca. 6,9	ca. 4	ca. 7,5
Gespräch	Dauer im Ø	105	62,9	93,6	89,8
	Gesamtdauer	840	944	842	718
	Prozent	ca. 2,1	ca. 3,6	Ca. 12,1	ca. 11,8
Kommentar	Dauer im Ø	151,3	101,8	0	0
	Gesamtdauer	3 026	916	0	0
	Prozent	ca. 7,7	ca. 3,5	0	0
Meldung	Dauer im Ø	17,7	16,4	0	14,7
	Gesamtdauer	2 350	427	0	44
	Prozent	ca. 5,9	ca. 1,6	0	ca. 0,7
Rede	Dauer im Ø	181,4	94	216,8	227
	Gesamtdauer	1451	752	867	227
	Prozent	ca. 3,7	ca. 2,9	Ca. 12,5	ca. 3,7
Filmbericht	Dauer im Ø	299,7	110	105,2	72,3
	Gesamtdauer	899	110	631	289
	Prozent	ca. 2,3	ca. 0,4	ca. 9,1	ca. 4,8
NiF	Dauer im Ø	15	0	0	0
	Gesamtdauer	15	0	0	0
	Prozent	0	0	0	0
Statement	Dauer im Ø	0	0	0	35,7
	Gesamtdauer	0	0	0	107
	Prozent	0	0	0	ca. 1,8
Satire/kabarettistische, künstlerische Beiträge	Dauer im Ø	356	0	0	0
	Gesamtdauer	356	0	0	0
	Prozent	ca. 1,0	0	0	0
Sonstige Darstellungsform	Dauer im Ø	0	77,5	31	0
	Gesamtdauer	0	155	31	0
	Prozent	0	ca. 6,0	ca. 0,4	0
Gesamt	Dauer im Ø	61,8	50,8	58,4	46
	Gesamtdauer	39 531	26 258	6 952	6 070
	Prozent*	100	100	100	100

* Wegen Rundungsdifferenzen entspricht die Summe der Positionen nicht immer genau dem Wert 100.

Im Gegensatz zu Kamps, der für die Wahlabendberichte 1998 festgestellt hat, dass ZDF und Sat.1 stärker auf Filmbeiträge gesetzt haben als ARD und RTL (vgl. Kamps o. D.: 6 f.), lässt sich im gesamten Untersuchungszeitraum von mehr als vier Jahrzehnten erkennen, dass die Privatsender mehr Filmbeiträge ausstrahlen als die öffentlich-rechtlichen Fernsehanstalten. Im Vergleich mit Befunden aus Studien zu Nachrichten wird darüber hinaus deutlich, dass Filmberichte in den TV-Sondersendungen am Wahlabend nur eine marginale Rolle spielen. In Nachrichten nahmen sie mit z. T. klar mehr als 50 Prozent eindeutig mehr Sendedauer ein (vgl. Maier 2003: 74; Brosius 2001: 129). Schließlich fällt auf, dass die ARD zwar häufig *Meldungen* brachte, diese aber i. d. R. nur kurz waren.

Vor diesem Hintergrund waren die Darstellungsformen *Moderation, Grafikinterpretation* und *Einzelinterview* erwartungsgemäß zu allen Messzeitpunkten kennzeichnend für die Wahlabendberichte. Über diesen stereotypen Einsatz der Stilformen lässt sich eine Ritualisierung der Wahlabendberichterstattung erkennen (vgl. Kap. 2.2.3.4).

Was die *Inszenierung* der Wahlabendberichte anbelangt (vgl. Kap. 2.2.3.4), wird im Laufe der Zeit deutlich, dass üblicherweise ein breites Repertoire an Darstellungsformen ausgeschöpft wurde, ohne jedoch vermehrt unterhaltsam einzustufende Darstellungsformen, z. B. Satire, einzusetzen, wie Befunde anderer Studien hätten vermuten lassen (vgl. für Radiosendungen zur Bundestagswahl 2002 Vowe/Wolling 2003: 108; vgl. für politische Magazine Wegener 2001: 152 u. 209 f.). Entsprechend erweisen sich die Wahlabendsendungen im deutschen Fernsehen zu allen Messzeitpunkten als inszeniert. Eine Zunahme an Inszenierung ist diesbezüglich allerdings nicht zu konstatieren. Auch hat sich keine Zunahme der Darstellungsform Aufsager herauskristallisiert, wie dies bei der ARD-Nachrichtensendung „Tagesschau" von 1975 zu 1995 der Fall war (vgl. Zubayr/Fahr 1999: 645). Vielmehr sind Schwankungen festzustellen. Folglich kann an diesem Indikator nicht belegt werden, dass die Wahlabendsendungen mit der Zeit stärker inszeniert worden sind.

Ob eine *Personalisierung* der Berichterstattung stattgefunden hat (vgl. Kap. 2.2.3.4), lässt sich empirisch überprüfen, indem personenorientierte Darstellungsformen in den Fokus gerückt werden. So weisen bspw. viele Interviews und das Senden von Ausschnitten aus Reden und Statements auf personalisierte Berichterstattung hin. Gemessen an deren Vorkommen können jedoch keine Hinweise für eine kontinuierlich zunehmende Personalisierung im Verlauf der analysierten 40 Jahre gefunden werden (vgl. Abb. 9). Besonders schwach ausgeprägt war der Grad der Personalisierung zu Beginn der 1980er Jahre als der Anteil der personenorientierten Darstellungsformen weniger als ein Zehntel betrug. Dagegen erzielten personenorientierte Darstellungsformen in zwei Wahljahren vergleichsweise hohe Werte. 1976 und 1990 machten sie jeweils rund ein Drittel aller Darstellungsformen aus. 1994 nahm der Anteil der personenorientierten Darstellungsformen wieder etwas ab, um 1998 weiter zu sinken und 2002 ein wenig zu steigen. Dabei entspricht der Anteil der personenorientierten Darstellungsformen 1998 und 2002 etwa dem Durchschnitt zu allen Messzeitpunkten. Der Wert pendelt sich offenbar bei einem Fünftel ein. Diese Interpretation müsste aber noch – etwa bei einer Fortführung dieser Studie – für zukünftige Wahlen bestätigt werden, denn in der Geschichte der Wahlabendsendungen gab es mehrmals zwei oder drei aufeinander folgende Messzeitpunkte, in denen der Anteil der personenorientierten Darstellungsformen einen ähnlichen Wert einnahm.

Abb. 9: Personenorientierte Darstellungsformen – Vorkommen in Prozent an allen Stilformen

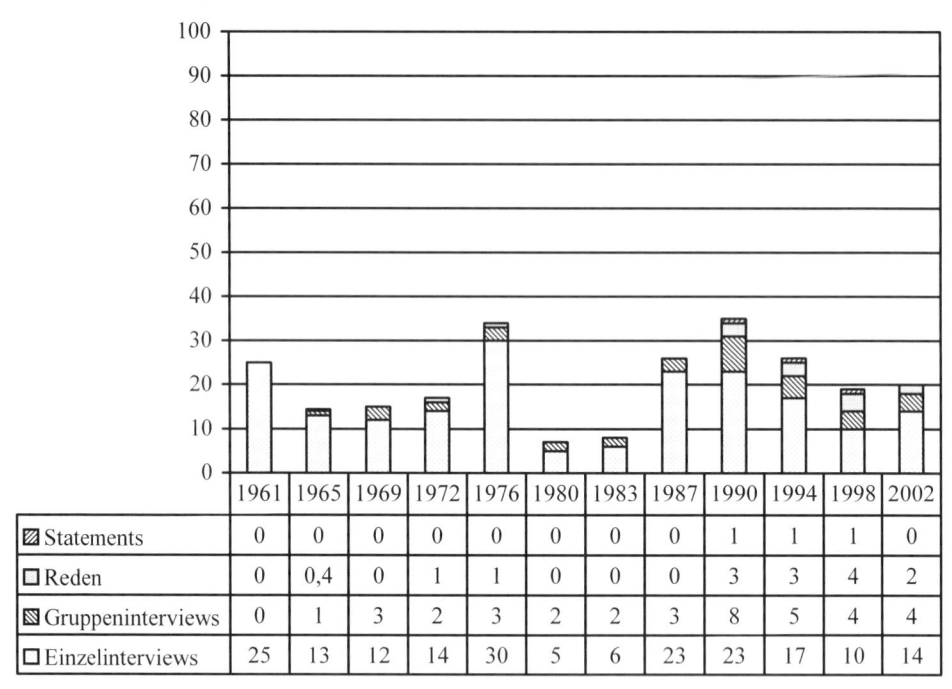

	1961	1965	1969	1972	1976	1980	1983	1987	1990	1994	1998	2002
Statements	0	0	0	0	0	0	0	0	1	1	1	0
Reden	0	0,4	0	1	1	0	0	0	3	3	4	2
Gruppeninterviews	0	1	3	2	3	2	2	3	8	5	4	4
Einzelinterviews	25	13	12	14	30	5	6	23	23	17	10	14

Bundestagswahlen

Um die Entwicklung der personenorientierten Darstellungsformen näher erläutern zu können, lohnt sich ein Blick auf die unter diesem Oberbegriff gebündelten Stilformen. Den größten Anteil nahmen – wenig überraschend, da es sich dabei um eine der senderübergreifend und im Zeitverlauf am häufigsten verwendeten Stilformen handelt – stets die *Einzelinterviews* ein. Auffällig ist jedoch der geringe Anteil an Einzelinterviews 1980 und 1983, der dafür ausschlaggebend war, dass in diesen Jahren die personenorientierten Darstellungsformen insgesamt einen relativ niedrigen Anteil ausfüllten. Dagegen wurden zu diesen Messzeitpunkten viele Moderationen und Grafikinterpretationen gesendet. Die ARD wies überdies 1980 und 1983 einen außergewöhnlich hohen Anteil an Aufsagern auf. Die höchste Zahl an *Gruppeninterviews* wurde 1990 ausgestrahlt. Sowohl ARD und ZDF als auch RTL sendeten mehrere Gruppeninterviews. Davon abgesehen sind die Anteile der Gruppeninterviews über die Jahre hinweg vergleichbar. *Statements* kamen erstmals 1990 in den Beiträgen der Stichprobe vor. Sie wurden nur bei Sat.1 gesendet. Ihr Anteil war seitdem gleichbleibend gering. *Reden* wurden hingegen bereits in den frühen Wahlabendsendungen ausgestrahlt. Ihr Anteil war aber sehr gering. Während eines längeren Zeitabschnitts kamen Reden nicht mehr vor. Erst seit 1990 wurden erneut Reden gehalten.

Die Ursache des, wenn auch nur in geringen Maßen festzustellenden, häufigeren Vorkommens an Reden seit 1990 liegt offenbar in veränderten Verhaltensweisen der Politiker begründet. Darauf haben mehrere befragte Verantwortliche der Wahlabendsendungen hingewiesen (vgl. Interview Kloeppel: 6; Interview Nowottny: 6; Interview Schönenborn: 4;

Inhaltliche Merkmale 283

Interview Wulf: 2). Die gewandelten Verhaltensweisen der Politiker wiederum hängen anscheinend mit der veränderten Wettbewerbssituation zusammen (vgl. Kap. 5.2.1.3). Während die Ergebnisse früher nur in Interviews bewertet wurden, geben Politiker inzwischen öffentliche Erklärungen ab, bevor sie sich in den verschiedenen Fernsehprogrammen interviewen lassen: „Dass, wie 1998, der geschlagene Bundeskanzler hingeht und eine umfassende Erklärung abgibt, in der er sein Scheitern eingesteht. Das hat es früher so nicht gegeben. Das fand nur in Interviews statt." (Interview Nowottny: 6; vgl. Interview Wulf: 2)

Das Vorkommen ist nur ein Indikator für den Stellenwert der personenorientierten Darstellungsformen, der zeitliche Anteil ist ein weiterer (vgl. Abb. 10). Im Hinblick auf den zeitlichen Umfang kommt den personenorientierten Darstellungsformen insgesamt mehr Relevanz zu als hinsichtlich des Vorkommens. Im Durchschnitt nahmen sie etwa die Hälfte der Sendezeit ein, während es in Bezug auf das Vorkommen durchschnittlich ein Fünftel war. Besonders hoch, mit mehr als 50 Prozent, ist der Anteil in fünf Wahljahren: Insofern war der Grad an Personalisierung 1972 und 1976 sowie 1987 bis 1994 ausgeprägter als sonst. Von einem zunehmenden Trend im Zeitverlauf kann daher nicht die Rede sein.

Abb. 10: Personenorientierte Darstellungsformen – zeitlicher Umfang in Prozent der Gesamtzeit der Stilformen

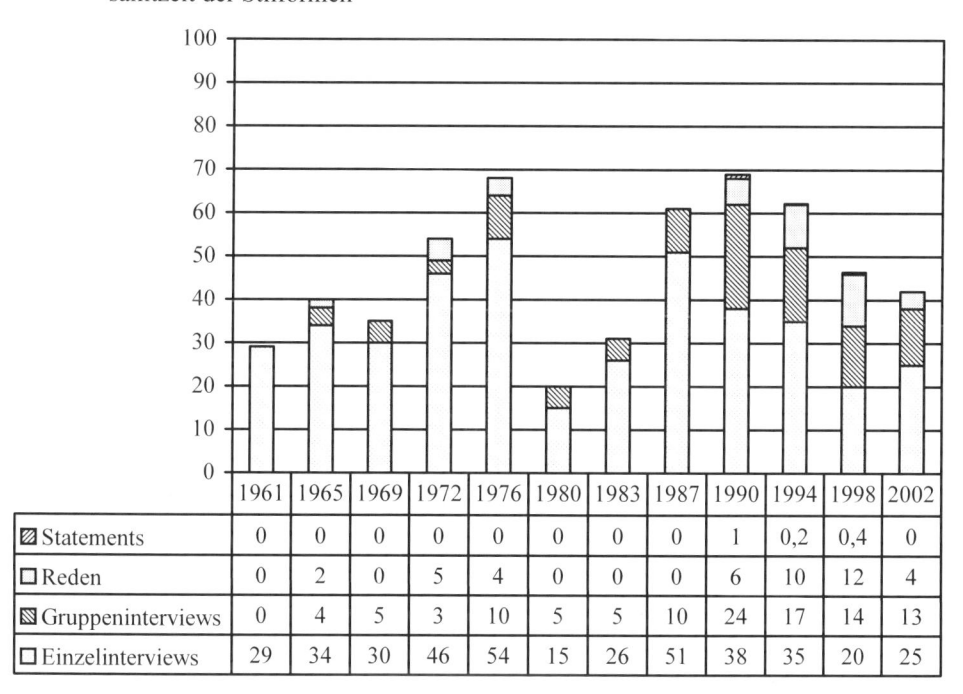

	1961	1965	1969	1972	1976	1980	1983	1987	1990	1994	1998	2002
Statements	0	0	0	0	0	0	0	0	1	0,2	0,4	0
Reden	0	2	0	5	4	0	0	0	6	10	12	4
Gruppeninterviews	0	4	5	3	10	5	5	10	24	17	14	13
Einzelinterviews	29	34	30	46	54	15	26	51	38	35	20	25

Bundestagswahlen

Im Detail betrachtet zeigten sich bei den als personenorientiert gebündelten Darstellungsformen gemessen am zeitlichen Umfang etwa die gleichen Anteile wie bei dem Vorkommen, nur dass der Darstellungsform *Statement* hierbei ein noch geringerer Stellenwert zukam. Im Gegensatz dazu nahmen *Reden* hinsichtlich der zeitlichen Dauer einen größeren

Anteil ein. Vor allem 1998 wurden Reden relativ lang gesendet. Dies hängt vermutlich mit der damaligen Situation zusammen: Der ehemalige und der zukünftige Kanzler traten fast gleichzeitig auf und hielten jeweils Reden, die von allen Sendern in längeren Sendestrecken ausgestrahlt wurden (vgl. Kap. 6.2.2).

An dem Einsatz der Darstellungsformen zu den verschiedenen Messzeitpunkten lassen sich neben Ritualisierung, Inszenierung und Personalisierung auch die Trends Boulevardisierung und Visualisierung überprüfen (vgl. Kap. 2.2.3.4). Unterhaltsam einzustufende Beiträge wie Satire sowie kabarettistische und künstlerische Beiträge weisen auf eine *Boulevardisierung* hin. Sie kamen allerdings üblicherweise nicht vor. Folglich kann kaum von einer Boulevardisierung der Wahlabendsondersendungen im deutschen Fernsehen gesprochen werden. Da diese Beiträge außerdem nur in zwei Wahljahren ausgemacht werden konnten, lässt sich auch kein Entwicklungstrend ablesen.

Visualisierung ist ermittelbar über den Anteil an den filmgeprägten, also Filmbericht und NiF, versus wortorientierten Darstellungsformen, d. h., Moderation, Meldung, Aufsager, Gespräch, Einzel- und Gruppeninterview, Rede, Statement und Kommentar. Filmberichte und NiF wurden im Unterschied zu den wortorientierten Darstellungsformen in den Wahlabendsondersendungen über die Sendergrenzen hinweg selten eingesetzt, während sie in Nachrichtensendungen neben den Sprechermeldungen die größte Rolle spielen (vgl. statt anderer Maier 2003: 73 ff.). Außerdem wurden Filmberichte und NiF eher bei den Privatsendern RTL und Sat.1 ausgestrahlt (vgl. für ein ähnliches Resultat zu Fernsehnachrichten Pfetsch 1996: 489). Insgesamt ist der Grad der Visualisierung der Wahlabendberichte aller untersuchten Fernsehanbieter aber äußerst gering. Im Zeitverlauf wird darüber hinaus deutlich, dass Filmberichte und NiF v. a. zu Anfang der 1960er Jahre und seit den 1990er Jahren gezeigt wurden (vgl. Abb. 11).

Es ist zu vermuten, dass 1961 auf filmorientierte Darstellungsformen aus Gründen der Sendesicherheit zurückgegriffen wurde. Filme können gut vorbereitet und bei Bedarf abgerufen werden, wenn es etwa bspw. keine interessanten Informationen live zu berichten gibt oder die Technik nicht funktioniert (vgl. Interview Schönenborn: 2 sowie Kap. 5.2.1.4 u. 6.2.1). Das Vorkommen von visuell geprägten Darstellungsformen 1990 weist dabei im Vergleich zu den Vorwahljahren auf einen gestiegenen Visualisierungsgrad hin. Von 1994 auf 1998 nahm der Grad der Visualisierung jedoch wieder ab, um 2002 erneut anzusteigen. Diese Entwicklung hängt offenbar mit der Konkurrenzsituation auf dem deutschen Fernsehmarkt zusammen. Dies ist v. a. daran erkennbar, dass es hauptsächlich die Privatsender waren, die Filmberichte gebracht haben (vgl. Kap. 5.2.1.3).

Die Befunde stehen teilweise im Widerspruch zu Erkenntnissen aus Studien, die sich mit Nachrichtensendungen oder politischen Magazinen im Fernsehen beschäftigen: Übereinstimmend konnten an den Darstellungsformen Indizien identifiziert werden, die einen Trend zur stärkeren Visualisierung belegen (vgl. Maier 2003: 74; Wegener 2001: 209 f.; Zubayr/Fahr 1999: 643; Pfetsch 1996: 489; Wix 1996: 78 u. 81). Jedoch wurden in diese Untersuchungen normalerweise nur zwei, in Ausnahmen drei Messzeitpunkte einbezogen, so dass die festgestellte Tendenz auch zufällig sein kann. Im Gegensatz dazu wurde bei einer Langzeitstudie zu Fernsehnachrichten ebenfalls ermittelt, dass der Anteil von Filmbeiträgen mehr oder weniger über die Zeit konstant blieb (vgl. Ludes 2001a: 105).

Inhaltliche Merkmale 285

Abb. 11: Darstellungsformen – Vorkommen pro Wahljahr in Prozent an allen Darstellungsformen[205]

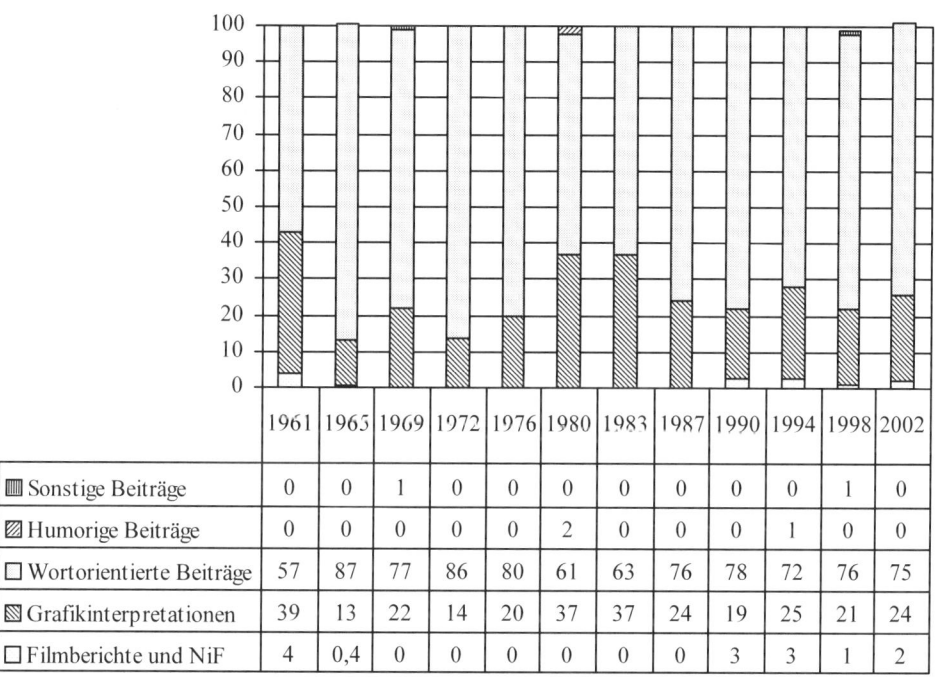

	1961	1965	1969	1972	1976	1980	1983	1987	1990	1994	1998	2002
Sonstige Beiträge	0	0	1	0	0	0	0	0	0	0	1	0
Humorige Beiträge	0	0	0	0	0	2	0	0	1	0	0	0
Wortorientierte Beiträge	57	87	77	86	80	61	63	76	78	72	76	75
Grafikinterpretationen	39	13	22	14	20	37	37	24	19	25	21	24
Filmberichte und NiF	4	0,4	0	0	0	0	0	0	3	3	1	2

Bundestagswahlen

Werden die Grafikinterpretationen zur Ermittlung des Grads der Visualisierung hinzugezogen, lässt sich erkennen, dass v. a. 1961 visualisiert wurde (vgl. Abb. 11). Ansonsten sind Schwankungen zu verzeichnen. Dabei hat sich der Anteil an visualisierten Darstellungsformen seit 1987 zwischen 20 und 25 Prozent stabilisiert. Im Gegensatz dazu wurden bei politischen Magazinen im Fernsehen ein erhöhter Einsatz von Grafiken und Schaubildern im Zeitverlauf und damit ein stärkerer Visualisierungsgrad identifiziert (vgl. Wegener 2001: 152). Diese Differenz lässt sich auf die unterschiedlichen Untersuchungsdesigns zurückführen. Sie ist aber auch dadurch erklärbar, dass Grafikinterpretationen schon immer eine wesentliche Darstellungsform der Wahlabendsendungen waren, da diese darauf ausgerichtet sind, Zahlen und Daten zu vermitteln (vgl. Kap. 5.1, 5.2.2.1 u. 6.2.2.). Eine Steigerung ist deshalb kaum noch möglich.

Der Anteil an Filmberichten und NiF ist gemessen an der zeitlichen Dauer insgesamt etwas größer als hinsichtlich des Vorkommens (vgl. Abb. 12). Auffallend groß war ihr zeitlicher Umfang 1961. In diesem Wahljahr kamen zwar nur wenige filmgeprägte Darstellungsformen vor. Sie dauerten aber vergleichsweise lang. In der Entwicklungstendenz sind jedoch keine Unterschiede festzustellen, wenn gemessen wird, wie häufig und wie lang Filmberichte und NiF gesendet wurden. Beide Datenreihen zeigen z. T. erhebliche Abwei-

---

[205] Wegen Rundungsdifferenzen entspricht die Summe bei den Wahljahren nicht immer genau dem Wert 100.

chungen zwischen den Messzeitpunkten, die keinen linearen Visualisierungstrend erkennen lassen (vgl. für ähnliche Befunde bei TV-Nachrichten Ludes 2001a: 105; Staab 1998: 59). Gleichwohl wird deutlich, dass die Wahlberichte seit 1990 teilweise visualisiert waren.

Abb. 12: Darstellungsformen – zeitlicher Umfang pro Wahljahr in Prozent an der Gesamtsendezeit[206]

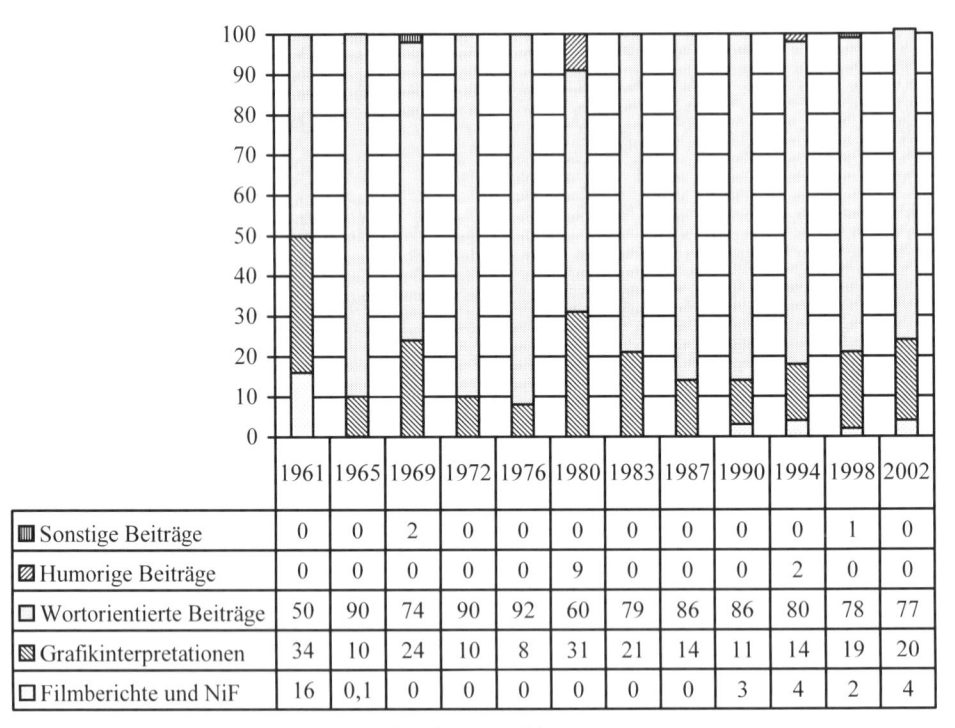

	1961	1965	1969	1972	1976	1980	1983	1987	1990	1994	1998	2002
Sonstige Beiträge	0	0	2	0	0	0	0	0	0	0	1	0
Humorige Beiträge	0	0	0	0	0	9	0	0	0	2	0	0
Wortorientierte Beiträge	50	90	74	90	92	60	79	86	86	80	78	77
Grafikinterpretationen	34	10	24	10	8	31	21	14	11	14	19	20
Filmberichte und NiF	16	0,1	0	0	0	0	0	0	3	4	2	4

Bundestagswahlen

Werden die Grafikinterpretationen berücksichtigt, die zwar häufig vorkamen, aber eher kurz ausfielen, sind die zeitlichen Anteile geringer als diejenigen bezüglich des Vorkommens. Allerdings lässt sich im Untersuchungszeitraum ebenfalls eine Wellenbewegung rekonstruieren. Dabei ist auffällig, dass der zeitliche Anteil visualisierter Stilformen unter Berücksichtigung der Grafikinterpretationen seit 1987 von rund 14 auf etwas mehr als 20 Prozent gestiegen ist. Insofern ist hierbei eine leicht zunehmende Visualisierung zu konstatieren. Dennoch wurden in früheren Wahljahren bereits höhere oder ähnliche Werte erreicht. Langfristig lässt sich also hieran keine Zunahme des Visualisierungsgrads ermitteln.

Eine genauere Betrachtung der *Grafikinterpretationen*[207] verspricht weiteren Aufschluss über die Art und Weise der Präsentation der Wahlabendsondersendungen im deutschen Fernsehen, denn die Grafikinterpretationen gehören über Sendergrenzen hinweg und

---

[206] Wegen Rundungsdifferenzen entspricht die Summe bei den Wahljahren nicht immer genau dem Wert 100.
[207] Bei anderen Autoren wird diese Kategorie als „schnelle Information" (Freyberger 1970: 32) oder als „Hochrechnung/Prognose/Analyse"(Tennert/Stiehler 2001: 162) bezeichnet.

zu allen Messzeitpunkten zu den spezifischen Darstellungsformen dieses Formats: Der Einsatz der Grafikinterpretationen war im Untersuchungszeitraum vergleichsweise stabil (vgl. Abb. 11). Er lag durchweg bei etwa 20 Prozent. Allerdings wurden Grafikinterpretationen 1961 sowie 1980 und 1983 besonders stark eingesetzt: Vier von zehn Beiträgen waren Grafikinterpretationen. Für die 1980er Jahre liegt dieser starke Einsatz von Grafikinterpretationen in der verbesserten technischen Machbarkeit begründet (vgl. Kap. 5.2.1.4 u. 6.3.3).

Der Befund des stabilen Einsatzes von Grafiken in Wahlabendsendungen zu Bundestagswahlen zwischen 1961 und 2002 steht im Widerspruch zu Erkenntnissen zur Umfrageberichterstattung in Printmedien. Für die Bundesrepublik Deutschland wurde ein Anstieg der Berichterstattung über Wahlumfragen von 1980 bis 1998 nachgewiesen (vgl. auch im Folgenden Brettschneider 2000: 481). Dies wird auf die leichtere Verfügbarkeit von Umfrageergebnissen durch neue Techniken der Meinungsforschung zurückgeführt. Jedoch wurden nicht nur Berichte, deren Hauptbestandteil Umfragen waren, einbezogen, sondern alle Beiträge, in denen Umfragen in Verbindung mit Bundestagswahlen eine Rolle spielten, so dass sich der Befund relativiert: Zwischen 1987 und 1998 ist die Bedeutung von Umfragen rückläufig, da immer diffuser auf Umfragen verwiesen wurde. Dies hat nicht zu mehr detaillierten Informationen geführt (vgl. für eine kritische Einordnung Raupp 2003: 119).

Zur näheren Analyse der Grafikinterpretationen wurden für die insgesamt 329 Beiträge, die dieser Darstellungsform zugeordnet werden konnten, weitere Daten erhoben. Codiert wurde, um welche grafische Veranschaulichung es sich handelte. Die Grafikinterpretationen lassen sich dazu in klassische und weitere Grafiken unterteilen (vgl. Kamps o. D.: 7 f. sowie Kap. 3.2).[208] Unter dem Begriff der klassischen Grafiken wurden gebündelt: die prognostizierten, geschätzten und hochgerechneten Wahlergebnisse, die Auszählungsdaten, die Sitzverteilung, die Koalitionsmöglichkeiten und die Gewinne und Verluste. Zu den weiteren Grafiken wurden alle sonstigen Grafiken zusammengefasst. Diese lassen sich differenzieren in:

- Kandidaten- und kanzlerbezogene Umfrage-Befunde,
- Umfrageergebnisse zu Koalitions-Fragen,
- Ergebnisse zur Bewertung von Parteien,
- Befunde der Fragen nach Wünschen, Meinungen und Einschätzungen der Wähler,
- Ergebnisse der Fragen nach Themen,
- Resultate zum Wahlverhalten wie der Wahlbeteiligung, den Erst- und Zweitstimmen, dem Wahlverhalten nach Altersgruppen oder Berufsstruktur,
- sonstige grafische Darstellungen und
- in eine Kategorie mit dem Titel „ohne Grafiken"[209].

---

[208] Die genaue Definition aller Grafikinterpretationen und die Codieranweisungen hierzu finden sich im Codebuch „Quantitative Inhaltsanalyse inhaltlicher Merkmale" im Anhang.
[209] In den 1960er und 1970er Jahren kam es vor, dass ähnliche Daten mit vergleichbaren Erklärungen wie in den jüngeren Wahlabendberichten gesendet wurden, diese jedoch nicht durch Grafiken visualisiert wurden, da es damals noch keine bzw. nicht so schnelle grafische Umsatzmöglichkeiten gab (vgl. Kap. 5.2.1.4 u. 6.3.3). Hier wurde „ohne Grafik" codiert (vgl. Anhang).

Mehrfachnennungen waren für den Fall möglich, dass innerhalb einer Grafik mehrere Aspekte unterschiedlicher Kategorien vorhanden waren, wenn z. B. ausgezählte Ergebnisse in Prozent und im Vergleich zu vorangegangenen Wahlen präsentiert wurden. In etwa einem Viertel der Grafikinterpretationen wurden Mehrfachnennungen dokumentiert. Der zeitliche Anteil wurde für diese Variablen nicht erhoben.

Senderübergreifend wird eine herausragende Bedeutung der klassischen Grafiken deutlich (vgl. Tab. 46). Bei den Privatsendern nahmen die klassischen Grafiken mit nahezu neun Zehnteln einen außerordentlich hohen Anteil an allen Grafikinterpretationen ein. Dagegen waren die ARD und insbesondere das ZDF stärker auf weitere Grafiken ausgerichtet.

Tab. 46: Grafiken – Vorkommen pro TV-Sender in Prozent[210]

Grafiken	ARD	ZDF	RTL	Sat.1
Klassische	84,1	66,6	89,3	89,4
Weitere	15,9	33,4	10,7	10,6

Bei näherer Betrachtung der weiteren Grafiken zeigt sich, dass das ZDF die grafischen Elemente am variantenreichsten von den analysierten TV-Anbietern eingebunden hat (vgl. Tab. 47). Ein ähnlichen Ergebnis brachte eine Analyse der Wahlabendberichterstattung zur Bundestagswahl 1998 hervor (vgl. Kamps o. D.: 7 f.). Hingegen wurde für Sondersendungen zu Landtagswahlen 1987 konstatiert, dass das ZDF stets ein ähnliches grafisches Grundmuster verwendete, während die ARD vielfältigere und informationsdichtere Grafiken zeigte (vgl. Teichert/Deichsel 1987: 5 f.). Beide Studien sind punktuelle Bestandsaufnahmen.

Tab. 47: Weitere Grafiken – Vorkommen pro TV-Sender in Prozent[211]

	Kandidat/Kanzler	Koalition	Partei	Wählereinschätzung	Wählerverhalten	Themen	Ohne Grafik	Sonstige Grafik
ARD	0,5	0	0,5	1,4	6,3	0,5	5,3	1,4
ZDF	2,7	1,3	3,3	2,7	7,3	1,3	14,7	0
RTL	0	0	0	0	3,6	0	3,6	3,6
Sat.1	0	0	0	7,1	0	0	3,6	0

Die in der vorliegenden Studie ermittelte variantenreichere Einbindung der Grafiken beim ZDF ist zum einen als Indiz für eine stärkere Inszenierung zu werten (vgl. Kap. 2.2.3.4). Zum anderen lässt sie auch auf ein Bemühen um eine breit gefächerte Analyse schließen. Auffällig ist beim ZDF zudem der hohe Wert an Interpretationen, die ohne Grafiken auskommen. Dies liegt vorwiegend an den Erklärungen von Ergebnis- und Umfragedaten durch Wahlforscher, die zwischen 1969 und 1976 häufig ohne Grafik gesendet wurden.

Klassische Grafiken dominierten die Grafikinterpretationen in den Wahlabendberichten auch im gesamten Untersuchungszeitraum (vgl. Tab. 48). Es wurde stets mehr Gewicht auf klassische als auf weitere Grafiken gelegt. Dies ist als Hinweis auf eine Ritualisierung der Wahlabendberichterstattung im deutschen Fernsehen interpretierbar (vgl. Kap. 2.2.3.4). Eine vergleichsweise große Relevanz kam den klassischen Grafiken dabei 1961, 1976 und

---

[210] Die Werte beziehen sich anteilig auf die Grafikinterpretationen bei den Fernsehprogrammen.
[211] Die Werte beziehen sich anteilig auf die Grafikinterpretationen bei den Fernsehprogrammen.

1998 zu. 1961 gab es aufgrund fehlender Daten aus Vorwahlumfragen noch keine anderen grafischen Darbietungsmöglichkeiten. 1976 und 1998 veranlasste der knappe Ausgang der Wahlen (vgl. Kap. 5.1) die Fernsehsender vermutlich dazu, mehr Grafiken zu bringen, die ausgezählte bzw. hochgerechnete Resultate, Sitzverteilungs- und Koalitionsmöglichkeiten sowie Gewinne und Verluste zeigten. Dies bestätigt die Annahme, dass „je ungewisser der Wahlausgang zu sein scheint, desto größer [...] das journalistische Interesse an den Umfrageergebnissen" (Raupp 2003: 116; vgl. Brettschneider 2000: 480) ist. Vor diesem Hintergrund ist es allerdings erstaunlich, dass 2002, als die Wahl ebenfalls knapp ausging, der Anteil an weiteren Grafiken mit 36 Prozent relativ groß ausfiel.

Tab. 48: Grafiken – Vorkommen pro Wahljahr in Prozent[212]

Grafiken	1961	1965	1969	1972	1976	1980	1983	1987	1990	1994	1998	2002
Klassische	89,3	79,9	72,3	81,8	90,8	63,2	81,5	80	83,4	72,7	89,7	63,7
Weitere	10,7	20	27,6	18,1	9,1	37	18,5	20	16,7	27,2	10,3	36,2

Die Zusammensetzung der weiteren Grafiken wird zu den Messzeitpunkten, an denen ihr Anteil am größten war, genauer beleuchtet (vgl. Tab. 49). 1980 waren grafische Darstellungen zum Wählerverhalten für den vergleichsweise hohen Wert der weiteren Grafiken ausschlaggebend. Daneben wurden Grafiken zur Wählereinschätzung, sonstige Grafiken sowie Interpretationen zur Wahlanalyse ohne grafische Veranschaulichung präsentiert. Der hohe Anteil an weiteren Grafiken 2002 setzte sich dagegen zu etwa gleich großen Teilen aus allen weiteren grafischen Darstellungsoptionen zusammen. Folglich ist 2002 eine variantenreiche Einbindung der weiteren Grafiken auszumachen. Bis dato wurden neben Wählereinschätzungen und Analysen zum Wählerverhalten, die seit 1961 stets gezeigt wurden, nur ausnahmsweise weitere Grafikoptionen genutzt. Die variantenreiche Einbindung des ZDF im Vergleich zu den übrigen Sendern wurde also hauptsächlich im Jahr 2002 erreicht.

Tab. 49: Weitere Grafiken – Vorkommen pro Wahljahr in Prozent[213]

	Kandidat/ Kanzler	Koalition	Partei	Wählereinschätzung	Wählerverhalten	Themen	Ohne Grafik	Sonstige Grafik
1980	0	0	0	5,3	21,1	0	5,3	5,3
2002	6,8	2,3	6,8	4,5	6,8	4,5	4,5	0

7.1.2 Themen

Themen sind inhaltliche Einheiten, die Texte, Fernsehbeiträge usw. bestimmen. Themen sind Antworten auf die Frage, worüber berichtet bzw. was gesendet wird. Ein Beitrag kann ein Thema beinhalten oder es können darin mehrere thematische Aspekte angesprochen werden. Entsprechend waren Mehrfachnennungen möglich. Insgesamt war in fast 60 Prozent aller analysierten Beiträge mehr als ein Thema festzustellen. Codiert wurde dabei, ob ein Thema vorkam oder nicht.

---

[212] Die Werte beziehen sich anteilig auf die Grafikinterpretationen zu den Wahljahren. Wegen Rundungsdifferenzen entspricht die Summe bei den Wahljahren nicht immer genau dem Wert 100.
[213] Der Wert bezieht sich anteilig auf alle Grafikinterpretationen in den dargestellten Wahljahren.

Zunächst wurde bestimmt, ob sich ein Beitrag mit der Bundestagswahl oder einer bzw. mehrerer gleichzeitig stattfindender Landtagswahlen beschäftigte. Erst nach dieser Bestimmung wurden die spezifischen thematischen Aspekte in den Blick genommen (vgl. Anhang).

Hinsichtlich der Thematisierung von Bundestagswahl und gleichzeitig stattfindenden Landtagswahlen wurde ermittelt, dass über die Bundestagswahlen bei allen Sendern in mehr als 90 Prozent der Beiträge Wahlsendungen berichtet wurde. Landtagswahlen wurden lediglich zu fünf Messzeitpunkten thematisiert. Diese entsprechen den Jahren, in denen neben dem Bundestag auch ein oder mehrere Landtage gewählt wurden (vgl. Tab. 50).

Tab. 50: Thema Landtags- und Bundestagswahl – Vorkommen pro Wahljahr in Prozent

	1961	1965	1969	1972	1976	1980	1983	1987	1990	1994	1998	2002
Bundestagswahl	100	100	100	100	100	100	86,6	100	82,6	80,8	94,7	88,6
Landtagswahl	0	0	0	0	0	0	13,4	0	17,4	19,2	5,3	11,4

Erstmals war dies 1983 der Fall, als gleichzeitig zu einer Bundestagswahl die Landtagswahl in Rheinland-Pfalz stattfand. Zu allen fünf Zeitpunkten überwog jedoch die Thematisierung der Bundestagswahl, weil dieser von Journalisten eine größere Bedeutung zugewiesen wird (vgl. Interview Deppendorf: 6; Interview Raue: 2 sowie Kap. 2.2.2.1). Dabei stützen sie sich außerdem auf vermutete Publikumserwartungen (vgl. Kap. 2.2.2.1), nach denen für Bundestagswahlen ein größeres Interesse besteht als für Landtagswahlen (vgl. Kaase 1999: 5; Zubayr/Gerhard 1999: 237; Holtz-Bacha 1996: 26; Wildenmann 1969: 169 f.).

Besonders gering war der Anteil, den die Berichterstattung über die Landtagswahl einnahm, 1998. Nur knapp fünf Prozent der Beiträge thematisierten 1998 die Wahl des Landtags in Mecklenburg-Vorpommern. Dies dürfte mit dem damaligen Regierungswechsel im Bund zusammenhängen (vgl. auch im Folgenden Kap. 5.1). Diesem wurde mehr Aufmerksamkeit zuteil, da es sich dabei um eine wesentliche Veränderung im politischen System Deutschlands gehandelt hat. Demgegenüber wurde 1990 und 1994 vergleichsweise häufig über die gleichzeitig stattfindenden Landtagswahlen informiert. Bei der Interpretation dieser Befunde ist für 1990 zu berücksichtigen, dass neben dem ersten gesamtdeutschen Bundestag auch der Senat in Gesamt-Berlin gewählt wurde. 1994 fanden gleich drei Landtagswahlen statt: im Saarland, in Mecklenburg-Vorpommern und Thüringen.

In Bezug auf die weiteren Themen konnte an Wahlabenden folgende Rangfolge eruiert werden: Bei allen Sendern wurden in den Wahlabendberichten am häufigsten die Wahlresultate präsentiert, bewertet und ihre Folgen thematisiert, obgleich die Reihenfolge divergierte (vgl. Tab. 51).

Eine große Zahl an Beiträgen ist darüber hinaus über Sendergrenzen hinweg als moderativ[214] einzustufen. Diese Befunde gehen mit den Ergebnissen zu den Darstellungsformen einher. Senderübergreifend wurden am häufigsten ausgestrahlt (vgl. Kap. 7.1.1): Moderationen, Grafikinterpretationen, die sich mit den Wahlergebnissen befassen, und Einzelinterviews, in denen oftmals bewertet wird und die häufig die Folgen der Resultate behandeln.

---

[214] Darunter werden Begrüßungen, Verabschiedungen, Einleitungen und Überleitungen verstanden.

Im Mittelpunkt der Wahlabendsonderberichte im deutschen Fernsehen standen also: die Information über Wahlergebnisse, die Verarbeitung des Wahlergebnisses durch Beurteilung sowie die Thematisierung der Konsequenzen des Wahlausgangs (vgl. für ähnliche Befunde bei Landtagswahlen Tennert/Stiehler 2001: 116). In dieser inhaltlichen Charakteristik drückt sich der journalistische Anspruch aus, den die Verantwortlichen der untersuchten Fernsehsender für ihre Wahlabendberichte formulieren. Sie wollen möglichst schnell und zuverlässig über Prognosen, Hochrechnungen und Ergebnisse sowie über Reaktionen der Politiker berichten (vgl. Kap. 5.2.3.1). Darüber hinaus wird hieran auch die Orientierung an Nachrichtenfaktoren wie Aktualität und Relevanz deutlich (vgl. Kap. 2.2.2.1).

Tab. 51: Themen – Vorkommen pro Sender (Anzahl und Prozent)

		ARD	**ZDF**	**RTL**	**Sat.1**
Moderative Beiträge	Anzahl	121	151	37	35
	Prozent	12,1	19	18,3	16,8
Meta-Berichterstattung	Anzahl	51	50	7	7
	Prozent	5,1	6,3	3,4	3,4
Darstellungen Wahltag	Anzahl	53	32	7	7
	Prozent	5,3	4	3,4	3,4
Darstellungen Methodik	Anzahl	24	30	5	2
	Prozent	2,4	3,8	2,5	1
Wahlsystem	Anzahl	13	12	1	4
	Prozent	1,3	1,5	0,5	1,9
Wahlkampf/Wahlziele	Anzahl	72	49	19	14
	Prozent	7,2	6,2	9,4	6,7
Wahlergebnisse	Anzahl	286	150	28	38
	Prozent	28,5	18,9	13,8	18,3
Bewertung	Anzahl	147	113	37	39
	Prozent	14,7	14,2	18,2	18,8
Erklärung und Analyse	Anzahl	88	81	21	16
	Prozent	8,8	10,2	10,3	7,7
Folgen	Anzahl	106	95	31	28
	Prozent	10,6	12	15,3	13,5
Humorige Beiträge	Anzahl	2	0	0	0
	Prozent	0,2	0	0	0
Persönliches/Privates	Anzahl	3	3	2	4
	Prozent	0,3	0,4	1,0	1,9
„soft news"	Anzahl	7	7	2	7
	Prozent	0,7	0,9	1	3,4
Sonstige Beiträge	Anzahl	30	20	6	7
	Prozent	3	2,5	3	3,4
Gesamt	Anzahl	1 003	793	203	208
	Prozent*	100	100	100	100

* Wegen Rundungsdifferenzen entspricht die Summe der Positionen nicht immer genau dem Wert 100.

Weit weniger häufig als die bislang genannten Themen wurden die folgenden Aspekte in dieser Abstufung aufgegriffen: Erklärung und Analyse von Wahlergebnissen, Aussagen zum Wahlkampf und zu den Wahlzielen der Parteien und Politiker, Darstellungen zum Geschehen am Wahltag und zur Methodik der Wahlforschung. Bei den Anteilen, die diese

Aspekte jeweils umfassten, fallen kaum Differenzen zwischen den vier untersuchten Fernsehsendern auf. Aus diesen Befunden lässt sich schließen, dass am Wahlabend die Frage des „Warum?" und damit die Erklärung und Analyse des Wahlausgangs zwar nicht im Vordergrund der Wahlabendberichte stand (vgl. für einen ähnlichen Befund zu Nachrichten im TV Ludes 1993: 39), aber die Analyse der Hintergründe nahm einen angemessenen Anteil im Vergleich zu den weiteren Themen ein. Eine umfassende Analyse des Wahlresultats wird von den Fernsehsendern auch nicht angestrebt (vgl. Kap. 5.2.3.1).

Noch sparsamer wurde das Geschehen am Wahltag thematisiert. Dennoch wurde der Chronistenpflicht Genüge getan. Sie erfolgte jedoch v. a. in den Nachrichten. Teilweise wurden auch Ausführungen zur Methodik der Wahlforschung geliefert. Dies kam allerdings selten vor. Je nachdem, welche Angaben gemacht wurden, entspricht dies den rechtlichen Anforderungen sowie den Richtlinien für die publizistische Arbeit des Deutschen Presserats (vgl. Kap. 5.2.1.1 u. 5.2.1.2). Dies wurde in der vorliegenden quantitativen Inhaltsanalyse jedoch nicht im Detail ermittelt, sondern ausschließlich qualitativ erhoben (vgl. Kap. 6.2.2).

Auch Tennert und Stiehler fanden in ihrer Untersuchung zur Berichterstattung am Abend von mehreren Landtagswahlen 1999 heraus, dass Aussagen zu Wahlzielen vergleichsweise sparsam artikuliert wurden. Themen und Programme standen weniger im Mittelpunkt als die Bewertung des Wahlergebnisses und erste Rationalisierungsbemühungen (vgl. Tennert/Stiehler 2001: 116). Dagegen stellten Krüger und Zapf-Schramm in ihren Studien zu Sendungen im Wahlkampf und am Wahlabend 1998 und 2002 fest, dass parteiinterne Angelegenheiten und der Wahlkampf Spitzenthemen waren (vgl. Krüger/Zapf-Schramm 2002a: 612 u. 1999: 231 f.). Die Differenzen dieser Befunde lassen sich mit Blick auf die unterschiedliche Untersuchungsanlage und die divergierende Definition der Themen erklären (vgl. Kap. 3.2). So fassten Krüger und Zapf-Schramm z. B. unter das Thema Wahlkampf neben der Wahlkampfführung auch die Präsentation von Umfragedaten. In der vorliegenden Studie wurden diese Aspekte getrennt erfasst.

Um an den Themen der Wahlabendsendungen Trends politischer Berichterstattung im Zeitverlauf empirisch überprüfen zu können, wurden die einzelnen Aspekte zu Gruppen gebündelt. Begrüßungen und Verabschiedungen sowie Einleitungen und Überleitungen wurden unter dem Begriff der *moderativen Beiträge* zusammengefasst. Alle Beiträge, die Informationen rund um die Wahl liefern – von Darstellungen zum Geschehen am Wahltag und Informationen zum deutschen Wahlsystem über Aussagen zur Methodik der Wahlforschung und Informationen zu den Wahlergebnissen bis hin zu Bewertung, Erklärung, Analyse und Einschätzung der Folgen der Resultate – weisen auf eher informative Berichterstattung hin. Sie wurden hier als *informative Wahl-Beiträge* bezeichnet. Unter dem Titel *Boulevard-Beiträge* wurden Satire, künstlerische und kabarettistische Auftritte sowie Beiträge, die als „soft news" einzustufen sind, gebündelt. Sie sind Indizien für eine Boulevardisierung (vgl. Kap. 2.2.3.4). Neben diesen Gruppierungen stehen als Einzelthemen weiter allein: *Meta-Berichterstattung* sowie *persönliche und private Beiträge*. Die Meta-Berichterstattung liefert Hinweise auf eine angestrebte Profilbildung seitens der TV-Sender, persönliche bzw. private Beiträge deuten dagegen auf eine Personalisierung im Sinne einer Privatisierung hin (vgl. Kap. 2.2.3.4).

Im Hinblick auf die Entwicklung der Themen über die analysierten vier Jahrzehnte hinweg zeigt sich eine Dominanz der informativen Wahl-Beiträge (vgl. Tab. 52). Ihr Anteil lag vergleichsweise stabil zwischen 70 und 80 Prozent. Dabei wurden i. d. R. am häufigsten Wahlergebnisse dargestellt oder bewertet. Zusammen erreichen die Darstellung und Bewertung von Wahlresultaten jeweils zwischen 30 und 50 Prozent aller Themen. Nicht ganz so oft, aber auch noch häufig, erfolgte eine Auseinandersetzung mit den Konsequenzen des Wahlausgangs und es wird versucht, die Ergebnisse zu analysieren und zu erklären. Diese Befunde passen zu den Erkenntnissen der Themenverteilung bei den einzelnen TV-Sendern. Gleichwohl fallen zu einigen Messzeitpunkten Besonderheiten auf: Beispielsweise wurden Erklärungen und Analysen des Wahlausgangs besonders häufig 1961 (14,8 Prozent), 1972 (12,3 Prozent), 1980 (11,3 Prozent), 1990 (10,8 Prozent) und 2002 (16,8 Prozent) geliefert. Damit lassen sich Aussagen von Programmverantwortlichen, die einen Bedeutungszuwachs der Frage des „Warum?" erkennen lassen (vgl. Kap. 5.2.3.1), anhand des untersuchten Materials empirisch nicht bestätigen. Eher sind Schwankungen hinsichtlich der Relevanz dieser Hintergrundinformationen zu verzeichnen. Des Weiteren wurde das Geschehen am Wahltag 1961 relativ häufig dargestellt (zwölf Prozent). Dagegen wurden 1987 mit etwa 15 Prozent vergleichsweise häufig Aussagen zum Wahlkampf und zu den Wahlzielen der Parteien und Politiker artikuliert.

Tab. 52: Themen – Vorkommen pro Wahljahr in Prozent aller Themen

	1961	1965	1969	1972	1976	1980	1983	1987	1990	1994	1998	2002
Moderative Beiträge	11	11,7	8,5	17,8	15,1	8,4	17,6	19,8	15	20,4	19,8	16,5
Meta-Bericht.	11,1	5,2	10	4,3	0,8	11,3	7	4,2	5,4	1,5	4	5
Informative Wahl-Beitr.	74	81,6	78,6	75,2	73,5	74,7	73,9	74,9	73	73	69,7	72,3
Persönliches/ Privates	0	0	0	0	0,8	0	0	0	0,6	1,2	1,8	0,7
Boulevard-Beiträge	1,2	0,3	0,5	0	0,8	1,4	0	1	2,4	0,8	1,5	3
Sonstige Beiträge	2,5	1,3	2,4	2,5	9	4,2	1,4	0	3,6	3,1	3,3	2,6

Nach den informativen Wahl-Beiträgen wurden *moderative Beiträge* am zweithäufigsten gesendet. Sie erzielten stets Anteile zwischen zehn und 20 Prozent. Erklärbar ist dies über die hohe Zahl an Moderationen (vgl. Kap. 7.1.1). Zum Teil wurden auch *Meta-Themen* häufig gebracht. 1961 und 1980 erreichten sie etwas mehr als zehn Prozent. In anderen Wahljahren (1976 und 1994) war ihr Anteil hingegen minimal. Ein Zusammenhang mit der Wettbewerbssituation auf dem deutschen Fernsehmarkt, der vermutet werden könnte, ist nicht erkennbar (vgl. Kap. 5.1 u. 5.2.1.3). 1965, als das ZDF erstmals neben der ARD sendete, und 1987, als zum ersten Mal private TV-Sender Wahlabendberichte ausstrahlten, waren die Werte der Meta-Berichterstattung niedriger als in den Wahljahren zuvor.

An den Themen sind im Laufe der untersuchten mehr als vier Jahrzehnte ebenfalls leichte Schwankungen in Bezug auf Boulevardisierung festzustellen. Diese fanden jedoch auf sehr niedrigem Niveau statt: *Boulevard-Beiträge* kamen zu fast allen Zeitpunkten sehr selten oder überhaupt nicht vor. In einzelnen Wahljahren war ihr Anteil an allen Themen dabei etwas größer, bspw. 1961, 1980, 1990, 1998 und 2002. Damit fallen die Werte leicht höher aus, seitdem die privaten TV-Sender auch Wahlabendsendungen zu Bundestagswahlen ausstrahlen (vgl. für ähnliche Befunde zu Fernsehnachrichten Maier 2003: 67 u. 70; Bruns/Marcinkowski 1997: 290). Die Verdopplung des Wertes von 1998 auf 2002 lässt vor dem Hintergrund der Entwicklungen in den vorangegangenen Jahrzehnten jedoch nicht die

Interpretation zu, dass auch zukünftig mehr unterhaltsame Aspekte thematisiert werden, es also einen Trend zu steigender Boulevardisierung gibt. Für eine Tendenz zunehmender Boulevardisierung fanden sich insgesamt also kaum Belege (vgl. für ähnliche Ergebnisse zu Nachrichten im Fernsehen Zubayr/Fahr 1999). Indes muss berücksichtigt werden, dass für die Radio-Wahlberichterstattung zur Bundestagswahl 2002 ebenfalls eine hohe Bedeutung von Humor ermittelt wurde (vgl. Vowe/Wolling 2003: 108).

Schließlich ist im Untersuchungszeitraum ein zunehmender Trend der Personalisierung insofern festzustellen, als seit den 1990er Jahren erstmals überhaupt *persönliche oder private Aspekte* thematisiert wurden. Auch hier ist ein Zusammenhang mit der Situation auf dem deutschen TV-Markt zu vermuten (vgl. Kap. 5.1 u. 5.2.1.3).

7.1.3 Orte

Die Orte geben darüber Auskunft, an welchen Schauplätzen das Geschehen der Wahlabendberichterstattung im deutschen Fernsehen handelt. Codiert wurde jeweils der Ort, von dem aus gesendet wurde. Da ein Beitrag an mehreren Schauplätzen spielen kann – etwa bei Filmberichten oder bei Interviews per Schaltungen –, waren Mehrfachnennungen möglich (vgl. Anhang). Rund fünf Prozent aller Beiträge handelten an mehr als einem Ort. Die Orte wurden hinsichtlich ihres Vorkommens codiert.

Wie aufgrund der hohen Anteile an Moderationen und moderativen Beiträgen zu erwarten war (vgl. Kap. 7.1.1 u. 7.1.2), spielten die Wahlabendberichte über die Sendergrenzen hinweg größtenteils in den *zentralen Wahlstudios*, in denen die Moderatoren agierten (vgl. Tab. 53). Dabei lassen sich senderspezifische Strategien erkennen, an welchen Örtlichkeiten die zentralen Wahlstudios eingerichtet waren (vgl. Kap. 5.2.1.3).

Neben den zentralen Wahlstudios waren für die Wahlabendberichte v. a. zwei weitere Schauplätze relevant: zum einen die Orte, an denen die Parteien ihre *Wahlpartys* veranstalteten und zum anderen die Räumlichkeiten, in denen die *Wahlforschungsdaten* präsentiert wurden (vgl. für einen ähnlichen Befund zum ARD-Wahlbericht 1969 Freyberger 1970: 38). Bei Letzterem bildet Sat.1 eine Ausnahme. Der Privatsender erreichte noch nicht einmal ein Prozent an gesonderten Wahlforschungsorten. Dies weist darauf hin, dass Sat.1 der Wahlforschung nur geringe Relevanz beigemessen hat und ist dadurch erklärbar, dass der Privatsender bis 1998 auf die Wahlforschungsdaten von ARD und ZDF zurückgriff (vgl. Kap. 5.2.1.3 u. 5.2.2.1). Des Weiteren wurden hinsichtlich der gesonderten Orte der Wahlforschung bei ARD und ZDF geringere Anteile erreicht als bei RTL in Bezug auf das virtuelle Wahlstudio. Dies liegt daran, dass die Wahlforschungsstudios der öffentlich-rechtlichen Sendeanstalten in den 1980er Jahren in das jeweilige zentrale Wahlstudio verlegt wurden (vgl. Kap. 5.2.3.2). Die Differenz zwischen ARD und ZDF ist dabei ebenfalls mit Blick auf die Geschichte zu erklären: Die ARD lagerte ihr Wahlforschungsstudio bei Bundestagswahlen bis 1987 aus. Dies war vier Jahre länger als beim ZDF. Schließlich wurde über die Sendergrenzen hinweg von Plätzen im Bundeshaus, im Bundes- oder Reichstag sowie im Bundeskanzleramt lediglich sparsam gesendet. Senderübergreifend kamen Schauplätze der Außenwelt ebenfalls selten vor. Auch aus ihren Landes- und Auslandsstudios strahlten ARD und ZDF Abschnitte ihrer Wahlberichte nur spärlich aus. Die Privaten verzichteten darauf. Gemessen an der Vielfalt der Orte ist der Grad der Inszenierung der Wahlsendungen über die Sendergrenzen hinweg also gering (vgl. Kap. 2.2.3.4).

Tab. 53: Orte – Vorkommen pro TV-Sender (Anzahl und Prozent)

		ARD	ZDF	RTL	Sat.1
Wahlstudio als zentrales Wahlstudio	Anzahl	95	142	15	55
	Prozent	14,7	26,3	9,8	39,3
TV-Studio als zentrales Wahlstudio	Anzahl	281	199	18	5
	Prozent	43,6	36,9	11,8	3,6
Nachrichtenstudio als zentrales Wahlstudio	Anzahl	0	0	39	9
	Prozent	0	0	25,5	6,4
Nachrichtenredaktion als zentrales Wahlstudio	Anzahl	0	0	0	23
	Prozent	0	0	0	16,4
Landes- bzw. Auslandsstudio	Anzahl	11	3	0	0
	Prozent	1,7	0,6	0	0
Ort der Wahlpartys	Anzahl	91	97	34	31
	Prozent	14,1	18	22,2	22,1
Bundeshaus/Bundestag/ Reichstag/Bundeskanzleramt	Anzahl	22	11	5	3
	Prozent	3,4	2	3,3	2,1
Wahlforschung	Anzahl	86	50	0	1
	Prozent	13,3	9,3	0	0,7
Virtuelles Studio	Anzahl	0	0	30	0
	Prozent	0	0	19,6	0
Außenwelt	Anzahl	21	23	7	6
	Prozent	3,3	4,3	4,6	4,3
Sonstiger Ort	Anzahl	38	14	5	7
	Prozent	5,9	2,6	3,3	5
Gesamt	Anzahl	645	539	153	140
	Prozent*	100	100	100	100

* Wegen Rundungsdifferenzen entspricht die Summe der Positionen nicht immer genau dem Wert 100.

Im gesamten Untersuchungszeitraum war das zentrale Wahlstudio der Ort, an dem die Wahlabendsendungen hauptsächlich gespielt haben – ein erwartbares Ergebnis nach den Befunden zu den einzelnen TV-Sendern (vgl. Abb. 13). Während die Wahlabendberichte von ARD und ZDF bis einschließlich 1983 entweder aus einem extra aufgebauten Wahlstudio oder einem normalen Fernsehstudio kamen, wurden die Sondersendungen an Abenden von Bundestagswahlen seit 1987 auch aus Nachrichtenstudios und -redaktionen als zentrale Sendestudios ausgestrahlt. Hinsichtlich der Schauplätze ist die Wahlabendberichterstattung seit Hinzukommen der Privatsender folglich vielfältiger geworden.

1961 kamen mehr als 70 Prozent des ARD-Wahlberichts aus dem extra aufgebauten zentralen Wahlstudio. Dies ist der größte Anteil im gesamten Untersuchungszeitraum für einen Ort. Hieran lässt sich erkennen, dass diese Wahlabendsendung wenig flexibel gehandhabt wurde, was sicherlich auch an den damaligen technischen Möglichkeiten lag (vgl. Kap. 5.2.1.4 u. Kap. 6.3.4). Von 1965 bis 1976 ist ein kontinuierlicher Rückgang der Berichterstattung aus dem extra eingerichteten zentralen Wahlstudio zu konstatieren. In diesen Wahljahren sendete lediglich das ZDF aus einem solchen Sendezentrum und legte zunehmend Wert auf eine mobilere Berichterstattung, die zu einer stärkeren Inszenierung der Wahlabendberichte beitrug (vgl. Kap. 2.2.3.4). Die ARD brachte ihre Wahlberichte dagegen aus einem TV-Studio, das zum Wahlstudio umgebaut worden war. Von 1980 bis 1987 kamen die Wahlabendberichte sowohl der ARD als auch des ZDF ausschließlich aus einem

TV-Studio, das zum Wahlstudio umfunktioniert worden war. 1990 wurde erstmals wieder ein Teil der Wahlabendberichterstattung im deutschen TV aus einem extra Wahlstudio gebracht – bei Sat.1 und RTL. War es 1994 nur Sat.1, kam 1998 auch der ARD-Wahlbericht aus einem speziellen Wahlstudio. 2002 sendeten beide öffentlich-rechtlichen Sendeanstalten aus einem extra aufgebauten Wahlstudio. Die Privatsender richteten ihre zentralen Wahlstudios 2002 dagegen in Nachrichtenräumen ein. Der Anteil der Wahlberichte, der 2002 aus den normalen TV-Studios kam, ist bedingt durch die Berichterstattung zu der Landtagswahl in Mecklenburg-Vorpommern, die zu großen Teilen aus einem normalen Fernsehstudio gesendet wurde.

Abb. 13: Ausgewählte Orte – Vorkommen pro Wahljahr in Prozent aller Orte

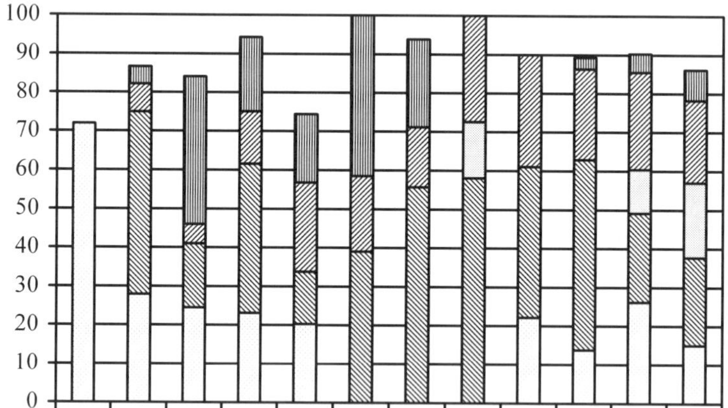

	1961	1965	1969	1972	1976	1980	1983	1987	1990	1994	1998	2002
Wahlf./virtuelles Studio	0	4,5	38,1	19,2	17,6	41,5	22,7	0	0	3	4,8	8
Wahlpartys	0	7,3	5	13,5	23	19,5	15,5	27,4	28,9	23,4	25,1	21,2
Nachrichtenred./-studio	0	0	0	0	0	0	0	14,5	0	0	11,2	19,3
TV-Studio	0	47	16,5	38,5	13,5	39	55,7	58,1	38,9	49,1	23	22,6
Wahlstudio	71,9	27,9	24,5	23,1	20,3	0	0	0	22,2	13,8	26,2	15,1

Bundestagswahlen

Die Entwicklung der Orte, an denen die *Wahlpartys* der Parteien stattfanden, zeigt eine Wellenbewegung – mit zwei relativ hohen Werten 1987 und 1990. Bei etwa einem Viertel aller Schauplätze hat sich der Anteil der Wahlpartys seitdem eingependelt. Auffällig selten wurde bis 1972 zu Wahlpartys geschaltet. Es ist anzunehmen, dass dies mit der damals noch unsicheren Übertragungstechnik zusammenhing (vgl. Kap. 6.3.4). Allerdings wurde 1969 relativ häufig zur Wahlforschung geschaltet, so dass die Übertragungstechnik allein nicht entscheidend gewesen sein kann. Womöglich ist das seltene Schalten zu Wahlpartys auch darauf zurückzuführen, dass dort weniger Gesprächspartner zur Verfügung standen.

Von den Orten der *Wahlforschung* und aus dem *virtuellen Studio* – deren Werte wurden hier zugunsten einer besseren Übersichtlichkeit zusammengezogen – wurde besonders häufig 1969 und 1980 berichtet. Etwa vier von zehn Beiträgen kamen damals von dort. Der geringe Anteil von etwa fünf Prozent an allen Schauplätzen, die 1965 aus einem gesonderten Wahlforschungsstudio gezeigt wurden, dürfte zum einen darauf zurückzuführen sein, dass die Wahlforscher beim ZDF im zentralen Wahlstudio saßen und von dort aus ihre Ergebnisse präsentierten (vgl. Kap. 5.2.3.2). Zum anderen standen die Fernsehanbieter der Wahlforschung mit ihren Prognosen und Hochrechnungen 1965 noch misstrauisch gegenüber, so dass vergleichsweise wenig darüber berichtet wurde. Dies zeigt sich auch an dem geringen Anteil von Grafikinterpretationen in diesem Wahljahr (vgl. Kap. 7.1.1). Vielmehr wurde mit Hilfe von Meldungen über ausgezählte Ergebnisse informiert, die bei der ARD vom „Tagesschau"-Ergebnisdienst direkt aus dem zentralen Wahlstudio kamen (vgl. Kap. 6.4.1 u. 7.1.1). In den 1990er Jahren und auch 2002 veröffentlichte nur noch RTL Wahlforschungsergebnisse aus einem virtuellen Studio. Hierbei ist die Verdopplung des Anteils von 1998 auf 2002 zu beachten, die deutlich macht, dass RTL 2002 noch stärker auf diese Besonderheit gesetzt hat. Dies spricht für eine stärkere Inszenierung (vgl. Kap. 2.2.3.4) sowohl dieses RTL-Wahlabendberichts im Vergleich zu den vorherigen als auch gegenüber den übrigen TV-Sendern (vgl. zur Sonderposition von RTL in Bezug auf virtuelle Technik allgemein Meckel 1998: 204 ff. sowie zur Bundestagswahl 1998 Kamps o. D.: 8).

Bezüglich der Schalten zur *Außenwelt* ist der hohe Anteil 1961 auffällig (vgl. Tab. 54). Zu diesem Messzeitpunkt kamen etwa 20 Prozent des ARD-Wahlabendberichts von öffentlichen Plätzen in Städten wie München oder Hamburg. Dagegen wurde 1969 vergleichsweise selten in die Außenwelt geschaltet, obwohl in diesem Wahljahr sowohl die ARD als auch das ZDF eine große Zahl an Außenstellen eingerichtet hatten. So sollte Bürgernähe demonstriert werden (vgl. Kap. 5.2.1.3). Die Vielzahl an Außenstellen führte jedoch nicht zu einer Berichterstattung, die durch eine häufige Präsentation des Geschehens in der Außenwelt geprägt war. In den folgenden Wahljahren wurde teilweise auf Schalten in die Außenwelt verzichtet – so zumindest die Erkenntnis durch die Beiträge aus der Stichprobe. Erst 1990 wurden Schauplätze der Außenwelt wieder in die Wahlsendungen der vier TV-Sender eingebunden. Bei den Privatsendern geschah dies geringfügig häufiger als bei ARD und ZDF. Der Anteil der Außenwelt blieb aber gering. Hieran zeigt sich ein vergleichsweise niedriger Inszenierungsgrad (vgl. Kap. 2.2.3.4), der nur marginal angestiegen ist.

Tab. 54: Außenwelt – Vorkommen pro Wahljahr in Prozent aller Orte

	1961	1965	1969	1972	1976	1980	1983	1987	1990	1994	1998	2002
Außenwelt	19,3	5,7	5,8	0	4,1	0	0	0	3,3	1,8	4,8	2,8

7.1.4 Akteure

Neben Themen (vgl. Kap. 7.1.2) und Orten (vgl. Kap. 7.1.3) sind Akteure inhaltlich prägend für Fernsehbeiträge. Als Akteure werden Träger bestimmter sozialer Rollen bezeichnet. Sie verfolgen Interessen und Ziele, verfügen über spezifische Orientierungen und greifen auf bestimmte Ressourcen zurück. Akteure gehen einer Strategie nach, um Ziele und Mittel zu kombinieren. Ein Akteur versteht sich selbst als Akteur und wird von anderen als solcher anerkannt (vgl. Kap. 2.2.2.1). Akteure wurden in der vorliegenden Studie nur codiert, wenn sie aktiv waren, d. h., wenn sie in einem Beitrag zu Wort kamen. Akteure, die nur im Bild zu sehen waren, wurden dagegen nicht codiert. Erhoben wurde das Vorkommen der Akteure. Codiert wurden Akteure nach ihrer zu den jeweiligen Messzeitpunkten aktuellen Funktion. Agierte ein Journalist, der zwischenzeitlich als Politiker aktiv war, als Interview-Partner in einer journalistischen Experten-Rolle, so wurde er als publizistischer Experte und nicht als Politiker codiert. Da i. d. R. mehrere Akteure pro Beitrag aktiv waren, waren Mehrfachnennungen möglich (vgl. Anhang). In rund 23 Prozent aller Beiträge kamen mehrere Akteure zu Wort. Zunächst wurden das Geschlecht und anschließend das Vorkommen der Akteure codiert. Die Befunde werden in dieser Reihenfolge präsentiert.

Senderübergreifend erweist sich die Wahlabendberichterstattung als Männerdomäne (vgl. Tab. 58). Jedoch gibt es zwischen den untersuchten Programmen deutliche Unterschiede. Bei ARD, ZDF und RTL waren Frauen nur in einem von zehn Beiträgen zu sehen, während sie bei Sat.1 in einem Drittel der Beiträge agierten. Auch hinsichtlich des Auftretens von Männern unterscheidet sich Sat.1 von den übrigen TV-Sendern. Waren bei ARD, ZDF und RTL Männer in etwa neun von zehn Beiträgen zu sehen, traten sie bei Sat.1 nur in etwa 75 Prozent aller Beiträge auf. Die Dominanz von Männern bei den öffentlich-rechtlichen Fernsehanstalten lässt sich darauf zurückführen, dass vorwiegend leitende Redakteure die Wahlabendberichte vor der Kamera gestalten (vgl. Kap. 5.2.1.5). Solche Entscheider-Positionen waren bei ARD und ZDF überwiegend mit Männern besetzt (vgl. Kap. 5.2.3.1).

Tab. 55: Frauen und Männer – Vorkommen pro TV-Sender in Prozent[215]

	ARD	ZDF	RTL	Sat.1
Frauen	10	8,9	10,9	34,1
Männer	94,7	95,4	93,3	75,8

Im Zeitverlauf agierten zunehmend Frauen in den Beiträgen der Wahlsendungen (vgl. Tab. 56). Die Tendenz erscheint trotz leichter Schwankungen steigend – verstärkt seit 1987.

Tab. 56: Frauen und Männer – Vorkommen pro Wahljahr in Prozent[216]

	1961	1965	1969	1972	1976	1980	1983	1987	1990	1994	1998	2002
Frauen	7,1	1,2	2,2	1,9	12,2	0	2,1	17,7	11,1	24,5	16,6	31,7
Männer	98,2	99,6	99,3	100	97,3	97,6	100	91,9	97,8	81,8	86,4	81,7

Dies lässt sich im Hinblick auf ARD und ZDF sowohl auf Druck von außen, bspw. durch Zuschauerreaktionen, als auch von innen, etwa durch die zuständigen Aufsichtsgremien, zurückführen (vgl. Kap. 5.2.3.1). Demgegenüber ist bei den Männern ein umgekehrter Trend zu eruieren, obgleich dieser auf einem anderen Niveau erfolgte. Bis 1983 kamen Männer in fast allen Beiträgen vor. Seit 1987 ist jedoch eine insgesamt fallende Tendenz zu identifizieren. 1987 agierten erstmals in fast zehn Prozent aller Beiträge keine männlichen Akteure. Dies ist allein auf Sat.1 zurückzuführen. In mehr als 40 Prozent der Beiträge des Privatsenders spielten Männer keine Rolle. Drei Jahre später wurden wieder weniger Beiträge ohne Männer gezeigt. Seit 1994 lag der Anteil an Beiträgen ohne Männer-Beteiligung zwischen 15 und 20 Prozent.

---

[215] Diese Werte beziehen sich jeweils anteilig auf das Vorkommen von Frauen in Beiträgen und das Vorkommen von Männern in Beiträgen der jeweiligen TV-Sender.
[216] Diese Werte beziehen sich anteilig jeweils auf das Vorkommen von Frauen in den Beiträgen und das Vorkommen von Männern in den Beiträgen der einzelnen Wahljahre.

In welchen Rollen Frauen und Männer in den Wahlabendberichten auftraten, wird im Folgenden vorgestellt: Die Akteure, die am häufigsten agierten, waren *Moderatoren* (vgl. Tab. 57). Dieses Ergebnis ist wenig überraschend, da bereits herausgearbeitet wurde, dass die Wahlsendungen maßgeblich durch die Darstellungsform Moderation (vgl. Kap. 7.1.1), thematisch durch moderative Beiträge (vgl. Kap. 7.1.2) und das zentrale Wahlstudio als Handlungsort (vgl. Kap. 7.1.3) geprägt sind.

Tab. 57: Akteure – Vorkommen pro TV-Sender (Anzahl und Prozent)

		ARD	ZDF	RTL	Sat.1
Moderator	Anzahl	224	230	81	92
	Prozent	29,4	35,8	57,0	54,4
Reporter	Anzahl	144	110	23	29
	Prozent	18,9	17,1	16,2	17,2
Interviewer	Anzahl	1	11	0	4
	Prozent	0,1	1,7	0	2,4
Kommentator	Anzahl	19	10	0	1
	Prozent	2,5	1,6	0	0,6
Zahlen-Präsentator	Anzahl	116	116	4	1
	Prozent	15,2	18,0	2,8	0,6
Zahlen-Präsentator-Assistent	Anzahl	20	6	0	0
	Prozent	2,6	0,9	0	0
Korrespondent	Anzahl	6	1	1	1
	Prozent	0,8	0,2	0,7	0,6
Nachrichtensprecher	Anzahl	96	0	0	0
	Prozent	12,6	0	0	0
Sonstiger Journalist	Anzahl	1	3	0	0
	Prozent	0,1	0,5	0	0
Wahlforscher	Anzahl	6	44	3	5
	Prozent	0,8	6,8	2,1	3,0
Weitere Wissenschaftler	Anzahl	4	5	1	6
	Prozent	0,5	0,8	0,7	3,6
Journalistischer/ publizistischer Experte	Anzahl	3	3	6	8
	Prozent	0,4	0,5	4,2	4,7
Ausländischer Journalist	Anzahl	2	0	0	0
	Prozent	0,3	0	0	0
Spitzenkandidat	Anzahl	27	26	7	5
	Prozent	3,5	4,0	4,9	3,0
Sonstiger Spitzenpolitiker	Anzahl	51	47	10	7
	Prozent	6,7	7,3	7,0	4,1
Sonstiger Politiker	Anzahl	6	7	4	3
	Prozent	0,8	1,1	2,8	1,8
Parteimitglied/Sympathisant	Anzahl	3	3	1	1
	Prozent	0,4	0,5	0,7	0,6
Familienangehörige von Politikern	Anzahl	3	1	0	2
	Prozent	0,4	0,2	0	1,2
Mitarbeiter von Politikern	Anzahl	1	1	0	1
	Prozent	0,1	0,2	0	0,6

		ARD	ZDF	RTL	Sat.1
Mitglieder von Wählerinitiativen	Anzahl	1	0	0	0
	Prozent	0,1	0	0	0
Interessenvertreter	Anzahl	2	0	0	0
	Prozent	0,3	0	0	0
Bundeswahlleiter	Anzahl	1	1	0	0
	Prozent	0,1	0,2	0	0
Wahlhelfer	Anzahl	1	0	0	0
	Prozent	0,1	0	0	0
Bürger	Anzahl	20	17	1	1
	Prozent	2,6	2,6	0,7	0,6
Kabarettist/ künstlerischer Akteur	Anzahl	1	0	0	1
	Prozent	0,1	0	0	0,6
Sonstiger Akteur	Anzahl	3	1	0	1
	Prozent	0,4	0,2	0	0,6
Gesamt	Anzahl	762	643	142	169
	Prozent*	100	100	100	100

* Wegen Rundungsdifferenzen entspricht die Summe der Positionen nicht immer genau dem Wert 100.

Auffallend ist dagegen, dass die *Zahlen-Präsentatoren* lediglich bei den öffentlich-rechtlichen Sendeanstalten nennenswerte Anteile erreichten. Bei den Privatsendern kamen sie nur äußerst selten vor, obwohl Grafikinterpretationen senderübergreifend zu den drei häufigsten Darstellungsformen gehörten (vgl. Kap. 7.1.1). Dies hängt mit der Rollenaufteilung bei RTL und Sat.1 zusammen (vgl. Kap. 5.2.3.1). Bei den Privaten wurden die Aufgaben des Zahlen-Präsentators regelmäßig von den Moderatoren übernommen. Dies erklärt auch die Differenzen der TV-Anbieter im Hinblick auf das Auftreten der Moderatoren.

Bezogen auf die journalistischen Akteure zeigt sich eine Besonderheit der Wahlberichte der ARD: *Nachrichtensprecher* spielten darin ein große Rolle. Diese Feststellung kann kaum erstaunen, nahm die ARD schon bei der Stilform Meldung eine Sonderposition ein (vgl. Kap. 7.1.1), die üblicherweise von Nachrichtensprechern verlesen werden. Senderübergreifend waren im Unterschied dazu *Kommentatoren, Interviewer, Korrespondenten* und *Zahlen-Präsentator-Assistenten* als Akteure wenig relevant. *Experten* kamen ebenfalls selten vor.

Hinsichtlich der *Politiker* haben die vier Fernsehsender gemein, dass – wenngleich im Verhältnis zu den genannten journalistischen Akteuren mit rund vier bis sieben Prozent selten – am häufigsten sonstige Spitzenpolitiker in Erscheinung getreten sind. Den nächstgrößeren Anteil nahmen die Spitzenkandidaten ein. Parteimitglieder bzw. -sympathisanten kamen fast gar nicht vor. Diese Fokussierung auf Spitzenkandidaten und -politiker lässt sich darauf zurückführen, dass auch an Wahlabenden Nachrichtenfaktoren wie Prominenz die journalistische Arbeit anleiten (vgl. Kap. 2.2.2.1).

Ferner ist auffällig, dass *Bürger* – obgleich auf niedrigem Niveau – bei ARD und ZDF häufiger aufgetreten sind als bei RTL und Sat.1. Zwei Schlussfolgerungen sind hieraus zu ziehen: Erstens zeigt sich bei allen TV-Sendern eine Personalisierung im Sinne einer Hierarchisierung (vgl. Kap. 2.2.3.4). Damit bestätigt sich ein Befund von Krüger und Zapf-Schramm, die für Wahlsendungen zur Bundestagswahl 1998 ebenfalls über Sendergrenzen hinweg eine Hierarchisierung konstatierten (vgl. Krüger/Zapf-Schramm 1999: 234). Zweitens lassen diese Daten deutlich werden: Der Anspruch der Privatsender, stärker als ARD und ZDF zu popularisieren, indem Menschen zu Wort kommen, die üblicherweise nicht mit Politik in Verbindung gesetzt werden (vgl. Kap. 5.2.3.3), wurde bislang nicht umgesetzt.

Nachdem bislang die Resultate zu den Akteuren bei den TV-Sendern dargelegt wurden, werden nun die Ergebnisse im Zeit-Vergleich präsentiert und dabei Akteursgruppen fokussiert. Im Hinblick auf die Gruppe der Journalisten wurden im Untersuchungszeitraum bei den untersuchten Sendern 1 351 Akteure codiert.[217] Sie kamen in 1 331 Beiträgen vor.

Moderatoren traten in Bezug auf die Journalisten mit Ausnahme von drei Wahlabendberichten (1969, 1976 und 1980) am häufigsten auf (vgl. Abb. 14). Vergleichsweise häufig agierten *Reporter* 1990. Diese recht hohen Anteile der Reporter bezogen auf alle journalistischen Akteure gehen einher mit der relativ häufigen Ausstrahlung von Einzelinterviews (vgl. Kap. 7.1.1) und überdurchschnittlichen Werten für Orte, an denen Wahlpartys der Parteien stattfanden (vgl. Kap. 7.1.3). Die *Zahlen-Präsentatoren* kamen einerseits gar nicht bzw. selten und andererseits überdurchschnittlich häufig vor.

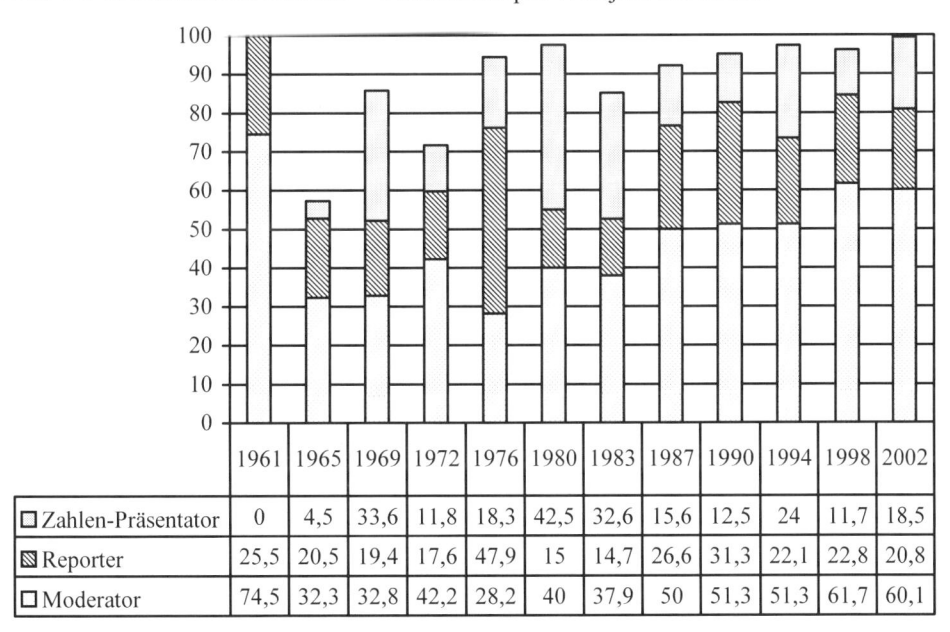

Abb. 14: Journalistische Akteure – Vorkommen pro Wahljahr in Prozent

	1961	1965	1969	1972	1976	1980	1983	1987	1990	1994	1998	2002
☐ Zahlen-Präsentator	0	4,5	33,6	11,8	18,3	42,5	32,6	15,6	12,5	24	11,7	18,5
▩ Reporter	25,5	20,5	19,4	17,6	47,9	15	14,7	26,6	31,3	22,1	22,8	20,8
☐ Moderator	74,5	32,3	32,8	42,2	28,2	40	37,9	50	51,3	51,3	61,7	60,1

Bundestagswahlen

Die *weiteren journalistischen Akteure*, die senderübergreifend kaum zu finden waren, waren nur zu einzelnen Messzeitpunkten aktiv. So kamen *Zahlen-Präsentator-Assistenten* in den Beiträgen der Stichprobe lediglich 1969, 1972, 1983 und 1987 sowie 1994 vor. Vergleichsweise häufig traten sie 1972 auf. Damals präsentierte infas im Wahlabendbericht der ARD erstmals eine Wählerwanderungsanalyse (vgl. Kap. 5.2.1.3). Darüber hinaus stellte in diesem Wahljahr beim ZDF ein zweiter Zahlen-Präsentator Wahlkreisergebnisse und gewonnene Direktmandate vor (vgl. Kap. 5.2.3.1). *Korrespondenten* sind ebenfalls nur ver-

---

[217] Bei der ARD waren es 627, beim ZDF 487, bei RTL 109 und 128 bei Sat.1.

einzelt zu identifizieren: 1965, 1969, 1983 und 1998. *Kommentatoren* agierten zwischen 1969 und 1976 sowie 1983 am häufigsten.

Neben dem Auftreten von Journalisten wurde auch das Vorkommen von *Experten* untersucht. Im Untersuchungszeitraum kamen in 91 Beiträgen 96 Experten vor.[218] Aus der Reihe fällt das Wahljahr 1980, in dem – zumindest in den Beiträgen der Stichprobe – keine Experten auftraten (vgl. Abb. 15).

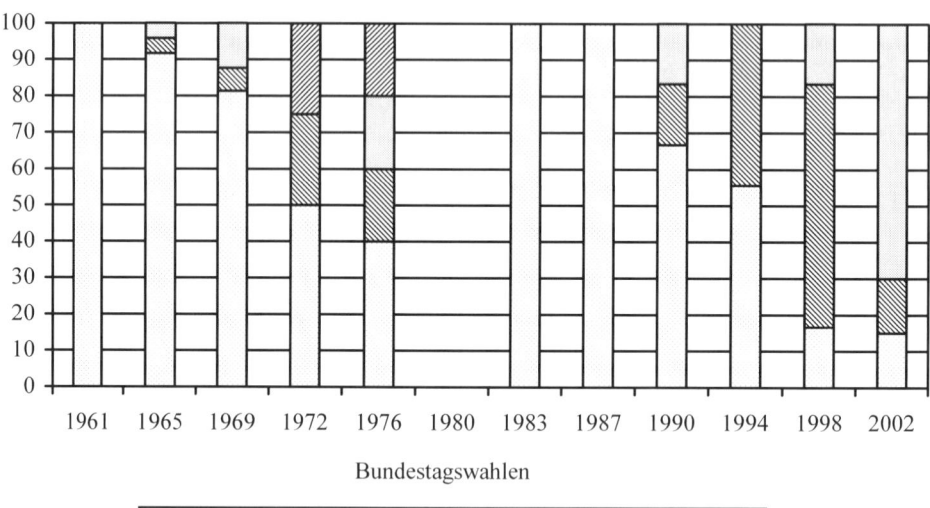

Abb. 15: Experten – Vorkommen pro Wahljahr in Prozent

☐ Wahlforscher ▨ Weitere Wiss. ☐ Journ./Pub. ▨ Ausländische Journ.

Doch auch abgesehen von diesem Einschnitt lässt sich hinsichtlich des Auftretens von Experten in Wahlabendsendungen im deutschen Fernsehen keine kontinuierliche Entwicklungslinie nachzeichnen. Zu drei Messzeitpunkten (1961, 1983 und 1987) waren bspw. nur Wahlforscher als Experten zu finden. In anderen Wahljahren kamen Wahlforscher zugunsten von journalistischen bzw. publizistischen Experten (2002) oder Wissenschaftlern weiterer Fachrichtungen (1998) weniger häufig vor. Beides dürfte sich auf ihren Einsatz bei den Privatsendern zurückführen lassen (vgl. Kap. 5.2.3.2). Darüber hinaus wird in einigen Wahljahren ein recht ausgeglichenes Bild deutlich. So war 1994 etwa die eine Hälfte der Experten Wahlforscher und die andere Hälfte weitere Wissenschaftler. Schließlich ist auffällig, dass nur in den 1970er Jahren Journalisten aus dem Ausland als Experten in den Wahlberichten eingesetzt wurden.

An diesen Befunden zeigt sich, wie sich die unterschiedlichen Strategien der Sender zum Einsatz von Experten in den Wahlabendberichten niederschlagen (vgl. Kap. 5.2.3.2). Ein Beleg dafür, dass die Analyse in den Wahlabendsendungen im Laufe des Untersuchungszeitraums stärker an Gewicht gewonnen hat – wie sich anhand des journalistischen Anspruchs vermuten lässt (vgl. Kap. 5.2.3.1) –, geht aus diesen Befunden nicht hervor. Die Gesamtzahl der Experten, die senderübergreifend selten zu Wort kamen, änderte sich kaum.

---

[218] Bei der ARD waren es 15, beim ZDF 52, bei RTL 10 und 19 bei Sat.1.

In der vorliegenden Studie wurde ebenfalls analysiert, welche *politischen Akteure* in den Wahljahren wie häufig aufgetreten sind (vgl. für die exakte Codieranweisung das Codebuch im Anhang). Dabei wurde in einem ersten Schritt unterschieden, ob es sich bei dem auftretenden Politiker um ein Mitglied der bisherigen Regierung oder der alten Opposition handelte. In einem zweiten Schritt wurde festgehalten, auf welcher hierarchischen Position der Politiker anzusiedeln ist. Differenziert wurde zwischen Spitzenkandidat, sonstigem Spitzenpolitiker, sonstigem Politiker sowie einfachem Parteimitglied bzw. Parteisympathisant. Die Parteizugehörigkeit wurde in einem dritten Schritt notiert. Des Weiteren wurde das Vorkommen von Familienmitgliedern, von Mitarbeitern der Politiker und von Bürgern codiert. Außerdem wurde, sofern es sich um ein Einzelinterview mit einem Politiker der ersten drei Hierarchiestufen handelte, die Länge der O-Töne der Politiker gemessen.

Mit Blick auf das Auftreten politischer Akteure unterschiedlicher Lager und verschiedener Parteien lässt sich die Frage nach der rechtlich gebotenen und normativ gewünschten Ausgewogenheit der Berichterstattung in den Wahlabendsendungen im deutschen Fernsehen im Zeitverlauf beantworten (vgl. Kap. 5.2.1.1 u. 5.2.1.2). Hieran zeigt sich implizit auch die Anleitung journalistischer Arbeit durch Rechercheprogramme (vgl. Kap. 2.2.2.1). Zudem lassen sich Hinweise auf Nachrichtenfaktoren finden, nach denen sich Journalisten bei der Auswahl der Akteure gerichtet haben (vgl. Kap. 2.2.2.1). Was die Hierarchiestufen sowie das Vorkommen von Bürgern angeht, kann festgestellt werden, ob und inwiefern die Wahlabendberichterstattung durch eine Personalisierung im Sinne einer Hierarchisierung gekennzeichnet ist (vgl. Kap. 2.2.3.4). Darüber hinaus lässt sich eine Personalisierung im Sinne einer Privatisierung daran erkennen, ob und inwiefern Familienmitglieder von Politikern zu Wort kamen. Ferner ist an der Dauer der O-Töne im Untersuchungszeitraum abzulesen, wie sich das Tempo der Wahlsendungen entwickelt hat. Eine Verkürzung würde auf eine Beschleunigung und damit eine Boulevardisierung (vgl. Kap. 2.2.3.4) hinweisen. Im Unterschied dazu lässt sich an einer längeren Dauer von O-Tönen eine gestiegene Personalisierung im Sinne einer Symbolisierung belegen (vgl. Kap. 2.2.3.4).

Bei den vier TV-Anbietern traten zu den zwölf Messzeitpunkten in 202 Beiträgen 216 Politiker der verschiedenen *Lager* auf.[219] ARD, ZDF und RTL haben gemein, dass in ihren Wahlberichten zu rund 60 Prozent Regierungsmitglieder und zu etwa 40 Prozent Akteure der Opposition zu finden sind. Bei Sat.1 ist das Verhältnis umgekehrt. Im Sinne eines Außenpluralismus sind Ausgewogenheit und Vielfalt der Akteure so gewährleistet (vgl. Kap. 5.2.1.1). Im Untersuchungszeitraum waren bis auf wenige Ausnahmen Akteure aus dem jeweiligen Regierungslager vorherrschend (vgl. Abb. 16). Insgesamt ist seit 1965 eine Entwicklungslinie zu rekonstruieren, die geringfügige Schwankungen aufweist, mit den Wahljahren tendenziell aber einen steigenden Anteil von Oppositionspolitikern anzeigt. Worauf diese Schwankungen zurückzuführen sind, lässt sich mit Blick auf die Parteizugehörigkeit der auftretenden Akteure klären: 1983 sind Vertreter der Grünen und 1990 Mitglieder der PDS hinzugekommen. Entsprechend ist seit diesen Zeitpunkten das Gewicht des möglichen Oppositionslagers aufgrund der gewachsenen Zahl an Parteien, über die berichtet wird, gestiegen. Dabei lässt sich 1987 und 1990 eine nahezu gleichgewichtige Verteilung identifizieren und 1961 sowie 1998 und 2002 traten Vertreter der Opposition häufiger als Mitglieder der Regierungsparteien auf.

---

[219] Bei der ARD agierten 92 Politiker, beim ZDF waren es 84, bei RTL 24 und 16 bei Sat.1.

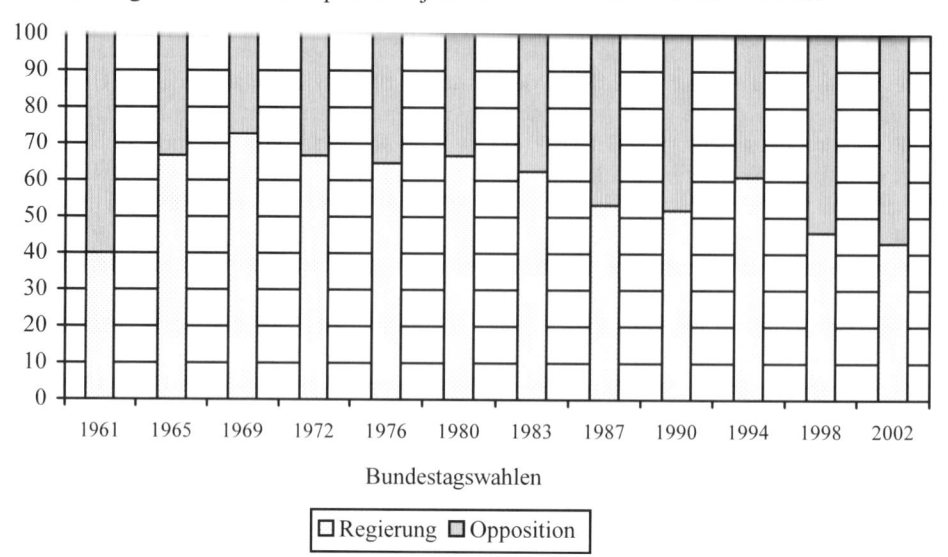

Abb. 16: Lager – Vorkommen pro Wahljahr in Prozent aller Politiker-Auftritte

□ Regierung ■ Opposition

Bundestagswahlen

Der Wechsel einer oder beider Regierungsparteien sowie ein sehr knapper Wahlausgang kommen hier zum Tragen (vgl. Kap. 5.1).[220] 1961 bildete die Union eine neue Koalition mit der FDP. 1998 wurde die Regierung aus CDU/CSU und FDP abgewählt. Vier Jahre später war der Ausgang der Wahl so knapp, dass am Wahlabend mehrere Stunden unklar blieb, wer künftig regieren würde. Entsprechend bestätigen sich Erkenntnisse aus Studien zu Fernsehnachrichten in Wahlkampfzeiten, nach denen im Falle eines Wahlsieges des Herausforderers bzw. der Opposition diese an Relevanz gewinnen (vgl. Zeh 2005: 69). Umgekehrt gilt offenbar auch: „Je geringer die Aussicht auf einen Regierungswechsel, desto geringer ist auch die Relevanz der Opposition und ihrer führenden Vertreter."(Zeh 2005: 6)

Für Sendungen im Wahlkampf und am Wahlabend zu den Bundestagswahlen 2005, 2002 und 1998 wurde – vergleichbar mit den Ergebnissen der vorliegenden Studie – eine quantitative Ausgewogenheit zwischen den beiden Lagern ermittelt (vgl. Krüger/Müller-Sachse/Zapf-Schramm 2005: 606; Krüger/Zapf-Schramm 2002a: 617 u. 1999: 233). Daraus zogen sie den Schluss, dass in Zeiten des Wahlkampfes bzw. am Wahlabend andere journalistische Auswahlgrundsätze gelten als sonst (vgl. Kap. 2.2.2.1). Im Gegensatz dazu haben zahlreiche Studien, die sich mit Fernsehnachrichten zu normalen Zeiten außerhalb von oder in Wahlkämpfen auseinandergesetzt haben, regelmäßig eine starke Fokussierung auf die Regierung und ihre Mitglieder als Handlungsträger festgestellt (vgl. statt anderer Maurer 2005: 230; Zeh 2005: 67; Ludes 2001a: 104; Schatz 1971: 115). Wurde dieser so genannte Amtsbonus zu Zeiten des öffentlich-rechtlichen Monopols von Wissenschaftlern, die sich

---

[220] Dieser Annahme widerspricht auch nicht, dass es 1969 einen Wechsel gab und trotzdem Regierungsvertreter häufiger auftraten. Denn am Abend der damaligen Bundestagswahl wurde mehrere Stunden davon ausgegangen, dass die bisherige Regierung auch zukünftig weiter an der Macht sein würde. Dies erklärt den hohen Anteil der Politiker des Regierungslagers. Zudem bildeten damals die Volksparteien der CDU/CSU und der SPD die bisherige Regierung, so dass nur die FDP als kleinere Partei und die NPD die Akteure des Oppositionslagers stellten.

mit politischer Kommunikation beschäftigten, auf politische Präferenzen der Fernsehjournalisten zurückgeführt, verlagerte sich die Argumentation mit der Dualisierung des Rundfunksystems auf professionelle Kriterien der Nachrichtenauswahl wie Einfluss und Prominenz (vgl. zusammenfassend Zeh 2005: 42).

Vertreter unterschiedlicher *Parteien* kamen in 202 Beiträgen vor. Es waren insgesamt 227.[221] Hierbei lassen sich einige Differenzen zwischen den öffentlich-rechtlichen TV-Sendern und den privaten Fernsehanbietern festhalten. Auffallend ist, dass bei RTL und Sat.1 PDS-Politiker fehlten (vgl. ein ähnliches Ergebnis für die Wahlabendsendung von RTL zur Bundestagswahl 1998 Kamps o. D.: 9 f.). Außerdem war in den Wahlberichten der Privatsender der Anteil an CSU-Politikern (zwischen vier und sechs Prozent) etwas geringer als bei den Wahlsendungen der Öffentlich-Rechtlichen (zehn bzw. elf Prozent). Dafür sahen Zuschauer der Wahlabendberichte von RTL und Sat.1 (rund 15 bzw. zwölf Prozent) etwas häufiger Politiker der Grünen als das Publikum von ARD und ZDF (etwa sieben bzw. acht Prozent). Ferner ließen die Privatsender Politiker von CDU und SPD geringfügig häufiger zu Wort kommen als die Öffentlich-Rechtlichen (vgl. für ähnliche Befunde Krüger/Müller-Sachse/Zapf-Schramm 2005: 606; Krüger/Zapf-Schramm 2002a: 617). Senderübergreifend kam jedoch sowohl Vertretern der CDU als auch Politikern der SPD ein Anteil von rund einem Drittel zu. Im Gegensatz dazu stellte Kamps für die Wahlabendsondersendungen 1998 fest, dass Sat.1 sich deutlicher auf Akteure der Volksparteien konzentrierte als die übrigen analysierten TV-Sender (vgl. Kamps o. D.: 9 f.). Ein Überhang von Unionspolitikern bei der ARD, den Kamps ebenfalls bei der Wahlabendberichterstattung zur Bundestagswahl 1998 herausarbeitete, konnte in der vorliegenden Studie mit zwölf Messzeitpunkten ebenso wenig bestätigt werden.

Üblicherweise kamen Vertreter der Volksparteien häufiger als Mitglieder der kleineren Parteien vor (vgl. Abb. 17). Im Detail betrachtet lässt sich die Entwicklung in Bezug auf die Parteizugehörigkeit der Akteure in mehrere Phasen unterteilen: Die erste Phase dauerte von 1961 bis 1980. In dieser Zeit waren im Deutschen Bundestag vier Parteien vertreten, deren Mitglieder auch das Bild der Wahlabendsendungen bestimmt haben. Der Anteil, der auf die zu den unterschiedlichen Parteien zugehörigen Akteure entfällt, variierte jedoch zwischen den Wahljahren. So kamen 1961 in den Beiträgen der Stichprobe keine CSU-Politiker vor, während 1980 keine Mitglieder der CDU auftraten. Letzteres lässt sich vermutlich dadurch erklären, dass der damalige Kanzlerkandidat der Union, Franz-Josef Strauss, aus den Reihen der CSU stammte (vgl. Kap. 5.1). Ferner fällt auf, dass einmalig 1969 auch Vertreter der NPD zu Wort kamen. Dies ist darauf zurückzuführen, dass am damaligen Wahlabend die Frage einige Stunden ungeklärt war, ob die NPD in den Bundestag kommen würde. Sie scheiterte schließlich knapp an der Fünf-Prozent-Hürde (vgl. Kap. 5.1).

Die zweite Phase umfasst die Wahljahre 1983 und 1987. 1983 nahmen die Mitglieder einer neuen Partei in den Wahlabendsendungen zu Bundestagswahlen erstmals einen beachtlichen Anteil ein. Die Grünen kamen damals in den Bundestag (vgl. Kap. 5.1). Vier Jahre später steigerten die Grünen zwar die Zahl ihrer Bundestagsmandate, aber sie traten weniger häufig auf. Dagegen konnten SPD und FDP ihre Anteile wieder erhöhen.

Zur Bundestagswahl 1990 begann die dritte Phase, die bis 2002 andauerte. Sie ist dadurch geprägt, dass Vertreter von sechs Parteien in den Wahlberichten agierten. 1990 kamen bei der ersten gesamtdeutschen Wahl zum ersten Mal Mitglieder der PDS zum Zuge.

---

[221] Davon entfielen 98 auf die ARD, 85 auf das ZDF, 27 auf RTL und 17 auf Sat.1.

Abb. 17: Parteien – Vorkommen pro Wahljahr in Prozent

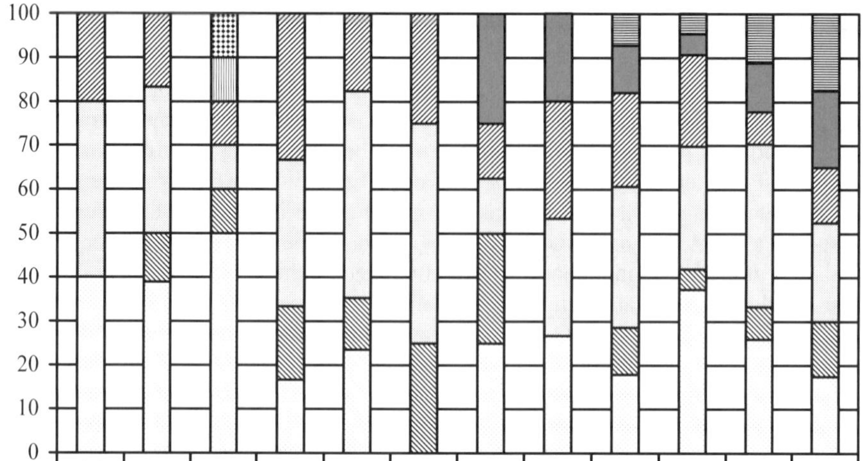

	1961	1965	1969	1972	1976	1980	1983	1987	1990	1994	1998	2002
Sonstige	0	0	10	0	0	0	0	0	0	0	0	0
NPD	0	0	10	0	0	0	0	0	0	0	0	0
PDS	0	0	0	0	0	0	0	0	7,1	4,7	11,1	17,5
Grüne	0	0	0	0	0	0	25	20	10,7	4,7	11,1	17,5
FDP	20	16,7	10	33,3	17,6	25	12,5	26,7	21,4	20,9	7,4	12,5
SPD	40	33,3	10	33,3	47,1	50	12,5	26,7	32,1	27,9	37	22,5
CSU	0	11,1	10	16,7	11,8	25	25	0	10,7	4,7	7,4	12,5
CDU	40	38,9	50	16,7	23,5	0	25	26,7	17,9	37,2	25,9	17,5

Bundestagswahlen

Dies geschah zu Lasten der Grünen-Vertreter, deren Anteil sich fast halbierte. Vermutlich liegt dies daran, dass die Grünen aus Westdeutschland 1990 nicht in den Bundestag kamen (vgl. Kap. 5.1). Am häufigsten traten Politiker der PDS jedoch erst 2002 auf, als die PDS knapp unter der Fünf-Prozent-Grenze blieb. Der Fokus der Berichterstattung richtete sich auf die drei Direktmandate, die die PDS gebraucht hätte, um in Fraktionsstärke in den Bundestag zu ziehen. Schließlich fällt auf, dass die CSU-Kanzlerkandidatur von Edmund Stoiber 2002 nicht den gleichen Effekt hatte wie die Kandidatur von Strauss 1980. Der Anteil der CSU an allen parteipolitischen Akteuren erwies sich im Vergleich zu den vorangegangenen Bundestagswahlen 1994 und 1998 lediglich als höher.

In Bezug auf die parteipolitischen Akteure lässt sich resümieren, dass es im Zeitverlauf zwar keine ausgewogene Berichterstattung im Sinne von für die einzelnen Parteien jeweils gleichen Anteilen am Auftreten parteipolitischer Akteure in den inhaltsanalytisch untersuchten Beiträgen gab; das Verhältnis zwischen den Volksparteien und den kleineren Parteien in Bezug auf die Häufigkeit des Vorkommens blieb jedoch i. d. R. gewahrt. Insofern lässt sich die normativ geforderte Vielfalt und Ausgewogenheit (vgl. Kap. 5.2.1.1 u. 5.2.1.2) gemäß Parteienproporz konstatieren (vgl. für ähnliche Resultate zu Wahlsendungen

Krüger/Müller-Sachse/Zapf-Schramm 2005: 607; Krüger/Zapf-Schramm 2002a: 617 u. 1999: 233). Die Differenzen zu den Messzeitpunkten dürften sich auf die jeweilig aktuellen Gegebenheiten zurückführen lassen (vgl. Kap. 2.2.2.1). Dies entspricht den internen Richtlinien der Sender (vgl. Kap. 5.2.1.2).

Im Hinblick auf das Auftreten von Politikern der analysierten *hierarchischen Positionen* und bezogen auf das Vorkommen von *Bürgern* wurden folgende Ergebnisse erzielt: Mit Ausnahme von 1961, 1969 und 1994 traten sonstige Spitzenpolitiker stets am häufigsten auf (vgl. Abb. 18). Überdurchschnittlich oft agierten Spitzenkandidaten 1987 und 1994. Zusammengefasst dominierten Spitzenkandidaten und sonstige Spitzenpolitiker die Wahlabendberichte in den analysierten vier Jahrzehnten. Die spricht für eine Hierarchisierung im gesamten Untersuchungszeitraum. Zu drei Messzeitpunkten kamen sogar ausschließlich Politiker dieser Gruppen vor. Nur 1961 und 1969 nahmen Spitzenkandidaten und Spitzenpolitiker weniger als 50 Prozent ein. Folglich lässt sich zu einzelnen Messzeitpunkten eine stärker ausgeprägte Personalisierung im Sinne einer Hierarchisierung feststellen als zu den übrigen Wahljahren. Ein linearer Anstieg dieses Trends im Verlauf der untersuchten Jahrzehnte ist aber anhand der vorliegenden Daten nicht zu konstatieren.

Abb. 18: Hierarchische Positionen – Vorkommen pro Wahljahr in Prozent

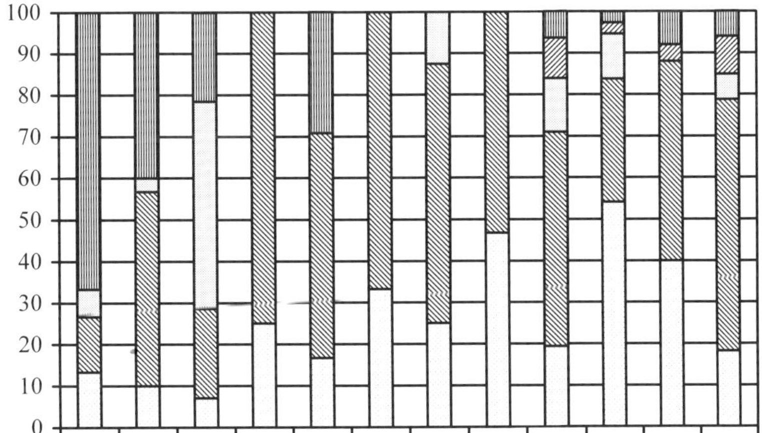

	1961	1965	1969	1972	1976	1980	1983	1987	1990	1994	1998	2002
Bürger	66,7	40	21,4	0	29,2	0	0	0	6,5	2,7	8	6,1
Parteimitglieder	0	0	0	0	0	0	0	0	9,7	2,7	4	9,1
Sonstige Politiker	6,7	3,3	50	0	0	0	12,5	0	12,9	10,8	0	6,1
Sonstige Spitzenpo.	13,3	46,7	21,4	75	54,2	66,7	62,5	53,3	51,6	29,7	48	60,6
Spitzenkandidaten	13,3	10	7,1	25	16,7	33,3	25	46,7	19,4	54,1	40	18,2

Bundestagswahlen

Auffällig ist der beachtliche Anteil an Bürgern, die im ARD-Wahlbericht 1961 zu Wort kamen. Auch in den 1960er und 1970er Jahren traten sie z. T. überdurchschnittlich häufig auf. Dagegen kamen Bürger in den 1980er Jahren nicht mehr zu Wort, was von Medienkritikern negativ beurteilt wurde (vgl. Kap. 5.2.3.3). Erst seit 1990 wurde den Bürgern wieder Gelegenheit gegeben, sich in den Wahlberichten zu äußern. Dies ist v. a. auf die Sendungen von ARD und ZDF zurückzuführen – möglicherweise als Reaktion auf die veränderte Situation auf dem deutschen Fernsehmarkt (vgl. Kap. 5.2.1.3). Die Privatsender beabsichtigten gleichwohl, Menschen, die normalerweise keine politischen Kommentare abgeben, stärker einzubinden (vgl. Kap. 5.2.3.3). Auf Basis dieser Daten kann allerdings nicht von einer Boulevardisierung im Sinne einer Popularisierung gesprochen werden (vgl. Kap. 2.2.3.4).

Was die sonstigen Politiker betrifft, ist zu betonen, dass sie v. a. 1969 aktiv waren und die Wahlsendungen in Bezug auf die politischen Akteure maßgeblich mitbestimmt haben. Hier wirkt sich offenbar die Vielzahl an Außenstellen aus, zu denen ARD und ZDF in diesem Wahljahr geschaltet hatten, um Bürgernähe zu demonstrieren (vgl. Kap. 5.2.1.3). Dagegen kamen Bürger 1969 erstaunlicherweise nur wenig überdurchschnittlich zu Wort. Dass einfache Parteimitglieder und Sympathisanten agierten, ist erst seit den 1990er Jahren üblich. Hier ist wiederum ein Zusammenhang mit dem Hinzukommen der privaten Fernsehsender zu vermuten. ARD und ZDF haben ihr Spektrum an Akteuren anscheinend mit Blick auf die Konkurrenz durch RTL und Sat.1 erweitert (vgl. Kap. 5.2.1.3).

Werden schließlich *Familienangehörige von Politikern* in den Fokus gerückt, wird deutlich, dass sie lediglich vereinzelt auftraten: Einzelne Familienangehörige agierten seit 1987 in den Wahlabendberichten. Wenn überhaupt lässt sich anhand dieser Befunde zu den Familienangehörigen von Politikern nur eine geringe Personalisierung der Wahlsendungen im Sinne einer Privatisierung (vgl. Kap. 2.2.3.4) erkennen, die seit 1987 ein etwas höheres Niveau erreicht hat als zuvor. Dies hängt jedoch nur teilweise mit der Wettbewerbssituation der Sender (vgl. Kap. 5.2.1.3) zusammen, wie eine Beobachtung Friedrich Nowottnys, langjähriger Reporter und Moderator von Wahlabendsendungen der ARD, verdeutlicht:

> „Es war früher [...] nicht üblich [...], dass die Spitzenkandidaten mit ihren Frauen im Studio erschienen. [...]. Es kamen [...] immer mehr Sieger und Verlierer mit ihren Frauen, um sich zu stützen oder um ihre etwas feucht gewordenen Hände im Taschentuch der verehrten Frau Gemahlin zu trocknen." (Interview Nowottny: 7)

Neben dem Verhalten der Politiker spielen für dieses Ergebnis die journalistischen Selektionsprogramme eine Rolle – hier die Orientierung an Privatem (vgl. Kap. 2.2.2.1).

Wie lange die *O-Töne von Politikern* dauerten, wurde ebenfalls analysiert. Aus forschungsökonomischen Gründen wurde die Dauer der O-Töne von Politikern in Einzelinterviews in einzelnen Wahljahren erhoben (vgl. Anhang). Analysiert wurden die Wahlberichte 1965, 1976, 1987 bzw. 1990[222], 1998 und 2002. Diese Auswahl erscheint geeignet, da sie zum einen Messzeitpunkte aus jedem der vier Jahrzehnte des Untersuchungszeitraums erfasst. Zum anderen umspannt sie mehrere Entwicklungsphasen des deutschen Rundfunksystems: Sie deckt die Anfänge der Duopolzeit von ARD und ZDF (1965) ebenso ab wie das etablierte öffentlich-rechtliche Monopol vor Einführung der privaten Konkurrenz (1976). Zudem sind die Anfangszeit (1987/1990) und die Phase des voll ausgebildeten dualen Rundfunksystems (1998 und 2002) berücksichtigt. In den Wahlsendungen zu den ausgewählten Messzeitpunkten kamen in 68 Einzelinterviews O-Töne von Spitzenkandidaten, sonstigen Spitzenpolitikern und sonstigen Politikern vor.[223]

---

[222] Da für die Bundestagswahl 1987 keine Wahlsendung von RTL vorlag, wurde der Wahlbericht 1990 auf Politiker-O-Töne untersucht.
[223] O-Töne von einfachen Parteimitgliedern bzw. -sympathisanten wurden nicht berücksichtigt.

Bei der Dauer der Politiker-O-Töne im Durchschnitt der untersuchten TV-Anbieter zeigen sich zwischen den Messzeitpunkten leichte Schwankungen (vgl. Tab. 58). Am kürzesten dauerten die O-Töne 1990. In diesem Wahljahr wurde nur der RTL-Wahlbericht analysiert. Eine kontinuierliche Abnahme der durchschnittlichen O-Ton-Längen ist anhand der vorliegenden Daten folglich nicht zu konstatieren. Das Phänomen der sound-bite-news und damit der Boulevardisierung (vgl. Kap. 2.2.3.3 u. 2.2.3.4) bestätigt sich für die Wahlabendsondersendungen im deutschen Fernsehen also nicht. Im Gegensatz dazu wurde ein Trend zu kürzeren O-Ton-Längen und eine entsprechend zunehmende Boulevardisierung sowohl für die Berichterstattung in deutschen Fernsehnachrichten (vgl. Donsbach/Büttner 2005: 32 f.; Zeh 2005: 108; Zubayr/Fahr 1999: 643; Wix 1996: 83 ff.) und in politischen Magazinen (vgl. Wegener 2001: 174 ff. u. 206) als auch für amerikanische TV-News (vgl. überblickend Donsbach/Jandura 2003b: 228; Wilke/Reinemann 2003: 48) nachgewiesen. Die divergierenden Resultate sind zum einen auf die unterschiedliche methodische Anlage und Umsetzung der Analysen zurückzuführen. Zum anderen sind sie aber auch erklärbar über die charakteristischen Merkmale, die für die verschiedenen Fernsehformate prägend sind. So gehören Einzelinterviews, die typischerweise einen hohen Anteil an O-Tönen aufweisen, zu den Spezifika der Wahlabendsondersendungen (vgl. Kap. 7.1.1), während diese Darstellungsformen in Fernsehnachrichten und politischen Magazinen zwar auch vorkommen (vgl. Maier 2003: 73 ff.; Wegener 2001: 209 ff.), aber nicht kennzeichnend sind. Darüber hinaus ist an der Stabilität der durchschnittlichen O-Ton-Länge im Untersuchungszeitraum erkennbar, dass der Grad der Personalisierung in Bezug auf Politiker (vgl. Kap. 2.2.3.4) in Wahlabendberichten über mehr als vier Jahrzehnte in etwa gleich geblieben ist.

Bezogen auf die Entwicklung der durchschnittlichen O-Ton-Länge der einzelnen Anbieter lassen sich ebenfalls keine eindeutigen Tendenzen erkennen (vgl. Tab. 58; vgl. für einen ähnlichen Befund Zeh 2005: 98).

Tab. 58: Durchschnittliche Dauer der Politiker-O-Töne (in Sekunden)

	1965	1976	1987*	1990*	1998	2002
ARD	29,2	25	32		20,7	31,5
ZDF	25,6	24,5	21,4		30,1	24,8
RTL				21,8	16,4	23,5
Sat.1			--**		13,3	26,5
Ø	27,3	24,8	27,2	21,8	24,2	27,3

*   1987 wurden die Wahlberichte von ARD, ZDF und Sat.1 und 1990 nur die Sendung von RTL untersucht.
**   1987 gab es in der Stichprobe keine O-Töne bei Sat.1

So kamen die Politiker in den Wahlsendungen der ARD zu den fünf Messzeitpunkten jeweils unterschiedlich lang zu Wort. Am wenigsten Zeit, ihre Standpunkte darzulegen oder Erklärungen abzugeben, hatten Politiker in dem ARD-Wahlbericht 1998. Dennoch ließ die ARD in diesem Wahljahr Politiker länger zu Wort kommen als die Privatsender, die im Zeitvergleich 1998 ebenfalls die kürzesten Politiker-O-Töne sendeten. Aber auch bei RTL und Sat.1 lässt sich keine eindeutige Entwicklungsrichtung feststellen. Während die Werte bei RTL schwanken, ist bei Sat.1 keine Trendaussage möglich, da Politiker nur zu zwei Zeitpunkten in den Einzelinterviews der Stichprobe zu Wort kamen. Beim ZDF wird dagegen in zwei Abschnitten jeweils ein Trend zu kürzeren Politiker-O-Tönen deutlich. Zunächst sanken die O-Ton-Längen in den Wahlberichten des ZDF von rund 26 (1965) auf 25 (1976) und 21 Sekunden (1987). Im Gegensatz dazu dauerten sie 1998 mit etwa 30 Sekunden vergleichsweise lang, um 2002 wieder auf das Niveau von 1976 zu fallen. Diese Befunde unterscheiden sich von Ergebnissen, die zu TV-Nachrichten vorliegen. Danach hat sich das ZDF am stärksten einer Berichterstattung in Form von sound-bites zugewendet (vgl. Donsbach/Büttner 2005: 33).

7.2 Zwischenfazit

In diesem Kapitel wurde gezeigt, welche inhaltlichen Spezifika die Wahlabendsondersendungen zu Bundestagswahlen der analysierten Fernsehsender zu den einzelnen Messzeitpunkten von 1961 bis 2002 aufweisen. Die Befunde basieren auf Erkenntnissen der quantitativen Inhaltsanalyse inhaltlicher Mittel. Untersucht wurden die wahlbezogenen Sendeabschnitte der Hauptausgaben der Wahlabendsonderberichte von ARD, ZDF, RTL und Sat.1, die nicht als eigenständiges Sendeformat klassifiziert wurden. Aufbauend auf dieser Datengrundlage konnte herausgearbeitet werden, ob und inwiefern sich das Format der Wahlabendsonderberichte bei den einzelnen Fernsehanbietern als Form politischer Kommunikation im Verlauf von mehr als vier Jahrzehnten verändert hat. Am Beispiel der Sondersendungen am Abend von Bundestagswahlen konnten so Trends politischer Berichterstattung (vgl. Kap. 2.2.3.4) im Zeitverlauf empirisch überprüft werden. Diese Erkenntnisse wurden mit Ergebnissen von Studien, die sich ebenfalls mit Wandel und Stabilität von Inhalten politischer Berichterstattung beschäftigt haben (vgl. Kap. 2.2.3) verglichen. Des Weiteren wurden Veränderungen im Zeitverlauf und Differenzen zwischen den Fernsehanbietern erläutert, indem Bezüge zu den Kontext-Merkmalen (vgl. Kap. 5) hergestellt wurden.

Zunächst wird auf die inhaltlichen Spezifika eingegangen, die eruiert wurden: Senderübergreifend und über die Jahre hinweg sind mehrere Bestandteile für die Wahlabendsondersendungen prägend. Charakteristisch ist erstens, dass die Wahlabendberichte im deutschen Fernsehen aus einem zentralen Wahlstudio von einem oder mehreren Moderatoren präsentiert wurden. Dies gilt sowohl gemessen an dem zeitlichen Anteil als auch hinsichtlich des Vorkommens. Zweitens ist kennzeichnend, dass ein vergleichsweise großer Anteil der Darstellungsformen in Wahlabendsondersendungen Einzelinterviews und Aufsager waren, die von Reportern meist an den Orten der Wahlpartys vorgenommen wurden. Drittens nahmen Grafikinterpretationen einen großen Anteil an den Darstellungsformen ein. Entsprechend häufig wurde auch die Wahlforschung thematisiert. Die Zahlen-Präsentatoren nahmen jedoch nur bei den öffentlich-rechtlichen Fernsehsendern nennenswerte Anteile an allen Akteuren ein, da bei den Privatsendern diese Aufgabe i. d. R. von den Moderatoren übernommen wurde (vgl. Kap. 5.2.3.1). In der Mischung dieser inhaltlichen Merkmale sind keine systematischen Veränderungen im Zeitverlauf zu beobachten. Dieser Mix ist daher als wesentliches Konstituens von Wahlabendsendungen im deutschen Fernsehen einzustufen (vgl. zu dem groben Ablauf und den konstitutiven Bestandteilen von Wahlabendsondersendungen Kap. 6.2), der sich auch als ritualisiert (vgl. Kap. 2.2.3.4) interpretieren lässt.

Obgleich dieselben inhaltlichen Merkmale bei allen untersuchten Fernsehsendern im gesamten Untersuchungszeitraum charakteristisch sind, zeichnen sich unterschiedliche Präsentationsprofile sowohl hinsichtlich der Messzeitpunkte als auch in Bezug auf die einzelnen TV-Anbieter ab. Dies wird bspw. an der Dauer der Beiträge deutlich, die in den Sondersendungen am Wahlabend ausgestrahlt wurden (vgl. Kap. 7.1). Sie divergiert bei den Fernsehsendern zu den verschiedenen Wahljahren. Entsprechend lassen sich weder ein kontinuierlicher Trend einer Beschleunigung der Wahlabendberichterstattung im deutschen Fernsehen noch Spezifika für die analysierten TV-Programme identifizieren. Vielmehr ist in Bezug auf das Tempo ein Wechsel der Geschwindigkeit zu konstatieren, wobei 1998 und 2002 in etwa wieder das Niveau der 1960er Jahre erreicht wurde. Bei etwa 50 Sekunden pro Beitrag erscheint eine Sättigung erreicht. Hinsichtlich der TV-Sender lässt sich höchstens festhalten, dass die Beiträge der ARD i. d. R. länger dauerten als die der übrigen Sender und die Beiträge des ZDF und von Sat.1 am Abend der Bundestagswahl 1998 besonders kurz waren.

Was die *Dauer der O-Töne* von Politikern anbelangt (vgl. Kap. 7.1.4), lässt sich ebenfalls keine Beschleunigung der Wahlabendsondersendungen im deutschen TV belegen. Zwischen den einzelnen Messzeitpunkten schwankte die Dauer der O-Töne leicht um etwa 25 Sekunden. Dabei sendeten die Fernsehanbieter – mit Ausnahme des ZDF – v. a. 1998 kurze O-Töne mit einer Dauer von durchschnittlich zwischen 13 und 20 Sekunden. Vier Jahre später kamen Politiker wieder etwas länger zu Wort, so dass sich 1998 ein Höhepunkt im Hinblick auf das Tempo der Wahlabendberichterstattung feststellen lässt.

In Bezug auf die *Darstellungsformen* (vgl. Kap. 7.1.1) der Wahlabendsondersendungen der Sender ARD, ZDF, RTL und Sat.1 konnten Hinweise auf verschiedene Trends politischer Berichterstattung herausgearbeitet werden. So hat sich gezeigt, dass die Wahlabendberichte gemessen an den Darstellungsformen Filmbericht und NiF senderübergreifend – im Gegensatz zu Nachrichtensendungen im Fernsehen – einen eher geringen Grad an *Visualisierung* (vgl. Kap. 2.2.3.4) aufweisen, der zudem nur in einigen Wahljahren – 1961 sowie seit 1990 – messbar ist. Dabei fanden sich Belege dafür, dass die Privatsender häufiger und dann längere Filmberichte ausgestrahlt haben als die öffentlich-rechtlichen Fernsehanstalten. Werden auch die Grafikinterpretationen als visualisierte Darstellungsformen berücksichtigt (vgl. Kap. 7.1.1), so zeigen sich Schwankungen im Grad der *Visualisierung* (vgl. Kap. 2.2.3.4), der sich durchschnittlich mit 25 Prozent am Vorkommen aller Darstellungsformen und 20 Prozent der Sendedauer beziffern lässt.

Gemessen an den Interviews, den Reden und den Statements (vgl. Kap. 7.1.1) lassen sich verschiedene Aussagen zur *Personalisierung* (vgl. Kap. 2.2.3.4) treffen. Differenziert werden muss zwischen dem Vorkommen und dem zeitlichen Anteil dieser personenorientierten Darstellungsformen. Zum einen kommen sie in den analysierten 40 Jahren unterschiedlich häufig vor, wobei sich ihr Anteil seit 1998 um etwa 20 Prozent an allen Darstellungsformen eingependelt hat. Dieser Wert entspricht auch dem Durchschnitt aller untersuchten Wahljahre und ist offenbar die Sättigungsgrenze. Zum anderen kommt diesen personenorientierten Darstellungsformen – gemessen an ihrem zeitlichen Anteil an der Dauer der Sendung – mehr Relevanz zu, als anhand der Daten zu ihrem Vorkommen zu vermuten ist. Durchschnittlich nehmen sie etwa die Hälfte der Gesamtzeit ein. Dabei schwanken die zeitlichen Anteile ebenso wie diejenigen beim Vorkommen. Folglich ist auch hierbei keine Zunahme des Personalisierungsgrads im Zeitverlauf zu messen.

Auch zu dem *Inszenierungsgrad* und dem Grad an *Boulevardisierung* (vgl. Kap. 2.2.3.4) können mit Hilfe der Befunde zu den Darstellungsformen (vgl. Kap. 7.1.1) Aussagen formuliert werden. Senderübergreifend und über die Jahre hinweg wurde in den Wahlabendsondersendungen von ARD, ZDF, RTL und Sat.1 eine Vielfalt an Darstellungsformen identifiziert, die auf eine relativ starke und konstante Inszenierung schließen lässt. Jedoch wurden kaum satirische Beiträge oder kabarettistische Auftritte gezeigt, was wiederum darauf hinweist, dass die Inszenierung nicht als sehr stark einzustufen ist und dass –

zumindest gemessen an diesem inhaltlichen Merkmal – auch keine Boulevardisierung vorliegt. Darüber hinaus ist an dem Einsatz von Aufsagern im Verlauf der vier Jahrzehnte keine Steigerung des Inszenierungsgrades ablesbar. Schließlich wird gemessen an den Grafikinterpretationen deutlich, dass das ZDF – bezogen auf dieses inhaltliche Merkmal – stärker inszeniert als die übrigen drei Fernsehsender, indem es eine variantenreichere Einbindung praktiziert. Vor allem für die Wahlabendsendung 2002 finden sich diesbezüglich Belege für einen vergleichsweise hohen Grad an Inszenierung. Insgesamt ist bei den Grafiken jedoch über die Sendergrenzen und die Jahre hinweg eine Dominanz der klassischen Grafiken zu beobachten, die als Ritualisierung gewertet werden kann.

Des Weiteren nimmt die ARD mit Blick auf die Darstellungsformen eine Sonderposition ein (vgl. Kap. 7.1.1) – in den Wahljahren 1965 bis 1972 wurden sehr viele, wenn auch kurze Meldungen gesendet. Zu diesen Messzeitpunkten wurde z. T. ein Ergebnisdienst der „Tagesschau" in die Wahlsendungen integriert. Das macht sich ebenfalls bei den Akteuren bemerkbar – die Nachrichtensprecher kamen in diesen Jahren ebenfalls häufig vor.

Im Hinblick auf die *Themen* (vgl. Kap. 7.1.2) wurde deutlich, dass der Fokus der Berichterstattung zu den fünf Messzeitpunkten, zu denen auch ein oder mehrere Landtage gewählt wurden, stets auf der Bundestagswahl lag. Darüber hinaus ist eine Dominanz informativer Wahl-Beiträge im gesamten Untersuchungszeitraum und bei allen Fernsehsendern feststellbar. Am häufigsten wurden Wahlergebnisse präsentiert und bewertet. Etwas seltener wurden die Konsequenzen aus dem Wahlergebnis thematisiert. Noch seltener wurden eine Analyse und eine Erklärung der Ergebnisse vorgebracht. Nach den informativen Beiträgen kamen moderative Beiträge am zweithäufigsten vor. Dieses Ergebnis überrascht nicht, da sowohl die Moderationen bei den Darstellungsformen (vgl. Kap. 7.1.1) als auch die Moderatoren bei den Akteuren (vgl. Kap. 7.1.4) relevante Faktoren der Wahlabendberichterstattung im deutschen Fernsehen sind. Der Anteil der Meta-Berichterstattung schwankte im Untersuchungszeitraum. Weiterhin wurden Boulevard-Beiträge im Zeitverlauf sehr selten ausgestrahlt. Ein Trend zur Boulevardisierung ist daher an den vorliegenden Daten nicht abzulesen. Im Gegensatz dazu ist seit den 1990er Jahren eine leichte Zunahme an Privatisierung zu verzeichnen, da persönliche bzw. private Aspekte seitdem häufiger thematisiert wurden als zuvor. RTL und Sat.1 berichteten häufiger über persönliche oder private Themen als ARD und ZDF.

Bei den *Schauplätzen* (vgl. Kap. 7.1.3) dominierten senderübergreifend und im Zeitverlauf das zentrale Wahlstudio sowie die Orte, an denen die Wahlpartys der Parteien stattfanden und an denen die Ergebnisse der Wahlforschung vorgestellt wurden. Entsprechend zeigen sich anhand dieses inhaltlichen Merkmals eine Ritualisierung sowie eine geringe Inszenierung. Nur vereinzelt wurde von außergewöhnlichen Orten der Außenwelt berichtet. Dabei sendeten die Privatsender geringfügig häufiger von Schauplätzen der Außenwelt, was für eine – wenn auch äußerst geringe – stärkere Boulevardisierung im Sinne einer Popularisierung der Wahlberichte von RTL und Sat.1 spricht.

Hinsichtlich der *Akteure* (vgl. Kap. 7.1.4) ist festzuhalten, dass es sich bei der Wahlabendberichterstattung im deutschen Fernsehen um eine *Männerdomäne* handelt – zumindest was die Rollen vor der Kamera angeht. Gleichwohl kamen seit 1987 tendenziell mehr Frauen vor der Kamera zum Einsatz als zuvor. Bei den *journalistischen Rollen* dominierten der Moderator, der Reporter und der Zahlen-Präsentator. *Experten* traten vergleichsweise selten auf. Bezogen auf die *politischen Akteure* hat sich gezeigt, dass Vertreter der Regierung senderübergreifend und im gesamten Untersuchungszeitraum eher zu Wort kamen als

Oppositionsvertreter. Allerdings deuten die Befunde eine Tendenz an, nach der die Opposition in der jüngeren Zeit stärker eingebunden wurde. Im Hinblick auf die Parteien wird im gesamten Zeitverlauf eine Ausgewogenheit gemäß Parteienproporz deutlich. Bei den TV-Anbietern zeigten sich geringe Unterschiede. Beispielsweise fehlten bei RTL und Sat.1 PDS-Politiker und der Anteil an CSU-Politikern fiel geringer aus als bei ARD und ZDF.

Bei den Akteuren ist eine *Personalisierung* im Sinne einer Hierarchisierung erkennbar, die als abschwächend einzustufen ist, da seit 1987 mehr einfache Parteimitglieder und -sympathisanten sowie Bürger zu Wort kamen. Deren Anteil ist jedoch nicht so hoch, als dass daraus ein hoher Grad an Popularisierung im Sinne einer Boulevardisierung abgeleitet werden könnte. Von Privatisierung kann, wenn überhaupt, erst seit 1987 ausgegangen werden. Seit diesem Wahljahr äußerten sich Mitarbeiter und Familienangehörige der Politiker.

Insgesamt wird anhand der vorliegenden Befunde zu den inhaltlichen Merkmalen der Wahlabendsendungen im deutschen Fernsehen zu den Bundestagswahlen von 1961 bis 2002 deutlich, dass es nicht ausreicht, einen Trend politischer Berichterstattung wie Infotainment, Inszenierung, Visualisierung, Personalisierung oder Ritualisierung anhand nur eines Merkmals empirisch belegen zu wollen. Vielmehr *speisen* sich diese *Trends* als mehrdimensionale Phänomene aus den *verschiedenen inhaltlichen Elementen*. Diese können sich zudem unterschiedlich entwickeln, d.h., z. T. liefern die Befunde Belege für einzelne Trends, z. T. können die Ergebnisse nicht als Indizien dafür herangezogen werden. Dementsprechend lassen sich die Trends politischer Berichterstattung nur hinreichend belegen, wenn das Zusammenspiel der unterschiedlichen inhaltlichen Merkmale berücksichtigt wird. Dabei sind die weiteren Merkmale der Wahlberichte in die Interpretation einzubeziehen (vgl. Kap. 6 u. 8).

Darüber hinaus konnten *Entwicklungslinien* für die verschiedenen inhaltlichen Merkmale nachgezeichnet werden, die i. d. R. als *Wellenbewegungen* zu beschreiben sind. Kontinuierliche Steigungen oder lineare Rückgänge waren nur für einige Messzeitpunkte, nicht aber für den gesamten Untersuchungszeitraum auszumachen. Um solche Entwicklungen überhaupt erkennen zu können – das zeigen die in diesem Kapitel vorgestellten Befunde anschaulich –, ist es erforderlich, nicht nur zwei Messzeitpunkte als Stichprobe auszuwählen. Vielmehr sind *mindestens drei Messzeitpunkte* notwendig, um Schwankungen feststellen zu können, da ansonsten zufällige Tendenzen als Normalfall angesehen werden könnten (vgl. Kap. 2.2.3). Folglich ist es notwendig, *Indizien für Tendenzen*, die sich erst in den *letzten beiden analysierten Wahljahren* der vorliegenden Landzeitstudie ausgebildet haben, z. B. bei der Dauer der Beiträge hin zu einem geringeren Anteil an langen Beiträgen (vgl. Kap. 7.1), empirisch am Material weiterer Wahlabendberichte zu erhärten. Nur wenn auf diese Weise weitere Daten einbezogen werden und die Annahme dieser Tendenzen bei zukünftigen Wahlabendsendungen überprüft wird, lässt sich vor dem Hintergrund der häufigen und teils großen Schwankungen in der Entwicklung der vorangegangenen Wahljahre in diesen Fällen von einem gesicherten Trend sprechen. Denn in dieser Studie haben sich mehrmals Belege für Tendenzen gefunden, die nur zwei Messzeitpunkte dauerten. Danach zeigte die Entwicklungslinie wieder in eine andere Richtung.

Schließlich lassen sich die in diesem Kapitel nachgezeichneten Entwicklungslinien und Unterschiede zwischen den Sendern mit Bezug auf den *Produktionskontext* einordnen (vgl. Kap. 5). So hängen einige Erkenntnisse mit der *politischen Situation* in Deutschland zusammen (vgl. Kap. 5.1). Exemplarisch sei hier auf die starke Thematisierung von CSU-Akteuren am Abend der Bundestagswahl 1980 verwiesen (vgl. Kap. 7.1.4), die sich dadurch erklären lässt, dass der damalige Kanzlerkandidat der Union, Franz-Josef Strauss, aus den Reihen der CSU kam. Als weiteres Beispiel lässt sich an dieser Stelle anführen, dass Vertreter der Opposition in den Wahljahren häufiger zu Wort kamen, in denen es zu einem Wechsel einer oder beider Regierungsparteien kam oder die Wahl sehr knapp ausging.

Dass sich die gesellschaftliche Situation in Deutschland bei den inhaltlichen Merkmalen der Wahlabendberichterstattung im deutschen Fernsehen bemerkbar macht, zeigt sich darüber hinaus bei den Grafiken (vgl. Kap. 7.1.1). So lässt sich die häufige Verwendung von Prognosen und Hochrechnungen in den 1990er Wahlabendsendungen mit Verweis darauf erklären: 1990 fand die erste gesamtdeutsche Bundestagswahl statt. Außerdem hat der knappe Ausgang der Wahlen zu mehreren Messzeitpunkten die analysierten Fernsehsender offenbar dazu veranlasst, Grafiken zu den ausgezählten bzw. hochgerechneten Resultaten, den Sitzverteilungs- und Koalitionsmöglichkeiten sowie den Gewinnen und Verlusten zur vorangegangenen Wahl häufiger einzusetzen als sonst üblich.

Im Hinblick auf die Wahlforschung wird ferner deutlich, dass sich die Weiterentwicklung der Methoden der Wahlforschung auch inhaltlich auswirkt. So wurden Auszählungsdaten in den 1990er Jahren nicht mehr präsentiert. Dies ist auf die Etablierung der Prognosen und Hochrechnungen zurückzuführen (vgl. Kap. 5.2.1.4 u. 6.2.2.).

Des Weiteren stehen einige Entwicklungen der inhaltlichen Merkmale der Wahlabendsondersendungen im deutschen Fernsehen im zeitlichen Zusammenhang mit der *Dualisierung des deutschen Rundfunksektors* (vgl. Kap. 5.1 u. 5.2.1.3). Zum Beispiel ist es erst seit den 1990er Jahren üblich, dass einfache Parteimitglieder und Sympathisanten zu Wort kommen (vgl. Kap. 7.1.4). Mit der veränderten Wettbewerbssituation seit den 1990er Jahren hängen auch die gewandelten Verhaltensweisen der Politiker zusammen, die inzwischen erst eine Rede vor ihren Anhängern und allen TV-Sendern halten, bevor sie einzelnen Stationen Interviews geben (vgl. Kap. 7.1.1). Eine Rolle bei der Entwicklung der Inhalte der Wahlberichte zu Bundestagswahlen spielen darüber hinaus die *Ressourcen* (vgl. Kap. 5.2.1.3), die den einzelnen Fernsehanbietern zur Verfügung stehen, wie am Beispiel der Schauplätze deutlich wird (vgl. Kap. 7.13). Außerdem kristallisieren sich Implikationen durch *rechtliche und normative Regelungen* (vgl. Kap. 5.2.1.1 u. 5.2.1.2) heraus, z. B. bei der Thematisierung der Methodik der Wahlforschung (vgl. Kap. 7.1.2) oder der Ausgewogenheit bei der Auswahl von Akteuren nach Parteienproporz (vgl. Kap. 7.1.4).

Der *journalistische Anspruch* (vgl. Kap. 5.2.3.1), der mit den Wahlabendsendungen im deutschen Fernsehen verfolgt wird, findet sich jedoch nur z. T. wieder, etwa bei der Dominanz von informativen Wahl-Beiträgen (vgl. Kap. 7.1.2). Hier wird deutlich, dass möglichst schnell und zuverlässig über Prognosen, Hochrechnungen und Ergebnisse sowie über Reaktionen der Politiker berichtet werden soll. Jedoch konnte am Untersuchungsmaterial empirisch nicht bestätigt werden, dass die Frage nach dem „Warum?" im Zeitverlauf an Bedeutung gewonnen hat. Dies hatten die Programmverantwortlichen über die Sendergrenzen hinweg angegeben (vgl. Kap. 5.2.3.1). Auch mit Blick auf die *journalistische Rollenaufteilung* (vgl. Kap. 5.2.3.1) lassen sich einige Befunde dieses Kapitels einordnen. So kann bspw. der hohe Anteil des Moderators bzw. der niedrige Anteil des Zahlen-Präsentators bei den Privatsendern dadurch erklärt werden (vgl. Kap. 7.1.4), dass die Aufgaben des bei ARD und ZDF etablierten Zahlen-Präsentators regelmäßig von den Moderatoren übernommen wurden.

8 Wahlabendberichterstattung im deutschen Fernsehen: fernseh-ästhetische Merkmale

In diesem Kapitel wird der Einsatz von *fernseh-ästhetischen Mitteln* in den Wahlabendsondersendungen im deutschen Fernsehen zu den Bundestagswahlen von 1961 bis 2002 rekonstruiert. Fernseh-ästhetische Elemente (Kamera-Aktionen, Einstellungsgrößen usw.) prägen gemeinsam mit den formal-ästhetischen Merkmalen und den journalistischen Darstellungsformen das Präsentationsprofil einer TV-Sendung. Die Daten, auf denen die hier präsentierten Befunde basieren, resultieren aus einer *quantitativen Inhaltsanalyse auf Einstellungs-Ebene* (vgl. Kap. 4.2.3). Untersucht wurden aus forschungsökonomischen Gründen jeweils die ersten zehn Minuten der Hauptausgaben der Wahlabendberichte. Das Ende des Untersuchungsabschnittes wurde durch die Einstellung markiert, die zuletzt vor Ablauf der Zehn-Minuten-Frist begonnen wurde. Sie wurde komplett in die Analyse einbezogen. Das Codebuch ist im Anhang dokumentiert (online verfügbar unter: http://www.vs-verlag.de/tu/7g).

8.1 Stabilität mit Veränderungen im Detail

Die *Dauer der untersuchten Sendungsabschnitte* variiert (vgl. Tab. 59).

Tab. 59: Dauer der Untersuchungseinheiten (in mm:ss)

Jahr	ARD	ZDF	RTL	Sat.1
1961	11:15			
1965	10:05	10:08		
1969	10:04	10:09		
1972	--*	10:09		
1976	10:37	10:08		
1980	10:34	--**		
1983	10:14	12:09		
1987	10:00	10:08	--**	10:55
1990	10:01	10:01	10:17	10:02
1994	10:08	10:12	10:28	10:12
1998	10:18	10:08	10:16	10:00
2002	10:50	10:03	10:21	10:07
Ø	10:22	10:20	10:21	10:15

* Für die ARD-Wahlsendung 1972 sind keine Aussagen möglich, da in dem vorliegenden Fernsehmaterial etwa 80 Minuten zu Beginn des damaligen Wahlabendberichts fehlen.
** Für die ZDF-Wahlabendsendung 1980 und die RTL-Wahlabendsondersendung 1987 sind keine Aussagen möglich, da der Autorin hierzu kein originäres TV-Material vorliegt.[224]

---

[224] Für die folgenden Abbildungen und Tabellen wird auf diese Angaben verzichtet. Die Materialgrundlage bleibt jedoch dieselbe.

Im Durchschnitt ist die Länge der Untersuchungsabschnitte der TV-Anbieter indes sehr gut vergleichbar: Bei ARD, ZDF und RTL beträgt die durchschnittliche Dauer etwa zehn Minuten und 20 Sekunden, während sie bei Sat.1 nur wenige Sekunden unter dieser Zeit liegt.

Für die ARD-Wahlabendsondersendung zur Bundestagswahl 1972 können keine Aussagen zum Einsatz fernseh-ästhetischer Mittel getroffen werden, da rund 80 Minuten zu Beginn des originären Fernsehmaterials, das der Autorin vorliegt, fehlen. Da das originäre Fernsehmaterial für die Wahlabendberichte des ZDF zur Bundestagswahl 1980 und von RTL zur Bundestagswahl 1987 nicht zur Verfügung standen, können hierzu ebenfalls keine Aussagen gemacht werden. Die Wahlabendsondersendungen der ARD von 1976 und 2002 sind darüber hinaus zu Beginn lückenhaft. Im ersten Fall fehlen etwa zwei Minuten, während bei Letzterem rund 19 Sekunden nicht vorhanden sind. Kompensiert wurden diese Materiallücken durch eine Verlängerung des Untersuchungsabschnittes um die entsprechende Dauer (vgl. Kap. 4.2.4). Insgesamt wurden 1 206 Einstellungen untersucht.

8.1.1 Schnittfrequenz und Einstellungsdauer

Einstellungen sind die kleinste kontinuierliche Einheit eines Films bzw. einer Fernsehsendung. Sie werden i. d. R. durch Schnitte bzw. Blenden abgegrenzt. Anhand der Schnittfrequenz – diese ergibt sich aus der Zahl der Einstellungen in der jeweiligen Untersuchungseinheit, die etwa zehn Minuten dauert – und der Länge der einzelnen Einstellungen kann überprüft werden, ob und inwiefern die Wahlabendsendungen im deutschen Fernsehen von 1961 bis 2002 dynamischer geworden sind. Eine hohe Schnittfrequenz bzw. eine schnelle Schnittfolge und kurze Einstellungen deuten dabei einen hohen Grad an Infotainment und Boulevardisierung, Inszenierung und Visualisierung an (vgl. Kap. 2.2.3.4). Wird die Entwicklung dieser Merkmale im Laufe der Zeit analysiert, kann empirisch belegt werden, ob die Wahlberichte stärker inszeniert, unterhaltsamer aufbereitet und stärker visualisiert worden sind. Dies wird oft für politische Berichterstattung angenommen (vgl. Kap. 2.2.3.3).

Was die *Schnittfrequenz* betrifft, ist eine differenzierte Betrachtung im Zeitverlauf und bei den einzelnen TV-Anbietern notwendig. Die Entwicklung der Zahl der Einstellungen pro Untersuchungseinheit im Durchschnitt der untersuchten Fernsehsender in den Wahljahren erfolgt nicht linear, sondern ist durch meist geringe Schwankungen zwischen den Messzeitpunkten geprägt (vgl. Abb. 19).

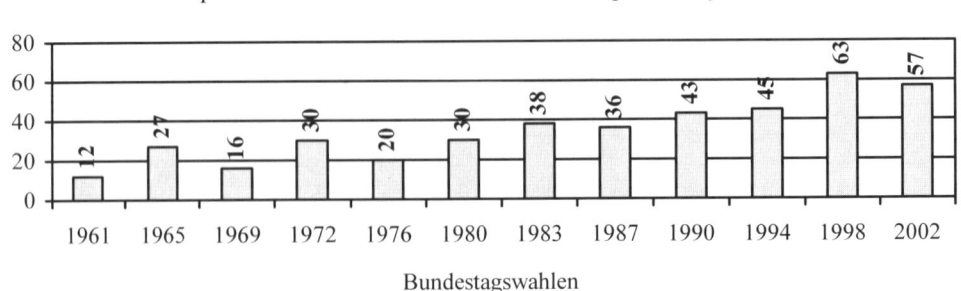

Abb. 19: Schnittfrequenz im Durchschnitt aller TV-Sender pro Wahljahr

Bundestagswahlen	Schnittfrequenz
1961	12
1965	27
1969	16
1972	30
1976	20
1980	30
1983	38
1987	36
1990	43
1994	45
1998	63
2002	57

Gleichzeitig ist bis 1998 ein kontinuierlicher Anstieg des Niveaus der Schnittfrequenz feststellbar, das 2002 jedoch etwas sinkt. Anhand der Schnittfrequenz lässt sich also bis einschließlich 1998 ein Trend hin zu einem höheren Tempo und mehr Dynamik in der Gestaltung der Wahlberichte im deutschen Fernsehen konstatieren.

Bei Betrachtung der vier Fernsehsender lassen sich indes unterschiedliche Entwicklungsmuster identifizieren (vgl. Abb. 20). So ist bei RTL ein steter Anstieg der Schnittfrequenz von 1990 bis 2002 zu verzeichnen, inklusive einer Phase der Stabilität zwischen 1994 und 1998. Bei den öffentlichen-rechtlichen TV-Anstalten und bei Sat.1 ist dagegen eine Wellenbewegung mit Zu- und Abnahmen der Schnittfrequenz auszumachen. Auch hier sind im Detail Unterschiede erkennbar. So zeigt sich bei der ARD, dass die Schnittfrequenz zu den späteren Messzeitpunkten höher ist als zu den frühen Untersuchungszeitpunkten, wobei ein starker Anstieg von 1994 auf 1998 auffällt. Die Zahl der Einstellungen verdoppelt sich beinahe, um vier Jahre später wieder zu sinken. Parallel dazu sind bei Sat.1 von 1994 auf 1998 ebenfalls eine starke Erhöhung der Schnittfrequenz und ein Rückgang 2002 zu verzeichnen. Während die Entwicklung der Zahl der Einstellungen beim ZDF bis einschließlich 1987 ähnlich verläuft wie diejenige bei der ARD – wenn auch meist unter deren Wert liegend –, wird danach ein anderes Muster deutlich. Seit 1990 ist die Schnittfrequenz der ZDF-Wahlsendungen auf vergleichsweise niedrigem Niveau konstant geblieben.

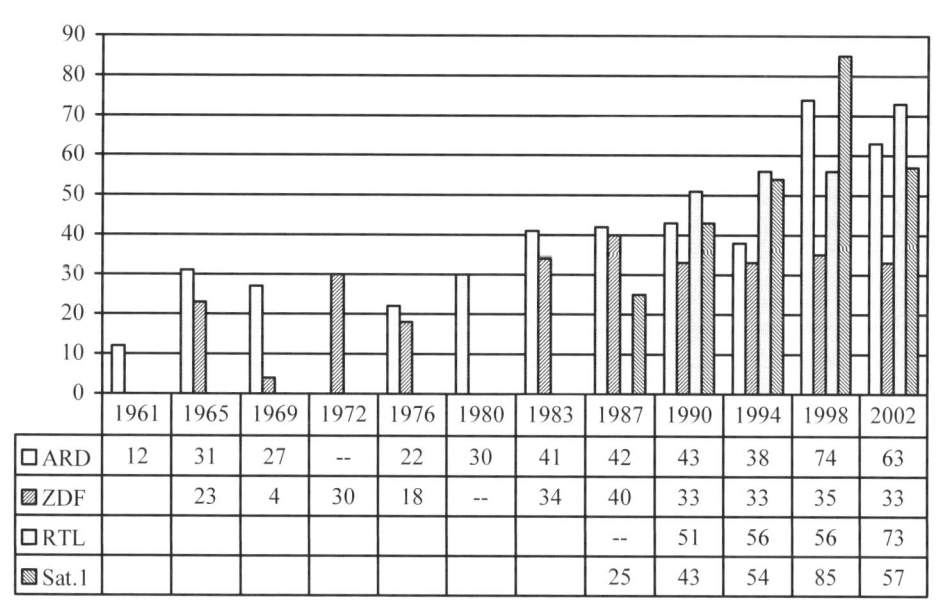

Abb. 20: Schnittfrequenz/Zahl der Einstellungen pro Untersuchungseinheit

	1961	1965	1969	1972	1976	1980	1983	1987	1990	1994	1998	2002
☐ ARD	12	31	27	--	22	30	41	42	43	38	74	63
▨ ZDF		23	4	30	18	--	34	40	33	33	35	33
☐ RTL								--	51	56	56	73
■ Sat.1								25	43	54	85	57

Bundestagswahlen

Generell kann festgehalten werden, dass die Schnittfrequenz im Untersuchungszeitraum i. d. R. Jahr für Jahr ein höheres Niveau erreicht hat. Der Höhepunkt war 1998. Danach wurde die Schnittfolge wieder etwas langsamer. Im Sendervergleich stellt die Entwicklung der Schnittfrequenz bei den Wahlabendberichten des ZDF eine Ausnahme dar: Sie hat sich seit 1990 auf relativ geringem Niveau stabilisiert. Diese Daten sind ein erster Hinweis darauf, dass nicht pauschal von einer Tendenz zugenommenen Infotainments bzw. angestiegener Boulevardisierung, einem Trend intensiverer Inszenierung oder verstärkter Visualisierung gesprochen werden kann. Im Vergleich zu Studien, die sich mit Nachrichtensendungen auseinander gesetzt haben, wird darüber hinaus deutlich, dass in Wahlabendsondersendungen weniger häufig Schnitte angesetzt werden als im Format der TV-Nachrichten (vgl. Bruns/Marcinkowski 1997: 264; Goertz 1996: 204).

Die Entwicklung der Dauer der Einstellungen steht in engem Zusammenhang mit derjenigen der Schnittfrequenz. Je kürzer die Einstellungen dauern, desto höher ist die Schnittfrequenz. Entsprechend ist hinsichtlich der *durchschnittlichen Einstellungsdauer* im Verlauf der Zeit trotz Schwankungen ein Rückgang der Länge identifizierbar (vgl. Abb. 21).

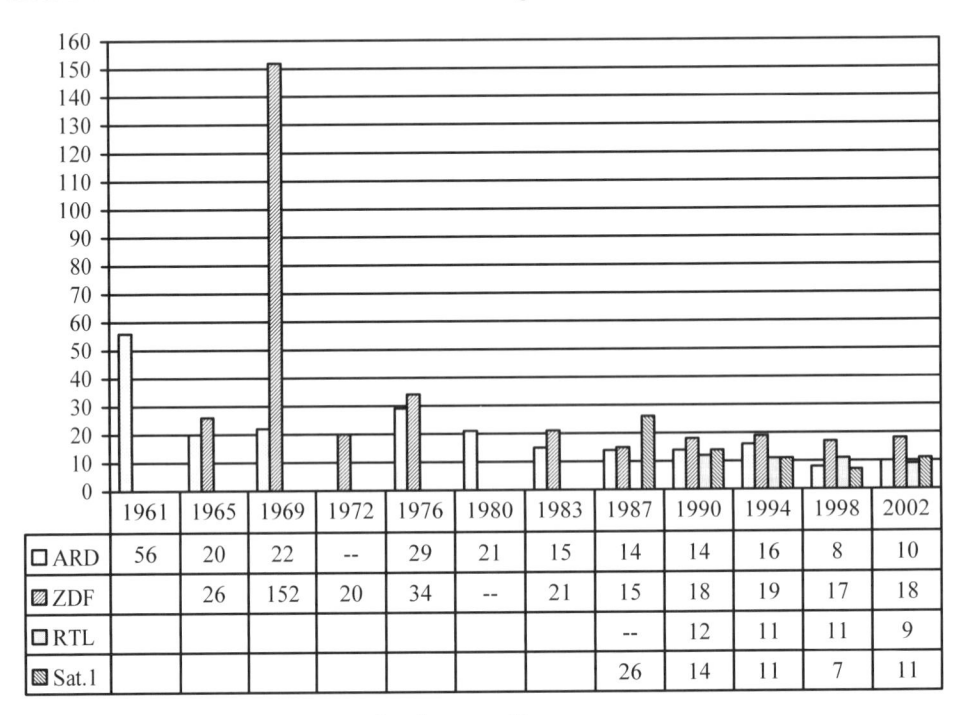

Abb. 21: Durchschnittliche Dauer der Einstellungen in Sekunden

	1961	1965	1969	1972	1976	1980	1983	1987	1990	1994	1998	2002
☐ ARD	56	20	22	--	29	21	15	14	14	16	8	10
▨ ZDF		26	152	20	34	--	21	15	18	19	17	18
☐ RTL								--	12	11	11	9
▨ Sat.1								26	14	11	7	11

Bundestagswahlen

Am kürzesten dauerten die Einstellungen 1998. Vier Jahre später ist jedoch wieder ein geringer Anstieg der durchschnittlichen Einstellungslänge zu registrieren. Bei etwa zehn Sekunden ist – abgesehen vom ZDF – anscheinend ein Sättigungspunkt eingetreten. Generell lässt sich folglich auch anhand dieser Variable eine dynamischere Gestaltung der Wahlabendsonderberichte im Untersuchungszeitraum ablesen. Verglichen mit Erkenntnissen zu Nachrichtensendungen im Fernsehen zeigt sich allerdings, dass die TV-Wahlabendsendungen i. d. R. weniger temporeich sind (vgl. Zubayr/Fahr 1999: 643; Bruns/Marcinkowski 1997: 264 ff.) bzw. bei den einzelnen TV-Anbietern unterschiedlich lange Schnittsequenzen bei den verschiedenen Formaten vorherrschen (vgl. Donsbach/Büttner 2005: 32). Dies mag auch daran liegen, dass in dieser Studie im Gegensatz zu den Untersuchungen der

Fernsehnachrichten, die üblicherweise nur Filmberichte auf die Dauer von Einstellungen hin analysieren, alle journalistischen Darstellungsformen einbezogen wurden.

Die einzelnen Fernsehsender betreffend sind unterschiedliche Entwicklungen nachzuzeichnen. So sinkt bei RTL die durchschnittliche Einstellungslänge von 1990 bis 2002 stetig – allerdings inklusive einer konstanten Durchschnittsdauer 1994 und 1998. Das heißt: Die RTL-Wahlabendberichterstattung erweist sich als zunehmend beschleunigt, wenngleich dieser Trend nur gering ausfällt. Bei den übrigen Sendern hingegen schwanken die durchschnittlichen Längen der Einstellungen. Eine wellenförmige Kurve veranschaulicht diesen Entwicklungsprozess, der bei ARD, ZDF und Sat.1 außerdem unterschiedlich abläuft.

Bei der ARD lässt sich die Entwicklung in verschiedene Phasen einteilen. War die durchschnittliche Einstellungsdauer 1961 mit 56 Sekunden sehr lang, verkürzten sich die Einstellungen danach deutlich: Sie betrugen von 1965 bis 1980 zwischen 20 und 30 Sekunden sowie von 1983 bis 1994 etwa 15 Sekunden, 1998 erreichten die Einstellungen schließlich die bis dato kürzeste Dauer, um dann 2002 wieder etwas länger zu werden, aber unter dem Wert der Phase von 1983 bis 1994 zu bleiben. Insgesamt lässt sich an diesen Ergebnissen auch bei der ARD eine dynamischere Präsentation im Laufe der Zeit ablesen.

Beim ZDF hat sich die durchschnittliche Einstellungsdauer seit 1990 bei etwas weniger als 20 Sekunden stabilisiert. Ansonsten ist die Entwicklung der ZDF-Wahlberichte in Bezug auf diese Variable durch sprunghafte Veränderungen geprägt. Hervorheben lassen sich zwei Messzeitpunkte: Der temporeichste ZDF-Wahlbericht mit einer durchschnittlichen Dauer der Einstellungen von 15 Sekunden ist 1987 ausgestrahlt worden. Die wenigste Dynamik weist die Sondersendung 1969 auf, bei der die Einstellungsdauer im Schnitt zwei Minuten und 20 Sekunden betrug. Insgesamt weisen die Wahlabendberichte des ZDF aufgrund der langfristigen Abnahme der durchschnittlichen Dauer der Einstellungen jedoch ebenfalls ein höheres Tempo im Zeitverlauf auf – allerdings ohne Zunahme seit 1990.

Bei Sat.1 ist anhand der durchschnittlichen Dauer der Einstellungen die vergleichsweise stärkste Zunahme an Tempo und Dynamik im Untersuchungszeitraum festzustellen, die ihren Höhepunkt 1998 erreichte und dann wieder etwas zurückging.

Eine detaillierte Analyse der Einstellungslängen verspricht an dieser Stelle weitere, tiefer gehende Erkenntnisse, denn die durchschnittliche Dauer allein sagt nichts darüber aus, ob alle Einstellungen von relativ kurzer bzw. mittellanger Dauer waren oder ob es mehrere sehr kurze und mehrere sehr lange Einstellungen gab. Dies wirkt sich jedoch auf das Präsentationsprofil einer TV-Sendung aus. Für diese Analyse lassen sich die Einstellungslängen in vier Kategorien gliedern:

- „sehr kurze" Einstellungen mit einer Länge von bis zu fünf Sekunden,
- „kurze bis mäßig lange" Einstellungen, die zwischen sechs und 30 Sekunden dauern,
- „lange" Einstellungen mit einer Dauer zwischen 31 Sekunden und einer Minute sowie
- „sehr lange" Einstellungen, die mehr als eine Minute umfassen.

Während „sehr kurze" Einstellungen von besonders hohem Tempo zeugen und als Indizien für eine starke Ausprägung von Trends politischer Berichterstattung herangezogen werden können (vgl. Kap. 2.2.3.4), deuten die Einstellungen der Kategorie „lang" und „sehr lang" auf ein langsames Tempo hin.

Was die Häufigkeit der *sehr kurzen* Einstellungen anbelangt, zeigt sich insgesamt ein Anstieg seit Beginn der 1990er Jahre (vgl. Abb. 22). Während ihr Anteil zuvor üblicherweise zwischen knapp unter zehn und etwas mehr als 20 Prozent lag, bewegte er sich in den Wahlberichten seit 1990 regelmäßig zwischen 30 und 50 Prozent. Diese Befunde ähneln den Erkenntnissen zu TV-Nachrichtensendungen (vgl. Bruns/Marcinkowski 1997: 264).

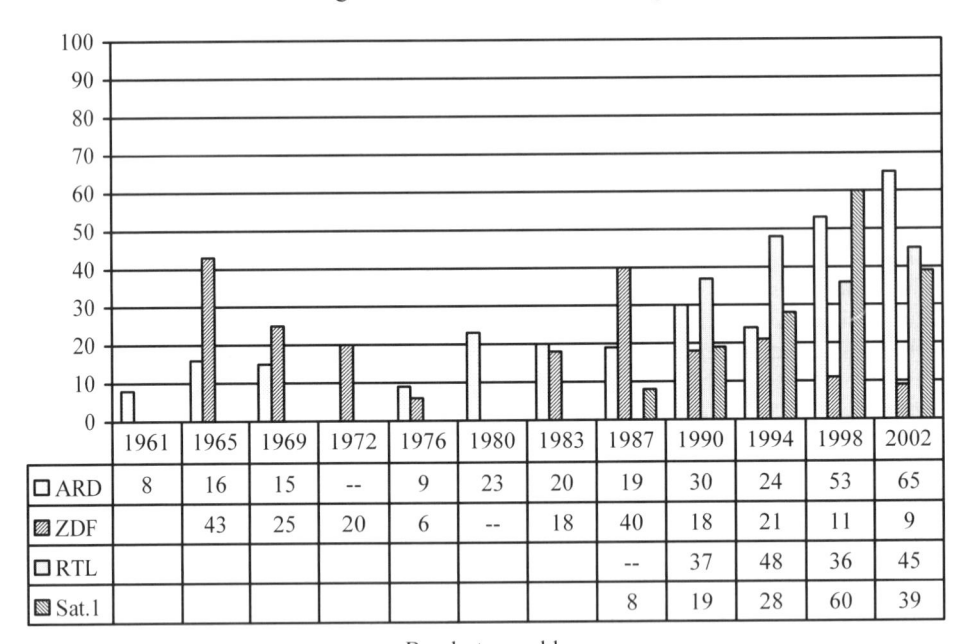

Abb. 22: Sehr kurze Einstellungen in Prozent aller Einstellungen

	1961	1965	1969	1972	1976	1980	1983	1987	1990	1994	1998	2002
ARD	8	16	15	--	9	23	20	19	30	24	53	65
ZDF		43	25	20	6	--	18	40	18	21	11	9
RTL								--	37	48	36	45
Sat.1								8	19	28	60	39

Bundestagswahlen

In Bezug auf die einzelnen Sender werden unterschiedliche Entwicklungen von ARD, RTL und Sat.1 auf der einen und dem ZDF auf der anderen Seite deutlich. So lässt sich seit 1990 nur für die Wahlberichte des ZDF eine Tendenz zu weniger sehr kurzen Einstellungen belegen, während die übrigen drei TV-Anbieter seitdem dazu tendieren, mehr Einstellungen, die sehr kurz sind, einzusetzen. Außerdem weist die schwankende Entwicklung hinsichtlich des Einsatzes von sehr kurzen Einstellungen beim ZDF zu den Bundestagswahlen 1965 und 1987 zwei vergleichsweise hohe Werte auf. Dies spricht dafür, dass in diesen Wahlsendungen besonders stark inszeniert worden ist. Dies dürfte mit der zu beiden Zeitpunkten neuen Wettbewerbssituation auf dem deutschen TV-Markt zusammenhängen (vgl. 5.2.1.3).

Bei den anderen untersuchten Fernsehsendern sind teilweise starke Schwankungen feststellbar, wie etwa von 1994 auf 1998 sowohl bei der ARD als auch bei Sat.1. Der prozentuale Anteil an sehr kurzen Einstellungen wurde bei beiden Anbietern mehr als verdoppelt. Bemerkenswert ist v. a., dass die sehr kurzen Einstellungen bei ARD und Sat.1 zu diesen Messzeitpunkten z. T. mehr als die Hälfte bzw. sogar rund zwei Drittel aller Einstellungen einnehmen. Diese Daten sind ein Hinweis auf einen besonders ausgeprägten Trend zu Inszenierung, Infotainment und Visualisierung in dem genannten Zeitraum. Dagegen sind bei RTL seit 1990 nur leichte Schwankungen auf relativ hohem Niveau zwischen 35 und 48 Prozent zu konstatieren – diese sind gleichwohl ein Indiz für die genannten Trends.

Auch bei den *langen* und *sehr langen* Einstellungen lässt sich keine lineare Entwicklung nachzeichnen. Die auftretenden Schwankungen sind in den 1960er und 1970er Jahren am deutlichsten. Insbesondere der Wahlabendbericht des ZDF 1969 fällt mit einem Anteil von 75 Prozent langer und sehr langer Einstellungen aus der Reihe. Entsprechend lässt sich diese Wahlsendung als am wenigsten temporeich interpretieren (vgl. Abb. 23).

Abb. 23: Lange und sehr lange Einstellungen in Prozent aller Einstellungen

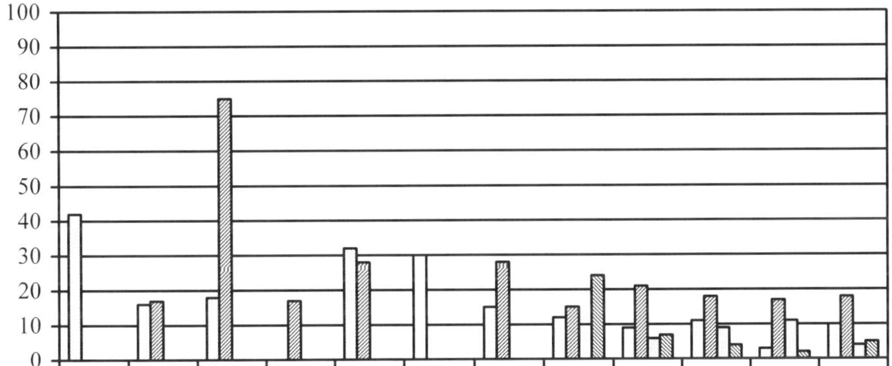

	1961	1965	1969	1972	1976	1980	1983	1987	1990	1994	1998	2002
ARD	42	16	18	--	32	30	15	12	9	11	3	10
ZDF		17	75	17	28	--	28	15	21	18	17	18
RTL								--	6	9	11	4
Sat.1								24	7	4	2	5

Bundestagswahlen

Seit Ende der 1970er Jahre nahm der Anteil der langen und sehr langen Einstellungen tendenziell ab. Seit 1983 hat er sich bei durchschnittlich rund zehn Prozent eingependelt – mit z. T. jedoch beträchtlichen Abweichungen. So war der Anteil der Einstellungen dieser Kategorie bei der ARD 1998 sowie im selben Jahr und 1994 bei Sat.1 äußerst niedrig. Im Gegensatz dazu wichen die Werte beim ZDF auch in dieser Kategorie wieder von denen der drei anderen TV-Anbieter ab: In den Wahlabendsendungen des ZDF wurden in den 1980er und 1990er Jahren etwa doppelt so viele lange und sehr lange Einstellungen verwendet wie bei ARD, RTL und Sat.1. Abgesehen von der Entwicklung beim ZDF ist ein Trend zu weniger langen und sehr langen Einstellungen erkennbar. Die vorliegenden Daten zu dieser Kategorie unterstützen die Annahme, dass die Wahlabendberichte im deutschen Fernsehen seit den 1980er Jahren im Vergleich zu vorher inszenierter gestaltet, stärker unterhaltsam und mehr visualisiert aufbereitet wurden.

8.1.2 Einstellungswechsel

Der Anfang und das Ende einer Einstellung als kleinste audiovisuelle Einheit einer Fernsehsendung sind durch verschiedenartige Übergänge markiert. Zu den üblichen Formen eines Einstellungswechsels gehören der direkte Schnitt, auch „harter" Schnitt genannt, die Blende als weicher Übergang der Bilder und der digitale Übergang (vgl. Korte 2000: 27 f.). Die Übergänge können dabei einerseits geglättet bzw. unsichtbar gemacht oder andererseits akzentuiert werden. Im ersten Fall werden normale Schnitte oder Blenden verwendet, während im zweiten Fall Schnitteffekte durch digitale Technik zum Einsatz kommen (vgl. Renner 2005: 355). Dabei wird den außergewöhnlichen Schnittgestaltungen – etwa dem Wegwischen oder Drehen der Bilder – „eine besondere dramaturgische Funktion" (Renner 2005: 355) zugeschrieben. Sie können als Indizien für Inszenierung, Infotainment bzw. Boulevardisierung oder Visualisierung gewertet werden (vgl. Kap. 2.2.3.4).

Der dominierende Einstellungswechsel über Sendergrenzen hinweg und im Zeitverlauf ist der *direkte Cut* (vgl. für eine ähnliche punktuelle Bestandsaufnahme in Bezug auf Fernsehnachrichten Goertz 1996: 205 f.). Bis einschließlich 1987 verwendeten ARD und ZDF fast ausschließlich den harten Schnitt. Vor diesem Hintergrund erweisen sich die älteren Wahlsendungen der öffentlich-rechtlichen TV-Anstalten also als kaum inszeniert, boulevardisiert oder visualisiert. Seit 1990 ist der einfache Schnitt zwar weiterhin vorherrschend – allerdings nicht mehr in ähnlich überragendem Maß wie zuvor. Hier liegt die Annahme nahe, dass zum einen die Dualisierung des Rundfunkssystems zu dieser Veränderung beigetragen hat (vgl. Kap. 5.1). Zum anderen hat sich aber auch die Technik weiterentwickelt (vgl. Kap. 5.2.1.4). Sie dürfte ebenfalls ein Faktor der Veränderung gewesen sein.

Darüber hinaus unterscheiden sich die analysierten Fernsehsender seit Ende der 1980er bzw. Anfang der 1990er Jahre hinsichtlich der Dominanz des harten Schnitts. So wird der direkte Schnitt bei den öffentlich-rechtlichen Sendern im Zeitverlauf mal mehr und mal weniger häufig verwendet – mit einer rückläufigen Tendenz beim ZDF und einer recht stabilen Entwicklung bei der ARD. Dagegen ist bei RTL eine kontinuierliche Abnahme erkennbar. Demgegenüber schwankt der Anteil der harten Schnitte bei Sat.1 stark, so dass weder eine absteigende noch eine ansteigende Tendenz abzulesen ist (vgl. Tab. 60).

Schließlich zeigt sich 2002 eine starke Differenz zwischen den TV-Sendern, die quer zur gängigen Unterscheidung öffentlich-rechtlich versus privat verläuft. Während der Anteil an harten Schnitten bei ARD und Sat.1 rund 87 Prozent beträgt, findet sich der direkte Cut in den Wahlabendsendungen von ZDF und RTL mit rund 44 bzw. 49 Prozent vergleichsweise selten. Dass bei Letzteren weniger als die Hälfte aller Einstellungswechsel harte Schnitte waren, spricht für einen relativ hohen Grad an Inszenierung, Infotainment und Visualisierung.

Tab. 60: Schnitt in Prozent aller Einstellungswechsel

	1961	1965	1969	1972	1976	1980	1983	1987	1990	1994	1998	2002
ARD	100	97	100	--	100	100	100	100	95	84	93	87
ZDF		100	100	100	100	--	100	100	85	94	86	44
RTL									--	92	81	70	49
Sat.1								75	93	98	72	87

Die Dominanz des harten Schnitts als Einstellungswechsel in Wahlsendungen ist im Zeitverlauf zu Gunsten von *Blenden* und *digitalen Übergängen* zurückgegangen. Jedoch sind senderspezifische Eigenheiten zu registrieren. Ausschließlich auf Blenden als zusätzliche Möglichkeit des Übergangs zwischen zwei Einstellungen setzte die ARD (vgl. Tab. 61). Die anderen TV-Anbieter variierten dagegen – mit unterschiedlicher Akzentuierung. RTL verwendete hauptsächlich und im Laufe der Jahre verstärkt Blenden, so dass 2002 etwas mehr als die Hälfte aller Einstellungen geblendet wurden. Die Option, mit digitaler Technik Schnitteffekte zu erzielen, wurde von RTL nur vereinzelt genutzt. Bei Sat.1 finden sich unterschiedliche Präferenzen zu den verschiedenen Messzeitpunkten. Während 1987 alle alternativen Einstellungsübergänge digital gestaltet wurden, erfolgten die sonstigen Wechsel der Einstellungen 1998 durch Blenden. Alternativ zum harten Schnitt wurde in den Wahlberichten des ZDF sowohl geblendet als auch digitale Technik eingesetzt. Beim ZDF fällt zudem der seit 1990 regelmäßig digital gestaltete Übergang auf.

Tab. 61: Blenden und digitale Übergänge in Prozent aller Einstellungswechsel

Jahr	ARD		ZDF		RTL		Sat.1	
	Blende	Digital	Blende	Digital	Blende	Digital	Blende	Digital
1987	0	0	0	0	--	--	4	21
1990	5	0	0	15	8	0	7	0
1994	16	0	0	6	14	5	2	0
1998	7	0	11	3	28	2	28	0
2002	13	0	39	17	51	0	2	10

Insgesamt ist anhand der Daten zur Gestaltung der Einstellungsübergänge bei allen Sendern seit Ende der 1980er bzw. Anfang der 1990er Jahre ein mehr oder minder höherer Grad an Inszenierung, Boulevardisierung und Visualisierung im Vergleich zu den Vorjahren zu konstatieren, da seitdem neben direkten Schnitten auch alternative Übergangsformen verwendet wurden. Besonders die ZDF-Wahlberichterstattung, die seit 1990 relativ häufig durch digitale Einstellungswechsel gekennzeichnet ist, erscheint inszeniert, boulevardisiert und visualisiert. In Kombination mit Blenden sind diese Trends auch bei RTL ausgeprägt.

8.1.3 Machart der Bilder und Bildbearbeitung

Die Art der ausgestrahlten Bilder sowie deren Bearbeitung tragen wesentlich zum Präsentationsprofil einer TV-Sendung bei – deshalb wurden sie ebenfalls analysiert (vgl. Dulinski 2003: 251 f.). Folgende Kategorien wurden untersucht[225]: einfaches Kamerabild, abgefilmte Grafik, direkt eingesetzte Grafik, Bluebox, virtuelles Bild, Altar, digitale Hervorhebung, aufgelegte Schrift, bewegte Effekte und Zeitlupe/Zeitraffer. Ein hoher Grad bzw. eine Zunahme im Laufe der untersuchten Wahljahre an Inszenierung, Infotainment und Visualisierung lässt sich anhand eines ausgeprägten bzw. eines verstärkten Einsatzes einiger der angeführten Bildbearbeitungsmöglichkeiten empirisch erhärten (vgl. Kap. 2.2.3.4). Im Gegenzug belegen hohe Werte beim einfachen Kamerabild keine besondere Profilierung hinsichtlich der Bearbeitungen der ausgestrahlten Bilder. Auch das zahlenmäßige Verhältnis von abgefilmten und direkt eingesetzten Grafiken lässt sich heranziehen, um einzuschätzen, wie ausgeprägt die Gestaltung der Wahlberichte war.

Bei allen analysierten Sendungen dominierte das *normale Kamerabild* (vgl. Tab. 62). Dessen Dominanz variierte zu den verschiedenen Messzeitpunkten und bei den unterschiedlichen TV-Anbietern zwischen etwa zwei Dritteln und rund 95 Prozent aller gemessenen Bildbearbeitungen. Trotz dieser Schwankungen im Verlauf der Jahre von 1961 bis

---

[225] Bei der Bildbearbeitung waren Mehrfachcodierungen möglich (vgl. Anhang).

2002 und bei allen Fernsehsendern, die zudem nicht unbedingt parallel auftraten, sondern oft auch gegenläufig waren, lässt sich aus den vorliegenden Daten eine relative Konstanz hinsichtlich der Gestaltung durch Bildbearbeitungen ableiten. Diese hat sich seit 1990 im Durchschnitt aller vier untersuchten TV-Anbieter bei etwas mehr als 70 Prozent eingependelt. Insgesamt kann hinsichtlich der durchgängig hohen Anteile an einfachen Kamerabildern keine Zunahme der zu überprüfenden Trends politischer Berichterstattung empirisch belegt werden. Vielmehr ist eine stabile Entwicklung zu rekonstruieren.

Tab. 62: Einfache Kamerabilder in Prozent aller Bildbearbeitungen

	1961	1965	1969	1972	1976	1980	1983	1987	1990	1994	1998	2002
ARD	63	72	90	--	82	77	86	68	65	80	85	86
ZDF		85	80	75	62	--	87	95	75	71	68	66
RTL								--	89	76	75	76
Sat.1								72	79	78	62	72

Anhand des Einsatzes von *Grafiken* wird deutlich, dass in den ersten zehn Minuten der älteren Wahlabendsondersendungen zu Bundestagswahlen bis 1990 zunächst abgefilmte Grafiken vorherrschen. Dies gilt sowohl für die Wahlberichte der ARD als auch für die des ZDF. Diese Art der Veranschaulichung von Prognosen, Hochrechnungen und sonstigen Wahlforschungsdaten wurde in den Folgejahren durch direkt eingesetzte Grafiken abgelöst (vgl. Kap. 6.3.3). So sank der Anteil der grafischen Abbildungen, die bei der ARD von den Fernsehkameras abgefilmt wurden, von 1961 (37 Prozent aller Bildbearbeitungen) bis 1976 (3,6 Prozent) kontinuierlich. 1980 wurden Grafiken gar nicht mehr mit der Kamera aufgenommen. Vielmehr gab es seit diesem Wahljahr nur noch grafische Darstellungen, die direkt vom Computer eingesetzt wurden. Dass in den ersten zehn Minuten der ARD-Wahlabendberichte 1998 und 2002 keine Grafiken gezeigt wurden, lässt sich auf die formal-inhaltliche Gestaltung dieser Wahlberichte zurückführen (vgl. Kap. 6.1 u. 6.2). Der Standard in beiden Jahren war jedoch die direkt eingesetzte Grafik (vgl. Kap. 6.3.3).

Eine ähnliche Entwicklung hinsichtlich der Grafiken ist beim ZDF zu konstatieren – sie verlief jedoch zeitlich um etwa zehn Jahre verschoben. Erst seit 1990 wurden innerhalb der zehn Minuten zu Beginn der Wahlabendsondersendungen nur noch Grafiken verwendet, die vom Computer aus direkt ins Fernsehbild eingesetzt wurden (vgl. Kap. 6.3.3). Bei den privaten TV-Sendern spielen abgefilmte Abbildungen nur eine äußerst marginale Rolle. Dominierend sind dagegen direkt eingesetzte Grafiken. Allerdings findet sich bei Sat.1 im Jahr 1998 ein vergleichsweise hoher Anteil an abgefilmten Veranschaulichungen. Dieser ist durch die Bebilderung von zwei Filmbeiträgen mit abgefilmten Fotos aus den Kinder- und Jugendzeiten der beiden Kanzlerkandidaten zu erklären.

In Bezug auf die Entwicklung der Grafiken kann die Ablösung abgefilmter Abbildungen durch direkt eingesetzte Veranschaulichungen als Indiz für eine stärkere Inszenierung, zugenommene Boulevardisierung und gestiegene Visualisierung gewertet werden (vgl. Kap. 2.2.3.4). Allerdings ist bei dieser Argumentation die fortschreitende Entwicklung der Technik zu berücksichtigen, die diesbezüglich eine Rolle gespielt hat (vgl. Kap. 5.2.1.4).

Bei Betrachtung der *weiteren Optionen zur Bildbearbeitung*, deren Vorkommen ebenfalls codiert wurde, ist zu konstatieren, dass abgesehen von der Möglichkeit, Schrift hinzuzufügen, keine andere Bildbearbeitungsstrategie – sei es Bluebox, virtuelles Bild, Altar bzw. digitale Hervorhebung, bewegter Effekt, Zeitlupe oder Zeitraffer – regelmäßig oder häufig genutzt wurde. Dies deutet darauf hin, dass erstens Inszenierung, Boulevardisierung und Visualisierung bei Wahlabendsondersendungen im deutschen Fernsehen im gesamten Untersuchungszeitraum generell nicht sehr ausgeprägt waren. Zweitens lässt sich mittels der vorliegenden Daten keine Zunahme dieser Gestaltungsstrategien belegen.

8.1.4 Kamera-Aktionen

Fernsehkameras zeigen neben Standbildern auch bewegte Einstellungen, die durch eine Bewegung der Kamera geprägt sind. Sowohl die Standbilder als auch die Kamerabewegungen werden hier unter dem Oberbegriff Kamera-Aktionen subsumiert. Diese Bezeichnung wird dem sonst üblichen Begriff der Kamerabewegung vorgezogen, da Letzterer nicht zutreffend für das Standbild ist, bei dem sich die Kamera eben nicht bewegt.

Prinzipiell lassen sich zwei Formen von Kamerabewegungen unterscheiden: die Kamerafahrt und der Kameraschwenk. Während sich die Kamera bei der Fahrt bewegt und sich so alle räumlichen Anordnungen und Sichtweisen verändern, verlässt sie ihren Standpunkt bei dem Schwenk nicht, sondern bewegt sich um eine horizontale, vertikale oder diagonale Achse und verschiebt auf diese Weise den Ausschnitt des Gezeigten. Darüber hinaus ist eine weitere Kamerabewegung vorzustellen: der Kameragang bzw. die unruhige Kamera – im Sinne einer Living Camera –, bei der ohne Stativ gefilmt wird und es dadurch zu Bewegungen kommt (vgl. Renner 2005: 351; Hickethier 2001: 62 ff.; Korte 2000: 27 ff.; Bruns/Marcinkowski 1997: 280 ff.; Ordolff/Wachtel 1997: 38 ff.).[226]

Folgende Kamera-Aktionen wurden unterschieden: Schwenk, Fahrt (Ranfahrt, Rückfahrt, Seitfahrt, Parallelfahrt, Zoom), Kameragang/unruhige Kamera und Stand. Auch anhand des Einsatzes des fernseh-ästhetischen Mittels „Kamera-Aktion" ist messbar, ob und inwiefern TV-Sendungen – wie in der vorliegenden Studie die Wahlabendsonderberichte – inszeniert, unterhaltsam gestaltet und visuell aufbereitet wurden (vgl. Kap. 2.2.3.4). Generell gilt, dass Bilder, die bewegt sind, mehr Aufmerksamkeit auf sich ziehen als statische Aufnahmen (vgl. Renner 2004: 4). Folglich können die bewegten Kamera-Aktionen Schwenk, Fahrt und Kameragang bzw. unruhige Kamera als Indikatoren für diese Gestaltungsstrategien gelten. Nimmt deren Häufigkeit im Laufe der Jahre zu, während die Zahl der Standbilder zurückgeht, so lässt sich eine Zunahme an Inszenierung, Boulevardisierung und Visualisierung konstatieren. Als Indizien für eine ausgeprägte Gestaltung kann darüber hinaus die Bandbreite an eingesetzten Kamerafahrten herangezogen werden. Belegen lassen sich Inszenierung, Boulevardisierung und Visualisierung überdies anhand der Anzahl der Einstellungen, innerhalb derer mehrere Kamera-Aktionen kombiniert werden. Dagegen weist eine relative Statik der Einstellungen auf Ritualisierung hin (vgl. Kap. 2.2.3.4).

Bei der Analyse der Kamera-Aktionen zeigt sich, dass der durchschnittliche prozentuale Anteil an *Standbildern* bis in die 1980er Jahre kontinuierlich angestiegen ist, wobei seit 1976 jeweils nur noch geringe Steigerungsraten pro Wahljahr zu verzeichnen sind. Insgesamt verdoppelte sich jedoch die Häufigkeit, mit denen Standbilder gegenüber anderen Kamera-Aktionen eingesetzt wurden – von rund 38 Prozent beim 1961er-Wahlbericht der ARD auf etwa 72 Prozent im Wahljahr 1987 bei ARD, ZDF und Sat.1 (vgl. Abb. 24).

---

[226] Hierbei waren Mehrfachcodierungen pro Einstellung notwendig (vgl. Anhang).

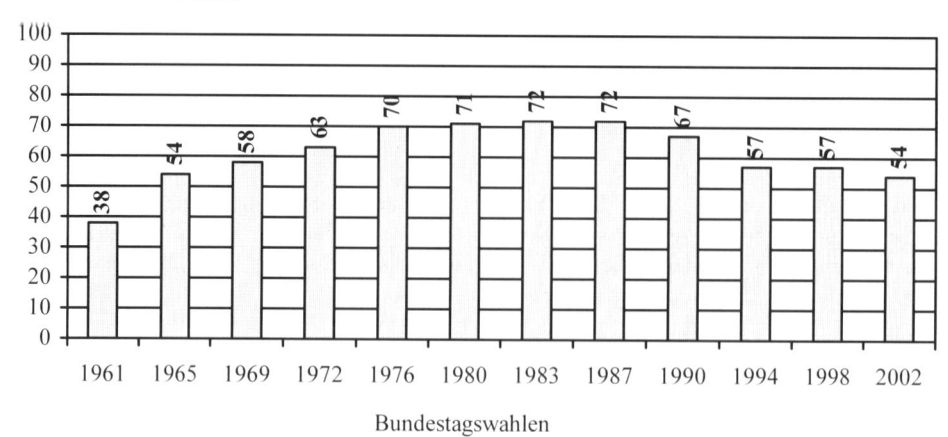

Abb. 24: Standbilder in Prozent aller Kamera-Aktionen im Durchschnitt der vier analysierten TV-Sender

[Balkendiagramm: Bundestagswahlen 1961: 38; 1965: 54; 1969: 58; 1972: 63; 1976: 70; 1980: 71; 1983: 72; 1987: 72; 1990: 67; 1994: 57; 1998: 57; 2002: 54]

Seit 1990 sank der Standbilder-Anteil an allen Kamera-Aktionen dagegen stetig. Der Rückgang fiel unterschiedlich aus. War er von 1987 auf 1990 und dann auf 1994 jeweils relativ hoch, so lässt er sich in den folgenden Jahren als eher niedrig einstufen. Diese Befunde stehen Erkenntnissen einer Analyse der „Tagesschau" von 1975 auf 1995 entgegen. Bei der ARD-Nachrichtensendung wurde eine Zunahme an Standbildern um etwa 14 Prozentpunkte auf zwei Drittel aller Kamera-Aktionen festgestellt (vgl. Zubayr/Fahr 1999: 643).

Bis auf eine Ausnahme sind die Anteile an Standbildern durchschnittlich oberhalb der 50 Prozent-Marke angesiedelt. Standbilder lassen sich entsprechend als vorherrschende Kamera-Aktion einstufen und ihr Einsatz in den Wahlabendsondersendungen als ritualisiert interpretieren (vgl. für ähnliche Befunde zu Nachrichtensendungen im TV Hickethier/Bleicher 1998: 371 f.). Dieses Ergebnis kann als Beleg dafür gewertet werden, dass die Wahlabendsondersendungen Fernsehen in den analysierten mehr als vier Jahrzehnten – hinsichtlich der Kamera-Aktionen – insgesamt vergleichsweise wenig gestalterisch bearbeitet wurden. Der Anstieg des durchschnittlichen Anteils an Standbildern bis 1987 weist zudem darauf hin, dass von Wahljahr zu Wahljahr immer weniger gestaltend eingegriffen wurde. Erst seit 1990, nachdem die privaten TV-Sender sich auf dem deutschen Fernsehmarkt etabliert hatten und zum zweiten Mal einen Wahlabendbericht ausstrahlten (vgl. Kap. 5.1 u. 5.2.1.3), nimmt – gemessen an der sinkenden Häufigkeit der Standbilder – die Gestaltung etwas zu. Diese Resultate stimmen mit Erkenntnissen von Studien zu Nachrichtensendungen im Fernsehen überein, die keinen signifikanten Anstieg des Augenkitzels durch bewegliche Kamerahandlungen von 1986 auf 1994 sowie von 1975 auf 1995 nachweisen konnten (vgl. Zubayr/Fahr 1999: 643; Bruns/Marcinkowski 1997: 281).

Ein differenziertes Bild hinsichtlich der Entwicklung der Standbilder ergibt sich im Sendervergleich (vgl. Tab. 63): Entwickelte sich der Einsatz von Standbildern in den öffentlich-rechtlichen Fernsehanstalten bis Mitte der 1980er Jahre weitgehend parallel, werden seit 1987 starke Unterschiede sichtbar. So ging der Anteil an Standbildern bei der ARD 1987 um mehr als 15 Prozentpunkte im Vergleich zur vorherigen Bundestagswahl zurück, während er beim ZDF nochmals um fast 15 Prozentpunkte anstieg. Der Abstand verringerte sich 1990 zwar, er blieb jedoch weiterhin recht deutlich. Vier Jahre später reduzierte das ZDF seinen Standbilder-Anteil um etwas mehr als ein Drittel vergleichsweise stark. Seitdem ist die Tendenz, Standbilder zu senden, beim ZDF weiter rückläufig. Entsprechend erweisen sich diese jüngeren ZDF-Wahlabendsondersendungen als überdurchschnittlich gestalterisch bearbeitet. Im Gegensatz dazu setzte die ARD seit 1998 wieder vermehrt auf Standbilder – und nimmt dabei die Spitzenposition der vier analysierten Fernsehsender ein.

Im Vergleich zum teilweise stark schwankenden Einsatz von Standbildern in den Wahljahren von 1987 bis 2002 bei ARD und ZDF weisen die privaten TV-Anbieter im selben Zeitraum eine relativ konstante Entwicklung auf. Sie arbeiten relativ häufig mit Standbildern. Deren Anteil an allen Kamera-Aktionen hat sich seit 1998 bei etwa 60 Prozent stabilisiert – in den Vorjahren lag er sogar rund zehn Prozentpunkte höher.

Tab. 63: Standbilder in Prozent aller Kamera-Aktionen

	1961	1965	1969	1972	1976	1980	1983	1987	1990	1994	1998	2002
ARD	38	47	59	--	66	71	72	56	56	48	64	67
ZDF		60	56	63	75	--	72	86	71	40	43	28
RTL								--	60	71	61	61
Sat.1								71	80	71	60	60

Die *Kamerafahrten* wurden nach den Standbildern generell am zweihäufigsten als Kamera-Aktionen eingesetzt. Allerdings erreichten die Fahrten zu den einzelnen Messzeitpunkten und bei den verschiedenen Sendern recht unterschiedliche Anteile (vgl. Tab. 64).

Während Kamerafahrten in den Wahlsondersendungen der 1960er und 1970er Jahre sowohl bei der ARD als auch beim ZDF vergleichsweise häufig verwendet wurden, differierten die Entwicklungen bei den öffentlich-rechtlichen Fernsehanstalten seit den 1980er Jahren. Nachdem bei der ARD 1980 zunächst nur mit äußerst wenigen Fahrten gearbeitet wurde, erzielten die Kamerafahrten seit 1983 durchschnittliche Anteile, wobei die Werte – abgesehen von 1994 mit etwa 40 Prozent – zwischen zehn und 18 Prozent pendelten. Zum Teil mehr als doppelt so hohe Anteile erreichten Kamerafahrten als fernseh-ästhetisches Mittel dagegen bei den ZDF-Wahlabendsondersendungen 1994 bis 2002. Sie lagen zwischen einem Drittel und etwa zwei Fünfteln aller Kamera-Aktionen innerhalb dieser Wahlberichte. Seit 1987 bzw. 1990 arbeiteten Sat.1 und RTL im Sendervergleich – abgesehen von jeweils einer Ausnahme – i. d. R. mit Kamerafahrten.

Tab. 64: Kamerafahrten in Prozent aller Kamera-Aktionen

	1961	1965	1969	1972	1976	1980	1983	1987	1990	1994	1998	2002
ARD	34	24	22	--	26	3	11	14	16	40	14	18
ZDF		26	31	26	21	--	21	11	6	35	43	36
RTL								--	24	12	14	15
Sat.1								14	7	12	24	17

Es lässt sich zusammenfassen, dass die Wahlberichte der ARD mittels Kamerafahrten in den 1960er und 1970er Jahren tendenziell stärker gestalterisch bearbeitet wurden als dies seit den 1980er Jahren der Fall war; nur die ARD-Sondersendung 1994 erreichte einen vergleichsweise hohen Wert an Kamerafahrten und damit auch an gestalterischem Aufwand. Demgegenüber erscheint die Gestaltung der ZDF-Wahlberichte seit 1994 noch stärker ausgeprägt, als sie schon zwischen 1965 und 1976 sowie 1983 war. Zwischenzeitlich (1987 und 1990) war jedoch nur eine geringe Bearbeitung erkennbar. Gemessen an den Kamerafahrten sind die Wahlsendungen der Privatsender durchgängig eher als durchschnittlich inszeniert, boulevardisiert und visualisiert einzustufen.

Was die *Varianz der Kamerafahrten* anbelangt, lässt sich darüber hinaus feststellen, dass in keiner der untersuchten Wahlabendsondersendungen die vollständige Palette an vorhandenen Optionen für Fahrten ausgenutzt wird. Mit Ausnahme jeweils einer Option wiesen folgende Wahlberichte beinahe die komplette Bandbreite an Kamerafahrten von der Ran- und Rückfahrt, über die Parallel- und Seitfahrt bis hin zu Ranzoom und Aufzieher auf: die ARD-Wahlabendsondersendungen und die ZDF-Wahlberichte 2002, 1998 und 1994 sowie die 1998er-Sondersendung von RTL. Folglich lassen sich insbesondere die jüngeren Wahlabendsondersendungen als hoch inszeniert, stark unterhaltsam aufbereitet und ausgeprägt visuell gestaltet einstufen. Dieser Befund geht mit einer Bestandsaufnahme für Nachrichtensendungen im Fernsehen in den Jahren 1989 und 1994 einher, die ebenfalls eine variantenreiche Kameraführung feststellte (vgl. Wix 1996: 81 f.).

Bezüglich der *Schwenks* ist zu konstatieren, dass diese senderübergreifend fast durchgängig weniger häufig eingesetzt wurden als Kamerafahrten (vgl. Tab. 65). Gleichwohl zeichnen sich Differenzen bei den analysierten Fernsehsendern ab. Während hinsichtlich der Schwenks beim ZDF im Zeitverlauf insgesamt nur ziemlich geringe Schwankungen auf vergleichsweise niedrigem Niveau sichtbar werden, finden sich bei der ARD stärkere Veränderungen. Als außergewöhnlich sind v. a. die relativ hohen Anteile an Schwenks bei der ARD in den 1960er Jahren zu bezeichnen. Dagegen werden diese Kamera-Aktionen in der ARD seit 1972 selten verwendet. Im Vergleich zu den öffentlich-rechtlichen Fernsehanstalten ergeben sich bei RTL und Sat.1 höhere Anteile für Schwenks.

Tab. 65: Schwenks in Prozent aller Kamera-Aktionen

	1961	1965	1969	1972	1976	1980	1983	1987	1990	1994	1998	2002
ARD	28	29	19	--	9	6	7	6	10	3	7	7
ZDF		14	13	11	4	--	7	2	6	9	7	9
RTL								--	13	12	8	8
Sat.1								0	0	9	11	14

Ausgehend von den vorliegenden Daten zum Einsatz von Schwenks lassen sich insgesamt zwei Aussagen treffen: Erstens erscheinen die Gestaltungsstrategien bei der ARD seit den 1970er Jahren weniger ausgeprägt als noch in den 1960er Jahren. Zweitens ergibt sich bei allen analysierten Fernsehsendern ein konstanter, aber vergleichsweise niedriger Grad an Inszenierung, Boulevardisierung und Visualisierung im Zeitverlauf (vgl. Kap. 2.2.3.4).

Hinsichtlich der *Kameragänge* bzw. der *unruhigen Kamera* wird insgesamt deutlich, dass dieses fernseh-ästhetische Gestaltungsmittel erst seit den 1980er Jahren in den Wahlabendsondersendungen des deutschen Fernsehens Einzug hielt (vgl. Tab. 66). Dies geschah jedoch bis 1990 nur vereinzelt, während in den Jahren danach kontinuierlich mehr Kameragänge in den Wahlabendberichten des deutschen Fernsehens zu sehen waren. Als zweiter genereller Befund lässt sich formulieren: Kameragänge respektive eine unruhige Kameraführung wurden bis 1994 noch seltener eingesetzt als Schwenks. In den Folgejahren erzielten beide Arten von Kamera-Aktionen indes ähnliche Werte.

Tab. 66: Kameragang/unruhige Kamera in Prozent aller Kamera-Aktionen

Sender	1983	1987	1990	1994	1998	2002
ARD	2	0	2	2	10	4
ZDF	0	0	0	7	7	19
RTL		--	3	3	8	11
Sat.1		0	0	5	5	8

Im Detail betrachtet ist darüber hinaus festzustellen, dass Kameragänge bzw. eine unruhige Kamera am ehesten typisch für ZDF-Wahlabendberichte sind. Allerdings ist auch bei den Privatsendern eine kontinuierliche Zunahme des Einsatzes dieses Elements zu registrieren. Diese fällt aber nicht so ausgeprägt wie beim ZDF aus. Bei der ARD zeigt sich demgegenüber, dass die häufige Verwendung von Kameragängen 1998 ein Einzelfall geblieben ist. Vier Jahre später wurde diese Kamera-Aktion in der ARD nur noch selten eingesetzt.

Die vorliegenden Daten zum Einsatz von Kameragängen und unruhiger Kameraführung unterstützen die Annahme einer gesteigerten Gestaltung gerade in den jüngeren Wahlabendsondersendungen seit Beginn der 1990er Jahre und mit Etablierung der privaten Fernsehsender auf dem deutschen TV-Markt. Sie deuten des Weiteren an, dass die ZDF-Wahlabendberichte mittels dieses fernseh-ästhetischen Elements verstärkt inszeniert, zunehmend unterhaltsam aufbereitet und vermehrt visualisiert wurden.

Im Gegensatz zu einer Studie, die Fernsehnachrichten aus dem Jahr 1992 analysiert hat, wird bei den beweglichen Kamerahandlungen insgesamt hier eine andere Senderdominanz deutlich. Rangierte bei den TV-News damals RTL auf dem ersten Rang (vgl. Goertz 1996: 204), hat in den Wahljahren 1994 bis 2002 dagegen insbesondere das ZDF in den ersten zehn Minuten der Wahlabendsondersendungen Kamerabewegungen verwendet sowie in den 1960er Jahren v. a. die ARD bewegte Kamera-Aktionen eingesetzt. Im Vergleich zum ZDF waren die ARD-Wahlabendberichte dabei durch den häufigeren Gebrauch von Schwenks gekennzeichnet. Erklärbar sind diese differierenden Ergebnisse u. a. durch das punktuelle Untersuchungsdesign der Studie zu den TV-Nachrichten. Dieses kann zu zufälligen Befunden im Zeitverlauf führen, so dass der ein oder andere Sender bei einzelnen fernseh-ästhetischen Mitteln zu bestimmten Zeitpunkten dominiert. Nur Zeitreihenanalysen ermöglichen es, potenzielle Schwankungen zu identifizieren und eine Tendenz festzustellen. Hinzu kommt die generelle Differenz der Charakteristika beider TV-Formate.

Schließlich ist auf Basis der bislang vorgestellten Resultate ein enger Zusammenhang zwischen der relativ geringen Zahl der Einstellungen und einer hohen durchschnittlichen Einstellungsdauer bzw. eher lang dauernden Einstellungen in einer Wahlabendsendung sowie einem vergleichsweise geringen Anteil an Standbildern bzw. dem häufigen Einsatz von Kamerabewegungen (Fahrten, Schwanks und Kameragänge) zu konstatieren. Es hat sich herauskristallisiert, dass insbesondere in den Wahlabendberichten, in denen relativ lange durchschnittliche Einstellungen vorkamen (vgl. Kap. 8.1.1), mehr Kamerabewegungen eingesetzt wurden als in den Sendungen, bei denen eine relativ kurze durchschnittliche Dauer der Einstellungen identifiziert werden konnte. Exemplarisch sei hier auf die Entwicklung dieser fernseh-ästhetischen Merkmale beim ZDF eingegangen (vgl. Abb. 25).

Bei der Zahl der Einstellungen und der durchschnittlichen Dauer der Einstellungen (vgl. Kap. 8.1.1) konnte zunächst herausgearbeitet werden, dass der Grad an Inszenierung, Boulevardisierung und Visualisierung im ZDF in den 1990er Jahren konstant blieb, während er bei den anderen drei Fernsehsendern anstieg. In diesem Kapitel lässt sich dagegen feststellen, dass hinsichtlich der Kamera-Aktionen beim ZDF besonders in den jüngeren Wahlabendsendungen ein höherer Inszenierungs-, Boulevardisierungs- und Visualisierungsgrad zu konstatieren ist als bei den übrigen drei TV-Sendern. So ist etwa der Anteil der Standbilder beim ZDF seit 1994 stark gefallen und erreicht seitdem im Sendervergleich unterdurchschnittlich niedrige Werte. Zugleich wurden im selben Zeitraum überdurchschnittlich häufig Kamerafahrten sowie Kameragänge bzw. eine unruhige Kameraführung eingesetzt.

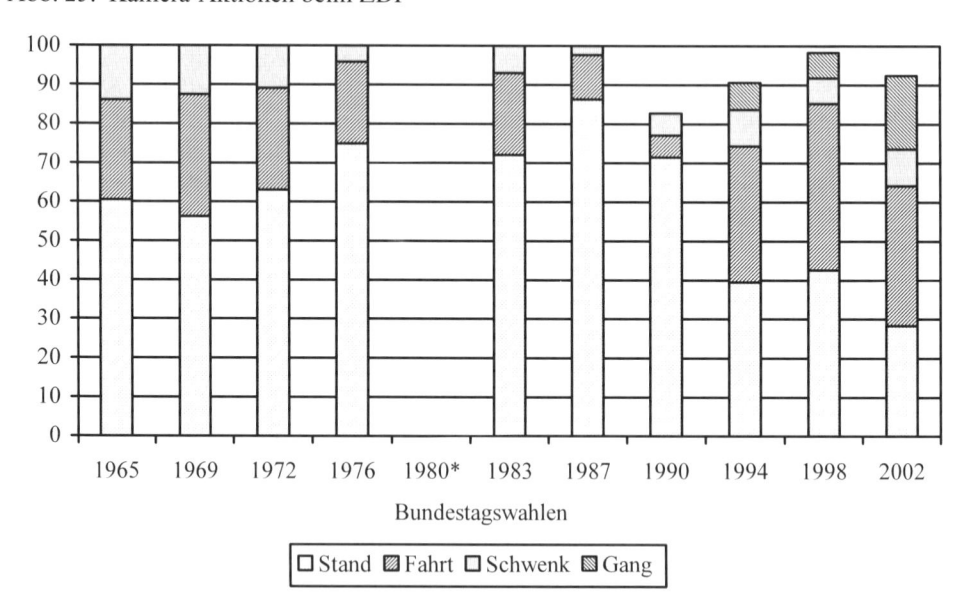

Abb. 25: Kamera-Aktionen beim ZDF

[Balkendiagramm: Kamera-Aktionen beim ZDF für die Bundestagswahlen 1965, 1969, 1972, 1976, 1980*, 1983, 1987, 1990, 1994, 1998, 2002 mit den Kategorien Stand, Fahrt, Schwenk, Gang]

* Für die ZDF-Wahlsendung 1980 sind keine Aussagen möglich, da kein originäres TV-Material vorlag.

Diese Resultate liefern erste Hinweise darauf, dass es nicht ausreicht, lediglich ein fernsehästhetisches Merkmal heranzuziehen, um die charakteristische Gestaltung einer TV-Sendung zu beschreiben und den Grad an Inszenierung, Boulevardisierung und Visualisierung einer Fernsehsendung des Formats „Wahlabendsonderbericht" zu bestimmen. Dies kann schlimmstenfalls sogar dazu führen, dass – wie im Fall des ZDF, wenn nur die Schnittfrequenz und die durchschnittliche Einstellungsdauer in die Analyse einbezogen worden wären, – fälschlicherweise Schlussfolgerungen hinsichtlich dieser Gestaltungsmittel getroffen werden, die sich bei Betrachtung des Gesamtphänomens empirisch nicht erhärten lassen. Vielmehr werden diese Gestaltungsstrategien und deren graduell verschiedene Ausprägungen erst im Zusammenspiel der einzelnen Elemente fassbar, da es sich dabei nicht um eindimensionale, sondern um mehrdimensionale Phänomene handelt. Es muss zwischen den einzelnen Dimensionen und deren Ergebnissen abgewogen werden.

Diese Zusammenhänge lassen sich gut an *einzelnen Einstellungen* verdeutlichen – bspw. an einigen Anfangseinstellungen. In den jüngeren Wahlabendsondersendungen – wie etwa denen des ZDF 1998 und 2002 – sind die ersten Einstellungen nach dem Vorspann stark bearbeitet, während z. B. die Anfangseinstellung bei der ARD 1961 kaum gestaltet worden war. Diese Erkenntnis ergibt sich aber erst, wenn das Zusammenspiel der einzelnen fernseh-ästhetischen Mittel in den Blick gerückt wird. Würde nur die Dauer der Einstellung als Indiz für die Gestaltung herangezogen, wären die jüngeren Wahlberichte zwar immer noch stärker gestalterisch aufbereitet als die älteren. Jedoch würde das Ausmaß an Inszenierung, Boulevardisierung und Visualisierung (vgl. Kap. 2.2.3.4), das die Anfangseinstellung der ZDF-Wahlberichte 1998 und 2002 prägt, nicht deutlich. Die Kombination der fernsehtypischen Elemente zeichnet die ersten Einstellungen der Sondersendungen aus.

So dauerte die Einstellung zu Beginn des ARD-Wahlberichts 1961 mehr als zwei Minuten und verharrte die gesamte Zeit über in einer nahen Einstellung in Normalperspektive und als Standbild. Im Gegensatz dazu hatten die Anfangseinstellungen der 1998er- und 2002er-Wahlsendungen des ZDF eine kürzere Dauer von rund 15 Sekunden. Typisch ist jedoch der Einsatz mehrerer fernseh-ästhetischer Mittel. Die Sendung des ZDF 1998 startete mit einer Kamerabewegung kombiniert mit einem Perspektivenwechsel sowie einer Änderung der Einstellungsgröße: Eine dynamische, kurvige Fahrt mit einem Kamerakran von der Decke des Wahlstudios (Vogelperspektive) auf Normalsicht wurde verbunden mit einer Ranfahrt, die von einer Totalen zu einer Nah-Einstellung des Moderators überging. 2002 wurde eine weitere Aktion hinzugefügt: Die Einstellung blieb nicht in der Nah-Einstellung auf dem Moderator stehen, sondern entfernte sich sofort wieder per Seitfahrt, die teilweise rückwärts gerichtet wurde, so dass hier noch eine Halbtotale/Halbnahe gezeigt wurde.

Ein weiterer Indikator für eine vergleichsweise starke Inszenierung, eine ausgeprägte unterhaltsame Aufbereitung und einen relativ hohen Grad an Visualisierung ist die Häufigkeit, mit der verschiedene *Kamera-Aktionen innerhalb einer Einstellung kombiniert* worden sind. Im Durchschnitt kommen in den ersten zehn Minuten von RTL-Wahlabendsendungen mehr als 13 Einstellungen vor, in denen mehrere Kamera-Aktionen kombiniert worden sind. Dabei sendete RTL insbesondere in den Wahlberichten 1998 und 2002 überdurchschnittlich viele Einstellungen, in denen mehrere Kamera-Aktionen miteinander verbunden wurden. Auch bei den anderen TV-Sendern kamen kombinierte Kamera-Aktionen in einigen der jüngeren Wahlabendsondersendungen vermehrt vor. Diese Befunde belegen die Annahme einer gestiegenen gestalterischen Aufbereitung der Wahlabendsondersendungen. Dennoch ist in einigen der früheren Berichte, wie etwa bei der ARD 1965, eine relativ hohe Zahl an Kombinationen mehrerer Kamera-Aktionen zu finden (vgl. Tab. 67).

Tab. 67: Einstellungen mit mehreren Kamera-Aktionen

	1961	1965	1969	1972	1976	1980	1983	1987	1990	1994	1998	2002	Ø
ARD	9	12	9	--	5	1	3	6	4	12	13	11	7,7
ZDF		5	2	5	2	--	7	3	2	7	14	9	5,6
RTL									--	12	7	16	18	13,3
Sat.1								2	1	10	7	13	6,6

8.1.5 Einstellungsgröße

In der vorliegenden Studie wurde auch analysiert, welche Einstellungsgrößen in den Wahlabendsondersendungen verwendet wurden. Die Einstellungsgröße kann ebenso wie etwa die Machart der Bilder oder die Kamera-Aktionen als ein Indikator dafür angesehen werden, ob und inwiefern die Wahlabendberichterstattung im deutschen Fernsehen in mehr als vier Jahrzehnten inszeniert, unterhaltsam aufbereitet und visuell ansprechend gestaltet wurde. Als Indiz für solche Gestaltungsstrategien kann ein hoher Anteil an nahen und sehr nahen Einstellungen gewertet werden (vgl. Bruns/Marcinkowski 1997: 266). Diese können zudem als Indiz für eine Personalisierung im Sinne einer Symbolisierung betrachtet werden (vgl. Bruns/Marcinkowski 1997: 272). Eine Zunahme der nahen und sehr nahen Einstellungsgrößen im Zeitverlauf würde entsprechend den Schluss eines Anstiegs der genannten Trends politischer Berichterstattung nahe legen. Allerdings weist auch eine variantenreiche Einbindung von Einstellungsgrößen innerhalb eines Wahlabendsonderberichts auf eine erhöhte Inszenierung, Boulevardisierung sowie Visualisierung hin. Schließlich deutet auch die Kombination mehrerer Einstellungsgrößen in einzelnen Einstellungen einen hohen Grad an Inszenierung, Boulevardisierung und Visualisierung an (vgl. Kap. 2.2.3.4).

Die Einstellungsgröße wird durch die Wahl des Objektivs (Weitwinkel- bis Teleobjektiv) oder durch den realen Abstand von Kamera und Aufnahmeobjekt bestimmt. In der Produktionspraxis hat sich eine siebenstufige (bisweilen auch achtstufige) Skala verschiedener Einstellungsgrößen herausgebildet, die sich für die Analyse als brauchbar erwiesen hat. Dabei handelt es sich um relative Größen für im jeweiligen Bild gezeigte Gegenstände, die immer einen Interpretationsspielraum zulassen und deren Begrifflichkeiten z. T. unterschiedlich verwendet werden (vgl. Hickethier 2001: 58 ff.; Korte 2000: 25; Bruns/Marcinkowski 1997: 269 ff.; Ordolff/Wachtel 1997: 33 ff.; Schatz/Adamczewski/Lange/Nüssen 1981: 126).[227] Folgende Einstellungsgrößen wurden unterschieden: Weit, Totale, Halbtotale, Halbnahe[228], Amerikanische, Nahe, Groß und Detail. Diese Einstellungsgrößen wurden in der quantitativen Inhaltsanalyse fernseh-ästhetischer Mittel einzeln codiert. Für die Darstellung der Befunde erweist es sich jedoch als sinnvoll, sie in mehrere Gruppen zu gliedern. Die folgende Gliederung bietet sich aufgrund der geringen Unterschiede zwischen den einzelnen Einstellungsgrößen an: Supertotale, Totale, Halbtotale/Halbnahe, Amerikanische/Nahe und Große/Detail.

Im Vergleich der Einstellungsgrößen sind die zusammengefassten *Halbtotalen* und *Halbnahen* im Zeitverlauf i. d. R. vorherrschend. Dabei zeigen sich erstens Unterschiede in der Dominanz zu den einzelnen Messzeitpunkten. Waren die halbtotalen und halbnahen Einstellungen v. a. 1983 mit einem Anteil von etwa zwei Dritteln aller Einstellungsgrößen mit klarem Abstand vorherrschend, rangierten sie dagegen 1998 äußerst knapp auf dem ersten Rang. Zweitens wird deutlich, dass der Anteil der amerikanischen und der Nah-Einstellungen in einzelnen Wahljahren denjenigen der Halbtotalen/Halbnahen überstiegen hat. Dies war besonders 1961 der Fall. Außerdem ist erkennbar, dass seit 1983 tendenziell immer mehr amerikanische und nahe Einstellungen eingesetzt worden sind, während der Anteil der halbtotalen und halbnahen Einstellungen z. T. vergleichsweise rapide zurückging (vgl. Abb. 26).

Zeichnen sich die Entwicklungsmuster bei den Halbnahen/Halbtotalen sowie den Amerikanischen/Nahen durch teilweise starke Schwankungen aus, sind dagegen für die totaleren Einstellungsgrößen (Weit und Total) stabilere Entwicklungen prägend, die außerdem auf eher niedrigem Niveau verlaufen. Demgegenüber zeigt sich für Groß- und Detaileinstellungen eine wellenförmige Entwicklungskurve mit steigender Tendenz. Diese Resultate bestätigen teilweise Ergebnisse früherer Studien, die sich mit fernseh-ästhetischen Gestal-

---

[227] Bei der Einstellungsgröße waren Mehrfachcodierungen innerhalb einer Einstellung möglich. Vgl. für die exakten Codieranweisungen das Codebuch im Anhang.
[228] Die Einstellungsgrößen Halbtotale und Halbnahe liegen eng beieinander (vgl. Anhang).

tungsmitteln bei TV-Nachrichten beschäftigt haben. So stimmen etwa die Befunde zu den Proportionen der Anteile der Einstellungsgrößen mit denen von Bruns und Marcinkowski überein (vgl. Bruns/Marcinkowski 1997: 270 ff.). Jedoch gibt es Unterschiede bezüglich der Tendenz der Entwicklung. Während Bruns und Marcinkowski für von 1986 auf 1991 bzw. 1994 eine rückläufige Tendenz bei den nahen und großen Einstellungen feststellen und eine Zunahme bei den totalen Einstellungen konstatieren, zeigt sich in der vorliegenden Studie bei den totalen Einstellungsgrößen eine konstante Entwicklung und bei den großen Aufnahmen eine Zunahme. Im Gegensatz dazu passen die Resultate der vorliegenden Arbeit zu den Ergebnissen einer Studie von Wix, der bei Nachrichtensendungen im Fernsehen 1994 im Vergleich zu 1989 einen verstärkten Einsatz von näheren Aufnahmen ermittelte (vgl. Wix 1996: 81). Diese Differenzen lassen sich auf die unterschiedlichen Untersuchungsdesigns zurückführen. Da der Vergleich der Einstellungsgrößen bei Wix sowie Bruns und Marcinkowski lediglich auf zwei Messzeitpunkten beruht, lassen sich zufällige Entwicklungen nicht ausschließen – zumal bei Betrachtung der in der vorliegenden Arbeit ermittelten Schwankungen über zwölf Messzeitpunkte.

Abb. 26: Durchschnittlicher Anteil der Einstellungsgrößen in Prozent aller Einstellungsgrößen

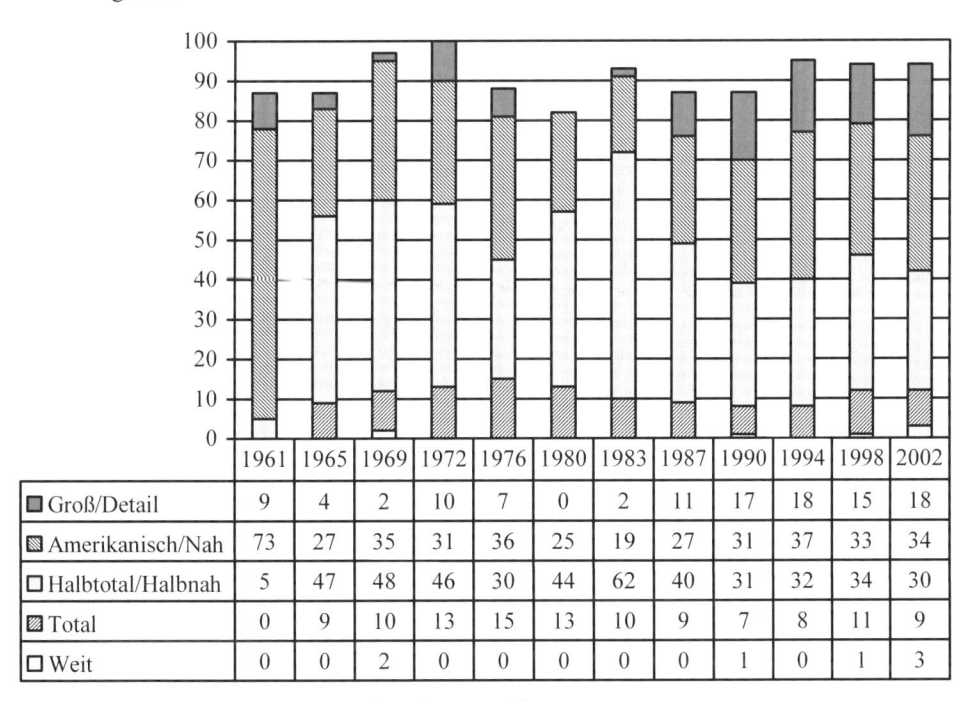

	1961	1965	1969	1972	1976	1980	1983	1987	1990	1994	1998	2002
■ Groß/Detail	9	4	2	10	7	0	2	11	17	18	15	18
▨ Amerikanisch/Nah	73	27	35	31	36	25	19	27	31	37	33	34
☐ Halbtotal/Halbnah	5	47	48	46	30	44	62	40	31	32	34	30
▨ Total	0	9	10	13	15	13	10	9	7	8	11	9
☐ Weit	0	0	2	0	0	0	0	0	1	0	1	3

Bundestagswahlen

Zu den durchschnittlichen Einstellungsgrößen lässt sich anhand der vorliegenden Daten generell festhalten, dass sich die Gestaltungsstrategien im Zeitverlauf als relativ beständig erwiesen haben. Wie bei Bruns und Marcinkowski sind die Veränderungen insgesamt als „nicht dramatisch" (Bruns/Marcinkowski 1997: 270) einzustufen. Gleichwohl ist seit etwa

Mitte der 1980er Jahre eine Tendenz zu stärkerer gestalterischer Bearbeitung zu konstatieren, die hauptsächlich auf einen vergleichsweise kontinuierlichen Anstieg an Groß- und Detailaufnahmen sowie an amerikanischen und nahen Einstellungen zurückzuführen ist, der vorwiegend zu Lasten der halbtotalen und halbnahen Aufnahmen geht. Insofern ist ähnlich wie bei Wix (vgl. Wix 1996: 81) und im Gegensatz zum Ergebnis von Bruns und Marcinkowski für TV-Nachrichten schon eine markante Veränderung der fernseh-ästhetischen Elemente in Richtung eines vermehrten Augenkitzels nachzuweisen (vgl. Bruns/Marcinkowski 1997: 272).

Dieser Befund relativiert sich bei senderspezifischer Betrachtung: Die eher als wenig unterhaltsam einzustufenden Einstellungsgrößen *Weit* respektive *Supertotal* und *Total* kamen in den analysierten Wahlabendsondersendungen kaum vor. Insbesondere die *extrem totalen Einstellungen* fanden sich nur in Ausnahmefällen: senderübergreifend ausschließlich im Wahlabendbericht 2002. Ihr Anteil erreichte dabei lediglich geringste Werte zwischen rund ein (ARD 2002) und etwa sieben Prozent (RTL 2002) an allen Einstellungsgrößen. Die tendenzielle Zunahme an weiten Einstellungen 2002 lässt sich dadurch erklären, dass die Fernsehsender – abgesehen von Sat.1 – zur Vorstellung der Örtlichkeiten der eigenen Außenstellen bzw. der Parteizentralen häufig auf Bilder aus der Luft zurückgegriffen haben, die aus einem Hubschrauber heraus gefilmt wurden (vgl. Kap. 5.2.1.3). Diese sind aufgrund ihrer Herstellungsweise als außergewöhnlich einzustufen und deshalb, obwohl die Einstellungsgröße an sich diesen Rückschluss nicht erlaubt, als Indiz für Inszenierung, Boulevardisierung und Visualisierung zu interpretieren (vgl. Diehlmann 2003: 140 sowie Kap. 2.2.3.4).

Totalen wurden im Vergleich zu Supertotalen im Zeitverlauf und bei den verschiedenen TV-Anbietern etwas häufiger eingesetzt. Darüber hinaus wird im Untersuchungszeitraum eine relative Konstanz hinsichtlich des Einsatzes von Totalen deutlich: auf niedrigem Niveau von durchschnittlich rund einem Zehntel. Dabei zeigen sich senderspezifische Besonderheiten. So sendete das ZDF i. d. R. häufiger Totalen als die ARD, während die privaten TV-Sender RTL und Sat.1 diese Einstellungsgröße üblicherweise noch seltener einsetzten. Insbesondere Sat.1 verwendete Totalen nur in äußerst geringem Umfang (vgl. Tab. 68). Entsprechend haben die Privatsender eher als die Öffentlich-Rechtlichen inszeniert, bei denen wiederum die ARD ihre Wahlabendsondersendungen mittels Einstellungsgrößen vergleichsweise stärker unterhaltsam aufbereitete als das ZDF seine Wahlberichte. Im Untersuchungszeitraum gab es dabei relativ wenige Veränderungen.

Tab. 68: Totale Einstellungen in Prozent aller Einstellungsgrößen

	1961	1965	1969	1972	1976	1980	1983	1987	1990	1994	1998	2002
ARD	0	7	9	--	10	13	9	8	8	8	10	10
ZDF		12	11	13	19	--	12	16	15	15	20	14
RTL								--	5	6	7	7
Sat.1								3	2	2	6	3

Hinsichtlich der *Halbtotalen* und *Halbnahen* sind beim Sendervergleich unterschiedliche Entwicklungsmuster zu rekonstruieren. Bei der ARD gipfelte ein zunächst beinahe kontinuierlicher Anstieg der Halbtotalen/Halbnahen im Wahljahr 1983, um dann stetig bis 2002 zu sinken. Zwei vergleichsweise parallele Phasen lassen sich bei den Wahlberichten des ZDF ausmachen – beide zeichnen sich durch eine abnehmende Tendenz aus. Von 1965 bis 1976 ging der Wert der Halbtotalen/Halbnahen von rund 65 Prozent kontinuierlich und z. T. sehr stark fallend zurück. Ebenso wurden halbtotale und halbnahe Aufnahmen von 1983 bis 1990 stets weniger häufig gesendet. Seitdem ist der Einsatz von Halbtotalen/Halbnahen relativ konstant geblieben. Bei RTL dagegen zeichnet sich eine kontinuierliche Zunahme dieser Einstellungsgrößen von 1990 bis 1998 ab. Besonders in der 1998er-Wahlabendsendung war der Anteil an halbtotalen und halbnahen Einstellungen überdurchschnittlich hoch. Vier Jahre später fiel er wieder. Im Sendervergleich weist Sat.1 hinsichtlich der Halbtotalen und Halbnahen die stabilste Entwicklung auf: Zwischen 1987 und 1998 waren jeweils etwa zwei Zehntel aller Einstellungsgrößen halbtotale und halbnahe Aufnahmen; 2002 wurde ein Anteil von etwa zehn Prozentpunkten mehr erreicht (vgl. Tab. 69).

Tab. 69: Halbtotale und Halbnahe Einstellungen in Prozent aller Einstellungsgrößen

	1961	1965	1969	1972	1976	1980	1983	1987	1990	1994	1998	2002
ARD	5	29	39	--	50	44	63	52	52	43	40	36
ZDF		65	56	46	10	--	62	47	29	29	26	29
RTL								-	23	32	48	22
Sat.1								21	20	23	21	31

Auf Basis der vorliegenden Befunde zu Halbtotalen und Halbnahen ergibt sich insgesamt ein äußerst differenziertes Bild, was die Entwicklungsmuster der einzelnen TV-Sender anbelangt. So ist bei der ARD seit 1983 eine tendenziell steigende gestalterische Bearbeitung erkennbar. Diese bleibt jedoch in den jüngeren Wahlabendsondersendungen zum einen unter dem Niveau der anderen TV-Sender im selben Zeitraum. Zum anderen ist sie durchaus mit derjenigen der 1960er Jahre vergleichbar, wobei das starke Ausmaß an Gestaltung 1961 aus der Reihe fällt. Die gestalterische Bearbeitung beim ZDF erweist sich dagegen seit 1990 stabil, während in den früheren Jahren zwei Phasen zu rekonstruieren sind, die auf eine steigende Bearbeitung hindeuten. Ebenfalls vergleichsweise konstant inszeniert, unterhaltsam aufbereitet und visuell gestaltet erscheinen die Wahlabendberichte von Sat.1. Einzig 2002 war die gestalterische Aufarbeitung offenbar etwas höher. Demgegenüber lässt sich bei RTL von 1990 bis 1998 ein recht kontinuierlicher Rückgang an Gestaltung nachzeichnen, der 2002 allerdings in einen abrupten und starken Anstieg mündet.

Die *amerikanischen* und *nahen Einstellungen* betreffend sind für alle analysierten TV-Sender schwankende Entwicklungen kennzeichnend (vgl. Tab. 70).

Tab. 70: Amerikanische und Nah-Einstellungen in Prozent aller Einstellungsgrößen

	1961	1965	1969	1972	1976	1980	1983	1987	1990	1994	1998	2002
ARD	73	38	36	--	23	25	20	13	20	31	35	23
ZDF		15	33	31	29	--	19	22	26	40	44	29
RTL								--	31	33	21	43
Sat.1								45	46	43	30	41

Dabei verliefen die Schwankungen bei ARD und ZDF – abgesehen von 1965 – parallel. Wurden die amerikanischen und nahen Aufnahmen bis 1983 regelmäßig weniger häufig eingesetzt, wurden sie bis 1998 öfter verwendet, um 2002 erneut seltener gesendet zu werden. Die Anteile an amerikanischen und nahen Einstellungen bei ARD und ZDF erreichten bis 1983 zudem ein jeweils ähnliches Niveau. In den Folgejahren war dieser Wert beim

ZDF stets höher. Im Gegensatz dazu ist keine parallele Entwicklung bei den Privatsendern zu erkennen. So fanden sich bei Sat.1 zwischen 1987 und 1994 amerikanische und nahe Aufnahmen konstant häufig auf vergleichsweise hohem Niveau bei etwa 45 Prozent, während für RTL leichte Schwankungen bei rund einem Drittel aller Einstellungsgrößen prägend sind. Bei den Privatsendern lassen sich jedoch ein auffallender Rückgang 1998 sowie ein auffälliger Anstieg 2002 feststellen. Markant ist zudem, dass sich von 1998 auf 2002 die Dominanz der einzelnen TV-Sender bei den amerikanischen und nahen Aufnahmen umgedreht hat: Waren zunächst ARD und ZDF führend, herrschten vier Jahre später die Privaten vor.

Diese Daten legen folgende differenzierte Interpretation nahe: Seit dem Hinzukommen der privaten TV-Sender zeichneten sich die Wahlabendberichte im deutschen Fernsehen durch eine zunächst tendenziell zunehmende Inszenierung, Boulevardisierung und Visualisierung aus, wobei die privaten Fernsehanbieter als dominierend anzusehen sind. Seit 1994 haben diese Gestaltungsstrategien dann ein konstantes Niveau erreicht – mit ähnlichen Werten für öffentlich-rechtliche und private TV-Sender, wobei jedoch mal die einen und mal die anderen dominierten. Das Niveau entsprach allerdings dem der 1960er Jahre bei ARD und ZDF. Folglich ist im Untersuchungszeitraum anhand nur dieses fernsehästhetischen Merkmals keine Verstärkung der gestalterischen Bearbeitung erkennbar. Vielmehr sind Phasen mit einer rückläufigen, einer ansteigenden und einer relativ konstanten Tendenz zu registrieren.

Seit RTL und Sat.1 am Abend von Bundestagswahlen in Sondersendungen über diese berichteten, setzten sie *Groß-* und *Detailaufnahmen* i. d. R. öfter ein als die öffentlich-rechtlichen TV-Anstalten – mit einer Ausnahme. 2002 wurden diese Einstellungsgrößen anteilsmäßig am häufigsten im Wahlbericht der ARD gemessen. Im Vergleich zu 1998 verdreifachte sich bei der ARD der Wert. Außerdem verdoppelte sich beim ZDF der Anteil an großen und Detail-Einstellungen von 1998 auf 2002. Damit setzten die öffentlich-rechtlichen TV-Anstalten große und Detaileinstellungen ähnlich häufig ein wie die privaten Fernsehanbieter. Ansonsten wurden diese sehr nahen Einstellungen bei ARD und ZDF fast durchgängig nur selten und z. T. auch gar nicht verwendet (vgl. Tab. 71).

Tab. 71: Groß- und Detaileinstellungen in Prozent aller Einstellungsgrößen

	1961	1965	1969	1972	1976	1980	1983	1987	1990	1994	1998	2002
ARD	9	5	3	--	13	0	0	2	2	12	11	27
ZDF		4	0	10	0	--	5	13	12	8	8	17
RTL									--	34	24	19	21
Sat.1								17	20	30	22	24

Nimmt man die Groß- und Detailaufnahmen als Indikator für den Grad an Inszenierung, Boulevardisierung und Visualisierung, lässt sich anhand der vorliegenden Daten schlussfolgern, dass diese Trends in den 1990er Jahren insbesondere bei den Wahlabendberichten der privaten TV-Sender zu finden sind. 2002 haben ARD und ZDF dann gleichgezogen, während bei den Öffentlich-Rechtlichen in den früheren Jahren mittels dieses fernsehästhetischen Elements keine bzw. nur eine schwach ausgeprägte Gestaltung zu verzeichnen ist. Diese Befunde liefern ebenfalls Hinweise dafür, dass die Privatsender i. d. R. stärker personalisieren als ARD und ZDF – mit Ausnahme des Wahljahres 2002, in dem alle vier analysierten TV-Anbieter in etwa gleich stark personalisieren.

Eine große *Varianz an Einstellungsgrößen* als Indiz für einen hohen Grad an Inszenierung, Boulevardisierung und Visualisierung ist senderübergreifend v. a. in der Wahlabendsondersendung 2002 sowie bei der ARD vereinzelt in weiteren Wahlberichten gegeben, in denen auch weite Aufnahmen – i. d. R. aus einem Hubschrauber gefilmte Bilder – zu sehen waren. Damit wurde in diesen Sondersendungen im Gegensatz zu den weiteren Wahlabendberichten die komplette Bandbreite an Einstellungsgrößen ausgeschöpft.

Hinweise auf den Grad an Inszenierung, Boulevardisierung und Visualisierung liefert auch die Zahl an Einstellungen, innerhalb derer *mehrere Einstellungsgrößen kombiniert* wurden (vgl. Kap. 2.2.3.4). Hierbei rangiert RTL mit geringem Abstand vor den übrigen analysierten TV-Anbietern, die etwa gleichauf liegen (vgl. Tab. 72). Im Detail betrachtet zeigt sich, dass RTL von 1990 bis 2002 mit einer großen Bandbreite an Kombinationen an Einstellungsgrößen gearbeitet hat, während bei den anderen drei Fernsehsendern insbesondere seit 1994 häufiger mehrere Einstellungsgrößen in einzelnen Einstellungen miteinander verknüpft wurden. Dabei fällt auf, dass deren Zahl z. T. höher ist als in den gleichen Jahren bei RTL. Vor allem rückt hier die ZDF-Wahlabendsondersendung 2002 mit 17 entsprechenden Einstellungen in den Blick, die sowohl im Sender- als auch im Zeitvergleich auf stark ausgeprägte Gestaltungsstrategien hinweist.

Tab. 72: Einstellungen mit mehreren Einstellungsgrößen

	1961	1965	1969	1972	1976	1980	1983	1987	1990	1994	1998	2002	Ø
ARD	3	10	6	--	6	2	5	6	5	11	9	12	6,8
ZDF		2	2	7	0	--	7	4	1	12	13	17	6,5
RTL									--	11	7	10	10	9,5
Sat.1								3	3	7	12	10	7

8.1.6 Kameraperspektive

Durch den Standpunkt und den Aufnahmewinkel der Kamera wird ein bestimmtes Verhältnis zu den abgebildeten Personen und Gegenständen vermittelt. Die Perspektive der Kamera bestimmt sich dabei zunächst innerhalb des Handlungsraumes. Diese Perspektiven können sowohl auf der horizontalen – etwa frontal, Halb-Profil, Profil, Rückenansicht – als auch auf der vertikalen Ebene unterschiedliche Positionen einnehmen. Bei der Analyse von Fernsehsendungen interessieren i. d. R. insbesondere die vertikalen Positionen: Untersicht, Normalsicht sowie Aufsicht (vgl. Renner 2004: 7; Hickethier 2001: 61 ff., Korte 2000: 29 f.; Bruns/Marcinkowski 1997: 274 ff.; Ordolff/Wachtel 1997: 37 f.).[229]

Die Untersicht bzw. Froschperspektive ist eine von der Augenhöhe abweichende niedrigere Kameraposition. Das Gezeigte wird von unten dargestellt. Die Normalsicht ist von einer Kamera auf normaler Augenhöhe aufgenommen. Die Aufsicht bzw. Vogelperspektive ist eine im Vergleich zur Augenhöhe höhere Kameraposition. Das Gezeigte wird von oben abgebildet. Außerdem gibt es schräge Kamerapositionen und subjektive Kameraeinstellungen, die den Zuschauer aus der Perspektive eines Akteurs sehen lassen. Indizien für Trends sind bei diesem Merkmal im Hinblick auf den Einsatz von Perspektiven zu finden, die von der Normalsicht abweichen (vgl. Kap. 2.2.3.4). Der Grad der Trends ist desto höher einzu-

---

[229] Mehrfachcodierungen sind bei der Kameraperspektive möglich (vgl. Anhang).

stufen, je mehr von der Augenhöhe abweichende Perspektiven eingesetzt und je stärker extreme Perspektiven wie die subjektive Kamera verwendet werden.

Senderübergreifend und fast durchgängig dominierte die *Normalsicht* (vgl. Abb. 27). Nur 1980 erreichten die auf Augenhöhe positionierten Kameraaufnahmen weniger als 50 Prozent. Ansonsten pendelten die Anteile der Normalsicht seit 1969 um die 70 Prozent-Marke. Allein 1961 und 1965 sind starke Schwankungen zu verzeichnen.

Abb. 27: Durchschnittliche Normalsicht in Prozent aller Kameraperspektiven

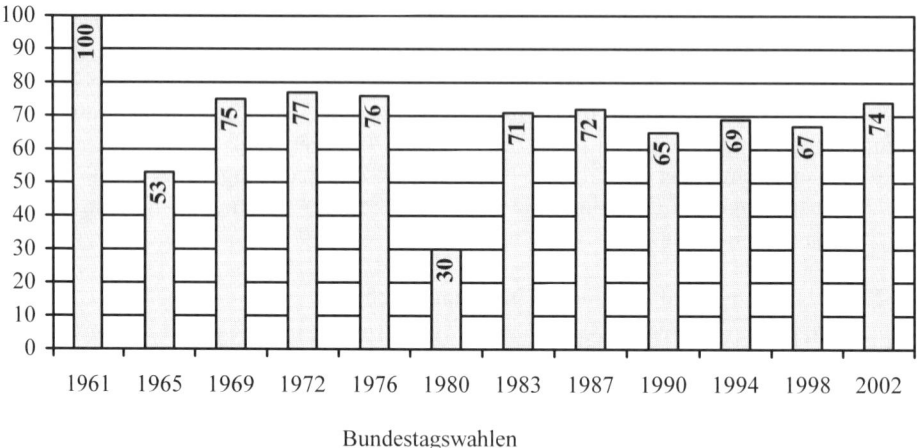

Bundestagswahlen

Im Gegensatz zu Studien, die Fernsehnachrichten untersucht haben (vgl. Bruns/Marcinkowski 1997: 276), ist anhand der vorliegenden Daten kein gravierender Rückgang der Normalsicht festzustellen.

Dennoch zeigen sich hinsichtlich der analysierten TV-Sender Unterschiede in der Dominanz der Normalsicht (vgl. Tab. 73). Bei der ARD lässt sich die Entwicklung des Einsatzes der Normalsicht als wellenförmige Kurve veranschaulichen, die zunächst von Jahr zu Jahr sinkt, ihren Tiefpunkt 1980 erreicht, in den Folgejahren wieder ansteigt und seit 1994 tendenziell erneut fällt. Demgegenüber sind beim ZDF drei Phasen zu identifizieren: Die erste, die nur ein Wahljahr (1965) umfasst, ist gekennzeichnet durch einen äußerst geringen Anteil an normalen Perspektiven. In der zweiten Phase, die von 1969 bis 1987 dauert, erreicht die Normalsicht mit Werten zwischen 75 und 88 Prozent ein vergleichsweise hohes Niveau. Dieses ist in der dritten Phase von 1990 bis 2002 wieder etwas niedriger, wobei in dieser Zeit ein kontinuierlicher Anstieg um insgesamt 20 Prozentpunkte zu verzeichnen ist.

Tab. 73: Normalsicht in Prozent aller Kameraperspektiven

	1961	1965	1969	1972	1976	1980	1983	1987	1990	1994	1998	2002
ARD	100	87	75	--	69	30	54	64	60	79	78	73
ZDF		19	75	78	83	--	88	75	45	53	60	63
RTL								--	80	65	76	73
Sat.1								76	74	81	55	85

Bei den Privatsendern RTL und Sat.1 sind jeweils Schwankungen auszumachen, die bei beiden TV-Anbietern jedoch einigermaßen konstant erscheinen – abgesehen von der relativ großen Abweichung bei Sat.1 im Jahr 1998. Ausgehend von den Befunden zur Normalsicht ist insgesamt kein hoher Inszenierungs-, Boulevardisierungs- und/oder Visualisierungsgrad der Wahlabendsendungen im deutschen Fernsehen anzunehmen. Allenfalls gibt es entsprechende Hinweise für einzelne Wahlberichte.

Nach der vorherrschenden Normalsicht wird die *Aufsicht* als Kameraperspektive insgesamt am zweithäufigsten verwendet. Vereinzelt nimmt die Vogelperspektive sogar den höchsten Anteil aller Kameraperspektiven ein. Zu diesen Ausnahmen gehören die 1965er-Wahlabendsondersendung des ZDF sowie der ARD-Wahlbericht 1980 (vgl. Tab. 74). Im Detail betrachtet zeigen sich bei den vier analysierten Fernsehsendern Wellenbewegungen bezüglich der Entwicklung der Häufigkeiten der Vogelperspektiven. Dennoch sind Unterschiede im Hinblick auf die Entwicklungstendenzen bzw. Niveaus zu registrieren. Während sich bei der ARD bis auf zwei Ausnahmen im Vergleich zu den früheren Wahlabendsondersendungen ein eher niedrigeres Niveau in den jüngeren Wahlberichten findet, das sich seit 1990 zwischen 15 und 18 Prozent stabilisiert hat, verlief die Entwicklung beim ZDF gegenläufig. So zeichnen sich die jüngeren Wahlberichte des ZDF – inklusive der Ausnahme 1965 mit fast 77 Prozent – durch einen eher häufigeren Einsatz an Vogelperspektiven aus. Deren Anteil lag zwischen 1990 und 1998 bei etwas mehr als einem Drittel aller Kameraperspektiven. Er sank 2002 allerdings stark und erreichte so mit ARD und Sat.1 vergleichbare Werte. Ähnlich wie bei der ARD im selben Zeitraum sind bei Sat.1 und RTL trotz leichter Schwankungen relative konstante Entwicklungen seit 1987 bzw. 1990 feststellbar. Diese laufen jedoch auf unterschiedlichem Niveau ab.

Tab. 74: Aufsicht in Prozent aller Kameraperspektiven

	1961	1965	1969	1972	1976	1980	1983	1987	1990	1994	1998	2002
ARD	0	9,7	25	--	30,8	50	36,6	7,1	18,6	14	16	16
ZDF		77	25	23	17	--	12	25	36	34	36	17
RTL								--	18	23	19	25
Sat.1								8	9	14	15	14

Die Resultate zur Vogelperspektive liefern Anhaltspunkte dafür, dass die Wahlabendsondersendungen des ZDF seit 1987 weitgehender gestaltet wurden als die ZDF-Wahlberichte in den Vorjahren (mit Ausnahme von 1965) und als die Sondersendungen der übrigen drei untersuchten Fernsehsender im gleichen Zeitraum (abgesehen von 2002). Die Inszenierung der ARD-Sendungen ist dagegen im Zeitverlauf tendenziell zurückgegangen und in den 1990er Jahren sowie 2002 vergleichsweise niedrig einzustufen. Ebenso erreichte Sat.1 seit 1987 niedrige Werte beim Einsatz der Vogelperspektive. RTL nahm, was die Häufigkeit des Einsatzes von Vogelperspektiven zur Gestaltung der Wahlabendberichte angeht, mit etwas höheren Anteilen wiederum einen mittleren Platz im Sendervergleich ein.

In Bezug auf die *Untersicht* ist festzustellen, dass diese Perspektive im Untersuchungszeitraum nur selten in Wahlabendsondersendungen des deutschen Fernsehens zum Einsatz kam. Lediglich zu fünf Messzeitpunkten ist die Froschperspektive überhaupt messbar. Auffällig ist, dass hierzu das Wahljahr 1965 zählt und damals beide öffentlich-rechtlichen Fernsehsender die Untersicht – wenn auch nur in geringem Umfang – einsetzten. Dies dürfte mit der zu diesem Zeitpunkt erstmaligen Konkurrenzsituation beider öffentlich-rechtlicher TV-Anbieter auf dem Gebiet der Wahlabendberichterstattung zusammenhängen (vgl. Kap. 5.1 u. 5.2.1.3). Auch zu den späteren Untersuchungszeitpunkten lässt sich der Einsatz der Froschperspektive mit dem Wettbewerb zwischen den Fernsehsendern in Verbindung bringen. Fest steht zumindest, dass die Untersicht seit 1990 bei unterschiedlicher Zusammensetzung von zwei bzw. drei der vier TV-Anbieter regelmäßig verwendet wurde. ARD und ZDF filmten insbesondere 1998 und 2002 häufiger von unten. In den Wahlabendberichten, in denen zusätzlich zur vorherrschenden Normal- und gebräuchlichen Aufsicht auch die eher unübliche Untersicht eingesetzt wurde, scheint es eine stärkere Inszenierung, Boulevardisierung und Visualisierung im Vergleich zu den Sendungen gegeben zu haben, in denen die Froschperspektive nicht zu finden ist (vgl. Tab. 75).

Tab. 75: Untersicht in Prozent aller Kameraperspektiven

	1961	1965	1969	1972	1976	1980	1983	1987	1990	1994	1998	2002
ARD	0	3	0	--	0	0	0	0	2	0	6	11
ZDF		4	0	0	0	--	0	0	0	3	2	10
RTL								--	0	8	0	2
Sat.1								0	2	2	3	0

Extreme Perspektiven, die auf einen besonders hohen Inszenierungs-, Boulevardisierungs- und Visualisierungsgrad hinweisen (vgl. Kap. 2.2.3.4), kamen selten vor: Überhaupt nicht zu finden war eine *subjektive Sicht*; der Einsatz von *schrägen Sichtweisen* konnte einzig in der 1998er Wahlabendsondersendung von Sat.1 ausgemacht werden.

Anhaltspunkte für einen höheren Grad an Inszenierung, mehr Unterhaltungsorientierung und stärkere Visualisierung im Zeitverlauf und in einzelnen Wahlabendberichten liefert schließlich noch die Zahl der *Einstellungen*, in denen gleich *mehrere Perspektiven* miteinander verbunden wurden (vgl. Tab. 76). Hierbei zeigt sich, dass bei allen vier analysierten Fernsehsendern insbesondere zwischen 1994 und 2002 Perspektiven-Kombinationen innerhalb von Einstellungen vorkamen sowie vereinzelt in den Vorjahren mehrere Kameraperspektiven in Einstellungen kombiniert wurden. Dies lässt auf eine leichte Zunahme der Trends politischer Berichterstattung seit 1994 schließen.

Tab. 76: Einstellungen mit mehreren Kameraperspektiven

	1961	1965	1969	1972	1976	1980	1983	1987	1990	1994	1998	2002
ARD	6	0	1	--	3	0	0	0	0	4	2	1
ZDF		2	0	0	0	--	0	0	0	3	7	3
RTL								--	4	2	1	4
Sat.1								0	0	2	1	2

8.2 Zwischenfazit

Welche *Gestaltungskomponenten* im Einzelnen charakteristisch für die Wahlabendsondersendungen im deutschen Fernsehen zu Bundestagswahlen zwischen 1961 und 2002 waren, wurde im vorliegenden Kapitel auf Basis empirischer Befunde der quantitativen Inhaltsanalyse fernseh-ästhetischer Mittel *detailliert rekonstruiert*. Ob und inwiefern die untersuchten Wahlberichte von ARD, ZDF, RTL und Sat.1 zu den jeweiligen Messzeitpunkten *insze-

niert, unterhaltsam gestaltet und *visuell aufbereitet* und ggf. *personalisiert* wurden oder *ritualisiert* waren – auch dafür liefert der zugrunde liegende Untersuchungsschritt empirische Daten. Eine *pauschale Aussage* hierzu lässt sich allerdings *nur schwierig formulieren*. Dies liegt jedoch nicht an der forschungsökonomischen Konzentration auf die ersten zehn Minuten der Wahlabendsondersendungen. Bei aller Beschränkung der Datenbasis – mit der Analysen dieser Art stets zurechtkommen müssen (vgl. Bruns/Marcinkowski 1997: 284) – liefert das vorliegende Material dennoch aussagekräftige Ergebnisse.

Als zentrale Erkenntnis konnte herausgearbeitet werden, dass beim Versuch, Trends politischer Berichterstattung gemessen an fernseh-ästhetischen Merkmalen empirisch zu erhärten, gleich *mehrere Aspekte* relevant sind und ausgewertet werden müssen.

Erstens hat sich gezeigt, dass der Grad der verschiedenen Trends politischer Berichterstattung nicht anhand einzelner Variablen allein messbar ist – zumal sich diese z. T. konträr entwickeln und entsprechend als Indizien für entgegengesetzte Tendenzen gewertet werden können. Erst im Zusammenspiel aller Variablen wird deutlich, wie ausgeprägt Inszenierung, Infotainment bzw. Boulevardisierung und Visualisierung sind, denn dabei handelt es sich um *mehrdimensionale Phänomene*. Diese sind entsprechend mehrdimensional zu analysieren, wobei die Ergebnisse im Vergleich mit den einzelnen fernseh-ästhetischen Elementen abzuwägen sind. Studien, die nur eines oder einige wenige dieser Mittel einbeziehen, bringen möglicherweise Befunde hervor, die einseitig sind. Relevanz kommt in diesem Kontext außerdem den journalistischen Darstellungsformen (vgl. Kap. 7.1.1) und der formal-ästhetischen Gestaltung (vgl. Kap. 6.3 bis 6.6) zu, die ebenfalls zum typischen Präsentationsprofil einer TV-Sendung beitragen.

Zweitens konnte demonstriert werden, dass sich die oftmals als eindeutig im Zeitverlauf verstärkt angenommenen Trends politischer Berichterstattung anhand der untersuchten fernseh-ästhetischen Merkmale i. d. R. nicht linear nachzeichnen lassen. Üblicherweise wurden *wellenförmige Entwicklungsmuster* hinsichtlich der gestalterischen Bearbeitung identifiziert. Dabei sind durchaus Tendenzen erkennbar. Das heißt: Phasenweise wurden sowohl Ab- als auch Zunahmen sowie konstante Werte registriert.

Unmittelbar mit dem Wandel und der Stabilität der analysierten Gestaltungsstrategien hängt zusammen, dass *drittens* eine kontinuierliche Zeitreihenuntersuchung notwendige Voraussetzung für die empirische Überprüfung von angenommenen Trends ist. Um eine Ab- oder Zunahme sowie eine konstante Entwicklung überhaupt erfassen zu können, ist es erforderlich, zumindest mehr als zwei Messzeitpunkte in die Analyse aufzunehmen. Ansonsten könnten zufällige Entwicklungsverläufe als Normalfall angesehen werden.

Dies lässt sich an einem Beispiel aus der vorliegenden Untersuchung von Wahlabendsondersendungen veranschaulichen: So würde ein Vergleich der *ARD-Wahlberichte* aus den Jahren 1961 und 1994 respektive 1998 etwa hinsichtlich der verwendeten Kamerafahrten unterschiedliche Erkenntnisse bringen (vgl. Kap. 8.1.4). Während im ersten Fall nur eine geringe Zunahme von etwa sechs Prozentpunkten festzustellen und die Gestaltung der Wahlabendsendungen entsprechend konstant geblieben ist, lässt sich im zweiten Fall ein starker Rückgang der Fahrten um 20 Prozentpunkte konstatieren, der auf einen markanten Trend zu weniger ausgeprägter gestalterischer Aufbereitung hinweist. Bei detaillierter Betrachtung aller Wahljahre wird hingegen deutlich, dass es sich um eine von Schwankungen geprägte Entwicklung handelt. Der Einsatz von Fahrten in ARD-Wahlabendberichten im Zeitverlauf ist folglich nicht mit einer eindeutigen Tendenz zu beschreiben.

Abschließend kann resümiert werden, dass hinsichtlich der fernseh-ästhetischen Gestaltungsmittel seit Ende der 1980er bzw. seit Anfang der 1990er Jahre *insgesamt* eine *leichte* Zunahme in Richtung stärkerer Aufmerksamkeitserzeugung erkennbar ist. Diese ist insbesondere auch an der zugenommenen *Varianz* der fernsehtypischen Elemente sowie an der gestiegenen Zahl an *Kombinationen* der Merkmale innerhalb einzelner Einstellungen zu identifizieren. Bei den *Fernsehsendern* zeichnet sich der minimale Anstieg außerdem durch unterschiedliche Gestaltungsstrategien aus. Sie setzten auf unterschiedliche Mittel. Das ZDF verwendete bspw. vermehrt bewegliche Kamera-Aktionen, eine Aufsicht anstelle einer Normalsicht und Kombinationen von verschiedenen Gestaltungselementen in eher längeren Einstellungen, während die übrigen TV-Anbieter eine stärkere Schnittfrequenz aufwiesen und verstärkt kürzere Einstellungen zeigten. Die Wahlsendungen von RTL und Sat.1 sind darüber hinaus durch einen Anstieg von Groß- und Detailaufnahmen geprägt.

Die Veränderungen im Untersuchungszeitraum sind im Großen und Ganzen aber nicht als gravierend einzustufen, da sie i. d. R. nur einzelne Merkmale betreffen, während die übrigen Merkmale *vergleichsweise stabil* erscheinen. Gleichwohl lassen sie sich in zeitlichen Zusammenhang mit der Dualisierung des deutschen Rundfunksektors (vgl. Kap. 5.1 u. 5.2.1.3) und mit technischen Entwicklungen setzen (vgl. Kap. 5.2.1.4).

9 Wahlabendberichterstattung im deutschen Fernsehen: Systematisierung und Kontextualisierung

Da historiographische Beschreibungen darauf abzielen, Geschichte zu ordnen und zu verstehen, enden sie üblicherweise in Übersichten wie Chroniken oder in Periodisierungen. Damit werden historische Darstellungen systematisiert. Entsprechend ist auch diese Studie kaum ohne Periodisierung vorstellbar, verfolgt sie doch u. a. das Ziel, die Programmgeschichte der Wahlabendberichterstattung im deutschen Fernsehen zu rekonstruieren (vgl. Kap. 1 u. 3.3). Dabei erfolgt die Systematisierung in dem Bewusstsein, dass auf diese Weise komplexe Zusammenhänge der Geschichte der Wahlabendsendungen verdichtet werden.

Ein weiteres Ziel ist es, den Wandel und die Stabilität politischer Kommunikation am Beispiel der Wahlabendberichterstattung im Fernsehen über mehrere Jahrzehnte nachzuzeichnen und oft behauptete Trends politischer Berichterstattung empirisch zu überprüfen (vgl. Kap. 1 u. 3.3). Wurden Resultate zu den formalen, inhaltlichen und fernseh-ästhetischen Merkmalen der Wahlabendberichte in den vorherigen Kapiteln regelmäßig darauf abgeklopft, ob sie Indizien für Trends enthalten oder ob dafür keine Belege zu finden sind, gilt es nun, diese Befunde zur Überprüfung der Trends systematisch zusammenzuführen.

Schließlich verbirgt sich hinter der Wahlabendberichterstattung im deutschen Fernsehen ein ansehnlicher Organisationsapparat, der den Rahmen für die Produktion dieses journalistischen Angebots absteckt. Rechtliche Regelungen, die Marktposition und die Finanzierungsart zählen z. B. zu den Einflussgrößen. Darüber hinaus spielen die etablierten Arbeitsweisen und Entscheidungsstrategien des Journalismus eine bedeutsame Rolle im Herstellungsprozess. Auch der journalistische Anspruch, der mit der Berichterstattung am Wahlabend verbunden ist, sowie die Rollen von Journalisten und weiteren an dem Produktionsprozess beteiligten Akteuren sind wichtig. Die Kontextualisierung zählt ebenfalls zu den Zielen der vorliegenden Studie (vgl. Kap. 1 u. 3.3).

Mit Blick auf die Ziele dieser Arbeit werden nun die Befunde der empirisch-analytischen Methoden zu den Hauptausgaben der Wahlabendsendungen bei ARD, ZDF, RTL und Sat.1 über Bundestagswahlen von 1961 bis 2002, die zuvor im Detail präsentiert wurden (vgl. Kap. 6 bis 8), systematisiert und mit den Resultaten des historisch-deskriptiven Abschnitts in Verbindung gebracht (vgl. Kap. 5). Zur Systematisierung werden erstens Überlegungen zu einer *Periodisierung* angestellt, die auf die Programmgeschichte der Wahlabendberichterstattung im deutschen Fernsehen fokussiert (vgl. Kap. 9.1). Zweitens werden die mannigfachen Indizien, die für oder gegen *Trends* politischer Berichterstattung sprechen, zusammengeführt (vgl. Kap. 9.2). Drittens werden die *Veränderungen und Konstanten* der Wahlabendberichterstattung im deutschen Fernsehen, die im Untersuchungszeitraum ermittelt werden konnten, in Beziehung zum *Produktionskontext* gesetzt, in dem sie entstanden sind, um Einordnungen geben zu können, welche Bedingungen sich wie ausgewirkt haben. Darüber hinaus lassen sich *Differenzen*, die *zwischen den Fernsehsendern* identifiziert werden konnten, unter Bezug auf Erkenntnisse zu den Entstehungszusammenhängen erläutern (vgl. Kap. 9.3).

9.1 Periodisierung – ein Vorschlag zur Gliederung der Programmgeschichte eines Fernsehformats

Bevor ein Entwurf einer Periodisierung vorgelegt werden kann, mit der sich die Programmgeschichte der TV-Sondersendungen am Abend von Bundestagswahlen strukturiert darstellen lässt, ist auf die Periodisierung als Möglichkeit zur Gliederung von Geschichte und auf ihre Problematik einzugehen. Mittels Periodisierungen werden historische Vorgänge und Ereignisse geordnet. Solche Phaseneinteilungen der Geschichte sind Konventionen der geschichtlich orientierten Wissenschaften (vgl. Körber 1996: 318; Hickethier 1991: 11 u. 28 ff.). Perioden lassen sich durch einen plötzlichen Bruch oder durch eine Veränderung nach einem längeren Prozess voneinander abgrenzen. Während Periodengrenzen also durch Wandel geprägt sind, ist Kontinuität für die Zeit einer Periode charakteristisch. Das schließt aber ein Nebeneinander von Wandel und Kontinuitäten nicht aus. Vielmehr ist entscheidend, was überwiegt. Kommt es zu einer besonderen Häufung von Brüchen und Veränderungen oder sind diese stärker, handelt es sich um Grenzen einer Periode. Dominieren Kontinuitäten, ist von der Zeit zwischen diesen Grenzen auszugehen. Die Abgrenzung von Perioden mit Jahreszahlen ist dabei eine Hilfskonstruktion, um diese fassbarer zu machen.

Periodisierungen sind kontingent.[230] Zudem konstruieren solche Systematisierungen Geschichte. Welches Ergebnis am Ende steht, hängt stets von der Forschungsperspektive und den Erkenntnisinteressen ab. Gemein ist Periodisierungen dabei der retrospektive Blick, der dem jeweiligen historischen Bewusstsein unterworfen ist. Modellierungen von Perioden repräsentieren also immer das Wissen und das Denken einer spezifischen Gegenwart. Wenn aber Phasenbildungen vom Blickwinkel und Interesse abhängig sind, dann ist es notwendig, zu benennen, von welchem Standpunkt aus sich die wissenschaftliche Aufmerksamkeit auf welche Aspekte richtet. Außerdem ist es erforderlich, Kriterien für die Definition von Perioden aufzustellen und transparent zu machen, damit die Periodengrenzen präzise und nachvollziehbar gezogen werden können.

Der nachstehende Entwurf der programmgeschichtlichen Periodisierung zur Wahlabendberichterstattung im deutschen Fernsehen stützt sich empirisch sowohl auf schriftliche Primärquellen und Sekundärliteratur als auch auf das audiovisuelle Originalmaterial der Hauptausgaben der Wahlabendsendungen von ARD, ZDF, RTL und Sat.1 zu den Bundestagswahlen von 1961 bis 2002. Auf dieser Grundlage wurden insgesamt *sieben Perioden* identifiziert (vgl. Abb. 28). Diese Perioden waren daran zu erkennen, dass sie durch Kontinuitäten bei verschiedenen formalen, inhaltlichen und fernseh-ästhetische Merkmalen geprägt wurden. Die Periodengrenzen waren wiederum an hervorstechenden Veränderungen dieser Merkmale festzumachen – mit dem Resultat einer deutlichen Differenz zum vorherigen Entwicklungsstand. Bei diesem Vorgehen wurde notwendigerweise generalisiert. Das bedeutet, dass die Kontinuitäten, die für einzelne Perioden markant sind, und auch die Veränderungen, die die unterschiedlichen Periodengrenzen kennzeichnen, nicht bei allen, aber bei einer Vielzahl der Merkmale vorzufinden waren. In den Fällen, in denen sich etliche Elemente als konstant erwiesen und sich gleichzeitig andere Merkmale verändert haben, wurde geprüft, ob die Kontinuitäten oder die Veränderungen überwogen. Außerdem wurde ein Vergleich mit der Charakteristik vorangegangener und nachfolgender Phasen gezogen.

---

[230] Vgl. generell Mommsen 1981: 176; vgl. bezogen auf die Fernsehgeschichte Ludes 1999: 257; Hickethier 1993a: 24 u. 1991: 11; Elsner/Müller/Spangenberg 1991: 38; Kreuzer/Schanze 1991: 9.

Abb. 28: Phasen der Programmgeschichte der Wahlabendberichterstattung

1. Periode: 1953/1957 bis 1961
Frühphase der Wahlabendberichterstattung im deutschen Fernsehen
2. Periode: 1965
Anfänge der professionellen Ergebnis- und Analyseübermittlung – ARD und ZDF im Kontrast
3. Periode: 1969 bis 1976
Etablierung der professionellen Ergebnis- und Analyseübermittlung – abgeschwächte Kontrastierung zwischen ARD und ZDF
4. Periode: 1980 und 1983
Ähnliche Konzeptionen bei ARD und ZDF – auf dem Weg zum Dualen Rundfunksystem
5. Periode: 1987 und 1990
Positionierungsversuche im Dualen Rundfunksystem – öffentlich-rechtliche und private Fernsehanbieter im Kontrast
6. Periode: 1994
Homogenität durch Konzentration auf Informationen
7. Periode: seit 1998
Differenzierung und Profilierung durch Spezialisierung

Darüber hinaus konnten in den Produktanalysen bestimmte *Charakteristika* festgestellt werden, die für die Wahlabendsendungen *über die Sendergrenzen hinweg* und *im Untersuchungszeitraum* kennzeichnend waren. Dazu gehören ein ähnlicher Sendungsablauf (vgl. Kap. 6.2.1) und konstitutive Bestandteile wie Wahlforschungsergebnisse und Stellungnahmen von Politikern (vgl. Kap. 6.2.2). Dementsprechend konnten inhaltliche Spezifika eruiert werden, die bei den vier TV-Anbietern zu allen Messzeitpunkten die Wahlabendberichte geprägt haben. Dies waren in Bezug auf die Darstellungsformen: Moderationen, Grafikinterpretationen und Einzel-Interviews (vgl. Kap. 7.1.1). Bei den Akteuren handelte es sich um Moderatoren, Zahlen-Präsentatoren und Reporter (vgl. Kap. 7.1.4). Relevante Schauplätze waren das zentrale Wahlstudio, Orte der Wahlpartys der Parteien und Schauplätze, von denen die Wahlforschung präsentiert wurde (vgl. Kap. 5.2.1.3 u. 7.1.3). Im Hinblick auf Themen war eine Dominanz informativer Wahl-Beiträge typisch (vgl. Kap. 7.1.2). Am häufigsten wurden die Wahlergebnisse dargestellt und bewertet, etwas seltener deren Konsequenzen thematisiert sowie Analysen und Erklärungen der Ergebnisse vorgebracht.

Wenn die Perioden im Folgenden erläutert werden, wird auf diese generellen Charakteristika nicht eingegangen (vgl. für ein ähnliches Vorgehen zur Beschreibung der Programmentwicklung des deutschen Fernsehens Hickethier 1993b: 185).

9.1.1 *Frühphase der Wahlabendberichterstattung im deutschen Fernsehen (1953/1957 bis 1961)*

Die erste Phase der Wahlabendberichterstattung im deutschen Fernsehen umfasst die Wahljahre 1953 bis 1961. 1953 berichtete der NWDR sowie 1957 und 1961 die ARD über die Wahlen zum Deutschen Bundestag (vgl. Kap. 5.1). Diese Frühphase ist dadurch geprägt, dass die Wahlsendungen gegen 22 Uhr begannen (vgl. Kap. 6.1). Die späte Sendezeit war dadurch bedingt, dass wegen technischer Gegebenheiten (vgl. Kap. 5.2.1.4) nur allmählich Ergebnisse bekannt gegeben werden konnten und es daher lange dauerte, bis sich Politiker zu einer Einschätzung der Resultate bereit erklärten. Kennzeichnend ist ebenfalls, dass –

wie für den Wahlbericht 1961 bekannt ist – bei der Veröffentlichung der Wahlergebnisse auf Informationen der Nachrichtenagentur dpa zurückgegriffen wurde (vgl. Kap. 5.1). 1961 wurde zudem eine Prognose des Wahlausgangs geliefert, während Hochrechnungen noch nicht verfügbar waren (vgl. Kap. 5.2.2.1 u. 6.2.2). Darüber hinaus sind verschiedene ästhetische und inhaltliche Elemente für die Wahlsendungen dieser Phase typisch. Sie werden am Beispiel des ARD-Wahlberichts 1961 erläutert.[231]

Charakteristisch ist für die 1961er-Wahlsendung der ARD die insgesamt einfache ästhetische Gestaltung (vgl. Kap. 6.3 bis 6.6). Namen von Akteuren wurden durch Schilder, die auf den Tischen abgestellt waren, angezeigt (vgl. 6.3.2). Wahlergebnisse wurden zur Veranschaulichung mit Kreide an eine Tafel geschrieben und Schaubilder waren auf Plakaten angebracht (vgl. Kap. 6.3.3). Diese einfachen Kommunikationsmittel ermöglichten eine große Bandbreite an Grafiken, wie sie danach nicht mehr zu finden waren. Außerdem hat sich die Prognose-Veröffentlichung als kaum inszeniert erwiesen (vgl. Kap. 6.6). Schließlich ist kennzeichnend, dass der Vorspann mit einer Dauer von rund einer Minute länger war als in den übrigen Phasen, und zudem durch die Atmo der gezeigten Realbilder geprägt war (vgl. Kap. 6.3.1). Des Weiteren war der Anteil an Schwenks außergewöhnlich hoch.

In Bezug auf die inhaltlichen Merkmale des ARD-Wahlberichts 1961 fallen lange Beiträge mit einer Dauer von durchschnittlich fast eineinhalb Minuten auf (vgl. Kap. 7.1). Außerdem wurden lang dauernde Filmberichte gesendet (vgl. Kap. 7.1.1). Dies lässt sich auf die Sendesicherheit zurückführen. Filme können gut vorbereitet und bei Bedarf abgerufen werden, wenn es keine interessanten Informationen live zu berichten gibt oder die Technik bei Schaltungen nicht funktioniert (vgl. Kap. 5.2.1.4 u. 6.1.2.1). Spezifisch ist weiterhin das Fehlen von Aufsagern. Zu diesem Befund passt, dass die ARD-Wahlsendung 1961 zu rund 75 Prozent aus dem zentralen Wahlstudio gesendet wurde (vgl. Kap. 7.1.3). Dies ist der höchste Anteil, der im Untersuchungszeitraum gemessen wurde. Hieran lässt sich erkennen, dass diese Wahlsendung wenig flexibel gehandhabt wurde, was wohl auch an den technischen Möglichkeiten lag (vgl. Kap. 5.2.1.4 u. Kap. 6.3.4). Dennoch wurde vergleichsweise oft zur Außenwelt geschaltet. Entsprechend konnten sich viele Bürger äußern (vgl. Kap. 7.1.4). Schließlich ist der ARD-Wahlbericht 1961 dadurch gekennzeichnet, dass Journalisten ausschließlich als Moderatoren und Reporter auftraten. Als Experten kamen lediglich Wahlforscher vor.

Zusätzlich lässt sich für diese Frühphase festhalten, dass es wegen der Monopolstellung der ARD auf dem deutschen Fernsehmarkt keinen Wettbewerb gab (vgl. Kap. 5.1 u. 5.2.1.3).

9.1.2 Anfänge der professionellen Ergebnis- und Analyseübermittlung – ARD und ZDF im Kontrast (1965)

1965 sendeten zum ersten Mal zwei Fernsehsender Wahlabendberichte zu einer Bundestagswahl (vgl. Kap. 5.1 u. 5.2.1.3). Die Sendungen von ARD und ZDF waren durch stark differente Konzeptionen geprägt (vgl. Kap. 5.2.2, 6.1.1 u. 6.2). Während die ARD einen auf

---

[231] Die charakteristischen Merkmale der Wahlabendsendungen dieser Phase wurden in den Produktanalysen des Wahlberichts zur Bundestagswahl 1961 ermittelt. Dem damaligen Modell der Wahlsendungen wurde damit ausreichend Genüge getan. Auf den Einbezug der Wahlberichte der 1950er Jahre wurde mit Blick auf die Schwierigkeiten, die mit der Beschaffung alten Fernsehmaterials verbunden sind, verzichtet (vgl. Kap. 3.3).

politische Informationen konzentrierten Wahlabendbericht bot, sendete das ZDF eine Wahlparty mit einer Mischung aus Information und Unterhaltung. Damit zeigte sich auch auf dem Gebiet der Wahlabendberichterstattung die Unterhaltungsorientierung, die dem ZDF bescheinigt wurde (vgl. Hickethier 1998b: 265 u. 1993b: 209). Trotzdem stützten sich beide Programme bei der Auszählung und Hochrechnung der Wahlergebnisse erstmals auf Computer (vgl. Kap. 5.1). Damit wiesen die Wahlabendsendungen von ARD und ZDF 1965 wesentliche Elemente einer professionellen Ergebnis- und Analyseübermittlung auf, die sich in den folgenden Wahljahren weiterentwickelten und etablierten. Davon abgesehen sind eher Differenzen als Gemeinsamkeiten im Vergleich zu den späteren Phasen zu identifizieren. Daher wird für dieses Wahljahr eine gesonderte Periode ausgewiesen, die aber weniger einer Phase als vielmehr einem Entwicklungsschritt entspricht.

Zu seinen typischen Merkmalen zählen: Die Wahlabendberichte begannen gegen 20 Uhr und endeten gegen 2 Uhr nachts. Ihr Ende stellte auch den Sendeschluss der Fernsehprogramme dar (vgl. Kap. 6.1). Die Prognosen wurden sowohl in der ARD als auch im ZDF – in Abhängigkeit des Sendebeginns – nach 20 Uhr veröffentlicht. Die ersten Hochrechnungen wurden nach 21 Uhr bekannt gegeben (vgl. Kap. 6.2.2). Darüber hinaus wurde die Einbindung der Prognosen bei beiden Sendern inszeniert (vgl. Kap. 6.6). Dies lässt sich auf die Wettbewerbssituation zwischen ARD und ZDF zurückführen, die zum ersten Mal bei der Wahlabendberichterstattung zu Bundestagswahlen bestand (vgl. Kap. 5.1 u. 5.2.1.3). Zur Veranschaulichung der Wahlergebnisse wurden außerdem erstmalig Computerausdrucke herangezogen bzw. am Computer hergestellte Grafiken ins Bild gerückt (vgl. Kap. 6.3.3). Prägend ist zudem, dass bei Schalten Bild und Ton regelmäßig gestört waren und dass Gespräche zu Auslandskorrespondenten z. T. per Telefon geführt wurden (vgl. Kap. 6.3.4). Wesentlicher Unterschied zu den Wahlberichten ab 1969 war weiterhin, dass in Schwarz-Weiß berichtet wurde. Das Farbfernsehen wurde erst 1967 eingeführt (vgl. Kap. 5.2.1.4). Schließlich sind die Wahlberichte 1965 dadurch gekennzeichnet, dass Meldungen von allen Darstellungsformen mit Abstand am häufigsten eingesetzt wurden.

9.1.3 Etablierung der professionellen Ergebnis- und Analyseübermittlung –
abgeschwächte Kontrastierung zwischen ARD und ZDF (1969 bis 1976)

Die dritte Phase der Wahlabendberichterstattung im deutschen Fernsehen umfasst die Wahljahre 1969 bis 1976. Diese Periode ist durch die Etablierung der 1965 eingeführten professionellen Ergebnis- und Analyseübermittlung sowie eine im Vergleich zu 1965 abgeschwächte Kontrastierung der Wahlberichte von ARD und ZDF geprägt. Typisch ist der Beginn gegen 18 Uhr. Anlass waren die verfeinerten Wahlforschungsmethoden, die schon zu einem frühen Zeitpunkt richtungsweisende Ergebnisse lieferten. Die Sendungen endeten 1969 gegen 1 Uhr sowie 1972 und 1976 gegen 22 bzw. 23 Uhr (vgl. Kap. 6.1).

Die abgeschwächte Kontrastierung lässt sich an den grundlegenden Konzeptionen der Wahlsendungen erkennen, die sich im Vergleich zu 1965 änderten (vgl. Kap. 5.2.2, 6.1 u. 6.2). Einerseits integrierte die ARD neben Informationen zur Wahl seit 1969 auch Sport in die Wahlberichte und realisierte 1972 und 1976 Wahlempfänge. Außerdem zeigte sie 1969 im Rahmen ihrer Wahlsendung einen Krimi. Andererseits zielten die ZDF-Wahlberichte zwar weiter auf eine Mischung aus Information und Unterhaltung, aber es wurde nicht mehr das Konzept einer Wahlparty verfolgt. Gesendet wurden Sportberichte, Folgen von

TV-Serien und Einspielungen von Show-Auftritten aus anderen ZDF-Sendungen. Diese Befunde für die Wahlabendsendungen stimmen mit Erkenntnissen zur Geschichte des Gesamtprogramms überein, für das zwischen 1969 bis 1974 ebenfalls ein Konzeptionswandel konstatiert wurde (vgl. Hickethier 1993b: 215 ff.). Zudem wurde der Beginn einer Tendenz zur Vermischung von Information und Unterhaltung bzw. eine wachsende Bedeutung der Unterhaltung im Programm der 1970er Jahre festgestellt (vgl. Bleicher 1993a: 25 f.).

Des Weiteren strahlten ARD und ZDF seit 1969 in ihren Wahlabendsendungen eine gemeinsame Gesprächsrunde mit Vertretern verschiedener Parteien aus (vgl. Kap. 6.2.3). Seit 1983 wurde diese Diskussion unter dem Titel „ARD/ZDF-Bundestagsrunde" gezeigt. Ferner kooperierten sie seit 1969 im Technikbereich (vgl. Kap. 5.1 u. 5.2.1.3). Auch bei anderen Großveranstaltungen gingen ARD und ZDF damals technische Kooperationen ein (vgl. Hickethier 1998b: 332 u. 1993b: 208). Darüber hinaus arbeiteten sie 1969 in einer gemeinsamen Interview-Redaktion inhaltlich zusammen. Dies blieb jedoch ein Sonderfall.

Zugleich sind in dieser Phase Profilierungsbestrebungen von ARD und ZDF erkennbar, die dazu dienten, sich vom jeweils anderen Sender abzugrenzen. Dazu gehört die Gestaltung der Vorspänne (vgl. Kap. 6.3.1). Während die ARD mit vergleichsweise spartanischer Umsetzung ihren Informationsanspruch betonte, hob das ZDF mit aufwändigeren und gleichzeitig emotionaleren Vorspännen seine Kombination aus Information und Unterhaltung hervor. Darüber hinaus finden sich Belege dafür, dass ein einheitliches Erscheinungsbild forciert wurde. So verwendete das ZDF seit 1969 unterschiedliche Blautöne für seine Vorspänne. In die Studiodekorationen beider Sender wurden Elemente der Vorspänne eingebunden (vgl. Kap. 6.4.2).

Hinweise für die Etablierung der professionellen Ergebnis- und Analyseermittlung, die 1965 eingeführt worden war, finden sich im Hinblick auf die Veröffentlichungszeitpunkte der Prognosen und der Hochrechnungen (vgl. Kap. 6.2.2). Die Prognose wurde in dieser Phase schon kurz nach 18 Uhr und die Hochrechnungen zwischen 18.30 Uhr und 19 Uhr publiziert. Außerdem präsentierte die ARD 1972 erstmals eine Wählerwanderungsanalyse und setzte 1976 erstmalig die Wahl-Nachfrage ein (vgl. Kap. 5.2.2.1). Beide Neuerungen wurden mit Blick auf die Konkurrenz zum ZDF eingeführt (vgl. Kap. 5.1 u. 5.2.1.3).

In Bezug auf die ästhetische Gestaltung lassen sich folgende Charakteristika festhalten: Seit 1969 wurden die Wahlberichte zunächst z. T. sowie später komplett in Farbe ausgestrahlt (vgl. Kap. 5.2.1.4). Außerdem wurden bei beiden Sendern computergenerierte, farbige Grafiken in Form von Säulendiagrammen direkt eingesetzt. Sie wurden neben einfachen Tabellen verwendet (vgl. Kap. 5.2.1.4 u. 6.3.3). Darüber hinaus war es in dieser Phase üblich, dass ARD und ZDF verschiedene schriftliche Informationen zu Wahlergebnissen einblendeten (vgl. Kap. 6.3.2). Was die Schalten betrifft, war die Technik 1969 ausgefeilter als zuvor (vgl. Kap. 6.3.4). Es wurden nicht mehr nur Telefon-, sondern auch Bild-Schalten ins Ausland durchgeführt. Zudem traten Störungen nur noch beim Schaltvorgang, nicht aber während des Gesprächs auf. Darüber hinaus wurden Schalten erstmals eingeleitet, indem die entsprechenden Bilder bei der Moderation auf einer Leinwand oder auf Fernsehgeräten gezeigt wurden. Schließlich sticht hervor, dass Kamerafahrten häufig vorkamen.

Typisch waren des Weiteren folgende inhaltliche Merkmale: 1972 und 1976 war der Anteil der personenorientierten Darstellungsformen gemessen am zeitlichen Umfang sehr ausgeprägt (vgl. Kap. 7.1.1). Zu beiden Messzeitpunkten umfassten diese Stilformen jeweils mehr als 50 Prozent der Gesamtsendezeit. Damit ist ihr zeitlicher Umfang wesentlich größer als 1980 und 1983 und lässt sich mit demjenigen von 1987 bis 1994 vergleichen.

Außerdem ist ein kontinuierlicher Rückgang der Berichterstattung aus dem extra eingerichteten zentralen Wahlstudio zu konstatieren (vgl. Kap. 7.1.3). Nur das ZDF sendete aus einem solchen Studio. Die ARD brachte ihre Wahlberichte dagegen aus einem normalen TV-Studio, das zum Wahlstudio umgebaut worden war. Kommentatoren kamen im Vergleich zu den übrigen Phasen am häufigsten zu Wort (vgl. Kap. 7.1.4). Folglich war der Anspruch von ARD und ZDF, den Zuschauern Orientierung zu bieten, in dieser Periode besonders ausgeprägt. Dieser Anspruch wurde auch durch das Auftreten von Journalisten aus dem Ausland untermauert. Weiterhin zeigt sich, dass Bürger überdurchschnittlich häufig Gelegenheit bekamen, sich vor der Kamera zu äußern. Ebenso haben die sonstigen Politiker die Wahlabendsendungen in diesem Zeitraum maßgeblich mitbestimmt – besonders 1969. Dies ist auf die Vielzahl an Außenstellen zurückzuführen, zu denen ARD und ZDF in diesem Wahljahr geschaltet haben, um Bürgernähe zu demonstrieren (vgl. Kap. 5.2.1.3).

9.1.4 Ähnliche Konzeptionen bei ARD und ZDF – auf dem Weg zum Dualen Rundfunksystem (1980 und 1983)

Die Wahljahre 1980 und 1983 können als weitere Periode zusammengefasst werden. Für diese Phase ist charakteristisch, dass ARD und ZDF vergleichbare Konzeptionen der Wahlabendsendungen verfolgten. Außerdem finden sich Belege dafür, dass die öffentlich-rechtlichen Fernsehanstalten auch im Hinblick auf die Wahlabendberichterstattung auf die bevorstehende Ausstrahlung kommerzieller Fernsehprogramme reagierten.[232]

Beide Charakteristika lassen sich an den grundlegenden Sendekonzeptionen zeigen (vgl. Kap. 5.2.2.2, 6.1 u. 6.2). Sendestart der Wahlberichte von ARD und ZDF war erstmalig vor 18 Uhr. Sie endeten nach wie vor am späten Abend. Die Wahlsendungen der öffentlich-rechtlichen Anbieter zeichneten sich zudem dadurch aus, dass sie eine Mischung aus Unterhaltung und Information boten. Die Entscheidung für diesen Mix wurde mit Blick auf die Privatsender getroffen. Damit nahmen die Öffentlich-Rechtlichen – wie auch für das Gesamtprogramm konstatiert wurde (vgl. Hickethier 1998b: 341 u. 1993b: 225 f.) – vorweg, was von der kommerziellen Konkurrenz erwartet wurde.

Die ähnlichen Sendekonzeptionen von ARD und ZDF lassen sich auch durch Absprachen zwischen den Sendern erklären. Dazu gehörte die Selbstbeschränkung beim Einsatz von exit polls (vgl. Kap. 5.2.2.1). Gleichwohl gelang es beiden Sendern, die Prognose zur Bundestagswahl 1983 erstmals genau um 18 Uhr zu veröffentlichen. Der Veröffentlichungszeitpunkt der ersten Hochrechnungen lag im Vergleich zu den vorangegangenen Wahljahren ebenfalls früher: Sie wurden vor 18.30 Uhr publiziert (vgl. Kap. 6.2.2).

Im Hinblick auf die ästhetische Gestaltung sind folgende Spezifika erkennbar: Erstmals wurden computeranimierte Vorspänne gesendet (vgl. Kap. 6.3.1). Zudem gab es mehrere Neuerungen hinsichtlich der Grafiken (vgl. Kap. 6.3.3). Bei der ARD kamen 1980 zum ersten Mal ausschließlich direkt eingesetzte Computer-Grafiken zum Einsatz, die teilweise schon animiert waren. Das ZDF sendete erstmalig 1983 eine animierte Grafik. Darüber hinaus war neu, dass in den Wahlberichten durchgängig Schrifteinblendungen gezeigt wurden, die die zu Wort kommenden Akteure vorstellten (vgl. Kap. 6.3.2). Außerdem wurden an den Außenstellen, an denen die Parteien ihre Wahlpartys feierten, erstmals Sendestudios

---

[232] Vgl. für Befunde zur veränderten Planung im Vorfeld der Dualisierung des deutschen Rundfunksystems Hickethier 1998b: 340 ff u. 1993b: 225 f.; Bleicher 1993a: 28.

mit Dekoration eingerichtet (vgl. Kap. 6.4.2). Ferner stechen die ausgeprägten Inszenierungsstrategien bezüglich der Prognose-Veröffentlichung hervor (vgl. Kap. 6.6). So gab es meist schon in der ersten Moderation Hinweise auf die Prognose, deren Veröffentlichungszeitpunkt und die Schnelligkeit der Wahlforschung. Außerdem führte die ARD den Countdown ein. Auch dies kann auf die Wettbewerbssituation zurückgeführt werden (vgl. Kap. 5.1 u. 5.2.1.3). Weiterhin ist prägend, dass vereinzelt Kameragänge verwendet wurden.

Bei den inhaltlichen Merkmalen war ein starker Einsatz von Grafikinterpretationen kennzeichnend (vgl. Kap. 7.1.1). Dies liegt in der verbesserten technischen Machbarkeit begründet (vgl. Kap. 5.2.1.4). Außerdem kamen die Wahlberichte ausschließlich aus einem TV-Studio, das zum Wahlstudio umfunktioniert worden war (vgl. Kap. 5.2.1.3 u. 7.1.3). Einflüsse der Ausgewogenheitsdebatte, die in dieser Phase in den Sendeanstalten und der Wissenschaft geführt wurde (vgl. für einen Bezug zum Gesamtprogramm Hickethier 1993b: 222), lassen sich am audiovisuellen Material der Wahlsendungen nicht erkennen. Mitglieder der Regierung äußerten sich 1980 und 1983 häufiger als Vertreter der Opposition (vgl. Kap. 7.1.4). Dagegen waren die Anteile 1987 und 1990 fast ausgeglichen. Charakteristisch war außerdem, dass Bürger im untersuchten Material nicht zu Wort kamen.

Im Hinblick auf den Produktionskontext der Wahlberichte zu Beginn der 1980er Jahre lässt sich schließlich festhalten, dass die Finanzkrise, die die öffentlich-rechtlichen Fernsehsender zu diesem Zeitpunkt bewältigen mussten (vgl. Bleicher 1993b: 107), zwar Konsequenzen für das Gesamtprogramm hatte (vgl. Hickethier 1993b: 222), sich aber nicht auf die Wahlabendberichterstattung zu Bundestagswahlen auswirkte. Dies geht aus Zahlen, die zu den finanziellen Ressourcen von ARD und ZDF vorliegen (vgl. Kap. 5.2.1.3), hervor.

9.1.5 Positionierungsversuche im Dualen Rundfunksystem – öffentlich-rechtliche und private Fernsehanbieter im Kontrast (1987 und 1990)

Die fünfte Phase, in die die Geschichte der Wahlabendberichterstattung zu Bundestagswahlen im deutschen Fernsehen untergliedert werden kann, umfasst die Wahljahre 1987 und 1990. Bei diesen Bundestagswahlen strahlten die Privatsender erstmals Wahlabendsendungen aus (vgl. Kap. 5.1 u. 5.2.1.3). Damit konkurrierten öffentlich-rechtliche und private Fernsehanbieter im Dualen Rundfunksystem auch auf diesem Gebiet. Charakteristisch sind die Positionierungsversuche der Sender. Hinweise dafür, dass sie beabsichtigten, sich von den übrigen Programmen abzugrenzen, finden sich z. B. bei den formal-inhaltlichen Merkmalen (vgl. Kap. 6.1). So unterschied sich das Sendevolumen bei den vier Sendern 1987 und 1990 jeweils um mehrere Stunden. Dagegen war die Sendedauer zu den übrigen Messzeitpunkten senderübergreifend stets vergleichbar. Darüber hinaus sind Unterschiede beim Sendestart und -schluss zu erkennen: 1987 fiel Sat.1 mit einem ungewöhnlich späten Beginn des Wahlberichts um kurz vor Mitternacht auf, während ARD, ZDF und RTL gegen 18 Uhr mit ihrer Wahlsendung begannen. Die Berichte endeten bei der ARD um 20 Uhr, beim ZDF und bei RTL um 21 Uhr sowie bei Sat.1 um Mitternacht. 1990 zeigen sich ebenfalls Differenzen beim Schluss. Die Wahlberichte von ARD und ZDF gingen gegen 20 Uhr zu Ende. Der Bericht von RTL endete um 19 Uhr und die Sendung von Sat.1 um 22 Uhr.

Darüber hinaus divergierten die Sendekonzepte (vgl. Kap. 5.2.2 u. 6.2). Die ARD besann sich 1987 auf die Informationsorientierung der 1960er Jahre, integrierte aber weiterhin Sport in ihre Wahlsendung sowie ein Zuschauerquiz. Auf Letzteres wurde 1990 verzichtet.

Das ZDF hielt 1987 an seiner Mischung aus Information und Unterhaltung fest. 1990 sendete es erstmals eine rein politische Wahlsendung.[233] RTL setzte in beiden Jahren auf einen Mix aus Unterhaltung und Information. Sat.1 strahlte 1987 eine Nachrichtensondersendung aus, die sich auf die Wahl konzentrierte. 1990 bestand der Sat.1-Wahlbericht aus Information und Unterhaltung.

Vor dem Hintergrund der Dualisierung des Rundfunksystems in Deutschland hoben ARD und ZDF Ende der 1980er Jahre außerdem die auf die Verwendung von exit polls bezogene Selbstbeschränkung, die sie Ende der 1970er Jahre vereinbart hatten, auf (vgl. Kap. 5.2.2.1). Deren Einsatz ermöglichte die Veröffentlichung der Prognosen um exakt 18 Uhr. Nur Sat.1 gab die Prognose später bekannt. Dies liegt darin begründet, dass der Privatsender über keine eigenen Daten verfügte (vgl. Kap. 5.2.1.3 u. 5.2.2.1). Daher inszenierte Sat.1 im Gegensatz zu den drei weiteren Sendern die Bekanntgabe der Prognose nicht. Das ZDF setzte dagegen auf eine Neuerung: Ein Gongschlag kündigte die Prognose an.

Ästhetisch sind folgende Merkmale prägend: Die Vorspänne waren seit 1987 mit Musik unterlegt bzw. von Jingles begleitet (vgl. Kap. 6.3.1). Die Grafiken waren 1990 den damaligen gesellschaftlichen Veränderungen angepasst, indem die Resultate für Ost- und Westdeutschland veranschaulicht wurden (vgl. Kap. 6.3.3). Dasselbe Ziel wurde mit der Dekoration verfolgt (vgl. Kap. 6.4.2). 1987 gab es Neuerungen in der Studioeinrichtung bei ARD und ZDF: Stehpulte ersetzten Schreibtische. Dies wirkte sich auf das Verhalten der Moderatoren aus, die seitdem lockerer auftraten (vgl. Kap. 6.5). Außerdem wählten ARD und ZDF neben dem harten Schnitt erstmals andere Übergangsformen (vgl. Kap. 8.1.2).

Was die inhaltlichen Merkmale betrifft, zeigen sich folgende Spezifika: Der zeitliche Umfang der personenorientierten Darstellungsformen war vergleichsweise ausgeprägt. Visuell geprägte Darstellungsformen kamen im Vergleich zu den vorangegangenen Wahljahren häufiger vor und dauerten länger. Filmberichte wurden dabei hauptsächlich von den Privatsendern ausgestrahlt (vgl. Kap. 7.1.1). Seit 1987 wurden die Wahlsendungen auch aus Nachrichtenstudios gesendet (vgl. Kap. 7.1.3). 1990 kamen die Wahlberichte bei Sat.1 und RTL aus einem extra eingerichteten Wahlstudio. 1987 und 1990 wurde relativ häufig von den Orten berichtet, an denen die Wahlpartys der Parteien stattfanden. Außerdem wurden erneut Schauplätze der Außenwelt in die Wahlabendberichte eingebunden.

Seit 1987 agierten zunehmend Frauen in journalistischen Rollen vor der Kamera in den Wahlabendsendungen (vgl. Kap. 5.2.3.1). Diese Tendenz ist bei ARD und ZDF sowohl auf Druck durch Zuschauerreaktionen als auch durch Aufsichtsgremien zurückführen. Darüber hinaus ist 1987 und 1990 eine nahezu gleichgewichtige Verteilung von Regierung und Opposition erkennbar. Außerdem wurden 1987 erstmals Familienangehörige von Politikern interviewt. Dass einfache Parteimitglieder und Sympathisanten agierten, ist erst seit 1990 üblich. Seitdem wurde auch Bürgern wieder Gelegenheit gegeben, sich zu äußern.

9.1.6 Homogenität durch Konzentration auf Informationen (1994)

Das Wahljahr 1994 kennzeichnet einen weiteren Entwicklungsschritt der Wahlabendberichterstattung zu Bundestagswahlen im deutschen Fernsehen, der sich von der vorangegangenen und der folgenden Phase in wichtigen Aspekten unterscheidet und insofern ge-

---

[233] Vgl. für eine Ausrichtung des Gesamtprogramms auf Programmteile, die die öffentlich-rechtlichen Sender gegenüber den Privatsendern auszeichnen, Hickethier 1993 b: 227 f.

sondert ausgewiesen wird. Als Besonderheit hat sich herauskristallisiert, dass sich 1994 alle Fernsehsender auf Informationen konzentriert haben, wobei die Wahlberichte von ARD, RTL und Sat.1 auch Sportbeiträge beinhalteten (vgl. Kap. 5.2.2 u. 6.2). Daher lässt sich in diesem Wahljahr ein homogenes Bild der Wahlabendsendungen im deutschen Fernsehen zeichnen. Die Veränderungen der Sendekonzeptionen im Vergleich zu 1987 und 1990 sind dabei auf die Einschaltzahlen zurückzuführen: Die unterhaltenden Abschnitte haben die in sie gesetzten Erwartungen nicht erfüllt (vgl. Kap. 5.2.3.4).

Die Wahlberichte von ARD, ZDF, RTL und Sat.1 stimmten 1994 erstmals auch beim Sendestart vor 18 Uhr und beim Sendeschluss gegen 20 Uhr überein (vgl. Kap. 6.1). Allerdings unterschieden sich die TV-Anbieter hinsichtlich des Zeitpunkts der Veröffentlichung der Prognose (vgl. Kap. 6.2.2): Die öffentlich-rechtlichen Sender gaben ihre Prognosen exakt um 18 Uhr bekannt, RTL und Sat.1 etwas später. Die ersten Hochrechnungen wurden aber von allen Sendern gegen 18.15 Uhr publiziert – zum bis dato frühesten Zeitpunkt.

Auch in Bezug auf die ästhetische Aufmachung sind die Wahlberichte zur Bundestagswahl 1994 der vier TV-Sender ähnlich, da sie durch den Einsatz vergleichbarer Stilmittel geprägt wurden. Die Vorspänne bestanden über die Sendergrenzen hinweg aus einem Mix aus realen und animierten Bildern (vgl. Kap. 6.3.1). Die Schrifteinblendungen waren bei allen Anbietern aufwändiger gestaltet als zuvor: u. a. mit dem jeweiligen Sendelogo, dem Sendetitel und einem Banner (vgl. Kap. 6.3.2). Die Grafiken waren ebenfalls bei den vier Sendern mit mehr Aufwand produziert, jedoch mit senderspezifischen Besonderheiten: RTL setzte virtuelle Elemente ein (vgl. Kap. 5.2.1.4 u. 6.3.3). Schließlich lässt sich festhalten, dass seit 1994 kontinuierlich mehr Kameragänge in den Wahlberichten zu sehen waren.

9.1.7 Differenzierung und Profilierung durch Spezialisierung (seit 1998)

Die Entwicklung der Wahlabendberichterstattung zu Bundestagswahlen im deutschen Fernsehen seit 1998 kann mit dem Titel „Differenzierung und Profilierung durch Spezialisierung" überschrieben werden. Bezeichnend ist, dass sich die Sender vielfach unterscheiden und die senderspezifische Verwendung von Elementen typisch ist. Diese Differenzierung ist vor dem Hintergrund der angestrebten Profilbildung, die auf eine möglichst einfache und schnelle Wiedererkennung durch den Zuschauer im Wettbewerb der Fernsehprogramme abzielt, zu analysieren (vgl. Kap. 5.1, 5.2.1.3 u. 6). Dagegen waren die bisherigen Perioden durch Ähnlichkeiten der Wahlberichte über die Sendergrenzen hinweg geprägt.

Die Differenzen der TV-Anbieter werden z. B. in Bezug auf Sendestart und -schluss der Wahlberichte deutlich (vgl. Kap. 6.1): So begann Sat.1 seine Wahlsendung 1998 schon gegen 17 Uhr. Die übrigen Programme starteten dagegen noch um 17.45 Uhr. Neben dem Beginn divergierte auch der Schluss der Wahlberichte bei den Sendern. Beispielsweise endete die Sat.1-Wahlsendung 1998 zur unüblichen Zeit um 20.20 Uhr.

Darüber hinaus lassen sich Unterschiede bei den grundlegenden Sendekonzepten erkennen (vgl. Kap. 5.2.2, 6.1.1 u. 6.2). Sat.1 konzipierte 1998 erneut einen Wahlbericht, der durch eine Mischung aus Boulevardinformation und Politik gepaart mit Sportberichten bestimmt war – als additives Angebot zu den Sendungen der übrigen Sender, die sich ausschließlich mit politischen Informationen befassten. Auch 2002 versuchte Sat.1, sich von den anderen Anbietern abzugrenzen, indem die Polit-Sitcom „Die Hinterbänkler" integriert wurde. In die RTL-Wahlsendung 2002 wurden zwar ebenfalls unterhaltungsorientierte und politikbezogene Formate wie „RTL exklusiv – Weekend zur Wahl" einbezogen, trotzdem unterschied sie sich von dem Sat-1-Wahlbericht: RTL sendete zusätzlich eine Diskussionsrunde mit Wahlbezug. 1998 hatte sich der RTL-Wahlbericht noch dadurch ausgezeichnet, dass er auf politische Informationen konzentriert war. Dagegen brachten ARD und ZDF 2002 weiterhin ausschließlich Informationen zur Wahl.

Auch in Bezug auf die Veröffentlichung der Prognose wird das Profilierungsstreben deutlich. So gab RTL seine Prognose 1998 bereits vor 18 Uhr bekannt, verstieß damit gegen das BWG und erhielt dafür einen Verweis des Bundeswahlleiters (vgl. Kap. 5.2.1.3 u. 5.2.2.1). 2002 veröffentlichten erstmals alle vier Fernsehanbieter ihre Prognose genau um 18 Uhr. Sat.1 verfügte durch eine Kooperation mit RTL und forsa zum ersten Mal über eigene Daten (vgl. Kap. 5.2.1.3 u. 5.2.2.1). Daher inszenierte der Privatsender die Veröffentlichung der Prognose auch stärker als zuvor (vgl. Kap. 6.6).

Im Hinblick auf die formal-ästhetische Gestaltung stechen folgende Aspekte hervor: RTL gliederte seine Wahlsendungen 1998 und 2002 in mehrere Abschnitte und gab diesen zusätzliche Überschriften. Diese Titel wurden in zwischendurch ausgestrahlten Trailern aufgegriffen (vgl. Kap. 6.3.1). Darüber hinaus kann die audiovisuelle Gestaltung der Vorspänne als senderspezifisch bezeichnet werden. Außerdem waren die Schrifteinblendungen seit 1998 technisch verfeinert und aufwändiger produziert (vgl. Kap. 6.3.2). Des Weiteren wurden bei allen Sendern neben den Namensinserts weitere Informationen eingeblendet. Auch in Bezug auf die Grafiken gab es senderspezifische Neuerungen (vgl. Kap. 5.2.1.4 u. 6.3.3). Dazu zählten bei ARD und Sat.1 die Verwendung von Schaltfenstern bei der Prognose sowie bei RTL der Einsatz von virtuellen Mitteln. Typisch für RTL war außerdem, dass Schalten aus dem virtuellen Studio heraus erfolgten (vgl. Kap. 6.3.4). Weiterhin zeichneten sich die Privatsender dadurch aus, dass sie die Wahlberichte aus dem Nachrichtenstudio oder der Nachrichtenredaktion sendeten (vgl. Kap. 5.2.1.3). Dies lässt sich auf den geringeren Kostenaufwand und dort verfügbare technische Möglichkeiten zurückzuführen. Zudem wird so das Profil des jeweiligen Senders in den Wahlabendsendungen deutlich.

Hinsichtlich der fernseh-ästhetischen Gestaltung hat sich gezeigt, dass die vier Anbieter jeweils eigene Strategien verfolgten: beispielsweise bei den Einstellungsgrößen, für die jeweils unterschiedliche Befunde zu den beiden Messzeitpunkten bei den Sendern eruiert wurden (vgl. Kap. 8.1.5). Auch die Bandbreite an Kamera-Aktionen, die beim ZDF 1998 und 2002 und bei RTL 1998 ermittelt wurden (vgl. Kap. 8.1.4), deutet darauf hin.

Was die inhaltlichen Merkmale anbelangt, so fällt auf, dass die durchschnittliche Dauer der Beiträge bei allen Sendern vergleichsweise kurz ausfiel – besonders 2002 (vgl. Kap. 7.1). Insgesamt war die Durchschnittslänge der Beiträge 2002 jedoch nicht kürzer als in den 1960er Jahren. Bei den Akteuren kamen Wahlforscher zugunsten von journalistischen Experten (2002) oder Wissenschaftlern weiterer Fachrichtungen (1998) weniger häufig vor (vgl. Kap. 5.2.3.2 u. 7.1.4). Außerdem äußerten sich Vertreter der Opposition häufiger als Mitglieder der Regierung (vgl. Kap. 7.1.4). Dies liegt darin begründet, dass der Wahlausgang 2002 sehr knapp war bzw. 1998 zu einem Regierungswechsel führte (vgl. Kap. 5.1).

9.1.8 Perioden der Wahlabendberichterstattung im deutschen Fernsehen – ein Fazit

In den vorangegangenen Abschnitten wurde eine programmgeschichtliche Periodisierung der Wahlabendberichterstattung zu Bundestagswahlen im deutschen Fernsehen vorgeschlagen. Dieser Vorschlag basiert auf Befunden der Dokumenten- und Sekundärliteraturanalyse (vgl. Kap. 5) sowie Erkenntnissen der Produktanalysen zu den formalen, inhaltlichen und fernseh-ästhetischen Merkmalen der Hauptausgaben der Wahlabendsondersendungen von ARD, ZDF, RTL und Sat.1 zu den Bundestagswahlen von 1961 bis 2002 (vgl. Kap. 6 bis 8). Identifiziert wurden sieben Perioden, deren typische Merkmale erläutert wurden. Dieser Systematisierungsentwurf ermöglicht es, zu überprüfen, ob und inwiefern die unstrittigen Perioden, in die die Geschichte des Fernsehprogramms der Bundesrepublik Deutschland eingeteilt wurde (vgl. auch nachfolgend Kap. 2.2.3.1), auch für einzelne Formate gelten.

Bei dieser Überprüfung hat sich gezeigt, dass die Phasen und Zäsuren, die für die Entwicklung der Wahlabendberichte eruiert werden konnten, weitgehend mit der groben Phaseneinteilung zur Programmgeschichte des deutschen Fernsehens korrespondieren. Damit wird diese Periodisierung bestätigt bzw. die vorgelegten Befunde für den Bereich der Wahlabendberichterstattung fügen sich darin ein. Dennoch wird deutlich, dass sich für dieses Format eine detailreichere Gliederung der Programmgeschichte insbesondere für den bislang wenig strukturierten Zeitraum seit Anfang der 1990er Jahre als instruktiv erweist, da sich nur so seine spezifische Entwicklung systematisch rekonstruieren lässt. Diese Erkenntnis unterstützt die Aussage, dass es eine generelle Periodisierung der Geschichte des Fernsehens nicht geben kann, sondern es vielmehr notwendig ist, eine differenzierte, mehrschichtige Gliederung zu erarbeiten, um das Gesamtphänomen erfassen zu können.

9.2 Trends politischer Berichterstattung – eine Überprüfung am Beispiel der Wahlabendberichterstattung

Die Entwicklung von politischer Kommunikation im Allgemeinen und politischer Berichterstattung im Speziellen wird vielfach anhand von Trends beschrieben. So wird versucht, komplexe Entwicklungsprozesse in einfachen Begrifflichkeiten zu fassen. Trends geben dabei Tendenzen im Zeitverlauf an (vgl. Kap. 2.2.3). In der vorliegenden Studie wurden formale, inhaltliche und fernseh-ästhetische Merkmale der Hauptausgaben der Wahlabendsondersendungen von ARD, ZDF, RTL und Sat.1 zu den Bundestagswahlen von 1961 bis 2002 anhand der audiovisuellen Primärquellen untersucht (vgl. Kap. 4.2.4). Damit erstreckt sich der Untersuchungszeitraum über zwölf Messzeitpunkte. Auf dieser Grundlage eröffnet sich die Option einer angemessenen Überprüfung von Trends politischer Berichterstattung am Beispiel dieses Fernsehformats. Im Folgenden werden die bereits detailliert dargestellten empirischen Befunde zu den analysierten Merkmalen der TV-Sondersendungen am Wahlabend (vgl. Kap. 6 bis 8) systematisch zusammengeführt, um die Trends Infotainment und Boulevardisierung, Inszenierung, Personalisierung, Ritualisierung und Visualisierung gezielt zu überprüfen.

9.2.1 Infotainment und Boulevardisierung

Die Begriffe Infotainment und Boulevardisierung werden oft – so auch in der vorliegenden Studie – synonym verwendet. Beide Termini stehen in Bezug auf journalistische Berichterstattung für ein Zusammenspiel aus informativen und unterhaltsamen Elementen bzw. für eine Mischung aus Informations- und Unterhaltungsorientierung (vgl. Kap. 2.2.3.4).

Was eine Beschleunigung als Indiz für Boulevardisierung anbelangt, lassen sich an mehreren Merkmalen Schwankungen in der Entwicklung der Wahlabendberichterstattung im deutschen Fernsehen zu den Bundestagswahlen zwischen 1961 und 2002 konstatieren. Zugleich sind dabei Unterschiede zwischen den Fernsehsendern festzustellen. Während bspw. beim ZDF die Länge der Vorspänne im Untersuchungszeitraum relativ konstant war, schwankte deren Dauer bei den übrigen TV-Anbietern z. T. stark (vgl. Kap. 6.3.1). Auch in Bezug auf die Durchschnittsdauer der Beiträge zeigt sich bei den Fernsehsendern eine jeweils spezifische Entwicklung (vgl. Kap. 7.1). So haben die Wahlsendungen der ARD von 1990 bis 2002 an Tempo zugelegt, nachdem es in den Wahljahren zuvor in Wellenbewegungen verlangsamt wurde. Die ARD-Wahlberichte waren 2002 gleichwohl weniger dynamisch als die Sendungen der anderen untersuchten Programme. Bei ZDF und Sat.1 konnte in den Wahlsendungen von 1990 bis 1998 mehr Dynamik ermittelt werden, die aber 2002 wieder etwas hinausgenommen wurde. RTL dagegen beschleunigte die Wahlberichterstattung erst 2002. Insgesamt ist die durchschnittliche Dauer der Beiträge 2002 jedoch nicht kürzer als in den 1960er Jahren. Im Unterschied dazu wurde für politische Magazine und Nachrichten im Fernsehen mit der Zeit eine Verkürzung der Beitragsdauer und damit eine Boulevardisierung festgestellt (vgl. Donsbach/Büttner 2005: 26 f.; Wegener 2001: 174 ff. u. 206). Jedoch analysieren diese Studien jeweils nur drei Messzeitpunkte bzw. -räume zwischen 1983 und 1998. Ein Vergleich mit Sendungen, die in den 1960er und 1970er Jahren gezeigt wurden, ist also nicht möglich.

Bezüglich der kurzen und der sehr langen Beiträge wurden ebenfalls Schwankungen ermittelt (vgl. Kap. 7.1). Der Anteil kurzer Beiträge hat sich allerdings seit 1990 bei etwa 50 Prozent eingependelt, was auf ein gleich bleibendes Tempo der Berichterstattung hinweist. Außerdem ist für 2002 bei den vier TV-Sendern ein vergleichsweise geringer Anteil an sehr langen Beiträgen festgestellt worden. Dies kann aber wegen der Schwankungen in den vorangegangenen Jahrzehnten nicht als Indiz für eine Tendenz zu mehr Dynamik gewertet werden. Eine solche müsste in weiteren Wahljahren bekräftigt werden.

Schließlich lassen sich keine Belege für eine Verkürzung der O-Töne im Untersuchungszeitraum finden. Vielmehr erwies sich die Durchschnittsdauer der O-Töne als vergleichsweise stabil (vgl. Kap. 7.1.4.). Das Phänomen der sound-bite-news konnte für die Wahlabendsendungen also nicht bestätigt werden, wohingegen es sowohl für die Berichterstattung in Nachrichten (vgl. Donsbach/Büttner 2005: 32 f.; Zubayr/Fahr 1999: 643; Wix 1996: 83 ff.) als auch in politischen Magazinen (vgl. Wegener 2001: 174 ff. u. 206) belegt wurde. Bezogen auf die Entwicklung der durchschnittlichen O-Ton-Länge der einzelnen Fernsehanbieter lassen sich Schwankungen erkennen. Diese senderspezifischen Befunde unterscheiden sich z. T. von Ergebnissen, die aus Studien zu Fernsehnachrichten vorliegen (vgl. Donsbach/Büttner 2005: 33). Gemein ist den Sendern abgesehen vom ZDF, dass 1998 relativ kurze O-Töne gesendet wurden (vgl. für einen ähnlichen Befund für TV-Nachrichten Zeh 2005: 99). Gemessen an diesem Indikator ist also für die Wahlsendungen 1998 eine starke Boulevardisierung auszumachen.

Satire sowie kabarettistische und künstlerische Beiträge kamen üblicherweise nicht vor (vgl. Kap. 7.1.1). Dementsprechend lässt sich kaum von einer Boulevardisierung sprechen. Da diese Darstellungsformen nur in zwei Wahljahren identifiziert werden konnten, lässt sich auch kein Entwicklungstrend ablesen. Im Hinblick auf die Themen konnte eruiert werden, dass Boulevard-Beiträge – verstanden als „soft news" sowie Satire und künstlerische/kabarettistische Auftritte – nur sehr selten oder überhaupt nicht gesendet wurden (vgl.

Kap. 7.1.2). Ihr Anteil war aber höher, seitdem die privaten TV-Sender auch Wahlabendsendungen ausgestrahlt haben (vgl. für ähnliche Befunde zu TV-Nachrichten Maier 2003: 67 u 70; Bruns/Marcinkowski 1997: 290). Die Verdopplung des Wertes von 1998 auf 2002 lässt vor dem Hintergrund der vorherigen Schwankungen jedoch nicht die Interpretation zu, dass auch künftig mehr unterhaltsame Aspekte thematisiert werden. Es ist aber zu berücksichtigen, dass für die Radioberichterstattung zur Bundestagswahl 2002 eine hohe Bedeutung von Humor festgestellt wurde (vgl. Vowe/Wolling 2003: 108).

Bürgern als nicht öffentlich bekannten Personen wurde in den 1960er und 1970er Jahren sowie seit 1990 Gelegenheit gegeben, sich in den Wahlabendberichten zu äußern (vgl. Kap. 7.1.4). Sie kamen v. a. in den Sendungen ARD und ZDF zu Wort. Da O-Töne von Bürgern jedoch recht selten ausgestrahlt wurden, ist keine – und schon gar keine steigende – Boulevardisierung im Sinne einer Popularisierung der Wahlabendsendungen erkennbar.

Was die sprachliche Präsentation anbelangt, lassen sich Hinweise auf eine unterschiedlich ausgeprägte Boulevardisierung finden (vgl. Kap. 6.5). So war der Ton in den ZDF-Wahlsendungen bereits in den 1960er Jahren bei Gesprächen zwischen dem für den Politikpart zuständigen und dem für den Unterhaltungsabschnitt verantwortlichen Moderator sowie zwischen Politikmoderator und Zahlen-Präsentator lockerer als in den üblichen Moderationen der politischen anchor. Es herrschte aber kein Plauderton. Dies hat sich bis Ende der 1990er Jahre gehalten. Anfang der 1980er Jahre wirkten die Moderationen und die Dialoge zwischen den Moderatoren des politischen und des unterhaltungsorientierten Abschnitts in den Wahlsendungen der ARD ebenfalls unterhaltsam. Bei RTL und Sat.1 war der Tonfall üblicherweise lockerer als bei ARD und ZDF. Diese Befunde gehen mit Resultaten zu TV-Nachrichten einher: Bei den Privaten wurde ein niedriger Anteil an Meldungen in sprachlich-nüchterner Vortragsweise ermittelt (vgl. Donsbach/Büttner 2005: 31).

Hinsichtlich der ausgefeilten audiovisuellen Leitmotivik, die z. B. an zusätzlichen Sound-Effekten oder visuellen Einblendungen deutlich wird, sind Belege für Boulevardisierung vermehrt seit den 1980er Jahren zu finden. Dabei lassen sich senderspezifische Unterschiede feststellen. Zur Illustration kann die Bekanntgabe der Prognose herangezogen werden (vgl. Kap. 6.6). Die ARD setzte 1983 erstmals einen Countdown ein. Beim ZDF kamen ein Gong und ein blinkendes Insert zum ersten Mal 1987 zum Einsatz.

Schließlich ist Boulevardisierung an fernseh-ästhetischen Merkmalen messbar (vgl. Kap. 8).[234] Was die Schnittfrequenz betrifft, ist die Entwicklung der Wahlabendberichte im deutschen Fernsehen zu den Bundestagswahlen durch geringe Schwankungen gekennzeichnet (vgl. Kap. 8.1.1). Gleichzeitig ist bis 1998 tendenziell ein kontinuierlicher Anstieg der Schnittfrequenz feststellbar. Anhand der Zahl der Einstellungen lässt sich also bis einschließlich 1998 ein Trend hin zu mehr Dynamik konstatieren. 2002 wurde die Schnittfolge indes wieder langsamer. Im Sendervergleich stellt das ZDF eine Ausnahme dar: Die Schnittfrequenz hat sich seit 1990 auf relativ geringem Niveau stabilisiert. Im Vergleich zu anderen Studien wird darüber hinaus deutlich, dass in Wahlabendsondersendungen weniger häufig Schnitte angesetzt werden als in TV-Nachrichten (vgl. Bruns/Marcinkowski 1997: 264; Goertz 1996: 204).

---

[234] Neben der Boulevardisierung lassen sich über den Einsatz der fernseh-ästhetischen Merkmale auch die Trends der Inszenierung und der Visualisierung überprüfen. Da die herausgearbeiteten Resultate zu diesen Merkmalen an dieser Stelle zusammenführend dargelegt werden, wird bei der Darstellung der Befunde zur Inszenierung und zur Visualisierung mit Verweis hierauf verzichtet.

Eng mit der Schnittfrequenz hängt die Dauer von Einstellungen zusammen (vgl. Kap. 8.1.1). Bei den einzelnen Sendern lassen sich dabei differente Entwicklungen nachzeichnen: Während sich die RTL-Sendungen von 1990 bis 2002 angesichts meist sinkender Durchschnittsdauer der Einstellungen als zunehmend beschleunigt erwiesen haben, schwankten die Längen der Einstellungen bei ARD, ZDF und Sat.1, bei denen die Entwicklung zudem unterschiedlich ablief. Verglichen mit Erkenntnissen zu Nachrichten zeigt sich, dass die Wahlsendungen meist weniger temporeich sind (vgl. Zubayr/Fahr 1999: 643; Bruns/Marcinkowski 1997: 264 ff.) respektive bei den einzelnen TV-Anbietern unterschiedlich lange Einstellungen bei den verschiedenen Formaten vorherrschen (vgl. Donsbach/Büttner 2005: 32). Dies mag daran liegen, dass in dieser Studie im Gegensatz zu den Nachrichtenanalysen, die üblicherweise nur Filmberichte auf die Länge von Einstellungen analysieren, alle journalistischen Darstellungsformen einbezogen wurden.

Was die Häufigkeit der „sehr kurzen" Einstellungen anbelangt, zeigt sich insgesamt ein Anstieg seit Beginn der 1990er Jahre (vgl. Kap. 8.1.1). Auf dieser Grundlage lässt sich die Schlussfolgerung ziehen, dass die Wahlabendsendungen im deutschen Fernsehen seitdem stärker boulevardisiert waren als vorher (vgl. für ein ähnliches Resultat bei TV-Nachrichten Bruns/Marcinkowski 1997: 264). Im Detail betrachtet wird jedoch deutlich, dass das ZDF eine Sonderrolle spielte, da bei dem Sender im Gegensatz zu den übrigen TV-Anbietern der Anteil an sehr kurzen Einstellungen nicht stieg. In Bezug auf „lange" und „sehr lange" Einstellungen wird eine Reduktion seit Ende der 1970er Jahre deutlich. Seit 1983 hat sich der Anteil dieser Einstellungslängen bei durchschnittlich zehn Prozent eingependelt. Diese Daten unterstützen die Annahme, dass die Gestaltung der Wahlsendungen seit den 1980er Jahren im Vergleich zu den vorherigen Messzeitpunkten stärker unterhaltsam gestaltet wurde.

Der vorherrschende Einstellungswechsel (vgl. Kap. 8.1.2) war über Sendergrenzen hinweg der direkte Cut (vgl. für eine ähnliche Bestandsaufnahme für TV-Nachrichten Goertz 1996: 205 f.). Bis 1987 verwendeten ARD und ZDF meist sogar ausschließlich den harten Schnitt. Da seitdem bei allen Sendern auch alternative Übergangsformen eingesetzt wurden, wird ein höherer Grad an Boulevardisierung im Vergleich zu den Vorjahren deutlich. Besonders die Wahlberichte des ZDF, bei denen die Einstellungswechsel seit 1990 vergleichsweise häufig von digitaler Technik gekennzeichnet waren, erscheinen boulevardisiert. In Kombination mit Blenden ist diese Tendenz auch bei RTL ausgeprägt.

Bei allen Wahlsendungen dominierte das normale Kamerabild (vgl. Kap. 8.1.3). Abgesehen von der Möglichkeit, Schrift hinzuzufügen, wurde keine andere Bildbearbeitungsstrategie regelmäßig oder häufig genutzt. Dies deutet darauf hin, dass eine Boulevardisierung generell nicht ausgeprägt war. Außerdem lässt sich keine Zunahme belegen.

Bei der Analyse der Kamera-Aktionen (vgl. Kap. 8.1.4) hat sich gezeigt, dass der durchschnittliche prozentuale Anteil an Standbildern bis 1987 kontinuierlich stieg, danach aber stetig sank (vgl. für ähnliche Befunde zu Nachrichten im TV Bruns/Marcinkowski 1997: 281 Zubayr/Fahr 1999: 643). Dieses Ergebnis kann als Beleg dafür gewertet werden, dass die Wahlsendungen insgesamt vergleichsweise wenig gestalterisch bearbeitet wurden. Es werden jedoch differente Entwicklungen bei den Sendern deutlich: Während die Privatsender durchweg verschiedene Kamerafahrten einsetzten und damit stets durchschnittlich boulevardisiert waren, schwankte der Grad an Boulevardisierung gemessen an diesem Indikator bei ARD und ZDF. Schließlich haben sich einzelne Sendungen in den 1990er Jahren und 2002 im Hinblick auf die Bandbreite an Kamerafahrten als stark gestaltet erwiesen.

Dieser Befund geht mit einer Analyse für TV-Nachrichten in den Jahren 1989 und 1994 einher, die eine variantenreichere Kameraführung attestierte (vgl. Wix 1996: 81 f.).

Im Gegensatz dazu ergibt sich ausgehend von den Daten zu Schwenks bei allen Fernsehsendern ein konstanter, aber vergleichsweise niedriger Grad an Boulevardisierung. Die Befunde zu Kameragängen unterstützen wiederum die Annahme einer gesteigerten Gestaltung seit Beginn der 1990er Jahre. Die ZDF-Wahlberichte wurden mittels Kameragängen außerdem verstärkt aufbereitet. Zudem sendete RTL 1998 und 2002 überdurchschnittlich viele Einstellungen, in denen mehrere Kamera-Aktionen miteinander verbunden wurden. Auch bei den übrigen TV-Sendern kamen kombinierte Kamera-Aktionen in einigen der Wahlsendungen seit den 1990er Jahren vermehrt vor. Allerdings ist auch in früheren Berichten, etwa bei der ARD 1965, eine hohe Zahl an Kombinationen mehrerer Kamera-Aktionen zu finden.

Was die Einstellungsgrößen betrifft, lässt sich generell festhalten, dass sich die Gestaltungsstrategien in den Wahlberichten im Untersuchungszeitraum als beständig erwiesen haben (vgl. Kap. 8.1.5). Auch für Fernsehnachrichten liegen Befunde vor, in denen die Veränderungen der Einstellungsgrößen als „nicht dramatisch" (Bruns/Marcinkowski 1997: 270) eingeschätzt werden. Gleichwohl ist seit Mitte der 1980er Jahre eine Tendenz zu stärkerer gestalterischer Bearbeitung zu konstatieren, die vorwiegend auf einen relativ kontinuierlichen Anstieg an Groß- und Detailaufnahmen sowie an amerikanischen und nahen Einstellungen zurückzuführen ist. Insofern ist schon eine markante Veränderung in Richtung eines vermehrten Augenkitzels nachzuweisen, die auch in anderen Studien zu TV-Nachrichten konstatiert wurde (vgl. Wix 1996: 81). Darauf deuten ebenfalls die extrem totalen Einstellungen hin, die 1998 und 2002 verwendet wurden. Dabei handelte sich um außergewöhnliche Aufnahmen aus einem Hubschrauber heraus. Aufgrund ihrer Herstellungsweise sind sie als Indiz für Boulevardisierung zu werten, obwohl die Einstellungsgröße an sich diesen Schluss nicht erlaubt. Des Weiteren finden sich bei den Einstellungsgrößen Belege dafür, dass die Privatsender ihre Wahlberichte in den 1990er Jahren und 2002 stärker aufbereiteten als die Öffentlich-Rechtlichen. Weiterhin ist eine große Varianz an Einstellungsgrößen als Indiz für einen hohen Grad an Boulevardisierung senderübergreifend in dem Wahlbericht 2002 und bei der ARD vereinzelt in weiteren Wahlsendungen gegeben.

Schließlich lässt sich an den Kameraperspektiven insgesamt kein hoher Boulevardisierungsgrad der Wahlabendsendungen im deutschen TV im Untersuchungszeitraum belegen (vgl. Kap. 8.1.6). Allenfalls gibt es entsprechende Hinweise für einzelne Wahlberichte. Bezüglich der Zahl der Einstellungen, in denen mehrere Perspektiven miteinander verbunden wurden, hat sich herauskristallisiert, dass v. a. zwischen 1994 und 2002 Perspektiven-Kombinationen vorkamen. Dies lässt auf eine leichte Zunahme an Boulevardisierung seit 1994 schließen.

Zusammenfassend lässt sich für die Wahlabendsendungen im deutschen Fernsehen zu den Bundestagswahlen von 1961 bis 2002 keine ausgeprägte, geschweige denn eine gestiegene Boulevardisierung feststellen. Gemessen an der Entwicklung der formalen, inhaltlichen und fernseh-ästhetischen Merkmale zeichnet sich z. T. Stabilität ab, teilweise liegen Schwankungen vor und teils ist eine Zunahme zu registrieren. Es sind außerdem Unterschiede zwischen den Sendern vorzufinden. Dabei konnte bei den Privatsendern bei einigen Kriterien eine stärkere Tendenz zur Boulevardisierung ermittelt werden als bei den öffentlich-rechtlichen Sendeanstalten (vgl. für einen ähnlichen Befund zu TV-Nachrichten Donsbach/Büttner 2005: 34 f.). Im Gegensatz zur Studie von Donsbach und Büttner, die Fernsehnachrichten zu drei Messzeitpunkten auf Boulevardisierung überprüft haben, kommt die vorliegende Arbeit jedoch nicht zu dem Ergebnis, dass das ZDF sich an die privaten Anbieter anpasst, während die ARD an ihrem Profil festhält (vgl. Donsbach/Büttner 2005: 34 f.). Vielmehr zeigt sich bei näherer Betrachtung der Befunde zu den ZDF-Wahlberichten, dass, wenn bspw. ausschließlich Schnittfrequenz, durchschnittliche Einstellungsdauer oder Einstellungswechsel analysiert worden wären, fälschlicherweise Schlussfolgerungen hinsichtlich eines hohen Boulevardisierungsgrads hätten gezogen werden können, die sich bei Betrachtung des Gesamtphänomens – also z. B. auch der Entwicklung des Einsatzes der sehr kurzen Einstellungen und der O-Ton-Länge – empirisch nicht erhärten ließen. Diese Befunde verdeutlichen, dass für das Phänomen der Boulevardisierung mehrere Dimensionen relevant sind. Diese gilt es bei der Überprüfung einzubeziehen, um aussagekräftige Resultate erzielen zu können.

9.2.2 Inszenierung

Mit dem Terminus Inszenierung wird die bewusste Darstellung eines bestimmten Inhalts bezeichnet, die darauf abzielt, die Adressaten bestmöglich zu erreichen (vgl. Kap. 2.2.3.4). In der vorliegenden Studie zur Wahlabendberichterstattung im deutschen Fernsehen befindet sich die Inszenierung durch die Medien bzw. den Journalismus im Zentrum.

Bei der Überprüfung der Inszenierung der Wahlabendberichterstattung von ARD, ZDF, RTL und Sat.1 zu den Bundestagswahlen zwischen 1961 und 2002 hat sich herauskristallisiert, dass Wahlsendungen stets bewusst in das Programmumfeld eingebettet wurden (vgl. Kap. 6.1). Diesbezüglich ist die Wahlabendberichterstattung also zu allen Messzeitpunkten als inszeniert einzustufen. In Einzelfällen ließ sich dennoch ein höherer Grad an Inszenierung messen, der sich u. a. in der gezielten Vorverlegung des Sendebeginns äußerte. So begann Sat.1 seinen Wahlabendbericht 1998 bereits um 17 Uhr – beträchtlich früher als in den Vorjahren und die übrigen TV-Anbieter im selben Wahljahr. Auch die Einteilung der RTL-Wahlsendungen 1998 und 2002 in drei Sendeabschnitte mit gesonderten Titeln lässt sich als Hinweis auf eine ausgeprägte Inszenierung deuten.

Im Hinblick auf einen Interesse weckenden Einstieg ist gemessen am Einsatz der Vorspänne eine im Verlauf der untersuchten Jahrzehnte durchgängige Inszenierung der Wahlsendungen zu verzeichnen, obgleich diese zu den einzelnen Messzeitpunkten und bei den verschiedenen TV-Anbietern z. T. mit unterschiedlichen Mitteln erfolgte (vgl. Kap. 6.3.1). Auch hierbei stechen die RTL-Wahlberichte 1998 und 2002 hervor, da den unterschiedlichen Sendeabschnitten zusätzliche Überschriften in den Vorspännen zugewiesen wurden. Dies kann als Hinweis auf einen hohen Grad an Inszenierung gewertet werden. Was Schrifteinblendungen anbelangt (vgl. Kap. 6.3.2), konnten im Untersuchungszeitraum bei den vier Fernsehsendern ebenfalls Sonderfälle identifiziert werden, die auf eine ausgeprägte Inszenierung hinweisen. Dazu zählen alle Wahlsendungen, in denen neben den üblichen Namensinserts weitere Informationen zum Wahlgeschehen eingeblendet wurden, eine visualisierte Ankündigung der Bekanntgabe der Wahlforschungsdaten erfolgte und über aktuelle Ergebnisse durch eine Schrifteinblendung informiert wurde. Des Weiteren konnte eruiert werden, dass Schaltgespräche seit Mitte der 1970er Jahre bewusst und vergleichsweise konstant in die Wahlberichte eingebunden wurden (vgl. Kap. 6.3.4). Nur am Einsatz technischer Mittel lässt sich seit 1994 ein höherer Grad an Inszenierung erkennen. Weiterhin finden sich Belege dafür, dass die Moderatoren seit den 1990er Jahren immer häufiger durch das Studio gegangen sind (vgl. Kap. 6.5). Indem auf diese Weise Ortswechsel vor laufender Kamera vollzogen wurden, wurde der Ablauf der Wahlberichte dynamisiert (vgl. für einen ähnlichen Wandel bei Moderationen in politischen TV-Magazinen Wegener 2001: 58 f.). Auch dies ist ein Indiz für eine gestiegene Inszenierung.

Eine Zunahme des Inszenierungsgrads im Verlauf der Zeit lässt sich ebenfalls anhand der Einbindung der Wahlforschung registrieren (vgl. Kap. 6.6). Allerdings konnte zugleich festgestellt werden, dass die Ankündigung und die Präsentation der Prognose zu allen Messzeitpunkten erkennbar in Szene gesetzt wurde. Die Steigerung des Grads der Inszenierung lässt sich v. a. daran ablesen, dass mit der Zeit einige zusätzliche Elemente wie der Countdown (ARD seit 1983), der Gong (ZDF seit 1987) und die visualisierte Ankündigung (ZDF seit 1994) zur Veröffentlichung der Prognose eingesetzt wurden. Countdown und Gong wurden seit 1990 auch von RTL verwendet, indem auf diese bei ARD und ZDF üblichen Gestaltungsmittel sprachlich angespielt wurde. In Bezug auf die Inszenierung der Einbindung der Prognose sind die ZDF-Berichte zu den Bundestagswahlen 1998 und 2002 auffallend, da in diesen Sendungen in größerer Anzahl und in wiederholtem Maß viele Gestaltungselemente arrangiert worden sind. Im Unterschied dazu waren die Ankündigung und die Bekanntgabe der Prognose bei Sat.1 von 1987 bis 2002 kaum inszeniert. Dies hängt damit zusammen, dass Sat.1 sich i. d. R. der Zahlen von ARD und ZDF bediente und diese erst entsprechend später veröffentlichen konnte (vgl. Kap. 5.2.1.3 u. 5.2.2.1). Dennoch wandte Sat.1 Inszenierungsstrategien an: durch seine Reporter in den Parteizentralen.

Im Hinblick auf die inhaltlichen Merkmale konnte festgestellt werden, dass die Wahlabendsendungen zu allen Messzeitpunkten inszeniert waren (vgl. Kap. 7). Eine Zunahme ist aber nicht zu konstatieren. So wurde üblicherweise ein breites Repertoire an Stilformen ausgeschöpft, obgleich vorwiegend Moderationen, Einzelinterviews und Grafikinterpretationen eingesetzt wurden (vgl. Kap. 7.1.1). Kabarettistische Auftritte oder Satire wurden dagegen kaum gezeigt, während Ergebnisse anderer Studien eine Zunahme dieser Darstellungsformen hätten vermuten lassen (vgl. für Radiosendungen zur Bundestagswahl 2002 Vowe/Wolling 2003: 108; vgl. für politische Magazine Wegener 2001: 152 u. 209 f.). Außerdem konnte keine lineare Zunahme der Darstellungsform Aufsager nachgewiesen werden, wie sie für die ARD-Nachrichtensendung „Tagesschau" ermittelt wurde (vgl. Zubayr/Fahr 1999: 645). Vielmehr schwankten die Werte, die für Aufsager gemessen wurden. Es lässt sich außerdem belegen, dass das ZDF Grafiken im Vergleich zu den übrigen TV-Anbietern am variantenreichsten eingebunden und damit am stärksten inszeniert hat (vgl. für ein ähnliches Resultat zur Wahlabendberichterstattung über die Bundestagswahl 1998 Kamps o. D.: 7 f.). In Bezug auf die Orte, von denen berichtet wurde, konnte über die Sendergrenzen hinweg eine geringe Vielfalt ermittelt werden, die sich im den untersuchten Jahrzehnten kaum geändert hat (vgl. Kap. 7.1.3). Dies spricht für eine geringe, aber gleich bleibende Inszenierung. In Ausnahmefällen finden sich Belege für eine stärkere Inszenierung wie 2002: RTL sendete deutlich häufiger aus seinem virtuellen Studio als 1998 und als die übrigen TV-Sender (vgl. zur Feststellung einer Sonderposition von RTL im Hinblick auf den Einsatz virtueller Technik allgemein Meckel 1998: 204 ff. sowie zur Bundestagswahl 1998 Kamps o. D.: 8).

Im Hinblick auf die fernseh-ästhetischen Merkmale, deren Einsatz Inszenierung empirisch belegt, sei auf die Erörterung im Abschnitt zur Boulevardisierung verwiesen (vgl. Kap. 9.2.1).

Die Inszenierung der Wahlabendberichte von ARD, ZDF, RTL und Sat.1 zu den Bundestagswahlen von 1961 bis 2002 wurde an der Verwendung formaler, inhaltlicher und fernseh-ästhetischer Mittel überprüft. Eruiert wurde, dass stets eine Inszenierung stattgefunden hat. Zu einzelnen Messzeitpunkten war dabei an verschiedenen Merkmalen ein stärkerer Grad an Inszenierung zu messen, teilweise aber nur für einzelne Sender. Darüber hinaus lässt sich an anderen Merkmalen eine kontinuierliche Zunahme des Inszenierungsgrads seit einem bestimmten Wahljahr verzeichnen. Schließlich sticht gemessen an bestimmten Merkmalen eine ausgeprägte Inszenierung bei den verschiedenen TV-Anbietern hervor. Zu den jeweiligen Ausprägungen von Inszenierung haben die verschiedenen Merkmale einen Beitrag geleistet. Durch ihre Berücksichtigung wurde der Mehrdimensionalität dieses Trends Rechnung getragen. Die vorliegenden Befunde demonstrieren, dass eine isolierte Analyse nur eines Indikators für Inszenierung kaum ertragreich für eine wissenschaftliche Erkenntnis ist. Vielmehr ist eine umfassende Auseinandersetzung notwendig, da sonst möglicherweise Tendenzen ermittelt werden, die sich für das Gesamtphänomen nicht bestätigen lassen.

9.2.3 Personalisierung

Mit dem Begriff Personalisierung wird in der vorliegenden Arbeit die systematische Konzentration auf eine Person in der Wahlabendberichterstattung beschrieben (vgl. Kap. 2.2.3.4). Was die Darstellungsformen anbelangt (vgl. Kap. 7.1.1), wurden gemessen an dem Vorkommen von Interviews, Reden und Statements Schwankungen des Personalisierungsgrads der Wahlabendsonderberichte im deutschen Fernsehen zu den Bundestagswahlen von 1961 bis 2002 ermittelt. Besonders schwach ausgeprägt war der Grad der Personalisierung zu Beginn der 1980er Jahre. Dagegen erzielten diese personenorientierten Darstellungsformen 1976 und 1990 vergleichsweise hohe Werte. In Bezug auf den zeitlichen Umfang kam den personenorientierten Stilformen 1972 und 1976 sowie von 1987 bis 1994 eine große Bedeutung zu. Damit war der Grad an Personalisierung in diesen Wahljahren ausgeprägter als zu den übrigen Messzeitpunkten. Ein zunehmender Personalisierungsgrad im Zeitverlauf ist also auch gemessen am zeitlichen Umfang nicht zu registrieren. Im Unterschied zu dem in dieser Studie rekonstruierten wellenförmigen Entwicklungsmuster der personenorientierten Darstellungsformen fanden sich in Studien zu politischen TV-Magazinen Belege für einen Rückgang von Stilformen wie dem Interview (vgl. Wegener 2001: 209 f.).

Die Befunde, die zu den Einstellungsgrößen vorliegen, lassen ebenfalls nicht auf eine lineare Zunahme an Personalisierung im Untersuchungszeitraum schließen (vgl. Kap. 8.1.5). Für die Groß- und Detaileinstellungen konnte insgesamt eine wellenförmige Entwicklungskurve rekonstruiert werden, deren Tendenz seit 1983 steigend ist. Ein ähnliches Bild lässt sich für die Entwicklung der amerikanischen und nahen Einstellungen nachzeichnen. In Analysen zu Nachrichten im Fernsehen wurde z. T. eine ähnliche Tendenz festgestellt: So wurde 1994 ein verstärkter Einsatz von näheren Aufnahmen im Vergleich zu 1989 ermittelt (vgl. Wix 1996: 81). In einer anderen Studie wurde dagegen eine rückläufige Tendenz bei nahen und großen Einstellungen von 1986 auf 1991 bzw. 1994 eruiert (vgl. Bruns/Marcinkowski 1997: 270 ff.). Erklären lassen sich diese Differenzen mit Blick auf die unterschiedlichen Untersuchungsdesigns. Vor dem Hintergrund der in der vorliegenden

Studie gemessenen Schwankungen bei zwölf Messzeitpunkten, können zufällige Entwicklungen, die für zwei Messzeitpunkte vorzufinden sind, nicht ausgeschlossen werden.

Schließlich liefern die Daten zu den Einstellungsgrößen Hinweise darauf, dass die Privatsender stärker auf Personalisierung gesetzt haben als ARD und ZDF – mit Ausnahme des Wahljahres 2002, in dem alle TV-Anbieter ähnlich stark personalisiert haben. Im Zeitverlauf erreichte die Personalisierung bei RTL und Sat.1 seit 1987 ein jeweils ähnliches Niveau.

Darüber hinaus hat sich im Hinblick auf die Dauer der O-Töne von Politikern, deren durchschnittliche Länge zu den verschiedenen Messzeitpunkten relativ stabil blieb (vgl. Kap. 7.1.4), gezeigt, dass der Personalisierungsgrad in den Wahlabendsonderberichten im Untersuchungszeitraum in etwa gleich geblieben ist. Dagegen ergaben Studien zu Politik-Magazinen (vgl. Wegener 2001: 174 ff. u. 206) und Nachrichten (vgl. Donsbach/Büttner 2005: 32 f.; Zubayr/Fahr 1999: 643; Wix 1996: 83 ff.) z. T. eine Reduktion von O-Ton-Längen. Die divergierenden Resultate sind ebenfalls auf die unterschiedliche methodische Anlage und Umsetzung der Analysen zurückzuführen. Sie sind aber auch über die charakteristischen Merkmale der verschiedenen Fernsehformate erklärbar. So gehören Einzelinterviews, die typischerweise einen hohen Anteil an O-Tönen aufweisen, zu den Spezifika der Wahlabendsendungen (vgl. Kap. 7.1.1), während diese Darstellungsformen in Nachrichten und politischen Magazinen zwar auch vorkommen, aber nicht prägend sind (vgl. Maier 2003: 73 ff.; Wegener 2001: 209 ff.).

Was eine Personalisierung im Sinne einer Hierarchisierung betrifft, ist zu konstatieren, dass Spitzenkandidaten und sonstige Spitzenpolitiker im Vergleich mit politischen Akteuren der niedrigeren Hierarchiestufen sowie mit Bürgern die Wahlabendberichte im deutschen Fernsehen in den analysierten Jahrzehnten dominierten (vgl. Kap. 7.1.4). Folglich konnte im gesamten Untersuchungszeitraum eine Hierarchisierung nachgewiesen werden. Ein Anstieg war aber nicht festzustellen. Aus anderen Studien sind widersprüchliche Ergebnisse zur Hierarchisierung von politischer Berichterstattung im Fernsehen bekannt. Einerseits konnten Indizien für die Dominanz von einigen wenigen Politikern ermittelt werden, wenngleich ein Rückgang dieser Dominanz zu verzeichnen war (vgl. Marcinkowski/Greger/Hüning 2001: 71; Bruns/Marcinkowski 1997: 290; Schatz 1971: 115). Andererseits wurde eine Tendenz zur Popularisierung eruiert, die sich in einem gestiegenen Anteil an Bürgern zeigt. Sie ist besonders bei Nachrichten der Privatsender zu erkennen (vgl. Kamps 1998: 46). Im Gegensatz dazu sticht in dieser Studie hervor, dass Bürger v. a. in den 1960er und 1970er Jahren sowie seit den 1990er Jahren zu Wort kamen. Ein kontinuierlicher Anstieg war aber nicht zu verzeichnen. Für politische Magazine im TV konnte für zwei Messzeiträume in den Jahren 1985/86 und 1991/92 hingegen belegt werden, dass Politiker als Akteure in den öffentlich-rechtlichen Magazinen im Vergleich zu anderen Personen über die Jahre hinweg weniger Redezeit bekamen und ihr Anteil als Handlungsträger zurückging (vgl. Wegener 2001: 191).

Im Hinblick auf das Verhältnis zwischen Vertretern der Regierung und der Opposition wurde eruiert, dass im Untersuchungszeitraum bis auf wenige Ausnahmen Akteure aus dem jeweiligen Regierungslager – wenn auch teilweise nur geringfügig – häufiger zu Wort kamen als Vertreter der Opposition (vgl. Kap. 7.1.4). Jedoch lässt sich seit 1965 eine Entwicklungslinie rekonstruieren, die geringfügige Schwankungen aufweist, mit den Wahljahren tendenziell aber einen höheren Anteil von Oppositionspolitikern anzeigt, so dass sich eine quantitative Ausgewogenheit ergab. Diese Befunde weisen auf eine Hierarchisierung der Wahlberichterstattung im deutschen Fernsehen hin, deren Grad jedoch im Zeitverlauf abgenommen hat. In anderen Studien zur politischen Fernsehberichterstattung im Wahlkampf und am Wahlabend wurde eine vergleichbare quantitative Ausgewogenheit zwischen beiden Lagern ermittelt (vgl. Krüger/Müller-Sachse/Zapf-Schramm 2005: 606; Krüger/Zapf-Schramm 2002a: 617 u. 1999: 233). Im Gegensatz dazu haben zahlreiche Studien zu TV-Nachrichten regelmäßig eine starke Fokussierung auf die Regierung und ihre Mitglieder festgestellt (vgl. statt anderer Maurer 2005: 230; Zeh 2005: 67; Ludes 2001a: 104; Schatz 1971: 115).

Schließlich kamen Themen, die auf Privatisierung hinweisen, nur äußerst selten vor (vgl. Kap. 7.1.2). Ein im Zeitverlauf zunehmender Trend der Privatisierung ist allenfalls insofern zu konstatieren, als seit den 1990er Jahren überhaupt persönliche oder private Aspekte thematisiert wurden. Ferner kamen seit 1987 Familienangehörige zu Wort (vgl. Kap. 7.1.4). Anhand dieser Befunde lässt sich ebenfalls lediglich eine seit 1987 ermittelbare, aber überaus geringe Privatisierung der Wahlabendsendungen erkennen. Mit diesen Befunden wird die Aussage, dass Privatisierung in der Geschichte bundesdeutscher Wahlkampfberichterstattung eine untergeordnete Rolle gespielt hat, auch für Wahlabende untermauert (vgl. für eine zusammenfassende Einschätzung Marcinkowski/Greger 2000: 183).

Ausgehend von den empirischen Befunden zu den Merkmalen der Wahlabendberichte von ARD, ZDF, RTL und Sat.1 zu Bundestagswahlen von 1961 bis 2002 lässt sich ein differenziertes Bild in Bezug auf Personalisierung festhalten. Generell sind Schwankungen des Personalisierungsgrads erkennbar. Indes erweisen sich einzelne Merkmale im Zeitverlauf als vergleichsweise stabil. An weiteren Aspekten lässt sich eine tendenzielle Zunahme an Personalisierung seit 1983 bzw. 1987 nachzeichnen. Für wiederum andere Merkmale finden sich Hinweise auf eine tendenzielle Abnahme des Personalisierungsgrads. Damit bestätigt sich für das Format der Wahlabendsondersendungen zu Bundestagswahlen, was bereits für politische Magazine im Fernsehen, die Wahlkampfberichterstattung in überregionalen Zeitungen sowie für Wahlkämpfe an sich konstatiert wurde (vgl. Kepplinger/Maurer 2003: 219; Wilke/Reinemann 2003: 42 u. 54; Wegener 2001: 211): Es gibt keinen generellen Trend zur Personalisierung. Vielmehr handelt es sich dabei um ein Phänomen, das aus mehreren Dimensionen besteht. Daher gilt es, sich der Personalisierung differenziert zu widmen.

9.2.4 Ritualisierung

Mit dem Begriff Ritualisierung wird ein Entwicklungsprozess beschrieben, bei dem sich bestimmte Inhalte im Zeitverlauf wiederholen bzw. verschiedene Inhalte über mehrere Zeitpunkte hinweg dieselbe Form wahren. Mit diesen Wiederholungen geht ein Stabilisierungseffekt einher, der in Bezug auf Berichterstattung im Fernsehen zur Wiedererkennbarkeit der Anbieter dient und zur Orientierung der Zuschauer beiträgt (vgl. Kap. 2.2.3.4).

Was die Ritualisierung der Wahlabendsondersendungen im deutschen Fernsehen zu den Bundestagswahlen von 1961 bis 2002 anbelangt, ist erkennbar, dass das Programmumfeld senderübergreifend üblicherweise durch etablierte Sendeformate bzw. Spezialausgaben dieser gefüllt und damit ritualisiert war (vgl. Kap. 6.1.1). Zudem wurden diese Standardformate zum Teil auf ihrem gewohnten Programmplatz gesendet. Auch in anderen Studien hat sich Ähnliches gezeigt (vgl. Tennert/Stiehler 2001: 105 f.; Kamps o. D.: 6). Darüber hinaus begannen die Wahlberichte stets zu ungefähr demselben oder zu einem früheren Zeitpunkt (vgl. Kap. 6.1.2). Dabei lag der Beginn von 1969 bis 1998 gegen 18 Uhr. Dies ist ebenfalls als Ritualisierung einzustufen. Weiterhin finden sich Belege dafür, dass der innere Sendeablauf ritualisiert ist (vgl. Kap. 6.2.1): Die Wahlberichte der vier Sender begannen im Untersuchungszeitraum normalerweise nach dem Vorspann mit der Begrüßung und der Einleitung durch den Moderator. Es folgten Elemente zur Ergebnisdarstellung sowie zur Interpretation und Erklärung der Daten, die sich abwechselten. Darüber hinaus wurden die Wahlberichte durch weitere Sendeelemente und -formate unterbrochen, deren Art und Einsatz allerdings variierte. Die Wahlsendungen endeten regelmäßig mit einem Resümee des Moderators und mit der Verabschiedung der Zuschauer. Der Schluss war i. d. R. durch einen Abspann gekennzeichnet. Damit wird die Annahme bestätigt, dass sich ein festes Format für die Wahlabendsendungen ausgebildet und etabliert hat, an dem sich auch die privaten TV-Sender orientieren (vgl. Tennert/Stiehler 2001: 26 u. 29; Stiehler 2000: 112 f.). Ferner haben sich die Bekanntgabe von Wahlforschungsergebnissen und die Auftritte von Spitzenpolitikern als konstitutive Bestandteile der Wahlabendberichte herausgestellt (vgl. Kap. 6.2.2). Resultate der Wahlforschung gaben als ein Struktur bildendes Prinzip auch den Ablauf von Wahlsendungen zu Landtagswahlen vor (vgl. Tennert/Stiehler 2001: 111).

Bezüglich der formal-ästhetischen Gestaltung sind mehrere Indizien für eine Ritualisierung erkennbar: z. B. bei der Farbgestaltung der Vorspänne (vgl. 6.3.1). So verwendete die ARD seit 1987 blaue Farbtöne als Hintergrund. Das ZDF setzte bei der Hintergrundgestaltung ebenfalls auf Blau – in unterschiedlichen Tönen und in Kombinationen mit weiteren Farben. Dies ist bereits seit 1969 zu beobachten. Außerdem transportierten die Vorspänne – abgesehen von Sat.1 – stets den Sendetitel. Was die Schrifteinblendungen betrifft, so waren diese innerhalb eines Wahlberichts meist einheitlich gestaltet (vgl. Kap. 6.3.2). Diesbezüglich ist also auch eine Ritualisierung zu ermitteln. Des Weiteren wurde es in den 1990er Jahren üblich, Sendelogos auch in die Inserts zu integrieren. Dies deutet ebenfalls auf eine Ritualisierung hin. Darüber hinaus war der Einsatz von Grafiken sowohl in Bezug auf die Kommunikationsmittel als auch hinsichtlich der Darstellungsform i. d. R. innerhalb der Wahlsendungen und über mehrere Messzeitpunkte hinweg standardisiert (vgl. Kap. 6.3.3). Zuletzt zielten alle vier Sender mit ähnlichen Mitteln auf Einheitlichkeit ab. Diese Ergebnisse gehen mit Befunden zu TV-Nachrichten einer (vgl. Goertz 1996: 206).

Bei den inhaltlichen Merkmalen finden sich Belege für eine Ritualisierung der Wahlabendsendungen der analysierten TV-Anbieter im Untersuchungszeitraum bei den Darstellungsformen, den Themen, den Orten und den journalistischen Akteuren. Zu allen Messzeitpunkten waren Moderationen, Grafikinterpretationen und Einzelinterviews kennzeichnend. Außerdem dominierten klassische Grafiken die Grafikinterpretationen (vgl. Kap. 7.1.1). Zudem waren informative Wahl-Beiträge typisch. Am häufigsten wurden Wahlergebnisse präsentiert und bewertet, am zweithäufigsten wurden die Auswirkungen des Wahlausgangs thematisiert und am dritthäufigsten wurden Analysen und Erklärungen des Resultats vorgebracht (vgl. Kap. 7.1.2). Bei den Schauplätzen waren das zentrale Wahlstudio sowie die Orte, an denen die Wahlpartys der Parteien stattfanden und an denen die Wahlforschungsergebnisse vorgestellt wurden, prägend (vgl. Kap. 7.1.3). Als journalistische Akteure traten vorwiegend Moderatoren und Reporter auf (vgl. Kap. 7.1.4). Zahlen-Präsentatoren nahmen bei ARD und ZDF nennenswerte Anteile ein (vgl. Kap. 5.2.3.1).

Darüber hinaus wurde für die Moderatoren festgestellt, dass sie meist formell und seriös gekleidet und ausnahmslos auf eine sachliche und genaue sprachliche Darstellung bedacht waren (vgl. Kap. 6.5). Diese Kleidungsgewohnheiten und der charakteristische Sprachstil deuten ebenfalls auf eine Ritualisierung hin. Zu Fernsehnachrichten liegen ähnliche Erkenntnisse vor (vgl. Hickethier/Bleicher 1998: 372). Für Wahlabendsendungen zu mehreren Landtagswahlen 1999 konnten sprachliche Stereotype in Bezug auf Attributionen ermittelt werden (vgl. Tennert/Stiehler 2001: 29). Schließlich lässt sich bei den fernsehästhetischen Merkmalen die Verwendung von Standbildern (vgl. Kap. 8.1.4) als ritualisiert einstufen (vgl. für ähnliche Befunde zu TV-Nachrichten Hickethier/Bleicher 1998: 371 f.).

Bei der Überprüfung von Ritualisierung hat sich an den empirischen Befunden zu den formalen, inhaltlichen und fernseh-ästhetischen Merkmalen der Wahlabendberichte von ARD, ZDF, RTL und Sat.1 zu den Bundestagswahlen von 1961 bis 2002 gezeigt, dass verschiedene Aspekte über die Sendergrenzen hinweg im gesamten Untersuchungszeitraum als ritualisiert einzustufen sind. Allerdings wurde ebenfalls deutlich, dass sich bei bestimmten Merkmalen Indizien für eine Ritualisierung ausschließlich für einige der Sender und nur für fast alle zwölf Messzeitpunkte finden lassen. Demnach kann nicht generalisierend davon gesprochen werden, dass eine Ritualisierung der Wahlabendberichterstattung vorliegt. Vielmehr sind differenzierte Aussagen zu formulieren, welche Merkmale konkret betroffen sind, um der Mehrdimensionalität dieses Fernsehformats gerecht zu werden.

9.2.5 *Visualisierung*

Der Terminus Visualisierung beschreibt in Bezug auf journalistische Berichterstattung eine zunehmende Verwendung von Bildern und Bildlichem (vgl. Kap. 2.2.3.4). Darüber hinaus wird zur Visualisierung auch die steigende Konzentration auf Bildmotive und -material nach ästhetischen Kriterien, technischer Qualität und kommerziellen Aspekten gefasst. Indes sind und waren Ausstrahlungen im Fernsehen, das ein Bildermedium ist, schon immer an das Visuelle gebunden. In diesem Sinne ist Fernsehjournalismus stets visueller Journalismus. Ob und inwieweit sich der Einsatz von Bildern und Bildlichem und die Verwendung von Bildmotiven und -material im Fernsehjournalismus in den vergangenen Jahrzehnten verändert hat bzw. was hierbei invariant geblieben ist, lässt sich durch die Analyse der Merkmale, die auf Visualisierung hinweisen, am Beispiel der Wahlabendsondersendungen im deutschen Fernsehen zu Bundestagswahlen von 1961 bis 2002 prüfen.

Die Stilformen Filmbericht und NiF wurden im Vergleich zu den wortorientierten Darstellungsformen über die Sendergrenzen hinweg in den Wahlabendsendungen selten eingesetzt (vgl. Kap. 7.1.1), während sie in Nachrichtensendungen neben den Sprechermeldungen die größte Rolle spielen (vgl. statt anderer Maier 2003: 73 ff.). Folglich ist der Grad der Visualisierung der Wahlabendberichte aller Fernsehanbieter äußerst gering. Allerdings kamen visuell geprägte Stilformen eher in den Wahlberichten von RTL und Sat.1 vor (vgl. für einen ähnlichen Befund zu Fernsehnachrichten Pfetsch 1996: 489). Dementsprechend weisen deren Wahlsendungen einen etwas höheren Visualisierungsgrad auf.

Die Befunde zur Visualisierung der Wahlberichte im Zeitverlauf, die auf empirischen Daten zu den Darstellungsformen basieren, stehen z. T. im Widerspruch zu Erkenntnissen aus Studien zu Stilformen in Nachrichten und politischen Magazinen im Fernsehen. Diese haben übereinstimmend Belege für einen Trend zur stärkeren Visualisierung gefunden (vgl. Maier 2003: 74; Wegener 2001: 209 f.; Zubayr/Fahr 1999: 643; Pfetsch 1996: 489; Wix 1996: 78 u. 81). Jedoch wurden in diese Analysen nur zwei und in Ausnahmen drei oder vier Messzeitpunkte einbezogen, so dass die Tendenz auch zufällig sein kann. Außerdem wurden unterschiedliche Definitionen der visualisierten Darstellungsformen verwendet. Dagegen wurde bei einer Langzeitstudie zu TV-Nachrichten ebenfalls festgestellt, dass der Anteil von Filmbeiträgen über die Zeit konstant blieb (vgl. Ludes 2001a: 105).

Werden neben Filmberichten und NiF auch die Grafikinterpretationen berücksichtigt, um den Grad der Visualisierung zu messen, zeigt sich, dass insbesondere 1961 visualisiert wurde. Abgesehen davon sind Schwankungen zu verzeichnen. Bei politischen TV-Magazinen wurde hingegen ein erhöhter Einsatz von Grafiken im Zeitverlauf und damit ein stärkerer Visualisierungsgrad ausgemacht (vgl. Wegener 2001: 152). Diese Differenz lässt sich ebenfalls auf die unterschiedlichen Untersuchungsdesigns zurückführen. Sie lässt sich aber auch dadurch erklären, dass Grafikinterpretationen im Gegensatz zu Polit-Magazinen zu den charakteristischen Darstellungsformen der Wahlabendsendungen gehören.

Gemessen an der zeitlichen Dauer ist der Anteil der Filmberichte und NiF im Vergleich zu den wortorientierten Darstellungsformen etwas größer als hinsichtlich des Vorkommens. In der Entwicklung sind in Bezug auf das Vorkommen und die Dauer allerdings keine Unterschiede festzustellen. Beide Datenreihen zeigen Abweichungen zwischen den Messzeitpunkten (vgl. für ähnliche Befunde bei Fernsehnachrichten Ludes 2001a: 105; Staab 1998: 59). Unter Einbezug der Grafikinterpretationen, die häufig vorkamen, aber kurz ausfielen, sind die zeitlichen Anteile geringer als die des Vorkommens. Im Untersuchungszeitraum lässt sich basierend auf diesen Daten ebenfalls eine Entwicklung in Form einer Wellenbewegung nachzeichnen. Dabei ist auffallend, dass der zeitliche Anteil visualisierter Stilformen zwischen 1987 und 2002 von rund 14 auf etwas mehr als 20 Prozent gestiegen ist. Insofern lässt sich eine leicht zunehmende Visualisierung konstatieren. Jedoch wurden in früheren Wahljahren bereits höhere oder ähnliche Werte erreicht, so dass im Langzeitvergleich keine Steigerung des Visualisierungsgrads nachgewiesen werden kann.

Bei der audiovisuellen Gestaltung der Vorspänne lässt sich dagegen ein zunehmender Grad an Visualisierung im Untersuchungszeitraum registrieren (vgl. Kap. 6.3.1). Sie hat sich von einfachen Trailern aus Realbildern über simple computeranimierte Vorspänne bis hin zu aufwändiger produzierten und dynamischer wirkenden Computeranimationen in Kombination mit Realbildern entwickelt. Auch bei den Schrifteinblendungen finden sich Belege für einen steigenden Grad an Visualisierung (vgl. Kap. 6.3.2). Die Inserts wurden mit der Zeit aufwändiger produziert und häufiger eingesetzt. Zudem konnte ein Trend zu einer größeren Bandbreite an Schrifteinblendungen ermittelt werden. Bei den Grafiken zeigt sich hingegen keine lineare Zunahme des Visualisierungsgrads (vgl. Kap. 6.3.3). Dieser Befund ergibt sich aus der Analyse der Ebenen der Kommunikationsmittel und der Darstellungsform von Grafiken. Indes lässt sich seit Mitte der 1970er Jahre, seitdem Computergrafiken in Säulendiagrammen technisch umgesetzt werden konnten, eine Steigerung des Visualisierungsgrads erkennen, der in den 1990er Jahren und 2002 besonders ausgeprägt war. Die Schaltgespräche sind seit Mitte der 1970er Jahre ebenfalls vergleichsweise ausgefeilt visuell gestaltet. Seit 1994 wurde dies noch gesteigert (vgl. Kap. 6.3.4).

Erkenntnisse zu den fernseh-ästhetischen Elementen, die ebenfalls Belege für Visualisierung liefern, wurden bereits in dem Abschnitt zur Boulevardisierung vorgestellt ist (vgl. Kap. 9.2.1).

Insgesamt konnte gemessen an den Darstellungsformen, den formal-ästhetischen und den fernseh-ästhetischen Merkmalen in Bezug auf Visualisierung der Wahlabendberichterstattung im deutschen Fernsehen von 1961 bis 2002 eine differente Entwicklung mit z. T.

widersprüchlichen Erkenntnissen nachgezeichnet werden. Die Befunde zu mehreren Merkmalen weisen darauf hin, dass der Grad an Visualisierung im Untersuchungszeitraum zugenommen hat. Es finden sich sowohl Belege für eine lineare Zunahme als auch Indizien für eine sprunghafte Steigerung. Die Resultate zu einigen anderen Merkmalen deuten dagegen an, dass sich der Visualisierungsgrad üblicherweise auf niedrigem Niveau befunden und geschwankt hat. Diese Ergebnisse verdeutlichen, dass zur Überprüfung von Visualisierung alle Merkmale einzubeziehen sind, die zu diesem Trend beitragen können. Wird dies nicht so gehandhabt, können beobachtete Tendenzen bei einem zufällig ausgewählten Merkmal dazu führen, dass falsche Rückschlüsse für den gesamten Trend gezogen werden. Nur wenn die verschiedenen für Visualisierung relevanten Elemente ausnahmslos in den Blick genommen werden, lässt sich ein kritisch abgewogenes Gesamtbild zusammensetzen.

9.2.6 Trends der Wahlabendberichterstattung im deutschen Fernsehen – ein Fazit

Als ein wesentliches Resultat konnte herausgearbeitet werden, dass es nicht ausreicht, einen Trend politischer Berichterstattung wie Infotainment bzw. Boulevardisierung, Inszenierung, Personalisierung, Ritualisierung oder Visualisierung anhand nur eines Merkmals empirisch belegen zu wollen. Vielmehr speisen sich diese Trends im Bereich des Fernsehjournalismus aus verschiedenen formalen, fernseh-ästhetischen und inhaltlichen Elementen. Diese entwickeln sich z. T. konträr. Folglich müssen die entsprechenden Daten als Indizien für entgegengesetzte Tendenzen gewertet werden. Erst im Zusammenspiel der Variablen wird deutlich, ob ein Trend vorliegt und wie er ausgestaltet ist. Als mehrdimensionale Phänomene müssen diese Trends auch mehrdimensional analysiert werden, indem die einzelnen Befunde abzuwägen sind. Studien, die nur eines oder einige wenige dieser Mittel einbeziehen, bringen möglicherweise Befunde hervor, die einseitig sind.

Als weiteres wichtiges Ergebnis ist festzuhalten, dass sich die oft als eindeutig verstärkt angenommenen Trends politischer Berichterstattung anhand der untersuchten Merkmale nicht linear nachzeichnen lassen. Üblicherweise wurden wellenförmige Entwicklungsmuster identifiziert. Dabei werden Phasen deutlich, die durch eine Ab- oder eine Zunahme sowie durch konstante Werte geprägt sind. Um solche Entwicklungsprozesse erkennen zu können, ist es erforderlich, mindestens drei Messzeitpunkte als Stichprobe auszuwählen, da ansonsten zufällige Tendenzen als Normalfall angesehen werden könnten. Aussagekräftiger wäre in jedem Fall eine Zeitreihenuntersuchung, wie sie in dieser Studie durchgeführt wurde. Allein eine solche Untersuchungsanlage ermöglicht, Entwicklungslinien exakt nachzuzeichnen. Demgemäß ist es ebenfalls nötig, die in der vorliegenden Langzeitstudie ermittelten Hinweise, die Tendenzen der analysierten Trends in den letzten beiden untersuchten Wahljahren 1998 und 2002 andeuten, zu weiteren Messzeitpunkten empirisch zu überprüfen. Vor dem Hintergrund der recht häufigen und teils großen Schwankungen der Entwicklung in den vorangegangenen Wahljahren, muss die Zeitreihe fortgeführt werden, um in diesen Fällen von einer gesicherten Tendenz sprechen zu können. Denn es konnten mehrmals Indizien dafür ermittelt werden, dass Tendenzen nur über zwei Wahljahre dauerten und die Entwicklung danach eine andere Richtung einschlug.

9.3 Bedingungen des Produktionskontextes – Erklärungsansätze zur Entwicklung eines journalistischen Formats bei verschiedenen TV-Sendern

Im historisch-deskriptiven Teil der vorliegenden Arbeit wurden Rahmenbedingungen der Geschichte der Wahlabendsondersendungen im deutschen Fernsehen zu Bundestagswahlen zwischen 1961 und 2002 auf der Basis von schriftlichen Primär- und Sekundärquellen, von Leitfadeninterviews mit Experten und einer teilnehmenden Beobachtung rekonstruiert (vgl. Kap. 4.1 u. 4.3 sowie 5). Zum Teil wurden diese Befunde durch Erkenntnisse der qualitativen Inhaltsanalysen ergänzt (vgl. Kap. 4.2.1 u. 6). Die recherchierten Daten und Fakten konturieren den Kontext des analysierten journalistischen Fernsehformats. Die Bedingungen dieses Produktionsumfelds stecken den Rahmen ab, in dem die Wahlabendberichte entstanden sind und schlagen sich in ihnen nieder. Der Rückbezug auf diese Bedingungskonstellationen ermöglicht Einordnungen der Veränderungen und Kontinuitäten im Zeitverlauf sowie Erläuterungen der Differenzen zwischen den Fernsehsendern. Einzelne Bezüge zwischen den verschiedenen Faktoren des Produktionszusammenhangs und den Ergebnissen der Produktanalysen wurden bereits hergestellt (vgl. Kap. 6 bis 8). Im Folgenden wird eine zusammenfassende Kontextualisierung geliefert. Zunächst werden die politischen Konstellationen und die mediale Entwicklung mit den Merkmalen der Wahlberichte in Verbindung gesetzt. Danach orientiert sich die Kontextualisierung an den Untersuchungs-Ebenen dieser Studie (vgl. Kap. 3.3), indem zuerst die organisatorischen Bedingungen, danach die Entscheidungsgrundlagen zum Inhalt und zur Form und abschließend Einflussgrößen der Akteurs-Ebene in den Blick genommen werden.

9.3.1 Politische Konstellationen und mediale Entwicklung

Die politischen Konstellationen als Gegenstand und die mediale Entwicklung als Rahmen der Berichterstattung bilden die Grundlage für die journalistische Thematisierung der Wahl als politisches Großereignis (vgl. Kap. 5.1). Als relevante Faktoren konnten die Ergebnisse der Bundestagswahlen und deren politische Konsequenzen ebenso wie das Parteiensystem und die Kanzlerkandidaten sowie Veränderungsprozesse des deutschen Rundfunksystems identifiziert werden.

Was die politischen Konstellationen anbelangt, liefern Zusammenhänge insbesondere Erklärungsansätze für den Wandel und die Stabilität der Wahlabendberichterstattung.[235] Beispielsweise lassen sich Besonderheiten der Grobstruktur am Wahlabend zu einzelnen Messzeitpunkten darauf zurückführen, dass der Ausgang der entsprechenden Bundestagswahl über mehrere Stunden nicht eindeutig feststand (vgl. Kap. 6.1.1). So nutzten RTL und Sat.1 die Werbepausen der Sendungen, die nach den Wahlberichten ausgestrahlt wurden, um über den aktuellen Stand der Bundestagswahl 2002 zu informieren. Dies lässt erkennen, dass dem knappen Wahlausgang von beiden Privatsendern eine hohe Relevanz beigemessen wurde, was wiederum in der Orientierung an Nachrichtenfaktoren begründet liegt, die sich im journalistischen Arbeitsprozess als Standards zur Auswahl von Themen etabliert haben (vgl. Kap. 2.2.2.1). Eine Rolle spielten hierbei neben der Aktualität und der Relevanz, die einer Bundestagswahl stets zukommen, offenbar die Faktoren Spannung sowie

---

[235] Vgl. für den Rückbezug von Entwicklungsschwankungen auf die politische Situation bzw. Kandidatenkonstellation Wilke 2004: 213; Wilke/Reinemann 2003: 30.

Überraschung. Im Gegensatz zu den Privatsendern hielt die ARD am Abend der Bundestagswahl 2002 an ihrem geplanten Programmablauf fest und sendete nach der gemeinsam mit dem ZDF ausgestrahlten Diskussionssendung „Berliner Runde" um 21 Uhr eine Folge der Fernsehserie „Lindenstraße". Dies führte dazu, dass mehr als drei Millionen Zuschauer von der ARD zum ZDF umschalteten, da sie an Informationen zu dem weiter unklaren Wahlausgang interessiert waren (vgl. Zubayr/Gerhard 2002: 595 sowie Kap. 5.2.3.4).

Außerdem hat der knappe Ausgang der Bundestagswahlen die Fernsehsender anscheinend dazu veranlasst, häufiger als zu den übrigen Wahljahren Grafiken zu den ausgezählten bzw. hochgerechneten Resultaten, den Sitzverteilungs- und Koalitionsmöglichkeiten sowie den Gewinnen und Verlusten einzusetzen (vgl. Kap. 7.1.1). Dieser Befund unterstützt die Annahme, dass das journalistische Interesse an Ergebnissen der Wahlforschung umso größer ist, je ungewisser eine Wahl ausgeht und je höher die Spannung ausfällt (vgl. Raupp 2003: 116; Brettschneider 2000: 480 sowie zu journalistischen Programmen Kap. 2.2.2.1). Darüber hinaus lässt sich der Befund, dass die Hochrechnungen nur in Ausnahmefällen zu späteren Zeitpunkten veröffentlicht wurden als zuvor (vgl. Kap. 6.2.2), ebenfalls auf das zu diesen Messzeitpunkten knapp ausgefallene Wahlergebnis zurückführen. Außerdem traten Oppositionsvertreter in den Wahljahren häufiger auf, in denen die Wahl knapp ausging oder es zu einem Wechsel einer oder beider Regierungsparteien kam (vgl. Kap. 7.1.4).

Auch Veränderungen im Parteiensystem haben sich in den Wahlberichten niedergeschlagen. So lässt sich erklären, dass für das Verhältnis von Regierungsmitgliedern und Oppositionspolitikern seit 1965 eine Entwicklungslinie zu rekonstruieren ist, bei der sich geringfügige Schwankungen abzeichnen, die aber mit der Zeit tendenziell einen jeweils höheren Anteil an Vertretern der Opposition anzeigt (vgl. Kap. 7.1.4). 1983 zogen erstmals Vertreter der Grünen in den Deutschen Bundestag ein. 1990 kamen Mitglieder der PDS hinzu. Wegen der gewachsenen Zahl an Parteien, die im Deutschen Bundestag vertreten sind oder die Chance auf einen Einzug in das Parlament haben, ist das Gewicht des potenziellen Oppositionslagers gestiegen.

Das Hinzukommen von Parteien hat sich zudem als Einflussgröße dafür erwiesen, inwiefern Vertreter der einzelnen Parteien Gelegenheit erhielten, sich vor der Kamera zu äußern (vgl. Kap. 7.1.4). Von 1961 bis 1980 waren im Deutschen Bundestag vier Parteien vertreten, deren Mitglieder in den Wahlsendungen auftraten. Zusätzlich kamen 1969 Vertreter der NPD zu Wort. Dies ist darauf zurückzuführen, dass am damaligen Wahlabend die Frage einige Stunden unklar war, ob die NPD fünf Prozent erzielen und in den Bundestag kommen würde. 1983, als die Grünen zum ersten Mal als Fraktion in den Bundestag einzogen, erreichten sie einen beachtlichen Anteil. 1990 äußerten sich erstmals Mitglieder der PDS. Dies geschah zu Lasten der Grünen-Vertreter, deren Anteil sich zu 1987 fast halbierte, was offenbar auch daran lag, dass die Grünen aus Westdeutschland 1990 nicht in den Bundestag kamen. Am häufigsten traten Politiker der PDS aber 2002 auf, als die Partei knapp unter der Fünf-Prozent-Grenze blieb. Der Fokus der Berichterstattung richtete sich auf die drei Direktmandate, die die PDS gebraucht hätte, um in Fraktionsstärke in den Bundestag zu ziehen. Dies wirkte sich auch auf die Grafiken aus (vgl. Kap. 6.3.3): 2002 wurde der aktuelle Stand in Bezug auf die Direktmandate veranschaulicht. Zudem wurden zwei Varianten zu den Sitzverteilungen jeweils in den Wahljahren angefertigt, in denen nicht sicher war, ob eine der kleinen Parteien über die Fünf-Prozent-Hürde kommen würde.

Des Weiteren zeichnen sich durch die Parteizugehörigkeit der Spitzenkandidaten Einflüsse ab. Zur Illustration sei auf das vergleichsweise häufige Auftreten von Vertretern der

CSU in den Sendungen zur Bundestagswahl 1980 verwiesen (vgl. Kap. 7.1.4). Der damalige Kanzlerkandidat der Union, Franz-Josef Strauss, kam aus den Reihen der CSU. Allerdings hatte die Kanzlerkandidatur von Edmund Stoiber (CSU) 2002 nicht den gleichen Effekt. Der Anteil der CSU-Vertreter war lediglich etwas höher als zuvor.

Ferner sind über Sendergrenzen hinweg Auswirkungen der politischen Situation auf die formal-ästhetische Gestaltung vorzufinden, bspw. auf die Gestaltungen der Grafiken zur ersten gesamtdeutschen Bundestagswahl 1990 (vgl. Kap. 6.3.3). Alle Sender thematisierten dieses historische Ereignis in ihren Grafiken, indem sie Prognosen und Hochrechnungen für Gesamt-, West- und Ostdeutschland getrennt auswiesen. Bei den inhaltlichen Merkmalen hat sich die Einheitswahl insofern bemerkbar gemacht, als Grafikinterpretationen zu Prognosen und Hochrechnungen 1990 besonders häufig gezeigt wurden (vgl. Kap. 7.1.1).

Schließlich hängt die Thematisierung von Landtagswahlen in den Wahlabendsendungen zu den Bundestagswahlen damit zusammen, dass am selben Termin ein oder mehrere Landtage gewählt wurden (vgl. Kap. 7.1.2). Zu allen Zeitpunkten, an denen dies der Fall war, überwog aber die Thematisierung der Bundestagswahl. Besonders gering war der Anteil der Berichterstattung über die Landtagswahl in Mecklenburg-Vorpommern 1998. Dies dürfte mit dem damaligen Regierungswechsel im Bund zusammenhängen.

Im Hinblick auf die mediale Entwicklung sind im Untersuchungszeitraum veränderte Konstellationen bezüglich der Marktposition zu beobachten (vgl. Kap. 5.1 u. 5.2.1.3): Die Wahlabendsendungen zu Bundestagswahlen wurden bis 1961 unter den Bedingungen des ARD-Monopols, seit 1965 nach den Regeln des Duopols ARD und ZDF und seit 1987 im Dualen Rundfunksystem produziert. Dadurch wurden Veränderungen evoziert.[236] Auch Differenzen zwischen den Sendern sind darauf zurückzuführen.

Hinsichtlich der formal-inhaltlichen Merkmale zeigen sich z. B. Effekte bei den Unterbrechungen (vgl. Kap. 6.2.3). Die Entwicklung der Unterbrechungen ohne Wahlbezug verlief beim ZDF in zwei Phasen: von 1965 bis 1987 sowie von 1990 bis 2002. In der ersten Phase waren die ZDF-Wahlsendungen durch Showauftritte, Fernsehfilme, Einspieler mit Sketchen oder Sport-Beiträge unterbrochen. Prägend war das Konzept, ein Kontrastprogramm zur ARD zu senden (vgl. Kap. 5.2.2.2). Für die zweite Phase ist charakteristisch, dass es keine wahlfernen Unterbrechungen gab. Als ausschlaggebend für diesen Verzicht des ZDF erweist sich das Hinzukommen der privaten Fernsehsender. Diese setzten ihrerseits zunächst auf Abgrenzung durch Abwechslung von Information mit Unterhaltung.

An den formal-ästhetischen Merkmalen lassen sich ebenfalls Reaktionen der bestehenden Fernsehsender auf das Hinzukommen bzw. die Etablierung von neuen TV-Anbietern ablesen (vgl. Kap. 6.3 bis 6.6). Ersichtlich ist dies z. B. an der Studiodekoration (vgl. Kap. 6.4.2). So dienten bei der ARD 1965 erstmals Aufschriften zur Dekoration des zentralen Wahlstudios. 1969 waren zahlreiche Abbildungen von Logos auf dem Boden des Studios zu sehen. Damit reagierte die ARD auf das ZDF-Design von 1965. Das ZDF wiederum setzte 1987 und 1990 den Boden seines zentralen Wahlstudios dekorativ in Szene. Dies lässt sich als Reaktion auf die Wahlberichte der privaten Sender einstufen. Darüber hinaus lässt sich an der Einbindung der Prognose erkennen, dass sich der Habitus der ARD 1965 merklich veränderte (vgl. Kap. 6.6). Schon in der ersten Moderation wurde auf die eigene Wahlforschung und deren Schnelligkeit hingewiesen, die nach wie vor als Gütekriterium der Arbeit der Wahlforscher gilt (vgl. Kap. 5.2.2.1). In den 1980er Jahren wurden von ARD

---

[236] Vgl. zur Erklärung von Veränderungen des Fernsehprogramms durch Bezug auf den medialen Kontext auch Hickethier 1993b: 225 ff.

und ZDF neue Elemente zur Inszenierung der Prognose eingeführt. Dass die mediale Entwicklung Effekte auf die Wahlberichte hatte, ist auch an den Vorspännen erkennbar (vgl. Kap. 6.3.1). So zeichnet sich an den Titeln und der audiovisuellen Gestaltung der Vorspänne von ARD und ZDF das Kontrastprogramm der Öffentlich-Rechtlichen ab. Des Weiteren wird an der Farbgestaltung der Vorspänne eine Reaktion auf das Aufkommen der Privatsender deutlich, bspw. durch die Einführung einer farblich einheitlichen Gestaltung bei der ARD 1987, die auf Wiedererkennbarkeit durch die Zuschauer ausgerichtet war.

Weiterhin lässt sich mit der Dualisierung des deutschen Rundfunksektors in Verbindung bringen, dass erst seit den 1990er Jahren einfache Parteimitglieder und Sympathisanten zu Wort kamen (vgl. Kap. 7.1.4). Zudem wurde Bürgern 1990 wieder Gelegenheit gegeben, sich in den Wahlabendberichten vor der Kamera zu äußern, nachdem sie sich in den 1980er Jahren nicht vor der Kamera äußern konnten.

Darüber hinaus agierten Familienangehörige seit 1987 in den Wahlsendungen. Dafür können neben der veränderten medialen Situation aber auch andere Einflussgrößen wie die gewandelten Verhaltensweisen der Politiker identifiziert werden. Ferner ist an den Themen ein zunehmender Trend der Personalisierung im Sinne einer Privatisierung insofern festzustellen, als seit den 1990er Jahren erstmals überhaupt persönliche oder private Aspekte angesprochen wurden (vgl. Kap. 7.1.2). Auch dieser Befund lässt sich mit Blick auf die veränderte Marktposition auf dem deutschen Fernsehmarkt erklären. Boulevard-Themen wurden zwar zu fast allen Zeitpunkten überhaupt nicht oder sehr selten thematisiert, die Werte hierfür fielen allerdings leicht höher aus, seitdem die Privatsender auch Wahlsendungen zu Bundestagswahlen ausstrahlten. Demgemäß lässt sich ebenfalls eine Verbindung zu den Veränderungen auf dem Rundfunksektor ziehen. Dagegen ist bei den Meta-Themen ein Zusammenhang mit der medialen Entwicklung nicht erkennbar: 1965 und 1987 waren die Werte niedriger als in den jeweiligen Wahljahren zuvor.

Schließlich hängen einzelne Befunde zu den fernseh-ästhetischen Merkmalen (vgl. Kap. 8) mit der veränderten Situation der deutschen Fernsehlandschaft zusammen. Exemplarisch sei auf die für das ZDF in den Wahljahren 1965 und 1987 vergleichsweise hohen Werte für sehr kurze Einstellungslängen verwiesen (vgl. Kap. 8.1.1). In Bezug auf die Einstellungswechsel verwendeten ARD und ZDF bis einschließlich 1987 beinahe ausschließlich den harten Schnitt, danach war der direkte Cut nicht mehr in ähnlich überragendem Maß dominierend (vgl. Kap. 8.1.2). Bezüglich der Kamera-Aktionen (vgl. Kap. 8.1.4) sticht hervor, dass der Anteil der Standbilder seit 1990 sank, während er zuvor stetig gestiegen war. Außerdem wird bei der Verwendung von Kameragängen deutlich, dass dieses Gestaltungsmittel erst seit den 1980er Jahren in den Wahlabendsendungen Einzug hielt.

9.3.2 Organisation

In ausdifferenzierten Gesellschaften werden journalistische Produkte in Medienorganisationen erarbeitet (vgl. Kap. 2.2.2.1). Diese Organisationen sind durch bestimmte Regeln und spezifische Entscheidungsstrukturen geprägt. Von diesen Bedingungen hängt zu großen Teilen ab, ob und wie über Bundestagswahlen als gesellschaftliche Ereignisse berichtet wird. Als Einflussgrößen der Wahlberichte im deutschen TV wurden rechtliche Regelungen und Berufsnormen, wirtschaftliche Bedingungen, technische Einflussgrößen und formale Organisationsstrukturen identifiziert (vgl. Kap. 5.2.1).

Rechtliche Regelungen und Berufsnormen

Implikationen durch rechtliche und normative Regelungen (vgl. Kap. 5.2.1.1 u. 5.2.1.2) haben sich in erster Linie im Hinblick auf inhaltliche Merkmale der Wahlabendsendungen ergeben (vgl. Kap. 7). Darüber hinaus sind Einflüsse auf die Grobstruktur der Fernsehprogramme (vgl. Kap. 6.1) sowie die Feinstruktur der Wahlberichte (vgl. Kap. 6.2) erkennbar.

In Bezug auf die politischen Lager haben ARD, ZDF und RTL gemein, dass in ihren Wahlabendberichten zu rund 60 Prozent Regierungsmitglieder und zu etwa 40 Prozent Akteure der Opposition zu identifizieren sind (vgl. Kap. 7.1.4). Bei Sat.1 ist das Verhältnis umgekehrt. Auf diese Weise sind die rechtlich gebotene und normativ gewünschte Ausgewogenheit und Meinungsvielfalt im Sinne eines Außenpluralismus gewährleistet. Zusammengenommen waren bei allen Sendern im Untersuchungszeitraum bis auf wenige Ausnahmen Akteure aus dem jeweiligen Regierungslager vorherrschend, wenn auch z. T. nur gering. Die rekonstruierte Entwicklungslinie weist allerdings mit Schwankungen eine Tendenz auf, die im Laufe der Zeit einen steigenden Anteil von Oppositionspolitikern erkennen lässt. Dementsprechend konnte fast eine quantitative Ausgewogenheit zwischen den beiden Lagern ermittelt werden (vgl. für ähnliche Befunde zur Wahlberichterstattung Krüger/Müller-Sachse/Zapf-Schramm 2005: 606; Krüger/Zapf-Schramm 2002a: 617 u. 1999: 233). Daran lässt sich erkennen, dass sich die Sender in den Wahlberichten an den rechtlichen Vorgaben und den beruflichen Normen orientiert haben. Dies lässt sich mit der Annahme vereinbaren, dass in Zeiten des Wahlkampfes bzw. am Wahlabend andere journalistische Auswahlgrundsätze gelten als sonst (vgl. Krüger/Zapf-Schramm 2002a: 617 u. 1999: 233). Im Gegensatz dazu wurde für die politische Berichterstattung in Deutschland mehrfach die bevorzugte Ausrichtung der Themenauswahl an Nachrichtenfaktoren wie Prominenz und Einfluss nachgewiesen (vgl. Kap. 2.2.2.1).[237] Diese Orientierung führte dazu, dass über die Regierung bzw. den amtierenden Kanzler häufiger berichtet wurde bzw. sie eher zu Wort kamen als die Opposition bzw. der Herausforderer des Kanzlers. Zu Zeiten des Duopols von ARD und ZDF wurde dieser so genannte Regierungs- oder Amtsbonus von Wissenschaftlern auf politische Präferenzen der Journalisten zurückgeführt. Mit der Dualisierung des Rundfunksystems verlagerte sich die Argumentation auf professionelle Kriterien der Nachrichtenauswahl (vgl. für einen Überblick Zeh 2005: 42).

Im Hinblick auf die parteipolitischen Akteure hat sich gezeigt, dass das Verhältnis zwischen den Volksparteien und den kleineren Parteien in Bezug auf die Häufigkeit des Vorkommens i. d. R. gewahrt blieb (vgl. Kap. 7.1.4). Insofern lässt sich die rechtlich gebotene und normativ geforderte Ausgewogenheit und Vielfalt gemäß Parteienproporz konstatieren, die die Recherche als Informationsbeschaffung (vgl. Kap. 2.2.2.1) angeleitet haben (vgl. für ähnliche Befunde zu Wahlsendungen Krüger/Müller-Sachse/Zapf-Schramm 2005: 607; Krüger/Zapf-Schramm 2002a: 617 u. 1999: 233). Differenzen zu den Messzeitpunkten lassen sich auf jeweilige aktuelle Gegebenheiten zurückführen (vgl. zu journalistischen Auswahlprogrammen Kap. 2.2.2.1). Dies entspricht internen Richtlinien der Sender.

Gleichwohl sind bezüglich der Parteien Unterschiede zwischen den öffentlich-rechtlichen und den privaten TV-Anbietern festzuhalten. Es fällt z. B. auf, dass bei RTL und Sat.1 PDS-Politiker fehlen (vgl. für ein ähnliches Ergebnis für die RTL-Wahlabend-

---

[237] Vgl. grundlegend Schönbach/Semetko 2000: 69; vgl. für empirische Befunde jüngerer Studien Schulz/Zeh 2003: 63 ff. u. 76; Wilke/Reinemann 2003: 42, 49 u. 55; vgl. zusammenfassend Holtz-Bacha 2003b: 17 u. 1996: 17.

sendung zur Bundestagswahl 1998 Kamps o. D.: 9 f.). Außerdem ist in den Wahlsendungen der Privatsender der Anteil an CSU-Politikern geringer als bei den Öffentlich-Rechtlichen. Dafür kamen bei RTL und Sat.1 etwas häufiger Politiker der Grünen vor als bei ARD und ZDF. Ferner lassen die Privatsender Politiker von CDU und SPD geringfügig häufiger zu Wort kommen als ARD und ZDF (vgl. für ein ähnliches Ergebnis Krüger/Müller-Sachse/Zapf-Schramm 2005: 606; Krüger/Zapf-Schramm 2002a: 617). Dass die Privatsender eher Politikern der großen Parteien Gelegenheit gegeben haben, sich zu äußern, während ARD und ZDF – abgesehen von den Grünen – vergleichsweise öfter die kleineren, im politischen Prozess womöglich als weniger wichtig erachteten Parteien, zu Wort kommen ließen, ist ebenfalls auf rechtliche und normative Bedingungen zurückzuführen. Die Öffentlich-Rechtlichen haben dafür zu sorgen, dass alle gesellschaftlich relevanten Gruppen zu Wort kommen. Dagegen sind die Privatsender nur dazu angehalten, die Vielfalt der Meinungen „im Wesentlichen" (RStV § 25 Abs. 1) zum Ausdruck zu bringen.

Schließlich ist eine Vielfalt an Meinungen hinsichtlich des Vorkommens von Politikern verschiedener Hierarchiestufen sowie Bürgern nur bedingt festzustellen (vgl. Kap. 7.1.4). Zusammengefasst dominierten Spitzenkandidaten und sonstige Spitzenpolitiker.

Was den Einsatz von weiteren Experten (vgl. Kap. 5.2.3.2) angeht, zeichnet sich besonders bei den öffentlich-rechtlichen Sendeanstalten die Absicht ab, Orientierung durch eine Vielfalt an Meinungen zu bieten. Die Befunde der quantitativen Inhaltsanalyse machen aber deutlich, dass Experten selten vorkamen (vgl. Kap. 7.1.4). Quantitativ lässt sich die Vielfalt an Meinungen durch das Auftreten von Experten also nicht erhärten.

Schließlich ist Vielfalt messbar über eine große Bandbreite an Darstellungsformen, inhaltlichen Aspekten und Orten der Berichterstattung. Über die Sendergrenzen hinweg und im Untersuchungszeitraum konnte für alle drei Aspekte ein vergleichsweise breites Spektrum ermittelt werden, obgleich jeweils eine Konzentration auf drei oder vier Elemente feststellbar war (vgl. Kap. 7.1.1 bis 7.1.3). In Bezug auf Kommentare, die als Darstellungsform besonders zur Meinungs- und Willensbildung beitragen, fällt auf, dass diese nur bei ARD und ZDF eingesetzt wurden (vgl. Kap. 7.1.1). Daraus lässt sich ableiten, dass v. a. die Öffentlich-Rechtlichen darauf bedacht waren, zur Orientierung der Zuschauer beizutragen.

Hinsichtlich der Thematisierung der Methodik der Wahlforschung gelten für die TV-Anbieter dieselben rechtlichen Vorgaben und Berufsnormen. Dementsprechend fallen bei den mittels quantitativer Inhaltsanalyse gemessenen Anteilen, in denen die Methodik der Wahlforschung als Thema aufgegriffen wurde, kaum Differenzen zwischen den Sendern auf: Sie wurde nur selten thematisiert (vgl. Kap. 7.1.2). Die qualitativen Analysen erbrachten ebenfalls keine gravierenden Unterschiede zwischen den vier Programmen. Vielmehr war festzustellen, dass in der Aufwärmphase der Wahlberichte senderübergreifend regelmäßig auf die Methodik der Wahlforschung eingegangen wurde (vgl. Kap. 6.2.1). Es wurde üblicherweise darüber informiert, ob die Wahlforschungsdaten auf einer Vorwahl- oder Nachwahlumfrage beruhten, wie die Stichprobe aussah und welche Fragen gestellt wurden (vgl. Kap. 6.2.2). Damit entsprechen die Wahlsendungen der gesetzlichen Regelung, dass bei der Wiedergabe von Meinungsumfragen, die von Rundfunkveranstaltern durchgeführt werden, anzugeben ist, ob diese repräsentativ sind. Sie erfüllen auch die publizistischen Richtlinien des Deutschen Presserats, nach denen bei der Veröffentlichung von Umfrageergebnissen von Meinungsbefragungsinstituten „die Zahl der Befragten, de[r; K.W.] Zeitpunkt der Befragung, de[r; K.W.] Auftraggeber sowie die Fragestellung" (Deutscher Presserat 2001: 10) bekannt gegeben werden sollte.

Nach dem Bundeswahlgesetz ist die Veröffentlichung von Wahlergebnissen vor Schließung der Wahllokale verboten (vgl. Kap. 5.2.1.3). Diese Regelung kann zur Erklärung des für die Bundestagswahlen 1969 bis 1998 ritualisierten Sendestarts der Wahlsendungen gegen 18 Uhr herangezogen werden (vgl. Kap. 6.1.2). Dieser Erklärungsansatz, der auch in anderen Studien angeführt wird (vgl. Tennert/Stiehler 2001: 105), greift in geschichtlicher Perspektive jedoch zu kurz. Um die Zeiten des Beginns der Wahlberichte zu den Bundestagswahlen von 1953 bis 1965 sowie 2002 zu explizieren, ist es nötig, weitere Faktoren zu berücksichtigen. Als zusätzliche Einflussgrößen können die Verbesserung der Übertragungstechnik, der Einsatz von Computern und die Entwicklung der Wahlforschungsmethoden identifiziert werden (vgl. Kap. 5.2.1.4). Zudem hat das Veröffentlichungsverbot von Resultaten vor 18 Uhr Einfluss auf die Zeit der Bekanntgabe der Prognose. Sie wird bei Bundestagswahlen seit 1983 um genau 18 Uhr publiziert (vgl. Kap. 6.2.2).

Schließlich finden Unterschiede der Werbevorschriften für die privaten und die öffentlich-rechtlichen Sender ihren Niederschlag in der Feinstruktur der Wahlberichte (vgl. Kap. 6.2.1 u. 6.2.3). So strahlten RTL und Sat.1 während der Wahlsendungen Werbung aus. Bei ARD und ZDF ist dies nicht zu beobachten: Sie dürfen sonntags keine Werbung senden.

Wirtschaftliche Bedingungen

Im Hinblick auf die wirtschaftlichen Bedingungen (vgl. Kap. 5.2.1.3) wurde festgestellt, dass sich die Fernsehanbieter in ihrer Finanzierungsform unterscheiden. Während sich die öffentlich-rechtlichen Sender vorwiegend über Gebühren finanzieren, sind die Privatsender auf Werbe- und Sponsoringeinnahmen angewiesen. Kennzeichnend für diese sind Auswirkungen auf die Feinstruktur der Wahlberichte (vgl. Kap. 6.2.1 u. 6.2.3).

Die Wettbewerbssituation betreffend konnte herausgearbeitet werden, dass hauptsächlich die öffentlich-rechtlichen Sendeanstalten und die bei ihnen unter Vertrag stehenden Wahlforschungsinstitute konkurriert haben (vgl. für die Konkurrenz als Einflussfaktor des Wandels Wilke/Spiller 2006: 120). Dies lässt sich z. B. an den Veröffentlichungszeitpunkten und der Einbindung der Prognose ablesen (vgl. Kap. 6.2.2 u. 6.6). Die Zeitpunkte, an denen die Prognosen bei ARD und ZDF veröffentlicht wurden, haben sich parallel entwickelt. In Bezug auf die Einbindung der Prognosen fällt bei der ARD bspw. der Hinweis auf die Wahl-Nachfrage auf, die zur Bundestagswahl 1976 erstmals als Erhebungsmethode eingesetzt wurde. Die Erstmaligkeit dieser Methode wurde in der Anmoderation hervorgehoben. Ebenso erfolgte ein Hinweis auf den Wettbewerb zwischen ARD und ZDF. Darüber hinaus wird die Konkurrenz zwischen den Öffentlich-Rechtlichern und deren Wahlforschungsinstituten an den Akteuren deutlich (vgl. Kap. 7.1.4). So traten Assistenten der Zahlen-Präsentatoren 1972 häufig auf, als infas in der ARD erstmalig eine Wählerwanderungsanalyse präsentierte.

Weiterhin lassen sich Effekte der Konkurrenz von ARD und ZDF zu den Privatsendern erkennen: Profilierungsversuche, die über die Grobstruktur der Wahlabende angestellt wurden, weisen darauf hin (vgl. Kap. 6.1). Zur Illustration lassen sich an dieser Stelle die auf 17 Uhr vorgezogenen Sendestarts der Wahlberichte von Sat.1 zu den Bundestagswahlen 1998 und 2002 anführen. Zu letzterem Messzeitpunkt zogen die übrigen Fernsehanbieter nach. Jedoch wurden von Verantwortlichen der Sender auch inhaltliche Gründe für den früheren Sendebeginn 2002 genannt. Der Konkurrenzdruck zwischen den vier Sendern lässt sich auch daran veranschaulichen, dass die Prognose zur Bundestagswahl 1998 von RTL vor 18 Uhr und damit zu früh veröffentlich wurde (vgl. Kap. 6.2.2). Die Ausbildung der Aufwärmphase bei allen TV-Programmen dient dazu (vgl. Kap. 6.2.1), die Sendezeit bis zur Veröffentlichung der ersten Zahlen zu überbrücken und Spannung aufzubauen, die dafür sorgt, dass die Zuschauer im Programm bleiben. Auch dies kann als Auswirkung der Wettbewerbssituation gedeutet werden. Ebenso lassen sich einige Befunde zu den formalästhetischen Merkmalen darauf zurückführen (vgl. Kap. 6.3 bis 6.6): z. B. die Schrifteinblendungen (vgl. Kap. 6.3.2). Die Einblendung von aktuellen Ergebnissen liegt u. a. in der Konkurrenz der Fernsehsender begründet. Auch dies zielt darauf ab, die Zuschauer im eigenen Programm zu halten.

Was die für die Wahlabendsendungen zur Verfügung stehenden Ressourcen angeht, konnte herausgearbeitet werden, dass im Untersuchungszeitraum senderübergreifend stets ein immenser Aufwand betrieben wurde (vgl. Kap. 5.2.1.3). Dieser vergleichbare Aufwand wird an einer über Sendergrenzen und im Untersuchungszeitraum ähnlichen Bandbreite an Schauplätzen deutlich (vgl. Kap. 7.1.3). Jedoch zeigt sich daran auch, dass ARD und ZDF meist stärker in die Logistik investiert haben als RTL und Sat.1. Dabei stechen einige Messzeitpunkte hervor, an denen die logistischen Ressourcen besonders umfangreich waren. Zum Beispiel 1969, als ARD und ZDF eine außergewöhnlich hohe Zahl an Außenstellen in die Wahlsendung eingebunden haben. Diese Vielzahl an Außenstellen führte 1969 allerdings nicht zu einer Berichterstattung, die durch eine häufige Präsentation des Geschehens in der Außenwelt geprägt war (vgl. Kap. 7.1.3). Vielmehr erwies sich dieser Aufwand als einflussreich auf das Auftreten von sonstigen Politikern (vgl. Kap. 7.1.4). Im Gegensatz dazu kamen Bürger 1969 erstaunlicherweise nur geringfügig überdurchschnittlich zu Wort.

Technische Einflussfaktoren

In den Wahlabendsondersendungen im deutschen Fernsehen zu den Bundestagswahlen von 1961 bis 2002 werden mannigfaltige Einflüsse der zu den verschiedenen Messzeitpunkten unterschiedlichen technischen Bedingungen deutlich (vgl. Kap. 5.2.1.4).[238] Es zeigt sich ebenfalls, dass die Fernsehsender auf divergierende Techniken zurückgriffen.

Mit dem Einsatz von Computern zur Be- bzw. Hochrechnung des Wahlergebnisses und der Verbesserung der Übertragungstechnik gingen zahlreiche Veränderungen einher: bspw. die zweimalige Vorverlegung des Sendestarts der Wahlberichte in den 1960er Jahren (vgl. Kap. 6.1.2). Allerdings trugen auch die verfeinerten Wahlforschungsmethoden dazu bei (vgl. Kap. 5.2.2.1). Außerdem konnten Prognose und erste Hochrechnungen immer früher bekannt gegeben werden, so dass die Prognose seit 1983 genau um 18 Uhr publiziert und die Hochrechnungen seit 1994 nur noch wenige Minuten später veröffentlicht wurden (vgl. Kap. 6.2.2). Indes ist diese Entwicklung auch ein Resultat des Wettbewerbs der TV-Sender und der Wahlforschungsinstitute (vgl. Kap. 5.2.1.3).

Des Weiteren beeinflussten die weiterentwickelte Übertragungstechnik, der Einsatz von Computern und die verbesserten Methoden der Wahlforscher die Ausstrahlung der unterbrechenden Sendeelemente und -formate (vgl. Kap. 6.2.3). Dienten die Unterbrechungen zunächst der Überbrückung von Sendezeit, bis Ergebnisse und Erklärungen sowie In-

---

[238] Vgl. für empirische Befunde zum Einfluss von Technik v. a. auf die Visualisierung von Fernsehsendungen z. B. Maier 2003: 83; Wegener 2001: 210; Staab 1998: 58.

terpretationen veröffentlicht werden konnten, wurden sie später zur Abwechslung eingesetzt (vgl. auch Kap. 5.2.2.2). Es ist ferner feststellbar, dass sich die Weiterentwicklung der Technik und der Methoden der Wahlforschung inhaltlich ausgewirkt hat. So wurden in den 1990er Jahren keine Auszählungsdaten mehr präsentiert (vgl. Kap. 7.1.1). Auch in anderen Studien zur journalistischen Thematisierung von Wahlumfragen wurden Erkenntnisse auf die leichtere Verfügbarkeit von Umfrageergebnissen durch neue Techniken der Meinungsforschung zurückgeführt (vgl. Raupp 2003: 119; Brettschneider 2000: 481).

Darüber hinaus hatte auch die Einführung des Farbfernsehens Folgen für die Wahlabendberichte von ARD und ZDF. So wurden die Sendungen 1969 erstmals größtenteils in Farbe ausgestrahlt. Mit der Option, in Farbe zu senden, wurden auch neue Formen der Gestaltung wie die Blue Box möglich. Dieses Verfahren wurde in den Wahlberichten zu Bundestagswahlen zum ersten Mal 1972 in der ZDF-Sendung verwendet (vgl. Kap. 6.3.1).

Der Einfluss der Darstellungs- und Bearbeitungstechnik, die sich im Untersuchungszeitraum weiterentwickelt hat, lässt sich außerdem daran ablesen, dass die Entwicklung der audiovisuellen Gestaltung der Vorspänne senderübergreifend stets durch eine weitgehende Ausnutzung technischer Möglichkeiten geprägt ist (vgl. Kap. 6.3.1). Auch Veränderungen der Schrifteinblendungen und Signets stehen über die Sendergrenzen hinweg in Zusammenhang mit den jeweils vorhandenen technischen Optionen (vgl. Kap. 6.3.2). Die Entwicklung der Ebene der Kommunikationsmittel der Grafiken ist bei allen Sendern ebenfalls von technischem Fortschritt gekennzeichnet (vgl. Kap. 6.3.3 u. 8.1.3): Sie reicht von abgefilmten Pappen über Computergrafiken, die zunächst statisch waren und schließlich animiert wurden bis hin zum Einsatz virtueller Elemente bei RTL als senderspezifische Besonderheit dieses Privatanbieters. Weiterhin waren mit dem Wandel der Kommunikationsmittel regelmäßig Auswirkungen auf die Form der grafischen Darstellungen verbunden. Während Grafiken auf Pappen und Plakaten schon in den 1960er Jahren als Diagramme dargestellt wurden, ermöglichten computergenerierte, direkt eingesetzte Grafiken zunächst nur Tabellen. Erst später waren durch den Einsatz spezifischer Programme Computergrafiken in Diagrammform technisch möglichst aktuell umsetzbar. Weiterhin zeichnen sich bei den fernseh-ästhetischen Merkmalen Auswirkungen der weiterentwickelten Darstellungs- und Bearbeitungstechnik ab (vgl. hierzu auch Zeh 2005: 108). Es liegt z. B. die Interpretation nahe, dass die gewandelte Technik im Hinblick auf die seit 1990 zurückgegangene Dominanz des direkten Schnitts ein Faktor der Veränderung gewesen ist (vgl. Kap. 8.1.2).

Schließlich lässt sich die Sonderrolle, die RTL beim Einsatz von virtueller Technik eingenommen hat (vgl. Kap. 5.2.1.4), an Befunden zu den Kommunikationsmitteln der Grafiken (vgl. Kap. 6.3.3), zur Durchführung der Schaltgespräche (vgl. Kap. 6.3.4) und den Schauplätzen (vgl. Kap. 7.1.3) darstellen.

Formale Organisationsstrukturen

Was die formalen Organisationsstrukturen angeht (vgl. Kap. 5.2.1.5), in die Elemente der journalistischen Koordinationsprogramme einfließen (vgl. Kap. 2.2.2.1), lassen sich an den erhobenen Daten kaum direkte Effekte auf die Wahlabendberichte im deutschen Fernsehen erkennen. Nur in Ausnahmefällen werden konkrete Einflüsse sichtbar, bspw. beim Einsatz von Journalisten, die vor der Kamera die Wahlsendungen prägen. Im Untersuchungszeitraum übernahmen bei ARD und ZDF nur wenige Journalistinnen diese Aufgaben (vgl. Kap.

5.2.3.1 u. 7.1.4). Das hängt damit zusammen, dass solch bedeutende Positionen hauptsächlich leitenden Redakteuren vorbehalten und diese Leitungsrollen überwiegend mit Männern besetzt waren.

9.3.3 Inhalt und Form

Was den Inhalt und die Form der Wahlabendberichte anbelangt, sind neben den journalistischen Programmen, die die Berichterstattung routiniert oder zweckdienlich strukturieren (vgl. auch im Folgenden Kap. 2.2.2.1), auch die nicht-journalistischen Zweckprogrammierungen relevant, die sich auf nicht-journalistische Inhalte beziehen und damit die Gesamtkonzeption der Wahlsendungen betreffen (vgl. Kap. 5.2.2). Dabei haben sich die journalistischen Programme der Themenauswahl und der Informationsbeschaffung vornehmlich als einflussreich auf die inhaltlichen Merkmale der Wahlberichte erwiesen (vgl. Kap. 7), während die Darstellungsprogramme Effekte auf die formal-ästhetische, die inhaltliche und die fernseh-ästhetische Gestaltung hatten (vgl. Kap. 6 bis 8). Die weiteren Entscheidungsgrundlagen haben sich überwiegend auf die formal-inhaltlichen und die formal-ästhetischen Merkmale ausgewirkt (vgl. Kap. 6).

Die journalistischen Darstellungsprogramme betreffend ist bei der formal-ästhetischen Gestaltung erkennbar, dass alle Fernsehsender in ihren Wahlabendberichten zunehmend auf Einheitlichkeit und Wiedererkennbarkeit durch eine senderspezifische Profilbildung abgezielt haben (vgl. Kap. 6.3 bis 6.6). Dabei setzten sie orientiert an Design-Richtlinien ähnliche Gestaltungselemente jeweils sendertypisch ein.

Im Hinblick auf inhaltliche Merkmale wird deutlich, dass über die Sendergrenzen hinweg und im Untersuchungszeitraum die Darstellungsformen Moderation, Grafikinterpretation und Einzelinterview charakteristisch für die Wahlabendberichte waren (vgl. Kap. 7.1.1). Bezogen auf die visuell geprägten Stilformen hat sich entgegen der theoretisch antizipierten Visualität als Spezifik des Mediums Fernsehen (vgl. Kap. 2.2.2.1) herauskristallisiert, dass Filmberichte und NiF senderübergreifend nur einen geringen Anteil eingenommen haben und einen vergleichsweise kurzen zeitlichen Umfang aufwiesen. Dabei wurden sie bei den kommerziellen TV-Anbietern Sat.1 und RTL häufiger und länger verwendet als bei ARD und ZDF.

Hinsichtlich der fernseh-ästhetischen Gestaltungsmittel ist seit Ende der 1980er bzw. Anfang der 1990er Jahre bei den vier Fernsehsendern eine leichte Zunahme in Richtung stärkerer Aufmerksamkeitserzeugung erkennbar (vgl. Kap. 8). Diese ist in erster Linie an der gestiegenen Varianz und der höheren Zahl an Kombinationen der Merkmale innerhalb einzelner Einstellungen zu identifizieren.

Die Auswirkungen der Selektionsprogramme lassen sich hauptsächlich aus den Befunden der quantitativen Inhaltsanalyse zu Themen (vgl. Kap. 7.1.2) und Akteuren (vgl. Kap. 7.1.4) ableiten. Dabei können Bezüge zu den in der qualitativen Inhaltsanalyse ermittelten konstitutiven Bestandteilen der Wahlabendsondersendungen, den Wahlforschungsergebnissen und den Auftritten von Spitzenkandidaten (vgl. Kap. 6.2.2) hergestellt werden. Die häufige Thematisierung der Darstellung und Bewertung der Wahlresultate, das häufige Auftreten von Spitzenkandidaten und sonstigen Spitzenpolitikern sowie die Bedeutung der konstitutiven Elemente lassen sich auf eine Orientierung an Nachrichtenfaktoren wie Aktualität und Relevanz sowie Prominenz zurückführen.

Kaum verwunderlich erweist sich darüber hinaus das Ergebnis, dass in den Wahlabendberichten v. a. die jeweilige Bundestagswahl thematisiert wurde, während über gleichzeitig stattfindende Landtagswahlen nur vereinzelt und dann in geringem Umfang informiert wurde. Diese journalistische Thematisierung erscheint mit Blick auf die im Vergleich mit Landtagswahlen größere politische Bedeutung von Bundestagswahlen plausibel (vgl. Kaase 1999: 5; Korte 1999: 80). Dass persönliche und private Aspekte vergleichsweise häufiger in den Wahlabendberichten der Privatsender und seit 1987 öfter thematisiert wurden, lässt sich durch eine Orientierung an Nachrichtenfaktoren als gängige Selektionskriterien erklären (vgl. Kap. 2.2.2.1). Gleiches gilt für den Befund, dass seit 1987 auch Familienangehörige zu Wort kamen. Dabei lässt sich Privatisierung zudem auf veränderte Verhaltensweisen der Politiker zurückführen.

Schließlich finden sich auch Hinweise darauf, dass am Wahlabend andere journalistische Auswahlgrundsätze gelten als sonst (vgl. für eine ähnliche Schlussfolgerung Krüger/Zapf-Schramm 2002a: 617 u. 1999: 233). Dies wird an der beinahe quantitativen Ausgewogenheit zwischen den Lagern Regierung und Opposition deutlich. Anscheinend orientierten sich Journalisten bei dieser Auswahl nicht nur an dem hohen Einfluss der Regierungsvertreter. Vielmehr lässt sich daran implizit nachweisen, dass die Fernsehsender im Untersuchungszeitraum bei der Informationsbeschaffung (vg. Kap. 2.2.2.1) der rechtlichen Vorgabe und der normativen Forderung nach Vielfalt und Ausgewogenheit (vgl. Kap. 5.2.1.1 u. 5.2.1.2) entsprochen haben.

Neben journalistischen Programmen haben sich nicht-journalistische Beweggründe hinsichtlich der Wahlforschung als relevant erwiesen (vgl. Kap. 5.2.2). Sie riefen für diese Bestandteile Veränderungen im Zeitverlauf hervor: Unterschiedliche Gründe sorgten für eine im Untersuchungszeitraum differente Einbindung der Wahlforschung. Dass Sat.1 bis 1998 auf eigene Wahlforschungsdaten weitgehend verzichtete und stattdessen auf Prognose- und Hochrechnungsdaten der ARD und des ZDF zurückgriff, wird u. a. an den Veröffentlichungszeitpunkten der Prognose deutlich (vgl. Kap 6.2.2). Darüber hinaus sind Effekte auf die Ankündigung und Bekanntgabe der Prognose ersichtlich (vgl. Kap. 6.6). Außerdem führte der Rückgriff von Sat.1 auf Zahlen von ARD und ZDF dazu, dass Sat.1 Grafikinterpretationen in kürzerer Dauer brachte als die übrigen Sender (vgl. Kap. 7.1.1) und Orte der Wahlforschung bei Sat.1 im Prinzip nicht vorkamen (vgl. Kap. 7.1.3).

Schließlich hatten nicht-journalistische Zweckprogrammierungen neben journalistischen Programmen in Bezug auf die wahlfernen Elemente Konsequenzen für die Wahlabendberichte. Besonders die Absicht, Abwechslung zu erzielen und Spannung zu erzeugen, um auch eher unpolitische Zuschauer zu informieren und bei der Sendung zu halten, war für die Integration von wahlfernen Elementen wie Unterhaltung und Sport relevant. Als beeinflussende Bedingungen konnten hierfür überdies die Wettbewerbssituation auf dem deutschen Fernsehmarkt (vgl. Kap. 5.2.3.1) und vermutete Publikumswünsche (vgl. Kap. 5.2.3.4) festgestellt werden. Auch die Überlegung, die Zeit, in der keine aktuellen Informationen zur Wahl lieferbar sind, mit unterhaltsamen und sportlichen Bestandteilen zu überbrücken, spielte eine Rolle. Diese Einflüsse werden an den Unterbrechungen deutlich (vgl. Kap. 6.2.3). Es lassen sich auch Effekte auf den Studioaufbau ausmachen (vgl. Kap. 6.4.1). Zu einzelnen Messzeitpunkten und bei verschiedenen Sendern ist die Relevanz der Unterhaltung oder des Sports durch extra eingerichtete Studiobereiche erkennbar.

9.3.4 Akteure

Zu den Einflussgrößen im Herstellungsprozess der Wahlabendberichte gehören die Akteure (vgl. Kap. 5.2.3). Im Hinblick auf die Journalisten sind der journalistische Anspruch und die Arbeitsrollen der Journalisten bedeutsam. Außerdem sind Wahlforscher und weitere Experten sowie sonstige Interviewte relevant. Als einflussreich erweisen sich sowohl Tätigkeitsmerkmale und Aufgaben dieser Akteure als auch die Art und Weise, in der sie in Erscheinung treten. Darüber hinaus kommen den Rezipienten der Wahlabendberichterstattung Publikumsrollen zu, die Einfluss auf die Produktion der Wahlabendsendungen haben.

Journalisten

Auswirkungen des journalistischen Anspruchs und der journalistischen Arbeitsrollen (vgl. Kap. 5.2.3.1) finden sich hauptsächlich bei der Feinstruktur (vgl. Kap. 6.2) und den inhaltlichen Merkmalen (vgl. Kap. 7).

Dass sich über die Sendergrenzen hinweg und im Untersuchungszeitraum die Bekantgabe von Wahlforschungsergebnissen und die Auftritte der Spitzenkandidaten als konstitutiv für die Wahlabendsendungen erwiesen haben (vgl. Kap. 6.2.2), lässt sich z. B. auf den journalistischen Anspruch zurückführen. An diesen Bestandteilen drückt sich aus, dass alle TV-Anbieter zu den verschiedenen Messzeitpunkten mit der Wahlabendberichterstattung denselben Anspruch verbunden haben: schnell und zuverlässig über den Ausgang der Wahl und Politiker-Reaktionen zu informieren. Dies ist ebenfalls an inhaltlichen Aspekten ablesbar, über die vornehmlich informiert wurde (vgl. Kap. 7.1.2). Charakteristisch waren: die Information über Wahlergebnisse, die Beurteilung des Wahlergebnisses und die Thematisierung der Konsequenzen des Wahlausgangs (vgl. für ähnliche Befunde bei Tennert/Stiehler 2001: 116). Diese Befunde gehen mit Ergebnissen zu den Darstellungsformen (vgl. Kap. 7.1.1) und den Schauplätzen der Wahlsendungen (vgl. Kap. 7.1.3) einher.

Im Verhältnis zu den typischen Themen wurden eine Erklärung und eine Analyse der Wahlergebnisse weit weniger häufig geliefert (vgl. Kap. 7.1.2). Dies legt die Interpretation nahe, dass die Frage nach dem „Warum?" nicht im Vordergrund stand. Sie nahm aber einen im Vergleich zu den weiteren thematischen Aspekten, über die berichtet wurde, angemessenen Anteil ein. Eine umfassende Analyse des Wahlresultates wurde auch nicht angestrebt. Indes haben Aussagen von Programmverantwortlichen einen Bedeutungszuwachs der Analyse des Wahlausgangs im Laufe der Zeit erkennen lassen. Dieser lässt sich am untersuchten Material aber nicht bestätigen. Erklärungen wurden nur zu einzelnen Wahljahren vergleichsweise häufig geliefert.

Darüber hinaus sind Auswirkungen des journalistischen Anspruchs auf die formalästhetische Gestaltung erkennbar (vgl. Kap. 6.3 bis 6.6), etwa am Studioaufbau (vgl. Kap. 6.4.1). Am Beispiel des zentralen Wahlstudios der ARD zeigt sich, dass in einzelnen Wahljahren besonderer Wert auf den Ergebnisdienst, die eigenen journalistischen Kommentatoren und die Wahlforscher des beauftragten Instituts gelegt wurde. Als weiteres Beispiel lassen sich die formelle und seriöse Kleidung sowie der sachliche und auf Genauigkeit bedachte Sprachstil der Moderatoren anführen (vgl. Kap. 6.5).

Was die journalistischen Arbeitsrollen betrifft, hat sich gezeigt, dass die Wahlabendberichterstattung als Männerdomäne bezeichnet werden kann (vgl. Kap. 7.1.4). Dabei existieren Unterschiede zwischen den TV-Programmen. So agierten Frauen bei ARD, ZDF und RTL in einem von zehn Beiträgen, während sie bei Sat.1 in einem Drittel der Beiträge vorkamen. Dass bei den öffentlich-rechtlichen Sendern nur wenige Frauen zu sehen waren, lässt sich dadurch erklären, dass bei ARD und ZDF vorwiegend leitende Redakteure die Wahlabendberichte vor der Kamera gestalten. Solche Entscheider-Positionen waren bei beiden Sendern im Untersuchungszeitraum überwiegend mit Männern besetzt (vgl. Kap. 5.2.1.5). Darüber hinaus fanden sich Belege dafür, dass die Zahl der Frauen im Zeitverlauf insgesamt tendenziell gestiegen ist. Diese Tendenz verstärkte sich 1987 und lässt sich bei ARD und ZDF sowohl auf Zuschauerreaktionen als auch auf Forderungen der Aufsichtsgremien zurückführen.

Die Aufgaben, die Moderatoren und Zahlen-Präsentatoren von den Fernsehsendern zugewiesen wurden, divergierten. Die Moderatoren erhielten bei RTL und Sat.1 mehr Aufgaben als bei ARD und ZDF. Dementsprechend kam ihnen bei den Privatsendern eine stärkere Bedeutung zu. Aufgrund des breiteren Aufgabengebiets wurde den Zahlen-Präsentatoren dagegen bei ARD und ZDF eine relevantere Rolle zuteil. Vor diesem Hintergrund ist es nicht überraschend, dass sich die Sender in der Dominanz der Moderatoren und beim Vorkommen der Zahlen-Präsentatoren unterscheiden (vgl. Kap. 7.1.4). So sind die Sendungen von RTL und Sat.1 besonders stark durch das Auftreten von Moderatoren gekennzeichnet.

Wahlforscher und weitere Experten

Wahlforscher und weitere Experten werden in den Wahlberichten nach senderspezifischen Strategien, die auf unterschiedlichen Gründen beruhen, eingesetzt (vgl. Kap. 5.2.3.2). Eine Konsequenz ist, dass sich die relevante Rolle, die den Wahlforschern bei ARD und ZDF zukommt, im Studioaufbau niederschlägt: Die Wahlforschung war bei beiden Sendern im zentralen Wahlstudio in einem eigenen Bereich untergebracht (vgl. Kap. 6.4.1). Dagegen lässt sich am Studioaufbau die besondere Bedeutung der journalistischen Experten für RTL und Sat.1 ablesen: Seit 1994 erhielt der jeweilige journalistische Experte bei RTL einen Platz direkt neben dem Moderator. Gleiches gilt für den Wahlbericht 2002 von Sat.1.

Da Experten insgesamt selten vorkamen (vgl. Kap. 7.1.4), zeigt sich bei allen TV-Anbietern zwar eine Kontinuität im Untersuchungszeitraum, aber im Vergleich zu den übrigen auftretenden Akteuren eine geringere Relevanz. Es konnte außerdem nicht empirisch erhärtet werden, dass die Analyse in den Wahlsendungen im Zeitverlauf an Gewicht gewonnen hat, wie sich am formulierten Anspruch vermuten lässt (vgl. Kap. 5.2.3.1).

Politiker und Bürger

Es ist nicht überraschend, dass über Sendergrenzen hinweg und im Untersuchungszeitraum stets die Auftritte von Spitzenkandidaten zu den konstitutiven Bestandteilen der Wahlabendsondersendungen gehörten (vgl. Kap. 6.2.2). Schließlich kamen den Politikern jeweils ähnliche Rollen zu (vgl. Kap. 5.2.3.3). Darüber hinaus ist besonders 1998 deutlich erkennbar, dass das Verhalten der Spitzenkandidaten Einfluss auf die formal-inhaltliche Gestaltung der Wahlsonderberichte hatte. Bundeskanzler Helmut Kohl (CDU) und Kanzlerkandidat Gerhard Schröder (SPD) traten zum gleichen Zeitpunkt vor die Kameras. Da sie aber nicht gleichzeitig gezeigt werden konnten, mussten die verantwortlichen Redakteure entscheiden, wie sie die Situation umsetzen wollten. Das Resultat war bei den vier TV-Sendern unterschiedlich.

Generell hat sich das Verhalten der Politiker in weiteren Merkmalen der Wahlabendberichte niedergeschlagen. So waren Sendestart und -schluss im Untersuchungszeitraum u. a. an die Bereitschaft der Politiker gekoppelt, sich zu äußern, wenn Wahlergebnisse einigermaßen als sicher erschienen (vgl. Kap. 6.1.2). Außerdem zeichnen sich die Verhaltensweisen der Politiker dafür mitverantwortlich, dass Reden seit 1990 regelmäßig und vergleichsweise häufig übertragen wurden, wohingegen diese Darstellungsform zuvor nur vereinzelt vorkam (vgl. Kap. 7.1.1). Während der Wahlausgang früher fast ausschließlich in Interviews bewertet wurde, gaben Politiker seit 1990 meist öffentliche Erklärungen ab, bevor sie sich interviewen ließen. Dass Familienangehörige seit 1987 in den Wahlberichten agierten (vgl. Kap. 7.1.4), lässt sich auch mit den gewandelten Verhaltensweisen der Politiker in Verbindung setzen.

Auf die ähnlichen Rollen, die den Politikern seitens der Fernsehsender zugewiesen wurden, lässt sich zurückführen, dass Politiker der unterschiedlichen Hierarchiestufen über die Sendergrenzen hinweg vergleichbar häufig vorkamen (vgl. Kap. 7.1.4). Was die Bürger betrifft, ist jedoch erstaunlich, dass bei ARD und ZDF Bürger häufiger die Gelegenheit erhielten, sich zu äußern, als bei den Privaten. Denn es war mit RTL einer der Privatanbieter, der von Beginn an den Anspruch erhoben hat, zu popularisieren (vgl. Kap. 5.2.3.3).

Rezipienten

Den Zuschauern der Wahlabendsendungen kommt ebenfalls eine Bedeutung bei der Herstellung dieses journalistischen Produktes zu, obwohl sie ihre Interessen nicht direkt in den Produktionsprozess einbringen können. Das Publikum ist aber mit den Journalisten, die die Sendungen herstellen, vielfach verbunden (vgl. Kap. 2.2.2.1).

Einige Veränderungen, die bei den Wahlsendungen im Zeitverlauf eruiert werden konnten, lassen sich auf das Publikum zurückführen (vgl. Kap. 5.2.3.4). So können Veränderungen der grundlegenden Sendekonzeption der ARD-Sendungen in den 1970er und 1980er Jahren in Richtung einer Mischung aus Information und Unterhaltung (vgl. Kap. 5.2.2.2 u. 6.2.3) dadurch erklärt werden, dass von Zuschauern Kritik an der Konzentration der Wahlabendberichte auf Politik geübt worden war. Außerdem hatten Befragungen in den 1960er Jahren ergeben, dass Unterhaltungsbeiträge den zweiten Platz in der Zuschauergunst einnehmen. Darüber hinaus waren die Einschaltquoten der ARD immer dann geringer als die des ZDF, wenn in dessen Programm unterhaltende Elemente ausgestrahlt wurden. Als weitere Reaktionen auf Zuschauerbeurteilungen von Programmteilen können Änderungen der Feinstruktur der Wahlberichte (vgl. Kap. 5.2.2.2 u. 6.2.3) interpretiert werden. Da politikferne Beiträge für ein Umschalten der Zuschauer sorgten, verzichtete z. B. das ZDF ab 1990 auf Unterhaltungselemente. RTL strahlte seit 1994 ebenfalls keine wahlferne Unterhaltung mehr aus, führte jedoch 2002 wahlbezogene Unterhaltung ein. Seit 1998 verzichtete RTL zudem auf Sport. Die ARD sendete seit 1998 ebenfalls keine Sportbeiträge mehr. Auch Sat.1 reagierte, indem 1998 und 2002 wahl- bzw. politikbezogene Comedy in die Wahlberichte integriert wurde. Schließlich trugen Zuschauerreaktionen auch dazu bei, dass seit 1987 mehr Frauen vor der Kamera agierten (vgl. Kap. 5.2.3.1, 5.2.3.4 u. 7.1.4).

Dass vornehmlich ältere Menschen über die Sendegrenzen hinweg die Wahlberichterstattung sehen, stellt die analysierten TV-Anbieter anscheinend nicht zufrieden. Dieser Schluss lässt sich auf Basis derjenigen empirischen Daten ziehen, die Indizien für eine im Zeitverlauf stärkere Boulevardisierung, ausgeprägtere Inszenierung und einen höheren Grad an Visualisierung liefern (vgl. Kap. 9.2). Dies ist als Versuch, jüngere Zuschauer zu gewinnen, zu interpretieren. Es könnte sich aber auch um eine Anpassung auf veränderte Rezeptionsgewohnheiten handeln (vgl. für eine ähnliche Einordnung des Dynamisierungsprozesses und des Trends zunehmender Visualisierung Wegener 2001: 174 ff., 206 u 209 f.).

Auffällig ist schließlich, dass die öffentlich-rechtlichen Sender seit der Dualisierung des deutschen Rundfunksystems bei der Wahlabendberichterstattung regelmäßig höhere Einschaltquoten erzielen konnten als die Privaten. Während sich die stärkere Nutzung von ARD und ZDF hinsichtlich der Wahlkampfberichterstattung dadurch erklären lässt, dass sie im Wahlkampf mehr Informationssendungen und diese zu günstigeren Zeiten ausstrahlen (vgl. Zubayr/Gerhard 2002: 587 u. 1999: 238), lassen sich die höheren Marktanteile bei der Wahlabendberichterstattung nur bedingt darauf zurückführen. Vielmehr dürfte dieser Befund damit zusammenhängen, dass eher ältere Menschen Wahlabendberichte rezipieren und die Privatanbieter im Sendervergleich einen höheren Anteil an jüngeren Zuschauern aufweisen, während der Anteil an älteren Zuschauern bei ARD und ZDF höher ausfällt.

Dem versuchen die privaten Anbieter entgegenzuwirken, indem sie erfahrene Journalisten aus den Reihen von ARD und ZDF, die auch bei den Wahlabendsendungen der öffentlich-rechtlichen Sender mitgewirkt haben, als Experten einbinden (vgl. Kap. 5.2.3.2). Dies zielt auf eine Wiedererkennung durch die Zuschauer ab. Die Wiedererkennung war zudem bei allen Sendern Ziel des Einsatzes mehrerer formal-ästhetischer Merkmale (vgl. Kap. 6.3 bis 6.6). Das Programmumfeld war mit der Ausstrahlung von etablierten Formaten ebenfalls stets auf das jeweils eigene Profil ausgerichtet (vgl. Kap. 6.1.1).

9.3.5 *Kontexte der Wahlabendberichterstattung im deutschen Fernsehen – ein Fazit*

Die Bedingungskonstellationen der Produktion der Wahlabendberichterstattung zu Bundestagswahlen im deutschen Fernsehen haben sich im Untersuchungszeitraum verändert. Es bestanden zudem Unterschiede in den Bedingungen, die für die einzelnen TV-Anbieter relevant waren. Beides hat Auswirkungen auf das fernsehjournalistische Format der Wahlabendsondersendungen, die in den vorangegangenen Abschnitten systematisiert wurden. Sowohl Veränderungen im Zeitverlauf als auch Differenzen zwischen den Sendern konnten mit verschiedenen Bedingungen des Kontextes in Bezug gesetzt werden.

Dabei hat sich erstens ein vielfacher Einfluss der einzelnen Bedingungen auf die formalen, inhaltlichen und fernseh-ästhetischen Merkmale der Wahlabendberichte herauskristallisiert: Ein und dieselbe Einflussgröße hat Effekte auf verschiedene Elemente. Zweitens ist deutlich geworden, dass die Bedingungen i. d. R. nicht einzeln wirksam sind, sondern üblicherweise mehrere Faktoren des Entstehungszusammenhangs für Effekte verantwortlich sind und zusammengenommen verstärkt Einfluss auf die Wahlberichte nehmen. Es existiert ein multifaktorieller Bezugsrahmen bzw. ein Netz aus Regeln und Bedingungen, das in seiner Gesamtheit sein Wirkungspotenzial entfaltet. Beides verdeutlicht die Komplexität, mit der Fernsehformate wie die Wahlabendberichte hergestellt werden.

10 Schlussbetrachtung

In diesem Abschnitt werden die zentralen Ergebnisse zur Geschichte der Wahlabendberichterstattung im deutschen Fernsehen in einem ersten Schritt resümiert (vgl. Kapitel 10.1). In einem zweiten Schritt wird ein Ausblick auf Möglichkeiten künftiger Forschung zu dem Themenbereich dieser Studie gegeben (vgl. Kapitel 10.2).

10.1 Resümee

Zu den wesentlichen Resultaten der vorliegenden Studie gehören die senderübergreifenden *Spezifika* der Wahlabendberichte: Hinsichtlich der formal-inhaltlichen Merkmale hat sich herauskristallisiert, dass die Wahlabendsendungen bei allen analysierten TV-Anbietern im Zeitverlauf einen ähnlichen *Sendeablauf* aufwiesen, der durch mehrere Informationsebenen geprägt war. Die Wahlabendberichte der vier Sender enthielten zu allen zwölf Messzeitpunkten normalerweise folgende Elemente: Vorspann, Begrüßung und Einleitung, Ergebnisdarstellung, Interpretation und Erklärung, Unterbrechungen, Resümee und Verabschiedung sowie Abspann (vgl. Kap. 6.2.1). Außerdem begannen die Wahlabendberichte zwischen 1969 und 1998 stets gegen 18 Uhr (vgl. Kap. 6.1.2). Lediglich in den frühen 1960er Jahren und 2002 lag der Sendebeginn der Wahlsendungen später bzw. früher. Kennzeichnend war überdies im gesamten Untersuchungszeitraum und über die Sendergrenzen hinweg die Relevanz von zwei *konstitutiven Bestandteilen*: der Wahlforschungsergebnisse und der Stellungnahmen von Spitzenpolitikern (vgl. Kap. 6.2.2). Die bedeutende Rolle der Präsentation der Resultate und der Einschätzung des Wahlausgangs durch Spitzenpolitiker wird daran deutlich, dass andere Sendeelemente und -formate in allen Wahljahren für diese Elemente unterbrochen wurden, d. h. die Ablaufplanung richtete sich an ihnen aus.

Darüber hinaus hat sich eine *Mischung verschiedener inhaltlicher Merkmale* als wesentliches Kennzeichen von Wahlabendsondersendungen im deutschen Fernsehen herausgestellt, für das keine systematischen Veränderungen im Zeitverlauf zu beobachten waren (vgl. Kap. 7). Dazu gehörten:

- die Darstellungsformen Moderation, Grafikinterpretation – dominierend waren die klassischen Grafiken – und Einzel-Interviews (vgl. Kap. 7.1.1),
- die Akteure Moderator, Zahlen-Präsentator und Reporter (vgl. Kap. 7.1.4),
- das zentrale Wahlstudio, die Orte der Wahlpartys der Parteien und die Schauplätze, von denen aus die Wahlforschung präsentiert wurde (vgl. Kap. 5.2.1.3 u. 7.1.3) und
- die informativen Wahl-Beiträge, die die Wahlergebnisse darstellten und bewerteten, die Konsequenzen der Wahlresultate thematisierten und den Wahlausgang analysierten und erklärten (vgl. Kap. 7.1.2).

Des Weiteren ist hinsichtlich der Akteure festzuhalten, dass es sich bei der Wahlabendberichterstattung im deutschen Fernsehen um eine *Männerdomäne* handelt – zumindest was die Rollen vor der Kamera angeht. Gleichwohl kamen seit 1987 tendenziell mehr Journalistinnen vor der Kamera zum Einsatz als zuvor (vgl. Kap. 5.2.3.1 u. 7.1.4).

Bezogen auf die *politischen Akteure* hat sich gezeigt (vgl. Kap. 7.1.4), dass Vertreter der Regierung senderübergreifend im gesamten Untersuchungszeitraum eher als Oppositionsvertreter die Gelegenheit erhielten, sich zu äußern. Dennoch deuten die Ergebnisse eine Tendenz an, nach der die Opposition zu den jüngeren Messzeitpunkten stärker eingebunden wurde. Im Hinblick auf die Parteien wurde zu allen zwölf untersuchten Wahljahren eine Ausgewogenheit gemäß Parteienproporz deutlich. In Bezug auf die hierarchischen Positionen konnte schließlich stets eine mehr oder weniger eindeutige Dominanz der Spitzenkandidaten und Spitzenpolitiker herausgearbeitet werden.

Die angeführten formal-inhaltlichen Merkmale und die vorgestellten inhaltlichen Elemente der Wahlabendsondersendungen waren bei allen untersuchten Fernsehsendern im gesamten Untersuchungszeitraum charakteristisch. Dagegen hat sich *bei den einzelnen TV-Anbietern zu einigen der Messzeitpunkte* die Verwendung verschiedener inhaltlicher Bestandteile als *spezifisch* erwiesen, und es haben sich jeweils eigene Präsentationsprofile abgezeichnet: Die ARD nahm bspw. beim Einsatz der Darstellungsform Meldung in den 1960er und den 1970er Jahren eine Sonderposition ein (vgl. Kap. 7.1.1). Bis Ende der 1970er Jahre zeichnete sich die ARD durch eine vergleichsweise strikte Informationsorientierung der Wahlabendberichte aus, wohingegen das ZDF unterhaltungsorientiert ausgerichtet war (vgl. Kap. 5.2.2.2 u. 6.2.3). Das ZDF fiel zudem durch seine variantenreiche Einbindung von Grafiken auf (vgl. Kap. 7.1.1). Außerdem war beim ZDF eine Tendenz zu digital gestalteten Bildübergängen erkennbar (vgl. Kap. 8.1.2). Typisch für RTL war dagegen der Einsatz von virtuellen Elementen (vgl. Kap. 5.2.1.4, 6.3.3, 6.3.4 u. 7.1.3). Auch die Untergliederung der Wahlsendungen zur Bundestagswahl 1998 und 2002 in unterschiedliche Abschnitte war charakteristisch für RTL (vgl. Kap. 6.1.1 u. 6.3.1). Als spezifisch lassen sich bei Sat.1 etwa der vorgezogene Sendestart des Wahlberichts zur Bundestagswahl 1998 auf 17 Uhr sowie der frühe Sendeschluss des Wahlberichts 2002 um 19 Uhr bewerten (vgl. Kap. 6.1). Zudem waren die Sat.1-Wahlberichte seit 1990 – abgesehen von 1994 – am stärksten auf einen Mix von Unterhaltung und Information ausgerichtet (vgl. Kap. 6.2.3). Weiterhin war für die Wahlabendsendungen von Sat.1 kennzeichnend, dass der Privatsender bis einschließlich 1998 über keine eigenen Wahlforschungsdaten verfügte (vgl. Kap. 5.2.1.3 u. 5.2.2.1). Ferner waren die Wahlberichte der einzelnen Sender dadurch geprägt, dass alle vier TV-Anbieter zu den einzelnen Messzeitpunkten im Hinblick auf formalästhetische Mittel zwar das gleiche Zubehör verwendeten, es jedoch auf unterschiedliche Weise einsetzten (vgl. Kap. 6.3 bis 6.6.).

Im Vergleich zwischen den öffentlich-rechtlichen Fernsehanstalten und den privaten Fernsehanbietern wird schließlich ein Unterschied in Bezug auf die Rollen von Moderatoren und Zahlen-Präsentatoren deutlich (vgl. Kap. 5.2.3.1 u. 7.1.4). Während bei ARD und ZDF größtenteils die Zahlen-Präsentatoren für die Bekanntgabe der Wahlforschungsergebnisse zuständig waren, wurde diese Aufgabe bei RTL und Sat.1 üblicherweise von den Moderatoren übernommen. Differenzen zwischen den Öffentlich-Rechtlichen und den Privatsendern gibt es auch hinsichtlich des Einsatzes von Wahlforschern, die bei RTL und Sat.1 normalerweise nicht im zentralen Wahlstudio untergebracht waren (vgl. Kap. 5.2.3.2). Demgegenüber waren sie bei ARD und ZDF zu Beginn der 1960er und seit Beginn der

1980er Jahre vor Ort. Beim ZDF kamen Wahlforscher im Gegensatz zur ARD sogar regelmäßig zu Wort. Was die weiteren Experten anbelangt, wurde bei RTL und Sat.1 gerade in den jüngeren Wahlabendberichten eine Tendenz zum Einsatz von journalistischen Experten deutlich, die sich bei ARD und ZDF hingegen nicht fand (vgl. Kap. 5.2.3.2 u. 7.1.4). Außerdem zeigte sich bei den Privatsendern ein etwas lockerer Ton in Moderationen und Gesprächen (vg. Kap. 6.5).

Zur Systematisierung der Resultate zu den formalen, inhaltlichen und fernsehästhetischen Merkmalen der Wahlabendberichte wurde eine *Periodisierung* der Programmgeschichte der Wahlabendberichterstattung im deutschen Fernsehen vorgeschlagen. Diese Phaseneinteilung gliedert die Entwicklung der Wahlabendsendungen in Perioden, die jeweils durch Kontinuitäten im Hinblick auf verschiedene Merkmale gekennzeichnet sind. Die Periodengrenzen machen dagegen markante Veränderungen zum vorherigen Entwicklungsstand deutlich. Die Phasen wurden in dem Bewusstsein abgesteckt, dass auf diese Weise komplexe Zusammenhänge der Geschichte der Wahlabendsendungen aus einer retrospektiven Perspektive verdichtet werden. Insgesamt wurden sieben Perioden identifiziert (vgl. Kap. 9.1):

1. Periode von 1953/1957 bis 1961:
   Frühphase der Wahlabendberichterstattung im deutschen Fernsehen

2. Periode 1965:
   Anfänge der professionellen Ergebnis- und Analyseübermittlung
   – ARD und ZDF im Kontrast

3. Periode von 1969 bis 1976:
   Etablierung der professionellen Ergebnis- und Analyseübermittlung
   – abgeschwächte Kontrastierung zwischen ARD und ZDF

4. Periode 1980 und 1983:
   Ähnliche Konzeptionen bei ARD und ZDF
   – auf dem Weg zum Dualen Rundfunksystem

5. Periode 1987 und 1990:
   Positionierungsversuche im Dualen Rundfunksystem
   – öffentlich-rechtliche und private Fernsehanbieter im Kontrast

6. Periode 1994:
   Homogenität durch Konzentration auf Informationen

7. Periode seit 1998:
   Differenzierung und Profilierung durch Spezialisierung

Mit diesem Systematisierungsentwurf stützt die vorliegende Studie die grobe Phaseneinteilung, in die die Geschichte des Fernsehprogramms der Bundesrepublik Deutschland eingeteilt wurde (vgl. Kap. 2.2.3.1). Denn die Phasen und Zäsuren, die für die Entwicklung der Wahlabendberichte ermittelt werden konnten, stimmen damit weitgehend überein. Dennoch zeigte sich, dass sich für das in dieser Studie analysierte Format eine detailliertere Gliederung der Programmgeschichte als instruktiv erweist, da sich nur so seine spezifische Entwicklung systematisch rekonstruieren lässt. Diese Erkenntnis bestätigt die Aussage, dass es eine allgemeingültige Periodisierung der Geschichte des Fernsehens nicht geben kann. Es ist vielmehr erforderlich, eine differenzierte, mehrschichtige Gliederung zu erarbeiten, um das Gesamtphänomen erfassen zu können. Zugleich erscheint es sinnvoll, den vorgelegten Periodisierungsentwurf als eine von mehreren Optionen zu betrachten, die Programmgeschichte der Wahlabendberichterstattung im deutschen Fernsehen zu gliedern, die sich möglicherweise weiter präzisieren und auf jeden Fall in Bezug auf die Wahlabendsondersendungen zu weiteren Wahljahren fortführen lässt.

Darüber hinaus wurden die folgenden *Trends politischer Berichterstattung* am Beispiel der Wahlabendberichte überprüft: Infotainment bzw. Boulevardisierung, Inszenierung, Personalisierung, Ritualisierung und Visualisierung (vgl. für Indizien anhand einzelner Merkmale Kap. 6 bis 8; vgl. für die systematische Überprüfung Kap. 9.2). Als ein wesentliches Resultat konnte herausgearbeitet werden, dass sich die oftmals als im Zeitverlauf eindeutig verstärkt angenommenen Trends politischer Berichterstattung anhand der untersuchten Merkmale nicht linear nachzeichnen lassen. Üblicherweise wurden wellenförmige Entwicklungsmuster identifiziert. Dabei konnten Phasen ausgemacht werden, die durch eine Ab- oder eine Zunahme sowie durch konstante Werte geprägt sind. Um solche Entwicklungsprozesse messen zu können, ist es erforderlich, dass die Stichprobe mindestens drei Zeitpunkte umfasst. Ansonsten könnten zufällige Tendenzen als Normalfall eingestuft werden. Als aussagekräftiger erweist sich zweifelsohne eine Zeitreihenuntersuchung, wie sie in der vorliegenden Arbeit durchgeführt wurde. Einzig eine derartige Untersuchungsanlage erlaubt es, Entwicklungslinien genau nachzuzeichnen.

Eine weitere zentrale Erkenntnis dieser Überprüfung von Infotainment bzw. Boulevardisierung, Inszenierung, Personalisierung, Ritualisierung und Visualisierung ist, dass es nicht ausreicht, diese Trends anhand nur eines Merkmals empirisch belegen zu wollen. Vielmehr speisen sie sich im Bereich des Fernsehjournalismus aus verschiedenen formal-inhaltlichen, formal-ästhetischen, inhaltlichen und fernseh-ästhetischen Elementen. Diese entwickeln sich z. T. konträr. Folglich müssen die entsprechenden Daten als Belege für entgegengesetzte Tendenzen gewertet werden. Erst im Zusammenspiel der Merkmale wird deutlich, ob ein Trend vorliegt und wie er ausgestaltet ist. Als mehrdimensionale Phänomene müssen diese Trends dementsprechend mehrschichtig analysiert werden, indem die einzelnen Befunde abzuwägen sind. Studien, die nur eines oder einige wenige dieser Mittel einbeziehen, bringen eventuell Ergebnisse hervor, die einseitig sind. Dabei kann am Ende einer differenzierten Überprüfung von Trends politischer Berichterstattung nicht ein einziger Messwert stehen, sondern es ist ein auf Basis der ermittelten Indizien begründetes Profil zu beschreiben.

Schließlich wurde eine *Kontextualisierung* der Wahlabendberichterstattung im deutschen Fernsehen vorgenommen, in deren Rahmen Erklärungsansätze für die Entwicklung dieses journalistischen Produkts im Zeitverlauf und für unterschiedliche Ausprägungen bei den verschiedenen TV-Anbietern formuliert wurden (vgl. Kap. 9.3). Um den Kontext der Wahlsendungen zu konturieren, wurden die folgenden Aspekte berücksichtigt (vgl. Kap. 5):

- politische Konstellationen
    - die Kanzlerkandidaten
    - Ergebnisse der Bundestagswahlen und deren politische Konsequenzen
    - das Parteiensystem Deutschlands
- mediale Entwicklungen
    - Veränderungen in Bezug auf das deutsche Rundfunksystem

- organisatorische Bedingungen
  - rechtliche Regelungen und Berufsnormen
  - wirtschaftliche Bedingungen: Finanzierungsform, Marktposition, Wettbewerbssituation und Ressourcen
  - technische Einflussfaktoren
  - formale Organisationsstrukturen
- journalistische und nicht-journalistische Entscheidungsgrundlagen zum Inhalt und zur Form
  - zum Einsatz der Wahlforschung
  - zur Verwendung von wahlfernen Elementen
- Einflussgrößen der Akteurs-Ebene
  - journalistischer Anspruch und journalistische Arbeitsrollen
  - Rollen von Wahlforschern und weiteren Experten
  - Erscheinungsweise und Funktion von Politikern und Bürgern als sonstige Interviewte
  - Publikum: Nutzung und Bewertung, Zuschauerprofil und -interesse

Als Quintessenz dieser Kontextualisierung lässt sich festhalten, dass ein vielfacher Einfluss der einzelnen Bedingungen auf die formalen, inhaltlichen und fernseh-ästhetischen Merkmale der Wahlabendberichte ersichtlich war: Ein und derselbe Einflussfaktor hatte Folgen für verschiedene Elemente der Wahlsendungen. Außerdem hat sich gezeigt, dass die Bedingungen nicht einzeln wirksam waren, sondern üblicherweise mehrere Einflussgrößen des Entstehungszusammenhangs für Effekte verantwortlich waren und zusammengenommen verstärkt Einfluss auf die Wahlberichte hatten. Daher besteht ein multifaktorieller Bezugsrahmen bzw. ein Netz aus Regeln und Bedingungen, das sein Wirkungspotenzial erst in seiner Gesamtheit entfaltet. Beides verdeutlicht die Komplexität, mit der Fernsehformate wie die Wahlabendberichte hergestellt werden. Dies muss bei der wissenschaftlichen Auseinandersetzung mit derartigen Untersuchungsgegenständen berücksichtigt werden, um ein adäquates Verständnis dieser zu ermöglichen.

10.2 Ausblick

Die Erkenntnisse der vorliegenden Studie zur Geschichte der Wahlabendberichterstattung im deutschen Fernsehen am Beispiel der Hauptausgaben der Wahlabendsondersendungen von ARD, ZDF, RTL und Sat.1 zu den Bundestagswahlen zwischen 1961 und 2002 bieten verschiedene Anknüpfungspunkte für weitere Forschungsarbeiten zu diesem Themenbereich. Einige dieser Anschlussmöglichkeiten werden nun skizziert.

Im Hinblick auf den Untersuchungszeitraum dieser Arbeit bietet sich eine Ausweitung durch die *Fortsetzung der Zeitreihe* an. Auf diese Weise ließe sich bspw. prüfen, ob sich die Tendenzen, die sich bei einigen Merkmalen der Wahlberichte zu den letzten beiden Messzeitpunkten angedeutet haben und auf ein verstärktes Vorkommen einiger der Trends politischer Berichterstattung hinweisen, fortsetzen, oder ob erneut Schwankungen zu verzeichnen sind. Die Wahlabendsondersendungen von ARD, ZDF, RTL und Sat.1 zu der Bundestagswahl 2005 liegen als audiovisuelle Primärquelle vor, so dass die Grundlage für eine Fortführung der Langzeitanalyse am originären TV-Material vorhanden ist. Damit würde ein weiterer Beitrag zur politischen Kommunikationsforschung geleistet. Darüber hinaus könnte auf diese Weise die Programmgeschichte der Wahlabendberichterstattung im deutschen Fernsehen fortgeschrieben und der vorgelegte Periodisierungsvorschlag weiter differenziert werden.

In Bezug auf den *Untersuchungsgegenstand* bieten sich mehrere Optionen zukünftiger Forschung an, die weiteren Aufschluss über die journalistische Thematisierung von Wahlen am Wahlabend versprechen. Erstens erscheint es sinnvoll, nicht nur die Wahlabendberichterstattung zu Bundestagswahlen in den Blick zu nehmen, sondern auch *Europa- oder Landtagswahlen* zu untersuchen. Zu Letzteren liegen zwar vereinzelt Studien vor (vgl. Tennert/Stiehler 2001; Teichert/Deichsel 1987), aber ein systematischer Einbezug der Wahlabendberichte zu Europa- und Landtagswahlen in die Analyse dieses Sendeformats steht noch aus. Vor dem Hintergrund des zu Bundestagswahlen unterschiedlichen politischen Stellenwerts von Europa- und Landtagswahlen sowie des divergierenden Interesses, das ihnen seitens der Bürger und damit auch der Fernsehzuschauer zukommt, stellt sich z. B. die Frage, welche Bedeutung die einzelnen TV-Anbieter der abendlichen Berichterstattung dieser Wahlen beimessen, welchen Anspruch sie damit verfolgen und wie sich dies auf das journalistische Produkt der Wahlabendsendungen auswirkt. Interessant ist auch, ob und inwiefern dabei Unterschiede zur Wahlabendberichterstattung über Bundestagswahlen festzustellen sind. Sind die in der vorliegenden Studie ermittelten Spezifika der Wahlabendberichte zu Bundestagswahlen bspw. auch für Wahlabendsendungen zu Europa- und Landtagswahlen typisch oder lassen sich andere Charakteristika identifizieren? Außerdem erscheint es aufschlussreich, sich mit den organisatorischen Voraussetzungen der Wahlabendsendungen zu Europa- und Landtagswahlen, etwa den logistischen Bedingungen, die sich von denen der Wahlberichte zu Bundestagswahlen unterscheiden, auseinander zu setzen und zu untersuchen, inwieweit sie sich in den Produkten niederschlagen. Mit der Beantwortung dieser und weiterer Fragen eröffnet sich die Möglichkeit, einen breiteren Bestand an Wissen zu den Wahlabendsondersendungen zu erarbeiten.

Zweitens erweist es sich angesichts der in den vergangenen Jahren gestiegenen und vermutlich weiter zunehmenden Bedeutung des *Internet* als instruktiv, dieses aktuelle Massenmedium in Bezug auf Wahlabendberichterstattung zu analysieren. Bislang existieren hierzu keine kommunikationswissenschaftlichen Untersuchungen. Das Internet an Wahlabenden in den Blick zu nehmen, erscheint dabei umso interessanter, als sich im Fernsehen am Abend einer Wahl eher ältere Menschen über den Wahlausgang und erste Stellungnahmen und Interpretationen informieren (vgl. Kap. 3.2 u. 5.2.3.4), während das Internet am Wahlabend offenbar von jüngeren Menschen genutzt wird (vgl. vode 2006). Vor diesem Hintergrund stellt sich die Frage, ob und inwiefern das Internet in Zukunft mit dem bislang herausgehobenen aktuellen Massenmedium an Wahlabenden, dem Fernsehen, konkurriert. Dient es zur Ergänzung der Wahlabendberichterstattung im Fernsehen, kommt es also zu einer bimedialen Nutzung, oder ersetzen die online verfügbaren Informationen die TV-Berichterstattung an Wahlabenden? Unter welchen Bedingungen werden Internetangebote ergänzend zur Fernsehberichterstattung genutzt? Welche Gründe veranlassen die Internetnutzer dazu, sich ausschließlich online zu informieren? Und: Wie reagieren die Fernsehsender darauf? Es gilt des Weiteren zu analysieren, welche Angebote im Internet genutzt werden: Sind es die Nachrichtenangebote der Fernsehsender und anderer etablierter Massenmedien oder auch andere Formen der Kommunikation, die sich im Internet ausgebildet haben, wie Weblogs oder Podcasts? Auch hier schließt sich jeweils die Frage nach dem

"Warum?" an. Die kommunikationswissenschaftliche Auseinandersetzung mit den genannten und darüber hinausgehenden Fragen erlaubt es u. a., eventuell eine weitere Phase in der Geschichte der Wahlabendberichterstattung im deutschen Fernsehen zu eruieren und Veränderungen mit Entwicklungen verschiedener Angebote am Wahlabend im Internet und deren Nutzung in Verbindung zu bringen. Darüber hinaus würde auf diese Weise am Beispiel von Online-Angeboten auch ein Beitrag zur Journalismusforschung geleistet.

Drittens besteht ein Mangel an Studien, die sich mit der Wahlabendberichterstattung im *Radio* beschäftigt haben (vgl. als Ausnahme Vowe/Wolling 2003). Die vorliegenden Befunde insbesondere zum vergleichsweise häufigen Einsatz von skurrilen und humorigen Berichten evozieren jedoch Anschlussfragen. Wie lässt sich die häufige Ausstrahlung dieser Beiträge erklären? Handelt es sich dabei um eine bewusste Differenzierung zur Wahlabendberichterstattung im Fernsehen? Für die Wahlabendsondersendungen im TV wurde in der vorliegenden Studie ermittelt, dass Satire sowie kabarettistische und künstlerische Beiträge überhaupt nicht oder nur selten gesendet werden. Gibt es darüber hinaus weitere Unterschiede zwischen der Wahlabendberichterstattung im Radio und im Fernsehen? Bislang wurde lediglich festgestellt, dass die konstitutiven Bestandteile der Wahlabendberichte im TV, d. h., die Informationen über das Wahlergebnis und Reaktionen von Spitzenpolitikern, auch im Radio relevant sind (vgl. Vowe/Wolling 2003: 108 ff.). Weiterhin wird im Radio ebenfalls von der Stimmung auf Wahlpartys berichtet und es werden Einschätzungen von Experten gegeben. Haben sich demgemäß im Radio ebenfalls Sendeformate, die sich auf die Berichterstattung an Wahlabenden konzentrieren, ausgebildet und im Zeitverlauf weiterentwickelt? Wenn nicht, worin liegt dies begründet? Und: Innerhalb welcher Sendungen werden die entsprechenden Informationen geboten? Noch nicht analysiert wurde außerdem, wie die Berichterstattung des auf Auditivität ausgerichteten Massenmediums Radio die Veröffentlichung der Wahlergebnisse umsetzt. Im Gegensatz zum Fernsehen oder auch zum Internet besteht keine Möglichkeit, die Zahlen zu visualisieren. Schließlich ist bisher die Frage offen, ob und inwiefern es für die Wahlabendberichterstattung im Radio prägend ist, dass O-Töne von Politikern z. T. als Mitschnitte aus Fernsehsendungen übernommen werden. Die Beschäftigung mit diesen und weiteren Fragestellungen gestattet, am Exempel der Wahlabendberichterstattung einen Einblick in die divergierenden Rahmenbedingungen verschiedener Medienbereiche des Journalismus zu erhalten und zugleich die Auswirkungen dieser Implikationen auf ein journalistisches Produkt zu ermitteln.

Des Weiteren erscheint die intensivere Beschäftigung mit *inhaltlichen Aspekten* sinnvoll. Es bietet sich bspw. an, die *Thematisierung von Wahlforschungsergebnissen* und die *Methodik*, die diesen zugrunde liegt, gründlicher zu analysieren. Vor dem Hintergrund rechtlicher Regelungen und normativer Anforderungen wurden bereits mehrere Studien zur Qualität der journalistischen Thematisierung von Bevölkerungsumfragen in Printmedien in verschiedenen Ländern vorgelegt (vgl. in jüngerer Zeit z. B. Hohlfeld 2003; Raupp 2003; Welch 2002; Hardmeier 2000; Donovitz 1999; Brettschneider 1996 u. 1991). In weitgehender Übereinstimmung fanden diese Studien heraus, dass der Journalismus im Printbereich nur teilweise präzise und transparent über Bevölkerungsumfragen berichtet, er also einschlägige Qualitätskriterien oft missachtet hat und mehr Informationen zur methodischen Umsetzung liefern könnte. Dabei wurde auch festgestellt, dass es Unterschiede in der Berichterstattung über Befragungen gibt, die von dem eigenen Medium selbst in Auftrag gegeben worden sind, und Erhebungen, die von Meinungsforschungsinstituten anderer Auftraggeber durchgeführt wurden. So genannte „in-house-polls", wie die vom Medium selbst beauftragten Bevölkerungsumfragen bezeichnet werden, wirkten sich qualitätsfördernd aus, da zu ihnen mehr methodische Angaben gemacht wurden (vgl. Donovitz 1999: 129). Im Gegensatz zur Printberichterstattung wurde die Qualität der Fernsehberichterstattung über Ergebnisse von Meinungsumfragen bisher nur ausnahmsweise untersucht (vgl. als Einzelfall Rössler 2003). Dementsprechend existieren bis dato lediglich wenige systematische Erkenntnisse zur Thematisierung von demoskopischen Befunden im Fernsehjournalismus. Dabei wurde ermittelt, dass das Fernsehen in Bezug auf die Qualität ähnlich schlecht abschneidet wie die Printmedien. Außerdem wurde eine „enge Verzahnung von Sendern und Umfrageinstituten" (Rössler 2003: 149) konstatiert. In keinem der untersuchten Fälle wurden die Resultate unterschiedlicher Befragungsinstitute referiert. Stattdessen wurde ausschließlich über die Erkenntnisse des jeweils unter Vertrag stehenden Instituts berichtet.

An diesen Befunden könnte eine tiefer gehende Untersuchung der Veröffentlichung von Wahlforschungsergebnissen in Wahlabendsondersendungen im Fernsehen ansetzen. An den vorliegenden audiovisuellen Primärquellen der Hauptausgaben der Wahlabendsondersendungen von ARD, ZDF, RTL und Sat.1 zu den zwölf Messzeitpunkten ließe sich ermitteln, über welche methodischen Angaben informiert wurde. Darüber hinaus könnte an dem originären Fernsehmaterial zur Wahlabendberichterstattung festgestellt werden, inwieweit die TV-Anbieter an Wahlabenden, an denen die Wahlforschungsergebnisse ein integrales Element der Berichterstattung sind (vgl. Kap. 6.2.2), tatsächlich nur über die Erkenntnisse der bei ihnen unter Vertrag stehenden Meinungsforschungsinstitute und damit einseitig berichten oder vielfältig informieren. Bereits seit den 1960er Jahren bestehen im Hinblick auf die Wahlabendberichte Kooperationen zwischen den TV-Sendern und unterschiedlichen Instituten (vgl. Kap. 5.2.2.1). Vor diesem Hintergrund erscheint eine Langzeitanalyse aufschlussreich.

Außerdem erweist es sich als instruktiv, am Beispiel der Wahlabendberichterstattung die Problematik der *Genauigkeit* der Prognosen und Hochrechnungen der Wahlforschung zu untersuchen. Für Printmedien wurde festgestellt, dass die Genauigkeit häufig strapaziert wurde (vgl. z. B. Hardmeier 2000: 377). Denkbar ist die Überprüfung der Prognosen und ersten Hochrechnung mit den amtlichen Endergebnissen, die z. B. durch folgende Fragen angeleitet werden könnte: Inwieweit stimmen die Zahlen überein? Wie hoch fallen die Unterschiede aus? Liegen die Werte innerhalb der statistischen Toleranz? Wurde diese Fehlerquote angegeben? Auf diese Weise ließe sich empirisch feststellen, wie weit die Wahlforschungsergebnisse zu Bundestagswahlen zwischen 1961 bis 2002 tatsächlich von den amtlichen Endergebnissen abgewichen sind, wie ein häufiger Vorwurf lautet.

Schließlich ist in diesem Zusammenhang die Frage nach dem *Umgang mit vorherigen Prognosen* bis dato unbeantwortet: Was prognostiziert die journalistische Berichterstattung vor der Wahl über die politischen Konstellationen, die aus dem Wahlergebnis resultieren, und ihre Folgen und wie gehen Journalisten anschließend mit diesen Prognosen um? Dabei erscheint es v. a. interessant, den journalistischen Umgang mit Fehlprognosen in den Blick zu nehmen. Welche Reaktionen sind erkennbar, wenn eine Diskrepanz zwischen den Umfrageergebnissen im Wahlkampf und der Prognose sowie den Hochrechnungen am Wahlabend besteht? Was wird wie thematisiert? Dies ist auch angesichts der engen Bindung zu den jeweils kooperierenden Meinungsforschungsinstituten von Interesse (vgl. Raupp 2003: 131 f.). Insbesondere nach der Bundestagswahl 2005 wurde von Seiten der Politik vehemente Kritik an der Zahlengläubigkeit der Journalisten und der unkritischen Handhabe der Resultate der von den eigenen Medien jeweils beauftragten Institute geübt (vgl. für einen

Überblick z. B. Braun 2006). Hier stellt sich die Frage, ob und inwiefern Metaberichterstattung über die eigene Arbeit und Vorgehensweise eine Option ist? Erfolgt eine kritische Berichterstattung? Wird transparent informiert? In diesem Zusammenhang ist ebenfalls relevant, wie über Umfragen weiterer Meinungsforschungsinstitute berichtet wird. Werden Vergleiche angestellt oder zumindest Tendenzen angezeigt? Wird das auf diese Weise mögliche Korrektiv genutzt? Oder fokussieren die TV-Anbieter stark auf die eigenen Daten?

Des Weiteren ist denkbar, die in der vorliegenden Studie rekonstruierte Programmgeschichte der Wahlabendberichterstattung im deutschen Fernsehen mit bislang nicht einbezogenen Einflussfaktoren des Entstehungsrahmens in Verbindung zu setzen, um den *Erklärungszusammenhang* zu verdichten. So könnten neben den berücksichtigten politischen Konstellationen als Gegenstand der Berichterstattung (vgl. Kap. 5.1) z. B. die Veränderungen in Bezug auf die *Wählerschaft* zur Erklärung der Entwicklungsprozesse der Wahlabendsondersendungen zu den Bundestagswahlen zwischen 1961 und 2002 herangezogen werden. Im Zeitverlauf sind die Bindungen der Wähler an die Parteien schwächer geworden, die Parteienidentifikation hat abgenommen. Dies äußert sich u. a. darin, dass die Parteien einen Mitgliederschwund zu beklagen haben und dass bei Wahlen eine Zunahme des Stimmen-Splittings zu verzeichnen ist. Außerdem hat die Zahl der Stammwähler ab- und die der Wechselwähler zugenommen. Es gibt zudem mehr Wähler, die sich erst kurzfristig entscheiden, welche Partei sie wählen. Das Nicht-Wählen ist ebenfalls für mehr Menschen eine Option als früher. Ob und inwiefern sich diese Entwicklungen auf die Wahlabendberichterstattung auswirken, wurde bislang nicht erforscht. Vorstellbar sind Effekte im Hinblick auf die Bekanntgabe der Prognosen und Hochrechnungen, da Veränderungen hinsichtlich der Wählerschaft Konsequenzen für die Wahlforschung nach sich ziehen. Wird diese Problematik thematisiert? Wenn ja, inwieweit wird sie dargestellt? Wird sie lediglich angesprochen oder in den präsentierten Grafiken aufgegriffen? Eine Analyse, die von diesen und weiteren Fragen angeleitet wird, würde zur Kontextualisierung des journalistischen Produkts der Wahlabendsendungen ebenso beitragen wie zur Erforschung der Thematisierung der Wahlforschung als wesentlichem Element der Wahlabendberichterstattung.

Schließlich bietet es sich an, die *Nachwahlberichterstattung* näher zu beleuchten, und so einen weiteren Beitrag zur politischen Kommunikations- und zur Journalismusforschung zu leisten. Mit der Nachwahlberichterstattung ist die Thematisierung des politischen Großereignisses Wahl gemeint, die sich zeitlich auf den Tag bzw. die Tage nach der Wahl eingrenzen und inhaltlich als tiefer gehende Analyse des Wahlergebnisses und der Informationen über die Konsequenzen des Wahlgangs fassen lässt. Auch diese Form von Wahlberichterstattung ist im Vergleich zur Wahlkampfberichterstattung kaum erforscht. Die wenigen bestehenden Studien analysieren neben verschiedenen Aspekten der Strukturen der Nachwahlberichterstattung im Printbereich v. a. den Interpretationsprozess des Wahlergebnisses, der im Zusammenhang einer spätestens im Wahlkampf aufgebauten komplexen Erwartungsstruktur abläuft (vgl. Melischek/Seethaler 2003 u. 2000; Försterling 2000; Scherer/Hagen/Rieß/Zipfel 1996; Försterling/Groeneveld 1983).

Dagegen sind z. B. folgende Fragen noch offen: Lässt sich empirisch bestätigen, dass sowohl Zahlen als auch Zitate, die in den Wahlabendsendungen des Fernsehens ausgestrahlt wurden, im Rahmen der Nachwahlberichterstattung übernommen werden? Erweist sich die Nachwahlberichterstattung – wie angenommen – tatsächlich als hintergründiger als die Wahlabendberichterstattung oder steht die Veröffentlichung der Wahlresultate weiterhin im Mittelpunkt der Informationen? Gilt die Annahme der tiefer gehenden Analyse des

Wahlergebnisses und die Berichterstattung über die Folgen des Wahlgangs lediglich für den Medienbereich des Printjournalismus oder auch für den Rundfunk- und den Onlinebereich? Inwieweit werden dabei problematische Aspekte der Wahlabendberichterstattung, etwa die Genauigkeit der publizierten Wahlforschungsergebnisse, in der Nachwahlberichterstattung aufgegriffen?

Des Weiteren stehen auch geschichtliche Untersuchungen der Nachwahlberichterstattung noch aus. Dabei ist die Erforschung der Nachwahlberichterstattung im Printjournalismus wegen der Quellenlage einfacher umsetzbar als bspw. die Analyse der Nachwahlberichterstattung im Fernsehen. Weiterhin erscheint, wenn der Begriff der Nachwahlberichterstattung weiter gefasst und nicht nur auf die Tage direkt nach einer Wahl bezogen wird, interessant, ob der Journalismus die tatsächliche Politik nach der Wahl mit den Wahlversprechen vergleicht und so seiner Demokratie sichernden Aufgabe, Kritik und Kontrolle zu üben, nachkommt.

11 Literatur, Presseartikel und Archivmaterialien

Literatur und Presseartikel

Abich, Hans (1975): Unter der Adresse München-Schwabing. Die Programmdirektion Deutsches Fernsehen. In: ARD-Jahrbuch 1975. Hamburg: 116-123.

Adelmann, Ralf/Hesse, Jan O./Keilbach, Judith/Stauff, Markus/Thiele, Matthias (2001): Analysen des Fernsehens. In: Adelmann, Ralf/Hesse, Jan O./Keilbach, Judith/Stauff, Markus/Thiele, Matthias (Hrsg.): Grundlagentexte zur Fernsehwissenschaft. Theorie – Geschichte – Analyse. Konstanz: 335-343.

Albrecht, Richard (1987): Zur Präsentation von Wahldaten im Fernsehen. In: medium, Nr. 4: 4-6.

Alemann, Ulrich von (2003): Das Parteiensystem der Bundesrepublik Deutschland. Bonn.

Alemann, Ulrich von/Marschall, Stefan (2002a) (Hrsg.): Parteien in der Mediendemokratie. Wiesbaden.

Alemann, Ulrich von/Marschall, Stefan (2002b): Parteien in der Mediendemokratie – Medien in der Parteiendemokratie. In: Alemann, Ulrich von/Marschall, Stefan (Hrsg.): Parteien in der Mediendemokratie. Wiesbaden: 15-41.

ALM (2003): Aktuelle Ergebnisse der TV-Programmanalyse vorgestellt: Unterschiede zwischen öffentlich-rechtlichem und privatem Fernsehen vor allem bei politischer Berichterstattung. Unter: „http://www.alm.de/gem_stellen/presse_pwm/pm/210503.htm" (Download vom 05.09.2003).

ALM (2001): Programmbericht zur Lage und Entwicklung des Fernsehens in Deutschland 2000/2001. Konstanz.

Altendorfer, Otto (2001): Das Mediensystem der Bundesrepublik Deutschland. Band 1. Wiesbaden.

Altendorfer, Otto (2004): Das Mediensystem der Bundesrepublik Deutschland. Band 2. Wiesbaden.

Althaus, Marco (2002): Professionalismus im Werden. Wahlkampfberater im US-Wahljahr 2000. In: Schatz, Heribert/Rössler, Patrick/Nieland, Jörg-Uwe (Hrsg.): Politische Akteure in der Mediendemokratie. Politiker in den Fesseln der Medien? Wiesbaden: 79-100.

Altmeppen, Klaus-Dieter (1999): Redaktionen als Koordinationszentren. Beobachtungen journalistischen Handelns. Opladen/Wiesbaden.

Altmeppen, Klaus-Dieter/Röttger, Ulrike/Bentele, Günter (2003) (Hrsg.): Schwierige Verhältnisse: Interdependenzen zwischen Journalismus und PR. Wiesbaden.

Altmeppen, Klaus-Dieter/Donges, Patrick/Engels, Kerstin (2000): Transformationen im Journalismus. Entdifferenzierung der Organisationen und Qualifikationen im Formatjournalismus. In: Publizistik,, Nr. 2: 200-218.

Altmeppen, Klaus-Dieter/Löffelholz, Martin (1998): Zwischen Verlautbarungsorgan und „vierter Gewalt". Strukturen, Abhängigkeiten und Perspektiven des politischen Journalismus. In: Sarcinelli, Ulrich (Hrsg.): Politikvermittlung und Demokratie in der Mediengesellschaft. Wiesbaden: 97-123.

ARD (2003): ARD-Jahrbuch 2003. Hamburg.

Atzorn, Robert (1976): Richtig spannend wie früher war's nicht. In: HörZu, Nr. 42: 10.

Baker, Kendall L./Norpoth, Helmut/Schönbach, Klaus (1981): Die Fernsehdiskussionen der Spitzenkandidaten vor den Bundestagswahlen 1972 und 1976. In: Publizistik, Nr. 4: 530-544.

Baum, Achim (1994): Journalistisches Handeln. Eine Kritik der Journalismusforschung. Opladen.

Bausch, Hans (1980) (Hrsg.): Rundfunk in Deutschland. Bände 1 bis 5. München.

Bausch, Hans (1969): ARD – was ist das? Rundfunk in der Bundesrepublik Deutschland. In: ARD-Jahrbuch 1969. Frankfurt: 13-18.

Bauschke, Christian (2002): Auf der Achterbahn. Weil die Hochrechnungen Amok liefen, erlebten die Fernsehzuschauer einen verwirrend verrückten Wahlabend. In: Die Welt vom 24.09.2002. Unter: „http://www.welt.de/daten/2002/09/24/0924mm358269.htx?print=1" (Download am 24.09.2002).

Becker, Manfred (1998): Design oder nicht sein. In: RTL-Kommunikation (Hrsg.): 10 Jahre RTL Aktuell. Bornheim: 41.

Bellut, Thomas (1994): Wahlsonntage – Herausforderungen für das Fernsehen. In: ZDF-Kontakt, Nr. 11: 3.

Bentele, Günter (1998): Politische Öffentlichkeitsarbeit. In: Sarcinelli, Ulrich (Hrsg.): Politikvermittlung und Demokratie in der Mediengesellschaft. Wiesbaden: 124-145.

Beutelschmidt, Thomas (2003): Televisionen Ost. Überlegungen zum Forschungsvorhaben ‚Programmgeschichte DDR-Fernsehen – komparativ' aus Sicht eines Teilprojekts. In: Bleicher, Joan Kristin (Hrsg.): Fernsehgeschichte. Modelle – Theorien – Projekte. Hamburg: 36-58.

Bieber, Christoph (2003): Auf dem Weg zum „öffentlich-rechtlichen Internet"? Eine Skizze. In: Sarcinelli, Ulrich/Tenscher, Jens (Hrsg.): Machtdarstellung und Darstellungsmacht. Beiträge zu Theorie und Praxis moderner Politikvermittlung. Baden-Baden: 141-148.

Bieber, Christoph (2002): In der Amerikanisierungsfalle. Bei der Einführung der TV-Duelle wurde demokratisches Potenzial verschenkt. In: Grimme. Zeitschrift für Programm, Forschung und Medienproduktion, Nr. 3: 18-20.

Bild und Funk (2002): Nr. 38.

Bild und Funk (1994): Nr. 41.

Bild und Funk (1990): Nr. 49.

Bild und Funk (1987): Nr. 4.

Bild und Funk (1983): Nr. 9.

Bleicher, Joan Kristin (2003): Fernsehgeschichte und ihre Beziehung zu Modellen der Mediengeschichte. Ein Forschungsbericht. In: Bleicher, Joan Kristin (Hrsg.): Fernsehgeschichte. Modelle – Theorien – Projekte. Hamburg: 3-22.

Bleicher, Joan Kristin (1994): Überlegungen zur Analyse der Programmgeschichte und ihrer Methodik. In: Hickethier, Knut (Hrsg.): Aspekte der Fernsehanalyse: Methoden und Modelle. Münster/Hamburg: 137-154.

Bleicher, Joan (1993a): Chronik zur Programmgeschichte des deutschen Fernsehens. Berlin.

Bleicher, Joan Kristin (1993b): Institutionsgeschichte des bundesrepublikanischen Fernsehens. In: Hickethier, Knut (Hrsg.): Institution, Technik und Programm: Rahmenaspekte der Programmgeschichte des Fernsehens. München: 67-132.

b.l./h.t. (1987): „Jetzt machen wir die Absahne". Fernseh-Wahlnacht hinter den Kulissen. In: HörZu, Nr. 6: 8.

Blöbaum, Bernd (2004): Organisationen, Programm und Rollen. Die Struktur des Journalismus in systemtheoretischer Perspektive. In: Löffelholz, Martin (Hrsg.): Theorien des Journalismus. Ein diskursives Handbuch. 2., vollständig überarbeitete und erweiterte Auflage. Wiesbaden: 201-215.

Blöbaum, Bernd (2000): Organisationen, Programme und Rollen. Die Struktur des Journalismus. In: Löffelholz, Martin (Hrsg.): Theorien des Journalismus. Ein diskursives Handbuch. Wiesbaden: 169-183.

Blöbaum, Bernd (1994): Journalismus als soziales System: Geschichte, Ausdifferenzierung und Verselbständigung. Opladen.

Blomqvist, Clarissa (2002): Über die allmähliche Veränderung der Nachricht beim Redigieren. Eine linguistische Analyse der Nachrichtenbearbeitung bei der Deutschen Presse-Agentur (dpa) und verschiedenen deutschen Tageszeitungen. Frankfurt am Main.

Bock, Marlene (1992): „Das halbstrukturierte-leitfadenorientierte Tiefeninterview" – Theorie und Praxis der Methode am Beispiel von Paarinterviews. In: Hoffmeyer-Zlotnik, Jürgen H. P. (Hrsg.): Analyse verbaler Daten. Über den Umgang mit qualitativen Daten. Opladen: 90-109.

Bobrowsky, Manfred/Langenbucher, Wolfgang R. (1987) (Hrsg.): Wege zur Kommunikationsgeschichte. München.

Boeltken, Ferdinand (1976): Auswahlverfahren. Eine Einführung für Sozialwissenschaftler. Stuttgart.

Bogner, Alexander/Menz, Wolfgang (2005): Das theoriegenerierende Experteninterview. Erkenntnisinteresse, Wissensformen, Interaktion. In: Bogner, Alexander/Littig, Beate/Menz, Wolfgang (Hrsg.): Das Experteninterview. Theorie, Methode, Anwendung. 2. Auflage. Opladen: 33-70.

Bohn, Thomas W. (1980): Broadcasting National Election Returns, 1952-1976. In: Journal of Communication, Nr. 4: 140-153.

Bohn, Thomas W. (1968): Broadcasting National Election Returns: 1916-1948. In: Journal of Broadcasting, Nr. 3: 267-286.

Bohrmann, Hans/Jarren, Otfried/Melischek, Gabriele/Seethaler, Josef (2000) (Hrsg.): Wahlen und Politikvermittlung durch Massenmedien. Wiesbaden.

Bonfadelli, Heinz (2003): Medieninhalte. In: Bentele, Günter/Brosius, Hans-Bernd/Jarren, Otfried (Hrsg.): Öffentliche Kommunikation. Handbuch Kommunikations- und Medienwissenschaft. Wiesbaden: 79-100.

Bonfadelli, Heinz (2000): Medienwirkungsforschung II. Anwendungen in Politik, Wirtschaft und Kultur. Konstanz.

Bosshart, Louis (1991): Infotainment im Spannungsfeld von Information und Unterhaltung. In: Medienwissenschaft Schweiz: 1-4.

Branahl, Udo (1996): Medienrecht. Eine Einführung. 2., überarbeitete Auflage. Opladen.

Braun, Rainer (2006): Die zahlengläubige Republik. Das Fernsehen verlässt sich zunehmend auf Prognosen der Wahlforscher – allen Fehleinschätzungen zum Trotz. In: Frankfurter Rundschau vom 24.03.2006: 17.

Breed, Warren (1980): The Newspaperman, News and Society. New York.
Breed, Warren (1973): Soziale Kontrolle in der Redaktion: Eine funktionale Analyse. In: Aufermann, Jörg/Bohrmann, Hans/Sülzer, Rolf (Hrsg.): Gesellschaftliche Kommunikation und Information. Frankfurt am Main: 356-378.
Brendel, Matthias/Brendel, Frank (2000): Richtig recherchieren. Wie Profis Informationen suchen und besorgen. Ein Handbuch für Journalisten, Rechercheure und Öffentlichkeitsarbeiter. Mit Internet-Guide. 4., erweiterte Auflage. Frankfurt am Main.
Bresser, Klaus (1998): Gut gewählt! In: ZDF-Monatsjournal, Nr. 9: 3.
Brettschneider, Frank (2002a): Spitzenkandidaten und Wahlerfolg. Personalisierung – Kompetenz – Parteien. Ein internationaler Vergleich. Wiesbaden.
Brettschneider, Frank (2002b): Wahlen in der Mediengesellschaft – Der Einfluss der Massenmedien auf die Parteipräferenz. In: Alemann, Ulrich von/Marschall, Stefan (Hrsg.): Parteien in der Mediendemokratie. Wiesbaden: 57-80.
Brettschneider, Frank (2002c): Die Medienwahl 2002: Themenmanagement und Berichterstattung. In: Aus Politik und Zeitgeschichte, Nr. 49-50: 36-47. Unter: „http://www.bundestag.de/cgi-bin/druck.pl?N=parlament" (Download vom 04.07.2003).
Brettschneider, Frank (2002d): Kanzlerkandidaten im Fernsehen. Häufigkeit – Tendenz – Schwerpunkte. In: Media Perspektiven, Nr. 6: 263-276.
Brettschneider, Frank (2000): Demoskopie im Wahlkampf – Leitstern oder Irrlicht? In: Klein, Markus/Jagodzinski, Wolfgang/Mochmann, Ekkehard/Ohr, Dieter (Hrsg.): 50 Jahre empirische Wahlforschung in Deutschland. Entwicklung, Befunde, Perspektiven, Daten. Wiesbaden: 477-505.
Brettschneider, Frank (1996): Wahlumfragen und Medien – Eine empirische Untersuchung der Presseberichterstattung über Meinungsumfragen vor den Bundestagswahlen 1980 bis 1994. In: Politische Vierteljahresschrift, Nr. 3: 475-493.
Brettschneider, Frank (1991): Wahlumfragen: Empirische Befunde zur Darstellung in den Medien und zum Einfluß auf das Wahlverhalten in der Bundesrepublik Deutschland und in den USA. München.
Brosda, Carsten (2000a): Kommunikationsspektakel Wahlkampf. Empirische Befunde und Perspektiven. In: Zeitschrift für Kommunikationsökologie, Nr. 1: 6-10.
Brosda, Carsten (2000b): Medien dürfen Spaß machen. Zur Unterhaltung als journalistisches Qualitätskriterium im Kontext der Politikvermittlung; In: Nieland, Jörg-Uwe/Schicha, Christian (Hrsg.): Infotainment und Aspekte medialer Wahrnehmung – Ereignisbericht und Stellungnahmen zum Workshop an der FU Berlin vom 02.06.1999 im Rahmen des DFG-Schwerpunktprogramms: „Theatralität". Duisburg: 90-98.
Brosda, Carsten/Schicha, Christian (2002): Politikvermittlung im Unterhaltungskontext. Formen politischer Rituale und ihre Grenzen. In: Schicha, Christian/Brosda, Carsten (Hrsg.): Politikvermittlung in Unterhaltungsformaten. Medieninszenierungen zwischen Popularität und Populismus. Münster: 152-168.
Brosius, Hans-Bernd (2001): Stabilität und Wandel: Inhalte und Darstellungsformen von Fernsehnachrichten. In: Marcinkowski, Frank (Hrsg.): Die Politik der Massenmedien. Heribert Schatz zum 65. Geburtstag. Köln: 115-141.
Brosius, Hans-Bernd (1998a): Politikvermittlung durch Fernsehen. Inhalte und Rezeption von Fernsehnachrichten. In: Klingler, Walter/Roters, Gunnar/Zöllner, Oliver (Hrsg.): Fernsehforschung in Deutschland. Band 1. Themen – Akteure – Methoden. Baden-Baden: 283-302.
Brosius, Hans-Bernd (1998b): Visualisierung von Fernsehnachrichten. Text-Bild-Beziehungen und ihre Bedeutung für die Informationsleistung. In: Kamps, Klaus/Meckel, Miriam (Hrsg.): Fernsehnachrichten. Prozesse, Strukturen, Funktionen. Opladen/Wiesbaden: 213-224.
Brosius, Hans-Bernd/Koschel, Friederike (2001): Methoden der empirischen Kommunikationsforschung. Eine Einführung. Wiesbaden.
Brown, James/Hain, Paul L. (1978): Covering the Political Campaign. Reporting the Vote on Election Night. In: Journal of Communication, 28. Jg., Nr. 4: 132-138.
Bruns, Thomas/Marcinkowski, Frank (1997): Politische Information im Fernsehen. Eine Längsschnittstudie. Opladen.
Bussemer, Thymian (2004): Buchbesprechungen – Essay. In: Publizistik, Nr. 3: 368-373.
Bussemer, Thymian (2002): ‚Nach einem dreifachen Sieg-Heil auf den Führer ging man zum gemütlichen Teil über'. Propaganda und Unterhaltung im Nationalsozialismus. Zu den historischen Wurzeln eines nur vermeintlich neuen Phänomens. In: Schicha, Christian/Brosda, Carsten (Hrsg.): Politikvermittlung in Unterhaltungsformaten. Medieninszenierungen zwischen Popularität und Populismus. Münster: 73-87.
Buß, Michal/Darschin, Wolfgang (2004): Auf der Suche nach dem Fernsehpublikum. Ein Rückblick auf 40 Jahr kontinuierliche Zuschauerforschung. In: Media Perspektiven, Nr. 1: 15-27.

Buß, Michael/Ehlers, Renate (1982): Mediennutzung und politische Einstellung im Bundestagswahlkampf 1980. In: Media Perspektiven, Nr. 4: 237-253.

Bußkamp, Heike (2002): Politiker im Fernsehtalk. Strategien der medialen Darstellung des Privatlebens von Politikprominenz. Wiesbaden.

Burkart, Roland (1985): Medienereignis „TV-Duell". Die Entlarvung eines Mythos. In: Plasser, Fritz/Ulram, Peter A./Welan, Manfred (Hrsg.): Demokratierituale. Zur politischen Kultur der Informationsgesellschaft. Wien/Köln/Graz: 75-92.

Bz/Ri/Mm (1972): infas-Wahlberichterstattung. Bundestagswahl 19. November 1972. Bonn-Bad Godesberg.

Claßen, Elvira/Leistner, Annegret (1996): Probleme bei der Inhaltsanalyse von Fernsehnachrichtensendungen aus den 40er bis 60er Jahren: CBS EVENING NEWS und TAGESSCHAU. In: Schütte, Georg (Hrsg.): Fernsehnachrichtensendungen der frühen Jahre: Archive, Materialien, Analysen, Probleme, Befunde. Siegen: 70-84.

Darkow, Michael/Buß, Michael (1983): Der Bundestagswahlkampf 1980 – ein Ereignis am Rande des Alltags. In: Schulz, Winfried/Schönbach, Klaus (Hrsg.): Massenmedien und Wahlen. Mass media and elections: International research perspectives. München: 446-463.

Darkow, Michael/Zimmer, Karl (1982): Der Wahlkampf als Alltagsereignis – unbedeutend. Erste Ergebnisse des Tagebuch-Panels ‚Fernsehen und Alltag'. In: Media Perspektiven, Nr. 4: 254-262.

Darschin, Wolfgang (1979): Bundestagswahlen im Fernsehen. Programmplanung und Programmnutzung an Wahlsonntagen (1965-1976). Interner Bericht. In: ARD Sachakte Koordinator Politik „Bundestagswahl 1980".

Darschin, Wolfgang (1972): Anmerkung zu den Infratam-Zahlen für die Wahlberichterstattung am 19. November 1972. Deutsches Fernsehen, Programmdirektion vom 04.12.1972. In: ARD Sachakte Koordinator Politik zur Bundestagswahl 1976 „Sendungen anläßlich der Bundestagswahl 1976".

Darschin, Wolfgang/Gerhard, Heinz (2004): Tendenzen im Zuschauerverhalten. Fernsehgewohnheiten und Fernsehreichweiten im Jahr 2003. In: Media Perspektiven, Nr. 4: 142-150.

Darschin, Wolfgang/Gerhard, Heinz (2003): Tendenzen im Zuschauerverhalten. Fernsehgewohnheiten und Fernsehreichweiten im Jahr 2002. In: Media Perspektiven, Nr. 4: 158-166.

D. B. (1976): Zahlen statt Drama. In: Die Zeit vom 08.10.1976.

Decker, Rolf (2003): Das Vorhaben „Bundestagswahl 2002". In: ZDF-Jahrbuch 2002. Mainz: 244 u. 245.

Dehm, Ursula (2005): Das TV-Duell 2005 aus Zuschauersicht. Eine Befragung des ZDF zum Wahlduell zwischen Herausforderin Angela Merkel und Kanzler Gerhard Schröder. In: Media Perspektiven, Nr. 12: 627-637.

Dehm, Ursula (2002): Fernsehduelle im Urteil der Zuschauer. Eine Befragung des ZDF zu einem neuen Sendungsformat bei der Bundestagswahl 2002. In: Media Perspektiven, Nr. 12: 600-609.

Dehm, Ursula (1984): Fernsehunterhaltung. Zeitvertreib, Flucht oder Zwang? Mainz.

Denninger, Manfred (1998a): Die grafische Aufbereitung der Wahlergebnisse – eine Folge von Innovationen im Lauf der Jahre. In: ZDF-Kontakt, Nr. 2: 5.

Denninger, Manfred (1998b): Wie kommen die Zahlen der Forschungsgruppe Wahlen auf den Bildschirm? In: ZDF-Monatsjournal, Nr. 9: 6.

Depenbrock, Gerd (1998): Die Prognose: Keine Hexerei. In: WDR print, September: 4 u. 5.

Deuse, Christiane (1993): Rudolf Wildenmann (1921-1993). In: Studienkreis Rundfunk und Geschichte. Mitteilungen, Nr. 4: 204 u. 205.

Deutscher Presserat (2001): Publizistische Grundsätze (Pressekodex). Richtlinien für die publizistische Arbeit nach Empfehlungen des Deutschen Presserats. Beschwerdeordnung. Fassung vom 20.06.2001. Bonn.

DFG-Projekt (Hrsg.): Programmgeschichte des DDR-Fernsehens komparativ. MAZ – Materialien, Analysen, Zusammenhänge. Leipzig.

DFG-Sonderforschungsbereich 240 (Hrsg.): Arbeitshefte Bildschirmmedien. Ästhetik, Pragmatik und Geschichte der Bildschirmmedien. Siegen.

Diehl, Jörg (2002): Reichstag fest in Fernsehhand. In: Rheinische Post vom 21.09.2002.

Diehlmann, Nicole (2003): Journalisten und Fernsehnachrichten. In: Ruhrmann, Georg/Woelke, Jens/Maier, Michaela/Diehlmann, Nicole: Der Wert von Nachrichten im deutschen Fernsehen. Ein Modell zur Validierung von Nachrichtenfaktoren. Opladen: 99-144.

Diekmann, Andreas (1996): Empirische Sozialforschung. Grundlagen, Methoden, Anwendungen. Reinbek bei Hamburg.

Dietrich, Wolf (1969): Auch diesmal keine Fernsehwahl. Probleme der Wahlkampfberichterstattung und ihre Lösung im ZDF. In: Longolius, Christian (Hrsg.): Fernsehen in Deutschland. Band 2. Die Bundestagswahl 1969 als journalistische Aufgabe. Mainz: 17-26.

Diller, Ansgar (1999): Öffentlich-rechtlicher Rundfunk. In: Wilke, Jürgen (Hrsg.): Mediengeschichte der Bundesrepublik Deutschland. Köln: 146-166.

Dittmar, Claudia/Vollberg, Susanne (2004) (Hrsg.): Alternative im DDR-Fernsehen? Die Programmentwicklung 1981 bis 1985. Leipzig.

Dittmar, Claudia/Vollberg, Susanne (2002) (Hrsg.): Die Überwindung der Langeweile? Zur Programmentwicklung des DDR-Fernsehens 1968 bis 1974. Leipzig.

dl (2002): Öffentlich-rechtlicher Rundfunk als Beute der Parteien. In: Funk-Korrespondenz, Nr. 19: 17.

DLM (2003): Aktuelle Ergebnisse der TV-Programmanalyse vorgestellt: Unterschiede zwischen öffentlich-rechtlichem und privatem Fernsehen vor allem bei politischer Berichterstattung. Pressemitteilung 2/2003 vom 21.05.2003.

Döring, Nicola (2003): Politiker-Homepages zwischen Politik-PR und Bürgerpartizipation. In: Publizistik, Nr. 1: 25-46.

Dörner, Andreas (2001): Politainment. Politik in der medialen Erlebnisgesellschaft. Frankfurt am Main.

Donges, Patrick (2000): Amerikanisierung, Professionalisierung, Modernisierung? Anmerkungen zu einigen amorphen Begriffen. In: Kamps, Klaus (Hrsg.): Trans-Atlantik – Trans-Portabel? Die Amerikanisierungsthese in der politischen Kommunikation. Wiesbaden: 27-40.

Donner, Wolf (1969): Die Nacht der Apparate. In: Die Zeit, Nr. 40 vom 3.10.1969: 25 u. 26.

Donovitz, Frank (2004): Fahrlässig bis Embedded. Zum Verhältnis von Journalisten und Demoskopen in Deutschland. In: Forum.Medien.Politik. (Hrsg.): Trends der politischen Kommunikation. Beiträge aus Theorie und Praxis. Münster: 228-235.

Donovitz, Frank (1999): Journalismus und Demoskopie. Wahlumfragen in den Medien. Berlin.

Donsbach, Wolfgang (1991): Medienwirkung trotz Selektion: Einflussfaktoren auf die Zuwendung zu Zeitungsinhalten. Köln/Weimar.

Donsbach, Wolfgang (1979): Aus eigenem Recht. Legitimationsbewusstsein und Legitimationsgründe von Journalisten. In: Kepplinger, Hans Mathias (Hrsg.): Angepaßte Außenseiter. Freiburg/München: 29-48.

Donsbach, Wolfgang/Büttner, Katrin (2005): Boulevardisierungstrend in deutschen Fernsehnachrichten. Darstellungsmerkmale der Politikberichterstattung vor den Bundestagswahlen 1983, 1990 und 1998. In: Publizistik, Nr. 1: 21-38.

Donsbach, Wolfgang/Jandura, Olaf (2003): Schröder-Bonus statt Kanzler-Bonus. Die Fernsehauftritte der Kanzlerkandidaten von 1998 in den Nachrichten und Nachrichtenmagazinen. In: Donsbach, Wolfgang/Jandura, Olaf (Hrsg.): Chancen und Gefahren der Mediendemokratie. Konstanz: 226-245.

düp (2001): Das Prognose-Ritual. In: Cut, Nr. 9: 48-50.

Dürr, Alfred (1980): Die Wahlnacht bei ARD, ZDF und Hörfunk. In: Süddeutsche Zeitung vom 07.10.1980.

Dulinski, Ulrike (2003): Sensationsjournalismus in Deutschland. Konstanz.

Dussel, Konrad (1999): Deutsche Rundfunkgeschichte. Eine Einführung. Konstanz.

Dussel, Konrad/Lersch, Edgar (1999): Quellen zur Programmgeschichte des deutschen Hörfunks und Fernsehens. Göttingen/Zürich.

DW (1987): Wahl'87. Szenen eines Wahlabends. In: WDR print, Februar: 7.

DW/ma (1986): Die Bundestagswahl in ARD und WDF. Politik, Sport und unterhaltsame Überraschungen. Lie [sic!] des WDR im Ersten und im Dritten setzen auf Kontrast. In: WDR-Information vom 22.12.1986.

Edelmann, Murray (1976): Politik als Ritual. Die symbolische Funktion staatlicher Institutionen und politischen Handelns. Frankfurt am Main.

Ehmig, Simone Christine (2000): Generationswechsel im deutschen Journalismus. Zum Einfluß historischer Ereignisse auf das journalistische Selbstverständnis. Freiburg/München.

Eilders, Christiane/Wirth, Werner (1999): Die Nachrichtenwertforschung auf dem Weg zum Publikum: Eine experimentelle Überprüfung des Einflusses von Nachrichtenfaktoren bei der Rezeption. In: Publizistik, Nr. 1: 35-57.

Eilders, Christiane (1997): Nachrichtenfaktoren und Rezeption. Eine empirische Analyse zur Auswahl und Verarbeitung politischer Information. Opladen.

Eimeren, Birgit van/Ridder, Christa-Maria (2001): Trends in der Nutzung und Bewertung der Medien 1970 bis 2000. Ergebnisse der ARD/ZDF-Langzeitstudie Massenkommunikation. In: Media Perspektiven, Nr. 11: 538-553.

Eisenhauer, Bertram (1998): Tagebuch: Kopfüber in die Nacht. Fernsehabschied von Helmut Kohl: Zum Exempel das ZDF. In: Frankfurter Allgemeine Zeitung vom 29.09.1998.

Emmert, Thomas/Stögbauer, Andrea (1994): Wahlen am 16. Oktober 1994. Eine Analyse der Zuschauerzahlen bei ARD, ZDF und RTL. Forschungsgruppe Wahlen. Mannheim.

Elsner, Monika/Müller, Thomas/Spangenberg, Peter M. (1991): Thesen zum Problem der Periodisierung in der Mediengeschichte. In: Kreuzer, Helmut/Schanze, Helmut (Hrsg.): Fernsehen in der Bundesrepublik Deutschland: Perioden – Zäsuren – Epochen. Heidelberg: 38-50.

Emmert, Thomas/Stögbauer, Andrea (1994): Wahlen am 16. Oktober 1994. Eine Analyse der Zuschauerzahlen bei ARD, ZDF und RTL. Forschungsgruppe Wahlen, Mannheim.

Esser, Frank (2003): Wie die Medien ihre eigene Rolle und die der politischen Publicity im Bundestagswahlkampf framen. Metaberichterstattung: ein neues Konzept im Test. In: Holtz-Bacha (Hrsg.): Die Massenmedien im Wahlkampf. Die Bundestagswahl 2002. Wiesbaden: 162-193.

Esser, Frank/Pfetsch, Barbara (2003): Amerikanisierung, Modernisierung, Globalisierung. Ein programmatisches Plädoyer für die komparative Kommunikationswissenschaft. In: Donsbach, Wolfgang/Jandura, Olaf (Hrsg.): Chancen und Gefahren der Mediendemokratie. Konstanz: 47-61.

Etscheit, Georg (1994): Vorzeichen setzen? Die Sender rüsten zum Wahl-Marathon. In: agenda, Nr. 12 vom 21.06.1994: 16 u. 17.

Fahr, Andreas (2001): Katastrophale Nachrichten? Eine Analyse der Qualität von Fernsehnachrichten. München.

Falter, Jürgen W./Gabriel, Oscar/Weßels, Bernhard (2005) (Hrsg.): Wahlen und Wähler. Analysen aus Anlass der Bundestagswahl 2002. Wiesbaden.

Faulstich, Werner (1995): Die Filminterpretation. 2. Auflage. Göttingen.

FB/St/rp (1980): Die Bundestagswahl in Hörfunk und Fernsehen. In: WDR Information vom 24.09.1980.

Feist, Ursula (1994): Mit Gütesiegel für den Citoyen. Die Rolle der Wahlforschung im Fernsehen. In: agenda, Nr. 12 vom 21.06.1994: 28 u. 29.

Feist, Ursula/Liepelt, Klaus (1986): Vom Primat des Primären. Massenkommunikation im Wahlkampf. In: Klingemann, Hans-Dieter/Kaase, Max (Hrsg.): Wahlen und politischer Prozess: Analysen aus Anlaß der Bundestagswahl 1983. Opladen: 153-179.

Feist, Ursula/Liepelt, Klaus (1982): Objektiv der Politik oder politische Kamera? In: Media Perspektiven, Nr. 10: 619-635.

Fischer-Lichte, Erika (1998): Inszenierung und Theatralität. In: Willems, Herbert/Jurga, Martin (Hrsg.): Inszenierungsgesellschaft. Ein einführendes Handbuch. Opladen/Wiesbaden: 81-90.

Försterling, Friedrich (2000): Wahlen aus der Perspektive der Attributionstheorie: Forschungsergebnisse, Versuchspläne und Analyseperspektiven. In: Bohrmann, Hans/Jarren, Otfried/Melischek, Gabriele/Seethaler, Josef (Hrsg.): Wahlen und Politikvermittlung durch Massenmedien. Wiesbaden: 91-104.

Försterling, Friedrich/Groeneveld, Annette (1983): Ursachenzuschreibungen für ein Wahlergebnis. In: Zeitschrift für Sozialpsychologie, Band 14, Nr. 3: 262-269.

Forudastan, Ferdos/Henkel, Peter (2002): Mit Wickerts Rechnung kam auch das Erste dem Ergebnis nah. Wie die ARD den Prognose-Wettlauf haushoch verlor – Über die Geplänkel, Veteranentreffen und Politikerrunden des Wahlabends. In: Frankfurter Rundschau vom 24.09.2002, Nr. 221. Unter: „http://www.fr-aktuell.de/fr/280/t280001.htm" (Download vom 24.09.2002).

Frank, Bernward (1970): Wahl '69. Zuschauerreaktionen auf die Berichterstattung von der Bundestagswahl 1969. In: ZDF-Jahrbuch 1969. Mainz: 192-196.

Frank, Bernward (1969): Wahl '69. Infratam- und Infratestergebnisse und Pressekritik. ZDF, Hauptabteilung Programmplanung, Programmauswertung vom 08.10.1969.

Frankovic, Kathleen A. (1998): Public Opinion and Polling. In: Graber, Doris/McQuail, Denis/Norris, Pippa (Hrsg.): The politics of news – the news of politics. Washington D.C.: 150-170.

Freisewinkel, Ernst-Ludwig (1969): Die große Stunde der Fernsehtechnik. In: Longolius, Christian (Hrsg.): Die Bundestagswahl 1969 als journalistische Aufgabe. Fernsehen in Deutschland. Band 2. Mainz: 225-231.

Freyberger, Roland (1974): Die Farbe im Fernsehen. Zwischenbilanz. In: ARD-Jahrbuch 1974. Hamburg: 77-95.

Freyberger, Roland (1970): Die Wahlsendung der ARD. Ein Erfahrungsbericht. In: Rundfunk und Fernsehen, Nr. 1: 32-44.

Friedrich, Kerstin (2002): Wer weiß, wie das ausgeht … . In: Hamburger Abendblatt vom 21.09.2002.

Friedrichs, Barbara (1995): „Wählt!" In: ZDF-Jahrbuch 1994. Mainz: 99-101.

Froschauer, Ulrike/Lueger, Manfred (2003): Das qualitative Interview. Zur Praxis interpretativer Analyse sozialer Systeme. Wien.

Früh, Werner (2003): Theorien, theoretische Modelle und Rahmentheorien. Eine Einleitung. In: Früh, Werner/Stiehler, Hans-Jörg (Hrsg.): Theorie der Unterhaltung. Ein interdisziplinärer Diskurs. Köln: 9-26.

Früh, Werner (2002): Unterhaltung durch das Fernsehen. Eine molare Theorie. Unter Mitarbeit von Anne-Katrin Schulze und Carsten Wünsch. Konstanz.

Früh, Werner (2001): Inhaltsanalyse. Theorie und Praxis. 5., überarbeitete Auflage. Konstanz.

Früh, Werner/Stiehler, Hans-Jörg (2003) (Hrsg.): Theorie der Unterhaltung. Ein interdisziplinärer Diskurs. Köln.

Gallus, Alexander (2004): Sankt Gallups langer Marsch. Fünf Thesen zu den politischen Wirkungen der Demoskopie. In: Forum.Medien.Politik. (Hrsg.): Trends der politischen Kommunikation. Beiträge aus Theorie und Praxis. Münster: 204-213.

Galtung, Johann/Ruge, Mari Holmboe (1965): The structure of foreign news. The presentation of the Congo, Cuba an Cyprus crises in four Norwegian newspapers. In: Journal of Peace Research: 64-91.
Gangloff, Tilmann P. (2002): Politik, Medien und die Rolle der Demoskopie. In: epd-medien, Nr. 73: 3-7.
Gangloff, Tilmann P. (2001): Sendewerk Orange. Zumindest das Design des ZDF wird zu Pfingsten jünger. In: Frankfurter Rundschau vom 30.05.2001.
Geese, Stefan/Zubayr, Camille/Gerhard, Heinz (2005): Berichterstattung zur Bundestagswahl 2005 aus Sicht der Zuschauer. Ergebnisse einer Repräsentativbefragung und der GfK-Fernsehforschung. In: Media Perspektiven, Nr. 12: 613-626.
Gehrau, Volker (2001): Fernsehgenres und Fernsehgattungen. Ansätze und Daten zur Rezeption, Klassifikation und Bezeichnung von Fernsehprogrammen. München.
Geisler, Alexander/Sarcinelli, Ulrich (2002): Modernisierung von Wahlkämpfen und Modernisierung von Demokratie? In: Dörner, Andreas/Vogt, Ludgera (Hrsg.): Wahl-Kämpfe. Betrachtungen über ein demokratisches Ritual. Frankfurt am Main: 43-68.
Geißler, Rainer (2002): Die Sozialstruktur Deutschlands. Die gesellschaftliche Entwicklung vor und nach der Vereinigung. 3., grundlegend überarbeitete Auflage. Wiesbaden.
Geißler, Rainer/Ludes, Peter (2000): Abschlussbericht zum Teilprojekt A7 / A12. In: DFG-Sonderforschungsbereich 240 (Hrsg.): Ästhetik, Pragmatik und Geschichte der Bildschirmmedien. Abschlussbericht des Sonderforschungsbereichs 240 und Arbeits- und Ergebnisbericht für den fünften Bewilligungsabschnitt 1997 bis 2000. Siegen: 85-101.
Geldner, Wilfried (1990): Zwischen Adventssingen und ‚Tutti Frutti‘: Die Qual der Wahl. In: Süddeutsche Zeitung vom 04.12.1990.
Gellner, Winand/Strohmeier, Gerd (2003): Repräsentation und Präsentation in der Mediengesellschaft. Baden-Baden.
Gellner, Winand/Strohmeier, Gerd (2002a): Parteien in Internetwahlkämpfen. In: Alemann, Ulrich von/Marschall, Stefan (Hrsg.): Parteien in der Mediendemokratie. Wiesbaden: 189-209.
Gellner, Winand/Strohmeier, Gerd (2002b): Cyber-Kampagnen. In: Dörner, Andreas/Vogt, Ludgera (Hrsg.): Wahl-Kämpfe. Betrachtungen über ein demokratisches Ritual. Opladen: 164-186.
GfK (1990): TV-Quick-Bericht. Sonntag, 02. Dezember 1990 für ARD, ZDF, RTL und Sat.1.
GfK (1987a): TV-Quick-Bericht. Sonntag, 25. Januar 1987 für ARD und ZDF.
GfK (1987b): Programmbericht. Kabel- und Satellitenpanel.
Gibowski, Wolfgang G. (1978): Die Arbeit der ‚Forschungsgruppe Wahlen‘ für das ZDF. Telegener DFÜ-Verbund für gebundene Hochrechnungen. In: Computerwoche, Nr. 41 vom 06.10.1978.
Gläser, Jochen/Laudel, Grit (2004): Experteninterviews und qualitative Interviews als Instrumente rekonstruierender Untersuchungen. Wiesbaden.
Gleich, Uli (1998): Die Bedeutung medialer politischer Kommunikation für Wahlen. Aktuelle Forschungsergebnisse. In: Media Perspektiven, Nr. 8: 411-422.
Göbel, Dieter (1969): Das Ende wollte niemand sehen. Der Wahlabend im Hauptquartier der CDU. In: Longolius, Christian (Hrsg.): Die Bundestagswahl 1969 als journalistische Aufgabe. Fernsehen in Deutschland. Band 2. Mainz: 203-206.
Görke, Alexander (2004): Programmierung, Netzwerkbildung, Weltgesellschaft. Perspektiven einer systemtheoretischen Journalismustheorie. In: Löffelholz, Martin (Hrsg.): Theorien des Journalismus. Ein diskursives Handbuch. 2., vollständig überarbeitete und erweiterte Auflage. Wiesbaden: 233-247.
Görke, Alexander (2002): Journalismus und Öffentlichkeit als Funktionssystem. In: Scholl, Armin (Hrsg.): Systemtheorie und Konstruktivismus in der Kommunikationswissenschaft. Konstanz: 69-90.
Görke, Alexander (1999): Risikojournalismus und Risikogesellschaft. Sondierung und Theorieentwurf. Opladen/Wiesbaden.
Görke, Alexander/Kohring, Matthias (1996): Unterschiede, die Unterschiede machen. Neuere Theorieentwürfe zu Publizistik, Massenmedien und Journalismus. In: Publizistik, Nr. 1: 15-31.
Goertz, Lutz (1996): Zwischen Nachrichtenverkündung und Infotainment? Die Gestaltung von Hauptnachrichtensendungen im privaten und öffentlich-rechtlichen Fernsehen. In: Hömberg, Walter/Pürer, Heinz (Hrsg.): Medientransformation. Zehn Jahre dualer Rundfunk in Deutschland. Konstanz: 200-209.
Goethals, Gregor T. (1998): Ritual und die Repräsentation von Macht in Kunst und Massenkultur. In: Belliger, Andrea/Krieger, David J. (Hrsg.): Ritualtheorien. Ein einführendes Handbuch. Opladen/Wiesbaden: 303-322.
Gong (1969): Nr. 39.
Gong (1965): Nr. 38.
Gong (1961): Nr. 38.
Gong (1957): Nr. 38.

Gong (1953): Nr. 36.
Grabenstöer, Michael (2004): Tatbestand der Tuchfühlung. Saar-Ministerpräsident Peter Müller will den Stellungskampf der Medien bei Landtagswahlen künftig „kanalisieren". In: Frankfurter Rundschau online vom 09.09.2004. Unter: „http://www.fr-aktuell.de/ressorts/kultur_und_medien/medien/?cnt=501157" (Download vom 09.09.2004).
Greger, Volker (2002): Politische Kompetenz oder persönliche Sympathie? Kandidaten-Images und Parteienbewertung im NRW-Landtagswahlkampf. In: Sarcinelli, Ulrich/Schatz, Heribert (Hrsg.): Mediendemokratie im Medienland? Inszenierungen und Themensetzungsstrategien im Spannungsfeld von Medien und Parteieliten am Beispiel der nordrhein-westfälischen Landtagswahl 2000. Opladen: 201-252.
Gruber, Thomas (1975): Die Übernahme der journalistischen Berufsrolle. Nürnberger Forschungsberichte 3. Nürnberg.
Gruber, Thomas (1971): Berufliche Sozialisation von Kommunikatoren im Rahmen der Erklärungen von Aussagenentstehung in Massenmedien. Forschungsbericht 12 des Sonderforschungsbereichs 22 „Sozialisations- und Kommunikationsforschung". Nürnberg.
Gültner, Rudolf/Hagedorn, Thomas (1998): Wählt ZDF! Umfassende Informationen im September. In: ZDF-Monatsjournal, Nr. 9: 4 u. 5.
Gütt, Dieter (1969): Deutschland vor der Wahl. Die Wahlkampf-Konzeption der ARD. In: Longolius, Christian (Hrsg.): Fernsehen in Deutschland. Band 2. Die Bundestagswahl 1969 als journalistische Aufgabe. Mainz: 11-16.
Hagen, Lutz M./Kamps, Klaus (1999): Netz-Nutzer und Netz-Nutzung. Zur Rezeption politischer Informationen in Online-Medien. In: Kamps, Klaus (Hrsg.): Elektronische Demokratie?: Perspektiven politischer Partizipation. Opladen/Wiesbaden.
Hagen, Volker von (1969a): Die Wahlnacht im ZDF. Wahlberichterstattung aus der Sicht des „Ankermanns". In: Longolius, Christian (Hrsg.): Fernsehen in Deutschland. Band 2. Die Bundestagswahl 1969 als journalistische Aufgabe. Mainz: 157-163.
Hagen, Volker von (1969b): Manöverkritik der ZDF-Sendung ‚Wahl`69'. In: Funk-Korrespondenz, Nr. 47: 1-3.
Hajnal, Ivo/Item, Franco (2005): Schreiben und Redigieren – auf den Punkt gebracht! Das Schreibtraining für Kommunikationsprofis. 2., erweiterte und aktualisierte Auflage. Frauenfeld/Stuttgart/Wien.
Haller, Michael (2000): Recherchieren. Ein Handbuch für Journalisten. 5., völlig überarbeitete Auflage. Konstanz.
Hamerla, Michael (1990): TV-Wahlabend. Spannend wurde es erst später. In: Rheinische Post vom 03.12.1990.
Hamerla, Michael (1980): Wettstreit der Wahlanstalten am Wahlabend. Besser bedient wurde der Zuschauer beim ZDF. In: Rheinische Post vom 06.10.1980.
Hardmeier, Sibylle (2000): Meinungsumfragen im Journalismus: Nachrichtenwert, Präzision und Publikum. In: Medien und Kommunikationswissenschaft, Nr. 3: 371-395.
Hefter, Alex (2001): Vom typischen ZDF-Mikrofon zur neuen ZDF-Dachmarke und neuer Typographie. ZDF-Pressemitteilung.
Heimermann, Günter (1991): Das Jahr der Wahlen – Ein Produktions-Report. In: ZDF-Jahrbuch 1990. Mainz: 84-88.
Herrgesell, Oliver (1998): Das Privileg der Live-Übertragung. Die Sender am Wahlabend: ARD vorne, ZDF verlor, RTL sorgte für Spektakel. In: Berliner Zeitung vom 29.09.1998.
Heussen, Gregor A. (1997): Handlungsabläufe. Von der Idee bis zur Sendung. In: Blaes, Ruth/Heussen, Gregor A. (Hrsg.): ABC des Fernsehens. Konstanz: 354-369.
Heussen, Gregor A./Blaes, Ruth (1997): Rollen im Fernsehen. Autor, Regie, Redaktion, Produktion, Planung, Führung. In: Blaes, Ruth/Heussen, Gregor A. (Hrsg.): ABC des Fernsehens. Konstanz: 341-353.
Heymann, Gerd (1990): Forsa und RTL fordern Branchenriesen heraus. Dortmunder Forscher treten im Kampf um beste Wahlprognose an. In: Westfälische Rundschau vom 01.12.1990.
Hickethier, Knut (2001): Film- und Fernsehanalyse. 3., überarbeitete Auflage. Stuttgart/Weimar.
Hickethier, Knut (1998a): Narrative Navigation durchs Weltgeschehen. Erzählstrukturen in Fernsehnachrichten. In: Kamps, Klaus/Meckel, Miriam (Hrsg.): Fernsehnachrichten. Prozesse, Strukturen, Funktionen. Opladen/Wiesbaden: 185-202.
Hickethier, Knut (unter Mitarbeit von Peter Hoff) (1998b): Die Geschichte des deutschen Fernsehens. Stuttgart/Weimar.
Hickethier, Knut (1993a): Einleitung: Zu den Rahmenbedingungen der Programmgeschichte des Bundesrepublikanischen Fernsehens. In: Hickethier, Knut (Hrsg.): Institution, Technik und Programm: Rahmenaspekte der Programmgeschichte des Fernsehens. München: 21-30.
Hickethier, Knut (1993b): Dispositiv Fernsehen, Programm und Programmstrukturen in der Bundesrepublik Deutschland. In: Hickethier, Knut (Hrsg.): Institution, Technik und Programm: Rahmenaspekte der Programmgeschichte des Fernsehens. München: 171-243

Hickethier, Knut (1991): Phasenbildung in der Fernsehgeschichte. Ein Diskussionsvorschlag. In: Kreuzer, Helmut/Schanze, Helmut (Hrsg.): Fernsehen in der Bundesrepublik Deutschland: Perioden – Zäsuren – Epochen. Heidelberg: 11-37.
Hickethier, Knut/Bleicher, Joan Kristin (1998): Die Inszenierung der Information im Fernsehen. In: Willems, Herbert/Jurga, Martin (Hrsg.): Inszenierungsgesellschaft. Ein einführendes Handbuch. Opladen/Wiesbaden: 369-383.
Hienzsch, Ulrich (1990): Journalismus als Restgröße. Redaktionelle Rationalisierung und publizistischer Leistungsverlust. Wiesbaden.
Höfer, Werner (1987): Dr. Rüdiger Hoffmann. Der Mann im Wahl-Studio. Interview. In: BWZ vom 24.01.1987: 12.
Hölscher, Astrid (1999): Orakel, Datenhexer, Meinungsmacher / 50 Jahre Wahlforschung. Wer Wählerverhalten erklären will, muss nach der Rolle des Fernsehens als Machtfaktor fragen. In: Frankfurter Rundschau vom 23.11.1999.
Hörnle, Helga (2002): Die Bundestagswahlen in Sat.1: Live-Berichte u. a. aus dem Bundestag und allen Parteizentralen. Presseinformation-Sat.1 vom 19.09.2002.
HörZu (2002): Nr. 38.
HörZu (1998): Nr. 38.
HörZu (1994): Nr. 41.
HörZu (1990): Nr. 49.
HörZu (1987): Nr. 4.
HörZu (1983): Nr. 9.
HörZu (1980): Nr. 40.
HörZu (1976): Nr. 40.
HörZu (1972): Nr. 47.
HörZu (1969): Nr. 39.
HörZu (1965): Nr. 38.
HörZu (1961): Nr. 38.
HörZu (1957): westdeutsche Ausgabe, Nr. 38.
HörZu (1953): norddeutsche Ausgabe, Nr. 36.
Hoff, Hans (2004): Morgens gelb, abends blau, Nachrichten vor neuem Hintergrund: RTL hat renoviert. In: Süddeutsche Zeitung, Nr. 198 vom 27.08.2004: 17.
Hoff, Hans (1998): „Ein gefährlicher Vorgang". RP-Interview mit ZDF-Moderator Bellut über die voreilige RTL-Prognose. In: Rheinische Post vom 29.09.1998.
Hoffjann, Olaf (2001): Journalismus und Public Relations. Ein Theorieentwurf der Intersystembeziehungen in sozialen Konflikten. Wiesbaden.
Hoffmann, Jochen (2003): Inszenierung und Interpenetration. Das Zusammenspiel von Eliten aus Politik und Journalismus. Wiesbaden.
Hoffmann, Jochen (1998): Glossar. In: Sarcinelli, Ulrich (Hrsg.): Politikvermittlung und Demokratie in der Mediengesellschaft. Bonn: 431-439.
Hofmann, Gerhard (2002): Das große Zittern. Vor dem Fernsehduell Schröder-Stoiber. In: Die Neue Gesellschaft. Frankfurter Hefte, Nr. 7/8: 427-431.
Hofmann, Gunter (1996): Wahl 1994: Politik und Medien. In: Bertelsmann Stiftung (Hrsg.): Politik überzeugend vermitteln. Wahlkampfstrategien in Deutschland und den USA. Gütersloh: 53-64.
Hofmann, Günter (1972): Der Wahlkampf der Computer auf dem Bildschirm. Nicht nur um das schnellste und genaueste Ergebnis ging es den Fernsehanstalten, sondern auch um die Einschaltquote. In: Stuttgarter Zeitung vom 20.11.1972.
Hohlfeld, Ralf (2003): Probleme journalistischer Berichterstattung zur Umfrage- und Wahlforschung. In: Gellner, Winand/Strohmeier, Gerd (Hrsg.): Repräsentation und Präsentation in der Mediengesellschaft. Baden-Baden: 117-135.
Hohlfeld, Ralf (1998): Fernsehprogrammanalyse. Formen, Einsatzmöglichkeiten und Reichweite. In: Klingler, Walter/Roters, Gunnar/Zöllner, Oliver (Hrsg.): Fernsehforschung in Deutschland. Band 1. Themen – Akteure – Methoden. Baden-Baden: 199-224.
Hohlfeld, Ralf/Gehrke, Gernot (1995): Wege zur Analyse des Rundfunkwandels. Leistungsindikatoren und Funktionslogiken im „Dualen Fernsehsystem". Opladen.
Holly, Werner/Kühn, Peter/Püschel, Ulrich (1989) (Hrsg.): Redeshows. Fernsehdiskussionen in der Diskussion. Tübingen.
Holly, Werner/Kühn, Peter/Püschel, Ulrich (1986): Politische Fernsehdiskussionen. Zur medienspezifischen Inszenierung von Propaganda als Diskussion. Tübingen.

Holtz-Bacha, Christina (2003a) (Hrsg.): Die Massenmedien im Wahlkampf. Wiesbaden.
Holtz-Bacha, Christina (2003b): Bundestagswahlkampf 2002: Ich oder der. In: Holtz-Bacha, Christina (Hrsg.): Die Massenmedien im Wahlkampf. Die Bundestagswahl 2002, Wiesbaden: 9-28.
Holtz-Bacha, Christina (2002a): Parteien und Massenmedien im Wahlkampf. In: Alemann, Ulrich von/Marschall, Stefan (Hrsg.): Parteien in der Mediendemokratie. Wiesbaden: 42-56.
Holtz-Bacha, Christina (2002b): Massenmedien und Wahlen. Die Professionalisierung der Kampagnen. In: Aus Politik und Zeitgeschehen, Nr. 15-16: 23-28.
Holtz-Bacha, Christina (2001): Das Private in der Politik: Ein neuer Medientrend? In: Aus Politik und Zeitgeschichte, Nr. 41-42: 20-26.
Holtz-Bacha, Christina (2000): Wahlwerbung als politische Kultur. Parteienspots im Fernsehen. 1957-1998. Wiesbaden.
Holtz-Bacha, Christina (1999) (Hrsg.): Wahlkampf in den Medien – Wahlkampf mit den Medien. Ein Reader zum Wahljahr 1998. Opladen/Wiesbaden.
Holtz-Bacha, Christina (1996): Massenmedien und Wahlen. Zum Stand der deutschen Forschung – Befunde und Desiderata. In: Holtz-Bacha, Christina/Kaid, Lynda Lee (Hrsg.): Wahlen und Wahlkampf in den Medien. Untersuchungen aus dem Wahljahr 1994. Opladen: 9- 44.
Holtz-Bacha, Christina/Kaid, Lynda Lee (1996) (Hrsg.): Wahlen und Wahlkampf in den Medien. Untersuchungen aus dem Wahljahr 1994. Opladen.
Holtz-Bacha, Christina/Kaid, Lynda Lee (1993) (Hrsg.): Die Massenmedien im Wahlkampf. Untersuchungen aus dem Wahljahr 1990. Opladen.
Holtz-Bacha, Christina/Lessinger, Eva-Maria/Hettesheimer, Merle (1998): Personalisierung als Strategie der Wahlwerbung. In: Imhof, Kurt/Schulz, Peter (Hrsg.): Die Veröffentlichung des Privaten – die Privatisierung des Öffentlichen. Opladen: 240-250.
Holznagel, Bernd (1999): Der spezifische Funktionsauftrag des Zweiten Deutschen Fernsehens (ZDF). Mainz.
hu (1980): Der ganze WDR war auf Wahl eingestellt. In: WDR print, November: 2.
Huber, Joachim (2003): Der Zufall hat Methode. Mister Politbarometer, Dieter K. Roth, wurde 65. In: Tagesspiegel vom 29.10.2003.
Huber, Joachim (2002): Schlaflos in Deutschland. Die Fernsehzuschauer bleiben am Wahlabend bis spät in die Nacht vor dem Schirm. In: Tagesspiegel vom 24.09.2002.
Hübner, Heinz-Werner (1976): Kein Programm für Nichtwähler – eine Wahlbilanz. Ein Kommentar für die SZ. In: Fünkchen, Nr. 23: 3.
Hüning, Wolfgang/Otto, Kim (2002): Agenda-Setting im nordrhein-westfälischen Landtagswahlkampf 2000? Massenmediale Themenstruktur und Wählerwahrnehmung. In: Sarcinelli, Ulrich/Schatz, Heribert (Hrsg.): Mediendemokratie im Medienland? Inszenierungen und Themensetzungsstrategien im Spannungsfeld von Medien und Parteieliten am Beispiel der nordrhein-westfälischen Landtagswahl 2000. Opladen: 155-200.
Huhndorf, Rosa-Brit (1996): Fünfundzwanzig Jahre Wahlkampfsondersendungen im deutschen Fernsehen. Eine Dokumentation. Unveröffentlichte Magisterarbeit an der Freien Universität Berlin. Vorgelegt im April.
hy. (1976): Unbeabsichtigtes Satyrspiel am Wahlabend. In: epd, Nr. 78: 3 u. 4.
Ihlau, Olaf (1969): ‚Wahlsieg' der Mainzer. ZDF-Chefredakteur: Am 28. September mehr Zuschauer als die ARD. In: Süddeutsche Zeitung vom 09.10.1969.
Illies, Florian (2002): Wer gewinnt? Stoiber oder die „Lindenstraße"? Der Wahlabend als Potpurri der Fiktionen. In: Frankfurter Allgemeine Zeitung vom 24.09.2002, Nr. 222: 43. Unter: „http://www.faz.net/IN/INtemplates/faznet/default.asp?tpl=central/print/asp&rub={2D..." (Download vom 24.09.2002).
Imhof, Kurt (2003): Öffentlichkeitstheorien. In: Bentele, Günter/Brosius, Hans-Bernd/Jarren, Otfried (Hrsg.): Öffentliche Kommunikation. Handbuch Kommunikations- und Medienwissenschaft. Wiesbaden: 193-209.
Infratam (1972): Eingeschaltete Geräte. 5-Minuten Tamrating 12.00 bis 24.00 Uhr. Sonntag, 19. November 1972.
Infratam (1969): Eingeschaltete Geräte. 5-Minuten Tamrating 12.00 bis 24.00 Uhr. Sonntag, 28. September 1969.
Jakobs, Hans-Jürgen (2005): Raubfunk in der ARD? TV-Chef Plog gegen CDU-Wulff: Die Macht der Politik in Sendern. In: Süddeutsche Zeitung, Nr. 18 vom 24.01.2005: 19.
Jakobs, Hans-Jürgen/Ott, Klaus (2002): Ein bisschen daneben. Die ARD blamiert sich mit schlechten Hochrechnungen und einer „Lindenstraßen"-Folge zur falschen Zeit. In: Süddeutsche Zeitung, Nr. 221 vom 24.09.2002: 23.
Jakubowski, Alex (1998): Parteienkommunikation in Wahlwerbespots. Eine systemtheoretische und inhaltsanalytische Untersuchung zur Bundestagswahl 1994. Opladen/Wiesbaden.
Jarren, Otfried (2003): Institutionelle Rahmenbedingungen und Organisationen der öffentlichen Kommunikation. In: Bentele, Günter/Brosius, Hans-Bernd/Jarren, Ottfried (Hrsg.): Öffentliche Kommunikation. Handbuch Kommunikations- und Medienwissenschaft. Wiesbaden: 13-27.

Jarren, Otfried (2001): „Mediengesellschaft" – Risiken für die politische Kommunikation. In: Aus Politik und Zeitgeschichte. H. 41/42: 10-19.
Jarren, Otfried (1998): Medien, Mediensystem und politische Öffentlichkeit im Wandel; In: Sarcinelli, Ulrich (Hrsg.): Politikvermittlung und Demokratie in der Mediengesellschaft. Wiesbaden: 74-94.
Jarren, Otfried/Bode, Markus (1996): Ereignis- und Medienmanagement politischer Parteien. Kommunikationsstrategien im „Superwahljahr 1994". In: Bertelsmann Stiftung (Hrsg.): Politik überzeugend vermitteln. Wahlkampfstrategien in Deutschland und den USA. Gütersloh: 65-114.
Jarren, Otfried/Donges, Patrick (2002a): Politische Kommunikation in der Mediengesellschaft. Eine Einführung. Band 1. Verständnis, Rahmen und Strukturen. Wiesbaden.
Jarren, Otfried/Donges, Patrick (2002b): Politische Kommunikation in der Mediengesellschaft. Eine Einführung. Band 2. Akteure, Prozesse und Inhalte. Wiesbaden.
Jarren, Otfried/Donges, Patrick (1996): Keine Zeit für Politik? Landespolitische Berichterstattung im Rundfunk: Journalisten, Öffentlichkeitsarbeiter und Politiker in der Interaktion. Berlin.
Jarren, Otfried/Donges, Patrick/Weßler, Hartmut (1996): Medien und politischer Prozeß. Eine Einleitung. In: Jarren, Otfried/Schatz, Heribert/Weßler, Hartmut (Hrsg.): Medien und politischer Prozeß. Politische Öffentlichkeit und massenmediale Politikvermittlung im Wandel. Opladen: 9-37.
Jarren, Otfried/Röttger, Ulrike (2005): Public Relations aus kommunikationswissenschaftlicher Sicht. In: Bentele, Günter/Fröhlich, Romy/Szyska, Peter (Hrsg.): Handbuch der Public Relations. Wissenschaftliche Grundlagen und berufliches Handeln. Mit Lexikon. Wiesbaden: 19-36.
Jarren, Otfried/Röttger, Ulrike (1999): Politiker, politische Öffentlichkeitsarbeiter und Journalisten als Handlungssystem. Ein Ansatz zum Verständnis politischer PR. In: Rolke, Lothar/Wolff, Volker (Hrsg.): Wie die Medien die Wirklichkeit steuern und selber gesteuert werden. Opladen: 199-222.
Jarren, Otfried/Sarcinelli, Ulrich/Saxer, Ulrich (1998) (Hrsg.): Politische Kommunikation in der demokratischen Gesellschaft. Ein Handbuch. Opladen/Wiesbaden.
Jarren, Otfried/Sarcinelli, Ulrich (1998): „Politische Kommunikation" als Forschungs- und als politisches Handlungsfeld: Einleitende Anmerkungen zum Versuch der systematischen Erschließung. In: Jarren, Otfried/Sarcinelli, Ulrich/Saxer, Ulrich (Hrsg.): Politische Kommunikation in der demokratischen Gesellschaft. Ein Handbuch. Opladen/Wiesbaden: 13-20.
Kaase, Max (2000): Entwicklung und Stand der Empirischen Wahlforschung in Deutschland. In: Klein, Markus/Jagodzinski, Wolfgang/Mochmann, Ekkehard/Ohr, Dieter (Hrsg.): 50 Jahre empirische Wahlforschung in Deutschland. Entwicklung, Befunde, Perspektiven, Daten. Wiesbaden: 17-40.
Kaase, Max (1999): Wahlforschung und Demokratie – eine Bilanz am Ende des Jahrhunderts. In: Forschungsgruppe Wahlen (Hrsg.): 25 Jahre Forschungsgruppe Wahlen e. V.. Mannheim – Vorträge zur Jubiläumsfeier in der Städtischen Kunsthalle Mannheim am 18. Januar 1999: 3-20.
Kaase, Max (1998): Politische Kommunikation – Politikwissenschaftliche Perspektiven. In: Jarren, Otfried/Sarcinelli, Ulrich/Saxer, Ulrich (Hrsg.): Politische Kommunikation in der demokratischen Gesellschaft. Ein Handbuch. Opladen/Wiesbaden: 97-113.
Kaase, Max/Klingemann, Hans-Dieter (1998) (Hrsg.): Wahlen und Wähler. Analysen aus Anlaß der Bundestagswahl 1994. Opladen/Wiesbaden.
Kaase, Max/Klingemann, Hans-Dieter (1990) (Hrsg.): Wahlen und Wähler. Analysen aus Anlaß der Bundestagswahl 1987. Opladen.
Kaase, Max/Klingemann, Hans Dieter (1983) (Hrsg.): Wahlen und politisches System. Opladen.
Kaase, Max/Schulz, Winfried (1989) (Hrsg.): Massenkommunikation. Theorien, Methoden, Befunde. Sonderheft der Kölner Zeitschrift für Soziologie und Sozialpsychologie. Nr. 30. Opladen.
Kahlenberg, Friedrich P. (1982): Voraussetzung der Programmgeschichte – Die Erhaltung und die Verfügbarkeit der Quellen. In: Mitteilungen des Studienkreises Rundfunk und Geschichte, Nr. 1: 18-27.
Kain, Florian (2000): Wahlkrimi an der Waterkant. Großeinsatz für TV-Sender: Am Sonntag fällt in Kiel die Entscheidung. Landtags- und Bundestagswahlen sind längst zum Garanten für hohe Quoten geworden – Die Privaten haben dabei nicht viel zu melden. In: Die Welt vom 26.02.2000.
Kamps, Klaus (2003): Politisches Kommunikationsmanagement. Grundlagen und Tendenzen einer Professionalisierung moderner Politikvermittlung. Wiesbaden.
Kamps, Klaus (2002): Politische Parteien und Kampagnen-Management. In: Dörner, Andreas/Vogt, Ludgera (Hrsg.): Wahl-Kämpfe. Betrachtungen über ein demokratisches Ritual. Frankfurt am Main: 69-91.
Kamps, Klaus (2000) (Hrsg.): Trans-Atlantik – Trans-Portabel? Die Amerikanisierungsthese in der politischen Kommunikation. Wiesbaden.
Kamps, Klaus (1999): Politik in Fernsehnachrichten. Struktur und Präsentation internationaler Ereignisse – Ein Vergleich. Baden-Baden.

Kamps, Klaus (1998): „Zur Politik, nach Bonn ...". Politische Kommunikation in Fernsehnachrichten. In: Kamps, Klaus/Meckel, Miriam (Hrsg.): Fernsehnachrichten. Prozesse, Strukturen, Funktionen. Opladen/Wiesbaden: 33-48.

Kamps, Klaus (o. D.): Der Tag der Wahl im Fernsehen. Ein Vergleich der Berichterstattung zur Bundestagswahl am 27. September 1998. Unveröffentlichter Projektbericht.

Kapferer, Stefan (2004): Einmal Inszenierung und zurück? Zur Professionalisierung der politischen Kommunikation. In: Forum.Medien.Politik. (Hrsg.): Trends der politischen Kommunikation. Beiträge aus Theorie und Praxis. Münster: 38-46.

Kayser, Susanne (1999): Vom Geheimgut zum Gemeingut. Entwicklung der Fernsehforschung aus Sicht der Programmforschung. In: ZDF-Jahrbuch 1998. Mainz: 211 u. 212.

Kegel, Sandra (2002): Bevor der Morgen graut. Um 3.41 Uhr war die Welt auch noch nicht in Ordnung: Das Fernsehen spielt mit Zahlen, und wir alle spielen mit. In: Frankfurter Allgemeine Zeitung, Nr. 221 vom 24.09.2002.

Keil, Christopher (2002): Cha-cha-cha. Das ZDF tanzt zum Zahlensieg. In: Süddeutsche Zeitung, Nr. 221 vom 24.09.2002: 23.

Keilbach, Judith/Thiele, Matthias (2003): Für eine experimentelle Fernsehgeschichte. In: Bleicher, Joan Kristin (Hrsg.): Fernsehgeschichte. Modelle – Theorien – Projekte. Hamburg: 59-75.

Kepplinger, Hans Mathias (1998a): Die Demontage der Politik in der Informationsgesellschaft. Freiburg/München.

Kepplinger, Hans Mathias (1998b): Inszenierung. In: Jarren, Otfried/Sarcinelli, Ulrich/Saxer, Ulrich (Hrsg.): Politische Kommunikation in der demokratischen Gesellschaft. Ein Handbuch. Opladen/Wiesbaden: 662-663.

Kepplinger, Hans Mathias (1979): Angepaßte Außenseiter. Ergebnisse und Interpretationen der Kommunikatorforschung. In: Kepplinger, Hans Mathias (Hrsg.): Angepaßte Außenseiter. Freiburg/München: 7-28.

Kepplinger, Hans Mathias/Brosius, Hans-Bernd/Dahlem, Stefan (1994): Wie das Fernsehen Wahlen beeinflußt. Theoretische Modelle und empirische Analysen. München.

Kepplinger, Hans Mathias/Dahlem, Stefan/Brosius, Hans-Bernd (1993): Helmut Kohl und Oskar Lafontaine im Fernsehen. Quellen der Wahrnehmung ihres Charakters und ihrer Kompetenz. In: Holtz-Bacha, Christina/Kaid, Lynda Lee (Hrsg.): Die Massenmedien im Wahlkampf. Untersuchungen aus dem Wahljahr 1990. Opladen: 144-184.

Kepplinger, Hans Mathias/Maurer, Markus (2003): Image-Optimierung. Eine empirische Studie zu den Images von Gerhard Schröder und Edmund Stoiber im Bundestagswahlkampf 2002. In: Sarcinelli, Ulrich/Tenscher, Jens Tenscher (Hrsg.): Machtdarstellung und Darstellungsmacht. Beiträge zu Theorie und Praxis moderner Politikvermittlung. Baden-Baden: 219-231.

Kepplinger, Hans Mathias/Rettich, Markus (1996): Publizistische Schlagseiten. Kohl und Scharping in Presse und Fernsehen. In: Holtz-Bacha, Christina/Kaid, Lynda Lee (Hrsg.): Wahlen und Wahlkampf in den Medien. Untersuchung aus dem Wahljahr 1994. Opladen: 80-100.

Kertzer, David I. (1998): Ritual, Politik und Macht. In: Belliger, Andrea/Krieger, David J. (Hrsg.): Ritualtheorien. Ein einführendes Handbuch. Opladen/Wiesbaden: 365-390.

Kilz, Hans Werner (1988): Wolfgang Mosers Buch „Report". Schnipp, schnapp, schnippedischnapp!. In: Der Spiegel vom 11.04.1988.

Kindelmann, Klaus (1994): Kanzlerkandidaten in den Medien. Eine Analyse des Wahljahres 1990. Opladen.

Klaus, Elisabeth (2002): Der Gegensatz von Information ist Desinformation, der Gegensatz von Unterhaltung ist Langeweile. In: Neverla, Irene/Grittmann, Elke/Pater, Monika (Hrsg.): Grundlagentexte zur Journalistik. Konstanz: 619-640.

Klaus, Elisabeth/Lünenborg, Margret (2000): Der Wandel des Medienangebots als Herausforderung an die Journalismusforschung: Plädoyer für eine kulturorientierte Annäherung. In: Medien & Kommunikationswissenschaft, Nr. 2: 188-211.

Klein, Josef (1990): Elefantenrunden. „Drei Tage vor der Wahl" – Die ARD-ZDF-Gemeinschaftssendung 1972-1987. Baden-Baden.

Klein, Markus/Jagodzinski, Wolfgang/Mochmann, Ekkehard/Ohr, Dieter (2000) (Hrsg.): 50 Jahre empirische Wahlforschung in Deutschland. Entwicklung, Befunde, Perspektiven, Daten. Wiesbaden.

Klingemann, Hans-Dieter/Kaase, Max (2001) (Hrsg.): Wahlen und Wähler. Analysen aus Anlass der Bundestagswahl 1998. Wiesbaden.

Klingemann, Hans-Dieter/Kaase, Max (1994) (Hrsg.): Wahlen und Wähler. Analysen aus Anlaß der Bundestagswahl 1990. Opladen.

Klingemann, Hans-Dieter/Kaase, Max (1986) (Hrsg.): Wahlen und politischer Prozess: Analysen aus Anlaß der Bundestagswahl 1983. Opladen.

K.M. (1979): Leidet die Würde des Wahlaktes? ZDF-Chefredakteur sprach sich für ‚Wahlnachfrage' aus / Stellungnahme von Professor Kaase. In: Frankfurter Rundschau vom 21.03.1979.
Knieper, Thomas (1995): Infographiken. Das visuelle Informationspotential der Tageszeitung. München.
Knipp, Toni (1981): „Wahl`80" aus technischer Sicht. In: ZDF-Jahrbuch 1980. Mainz: 125-128.
Knott-Wolf, Brigitte (1998): Aus dem Westen nichts Neues. ARD und ZDF mit bewährter Wahlberichterstattung. In: Funk Korrespondenz, Nr. 40 vom 02.10.1998: 5 u. 6.
Köcher, Renate (1985): Spürhund und Missionar. Eine vergleichende Untersuchung über Berufsethik und Aufgabenverständnis britischer und deutscher Journalisten. München.
Körber, Esther-Beate (1996): Geschichtliche Methodenlehre. In: Stöber, Rudolf (1996): Geschichte. Eine Einführung. Opladen: 308-322.
Kohring, Matthias (2004): Journalismus als soziales System. Grundlagen systemtheoretischer Journalismustheorie. In: Löffelholz, Martin (Hrsg.): Theorien des Journalismus. Ein diskursives Handbuch. 2., vollständig überarbeitete und erweiterte Auflage. Wiesbaden: 185-200.
Kornelius, Bernhard (2004): Meinungsforschung und Meinungsmacher. Zur Rezeption von Umfragen im Bundestagswahljahr 2002. In: Forum.Medien.Politik. (Hrsg.): Trends der politischen Kommunikation. Beiträge aus Theorie und Praxis. Münster: 215-227.
Korte, Helmut (2000): Einführung in die Systematische Filmanalyse. Ein Arbeitsbuch. Mit Beispielanalysen von Peter Drexler, Helmut Korte, Hans-Peter Rodenberg und Jens Thiele. Berlin.
Korte, Karl-Rudolf (1999): Wahlen in der Bundesrepublik Deutschland. Bonn.
Koszyk, Kurt/Prause, Jürgen (1990): Regionalzeitungen aus dem Ruhrgebiet im Bundestagswahlkampf 1986/87. Eine Themen- und Tendenzanalyse. In: Kaase, Max/Klingemann, Hans-Dieter (Hrsg.): Wahlen und Wähler. Analysen aus Anlaß der Bundestagswahl 1987. Opladen: 619-646.
Koszyk, Kurt/Pruys, Karl H. (1976): Wörterbuch zur Publizistik. 4., verbesserte Auflage. München.
kp (2002): Premiere in Berlin. In: WDR print. September 2002: 4 u. 5.
Kreuzer, Helmut/Schanze, Helmut (1991): Vorwort der Herausgeber. In: Kreuzer, Helmut/Schanze, Helmut (Hrsg.): Fernsehen in der Bundesrepublik Deutschland: Perioden – Zäsuren – Epochen. Heidelberg: 7-10.
Kreuzer, Helmut/Thomsen, Christian W. (1993 f.): Geschichte des Fernsehens in der Bundesrepublik Deutschland. 5 Bände. München.
Krüger, Udo Michael (2005a): Themenprofile deutscher Fernsehnachrichten. Halbjahresbilanz 2005 des InfoMonitors. In: Media Perspektiven, Nr. 7: 302-319.
Krüger, Udo Michael (2005b): Sparten, Sendungsformen und Inhalte im deutschen Fernsehangebot. In: Media Perspektiven, Nr. 5: 190-204.
Krüger, Udo Michael (2004): Spartenstruktur und Informationsprofile im deutschen Fernsehangebot. Programmanalyse 2003 von ARD/Das Erste, ZDF, RTL, Sat.1 und ProSieben. In: Media Perspektiven, Nr. 5: 194-207.
Krüger, Udo Michael (2002a): Inhaltsprofile öffentlich-rechtlicher und privater Hauptprogramme im Vergleich. Programmanalyse 2001/II von ARD/Das Erste, ZDF, RTL, Sat.1 und Pro Sieben. In: Media Perspektiven, Nr. 10: 512-530.
Krüger, Udo Michael (2002b): Politikvermittlung im Fernsehen. ARD, ZDF; RTL, Sat.1 und ProSieben im Vergleich. In: Media Perspektiven, Nr. 2: 77-87.
Krüger, Udo Michael (2001): Programmprofile im dualen Fernsehsystem 1991-2000. Eine Studie der ARD/ZDF-Medienkommission. Baden-Baden.
Krüger, Udo Michael (1998): Modernisierung bei stabilen Programmstrukturen. Programmanalyse 1997: ARD, ZDF, RTL, Sat.1 und ProSieben im Vergleich. In: Media Perspektiven, Nr. 7: 314-330.
Krüger, Udo Michael (1997): Politikberichterstattung in den Fernsehnachrichten. In: Media Perspektiven. Nr. 5: 256-268.
Krüger, Udo Michael (1996): Boulevardisierung der Information im Privatfernsehen. Media Perspektiven, Nr. 7: 362-374.
Krüger, Udo Michael (1993): Kontinuität und Wandel im Programmangebot. Programmstrukturelle Trends bei ARD, ZDF, Sat.1 und RTL 1986 bis 1992. In: Media Perspektiven, Nr. 6: 246-266.
Krüger, Udo Michael (1992): Programmprofile im Dualen Fernsehsystem 1985 bis 1990. Eine Studie der ARD/ZDF-Medienkommission. Baden-Baden.
Krüger, Udo Michael (1985a): Aspekte der Nachrichtenpräsentation in Sat.1, ARD und ZDF. In: Media Perspektiven, Nr. 3: 232-239.
Krüger, Udo Michael (1985b): „Soft news" – kommerzielle Alternative zum Nachrichtenangebot öffentlich-rechtlicher Rundfunkanstalten. Sat.1, RTL plus, RD und ZDF im Vergleich. In: Media Perspektiven. Nr. 6: 479-490.
Krüger, Udo Michael (1978): Publizistisch bedeutsame Tageszeitungen im Bundestagswahlkampf 1976. In: Publizistik, Nr. 23: 32-57.

Krüger, Udo Michael/Müller-Sachse, Karl H./Zapf-Schramm, Thomas (2005): Thematisierung der Bundestagswahl 2005 im öffentlich-rechtlichen und privaten Fernsehen. Ergebnisse des ARD/ZDF-Wahlmonitors 2005. In: Media Perspektiven, Nr. 12: 598-612.

Krüger, Udo Michael/Zapf-Schramm, Thomas (2003): Wandel der Unterhaltungsformate im Fernsehen bei robuster Spartenstruktur. Programmanalyse 2002/I. In: Media Perspektiven, Nr. 3: 102-114.

Krüger, Udo Michael/Zapf-Schramm, Thomas (2002a): Wahlberichterstattung im öffentlichen und privaten Fernsehen. Ergebnisse des ARD/ZDF-Wahlmonitors. In: Media Perspektiven, Nr. 12: 610-622.

Krüger, Udo Michael/Zapf-Schramm (2002b): Öffentlich-rechtliches und privates Fernsehen: Typische Unterschiede bleiben bestehen. Programmanalyse 2001/I. In: Media Perspektiven, Nr. 4: 178-189.

Krüger, Udo Michael/Zapf-Schramm (2001): Die Boulevardisierungskluft im deutschen Fernsehen. Programmanalyse 2000: ARD, ZDF, RTL, Sat.1 und ProSieben im Vergleich. In: Media Perspektiven, Nr. 7: 326-344.

Krüger, Udo Michael/Zapf-Schramm, Thomas (1999): Fernsehwahlkampf 1998 in Nachrichten und politischen Informationssendungen. Ergebnisse des ARD/ZDF-Wahlmonitors. In: Media Perspektiven, Nr. 5: 222-236.

Kusch, Helmut (1990): ZDF hatte die Nase bei der Hochrechnung vorn. In: Kölnische Rundschau vom 03.12.1990.

Lamnek, Siegfried (2005): Qualitative Sozialforschung. Lehrbuch. 4., vollständig überarbeitete Auflage. Weinheim/Basel.

Land, Bodo (1983): Friedrich Nowottny in der Wahlnacht: „Helmut Kohl müßte doch jetzt vor Glück schreien!" In: HörZu, Nr. 11: 12 u. 13.

Langenbucher, Wolfgang R. (1983): Wahlkampf – ein ungeliebtes, notwendiges Übel? In: Schulz, Winfried/Schönbach, Klaus (Hrsg.): Massenmedien und Wahlen. München: 114-128.

LaRoche, Walter von (1995): Einführung in den praktischen Journalismus. Mit genauer Beschreibung aller Ausbildungswege. 14., neu bearbeitete Auflage. Leipzig.

Lauerbach, Gerda (2001): Fernsehdiskurse: Nationale Wahlnachtsendungen im interkulturellen Vergleich und die US Post-Election 2000 als globales Medienereignis. Antrag auf Sachbeihilfe bei der DFG. Frankfurt am Main. Unter: „http://web.uni-frankfurt.de/zenaf/projekte/TVdiscourses/antrag.pdf" (Download vom 08.02.2005).

Lazarsfeld, Paul/Berelson, Bernard/Gaudet, Hazel (1944): The People's Choice. How the Voter Makes up his Mind in a Presidential Campaign. New York.

Leder, Dietrich (2002): Geschenk fürs Fernsehen. Nach der Wahl: Medienpräsenz und Politik im Jauchschen Zeitalter. In: Funk-Korrespondenz, Nr. 39-40: 3-5.

Leder, Dietrich/Olbert, Frank (1990): Schaltsprünge durchs Chaos. In: Kölner Stadt-Anzeiger vom 04.12.1990.

Leif, Thomas (2001): Macht ohne Verantwortung. Der wuchernde Einfluss der Medien und das Desinteresse der Gesellschaft. In: Aus Politik und Zeitgeschichte. H. 41/42: 6-9.

Lendzian, Maja (1994a): „Ab 18 Uhr führt Infas Regie". Wahl 1994 – der heiße Abend für den WDR: Köln berichtet federführend für die ARD. In: WDR print, Oktober: 3.

Lendzian, Maja (1994b): Die 135 heißesten Fernsehminuten. In: WDR print, November: 3.

Leppert, Georg (2002): Stimmungstief. Noch immer suchen ARD und Infratest-dimap nach den Gründen für ihre Prognosen-Pleite am Wahlabend. In: Frankfurter Rundschau vom 26.09.2002.

Lersch, Edgar (1981): Schriftquellen zur Programmgeschichte. Hinweise auf Aktenbestände. In: Mitteilungen des Studienkreises Rundfunk und Geschichte, Nr. 4: 237-244.

Lessinger, Eva-Maria (2004): 1:30 – Politische Kultur fast forward. Parteienspots im Fernsehen 1957 bis 2002. In: Forum.Medien.Politik. (Hrsg.): Trends der politischen Kommunikation. Beiträge aus Theorie und Praxis. Münster: 126-141.

Leyendecker, Hans (2004): Die Misere des Investigativen. Gute Zeilen, schlechte Zeilen – Zur Lage des Journalismus. Teil 4. In: Süddeutsche Zeitung vom 29.06.2004: 15.

Loeb, Michael (2003): Werbung als Finanzierungsquelle des öffentlich-rechtlichen Rundfunks. Anmerkungen aus verfassungsrechtlicher Sicht. In: Media Perspektiven, Nr. 12: 549-557.

Löffelholz, Martin (2003): Kommunikatorforschung: Journalistik. In: Bentele, Günter/Brosius, Hans-Bernd/Jarren, Otfried (Hrsg.): Öffentliche Kommunikation. Handbuch Kommunikations- und Medienwissenschaft. Wiesbaden: 28-53.

Löffelholz, Martin (2002): Journalismuskonzepte. Eine synoptische Bestandsaufnahme. In: Neverla, Irene/Gritmann, Elke/Pater, Monika (Hrsg.): Grundlagentexte zur Journalistik. Konstanz: 35-51.

Löffelholz, Martin (2004a) (Hrsg.): Theorien des Journalismus. Ein diskursives Handbuch. 2., vollständig überarbeitete und erweiterte Auflage. Wiesbaden.

Löffelholz, Martin (2004b): Theorien des Journalismus. Eine historische, metatheoretische und synoptische Einführung. In: Löffelholz, Martin (Hrsg.): Theorien des Journalismus. Ein diskursives Handbuch. 2., vollständig überarbeitete und erweiterte Auflage. Wiesbaden: 17-63.

Löwer, Chris (2002): Hightech-Highnoon im Regierungsviertel. In: Grimme Heft, Nr. 3: 29 u. 30.
Loosen, Wiebke (2002) In: Inhaltsanalyse. In: Loosen, Wiebke/Scholl, Armin/Woelke, Jens: Systemtheoretische und konstruktivistische Methodologie. In: Scholl, Armin (Hrsg.): Systemtheorie und Konstruktivismus in der Kommunikationswissenschaft. Konstanz: 37-65.
Ludes, Peter (2001a): Multimedia und Multi-Moderne: Schlüsselbilder. Fernsehnachrichten und World-Wide-Web – Medienzivilisierung in der europäischen Währungsunion. Wiesbaden.
Ludes, Peter (2001b): Schlüsselbild-Gewohnheiten. Visuelle Habitualisierungen und visuelle Koordinationen. In: Knieper, Thomas/Müller, Marion G. (Hrsg.): Kommunikation visuell. Das Bild als Forschungsgegenstand – Grundlagen und Perspektiven. Köln: 64-78.
Ludes, Peter (1999): Programmgeschichte des Fernsehens. In: Wilke, Jürgen (Hrsg.): Mediengeschichte der Bundesrepublik Deutschland. Bonn: 255-276.
Ludes, Peter (1994): Probleme bei Inhaltsanalysen von Fernsehnachrichtensendungen aus vier Jahrzehnten. In: Hickethier, Knut (Hrsg.): Aspekte der Fernsehanalyse: Methoden und Modelle. Münster/Hamburg: 107-120.
Ludes, Peter (1993): Von der Nachricht zur News-Show. München.
Ludes, Peter/Schütte, Georg (1998): Staatsoberhäupter und einfache Leute. Eine Schlüsselbildanalyse. In: Kamps, Klaus/Meckel, Miriam (Hrsg.): Fernsehnachrichten. Prozesse, Strukturen, Funktionen. Wiesbaden/Opladen: 239-254.
Lüke, Reinhard (1998): Von souverän bis albern. Zur Wahlberichterstattung bei RTL und ProSieben. In: Funk-Korrespondenz, Nr. 40: 9 u. 10.
Luhmann, Niklas (1996): Die Realität der Massenmedien. Opladen. 2. Auflage.
Maier, Michaela (2003): Analysen deutscher Fernsehnachrichten 1992-2001. In: Ruhrmann, Georg/Woelke, Jens/Maier, Michaela/Diehlmann, Nicole: Der Wert von Nachrichten im deutschen Fernsehen. Ein Modell zur Validierung von Nachrichtenfaktoren. Opladen: 61-98.
Maier, Michaela (2002): Zur Konvergenz des Fernsehens in Deutschland. Ergebnisse qualitativer und repräsentativer Zuschauerbefragungen. Konstanz.
Malik, Maja (2004): Journalismusjournalismus. Funktion, Strukturen und Strategien der journalistischen Selbstthematisierung. Wiesbaden.
malo (1994): „Bundestagswahl" (ARD/ZDF/RTL/SAT 1). In: Mannheimer Morgen vom 18.10.1994.
Marcinkowski, Frank (2001): Einleitung – Zum Anlaß und Inhalt dieses Bandes. In: Marcinkowski, Frank (Hrsg.): Die Politik der Massenmedien. Heribert Schatz zum 65. Geburtstag. Köln: 7-11.
Marcinkowski, Frank (1998a): Politikvermittlung durch Fernsehen und Hörfunk. In: Sarcinelli, Ulrich (Hrsg.): Politikvermittlung und Demokratie in der Mediengesellschaft. Wiesbaden: 165-183.
Marcinkowski, Frank (1998b): Stichwörter – Politikberichterstattung. In: Jarren, Otfried/Sarcinelli, Ulrich/Saxer, Ulrich (Hrsg.): Politische Kommunikation in der demokratischen Gesellschaft. Ein Handbuch. Opladen/Wiesbaden: 701.
Marcinkowski, Frank (1996): Politikvermittlung durch das Fernsehen. Politiktheoretische und konzeptionelle Grundlagen der empirischen Forschung. In: Jarren, Otfried/Schatz, Heribert/Weßler, Hartmut (Hrsg.): Medien und politischer Prozeß. Politische Öffentlichkeit und massenmediale Politikvermittlung im Wandel. Opladen: 201-212.
Marcinkowski, Frank (1993): Publizistik als autopoietisches System. Politik und Massenmedien. Eine systemtheoretische Analyse. Opladen.
Marcinkowski, Frank/Bruns, Thomas (1996): Konvergenz revisted. Neue Befunde zu einer älteren Diskussion. In: Rundfunk und Fernsehen, Nr. 4: 461-478.
Marcinkowski, Frank/Greger (2000): Die Personalisierung politischer Kommunikation im Fernsehen: Ein Ergebnis der ‚Amerikanisierung'? In: Kamps, Klaus (Hrsg.): Trans-Atlantik, Trans-Portabel? Die Amerikanisierungsthese in der politischen Kommunikation. Wiesbaden: 179-197.
Marcinkowski, Frank/Greger, Volker/Hüning, Wolfgang (2001): Stabilität und Wandel der Semantik des Politischen: Theoretische Zugänge und empirische Befunde. In: Marcinkowski, Frank (Hrsg.): Die Politik der Massenmedien. Heribert Schatz zum 65. Geburtstag. Köln: 12-114.
Mariott, Stephanie (2000): Election night. In: Media, Culture & Society, Nr. 2: 131-148.
Mason, Linda/Frankovic, Kathleen/Hall Jamieson, Kathleen (2001): CBS News Coverage of Election Night 2000. Investigation, Analysis, Recommendations. Bericht. Unter: „http://www.cbsnews.com/htdocs/c2k/pdf/REP-FINAL.pdf" (Download vom 08.02.2005).
Mast, Claudia (2004) (Hrsg.): ABC des Journalismus. Ein Handbuch. 10., völlig neue Auflage. Konstanz.
Maurer, Gerhard (1969): Computer und Wahlen. IBM Presseachiv. September 1969.
Maurer, Marcus/Kepplinger, Hans Mathias (2003): Warum die Macht der Fernsehbilder wächst. Verbale und visuelle Informationen in den Fernsehnachrichten vor den Bundestagswahlen 1998 und 2002. In: Holtz-Bacha, Christina (Hrsg.): Die Massenmedien im Wahlkampf. Die Bundestagswahl 2002. Wiesbaden: 82-97.

Maurer, Marcus/Reinemann, Carsten (2003): Schröder gegen Stoiber. Nutzung, Wahrnehmung und Wirkung der TV-Duelle. Wiesbaden.
Maurer, Torsten (2005): Fernsehnachrichten und Nachrichtenqualität. Eine Längsschnittstudie zur Nachrichtenentwicklung in Deutschland. München.
Mayring, Philipp (2002): Einführung in die qualitative Sozialforschung. 5. Auflage. Weinheim/Basel.
Mayring, Philipp (2001). Kombination und Integration qualitativer und quantitativer Analyse (31 Absätze). Forum Qualitative Sozialforschung / Forum: Qualitative Social Research, Online Journal, Nr. 1. Unter: „http://qualitativeresearch.net/fqs/fqs.htm" (Download vom 05.11.2003).
Meckel, Miriam (2001): Visualität und Virtualität. Zur medienkulturellen und medienpraktischen Bedeutung des Bildes. In: Knieper, Thomas/Müller, Marion G. (Hrsg.): Kommunikation visuell. Das Bild als Forschungsgegenstand – Grundlagen und Perspektiven. Köln: 25-36.
Meckel, Miriam (1999): Redaktionsmanagement. Ansätze aus Theorie und Praxis. Opladen/Wiesbaden.
Meckel, Miriam (1998): Nachrichten aus Cyburbia. Virtualisierung und Hybridisierung des Fernsehens. In: Kamps, Klaus/Meckel, Miriam (Hrsg.): Fernsehnachrichten. Prozesse, Strukturen, Funktionen. Opladen/Wiesbaden: 203-212.
Meckel, Miriam/Kamps, Klaus (1998): Fernsehnachrichten. Entwicklungen in Forschung und Praxis. In: Kamps, Klaus/Meckel, Miriam (Hrsg.): Fernsehnachrichten. Prozesse, Strukturen, Funktionen. Opladen/Wiesbaden: 11-29.
Meier, Klaus (2002): Ressort, Sparte, Team. Wahrnehmungsstrukturen und Redaktionsorganisation im Zeitungsjournalismus. Konstanz.
Melischek, Gabriele/Seethaler, Josef (2003): Erfolg und Misserfolg als Dimension in der Politikvermittlung. Ein attributionstheoretisches Modell. In: Donsbach, Wolfgang/Jandura, Olaf (Hrsg.): Chancen und Gefahren der Mediendemokratie. Konstanz: 161-173.
Melischek, Gabriele/Seethaler, Josef (2000): Sieger und Verlierer in der Nachwahlberichterstattung der Berliner Tagespresse 1928-1932. In: Bohrmann, Hans/Jarren, Otfried/Melischek, Gabriele/Seethaler, Josef (Hrsg.): Wahlen und Politikvermittlung durch Massenmedien. Wiesbaden: 121-156.
Merten, K. (1995): Inhaltsanalyse. Eine Einführung in Theorie, Methode und Praxis. 2. Auflage. Opladen.
Merten, Klaus (1993): Zweierlei Einfluss der Medien auf die Wahlentscheidung. In: Media Perspektiven, Nr. 7: 449-462.
Merten, Klaus (1973): Aktualität und Publizität. Zur Kritik der Publizistikwissenschaft. In: Publizistik, Nr. 2: 216-235.
Meyer, Thomas (2001): Mediokratie. Frankfurt am Main.
Meyer, Thomas (2000): Was ist Politik? Opladen.
Meyer, Thomas/Schicha, Christian/Brosda, Carsten (2001). Diskurs-Inszenierungen. Zur Struktur politischer Vermittlungsprozesse am Beispiel der „Ökologischen Steuerreform". Wiesbaden.
Meyer, Thomas/Ontrup, Rüdiger/Schicha, Christian (2000): Die Inszenierung des Politischen. Zur Theatralität von Mediendiskursen. Wiesbaden.
Meyn, Hermann (2001): Massenmedien in Deutschland. Neuauflage. Konstanz.
Meyn, Hermann (1990): Der Wahlabend im Deutschen Fernsehfunk. In: Funkreport, Nr. 42: 5 u. 6.
Meyn, Hermann (1965): Politische Tendenzen überregionaler Tageszeitungen in der Bundesrepublik Deutschland. In: Publizistik, Nr. 3: 412-423.
Meyrowitz, Joshua (1990): Fernseh-Gesellschaft. Überall und nirgends dabei. Band 1. Weinheim/Basel.
M.H. (1980): Hohe Einschaltquoten für die Wahl. In: Rheinische Post vom 07.10.1980.
Mihr, Christian (2003): Wer spinnt denn da? Spin Doctoring in den USA und in Deutschland: Eine vergleichende Studie zur Auslagerung politischer PR. Münster/Hamburg/London.
Minkmar, Nils (2000): Die lange Nacht im Newsroom. Am Wahlabend bei CNN in Atlanta: Die Blamage der US-Sender war kein Zufall. In: Die Zeit vom 16.11.2000.
M. Oe. (1987): ZDF fordert ARD zu Fairneß auf. In: Kölner Stadt-Anzeiger vom 13.05.1987.
Möllmann, Bernhard (1998): Redaktionelles Marketing bei Tageszeitungen. München.
Mohn, Johannes (1983): Die Bundestagswahl im Fernsehen. Drähte nach überall. Die alten Rituale werden langweilig. In: Rheinischer Merkur vom 11.03.1983.
Mommsen, Wolfgang J. (1981): Gegenwärtige Tendenzen in der Geschichtsschreibung der Bundesrepublik. In: Geschichte und Gesellschaft, Nr. 2: 149-188.
Moss, Christoph (1998): Die Organisation der Zeitungsredaktion. Wie sich journalistische Arbeit effizient koordinieren lässt. Opladen/Wiesbaden.
Mühl-Benninghaus, Wolfgang (1990): Wahlen, Wahlen, Wahlen. In: Funk-Korrespondenz, Nr. 50: 14-16.
Müller, Albrecht (1999): Von der Parteiendemokratie zur Mediendemokratie. Beobachtung zum Bundestagswahlkampf im Spiegel früherer Erfahrungen. Opladen.

Müller, Dieter K. (2002): ARD und ZDF als Werbeträger nach 20 Uhr. Wahlwerbung im Fernsehen. In: Media Perspektiven, Nr. 12: 623-628.

Müller, Marion G. (2002): Wahlkampf à l'americain. In: Dörner, Andreas/Vogt, Ludgera (Hrsg.): Wahl-Kämpfe. Betrachtungen über ein demokratisches Ritual. Opladen: 187-210.

Müller, Marion G. (1999): Parteienwerbung im Bundestagswahlkampf 1998. Eine qualitative Produktionsanalyse politischer Werbung. In: Media Perspektiven, Nr. 5: 251-261.

Müller, Michael Ludwig (1961): Der gesinnungsmäßige Standort westdeutscher Tageszeitungen und die Bundestagswahl 1957. Ein Beitrag zur Erforschung des politischen Einflusses der Presse. Berlin.

Müller, Petra (2001): Amerikanisierung der Berichterstattung zum Bundestagswahlkampf? Eine Medieninhaltsanalyse von tagesthemen, heute-journal und RTLaktuell/7vor7 aus den Jahren 1987 und 1998. In: Rölle, Daniel, Müller, Petra/Steinbach, Ulrich W.: Politik und Fernsehen. Inhaltsanalytische Untersuchungen. Wiesbaden.

Müller, Rolf (1998): Rückschau: Ist Harald Schmidt etwa wahlkrank? Der Wahlabend im Fernsehen. In: Badische Zeitung vom 28.09.1998.

Müller, Siegfried (1987): Es wird immer enger. In: ZDF-Kontakt, Nr. 1: 5.

Müller-Gerbes, Sigrun (1999): In der Hektik wenigstens die Zahlen rüberbringen – nur welche? Ein Blick hinter die ZDF-Kulissen: Die Wahlforscher bestimmen das journalistische Konzept des Wahlabends im Fernsehen. In: Frankfurter Rundschau vom 09.02.1999.

Nea. (1987): Judoka und Ringer im Wahleinsatz. In: Die Welt vom 19.05.1987.

Netenjakob, Egon (1965): „Jetzt machen wir ein Jödele …" Anmerkungen zur „Wahlparty 65" des Zweiten deutschen Fernsehens. In: Funk-Korrespondenz, Nr. 39-40.

Neuberger, Christoph (2004): Journalismus als systembezogene Akteurkonstellation. Grundlagen einer integrativen Journalismustheorie. In: Löffelholz, Martin (Hrsg.): Theorien des Journalismus. Ein diskursives Handbuch. 2., vollständig überarbeitete und erweiterte Auflage. Wiesbaden: 287-303.

Neuberger, Christoph (1996): Journalismus als Problembearbeitung. Objektivität und Relevanz in der öffentlichen Kommunikation. Konstanz.

Niclauß, Karlheinz (2002): Koalitionen und Kandidaten: Rückblick und Wahleinschätzung 2002. In: Aus Politik und Zeitgeschichte. Nr. 21: 32-38. Unter „http://www.bundestag.de/cgi-bin/druck.pl?N=parlament" (Download vom 04.07.2003).

Nieland, Jörg-Uwe/Tenscher, Jens (2002): Talkshowisierung des Wahlkampfes? Eine Analyse von Politikerauftritten im Fernsehen. In: Sarcinelli, Ulrich/Schatz, Heribert (Hrsg.): Mediendemokratie im Medienland? Inszenierungen und Themensetzungsstrategien im Spannungsfeld von Medien und Parteieliten am Beispiel der nordrhein-westfälischen Landtagswahl 2000. Opladen: 319-394.

Noelle-Neumann, Elisabeth (1982): Der Einfluss des Fernsehens auf die Wahlentscheidung. In: Media Perspektiven, Nr. 10: 609-618.

Noelle-Neumann, Elisabeth (1980a): Die Schweigespirale. Öffentliche Meinung – unsere soziale Haut. München.

Noelle-Neumann, Elisabeth (1980b): Wahlentscheidung in der Fernsehdemokratie. Freiburg/Würzburg.

Noelle-Neumann, Elisabeth (1969): Demoskopie und Fernsehen. Das Risiko des Informationsverlustes bei Wahlstudien. In: Longolius, Christian (Hrsg.): Fernsehen in Deutschland. Band 2. Die Bundestagswahl 1969 als journalistische Aufgabe. Mainz: 251-269.

Nohlen, Dieter (2001): Politikwissenschaft. In: Nohlen, Dieter (Hrsg.): Kleines Lexikon der Politik. München: 384 u. 385.

Norpoth, Helmut/Baker, Kendall I. (1983): Politiker unter sich am Bildschirm: Die Konfrontation von Personen und Sachthemen in den Fernsehdiskussionen 1972-1980. In: Kaase, Max/Klingemann, Hans Dieter (Hrsg.): Wahlen und politisches System. Opladen: 600-621.

Nyary, Josef (1994): ARD war erste Wahl der Fernsehzuschauer. In: Die Welt vom 18.10.1994.

Nyary, Markus (1998): Sieg für ARD und ZDF / Bundestagswahl im TV: Das Erste hatte die meisten Zuschauer, das Zweite die besten Hochrechnungen. In: Welt am Sonntag vom 04.10.1998.

Östgaard, Einar (1965): Factors Influencing the Flow of News. In: Journal for Peace Research, Nr. 1: 39-63.

Omerzu, Christian (1998): Kein Kreuz mit den Kreuzchen. Berliner Institut Infratest dimap übernimmt fünf Jahre lang die ARD-Wahlforschung. In: Der Tagesspiegel, Nr. 16066 vom 10.08.1997: 31.

Ordolff, Martin/Wachtel, Stefan (1997): Texten für TV. Ein Leitfaden zu verständlichen Fernsehbeiträgen. München.

o. V. (2005): Rundfunkstaatsvertrag vom 31.08.1991 geändert durch § 25 Abs. 1 des Jugendmedienschutz-Staatsvertrages vom 10.-27.09.2002, in der Fassung des achten Staatsvertrags zur Änderung rundfunkrechtlicher Staatsverträge (Achter Rundfunkstaatsvertrag) in Kraft seit 01.04.2005. Dokumentation. In: Media Perspektiven, Dokumentation I/2005.

o. V. (2004): Selbstverpflichtungen. Dokumentation. In: epd-medien, Nr. 62.

o. V. (2002): TV-Nachrichten. Raus aus dem Studiomuff. In: Der Spiegel, Nr. 17: 57.
o. V. (2001): TV-Design. ‚Modische Verjüngung'. In: Der Spiegel, Nr. 15: 86.
o. V. (1998a): Der Wahltag. WDR bietet viel Auswahl. In: WDR print. September: 4.
o. V. (1998b): Die Bundestagswahl 1998. In: WDR Jahresbericht 1998: 68 u. 69.
o. V. (1998c): Wahlsendungen. Aus dem virtuellen Set. In: RTL-Kommunikation (Hrsg.): 10 Jahre RTL Aktuell. Bornheim: 53.
o. V. (1998d): Sat.1-Wahlkampfberichterstattung läuft auf Hochtouren, Interviews mit den Spitzenpolitikern der großen Parteien, ‚Deutschland wählt' zur Bundestagswahl in drei Studios. Pressemitteilung von Sat.1.
o. V. (1995): Bundestagswahl in Hörfunk und Fernsehen 16. Oktober. In: ARD-Jahrbuch 1995. Hamburg: 158.
o. V.: (1994): Hörfunk und Fernsehen Super Wahljahr 1994. In: WDR Jahresbericht 1994: 39-41.
o. V. (1991): Wahlberichterstattung mit infas. In: Unix-Welt, Nr. 3: 116 u. 117.
o. V. (1990a): Erste gesamtdeutsche Wahl in ARD und ZDF. Der Osten entscheidet, wer das Fernsehduell gewinnt. In: Gong aktuell, Nr. 48: 5.
o. V. (1990b): WDR führte Computer in die Wahlnacht ein. 25 Jahre Trends und Hochrechnungen im deutschen Fernsehen. In: WDR-Information vom 14.09.1990.
o. V. (1987a): Studie: TV-Wahlsendungen überholen sich selbst. Forschungsgruppe konstatiert Langeweile und empfiehlt flexiblere Sendezeit. In: epd-Kirche und Rundfunk vom 09.09.1987.
o. V. (1987b): TV-Bilanz der Wahlnacht: Die ARD war schneller am Mann. In: Gong aktuell, Nr. 6: 5.
o. V. (1983a): ARD Nach der Wahlnacht: Wir wollen uns nicht mehr um Politiker raufen. In: Gong, Nr. 12.
o. V. (1983b): Der Wahlsonntag 1983 im Spiegel der Zuschauerzahlen. Deutsches Fernsehen, Programmdirektion vom 07.03.1983. In: ARD Sachakte Koordinator Politik „Bundestagswahl 1983".
o. V. (1983c): Wahl'83. Umfassende Information der Zuschauer am 6. März 1983. Pressemitteilung des ZDF. Februar 1983.
o. V. (1981): Das Programm-Jahr 1980. Politik, Gesellschaft und Kultur. In: ARD-Jahrbuch 1981. Hamburg: 130.
o. V. (1980a): Das ‚stärkste' Wort kam von einem ZDF-Reporter. In: Gong aktuell, Nr. 42: 7 u. 8.
o. V. (1980b): Der Wahlsonntag 1980 im Spiegel der Zuschauerzahlen. Deutsches Fernsehen, Programmdirektion vom 07.10.1980. In: ARD Sachakte Koordinator Politik „Bundestagswahl 1980".
o. V. (1979): ‚Nachfrage' bei Wahlen. In: ARD-Jahrbuch 1979. Hamburg: 84 u. 85.
o. V. (1978): ARD gegen ZDF für Wahl-‚Nachfrage'. In: Funk-Korrespondenz, Nr. 45: 3 u. 4.
o. V. (1976a): Deutschland vor und nach der Wahl. Umfassende Berichterstattung im Deutschen Fernsehen/ARD. In: Notizen zum ARD-Programm. Deutsches Fernsehen, Programmdirektion, Nr. 15 vom 19.05.1976.
o. V. (1976b): Die Wahl am 3. Oktober 1976 im Deutschen Fernsehen/ARD. In: Notizen zum ARD-Programm. Deutsches Fernsehen, Programmdirektion, Nr. 28 vom 08.09.1976.
o. V. (1976c): Die Nacht der harten Ellenbogen. Verbissen wie noch nie kämpften die Reporter von ARD und ZDF um die besten Interviews. Und manchmal blieb die Fairness auf der Strecke. In: HörZu, Nr. 42: 8 u. 9.
o. V. (1972a): Berichte – Informationen – Analysen – Kommentare. Die Wahl am 19. November 1972 im Deutschen Fernsehen/ARD. In: Notizen zum ARD-Programm. Deutsches Fernsehen, Programmdirektion, Nr. 55 vom 08.11.1972.
o. V. (1972b): Zuschauerrekord bei Wahlberichterstattung. 41 Prozent sahen ZDF-Sendung. ZDF-Pressemeldung vom 27.11.1972.
o. V. (1970): Politik und Zeitgeschehen, Bundestagswahl 1969. In: ZDF-Jahrbuch 1969. Mainz: 68-74.
o. V. (1969a): Allein das ZDF hat für die „Wahl 69" 41 Kameras und 90 Redakteure im Einsatz. In: afd, Meldung vom 24.09.1969. In: Aktueller Fernsehdienst, Nr. 75 vom 26.09.1969.
o. V. (1969b): Wahlnacht der Eurovision. In: Fernseh- und Rundfunkspiegel vom 30.09.1969.
o. V. (1969c): Wahl'69 im ARD-Fernsehen. Streiflichter über die Vorbereitungen des WDR. In: Deutsches Fernsehen, Nr. 42: I/1-I/4.
o. V. (1969d): Fernsehen – Sonderberichterstattung zur Bundestagswahl. In: WDR-Information vom 02.09.1969.
o. V. (1969f): Deutsches Fernsehen/ARD – Wahl'69. In: WDR vom 25.09.1969.
o. V. (1969g): Fernsehen: Wahlsonntag – Immer schneller. In: Der Spiegel, Nr. 39: 213 u. 214.
o. V. (1969h): Anmerkungen zur FS-Wahlberichterstattung. In: Funk-Korrespondenz, Nr. 40.
o. V. (1966): Politik und Zeitgeschehen. Sondersendungen. In: ZDF-Jahrbuch 1965. Mainz: 72.
o. V. (1961): Wahlsonderdienst 1961. In: FernsehRundschau. Oktober: 425.
Patzelt, Werner J. (1993): Einführung in die Politikwissenschaft. Grundriß des Fachs und studiumbegleitende Orientierung. 2. ergänzte Auflage. Passau.
pb (1980): Der Wahlabend bei ARD und ZDF: 67 Prozent sahen zu. In: Kölnische Rundschau vom 07.10.1980.
Pepper, Robert (1974): Election Night 1972: TV Networl Coverage. In: Journal of Broadcasting, Nr. 1: 27-38.
Pfetsch, Barbara (2003): Politische Kommunikationskultur: Politische Sprecher und Journalisten in der Bundesrepublik und den USA im Vergleich. Wiesbaden.

Pfetsch, Barbara (1996): Konvergente Fernsehformate in der Politikberichterstattung? Eine vergleichende Analyse öffentlich-rechtlicher und privater Programme 1985/86 und 1993. In: Rundfunk und Fernsehen, Nr. 4: 479-498.
Pieroth, Heinz (1977): Die produktionelle Seite der Wahlberichterstattung. In: ZDF-Jahrbuch 1976. Mainz: 76-80.
Pink, Ruth (2000): Kommunikation in Redaktionen. Ein Ratgeber für die Praxis. Berlin.
Pöttker, Horst (2002): Unterhaltsame Politikvermittlung. Was von der deutschen Volksaufklärung des 18. Jahrhunderts zu lernen ist. In: Schicha, Christian/Brosda, Carsten (Hrsg.): Politikvermittlung in Unterhaltungsformaten. Medieninszenierungen zwischen Popularität und Populismus. Münster: 61-72.
Pollert, Susanne (1996): Film- und Fernseharchive. Bewahrung und Erschließung audiovisueller Quellen in der Bundesrepublik Deutschland. Potsdam.
Postman, Neil (1999): Wir amüsieren uns zu Tode. Urteilsbildung im Zeitalter der Unterhaltungsindustrie. 12. Auflage. Frankfurt am Main.
Prüsse, Nicole (1997): Konsolidierung, Durchsetzung und Modernisierung. Geschichte des ZDF. Teil II (1967-1977). Münster.
Quandt, Thorsten (2003): Vom Redakteur zum Content-Manager? Wandel des Journalismus im Zeichen des Netzes. In: Löffelholz, Martin/Quandt, Thorsten (Hrsg.): Die neue Kommunikationswissenschaft. Theorien, Themen und Berufsfelder im Internet-Zeitalter. Eine Einführung. Wiesbaden: 257-279.
-r (1969): Die bisher aufwendigste Aussenreportage in Farbe. In: fernseh-informationen, Nr. 27, September/Oktober.
Rabl, Peter (1976): TV-Wahlkrieg total – ARD schlug das ZDF. In: Kurier vom 04.10.1976.
Radunski, Peter (1996): Politisches Kommunikationsmanagement. Die Amerikanisierung der Wahlkämpfe. In: Bertelsmann Stiftung (Hrsg.): Politik überzeugend vermitteln. Wahlkampfstrategien in Deutschland und den USA. Gütersloh: 33-52.
Rager, Günther/Müller-Gerbes, Sigrun (1993): Erst kommt die Zeitung, dann das Vergnügen. Zur Lage der Tageszeitung. In: Rager, Günther/Werner, Petra (Hrsg.): Die tägliche Neu-Erscheinung. Untersuchungen zur Zukunft der Zeitung. Münster: 11-23.
Rager, Günther/Rinsdorf, Lars (2002): Wieviel Spaß muss sein? Unterhaltsame Politikberichterstattung im Feldversuch. In: Schicha, Christian/Brosda, Carsten (Hrsg.): Politikvermittlung im Unterhaltungsformat. Medieninszenierungen zwischen Popularität und Populismus. Münster: 233-248.
Rager, Günther/Werner, Petra/Weber, Bernd (1992): Arbeitsplatz Lokalradio. Journalisten im lokalen Hörfunk in Nordrhein-Westfalen. Opladen.
Raupp, Juliana (2003): Information, Instrumentalisierung, Reflexion: Die widerspruchsvolle Verwendung von Umfragen in der Wahlberichterstattung. In: Holtz-Bacha, Christina (Hrsg.): Die Massenmedien im Wahlkampf. Die Bundestagswahl 2002. Wiesbaden: 116-137.
rbh/Red. (1990): Drei Konkurrenten am TV-Wahlabend. In: Westdeutsche Zeitung vom 01.12.1990.
Reimers, Ulrich (2000): Zwischen Forschung und Politik. Die ARD als Motor und Nutzer technischer Entwicklungen. In: ARD-Jahrbuch 2000. Hamburg: 81-88.
Reinhard, Hans-Jürgen (1987):Wahlabend mit Überraschungen. In: Rheinpfalz vom 26.01.1987.
Renger, Rudi (2002): Politikentwürfe im Boulevard. Zur Ideologie von ‚Tabloid-Formaten'. In: Schicha, Christian/Brosda, Carsten (Hrsg.): Politikvermittlung im Unterhaltungsformat. Medieninszenierungen zwischen Popularität und Populismus. Münster: 223-232.
Renger, Rudi (2000): Populärer Journalismus. Nachrichten zwischen Fakten und Fiktion. Innsbruck/Wien/München.
Renner, Karl N. (2005): Der Dokumentarfilm. In: Schleicher, Harald/Urban, Alexander (Hrsg.): Filme machen. Technik, Gestaltung, Kunst. Klassisch und digital. Frankfurt am Main: 333-371.
Renner, Karl N. (2004): Regie und Kamera. 2. Sitzung der Vorlesung Journalismus im Fernsehen im WS 2004/05 am Journalistischen Seminar an der Gutenberg-Universität Mainz.
Reu. (1999): Politik zu schnell. In: Frankfurter Allgemeine Zeitung vom 22.09.1999.
rg (1998): Weltklasse aus Deutschland. Das ZDF und die Bundestagswahl. In: ZDF-Kontakt, Nr. 10: 12 u. 13.
rg/th (1998): Die erste Prognose: Die Wahl geht gut aus. Berichterstattung rund um die Bundestagswahl. In: ZDF-Kontakt, Nr. 2: 3-6.
Ridder, Christa-Maria/Engel, Bernhard (2001): Massenkommunikation 2000: Images und Funktionen der Massenmedien im Vergleich. Ergebnisse der 8. Welle der ARD/ZDF-Landzeitstudie zur Mediennutzung und -bewertung. In: Media Perspektiven, Nr. 3: 102-125.
Rössler, Patrick (2003): Big Pollsters Are Watching You! Zur Darstellung und Wahrnehmung von Umfragen zur Bundestagswahl 2002 in unterschiedlichen Medien. In: Holtz-Bacha (Hrsg.): Die Massenmedien im Wahlkampf. Die Bundestagswahl 2002. Wiesbaden: 138-161.
Roloff, Eckhart Klaus (1980): Von der Schlammschlacht zum Ringkampf. In: journalist, Nr. 11: 8-10.

Rossié, Michael (2000): Sprechertraining. Texte präsentieren in Radio, Fernsehen und vor Publikum. München.
Roth, Dieter (1998a): Die Herren der Zahlen. Die Forschungsgruppe Wahlen. In: ZDF-Kontakt. Nr. 2: 7.
Roth, Dieter (1998b): Wie kommen Prognosen und Hochrechnungen zustande? In: ZDF-Monatsjournal. Nr. 9: 5.
Roth, Dieter (1998c): Stochern im Nebel. In: Die Zeit vom 24.09.1998.
RP (2002): Wahlberichterstattung: Ärger bei der ARD. In: Rheinische Post vom 24.09.2002.
Rudolph, Karlheinz (1969): Die lange kurze Wahlnacht 1969. Erlebnisse im ZDF-Rechenzentrum Düsseldorf. In: Longolius, Christian (Hrsg.): Die Bundestagswahl 1969 als journalistische Aufgabe. Fernsehen in Deutschland. Band 2. Mainz: 193-201.
Ruhrmann, Georg (2003): Zusammenfassung und Ausblick. In: Ruhrmann, Georg/Woelke, Jens/Maier, Michaela/Diehlmann, Nicole: Der Wert von Nachrichten im deutschen Fernsehen. Ein Modell zur Validierung von Nachrichtenfaktoren. Opladen: 229-238.
Ruhrmann, Georg/Woelke, Jens (2003): Der Wert von Nachrichten. Ein Modell zur Validierung von Nachrichtenfaktoren. In: Ruhrmann, Georg/Woelke, Jens/Maier, Michaela/Diehlmann, Nicole: Der Wert von Nachrichten im deutschen Fernsehen. Ein Modell zur Validierung von Nachrichtenfaktoren. Opladen: 13-26.
Ruhrmann, Georg/Woelke, Jens/Maier, Michaela/Diehlmann, Nicole (2003): Der Wert von Nachrichten im deutschen Fernsehen. Ein Modell zur Validierung von Nachrichtenfaktoren. Opladen.
Rüden, Peter von/Wagner Hans-Ulrich (2005) (Hrsg.): Die Geschichte des Nordwestdeutschen Rundfunks. Hamburg.
Rühl, Manfred (2002): Organisatorischer Journalismus. Tendenzen der Redaktionsforschung. In: Neverla, Irene/Grittmann, Elke/Pater, Monika (Hrsg.): Grundlagentexte zur Journalistik. Konstanz: 303-320.
Rühl, Manfred (1980): Journalismus und Gesellschaft. Bestandsaufnahme und Theorieentwurf. Mainz.
Rütten, Dirk (1989): Strukturelle Merkmale politischen Rundengesprächs im Fernsehen – dargestellt am Beispiel der „Elefantenrunde". In: Klein, Josef (Hrsg.): Politische Semantik. Bedeutungsanalytische und sprachkritische Beiträge zur politischen Sprachverwendung. Opladen: 187-230.
RTL (2002): RTL-Tagesreport: Sonntag, der 22. September 2002. Unter: „http://bragi.koeln.rtl.de:86/ebs/standard/tagesreport.html?datum=22.09.2002" (Download vom 30.09.2002).
RTL (1998): RTL-Tagesreport: Sonntag, der 27. September 1998. Unter: „http://bragi.koeln.rtl.de:86/ebs/standard/tagesreport.html?datum=27.09.1998" (Download vom 30.09.2002).
RTL-Kommunikation (2002) (Hrsg.): Wahl 2002 RTL. Langenfeld.
R.Z. (1990): Von der hohen Kunst des gepflegten Nichtssagens. (Wahlberichterstattung von Sat.1). In: Die Welt vom 04.12.1990.
Sage&Schreibe Werkstatt (2000a). Redigieren. Teil 1. März.
Sage&Schreibe Werkstatt (2000b). Redigieren. Teil 2. April.
Sage&Schreibe Werkstatt (2000c). Redigieren. Teil 3. Mai.
Sarcinelli, Ulrich (2004): Politische Kommunikation zwischen wissenschaftlichem Interesse und Politikum. In: Forum.Medien.Politik. (Hrsg.): Trends der politischen Kommunikation. Beiträge aus Theorie und Praxis. Münster: 8-16.
Sarcinelli, Ulrich (2002): Die politische Kommunikationsforschung in der deutschen Politikwissenschaft am Scheideweg: Vom Nischendasein zur Forschungsperspektive in politikwissenschaftlichen Kernbereichen. In: Schatz, Heribert/Rössler, Patrick/Nieland, Jörg-Uwe (Hrsg.): Politische Akteure in der Mediendemokratie. Politiker in den Fesseln der Medien? Wiesbaden: 327-338.
Sarcinelli, Ulrich (2000): Politikvermittlung und Wahlen – Sonderfall oder Normalität des politischen Prozesses? Essayistische Anmerkungen und Anregungen für die Forschung. In: Bohrmann, Hans/Jarren, Otfried/Melischek, Gabriele/Seethaler, Josef (Hrsg.): Wahlen und Politikvermittlung durch Massenmedien. Wiesbaden: 19-30.
Sarcinelli, Ulrich (1998a) (Hrsg.): Politikvermittlung und Demokratie in der Mediengesellschaft. Bonn.
Sarcinelli, Ulrich (1998b): Politikvermittlung und Demokratie: Zum Wandel der politischen Kommunikationskultur. In: Sarcinelli, Ulrich (Hrsg.): Politikvermittlung und Demokratie in der Mediengesellschaft. Wiesbaden: 11-23.
Sarcinelli, Ulrich (1998c): Politikvermittlung. In: Jarren, Otfried/Sarcinelli, Ulrich/Saxer, Ulrich (Hrsg.): Politische Kommunikation in der demokratischen Gesellschaft. Ein Handbuch. Opladen/Wiesbaden: 702/703.
Sarcinelli, Ulrich (1998d): Symbolische Politik. In: Jarren, Otfried/Sarcinelli, Ulrich/Saxer, Ulrich (Hrsg.): Politische Kommunikation in der demokratischen Gesellschaft. Ein Handbuch. Opladen/Wiesbaden: 729/730.
Sarcinelli, Ulrich (1987): Symbolische Politik. Zur Bedeutung symbolischen Handelns in der Wahlkampfkommunikation der Bundesrepublik Deutschland. Opladen.

Sarcinelli, Ulrich/Schatz, Heribert (2002a) (Hrsg.): Mediendemokratie im Medienland? Inszenierungen und Themensetzungsstrategien im Spannungsfeld von Medien und Parteieliten am Beispiel der nordrheinwestfälischen Landtagswahl 2000. Opladen.
Sarcinelli, Ulrich/Schatz, Heribert (2002b): Von der Parteien- zur Mediendemokratie. Eine These auf dem Prüfstand. In: Sarcinelli, Ulrich/Schatz, Heribert (Hrsg.): Mediendemokratie im Medienland? Inszenierungen und Themensetzungsstrategien im Spannungsfeld von Medien und Parteieliten am Beispiel der nordrheinwestfälischen Landtagswahl 2000. Opladen: 9-32.
Sarcinelli, Ulrich/Tenscher, Jens (2003): Machtdarstellung und Darstellungsmacht. Eine Einführung. In: Sarcinelli, Ulrich/Tenscher, Jens (Hrsg.): Machtdarstellung und Darstellungsmacht. Beiträge zu Theorie und Praxis moderner Politikvermittlung. Baden-Baden: 9-22.
Sat.1 Medienforschung (1998): Einschaltquoten Sat.1 1998 zu Deutschland wählt. Information der ProSiebenSat.1Media AG.
Sat.1 Medienforschung (1994): Einschaltquoten Sat.1 1994 zu Wahltag Deutschland'94. Information der ProSiebenSat.1MediaAG.
Saur, Karl-Otto (1976): Original-Ton auf der Ponderosa. Die ‚bewährte Mischung' des ZDF versagte. In: Süddeutsche Zeitung vom 05.10.1976.
Saxer, Ulrich (2000): Massenmedien als Wahlkommunikatoren in längerfristiger Perspektive: Ein Forschungsüberblick. In: Bohrmann, Hans/Jarren, Otfried/Melischek, Gabriele/Seethaler, Josef (Hrsg.): Wahlen und Politikvermittlung durch Massenmedien. Wiesbaden: 31-46.
Saxer, Ulrich (1998): System, Systemwandel und politische Kommunikation. In: Jarren, Otfried/Sarcinelli, Ulrich/Saxer, Ulrich (Hrsg.): Politische Kommunikation in der demokratischen Gesellschaft. Ein Handbuch. Opladen/Wiesbaden: 21-64.
Saxer, Ulrich (1983): Systematische Kommunikationspolitik. Strukturen einer kommunikationswissenschaftlichen Teildisziplin. In: Rühl, Manfred/Stuiber, Heinz-Werner (Hrsg.): Kommunikationspolitik in Forschung und Anwendung. Festschrift für Franz Ronneberger. Düsseldorf: 33-45.
Schaaf, Dierk-Ludwig (1988): Nur inszenierte Rituale? Vom Umgang mit Politikern. In: Weiterbildung und Medien, Nr. 3: 31-33.
Schättle, Horst (1981): „Wahl`80" – eine journalistische Aufgabe. In: ZDF-Jahrbuch 1980. Mainz: 115-124.
Schantel, Alexandra (2000): Determination oder Intereffikation? Eine Metaanalyse der Hypothesen zur PR-Journalismus-Beziehung. In: Publizistik, Nr. 1: 70-88.
Schatz, Heribert (2002): Rückblick auf die Tätigkeit des DVPW-Arbeitskreises „Politik und Kommunikation" und die gemeinsamen Jahrestagungen mit der DGPuK-Fachgruppe „Kommunikation und Politik". In: Schatz, Heribert/Rössler, Patrick/Nieland, Jörg-Uwe (Hrsg.): Politische Akteure in der Mediendemokratie. Politiker in den Fesseln der Medien? Wiesbaden: 315-326.
Schatz, Heribert (1971): „Tagesschau" und „heute" – Politisierung des Unpolitischen? In: Zoll, Ralf (Hrsg.): Manipulation der Meinungsbildung. Zum Problem hergestellter Öffentlichkeit. Opladen: 109-123.
Schatz, Heribert/Rössler, Patrick/Nieland, Jörg-Uwe (2002a) (Hrsg.): Politische Akteure in der Mediendemokratie. Politiker in den Fesseln der Medien? Wiesbaden.
Schatz, Heribert/Rössler, Patrick/Nieland, Jörg-Uwe (2002b): Politische Akteure in der Mediendemokratie: Einführung in die Thematik und Überblick über die Beiträge des Tagungsbandes. In: Schatz, Heribert/Rössler, Patrick/Nieland, Jörg-Uwe (Hrsg.): Politische Akteure in der Mediendemokratie. Politiker in den Fesseln der Medien? Wiesbaden: 11-17.
Schatz, Heribert/Immer, Nikolaus/Marcinkowski, Frank (1989a): Strukturen und Inhalte des Rundfunkprogramms der vier Kabelpilotprojekte. Düsseldorf.
Schatz, Heribert/Immer, Nikolaus/Marcinkowski, Frank (1989b): Der Vielfalt eine Chance? Empirische Befunde zu einem zentralen Argument für die „Dualisierung" des Rundfunks in der Bundesrepublik Deutschland. In: Rundfunk und Fernsehen, Nr. 1: 5-24.
Schatz, Heribert/Adamczewski, Klaus/Lange, Klaus/Nüssen, Ferdinand (1981): Fernsehen und Demokratie. Eine Inhaltsanalyse der Fernsehnachrichtensendungen von ARD und ZDF vom Frühjahr 1977. Opladen.
Schatz-Bergfeld, Marianne (2002): Agenda-Setting: Mediennutzer sind kein unbeschriebenes Blatt. In: Sarcinelli, Ulrich/Schatz, Heribert (Hrsg.): Mediendemokratie im Medienland? Inszenierungen und Themensetzungsstrategien im Spannungsfeld von Medien und Parteieliten am Beispiel der nordrhein-westfälischen Landtagswahl 2000. Opladen: 253-288.
Scheithauer, Ingrid (2002): Gegen die Verkrustung. Clement und Simonis wollen ZDF-Gremien reformieren. In: Frankfurter Rundschau vom 13.03.2003. Unter: „http://www.fr-aktuell.de/fr/280/t280014.htm" (Download vom 15.03.2002).

Scherer, Helmut/Hagen, Lutz M./Rieß, Martin/Zipfel, Theodor (1996): The Day After. Eine Analyse der Nachwahlberichterstattung zur Bundestagswahl 1994. In: Holtz-Bacha, Christina/Kaid, Lynda Lee (Hrsg.): Wahlen und Wahlkampf in den Medien. Untersuchungen aus dem Wahljahr 1994. Opladen: 150-176.

Scheufele, Betram/Schünemann, Julia/Brosius, Hans-Bernd (2005): Duell oder Berichterstattung? Die Wirkung der Rezeption des ersten TV-Duells und der Rezeption der Nachberichterstattung im Bundestagswahlkampf 2002. In: Publizistik, Nr. 4: 399-412.

Schicha, Christian (2004): Die Bühnen unterhaltsamer Politikvermittlung. Politische Inszenierungen am Beispiel der öffentlichen Auftritte von George W. Bush. In: Forum.Medien.Politik. (Hrsg.): Trends der politischen Kommunikation. Beiträge aus Theorie und Praxis. Münster: 48-59.

Schicha, Christian (2003): Die Theatralität der politischen Kommunikation. Medieninszenierungen am Beispiel des Bundestagswahlkampfes 2002. Münster/Hamburg/London.

Schicha, Christian (2002): Das ‚Ereignismanagement' des nationalsozialistischen Regimes. Zur Theatralität des Führerkultes. In: Schicha, Christian/Brosda, Carsten (Hrsg.): Politikvermittlung in Unterhaltungsformaten. Medieninszenierungen zwischen Popularität und Populismus. Münster: 88-110.

Schicha, Christian (2000a): Wahlkampf in der Mediendemokratie. Inszenierung – Personalisierung – Visualisierung. In: Zeitschrift für Kommunikationsökologie, Nr. 1: 11-18.

Schicha, Christian (2000b): Infotainmentelemente im Genre politischer Informationsprogramme; In: Nieland, Jörg-Uwe/Schicha, Christian (Hrsg.): Infotainment und Aspekte medialer Wahrnehmung – Ereignisbericht und Stellungnahmen zum Workshop an der FU Berlin vom 02.06.1999 im Rahmen des DFG-Schwerpunktprogramms: „Theatralität". Duisburg: 72-89.

Schicha, Christian/Brosda, Carsten (2002a) (Hrsg.): Politikvermittlung in Unterhaltungsformaten. Medieninszenierungen zwischen Popularität und Populismus. Münster.

Schicha, Christian/Brosda, Carsten (2002b): Politikvermittlung zwischen Information und Unterhaltung – Eine Einführung. In: Schicha, Christian/Brosda, Carsten (Hrsg.): Politikvermittlung in Unterhaltungsformaten. Medieninszenierungen zwischen Popularität und Populismus. Münster: 7- 37.

Schieß, Raimund/Lauerbach, Gerda (2003): The Florida Recount on CNN International – (two) discourse analytic studies. ZENAF Arbeits- und Forschungsberichte, Nr. 2.

Schmid, Waldemar (1979): Keine ‚Nachfrage' bei ARD und ZDF. Zur Wahlberichterstattung der Fernsehanstalten. In: Fernseh-Dienst, Nr. 15 vom 20.03.1979: 1.

Schmidt, Hendrik (1980): Zügel und Lebensnähe. Wahlberichterstattung im Fernsehen: kein Ruhmesblatt: In: epd-Kirche und Rundfunk, Nr. 79: 1 u. 2.

Schmidt, Siegfried J./Weischenberg, Siegfried (1994): Mediengattungen, Berichterstattungsmuster, Darstellungsformen. In: Merten, Klaus/Schmidt, Siegfried J./Weischenberg, Siegfried (Hrsg.): Die Wirklichkeit der Medien. Eine Einführung in die Kommunikationswissenschaft. Opladen: 212-236.

Schmitt-Beck, Rüdiger/Pfetsch, Barbara (1994): Politische Akteure und die Medien der Massenkommunikation. Zur Generierung von Öffentlichkeit in Wahlkämpfen. In: Neidhardt, Friedhelm (Hrsg.): Öffentlichkeit, öffentliche Meinungen, soziale Bewegungen. Opladen: 106-138.

Schmuck, Michael (2004): Redigieren. In: Insight, Nr. 3: 30-33.

Schneider, Beate (1998): Mediensystem. In: Jarren, Otfried/Sarcinelli, Ulrich/Saxer, Ulrich (Hrsg.): Politische Kommunikation in der demokratischen Gesellschaft. Ein Handbuch. Opladen/Wiesbaden: 422-430.

Schneider, Beate/Schönbach, Klaus/Stürzebecher, Dieter (1993): Westdeutsche Journalisten im Vergleich: jung, professionell und mit Spaß an der Arbeit. In: Publizistik, Nr. 1: 5-30.

Schneider, Jens (2003): Die Kreismeister. Die ARD hat ein neues Design – und andere Unterhalter. In: Süddeutsche Zeitung, Nr. 214 vom 17.09.2003: 23.

Schneider, Melanie/Schönbach, Klaus/Semetko, Holli A. (1999): Kanzlerkandidaten in den Fernsehnachrichten und in der Wählermeinung. Befunde zum Bundestagswahlkampf 1998 und früheren Wahlkämpfen. In: Media Perspektiven, Nr. 5: 262-269.

Schnell, Rainer/Hill, Paul B./Esser, Elke (1995): Methoden der empirischen Sozialforschung. 5. Auflage. München/Wien.

Schöfthaler, Ele (1997): Recherche praktisch. Ein Handbuch für Ausbildung und Praxis. München.

Schönbach, Klaus (1998): Politische Kommunikation – Publizistik- und kommunikationswissenschaftliche Perspektiven. In: Jarren, Otfried/Sarcinelli, Ulrich/Saxer, Ulrich (Hrsg.): Politische Kommunikation in der demokratischen Gesellschaft. Ein Handbuch. Opladen/Wiesbaden: 114-137.

Schönbach, Klaus (1983): Das unterschätze Medium. Politische Wirkungen von Presse und Fernsehen im Vergleich. München.

Schönbach, Klaus/Semetko, Holli A. (2000): „Gnadenlos professionell": Journalisten und die aktuelle Medienberichterstattung in Bundestagswahlkämpfen 1976-1998. In: Bohrmann, Hans/Jarren, Otfried/Melischek, Gabriele/Seethaler, Josef (Hrsg.): Wahlen und Politikvermittlung durch Massenmedien. Wiesbaden: 69-78.

Schönbach, Klaus/Semetko, Holli A. (1994): Medienberichterstattung und Parteiwerbung im Bundestagswahlkampf 1990. Ergebnisse aus Inhaltsanalysen und Befragungen. In: Media Perspektiven, Nr. 7: 328-339.

Schönbach, Klaus/Stürzebecher, Dieter/Schneider, Beate (1994): Oberlehrer und Missionare? Das Selbstverständnis deutscher Journalisten. In: Neidhardt, Friedhelm (Hrsg.): Öffentlichkeit, öffentliche Meinung, soziale Bewegung. Opladen: 139-161.

Scholl, Armin (2003): Die Befragung. Konstanz.

Scholl, Armin (2002): Journalismus als Gegenstand empirischer Forschung: Ein Definitionsvorschlag. In: Neverla, Irene/Grittmann, Elke/Pater, Monika (Hrsg.): Grundlagentexte zur Journalistik. Konstanz: 455-484.

Scholl, Armin/Weischenberg, Siegfried (1998): Journalismus in der Gesellschaft. Opladen/Wiesbaden.

Schrott, Peter (1990): Wahlkampfdebatten im Fernsehen von 1972 bis 1987: Politikerstrategien und Wählerreaktionen. In: Kaase, Max/Klingemann, Hans-Dieter (Hrsg.): Wahlen und Wähler. Analysen aus Anlaß der Bundestagswahl 1987. Opladen: 647-674.

Schultz, Tanjev (2003): Journalisten als politische Experten. Personelle, thematische und argumentative Muster des „Presseclub". In: Donsbach, Wolfgang/Jandura, Olaf (Hrsg.): Chancen und Gefahren der Mediendemokratie. Konstanz: 246-260.

Schultz, Tanjev (2002): Menschelnde Unterhaltung mit Politikern. Daten und Überlegungen zu Auftritten in Promi-Talkshows. In: Schicha, Christian/Brosda, Carsten (Hrsg.): Politikvermittlung in Unterhaltungsformaten. Medieninszenierungen zwischen Popularität und Populismus. Münster: 182-194.

Schulz, Winfried (2003): Politische Kommunikation. In: Bentele, Günter/Brosius, Hans-Bernd/Jarren, Otfried (Hrsg.): Öffentliche Kommunikation. Handbuch Kommunikations- und Medienwissenschaft. Wiesbaden: 458-480.

Schulz, Winfried (1998): Wahlkampf unter Vielkanalbedingungen. Kampagnenmanagement, Informationsnutzung und Wählerverhalten. In: Media Perspektiven, Nr. 8: 378-391.

Schulz, Winfried (1997): Politische Kommunikation. Theoretische Ansätze und Ergebnisse empirischer Forschung zur Rolle der Massenmedien in der Politik. Opladen/Wiesbaden.

Schulz, Winfried (1994): Wird die Wahl im Fernsehen entschieden? Der „getarnte Elefant" im Lichte der neueren Forschung. In: Media Perspektiven, Nr. 7: 318-327.

Schulz, Winfried (1976): Die Konstruktion von Realität in den Nachrichtenmedien. Analyse der aktuellen Berichterstattung. Freiburg/München.

Schulz, Winfried/Berens, Harald/Zeh, Reimar (1998): Das Fernsehen als Instrument und Akteur im Wahlkampf. Analyse der Berichterstattung von ARD, ZDF, RTL und Sat.1 über die Spitzenkandidaten bei der Bundestagswahl 1994. In: Rundfunk und Fernsehen, Nr. 1: 58-79.

Schulz, Winfried/Kindelmann, Klaus (1993): Die Entwicklung der Images von Kohl und Lafontaine im Wahljahr 1990. Ein Vergleich der Wählerurteile mit den Urteilen ausgewählter Leitmedien. In: Holtz-Bacha, Christina/Kaid, Lynda Lee (Hrsg.): Die Massenmedien im Wahlkampf. Untersuchungen aus dem Wahljahr 1990. Opladen: 10-46.

Schulz, Winfried/Zeh, Reimar (2003): Kanzler und Kanzlerkandidat in den Fernsehnachrichten. In: Holtz-Bacha, Christina (Hrsg.): Die Massenmedien im Wahlkampf. Die Bundestagswahl 2002. Wiesbaden: 57-81.

Schulz, Winfried/Zeh, Reimar/Quiring, Oliver (2000): Wählerverhalten in der Mediendemokratie. In: Klein, Markus/Jagodzinski, Wolfgang/Mochmann, Ekkehard/Ohr, Dieter (Hrsg.): 50 Jahre empirische Wahlforschung in Deutschland. Entwicklung, Befunde, Perspektiven, Daten. Wiesbaden: 413-443.

Schumacher, Gerlinde/Gerhard, Heinz (o. D.): Aufgaben und Ergebnisse der Medienforschung. In: ZDF: Betriebsinformation allgemein.

Schwarz, Hannes (2002): Wählen via Fernbedienung. Politikerauftritte in Unterhaltungsformaten – Eine neue Kultur politischer Meinungsbildung? In: Schicha, Christian/Brosda, Carsten (Hrsg.): Politikvermittlung in Unterhaltungsformaten. Medieninszenierungen zwischen Popularität und Populismus. Münster: 195-209.

schw/da (1987): Fernseh-Wahl: Strauß und ZDF in Bestform. In: Die Welt vom 27.01.1987.

Schweitzer, Eva (2003): Wahlkampf im Internet – Eine Analyse der Internetauftritte von SPD, CDU, Bündnis'90/Die Grünen und FDP zur Bundestagswahl 2002. In: Holtz-Bacha, Christina (Hrsg.): Die Massenmedien im Wahlkampf. Die Bundestagswahl 2002. Wiesbaden: 194-215.

Schwiesau, Dietz/Ohler, Josef (2003): Die Nachricht in Presse, Radio, Fernsehen, Nachrichtenagentur und Internet. Ein Handbuch für Ausbildung und Praxis. München.

Seel, Christian (2002): Locker werden. Die neue Innenpolitik-Chefin des ZDF über Parteibücher, junge Zuschauer und Frauen an der Medienfront. Interview mit Bettine Schausten. In: Die Welt, Nr. 289 vom 11.12.2002: 30.

Siedschlag, Alexander/Bilgeri, Alexander/Lamatsch, Dorothea (2002) (Hrsg.): Kursbuch Internet und Politik. Nr. 1. Schwerpunkt Wahlkampf im Netz. Opladen.

Siefarth, Günter (1980): Erfahrungsbericht über die Zusammenarbeit mit INFAS während der Sendung ‚Wahl`80' am 5. Oktober 1980. In: ARD Sachakte Koordinator Politik „Bundestagswahl 1980 – Abschlussberichte".

Soeffner, Hans-Georg/Tänzler, Dirk (2002): Medienwahlkämpfe – Hochzeiten ritueller Politikinszenierung. In: Dörner, Andreas/Vogt, Ludgera (Hrsg.): Wahl-Kämpfe. Betrachtungen über ein demokratisches Ritual. Frankfurt am Main: 92-115.

Spangenberg, Peter M. (1988): TV, Hören und Sehen. In: Gumbrecht, Hans Ulrich/Pfeiffer, K. Ludwig (Hrsg.): Materialität der Kommunikation. Frankfurt am Main: 776-799.

Spiegel, Rudolf (1965): Wahlkampf auf der Tele-Scheibe. ARD beantwortet ZDF-„Wahlparty" mit strenger Politik; In: Kölnische Rundschau vom 16.09.1965.

Staab, Joachim-Friedrich (2002): Entwicklungen der Nachrichtenwert-Theorie. In: Neverla, Irene/Grittmann, Elke/Pater, Monika (Hrsg.): Grundlagentexte zur Journalistik. Konstanz: 608-618.

Staab, Joachim Friedrich (1998): Faktoren aktueller Berichterstattung. Die Nachrichtenwert-Theorie und ihre Anwendung auf das Fernsehen. In: Kamps, Klaus/Meckel, Miriam (Hrsg.): Fernsehnachrichten. Prozesse, Strukturen, Funktionen. Opladen/Wiesbaden: 49-64.

Staab, Joachim Friedrich (1990): Nachrichtenwert-Theorie. Formale Struktur und empirischer Gehalt. Freiburg/München.

Starke, Frank Christian (1990a): Computer wählen nicht, aber ... In: WDR print, September: 5.

Starke, Frank Christian (1990b): Schnell ja, aber nicht um jeden Preis. Gespräch mit Ulrich Deppendorf über Wahl-Hochrechnungen im Fernsehen. In: WDR-Information vom 14.09.1990.

Steinmetz, Rüdiger (1999): Initiativen und Durchsetzung privat-kommerziellen Rundfunks. In: Wilke, Jürgen (Hrsg.): Mediengeschichte der Bundesrepublik Deutschland. Bonn: 167-191.

Steinwärder, Philipp (1999): Die Zusammenarbeit der Rundfunkanstalten in der ARD. Befunde einer rechtswissenschaftlichen Untersuchung. In: Rundfunk und Fernsehen, Nr. 3: 368-378.

Steinwärder, Philipp (1998): Die Arbeitsgemeinschaft der öffentlich-rechtlichen Rundfunkanstalten der Bundesrepublik Deutschland. Entstehung, Tätigkeitsfelder und Rechtsnatur. Eine rechtswissenschaftliche Untersuchung zur Entwicklung, den Aufgaben und der Organisation der ARD. Baden-Baden/Hamburg.

Stellmacher, Horst (2002): Die Geheimnisse der ersten Nacht. In: Express vom 22.09.2002.

Stiehler, Hans-Jörg (2000): „Nach der Wahl ist vor der Wahl": Interpretationen als Gegenstand der Medienforschung. In: Bohrmann, Hans/Jarren, Otfried/Melischek, Gabriele/Seethaler, Josef (Hrsg.): Wahlen und Politikvermittlung durch Massenmedien. Wiesbaden: 105-120.

Stuiber, Heinz-Werner (1998): Medien in Deutschland. Rundfunk. Band 2. (2 Teile). Konstanz.

Sturm, Herta (1984): Wahrnehmung und Fernsehen: Die fehlende Halbsekunde. Plädoyer für eine zuschauerfreundliche Mediendramaturgie. In: Media Perspektiven, Nr. 1: 58-65.

Sturm, Robert/Zirbik, Jürgen (2001): Lexikon elektronische Medien. Radio – Fernsehen – Internet. Konstanz.

St/ma (1980): Fernsehen. Wahl-Nachlese. In: WDR Information vom 07.10.1980.

SZ (2005): Die Wahl 2005. In: Süddeutsche Zeitung, Nr. 217 vom 20.09.2005.

SZ (2002): Fernsehprogramm. In: Süddeutsche Zeitung, Nr. 219 vom 21./22.09.2002: 22.

Teichert, Will/Deichsel, Alexander (1987): Zwischen Ermüdung und Erwartung. Wahlberichterstattung im Fernsehen. In: epd-Kirche und Rundfunk, Nr. 70: 3-9.

Teleskopie (1980): Telejour. Gesamtsendegebiet. Sonntag, 5. Oktober 1980.

Teleskopie (1976): Telejour. Gesamtsendegebiet. Sonntag, 3. Oktober 1976.

Tennert, Falk/Stiehler, Hans-Jörg (2001): Interpretationsgefechte. Ursachenzuschreibungen an Wahlabenden im Fernsehen. Leipzig.

Tenscher, Jens (2003): Professionalisierung der Politikvermittlung? Politikvermittlungsexperten im Spannungsfeld von Politik und Massenmedien. Wiesbaden.

Tenscher, Jens (1998): Politik für das Fernsehen – Politik im Fernsehen. Theorien, Trends, Perspektiven. In: Sarcinelli, Ulrich (Hrsg.): Politikvermittlung und Demokratie in der Mediengesellschaft. Wiesbaden: 184-208.

Tenscher, Jens/Geisler, Alexander (2002): Politiker kommen ins Gespräch. Chancen und Risiken von Politikerauftritten im Fernsehen. In: Schicha, Christian/Brosda, Carsten (Hrsg.): Politikvermittlung in Unterhaltungsformaten. Medieninszenierungen zwischen Popularität und Populismus. Münster: 169-181.

Tenscher, Jens/Nieland, Jörg-Uwe (2002): Wahlkämpfe im Showformat. In: Dörner, Andreas/Vogt, Ludgera (Hrsg.): Wahl-Kämpfe. Betrachtungen über ein demokratisches Ritual. Opladen: 141-163.

Tenscher, Jens/Schicha, Christian (2002) (Hrsg.): Talk auf allen Kanälen. Angebote, Akteure und Nutzer von Fernsehgesprächssendungen 2002. Wiesbaden.

Thurner-Fromm, Barbara (1998): Dieter Zimmer. Herr der Zahlen. In: Stuttgarter Zeitung vom 26.09.1998.

Tieschky, Claudia (2004): „Ich habe mir das als Hobby gegönnt" Am Sonntag ist Europawahl – und Jörg Schönenborn liest im Ersten wieder Resultate vor. In: Süddeutsche Zeitung, Nr. 133 vom 12./13.06.2004: 18.

Tuchman, Gaye (1972): Objectivity as Strategic Ritual: An Examination of Newsmen's Notions of objectivity. In: American Journal of Sociology, Nr. 4: 660-679.

Trebbe, Joachim (2004): Fernsehen in Deutschland 2003-2004. Programmstrukturen, Programminhalte, Programmentwicklungen. Berlin.

uka (2002): Zahlenspringerei. Der Wahlabend: kein Grund zum Hochmut. In: epd-medien, Nr. 75: 10.

Viehoff, Reinhold (2003): Zu einer Programmgeschichte des Fernsehens der DDR. In: Jahrbuch für Kommunikationsgeschichte, Band 5: 195-218.

vode (2005): Online-Journalismus: „Appetit auf Authentizität". In: hr-online.de Unter: „http:www.hr-online.de/website/rubriken/nachrichten/index.jsp?ru.." (Download vom 03.11.2005).

Voigt, Ludgera (2002): Scharping im Pool. Über Chancen und Risiken der Privatisierung des Politischen. In: Schicha, Christian/Brosda, Carsten (Hrsg.): Politikvermittlung in Unterhaltungsformaten. Medieninszenierungen zwischen Popularität und Populismus. Münster: 134-151.

Vowe, Gerhard/Wolling, Jens (2003): Ein Tag wie jeder andere? Die Bundestagswahl 2002 im Radio. In: Holtz-Bacha, Christina (Hrsg.): Die Massenmedien im Wahlkampf. Die Bundestagswahl 2002. Wiesbaden: 98-115.

WDR HA KomForS, Medienforschung (2002): Die Hitlisten vom Sonntag. In: WDR Pressespiegel vom 23.09.2002, Nr. 221: 54.

Weber, Martin (2000a): Fürs Fernsehen tun Politiker fast alles. Ob Talkshows, Filmauftritt oder Serien-Rollen: TV als Bühne zur Selbstinszenierung willkommen. In: Berliner Morgenpost vom 03.05.2000.

Weber, Martin (2000b): ... denn sie wissen, was sie tun. Für Politiker ist das Fernsehen eine willkommene Bühne zur Selbstinszenierung. In: Stuttgarter Nachrichten vom 13.05.2000.

Wegener, Claudia (2001): Informationsvermittlung im Zeitalter der Unterhaltung. Eine Langzeitanalyse politischer Fernsehmagazine. Wiesbaden.

Wehmeier, Klaus (1979): Die Geschichte des ZDF. Teil 1: Entstehung und Entwicklung 1961-1966. Mainz.

Weigend, Norbert (1982): Theoretische Anforderungen und Möglichkeiten in der Planung programmgeschichtlicher Forschung. In: Mitteilungen des Studienkreises Rundfunk und Geschichte, Nr. 3: 132-143.

Weischenberg, Siegfried (2001): Nachrichten-Journalismus. Anleitungen und Qualitäts-Standards für die Medienpraxis. Unter Mitarbeit von Judith Rankers. Wiesbaden.

Weischenberg, Siegfried (1998): Journalistik. Medienkommunikation: Theorie und Praxis. Band 1: Mediensystems, Medienethik, Medieninstitutionen. 2., überarbeitete und aktualisierte Auflage. Opladen/Wiesbaden.

Weischenberg, Siegfried (1995): Journalistik. Theorie und Praxis aktueller Medienkommunikation. Band 2: Medientechnik, Medienfunktionen, Medienakteure. Opladen.

Weischenberg, Siegfried (1994): Berufs-Pendler. Medien, Politiker und Demoskopen im Wahlfieber. In: journalist, Nr. 2: 10-13.

Weischenberg, Siegfried/Löffelholz, Martin/Scholl, Armin (1994): „Merkmale und Einstellungen von Journalisten". Journalismus in Deutschland II. In: Media Perspektiven, Nr. 4: 154-167.

Weischenberg, Siegfried/Löffelholz, Martin/Scholl, Armin (1993): „Journalismus in Deutschland. Design und erste Befunde der Kommunikatorstudie. In: Media Perspektiven, Nr. 1: 21-33.

Weischenberg, Siegfried/Scholl, Armin (2002): Was Journalisten denken und tun. Befunde aus der Studie „Journalismus in Deutschland". In: Neverla, Irene/Gritmann, Elke/Pater, Monika (Hrsg.): Grundlagentexte zur Journalistik. Konstanz: 486-522.

Weiß, Hans-Jürgen (2003a): Fernsehvollprogramme 2001-2002. Im siebten Jahr – die kontinuierliche Fernsehprogrammforschung des Landesmedienanstalten. In: ALM (Hrsg.): Privater Rundfunk in Deutschland 2003. Jahrbuch der Landesmedienanstalten. Berlin: 182-208.

Weiß, Hans-Jürgen (2003b): Aktuelle Ergebnisse der kontinuierlichen Fernsehprogrammforschung der Landesmedienanstalten (Frühjahr 1998 bis Herbst 2002). Stichworte zur Pressekonferenz der Gemeinsamen Stelle Programm, Werbung und Medienkompetenz der DLM am 21.05.2003 in Düsseldorf.

Weiß, Hans-Jürgen (2001): Programmalltag in Deutschland. Das Informations- und Unterhaltungsangebot der deutschen Fernsehvollprogramme 1999-2001. In: ALM (Hrsg.): Programmbericht zur Lage und Entwicklung des Fernsehens in Deutschland 2000/2001. Konstanz: 115-173.

Weiß, Hans-Jürgen (1999): Programmalltag in Deutschland. Ein Werkstattbericht aus der kontinuierlichen Fernsehprogrammforschung der Landesmedienanstalten. In: ALM (Hrsg.): Programmbericht zur Lage und Entwicklung des Fernsehens in Deutschland 1998/99. Berlin: 69-126.

Weiß, Hans-Jürgen (1997): Programmalltag in Deutschland. Eine Analyse von sieben Fernsehvollprogrammen im April 1997. In: ALM (Hrsg.): Programmbericht zur Lage und Entwicklung des Fernsehens in Deutschland 1996/1997: 158-204.

Weiß, Hans-Jürgen (1982): Die Wahlkampfberichterstattung und -kommentierung von Fernsehen und Tagespresse zum Bundestagswahlkampf 1980. In: Media Perspektiven, Nr. 4: 263-275.

Weiß, Hans-Jürgen (1976): Wahlkampf im Fernsehen. Untersuchungen zur Rolle der großen Fernsehdebatten im Bundestagswahlkampf 1972. Berlin.

Weiß, Hans-Jürgen/Trebbe, Joachim (2000): Fernsehen in Deutschland 1998-1999. Berlin.
Welch, Reed, L. (2002): Polls, Polls, and More Polls. An Evaluation of How Public Opinion Polls Are Reported in Newspapers. In: The Harvard International Journal of Press/Politics, Nr. 1: 102-114.
Wied, Kristina (2002): Sieger auf allen Kanälen – Welche Konzeption dahinter steckt, ist egal. Die Wahlabendberichterstattung zur Bundestagswahl 2002 der Fernsehsender ARD, ZDF, RTL und Sat.1 im Vergleich. In: Zeitschrift für Kommunikationsökologie, Nr. 2: 14-19.
Wied, Kristina (2001): Von der Wahlparty zur Wahlshow? Eine Untersuchung zur Entwicklung der ZDF-Wahlberichterstattung am Abend von Bundestagswahlen. Unveröffentlichte Diplomarbeit am Institut für Journalistik der Universität Dortmund. Vorgelegt im Dezember.
Wildenmann, Rudolf (1969): Regierungsbildung als konsequentes Ergebnis einer Wahl. Wahlsendungen als Beispiel der politisch bildenden Funktion des Fernsehens. In: Longolius, Christian (Hrsg.): Die Bundestagswahl 1969 als journalistische Aufgabe. Fernsehen in Deutschland. Band 2. Mainz: 165-177.
Wilke, Jürgen (2004): Die Visualisierung der Wahlkampfberichterstattung in Tageszeitungen 1949 bis 2002. In: Knieper, Thomas/Müller, Marion G. (Hrsg.): Visuelle Wahlkampfkommunikation. Köln: 210-230.
Wilke, Jürgen (1999): Überblick und Phasengliederung. In: Wilke, Jürgen (Hrsg.): Mediengeschichte der Bundesrepublik Deutschland. Bonn: 15-27.
Wilke, Jürgen (1984): Nachrichtenauswahl und Medienrealität in vier Jahrhunderten. Eine Modellstudie zur Verbindung von historischer und empirischer Publizistikwissenschaft. Berlin/New York.
Wilke, Jürgen/Reinemann, Carsten (2003): Die Bundestagswahl 2002: Ein Sonderfall? Die Berichterstattung über die Kanzlerkandidaten im Langzeitvergleich. In: Holtz-Bacha, Christina (Hrsg.): Die Massenmedien im Wahlkampf. Die Bundestagswahl 2002. Wiesbaden: 29-56.
Wilke, Jürgen/Reinemann, Carsten (2000): Kanzlerkandidaten in der Wahlkampfberichterstattung: eine vergleichende Studie zu den Bundestagswahlen 1949-1998. Köln/Weimar/Wien/Böhlau.
Wilke, Jürgen/Spiller, Jutta (2006): Wahlkampfberichterstattung im deutschen Fernsehen: Anfänge und Herausbildung von Sendeformaten (1953-1983). Ein Beitrag zu Möglichkeiten und Grenzen der Programmgeschichte. In: Behmer, Markus/Hasselbring, Bettina (Hrsg.): Radiotage, Fernsehjahre. Interdisziplinäre Studien zur Rundfunkgeschichte nach 1945. Münster: 103-123.
Wirth, Werner/Voigt, Ronald (1999): Der Aufschwung ist meiner! Personalisierung von Spitzenkandidaten im Fernsehen zur Bundestagswahl 1998. In: Holtz-Bacha, Christina (Hrsg.): Wahlkampf in den Medien – Wahlkampf mit den Medien. Ein Reader zum Wahljahr 1998. Opladen/Wiesbaden: 133-158.
Wittwen, Andreas (1995): Infotainment. Fernsehnachrichten zwischen Information und Unterhaltung. Bern et al.
Wix, Volker (1996): Abgrenzung oder Abgleichung von TV-Präsentationsformen? Hauptnachrichtensendungen von ARD, ZDF, RTL und Sat.1. Bochum.
Woelke, Jens (2003): Nachrichtenwerte in der Rezeption – Theoretische Beschreibungen und Befunde. In: Ruhrmann, Georg/Woelke, Jens/Maier, Michaela/Diehlmann, Nicole: Der Wert von Nachrichten im deutschen Fernsehen. Ein Modell zur Validierung von Nachrichtenfaktoren. Opladen: 145-162.
Wördemann, Franz (1969a): Die Diktatur der Mathematik. Anmerkungen zur ARD-Sendung „Wahl`69"; In: Longolius, Christian (Hrsg.): Fernsehen in Deutschland. Band 2. Die Bundestagswahl 1969 als journalistische Aufgabe. Mainz: 145-155.
Wördemann, Franz (1969b): Nach-Denkliches nach einer Wahlnacht. In: Funk-Korrespondenz, Nr. 47: 4-7.
Wolf, Fritz (1994): Kein Regenmantel. Beobachtungen im Fernsehwahlkampf. In: epd-Kirche und Rundfunk, Nr. 81: 3-6.
Wolff, Stephan (2000): Dokumenten- und Aktenanalyse. In: Flick, Uwe/Kardorff, Ernst von/Steinke, Ines (Hrsg.): Qualitative Forschung. Ein Handbuch. Reinbek bei Hamburg: 502-513.
W.S. (1961): Der aktuelle Fernseh-Dienst. Am Beispiel der großen Wahlsendung näher betrachtet. In: Hörfunk und Fernsehen, Nr. 4: 10-12.
Wutz, Gertraud/Brosius, Hans-Bernd/Fahr, Andreas (2004): Konvergenz von Nachrichtensendungen aus Zuschauerperspektive. In: Publizistik, Nr. 2: 152-170.
ZDF (2003): ZDF-Jahrbuch 2002. Mainz.
ZDF (o. D.): Betriebsinformation allgemein. ZDF-Produktionstechnik.
ZDF Medienforschung (1998a): Tageshitliste. Sonntag, 27.09.1998.
ZDF Medienforschung (1998b): ZDF-Auswertung zur Zusammensetzung der Zuschauer zu Bundestagswahl 1998 von ARD, ZDF und RTL.
ZDF Medienforschung (1994a): ZDF-Auswertung zur Zusammensetzung der Zuschauer zu Bundestagswahl 1994 von ARD, ZDF und RTL.
ZDF Medienforschung (1994b): Zusammenstellung zur Akzeptanz von Wahlsendungen.
ZDF Planungsredaktion/Medienforschung (1994): Zusammensetzung Altersstruktur/Geschlecht der Zuschauer zur Bundestagswahl 1994.

Zeh, Jürgen (1992): Parteien und Politiker in der Wahlberichterstattung europäischer Tageszeitungen. Frankfurt am Main.
Zeh, Reimar (2005): Kanzlerkandidaten im Fernsehen. Eine Analyse der Berichterstattung der Hauptabendnachrichten in der heißen Phase der Bundestagswahlkämpfe 1994 und 1998. München.
Ziller, Peter (1998): Die hohe Zeit der Auguren: Wie gut, dass die Bürger öfter einkaufen als wählen. In: Frankfurter Rundschau vom 26.09.1998.
Zimmer, Dieter (1987): „Wir können!" In: ZDF-Kontakt, Nr. 1: 4 u. 5.
Zimmer, Dieter (1984): Schneller, besser, schöner mit DAVID. In: ZDF-Jahrbuch 1983. Mainz: 90-94.
Zubayr, Camille/Fahr, Andreas (1999): Die Tagesschau: Fels in der dualen Brandung? Ein Vergleich von Inhalten und Präsentationsformen 1975 und 1995. In: Wilke, Jürgen (Hrsg.): Massenmedien und Zeitgeschichte. Konstanz: 638-647.
Zubayr, Camille/Gerhard, Heinz (2002): Berichterstattung zur Bundestagswahl 2002 aus Sicht der Zuschauer. Ergebnisse einer Repräsentativbefragung und der GfK-Fernsehforschung. In: Media Perspektiven, Nr. 12: 586-599.
Zubayr, Camille/Gerhard, Heinz (1999): Wahlberichterstattung und Politikbild aus Sicht der Fernsehzuschauer. Die Bundestagswahl 1998 im Fernsehen. In: Media Perspektiven, Nr. 5: 237-248.

Archivmaterialien

DRA Ffm, ARD Sachakte Koordinator Politik zur „Bundestagswahl 1976 II".
DRA Ffm, ARD Sachakte Koordinator Politik Bundestagswahl 1976 „Wahltreff".
DRA Ffm, ARD Sachakte Koordinator Politik zur Bundestagswahl 1976 „Sendungen anläßlich der Bundestagswahl 1976".
DRA Ffm, ARD Sachakte Koordinator Politik „Bundestagswahl 1980 – Abschlußberichte".
DRA Ffm, ARD Sachakte Koordinator Politik „Bundestagswahl 1980".
DRA Ffm, ARD Sachakte Koordinator Politik „Bundestagswahl 1987".
DRA Ffm, ARD Sachakte Programmdirektor „Wahlberichterstattung allgemein, Nachfrage, 1.07.1989 bis 31.12.1995".
DRA HA 20201026 / 6-412
Niederschriften bzw. Protokolle zu:
- Sitzung des Koordinierungsausschusses ARD/ZDF (KoorA)
- Arbeitssitzung der ARD (ArS)
- Ständige Fernsehprogrammkonferenz der ARD (StTVPG)
- Konferenz der Chefredakteure Fernsehen der ARD (CR TV)
- Konferenz der Chefredakteure Fernsehen und der Kultur- und Wissenschaftsredakteure Fernsehen der ARD (CR TV/KR u. WR TV)
- Sitzung ARD-Programmbeirat (PBei)
- Sitzung des Rundfunkrats des WDR (WDR-RR)
- Sitzung des Programmausschusses/Programmbeirats des WDR-Rundfunkrates (PA-WDR-RR)
- Sitzungen des Fernsehrat des ZDF (ZDF-TVR)
- Sitzungen des Ausschusses für Politik und Zeitgeschehen/des Programmausschusses Chefredaktion des ZDF-Fernsehrats (APouZ)
WDR, Historisches Archiv, „ARD Wahlberichterstattung 1986 bis 1989 Infas/Verwaltung".
WDR, Historisches Archiv, „ARD Fernsehen Wahlberichterstattung allgemein/Verwaltung", vom 01.07.1989 bis 31.10.1993.
WDR, Historisches Archiv, „ARD Wahlberichterstattung/Verwaltung", ab 02.12.1990.
WDR, Historisches Archiv, „Berichterstattung über die Bundestagswahl 1969. Produktionsunterlagen", Signatur 383.
WDR, Historisches Archiv, „Bundestagswahl 1965", Signatur 138.
WDR, Historisches Archiv, „Bundestagswahl 1969", Signatur 139.
WDR, Historisches Archiv, „Bundestagswahl 1972", Signatur 140.
WDR, Historisches Archiv, „Bundestagswahl 1976", Signatur 141.
WDR, Historisches Archiv, „Bundestagswahl 1980", Signatur 142.
WDR, Historisches Archiv, „Bundestagswahl 1983", Signatur 143.
WDR, Historisches Archiv, „Bundestagswahl 1987", Signatur 144.
WDR, Historisches Archiv, „Bundestagswahl 1990", Signatur 145.
WDR, Historisches Archiv, „Bundestagswahl 1998", Signatur 146.

WDR, Historisches Archiv, „Bundestagswahl 1972. Gesamtdisposition", Signatur: 385.
WDR, Historisches Archiv, „Dispositionen und Produktionsunterlagen Studio Bonn zu wichtigen innen- und außenpolitischen Ereignissen", Signatur 5381.
WDR, Historisches Archiv, „Dispositionen und Produktionsunterlagen Studio Bonn zu wichtigen innen- und außenpolitischen Ereignissen", Signatur 5382.
WDR, Historisches Archiv, „Dispositionen und Produktionsunterlagen Studio Bonn zu wichtigen innen- und außenpolitischen Ereignissen", Signatur 5383.
WDR, Historisches Archiv, „Dispositionen und Produktionsunterlagen Studio Bonn zu wichtigen innen- und außenpolitischen Ereignissen", Signatur 5384.
ZDF, Historisches Archiv, „Bundestagswahl 1965 und 1969", Bestand Chefredakteur, Signatur 6/0013.
ZDF, Historisches Archiv, „Bundestagswahl 1972", Bestand Chefredakteur, Signatur 6/0014.
ZDF, Historisches Archiv, „Bundestagswahl 1976", Bestand Chefredakteur, Signatur 6/0015.
ZDF, Historisches Archiv, „Bundestagswahl 1980", Bestand Chefredakteur, Signatur 6/0649.
ZDF, Historisches Archiv, „Bundestagswahl 1983", Bestand Chefredakteur, Signatur 6/0692.
ZDF, Historisches Archiv, „Bundestagswahl 1987", Bestand Chefredakteur, Signatur 6/1146.
ZDF, Historisches Archiv, Dokumente zur Bundestagswahl 1965.
ZDF, Historisches Archiv, Dokumente zur Bundestagswahl 1976.
ZDF, Historisches Archiv, Dokumente zur Bundestagswahl 1980.
ZDF, Historisches Archiv, Dokumente zur Bundestagswahl 1990.
ZDF, Historisches Archiv, Dokumente zur Bundestagswahl 1998.
ZDF, Historisches Archiv, „Nachfrage bei Wahlen 1978/1979", Bestand Chefredakteur, Signatur 6/0646.
ZDF, Historisches Archiv, „Wahlen 1975 bis 1983", Bestand Intendant, Signatur 3/1339.